سیدجعفر پیشه‌وری

ظهور و سقوط فرقه دمکرات آذربایجان بر اساس جدیدترین اسناد

با ویرایش و متن کامل

علی مرادی مراغه‌ای

تهران ۱۳۹۴

مرادی مراغه ای، علی
سیدجعفر پیشه‌وری: ظهور و سقوط فرقه دمکرات آذربایجان بر اساس جدیدترین اسناد روسیه / نوشته علی مرادی مراغه ای _. تهران: نشر اوحدی، ۱۳۸۱
پنج، ۶۸۰ ص.: مصور، جدول
کتابنامه.
ISBN
فهرستنویسی بر اساس اطلاعات فیپا.
۱. پیشه‌وری، سیدجعفر ۱۲۷۲ ـ ۱۳۲۶ سرگذشتنامه ۲. ایران ـ تاریخ ـ پهلوی ـ ۱۳۰۴ ـ ۱۳۵۷. ۳. آذربایجان ـ تاریخ ـ واقعهٔ ۱۳۲۴ ـ ۱۳۲۵. ۴. فرقه دمکرات آذربایجان. ۵. حزب کمونیست ایران.

نام کتاب: سیدجعفر پیشه‌وری: ظهور و سقوط فرقه دمکرات آذربایجان

نوشته: علی مرادی مراغه‌ای

چاپ اول: زمستان ۱۳۸۱

چاپ پنجم:زمستان ۱۳۹۳

حروفچینی: محمد عبدالله‌زاده

چاپ: بهارستان

صحافی:

لیتوگرافی:

نشر اوحدی: تهران، خیابان کارگر شمالی روبروی پارک لاله کوچه میر پلاک ۸

تلفن: ۶۴۲۶۴۱۱ _ تلفن همراه: ۰۹۱۱۲۰۹۹۴۰۹

به مادرم و مادران سرزمینم **ایران**، که
صبورانه و بردبار،
مشعل عشق را از گذرگاههای پرهول و هراس تاریخ
گذر می‌دهند
و اجاق گرم زندگی را فروزان نگه می‌دارند

فهرست مطالب

بخش دوم: دوران زندان؛ سالهای خاکستری ۱۹۵

بخش سوم: دوران اصلاح‌طلبی؛ حضور در فرقه دمکرات آذربایجان

مقدمه: خشم و هیاهوی یک زندگی

اعتقاد و یقین داشتن به این‌که حقیقت تنها نزد من
است سرآغاز خشن ترین جنایت ها است
ویتاشنتالینسکسی

خلیل ملکی سالها پیش گفته بود: «ما کمونیسم را انتخاب نکردیم بلکه کمونیسم ما را انتخاب کرد» این سخن اگر در مورد تعداد انگشت شماری از کمونیست‌های ایرانی صادق نباشد دست‌کم در مورد سیدجعفر پیشه‌وری صادق است؛ دوران کودکی و نوجوانی او مصادف با یکی از سخت‌ترین دوره‌های تاریخ ایران بود انقلاب مشروطه به عنوان نقطه عطفی در انتقال از دوران سنت به دورانی جدید و مدرن توانسته بود نظم کهن را فرو ریزد اما موفق نشده بود نظام تازه‌ای از حیات سیاسی را تأسیس نماید دنیای اسطوره‌ای و ساختار قبیله‌ای تَرک برداشته بود اما دنیای نو و جدیدی که آرزوی دردمندان و نخبگان جامعه بود هنوز در نرسیده بود و هرج و مرج و ناامنی چنان سراسر جامعه را فرا گرفته بود که کم‌کم اذهان را به غبطه خوردن نسبت به دوره استبداد ناصری وا می‌داشت!

در حالی که هنوز خون شهیدان انقلاب مشروطیت خشک نشده بود، در مقابل چشمان متحسّر و حیرتزده متفکرین و دردمندان؛ پادشاهان مستبد، بار دیگر باز می‌گشتند و ضمن به سخره گرفتن مجلس به عنوان آخرین نماد بازمانده «مدرنیته» اقتدار دیرین خود را بر روی ویرانه‌های انقلاب از نو می‌گستردند و گویی هرگز انقلابی رخ نداده است!

امّا این آشفتگی سیاسی و اجتماعی در واقع نموداری از آشفتگی ذهنی و فکری بود در حالی که ساخت اسطوره‌ای بخشی کوچکی از اذهان جامعه ترک برداشته بود

امّا از خرد انتقادی و روحیه تمکین از قانون خبری نبود و به نوشته خود سیدجعفر پیشه‌وری در روزنامه حقیقت: «قانون در جلو چشم مقنن‌ها در خود دارالشورا اجرا نمی‌شود کجا مانده در دهات فرمانفرما، سپهدار و غیره ...»

غلامحسین ساعدی در «چوب بدستهای ورزیل» در نمایشنامه‌ای تمثیلی، تصویر وحشتناک روستائیانی را به تصویر می‌کشد که از دست گرازها به تنگ آمده‌اند و تمام محصولاتشان بوسیله گرازها از بین می‌رود روستائیان به ناچار برای مقابله با گرازها، تفنگچی‌هایی را استخدام می‌کنند امّا کم‌کم خود تفنگچی‌ها بلای جان روستائیان می‌گردند آنها سر بار روستائیان شده می‌خورند و می‌خوابند روستائیان این بار برای نجات از دست تفنگچی‌های دسته اولی، تفنگچی‌های دیگری را استخدام می‌کنند امّا تفنگچی‌های دسته دوم با تفتگچی‌های دسته اول ساخت و پاخت می‌کنند و دمار از روزگار روستائیان در می‌آورند و نمایشنامه با این صحنه تلخ و تراژیک پایان می‌یابد که تفنگچی‌ها همه با هم یکی شده و تفنگهایشان به سوی اهالی ده نشانه رفته‌اند ... !

این روستا در واقع تمثیلی از ایران آن دوران گرفتار در سر پنچه قدرتهای خارجی است. در این شرایط دردناک و استبداد زده، شعارهای کمونیسم می‌توانست بسیار جذاب و دلربا باشد و همین شعارهای عدالت خواهانه و ضد استثماری بزودی سیدجعفر پیشه‌وری را نیز مانند کثیری از مردم شوربخت که از ستم فئودالها و خانها و همپالگی‌هایشان به ستوه آمده بودند جذب خود کرد. در واقع مثال پیشه‌وری جوان به مانند کسی بود که در زندانی ظلمانی و تاریک گرفتار گشته و با اولین نور و روشنایی که از سمتی دیده شود بی‌ملاحظه بدان سمت پناه می‌برد امّا این نوری که پیشه‌وری بدان پناه برد در واقع نه نور چراغ، که چشم گرگی بیش نبود، بر جسته‌ترین رهبران حزب کمونیست ایران در دهه ۱۹۳۰ در تصفیه‌های استالینی سر به نیست شدند، مطلب مهمی که هیچوقت تحلیل جامعی از آن صورت نگرفته است، نه از سوی مورخین چپ ایرانی و نه از سوی مورخین غیر چپ. در واقع کمونیست‌های ایرانی حتی برای کتمان آن فجایع، کوشیده‌اند پردهٔ ساتری نیز بر روی آن بکشند و مورخین غیر چپ ایرانی نیز هیچ وقت آن را با اهمیت تلقی نکرده‌اند.

مقارن با سالهایی که در ایران، حزب کمونیست زیر فشار رضاخان فرو پاشیده و یا به زیر زمین رفته بود و کلیه سران آن دستگیر و در زندان قصر با مرگ دست و پنجه نرم می‌کردند در همین سالها در شوروی، آن تعداد از رهبران کمونیست ایرانی که در خارج از ایران به سر می‌بردند و یا از فشار رضاخان بدانجا فرار کرده بودند با اتهامات واهی و ساختگی از سوی دستگاه استالینیسم بصورت فردی و دسته‌جمعی جلوی جوخه اعدام قرار می‌گرفتند و یا روانه اردوگاههای اجباری می‌شدند، در واقع از یک مقایسه کوتاه بین کمونیست‌های زندانیِ زندان رضاخان و سرنوشت دردناک کمونیست‌های ایرانی مقیم شوروی در این دوره، این نتیجه بدست می‌آید که در مقابل تصفیه‌های خونین استالینی، زندان قصر رضاخان با تمام شرایط غیر انسانی و وحشتناک‌اش، حکم قصری امن را داشته که جانِ بسیاری از کمونیست‌ها را نجات داده است!

در اینجا این سؤال مطرح می‌شود که چه عاملی همچنان آنان را به مثابه شب پره‌ای، گرد شعله شمع می‌چرخاند در حالی که سرنوشت شب پره‌های سوخته بی‌شماری را در پیش چشم خود شاهد بودند؟

شاید نیم نگاهی به جذابیت بلشویسم در آن دهه‌ها و این که چگونه حتی بعضی از برجسته‌ترین روشنفکران اروپا را نیز فریفته و جذب خود کرده بود می‌تواند گرایش جوانانی چون سیدجعفر پیشه‌وری را در یک کشور عقب مانده واستبداد زده توضیح دهد (البته نه توجیه!).

سیدنی هوک که خودش در جوانی از هواداران پرو پا قرص حزب کمونیست آمریکا بود سالها پس از سر خوردگی از کمونیسم روسی در خاطرات خود ذکر می‌کند که چگونه متفکران برجسته‌ای چون برتراند راسل؛ هوشی مین، دیکتاتور بی‌رحم کمونیست را به عنوان امید بشریت مترقی می‌ستود و از خروشچف ـ کسی که جنایات مجارستان را بوجود آورد ـ ستایش می‌کرد. سیدنی هوک در مورد سارتر می‌نویسد که «سارتر به عنوان مدافع اتحاد شوروی به شکلی بیمارگونه با هر نوع ضدیت با کمونیسم مخالفت می‌کرد. در سال ۱۹۵۴ در بازگشت از سفری به شوروی اعلام کرد:

«در روسیه آزادی انتقاد به حد کمال وجود دارد. هر راهی که فرانسه در پیش گیرد نباید با راه روسیه در تضاد باشد». امّا این ستایشها نه تنها محدود به راسل یا سارتر نبود بلکه افراد برجسته‌ای چون: سیمون دوبوار، مرلوپونتی، برناردشاو و بئاتریس وب ... نیز فریب بولشویسم را خوردند. چگونه است که بلشویسم دارای چنان جذابیتی بود که می‌توانست حتی برجسته‌ترین روشنفکران اروپا و آمریکا را فریب دهد آنهم روشنفکرانی که در کشورهایی می‌زیستند که از آزادی نسبی و رفاه برخوردار بودند و می‌توانستند آزادانه آن را مطالعه کرده و مورد انتقاد قرار دهند. آن وقت، تکلیف افرادی چون سیدجعفر پیشه‌وری و امسال او در یک کشوری عقب مانده و استبداد زده معلوم می‌شود که چگونه می‌توانستند در مقابل آن ایدئولوژی که وعده بهشت و رستگاری می‌داد مقاومت کنند. نوجوان فقیر و در بدر خلخالی که به امید یافتن لقمه نانی به همراه پدر، رنج غربت را به جان خریده بود در غربت نیز محیطی مساعد و آرام در انتظارش نبود وضعیت وحشتناک و غیر انسانی «همشهری»ها (کارگران ایرانی در قفقاز) و استثمارشان از سوی کارفرمایان که بعدها در مقالات متعدد پیشه‌وری همراه با سمپاتی ویژه‌ای به تحریر در آمده جزو حوادث تلخی بوده که او را از عمق جان متأثر می‌کرده است و به همین خاطر بزودی جذب جنبش چپ و شیفته لننیسم می‌گردد و آن را تنها طریق نجات کشورش و بشریت تلقی می‌کند. زندگی سراسر فقر و ناکامی، انسان را حساس بار می‌آورد و انسانها در زندگی چیزی را می‌یابند که طلب می‌کنند و به تفکری روی می‌آورند که می‌خواهند و مطابق میل آنهاست.

در تاریخ معاصر ایران، سیدجعفر پیشه‌وری یکی از جنجال برانگیزترین شخصیتها بوده و داوری‌ها و قضاوت‌های مطلق گرایانه و آلوده به حب و بغض و افراط و تفریط از سوی دوستان و دشمنانش، چنان شخصیت او را در زیر انبوهی از دشنامها و یا ستایش‌ها مدفون ساخته که شناخت شخصیت واقعی او و تأثیرش ـ چه مثبت و چه منفی ـ بر تاریخ معاصر ایران را بسی مشکل کرده، کمترین ضرر داوریهای آلوده به حب و بغض فوق الذکر این است که باعث می‌شود هرگز شخصیت و عملکردهای او

و نقاط قوت و نقصان‌اش به ترازوی منطق و علم سنجه نگردد تا در نتیجه موجب عبرت نسل‌های آینده گردد.

مخالفانش از او چهره‌ای ابلیس گونه و جاسوسی سر سپرده و نماد تجزیه طلبی ارائه داده‌اند امّا پیشه‌وری هر چند از رهبران جنبش چپ ایران و از شیفتگان لنینیسم بود ولی هرگز سر سپرده و جاسوس نبود، اعتراضات و انتقادات او به سران بلشویسم و رفقای بالایش آنچنانکه در نامه استالین نیز دیده می‌شود و سرانجام، چگونگی مرگش، دلیلی بر این مدعاست.

در مقابل، دوستانش از او یک متفکر وطن پرست ساخته‌اند و با ستارخان و یا آتاتورک قابل قیاس می‌دانند امّا چنین قیاسی بشدت گمراه کننده و مع الفارق است. چگونه یک متفکر کمونیست و روزنامه نگار طرفدار انترناسیونال چپ با یک سردار محبوب قلبها، که بیشتر شخصیتی پراگماتیست و ناسیونالیست دارد قابل قیاس هست؟ وقتیکه تبریز مانند نگین انگشتری از چهار سو در محاصره حامیان استبداد گرفتار آمده بود کنسول روسیه در تبریز از ستارخان می‌خواهد که برای حفظ جانش به زیر بیرق روسیه در آید او مرگ را به زیر بیرق بیگانه رفتن ترجیح می‌دهد! امّا چند سال بعد سیدجعفر پیشه‌وری، در شیفتگی از بیرق لنین می‌گوید: «نجات و سعادت ملت و میهن من در پیشرفت رژیمی است که انقلابیون روسیه می‌خواهند و اگر غیر از لوای پر افتخار لنین بیرق دیگری در روسیه در اهتزار باشد، استقلال و آزادی ملت ایران همیشه در معرض خطر خواهد بود.»! نباید تفاوت نوعِ رنگ و یا نشانه‌های بکار رفته در بیرق‌ها و پرچمها ما را فریب دهد بلکه آنچه مهم هست سرشت اعمالی است که در زیر آنها و بنام آنها نمود پیدا می‌کند!

همنشینی با کتاب و روزنامه از او یک عنصر فرهنگی ساخته و باعث شده بود که چندان آشنا به دقایق سیاسی و بازیهای قدرتمندان نباشد به همین خاطر در سراشیبی زندگی خویش، قدم در راهی گذاشت که استخلاص‌اش از آن دیگر ممکن نبود و در واقع مرگ تراژیک‌اش در نظر کسانی که آشنائی اندکی با سرشت و ماهیت حکومت «سرزمین شوراها» در آن دوره دارند می‌تواند طبیعی‌ترین نوع مرگ تلقی شود!

او روزنامه‌نگاری برجسته بود و نوشته‌ها و مقالاتی که در زندگی نسبتاً کوتاه، ولی پر تلاطم‌اش در روزنامه‌های متعدد به چاپ سپرد بی‌گمان او را یکی از نویسندگان برجسته زمان خود معرفی می‌کند امّا وقتی پای منافع «سرزمین شوراها» به میان می‌آمد او به مانند بسیاری از رفقای هم کیش‌اش در حزب توده، چنان در هاویه ایدئولوژی می‌غلطید و لکنت زبان پیدا می‌کرد که در حد تبلیغات‌چی بیگانه تنزّل می‌کرد! جدال‌های قلمی او با دکتر محمد مصدق بر سر واگذاری امتیاز نفت به شوروی و مقالات متعددش در پاسخ به بعضی از شخصیتها از جمله، مقاله‌های عبدالرحمن فرامرزی و دیگران در مسند «باش وزیری» می‌تواند برای روزنامه نگاران جوان، تأمل برانگیز باشد امّا با تمامی این خصوصیات و برعکس تبلیغات روزنامه‌های دست راستی وابسته به سیدضیاءالدین و دربار در آن زمان و نوشته‌های مخالفانش، سالها پس از مرگش، باید گفت موقعی که او در آذربایجان در رأس قدرت بود چهره‌ای متعادل از خود نشان داد، مطالعه جزئیات حوادث یکساله دولت مستعجلش نشان می‌دهد علیرغم اینکه او مدام در زیر فشار «دو قدرت» جنون‌آمیز گرفتار بود با اینحال، کوشش می‌کرده در حد توان، جلوی تندروی‌های افراد تندرو و بی‌پرنسیپ را بگیرد، سراسر زندگیش در فقر و محرومیت گذشت امّا ناکامی‌های بی‌شمار زندگی‌اش، هرگز از او چهره‌ای دژم نساخت که تشنه قدرت باشد «گوساله سامری قدرت» او را آنی از یاد مردم غافل نساخت هنوز هم که هنوز است مردم‌نوازی‌اش از پس تلی از حملات مغرضامه و غرض آلود مخالفانش، در خاطرات معاصرانش همچنان تلالو می‌کند.

حوادث و اتفاقات تلخ گذشته و سرگذشت بازیگران آن حوادث، تنها وقتی می‌تواند برای نسل‌های آینده عبرت‌انگیز باشد که عملکردهایشان، بی‌رحمانه به زیر تیغ خرد سپرده شوند و با آنان همان رفتاری شود که «دکارت» با باورهای ذهنی خود کرد او باورهای ذهنی را به سبدی پر از میوه‌های سالم و گندیده تشبیه می‌کرد که برای جدا کردنشان از همدیگر، ابتدا باید سبد را کاملاً خالی کرد و در مرحله بعد، دوباره یکی‌یکی سیبهای سالم را به درون سبد برگرداند. آیا با گذشته و بازیگران اصلی

گذشته‌مان که در زیر تلّی از ستایش و دشنامها مدفون گشته‌اند می‌توانیم چنین کنیم؟ بدون شک این کاری است بس سترگ و دشوار.

این کتاب هرگز در دفاع از پیشه‌وری نوشته نشده، همچنین بر خلاف بسیاری از کتابهای دیگر، سعی نمی‌کند از او «چهره‌ای فرنکشتاینی» مجسم کند بلکه در آن کوشیده‌ام (در حد توان اندک خود) به نقاط قوت و ضعف او نزدیک شوم و بیشتر نیوشای این سخن رومن رولان باشم: «شما جوانان! اینک نوبت شماست بر روی استخوانهای فرسوده ما پا بگذارید و پیش روید و بهتر از ما زندگی کنید ما باختیم امّا شما نبازید»

سیاوش کسرائی، شاعر معاصر که سالهای زیادی هنرش را در خدمت آن «مدینه فاضله» به کار گرفت امّا سرانجام در دوران دربدری و آوارگی در شوروی با چشمان حیرتزده، رفقای بزرگش را دید که او را چون یک تبعیدی به صلیب سرخ سپردند او که قبلاً در سالهای امید و ایمان و جوانی، منظومه بلند و زیبای «آرش کمانگیر» را سروده بود این بار در پیرانه‌سری، اندکی قبل از مرگش، شعر تلخِ «مهره سرخ» را در مسکو سرود و خود را تلویحاً با سهرابِ شاهنامه هم‌سرنوشت دانست که علی‌رغم وجود مهره سرخ بر بازویش، بدست رستم ـ نزدیک‌ترین کس‌اش ـ کشته می‌شود امّا این شعر، پیش از آنکه وصف حال او باشد وصف حال پیشه‌وری است:

تنها و دور مانده و ناشاد
در این میانه،
من،
چو غباری به گرد باد ...
ای آفریدگار!
دادی تو بهترین و ستاندی تو بهترین
...
«شرمنده آن که پشت به یار و دیار خویش،
با صد بهانه روی به بیگانه می‌کند.
سامان نمی‌دهد، چه توان کرد، حرف نیست
آشفته، از چه ساحتِ این خانه می‌کند!
...».

بخش اول: **دوران جواني؛ يك كمونيست دو آتشه**

۱ ـ روزگار مهاجران تیره روز ایرانی در قفقاز

وای! به حال آنانی که وطنی از آنِ خود ندارند
نیچه

ورود ناخواسته و اجباری اقتصاد سنتی ایران به شبکه اقتصاد جهانی در اواسط قرن نوزدهم و ناتوانی صنایع دستی و پیشه‌وری در رقابت نابرابرانه با کالاهای مشابه خارجی و عدم حمایت دولت از صنایع و کالاهای تولید شده داخلی، باعث ورشکستگی و تضعیف تدریجی صنایع مذکور در ایران گشت، به عنوان مثال «در دوره سلطنت فتحعلیشاه، شهر اصفهان دارای ۱۲۵۰ کارگاه بزرگ و کوچک شَعر بافی بود که در دوره محمد شاه به ۴۸۶ کارگاه و در اوایل سلطنت ناصرالدین شاه به ۲۴۰ کارگاه و در سال ۱۲۹۴ هـ.ق به ۱۲ کارگاه شَعر بافی کاهش یافت».*

بحران‌های اقتصادی و ورشکستگی حاصل از آن از یک طرف و ظلم و ستم حکامان محلی از طرف دیگر باعث مهاجرت‌های گسترده، چه فردی و جمعی به نواحی قفقاز، هندوستان و امپراطوری عثمانی می‌باشد. نویسنده سیاحتنامه ابراهیم‌بیک در خصوص علت این مهاجرت‌ها، چنین می‌نویسد:

> اولاً در ایران امنیت نیست، کار نیست، نان نیست، بیچارگان چه کنند. بعضی؛ از تعدی حکام، برخی از ظلم بیگلربیگی، داروغه و کدخدا. این ناکسان در هر کس بویی بردند که پنج شاهی پول دارند به هزار گونه اسباب چینی بر او میتازند. بیکی می گویند که برادرت سرباز بود از فوج گریخته، بدیگری می‌آویزند که پسر عمویت چندی قبل شراب خورده،

حتی همسایه را در عوض گناه ناکرده همسایه گرفته حبس و جریمه می‌کنند.*

به نوشته سلطانزاده، طبق آمار موجود، در فوریه ۱۹۱۸م بیش از ۲۰۰ هزار نفر ایرانی در نقاط مختلف روسیه و بطور عمده در نواحی هم مرز ایران اقامت داشتند.* منطقه قفقاز و مناطق نفت‌خیز آن، بیشترین مهاجران ایرانی را بخود جلب کرده بود به طوری که تعداد مهاجرین ایرانی را در این خطه بیش از ۵۰ هزار نفر ذکر کرده‌اند.

وجود منابع نفتی در بادکوبه و استفاده از آن، به سالیان بسیار قبل برمی‌گردد، ابوالحسن‌علی‌بن‌حسین بن علی مسعودی از اهالی بغداد و جغرافیدان و مورخ معروف قرن چهارم هجری که از مناطق بادکوبه دیدن کرده در مورد معادن نفت در آن خطه می‌نویسد: «درآنجا چشمه‌های نفت سفید بود و زیر دودکش‌ها «آتش جاودان» می‌سوخت و هیچگاه خاموش نمی‌شد».

همچنین یاقوت حموی در معجم‌البلدان و ابن بلخی در فارسنامه از وجود منابع نفت و چگونگی مصارف آن نوشته‌اند.*

در آستانه قرن بیستم در شهر باکو و نواحی آن در حدود ۱۷۱۰ حلقه چاه نفتِ فعال وجود داشت و در ۱۹۰۱ بیش از ۵۰ درصد نفت استخراجی جهان در باکو تولید می‌شده است؛ و این خود، باعث رشد صنایع دیگری چون نساجی، تولید سیمان، ساختمان‌سازی، راهسازی و معادن مس شده بود که نیاز روز افزون به کارگر را موجب گشته و این نیاز به نیروی کار از طریق کارگران مهاجر مرتفع می‌شد.*

مهاجران از بین فقیرترین و بی‌چیزترین افراد ایرانی بودند که به امید یافتن تکه‌نانی جهت ادامه زندگی جلای وطن می‌کردند، بسیاری از آنها مهاجران فصلی بودند و بعد از مدتی دوباره به موطن اصلی خود، باز می‌گشتند. امّا این بدان معنی نبود که آنها در غربت از زندگی بهتر و مرفهی برخوردار بودند بلکه با وجود کارهای طاقت‌فرسا و پر مشقتی که انجام می‌دادند و به کارهای پستی چون حمالی، عملگی و کارهای تحقیر آمیزِ دیگری می‌پرداختند باز در بدترین شرایط روزگار می‌گذراندند. عبدالله بهرامی در خاطرات خود، در مورد شهر باکو در اوایل قرن بیستم می‌نویسد:

ثلث جمعیت در خیابانها و کوچه‌های [باکو] ایرانی بوده یا به زبان فارسی و ترکی تبریزی حرف می‌زدند باربرها و بارگیرهای کشتی و دوره‌گرد و دستفروش تماماً ایرانی بودند چون از چاههای نفت شروع به بهره برداری نموده بودند ... •

همگی در عمارتها به مزدوری و گلکشی و در کوچه‌ها در عملیات سنگ فرش اشتغال داشتند ... در این مملکتها همه کارهای پست و پر زحمت بعهدهٔ ایرانیان بدبخت است و بسیاری دیگر به دزدی و کیسه بری و بزهکاریهای دیگر می‌پرداختند. •

در حالی که در این دوره در سایه استخراج نفت که بیش از ۵۰ درصد نفت جهان را تأمین می‌کرد صنایع و موسساتِ اقتصادی رشد می‌یافت و طبقه‌ای ثروتمند می‌شد و بناهای مجلل قد برمی‌افراشت امّا در کنار آن، هزاران کارگر، بخصوص کارگرانِ مهاجر ایرانی در بیغوله‌ها، مانند حیوانات روزگار می‌گذراندند. آنها در عمق ۳۰۰ متری زمین کار می‌کردند و چه بسا، بارها به خاطر ریزش چاه، کشته می‌شدند و برای همیشه به همراه آرزوهای خود برای یک زندگی بهتر، در اعماق زمین دفن می‌شدند. سیدجعفر پیشه‌وری که خود در سنین نوجوانی به همراه پدر برای یافتن کار به آن سوی ارس مهاجرت کرده بود در مورد وضعیت مهاجران ایرانی در قفقاز می‌نویسد:

قفقازی‌ها واهالی محل، ایرانی را همشهری خطاب می‌کردند و او را پست و حقیر می‌شمردند حتی خود همشهری نیز برای خود شخصیتی قائل نبود. او را تحقیر می‌کردند و در رستورانها، ترنها و در محل تفریح و تفرج اجتماعی راه نمی‌دادند. همشهری از برده و غلامان دوره اسارت پست‌تر و حقیرتر بود. او مانند حیوانات کارگر برای کارکردن، زحمت کشیدن و کتک خوردن خلق شده بود. خود او همه این‌ها را تحمل می‌کرد، زیرا در میهن خود علاوه بر این که از این پست‌تر و از این بی‌حقوق‌تر بود، کار هم گیرش نمی‌آمد. •

حاج زین العابدین در سیاحتنامه ابراهیم‌بیک می‌نویسد:

> در یک طرف هم دیدم مردم جمع شده های و هویی بلند گشت و یکی را می‌زنند و بآواز بلند می‌گویند بزنید این همشهری پدرسوخته را، و هر کس رسید میزند پرسیدم این بیچاره را به چه گناه می‌زنند و کیست؟ و چه کاره است؟ گفتند ایرانی و مزدور، یعنی عمله یکی از کشتیهاست که صاحبش مسلمان و از اهل بادکوبه است ... اهل بادکوبه در حق ایرانی خیلی بی‌رحم هستند.*

برخی مواقع ظلم و ستم فئودالها در حق رعایا به حدی میرسید که رعایا به همراه کل خانواده جلای وطن می‌کردند و روستا خالی از سکنه می‌شد محمدجلیل قلی‌زاده که در اکثر صفحات ملانصرالدین به همدردی با همشهری‌ها پرداخته می‌نویسد: وقتی به یکی از روستاهای ایران گذرمان می‌افتاد می‌دیدیم که که انبارهای ارباب یا ملای آن روستا پر از گندم است اما رعایای روستا دیده نمی‌شوند ...می‌پرسیدم:رعایا به کجا رفته‌اند؟ در جواب می‌گفتند:از شدت گرسنگی در بلاد روسیه پخش و پلا شده‌اند![۱۰]

مزد کارگران، بسیار ناچیز بود و در بیشتر اوقات، میزان مزد آنها بستگی به ملیّت آنها داشت؛ کارگران غیر متخصص که از آذربایجان ایران به باکو می‌آمدند در مقابل مزد ناچیز، کارهای طاقت‌فرسا انجام می‌دادند. امّا شرایط مسکن و زیستی آنها، اسفبارتر از شرایط کاری آنها بود. در سال ۱۸۹۵ بیش از ۷۰٪ کارگران باکو در دخمه‌های تاریک، آلونک‌ها و چپرها می‌زیستند. طبق نوشته ح. زردابی: منازل کارگران، آنچنان غیر بهداشتی و کثیف بود که می‌توان آنها را آشیانه مرگ نامید.** اسد بیگ در کتاب خود در مورد وضعیت اندوهبار کارگران نفت، چنین می‌نویسد:

> روزها اغلب کارگران باید در یک سطل معمولی نشسته و بوسیلهٔ طناب به اعماق چاههایی که در زمین کنده شده، فرو بروند. نود درصد فاعلان این عمل با مرگ مواجه می‌شوند. اغلب این سطل‌ها بدون کارگر بالا می‌آید زیرا کارگر بوسیله گاز یا نفت سیاه خلاص شده است. اجساد آنها اغلب پس از هفته‌ها بدست می‌آید یا گاهی اصلاً بدست نمی‌آید. قاتلین و اشرار می‌توانستند چنانچه با مهندسین روابط حسنه و خصوصیت کامل داشته باشند، اشخاصی را که مزاحم آنها بودند در

چاههای نفت انداخته برای ابد از شر وجود آنها راحت و در عین حال از هر گونه تعقیبی در امان باشند. مالکین معادن نفت همیشه دور از محل معادن و در شهر زندگی می‌کردند. آنها فقط ماهی دو تا سه مرتبه به معیت عدهٔ کافی مستحفظ برای سر کشی معدن می‌آمدند زیرا راهها به طرف معادن حقیقتاً خطر ناک بود... .

کارگران از حیث ملیت، آذربایجانی، داغستانی، ایرانی، و روسی بودند کارگران روسی برای کارهای خیلی سخت لایق نبودند ... بهترین کارگر، کارگر شرقی است که معتقد به نصیب و قسمت است ... .

ترک معدن و رفتن به شهر حتی در روزهای تعطیل هم اکیداً ممنوع بود. مالکین هم از رفتن کارگران به شهر خیالشان راحت بود زیرا یک دسته مستحفظ قوی مراقب بود که کارگری در شهر دیده نشود. وقتی کارگر از محوطهٔ کاری می‌توانست خارج شود که از کار اخراج شده باشد. همین که کارگری اخراج شد، بایستی بلا درنگ با زن و بچه از محوطه نفت خارج شود و در یکی از کوچ نشین‌های بین معادن و شهر سکنی اختیار و به مرگ تدریجی بمیرد. تفاوت بین یک زندان اعمال شاقه با یک کارگر معدن نفت در این صورت فقط این بود که در زندان اعمال شاقه غذای مطبوعتری می‌دادند.**

بدین ترتیب، همشهری‌ها [مهاجرین ایرانی] که از ظلم خان و بی‌قانونی و قحطی برای بدست آوردن لقمه نانی جلای وطن می‌کردند ولی در غربت نیز در بدترین شرایط، روزگار می‌گذراندند:

مشقت کش‌ترین، تیره روزترین، بیچاره‌ترین و مظلوم‌ترین هیئت کارگران باکو حمالان پل هستند. بر آن هستیم که اطلاعاتی دربارهٔ این فراموش شدگان نگونبخت به دست دهیم اگر همه حمالانی که در پل‌ها کار می‌کنند پانصد نفر برآورد کنیم، در میانشان یک نفر هم غیر ایرانی پیدا نمی‌کنید، همه فرزندان بی‌نوا و بداقبال ایران هستند. در حالی که کارگران دیگر حتی یک روز طاقت مشقات این کار را نمی‌آورند، او بی‌صدا تحمل کرده، با حمل روزانه دوازده ـ سیزده ساعت بار بر پشت

خود، روزگار می‌گذرانند و در مقابل این زحمت، روزانه پنجاه ـ شصت کپک، یا ماهانه پانزده ـ بیست منات مزد به دست می‌آورد ... معمولاً ده ـ پانزده نفر از اینان منزلی را که فرق چندانی با طویله ندارد در گوشه و کنار شهر به پنجاه کپک کرایه کرده، با هم زیر یک سقف زندگی می‌کنند ... پیمانکاران دست کم نصف حاصل زحمت حمالان را به جیب می‌زنند.**

چنین شرایطِ وخیمِ زیستی باعث می‌شد که آنها هرگز به حقوق خود آشنا نباشند؛ و ملجائی برای شکایات آنان وجود نداشت. کارفرما هر لحظه اراده می‌کرد می‌توانست آنان را اخراج کند. در حالی که در شهرهای مختلف قفقاز، دولت ایران دارای کنسولگری‌هایی بود که طبیعتاً باید از حقوق اتباع خود دفاع می‌کردند امّا آنچه جای تعجب و تأسف است این‌که رفتار خود کارمندان کنسولگری نسبت به اتباع ایرانی، بدتر از بیگانگان بوده است به طوری که: «من از این دوست به دشمن خواهم التجاء بردن.» رسول‌زاده در این مورد می‌نویسد:

قونسولخانه ایران تمام مظالمی که تا آن وقت در ایران واقع می‌شد در بادکوبه نسبت به اتباع ایران دریغ نمی‌داشت، جریمه می‌کرد، محاکمه می‌نمود، به حبس می‌انداخت، کتک می‌زد، همه کار را مرتکب می‌شد و قانون روسیه هم جلو آن را نمی‌گرفت.**

سیدجعفر پیشه‌وری که بسیاری از این صحنه‌های تکان دهنده را در سنین کودکی و نوجوانی با چشم خود دیده بود بعدها در روزنامه آژیر در مورد رفتار عمال کنسولگری نسبت به مهاجرین، چنین می‌نویسد:

... عمال قونسولگریهای ایران در خارج هم زورگویی منفعت طلبی و غارتگری را کنار نگذاشته مهاجرین و دهقانان بدبخت ایرانی را که از ظلم ارباب و کدخدا و مأمورین مالیه وطن خود را ترک گفته در خارج با کمال سختی بسر می‌برند بحال خود نگذاشته آنها را تا دهات، تا کارخانه‌های دور دست تا مزارع تعقیب نموده با بهانه‌های گوناگون لخت می‌کردند.**

ستم مقامات کنسولگری به حدی بود که حتی از مرده مهاجرین نیز نمی‌گذشتند به طوری که اگر کسی از مهاجرین می‌مُرد «اولین کسی که [بر] سر جنازه‌اش حاضر است مأمورین قونسولخانه‌هاست که خود را وارث شرعی و عرفی می‌دانند. اگر چیزی ندارد سه روز هم جنازه بماند ابداً از آن طرف نمی‌گذرند. باید باز خود این مزدوران بدبخت پول جمع کرده مرده را دفن کنند.»** و روزنامه ثریا در ۱۳۱۷ هـ.ق/ ۱۸۹۹ می‌نویسد:

خداوند رحمت کند اولیای امور داخله را که ملک تیول می‌کنند ولی مأمورین محترم ما در خارجه انسان تیول می‌فرمایند. گویا رعیتی که از خاک ایران خارج شد تیول حضرات می‌شود. اقلاً در داخله مُرده ایرانی آسوده است، الحمدالله در خارجه مرده هم آسوده نیست و ما حصل زحمات آنها که از مزدوری و فعله‌گی عاید می‌شود به عنوان پاسپورت و قول کشیدن تذکره و جریمه و غیره از آنها دریافت می‌دارند و چون بمُرد اگر صد وارث داشته باشد وارث حقیقی همان مأمورین محترم هستند.**

هیچ سازمان و یا اداره‌ای، برای رسیدگی به تظلمات کارگران نگونبخت ایرانی وجود نداشت مأموران کنسولگری‌های ایران که اصولاً می‌بایست مدافع حقوق اتباع ایرانی می‌بودند، از چاپیدن کارگران ایرانی مشغول در مراکز صنعتی قفقاز، ابایی نداشتند مأموران کنسولگری هر از چند ماهی با دفترچه‌های پاسپورت از راه می‌رسیدند و از طریق رشوه و جریمه به سرکیسه کردن کارگران بی‌چیز می‌پرداختند به طوری که کنسول در قبال مرگ هر کارگر ایرانی ناشی از سوانح متعدد در کارخانه و معدن، مبلغ ۳۰۰ ـ ۲۰۰ تومان از کارفرمایان می‌گرفت و کار شکایت را فیصله می‌داد بی‌آنکه پشیزی از آن بدست خانواده کارگر تلف شده برسد.**

چنین زندگی فقیرانه و مشقت بار، آنان را به طرف هر حزب یا گروهی که مدعی تغییر وضع موجود می‌شد، جذب می‌کرد و به همین خاطر احزاب کمونیستی که وعده بهشت و ایجاد مدینه فاضله می‌دادند همیشه بیشترین طرفداران خود را، از بین چنین طبقات فرودست پیدا می‌کردند، زیرا به میزانی که وضعیت موجود سخت و غیر قابل تحمل می‌شود گرایش و اعتقاد آدمی دنیایی بهتر و دنیایی پر از عدل و داد تشدید

می‌یابد به همین خاطر وقتی اولین جلسات حزب عدالت (کمونیسم) در معادن نفت و «روی نیمکتهای خشن و کثیف کارگری تشکیل می‌گردد» طبق نوشته سیدجعفر پیشه‌وری به محض انتشار خبر تشکیل عدالت:

«در تمام کارخانجات دور و نزدیک همشهری بودند که تمیزترین لباسهای خود را پوشیده و ریش سفید و سرشناس با سوادهای خود را به جلو انداخته دسته دسته به محله صابونچی (مدرسه تمدن ایرانیان) که محل مرکز حزب بود میشتافتند ... کارگر ایرانی در خارج سخت میهن پرست بود او می‌خواست به کشور خود برگردد و آن را آباد و معمور و متمدن بکند. زیر سایه یک دولت مقتدر ملی دموکراسی به زندگانی ساده و دهقانی خود ادامه بدهد یا اقلاً کاری بکند که در ایران کار و کارخانه وسیله معاش بوجود بیاید و او انرژی و توانائی خود را در آنجا بکار برد، زیرا هر چه باشد در خاک بیگانه در مقابل آن همه تحقیر و توهین را تحمل کردن براش مشکل بود».**

و به قول مرحوم حاج زین العابدین مراغه‌ای: «چه توان کرد. اگر دولت ایران دولت بودی، در مملکت خود قانون و نظام مساوات داشتی، رعیت را بحکام بقیمت حیوانات نفروختی هر آینه ما متحمل تحکم بیگانگان، که دشمن همه چیز ما هستند نشده، بسوی ایران هجرت می‌نمودیم ... .**

به همین خاطر، دور از انتظار نیست که از آغاز مشروطیت، تقریباً در تمامی حرکت‌های اجتماعی و جنبش‌هایی چون مشروطیت، جنبش خیابانی، جنبش جنگل و جریان فرقه دموکرات، ردپا و حضور فعالِ انبوهِ مهاجرین را بر علیه دولت مرکزی می‌بینیم. برای آنان این وطن هرگز وطن نبوده است و هرگز وطن‌پرستی و ناسیونالیسم در اندیشه حداقل بعضی از آنان جایی نداشت و از بین همین مهاجرین رنجدیده هست که بعدها افرادی شاخص بیرون می‌آیند و جزو رهبران اوّلیه اندیشه چپ می‌گردند، افرادی چون حیدر عمواوغلی، سلطانزاده، پیشه‌وری و دهها نمونه دیگر. نسلی تلخ و نگونبخت که از لای چرخ‌های آغشته به خون و عرق، بیرون می‌آمدند و برای تغییر وضع و بهبود اجتماع، حرکت‌های رادیکال و گذشتن از دریای خون را

تجویز می‌کردند، نسلی که امید به بهروزی آدمی و سعادت انسان را، تنها در فشار بر ماشهِ تفنگ‌ها جستجو می‌کرد امّا در فرجامِ تلخِ خودشان با فشاری بر ماشه‌ها، روی در نقاب خاک کشیدند: حیدر عمواوغلی دراعماق جنگل‌های شمال ایران، به تیر مزدوری گرفتار آمد و سلطانزاده، گرفتار تروریسم دولتی گردید و پیشه‌وری، بعد از عمری خدمت صادقانه به «سرزمین شوراها» و به اندیشه چپ، سرانجام گرفتار در لابیرنت تزویر و خشونت سر به نیست گردید ... .

این مقال را با سخنی از کارل یاسپرس، فیلسوفی اندیشمند و انسان دوست به پایان می‌بریم که در مورد مهاجر گفته است، او که خود در نفرت از فاشیسم، رنج غربت را به جان خریده و لمس کرده بود:

> هر چه از وطن اصلی‌اش دورتر می‌گردد احساسی افراطی نسبت به وطن خود پیدا می‌کند یا بی‌اندازه نسبت به وطن خود نفرت پیدا می‌کند یا به صورت افراطی شیفته و عاشق آن می‌گردد.

۲ ـ تولد، مهاجرت، تحصیل

سیدجعفر جوادزاده خلخالی که بعداً به میرجعفر پیشه‌وری معروف شد در سال ۱۲۷۱ شمسی در روستای «سیدلر زیوه سی» از توابع خلخال آذربایجان در یک خانواده‌ای که سید بودند متولد شد این روستا در آن زمان حدود ۵۵۰ خانوار داشته که اکثرشان نیز سید بودند امروزه در این روستا هیچکس که منصوب به خانواده پیشه‌وری باشد نمانده است پدربزرگ او کربلایی میریحیی بوده و پدرش میرجواد، از زن دوم میریحیی بوده و مادر پیشه‌وری نیز سیده سکینه بوده است به گفته ریش سفیدان روستا،میرجعفر پیشه‌وری،ابتدا تحصیلات دینی را نزد پدربزرگش کربلایی میریحیی فراگرفته و در ۵سالگی خواندن و نوشتن را بلد بوده است میرجعفر پیشه‌وری فرزند ارشد بوده و دارای دو برادر بنامهای میرخلیل،میرسلیم و دو خواهر بنامهای سیده-جواهر(رخساره) و سیده‌صغری بوده در مورد تاریخ تولد پیشه‌وری اختلاف زیادی وجود دارد اما بنظر میرسد تاریخ دقیق تولدش۲۶آگوست۵/۱۸۹۲اردیبهشت ۱۳۷۱باشد چرا که این تاریخ هم در استنطاق او در زندان رضاشاه و هم بعدها توسط خودش در روزنامه آژیر ذکر شده[۲۱] همچنین خواهر او سیده‌صغری که حدود ۱۰۱ سال عمر کرده می‌گوید که تولد برادرش در ۱۸۹۲بوده است[۲۲].

پدربزرگ پیشه‌وری دستش به دهانش میرسیده و دارای مال مکنت بود اما پس از مرگش،برادران ناتنی میرجواد میراث پدر را صاحب شده پدر پیشه‌وری را از ارث محروم ساختند و همین باعث رنجش و فقر او و در نتیجه یکی از عوامل مهاجرتش به آذربایجان شوروی گردیده در علت مهاجرت او علاوه بر اختلاف با برادران ناتنی باید به ظلم و ستم اربابان و ماموران، اوضاع ویران، هرج و مرگ، غارتگریها و دزدی های موجود در خلخال و روستاهای آن اشاره کرد که پس از ترور ناصرالدین شاه با به سلطنت رسیدن مظفرالدین شاه بیمار، گریبانگیر اکثر نقاط ایران شده بود البته میرجواد قبل از این بدون خانواده، بارها برای کار فصلی به باکو رفته بوده چرا که رعایای خلخال اکثرا پس از برداشت محصول، برای مقابله با فقر و بدبختی به جستجوی کار

راهی آن سوی ارس می‌شدند بنابراین باکو در زمان مهـاجرت خـانواده، شـهری آشـنا بوده است این شهر در آن زمان علاوه بر این‌که ۵۰درصد نفت دنیا را تشـکیل مـی‌داد به عنوان مرکز علم، فرهنگ و انقلاب نیز به شمار می‌آمـد[۲۳] و همـین شـرایط مسـاعد نقش بزرگی در پیشرفت و ترقی خانواده بازی کـرد چـرا کـه خـود پیشـه‌وری معلـم گردیده یکی از برادرانش یعنی میرخلیل پزشکی خوانده بعدا رئیس بیمارستان مرکـزی گردیده و برادر دیگرش میرسلیم نیز در لنینگراد به تحصیل پرداخته مهندسی تجهیزات صنعت آب گردید[۲۴]. باقروف در گزارشی که در ۱۵ تیر ۱۳۲۴ در مورد پیشـه‌وری بـه سران شوروی فرستاده قید می‌کند که پیشـه‌وری دو بـرادر تنـی دارد کـه در شـوروی زندگی میکنند که یکی از آنها در ارتش سرخ سروان رسته پزشکی است.[۲۵]

تاریخ مهاجرت خانواده در مارس ۱۹۰۵اتفـاق افتـاده و در آسـتانه نـوروز وارد بـاکو شدند سیده جواهر(رخساره)خواهر بزرگ پیشـه‌وری در زمـان مهـاجرت خـانواده بـه باکو(به خاطر ازدواج و ابتلا به بیماری مالاریا) در خلخال مانده و اندکی بعد خودش و خانواده اش بدنبال هم از این بیماری درگذشته‌اند[۲۶].

میرجعفر جوادزاده در ۵سالگی تحصیلات دینی و قرآنی را در روسـتای خودشـان،نزد میرخلیل ملای ده فرا گرفت پـس از مهـاجرت نیـز در صـابونچی بـه درس‌اش ادامـه میدهد او در مورد علت مهاجرتش سالها بعد در بازجویی‌هـایش در زنـدان رضاشـاه، چنین می‌نویسد:

... بلوک خلخـال بواسـطه شـرارت ایـل شاهسـون شـلوغ و در معـرض تاخت و تاز بود. ما بعد از غارت شدن هستی و خانمانمان مجبور شـدیم با فامیل و پدر و مادر خودمان مسافرت به روسیه بنماییم بـرای ایـن کـه وسایل زندگی برای ما هیچگونه باقی نمانده بود[**].

جورج لنچافسکی در کتاب «روسیه و باختر در ایران» سلطانزاده را همان پیشه‌وری معرفی می‌کند، یکی دانستن این دو شخصیت، آنهم از طرف لنچافسکی عجیب اسـت و جالب این که تعدادی دیگر از مورخین نیز سخن او را بـدون ایـن کـه کـوچکترین زحمتی بخود دهند تکرار کرده‌اند[**]

پدرش میرجواد قبل از مهاجرت به باکو، در جریان نهضت مشروطیت جزو مشروطه‌خواهان بوده و در قیام تبریز در دوران ۱۱ماهه استبداد صغیر در اردوی ستارخان بر علیه استبداد محمدعلی‌شاه جنگیده و همین،خود تاثیر زیادی بر روحیه پیشه‌وری نوجوان و سیزده ساله به جای گذاشته بود این خانواده مهاجر ابتدا در حوالی باکو در یک روستایی بنام «بلبله» واقع در شبه جزیره آبشرون ساکن شدند[۲۹]

آنان بعدا به قصبه صابونچی کوچ کرده در آنجا متوطن شدند پیشه‌وری نوجوان در مدرسه صابونچی دانش آموز کوشایی بوده و از آنجا که درآمد پدر کفاف خانواده پرجمعیت را نمی‌داد روزی دل به دریا زده از مدیر مدرسه درخواست کرد کاری بدو بسپارند درخواستش مورد قبول واقع شده و پیشه‌وری نوجوان بدین ترتیب در همین مدرسه مشغول به کار شد او در این مدرسه همه گونه کار انجام می‌داد: کارهای مستخدم مدرسه را انجام می‌داد، زنگ مدرسه را به صدا در می‌آورد، کلاسها را تمیز می‌کرد، دستمال به دست پنجره‌ها را پاک می‌کرد، بعضی وقت‌ها پیشه‌وری ۱۳یا ۱۴ساله به جای معلم‌ها به بچه‌ها درس می‌داد[۳۰].

او بعدها در زمان کاندیدا شدن برای مجلس چهارده در معرفی خود در سلسله مقالاتی تحت عنوان «زندگی من» در صفحه اول روزنامه آژیر، ضمن اشاره به آن دوران تلخ، می‌نویسد که زندگی مشعشعانه‌ای نداشته و سراسر توام با مرارت و مبارزه بوده است[۳۱].

او ضمن فراشی در مدرسه روستای بلبله، واقع در شبه جزیره آبشرون، به تحصیلات خود ادامه داده سپس در روستای خیردالانِ همان جا به تدریس مشغول شده و بعدها وارد دارالمعلمین باکو گردید:

> ... فقط در مدرسه دارالمعلمین بلدیه بادکوبه که برای ترک زبانها تأسیس شده بود و یک مدرسه ملی همان مدرسه دارالمعلمین بود ولی آنجا را قبل از جنگ عمومی تمام کردم و در مدارس دیگر تحصیل نکرده‌ام.**

در دایرهٔ المعارف ده جلدی آذربایجان چنین آمده است:

... در ۱۹۰۵ [۱۲۸۴] به همراه خانواده به باکو کوچ کرده و در بین سالهای ۱۷ ـ ۱۹۱۳ در روستای خیردالان به معلمی پرداخت.٭٭

برخی منابع اشاره می‌کنند که او در مدرسه بلدیه به تدریس عربی،فارسی و علوم اسلامی می‌پرداخته خواهرش صغری‌خانم در خاطرات خود از این دوران پیشه‌وری می‌گوید«او پولهایی که از معلمی درآورده بود جمع کرده و در خیردالان دو اتاق کرایه کرده بوسیله اعلانی که به دیوارها چسبانده بوده بچه‌های بی بضاعت کارگران ایرانی را در آن دو اتاق جمع کرده و به صورت رایگان به آنان درس می‌داد او به مدت سه سال بدین کار ادامه داد»[۳۴]

نجفقلی پسیان، بدون ذکر منبع خاصی می‌نویسد که پیشه‌وری در حین تدریس در یکی از جلسات درس، مطلبی گفت که مسلمانان را به شدت ناراحت کرد و سبب شد که وی دیگر در مدرسه صابونچی دیده نشود.٭٭

روزنامه ایران تریبون در مورد پیشه‌وری می‌نویسد: میرجعفر جعفراف می‌گفت پدران او از خلخال به آذربایجان شوروی رفته‌اند و غیر از یک برادر، کس دیگری در آنجا نداشت و منشور گرگانی در کتاب «سیاست شوروی در ایران» می‌نویسد که پدر پیشه‌وری، میرجواد و اهل مثلث خلخال بود و در ده شغل چاوشی داشته است و عمویش در بادکوبه به گدایی روزگار می‌گذرانده: پیشه‌وری پس از اتمام دوره دارالمعلمین در سال ۱۹۰۷، به کمک حاج معلم خلخالی در مدرسه «مکتب اتحاد» مشغول تدریسِ رشته «شریعت» می‌شود و در عین حال در مدرسه ابتدایی بلدیه نمره ۹ باکو نیز به تدریس می‌پردازد، مدرسه «اتحاد ایرانی» در سال ۱۹۰۷، به ابتکار حزب «اجتماعیون عامیون ایران» در باکو تأسیس شده بود.

۳ ـ اولین تجربه‌های نویسندگی و فعالیت‌های سیاسی

در این سالها او اکثر وقت خود را صرف فراگیری علم کرده و بیشتر اوقات خود را در کتابخانه‌ها می‌گذرانده و از بین موضوعات بیشتر به تاریخ، ادبیات و فلسفه علاقه داشته[۳۶] و تقریبا تمام روزنامه های چاپ شده در باکو و آذربایجان ایران را می‌خوانده این محیط غنی از فرهنگ و هنر و بهره‌گیری از بزرگانی چون محمدجلیل قلی‌زاده،

علی‌بیک حسین‌زاده، احمد آقایف، نریمان نریمانف، محمدامین رسولزاده،میرزاعلی اکبر صابر، صراف، سیدسلماسی، میرزاعلی معجز،حسن‌بیک زردابی و غیره بر فرم‌دهی شاکله فکری پیشه‌وری جوان تاثیرات انکارناپذیری داشته و گام‌های او را برای ورود به دنیای مطبوعات به عنوان یک نویسنده و روزنامه‌نگار حرفه‌ایی آماده ساختند.

شروع کار مطبوعاتی او مربوط به همین دوره است و نخستین مقاله‌اش، گویا اندکی پس از در گرفتن انقلاب فوریه ۱۹۱۷ در روزنامه «آچیق سوز» [سخنِ فاش] که ارگان حزب مساوات بود و به سردبیری محمدامین رسول‌زاده منتشر می‌شد به چاپ رسید ولی نویسندگی را، به شکل جدی و حرفه‌ای با چاپ مقالاتی در روزنامه «آذربایجان جز لاینفک ایران» آغاز کرده است.[••] او بعدها در روزنامه آژیر، از آن دوران چنین یاد می‌کند:

> ... عشق تحصیل، عشق کتاب خواندن مرا وادار کرد تا ۲۰ سالگی تمام اوقات بی‌کار خود را در کتابخانه‌ها به سر ببرم. بیشتر از هر موضوعی به کتاب تاریخی، ادبیات و فلسفه علاقه داشتم. در این میان جنگ بین المللی [اول] و پشت سر آن انقلاب کبیر روسیه [۱۹۱۷] سر رسید اقیانوس نهضت اجتماعی مرا هم مانند سایر جوانان معاصر از جای خود تکان داده، به میدان مبارزه سیاسی انداخت. اوّل از مقاله‌نویسی شروع کردم و سپس ... .»[••]

روزنامه «آذربایجان جزء لاینفک ایران» که به مدیریت علیقلی‌زاده منتشر می‌شد ارگان کمیته باکوی حزب دمکرات بود.[••] حزبی که با تلاش محمدعلی تربیت به وجود آمده و متشکل از ایرانیان مهاجری بوده که در آن سامان زندگی می‌کردند، پیشه‌وری ابتدا در قسمت ادبی این روزنامه کار می‌کرده و بعدا سردبیر این روزنامه می‌گردد.همچنین لازم به ذکر است که او از امضای واحدی برای تمامی نوشته‌های سیاسی، انتقادی و شعرهایش استفاده نمی‌کند و از اسامی مختلف مانند م.ج.جوادزاده، م.ج. خلخالی، جوادزاده خلخالی، م.ج سید، م.ج.نادی، عجول،پرویز، سیمرغ، سمندر ...استفاده می‌کند[۴۰] آیا این بهره گیری از اسامی متعدد و مستعار بعلت تعقیب سیاسی او در آن اوضاع بوده یا به علت این بوده که در یک شماره چند تا مقاله می‌نوشته

است؟ شاید هر دو علت دخیل بوده است.حزب دمکرات ایران در باکو با حزب دمکرات ایران، به رهبری شیخ محمد خیابانی همکاری و ارتباط داشت.** حتی بنابه نوشته پیشه‌وری: «حزب دمکرات باکو صددرصد تابع کمیته ایالتی آذربایجان بوده و مستقیماً از تبریز دستور می‌گرفت و از کارهای خود به آن گزارش می‌داد.** پیشه‌وری در روزنامه آژیر، در مورد علاقه مهاجرین به ایران می‌نویسد:

> کارگر ایرانی در خارج سخت میهن‌پرست بود او می‌خواست به کشور خود برگردد و آن را آباد و معمور و متمدن بکند. زیر سایه یک دولت مقتدر ملی دمکراسی به زندگی ساده دهقانی خود ادامه بدهد اقلاً کاری بکند، که در ایران کار و کارخانه وسیله معاش به وجود بیاید و او انرژی و توانایی خود را در آنجا بکار برد زیرا هر چه باشد در خاک بیگانه در مقابل آن همه تحقیر و توهین را تحمل کردن برایش مشکل بود.**

حزب مساوات که در ۱۹۱۱ در باکو شکل گرفته بود، چشم طمع به آذربایجان ایران دوخته و مبلغ «آذربایجان واحد» بود به همین خاطر، مرحوم شیخ‌محمد خیابانی به جای عنوان آذربایجان، اسم «آزادیستان» را بر آذربایجان ایران گذاشت تا بدین ترتیب: اولاً بر پیوند ناگسستنی آذربایجان و ایران تاکید کند، ثانیاً مخالفت خود را با رژیم مساواتی‌ها در باکو نشان دهد موضوعی که به کرات در صفحات مختلف روزنامه تجدد ـ ارگان کمیته ایالتی حزب دمکرات ایران ـ آمده است، و حزب دمکرات شاخه باکو نیز در همسو با حزب دمکرات ایران به رهبری شیخ‌محمد خیابانی، با شعار «آذربایجان واحد» حزب مساوات، مبارزه می‌کرد و همچنان که از عنوان ارگان آن یعنی «آذربایجان جزء لاینفک ایران» برمی‌آید در مقابل حزب مساوات مقاومت می‌کرد. پیشه‌وری که در این زمان عضو حزب دمکرات شاخه باکو بود، مقالات متعددی در ارگان این حزب در مخالفت با توسعه طلبی‌های مساواتی‌ها در این دوران نوشته است و این چقدر حیرت‌انگیز است که او در دوران جوانی‌اش در ۱۹۱۹ عضو حزبی بوده که به شدت مخالف تجزیه ایران بوده و این اندیشه را سالها بعد نیز ـ همچنان که از مقالاتش در روزنامه حقیقت برمی‌آید ـ دنبال می‌کند. امّا در دوره پیری در ۱۳۲۴ در رأس جریانی قرار می‌گیرد که به عنوان جریان تجزیه طلبی مشهور

می‌گردد جریانی که او نه آغاز کننده آن بود و نه پایان برنده آن. در سالهای جوانی و در اولین تجربه‌های روزنامه‌نگاری‌اش در «آذربایجان جزء لاینفک ایران»، چنین نوشته بود:

> ... آذربایجان روح ایران است، همانطور که بدن بی‌روح نمی‌تواند زنده بماند، از روح بدون بدن نیز کاری ساخته نیست. آذربایجان دست راست ایران است. بدن بدون دست با آن به حالتی ناقص می‌تواند زندگی نماید، ولی دست بدون بدن نابود می‌گردد. خلاصه مفتن‌های خوش خیال گرفتار افکار فاسده باید بدانند که فریفتن آذربایجانی و آلت دست کردن او و محو و لگدکوب نمودن حیثیت تاریخی و شرف ملی‌اش چندان هم سهل و ساده نیست..

شایان ذکر است که حزب دمکرات شاخه باکو در بین سالهای جنگ جهانی اوّل به همت محمدعلی تربیت مدیر مدرسه اتحاد ایرانیان با همکاری میرزامحمودخان پرورش، میرزاعبدالله عبدالله‌زاده، شیخ باقر خرازی، علی‌اکبر اسکویی وتعدادی از افراد خیّر دیگر، بنیان نهاده شده بود فعالیت‌های این حزب تنها پس از فروپاشی رژیم تزاری علنی شد؛ پیشه‌وری قبل از گرایش به حزب عدالت، مدتی کوتاه عضو این حزب بوده و همچنان که مذکور افتاد مقاله‌های خود را در ارگان آن به چاپ می‌رساند، انتشار این روزنامه، مصادف با ۱۰ فوریه ۱۹۱۸ (۱۲ بهمن ۱۲۹۶ الی ۸ فروردین ۱۲۹۷) بوده که هنوز حزب مساوات قدرت را به دست نگرفته بود و تقریباً سه ماه بعد یعنی در ۲۸ مه ۱۹۱۸ حزب مساوات با پشتیبانی ترک‌های عثمانی حکومت را بدست می‌گیرد.

پیش آمدن حوادث خونین مارس ۱۹۱۸ که به کشته شدن مسلمانان زیادی انجامید، بسیاری از افراد برجسته حزب دمکرات شاخه باکو از جمله: عبدالله عبدالله‌زاده، شیخ باقر خرازی و علی‌اکبر اسکویی مجبور به ترک باکو شده و پس از آمدن به تبریز به حزب دمکرات شیخ محمد خیابانی پیوستند روزنامه «آذربایجان جزء لاینفک ایران» نیز بعد از ۱۳ شماره به دلیل حوادث فوق، متوقف شده و این حزب از هم پاشید سلام‌الله جاوید در خاطرات خود می‌نویسد که جوادزاده (پیشه‌وری) از معلمان مدرسه اتحاد

ایرانیان و همچنین از فعالان حزب دمکرات بوده و همچنین خاطرنشان کرده که جوادزاده از بازیگران نمایش «انتقام حقیقی» بوده که در مدرسه فوق الذکر به اجرا درآمده.** پیشه‌وری سالها بعد در روزنامه «آژیر» در مورد این حزب، چنین می‌نویسد:

> افراد حزب دمکرات البته تحت تأثیر نهضت انقلابی روسیه نسبت به افراد تشکیلات داخلی آن حزب انقلابی‌تر و تندروتر بوده و در ابراز احساسات میهن پرستی و آزادی خواهی از افراد حزب عدالت عقب نمی‌ماندند [امّا اعضای حزب دمکرات] . می‌گفتند که ما هرگز در انقلاب داخلی روسیه و کشمکش‌های احزاب و دستجات محلی نباید مداخله بکنیم. کار ما و وظیفه ما این است که نگذاریم حقوق افراد ایرانی پایمال شود ...**

پیشه‌وری جمعاً پنج مقاله به زبان آذری در ارگان این حزب نوشته و بیشتر مضمون مقالات او حول محور تشویق به فراگیری علم به منزله درمان کلیه دردها، همچنین حمله به استبداد و واگذرای امتیازات و استعمار انگلستان می‌چرخد.**

در این زمان، حزب مساوات دیگر تنها به اعطای خودمختاری صرف به مردم قفقاز، رضایت نمی‌دهد بلکه استقلال تمام و کمال می‌خواهد در کنگره‌ای که ریاست آن را علیمردان توبچی باشی، به عهده داشت ۷۰۰ نفر شرکت کرده بود و با سخنرانی مهیج رسول‌زاده پایان یافت کنگره با اکثریت قاطع، یعنی ۶۰۰ رأی موافق، نظرات رسول‌زاده را تأیید کرد.**

ارگان حزب مساوات، روزنامه «آچیق سوز» [سخن فاش] بود که به سردبیری محمدامین رسول‌زاده در باکو منتشر می‌شد و پیشه‌وری اولین مقاله خود را در آن به چاپ رسانده است.

پس از سقوط حاکمیت تزار، همزمان با ورود نیروهای عثمانی در قفقاز در ۲۸ ماه مه ۱۹۱۸، جلسه فوق‌العاده چهار حزب مسلمان: حزب مساوات، سوسیالیستهای مسلمان، حزب مسلمانان سوسیالیست منشویک (همت) و اتحاد مسلمانان روسیه تشکیل شد، اهداف این جلسه عبارت بود از: اعلام تشکیل جمهوری آذربایجان، انتخاب اعضای مجلس شورای ملی و نیز برگزیدن رهبری جمهوری آذربایجان؛ در

این جلسه محمدامین رسول‌زاده که ۳۴ سال بیشتر نداشت با اکثریت آراء [۳۳ رأی] به عنوان رهبر شورای ملی آذربایجان انتخاب شد که در واقع رئیس جمهورِ نخستین جمهوری اعلان شده در جهان اسلام به شمار می‌رود.**

۴ ـ انقلاب اکتبر ۱۹۱۷ روسیه

با سقوط رژیم تزاری و اضمحلال اقتدار دیرینه آن و در اوضاعی که هنوز حاکمیت بلشویکها در منطقه قفقاز تثبیت نشده بود در چنین خلاء قدرتی، دوباره حرکت‌های استقلال طلبانه و پان‌ترکیستی که با حمایت و هدایت دولت عثمانی همراه بود در منطقه قفقاز از نو جان گرفت.

وقتی در ماه مارس ۱۹۱۷ حکومت موقت و محلل کرنسکی جانشین سلطنت تزاری گشت ناتوانی حکومت موقت باعث شد که ملت‌های غیرروسی از اطاعت حکومت مرکزی سرپیچی کنند. به دنبال انقلاب اکتبر ۱۹۱۷، سران بلشویک، بلافاصله با آلمان پیمان صلح بستند، امّا در داخل کشور، همچنان درگیری‌های متعددی با ژنرال‌های تزاری در شهرهای مختلف به خصوص بلاد قفقاز، ادامه داشت.

در ۱۵ نوامبر ۱۹۱۷ ارمنی‌ها، گرجی‌ها و آذری‌ها، کمیته ماوراء قفقاز را به اتفاق هم تشکیل دادند، امّا به دنبال معاهده برست لیتوسک در فوریه ۱۹۱۸ که بین نیروهای مرکزی و شوروی به امضاء رسید باعث شد که فدراسیون قفقاز به سه بخش تجزیه شده و در روزهای ۲۶ و ۲۸ مه، سه کشور گرجستان، آذربایجان و ارمنستان مستقل شوند.

نتیجه پیمان برست لیتوسک نفوذ تدریجی ترک‌ها و آلمانی‌ها در جمهوری‌های نو بنیاد ماوراء قفقاز بود، بر طبق این معاهده، ترکیه مجاز بود سه ایالت قارص، آردهان و باطوم را که سابقاً به روسیه تعلق داشت اشغال کند، عثمانی‌ها بعد از اشغال این نواحی، به سوی اشغال باطوم روی آوردند و رو در روی متحد خویش (آلمان) قرار گرفتند. در لفافه همکاری نظامی، آلمانی‌ها برای این که ترک‌ها به منابع غنی نفت باکو در جوار جمهوری آذربایجان دست نیابند یک لشکر نظامی به باطوم وارد کردند و

ترک‌ها را از اشغال این منطقه بازداشتند، این حرکت با استقبال مردم جمهوری گرجستان مواجه شد که به شدت از پیشروی ترک‌ها در این منطقه بیمناک بودند به همین خاطر آنها از ورود آلمان‌ها به خاک خود استقبال کردند.** تمام این اتفاقات، معلول ضعف دولت روسیه و درگیری‌های داخلی آن، قبل از تثبیت نظام کمونیستی بود.

حزب مساوات که در سال ۱۹۱۱م توسط تقی نقی‌زاده، محمدعلی رسول‌زاده [برادر محمدامین رسول‌زاده] و عباس کاظم‌زاده در باکو شکل گرفته بود یک حزب تمرکززدا و مبتنی بر ناسیونالیسم ترک بود** که هوادارانش، عموماً از بین کارگران و روستاییان بود. شخصیت برجسته این حزب، محمدامین رسول‌زاده، بعد از بازگشت از استانبول به باکو آمد و در ۱۹۱۳ به ریاست حزب برگزیده شد در آستانه انقلاب ۱۹۱۷ روسیه که محدودیتهای نظام کهن تزاری بر چیده شد و خودکامگی نظام جدید نیز هنوز مستحکم نشده بود، در اوضاع پر هرج و مرج و بی‌نظمی، فعالیت‌های حزب علنی شد و در اولین قورولتای (کنگره مسلمانان قفقاز) که در ۱۵ الی ۲۰ آوریل ۱۹۱۷ برگزار شد. حزب، ضمن تأسیس «جمهوری دمکراتیک آذربایجان» در زیر حمایت و پشتیبانی نیروهای عثمانی، برای اولین بار بصورت رسمی نام آذربایجان را بر این منطقه گذاشت، در حالی که نام این منطقه پیش از اسلام، آلبانیا بود و پس از اسلام نام آران جای آلبانیا را گرفت و تا زمانی‌که (۱۸۲۸ ـ ۱۸۱۲م / ۱۲۴۳ ـ ۱۲۲۷) توسط روسیه تزاری از ایران جدا شد تحت نام «آران» بود.**

به دنبال تصرف باکو، بوسیله قوای نوری پاشا، دولت مساوات به باکو منتقل شد و اطلاق عنوان آذربایجان در نخستین بیانیه استقلال شورای ملی آذربایجان، باعث ابراز مخالفت‌های متعددی از طرف ایرانیان گردید که حتی سیدحسن تقی زاده نیز با وجود این که از دوستان نزدیک محمدامین رسول‌زاده به شمار می‌رفت از این نام گذاری رنجیده خاطر شد. کسروی در این مورد می‌نویسد:

> در همان روزهای نخست خیزش، حاجی اسماعیل‌آقا امیرخیزی از آزادیخواهان و در این زمان از نزدیکان خیابانی بود، گفت که آذربایجان

چون در راه مشروطه کوشش‌ها کرد و آزادی را برای ایران گرفته، نامش را آزادی‌ستان بگذاریم. در این هنگام نام آذربایجان یک دشواری پیدا کرده بود زیرا پس از به هم خوردن امپراتوری روسی، ترکی زبانان قفقاز در باکو و در آن پیرامون‌ها جمهوری کوچکی پدید آورده آن را «جمهوری آذربایجان» نامیده بودند. از آن سو بنیادگذاران آن جمهوری امید و آرزوشان چنین می‌بود که با آذربایجان یکی گردند.

از این رو این نام را برای سرزمین و جمهوری خود برگزیده بودند. آذربایجانیها که به چنان یگانگی خرسندی نداشته، از ایرانی‌گری چشم پوشی نمی‌خواستند، از نام گذاری قفقاز سخت رنجیدند و چون آن نامگذاری شده و گذشته بود، کسانی می‌گفتند بهتر است ما نام استان خود را دیگر گردانیم. همانا پیشنهاد «آزادی‌ستان» از این راه بوده است.

نویسندگان متعددی معتقدند که این نام‌گذاری با تلاش و تحریک ترک‌های عثمانی به منظور تجزیه طلبی و ایجاد «آذربایجان بزرگ» صورت گرفت. ملک‌زاده تبریزی معروف به ملک‌زاده هیربُدی در خاطرات خود که یکی از مهم‌ترین نوشته‌ها در این زمینه می‌باشد از تلاش‌های خلیل‌پاشا و تنی چند از ایادی محلی آنها در منطقه برای تجزیه ایران تحت پوشش ایجاد یک «آذربایجان بزرگ» یاد کرده است. همچنین می‌توان به تلاشهای مخالفت‌آمیز ایرانیانی مانند محمد ساعد مراغه‌ای، کنسول ایران در باکو یاد کرد که با این نامگذاری مخالفت می‌نمودند.** افزون بر تحریکات عثمانی‌ها در گزینش نام آذربایجان باید از اقبال عمومی مردم این خطه نیز یاد کرد که بعد از فروپاشی امپراطوری روسیه، بازگشت به سرزمین مادر (ایران) در قالب یک فدراسیون را مد نظر داشتند و حتی هیئت نمایندگی آذربایجان که به انجمن صلح ورسای فرستاده شده بود ضمن دیدار با هیئت اعزامی ایران، خواستار اتحاد با ایران شدند این گفتگوها که در ۱۰ آبان ۱۲۹۸ به عمل آمده در تلگراف محمدعلی فروغی به وزیر امور خارجه ایران (نصرت‌الدوله) بصورت مبسوط آمده است نصرت‌الدوله در نامه‌ای به لرد کروزن (وزیر امور خارجه بریتانیا) خواسته‌های نمایندگان آذربایجان را ذکر می‌کند.** و می‌کوشد تا نظر موافق بریتانیا را برای ایجاد فدراسیون میان ایران و

آذربایجان (آران) جلب کند و در تهران نیز وثوق‌الدوله، نخست‌وزیر ایـران؛ سرپرسی کاکس، وزیر مختار بریتانیا در تهران را متقاعد کرده بود که از این مسئله حمایت کنـد امّا این اتحاد دوباره، در واقع مغایر با سیاست نزدیک به یک قرن انگلسـتان در منطقـه بود سیاستی که تجزیه تدریجی ایران را به دنبال داشت از اینرو مقامات انگلستان نقشه نصرت‌الدوله را «بسیار گستاخانه و جاه طلبانـه» خواندنـد.** در اثـر مخالفـت شـدید انگلستان، حتی هیئت نمایندگی ایران نتوانست در جلسات انجمن صلح حضور به هم رساند و تقاضاهای خود را که فدراسیون نیز جز آنها بود مطرح سازند در نتیجـه امیـد ایجاد فدراسیون و اتحاد دوباره آذربایجان (آران) با مادر (ایران) از بین رفت در واقـع در این زمان، ایران چنان پیکرش در زیر تازیانه قـدرتهای اسـتعماری و حکـام نـالایق خود زخمی و فرسوده گشته بود که خود به زحمت می‌توانست سرپای خود به‌ایسـتد! به همین خاطر، اندکی بعد از طرف وثوق‌الدوله با اخـذ چنـد سـکه رشـوه، (قـرارداد ۱۹۱۹) بصورت تحت‌الحمایه انگلستان درآمد و آران نیز توسط شوروی دوباره بلعیده شد.

در حالی که سران دولت مستقل آذربایجان در پی تحکیم قدرت خود بودند کشتار و جنگ بین مسلمانان و ارامنه به مدت یک هفته ادامه داشت و در این کشتار، بیش از سه هزار نفر آذربایجانی که ۶۰۰ نفر از آنان ایرانی بودند، کشته شدند.

در این موقع اتحادیه سرخ به رهبری «شائومیان» حزب مساوات را از کار بـر کنـار کرد و قدرت را بدست گرفت. شائومیان مردی ارمنی بود و بعد از انقلاب کمونیسـتی از طرف لنین، مأمور اداره قفقاز شده بود حکومت کمونیستی او سـعی کـرد از طریـق گفتگو بین طرفین، جنگ و کشمکش را فیصله بدهد به دنبال متارکـه جنـگ از طـرف کمیساریای قفقاز، سران هر سه قوم یعنی مسلمانان، گرجی‌ها و ارامنه موافقت کردنـد که در قفقاز جمهوری مستقل و جداگانه‌ای تشکیل دهند به شکل جمهوری گرجستان، جمهوری ارمنستان و جمهوری آذربایجان.

محمد ساعد که در آن زمان به سمت سرکنسولگری ایران در بادکوبه منصوب شده بود در خاطرات خود می‌نویسد: مسلمانان برای حفظ و استقرار نفوذ خـود بـه قشـون

عثمانی متوسل شده و از آنها می‌خواستند تا بادکوبه را آزاد نموده و به آنها تحویل دهد گرجی‌ها نیز به آلمانی‌ها متوسل شده و آنها نیز نظیر این تقاضا را برای آزادی گرجستان داشتند، به دنبال تخلیه جبهه‌های جنگ از قشون روسی، قوای عثمانی مواضع آنها را اشغال کرده و پیشروی خود بسوی قفقاز ادامه داده و در شهر «گنجه» حکومتی بنام «آذربایجان ـ قفقاز» اعلام کردند و در ضمن، تعدادی از قوای آنان، بطرف بادکوبه حرکت کرده وقتی به دروازه‌های بادکوبه رسید حکومت کمونیستی شائومیان در رأس کار بود و با اشغالگران مبارزه می‌کرد.**

در این زمان [۲۶ ژوئیه ۱۹۱۸] احزاب مخالف از فرصت استفاده کرده بر علیه حکومت شائومیان دست به کودتا زده و ضمن دستگیری عوامل حکومت کمونیستی شائومیان، قدرت را بدست گرفتند و از قوای انگلیسی مستقر در ایران برای دفاع از بادکوبه کمک خواستند ژنرال دنسترویل در خاطرات خود می‌نویسد:

> ... وظیفه هیئت اعزامی این بود که به محض ورود به محل مأموریت [،] فوراً از روسها و گرجیها و ارامنه که جزو قشون بودند تشکیلاتی داده و فرونتی در مقابل پیشرفت قوای ترک ایجاد نمایند ... افتخار این مأموریت نصیب من شد و با دسته قوای اصلی خود در ژانویه ۱۹۱۸ از بغداد بصورت مأموریت حرکت نمودم.**

قوای ژنرال دنسترویل که بنام کمک به استقلال طلبان قفقاز در ژانویهٔ ۱۹۱۸ از بغداد به ایران فرستاده شده بود، در واقع هدفی جز گستردن بساط استعماری در این نواحی نداشت، او با یک گروه مرکب از ۱۲ افسر،۴ اتومبیل سواری و ۳۶ کامیون فورد از طریق کرمانشاه ، همدان و قزوین خود را به انزلی رسانده و از آنجا به طرف باکو حرکت کرد. دنیس رایت در مورد اهداف این مأموریت می‌نویسد:

> ... هدف از این مأموریت تقویت ارامنه و گرجی‌ها برای مقاومت در برابر اتراک و جلوگیری از رسیدن نیروهای ترک به مناطق نفتی باکو بود. این گروه ... در ژوئیه سال ۱۹۱۸ بعد از شکست دادن جنگلی‌ها در نزدیکی رشت و آزاد ساختن ساختمان کنسولگری در آن شهر، دانسترویل و نیروهایش در ۱۶ اوت در یک کشتی متعلق به روس‌های

سفید و ناخدائی یک افسر نیروی دریائی انگلیس عازم باکو شد. گر چه نیروهای کمکی نیز اعزام شد ولی زیر حملات شدید ترک‌های عثمانی دانسترویل مجبور شد بعد از دادن تلفات سنگین و آبرو ریزی از باکو عقب‌نشینی کند و در اواخر ماه سپتامبر به قزوین باز گردد.**

انقلاب اکتبر در روسیه و نابسانیهای داخلی حاصل از انقلاب، باعث نفوذ ترک‌های عثمانی و آلمانی در جمهوری‌های تازه استقلال یافته شده و همچنین موجب پیشروی آنان بسوی سواحل غنی خزر گشت و این مشکل برای انگلستان بوجود آمد که در صورت موفقیت عثمانی‌ها و آلمانی‌ها، نیروهای مرکزی در سواحل بحر خزر و ترکستان و افغانستان نفوذ فراوان می‌یافتند و شعله انقلاب‌های ضد انگلیسی را در هند دامن می‌زدند. به همین خاطر انگلستان برای جلوگیری از نفوذ ترک‌ها و آلمانی‌ها در قفقاز، در ژانویه ۱۹۱۸، لشکری تحت فرماندهی دانسترویل برای لشکرکشی به بین النهرین آماده کردند.**

از حرکت نیروهای انگلیسی تحت رهبری دنسترویل تا خروج آنان از باکو با نزدیک شدن نیروهای عثمانی مجموعه حوادثی اتفاق می‌افتد که جزء تلخ‌ترین حوادث این ناحیه محسوب می‌شود: از هم پاشیدن کمون باکو و افتادن حکومت در اواخر ژوئیه ۱۹۱۸ بدست دیکتاتوری سنتروکاسپی متشکل از افسران ناوگان خزر و نمایندگان اِس. اِرها، داشناک‌ها، منشویک‌ها و دستگیری شائومیان و بیست و شش کمیسر دیگر و زندانی کردن آنها در زندان کراسنوودسک و سرانجام اعدام دست جمعی آنها در آخچا گویما (ترکمنستان) بدست اس ارها و نیروهای انگلیسی را می‌توان نام برد.**

دنسترویل وارد بادکوبه می‌گردد و به کمک عوامل روسی و ارامنه و قشون رسمی بادکوبه، جنگ با نیروهای عثمانی هفته‌ها ادامه پیدا می‌کند ولی در نهایت با پیروزی نیروهای عثمانی پایان می‌یابد و قوای انگلیسی مجبور به تخلیه مواضع خود شده و به ایران باز می‌گردد در حالی که بادکوبه کاملاً در محاصره نیروهای عثمانی در آمده و بمباران شهر همچنان ادامه داشت سرانجام با تقاضای روس‌ها از محمد ساعد، با

وساطت او، شهر در ۱۴ سپتامبر ۱۹۱۸، بدون کشتار و قتل عام، تسلیم قـوای عثمـانی می‌شود و سربازان عثمانی تحت فرماندهی مرسل پاشا فاتحانه وارد شهر می‌گردند امّـا اشغال باکو دیری نمی‌پاید و به دنبال پیمان نظامی در سی‌ام اکتبر ۱۹۱۸ بین عثمانی‌هـا و آلمانی‌ها، طرفین متعهد می‌گردند که آلمانی‌ها، اسـتقلال آذربایجـان را بـه رسـمیت بشناسند و در عوض، عثمانی‌ها هم قول دادند که نیروهای خود را از خاک آذربایجان خارج کنند.

حزب مساوات که در ۱۷ ژوئن ۱۹۱۸، قدرت را بدست گرفته بود بکلی تابع ترکیه بود.** در مجلسی که تشکیل داده بود از همه اقوام و ملل ساکن باکو، حتی روس‌ها نیز نمایندگانی در آن وجود داشتند ریاست جمهوری بـا یکـی از وکـلای تحصـیل کـرده دادگستری به نام خان خوئیسکی بـود و اندیشـه‌گـر و مشـاور سیاسـی او محمـدامین رسول‌زاده بود.

نیروهای عثمانی پس از شش ماه اشغال آذربایجان، سرانجام بر اساس شرایط صلح مودروس سرحدات آذربایجان را ترک کردند.**

امّا اندکی پس از تخلیه باکو توسط نیروهای عثمانی، حـوادث جدیـدی بـه وقـوع می‌پیوندد و این بار نیروهای انگلیسی در نوامبر ۱۹۱۸ تحت فرماندهی ژنرال تامسون، دوباره باکو را اشغال می‌کنند دولت رسول‌زاده از قوای اشغالگر انگلیس استقبال می‌کند و به مذاکره با آنـان مـی‌نشـیند. در نتیجـه، تامسـون اسـتقلال آذربایجـان و حکومـت مساواتی‌ها را به رسمیت می‌شناسد و به «پیچراخوف» فرمانده قوای روسی مسـتقر در باکو، دو روز مهلت می‌دهد که شهر را ترک نمایند. از طرفی، تامسون راضی مـی‌شـود که حکومتی ائتلافی در آذربایجان تشکیل شود و نمایندگانی از ملیتهای دیگـر نیـز در آن مشارکت داشته باشند و فرمان گشـایش پارلمـان نیـز در ۷ دسـامبر ۱۹۱۸، توسـط تامسون صادر می‌گـردد.** علـت بـه رسـمیت شـناختن حکومـت آذربایجـان توسـط انگلیسی‌ها به دلیل موضع ضد کمونیستی و ضد بولشویکی بودن حکومت مساواتی‌هـا بود.

۵ ـ تاریخچه حزب عدالت

هسته اولیه حزب عدالت، گروههای کوچکی از کارگرانی بودندکه افراد شاخصی چون اسداله غفارزاده، بهرام آقایوف و احمد امیروف رهبری آنها را در بعضی از تظاهرات و اعتراضات بعهده داشتند امّا این گروه هنوز به سطح سازمان و حزب نرسیده بود و تنها پس از پیروزی انقلاب فوریه ۱۹۱۷، زمینه رشد آن فراهم گشت و در ماه مه ۱۹۱۷ نخستین حزب پرولتاریائی ایران با عنوان «حزب عدالت» در محلهٔ صابونچی باکو بوجود آمد. ** عبدالصمد کامبخش در این مورد می‌نویسد:

> در سال ۱۹۱۶ عده‌ای از کارگران ایرانی گروهی بنام «عدالت» بوجود آوردند که بر پایه آن در ۱۹۱۷ حزب سوسیال دمکرات «عدالت» به رهبری اسداله غفارزاده، یکی از انقلابیون با تجربه زمان خود تشکیل گردید. **

بسیاری از اعضای حزب عدالت در واقع همان دهقانان فراری و فقیری بودند که از نواحی مختلف آذربایجان، بدان دیار کوچ کرده بودند، سیدجعفر پیشه‌وری در این مورد می‌نویسد:

> اولین جلسات این حزب کارگری در کازانهای معادن نفت آلود سیاه مرطوب و در روی نیمکتهای خشن و کثیف کارگری تشکیل گردید حزب عدالت بعد از سقوط تزار شروع به کار کرده و از پیشقدمان آن اشخاص زیر را می‌توان نام برد:
>
> اسداله غفار زاده رئیس، میرزاقوام منشی، ممی‌زاده، آقایف بهرام، آقایف محرم، ملا بابا، رستم کریم زاده، محمدحسین صمدزاده، قاسم معروف به پیغمبر، مشهدی آقا وردی، قارداداش، سیف ابراهیم زاده، آقا بابا یوسف‌زاده، محمد فتح‌الله اوغلی، حسین‌خان طالب زاده ... .
>
> به محض انتشار خبر تشکیل عدالت در تمام کارخانجات دور و نزدیک، همشهری بوده که تمیزترین لباسهای خود را پوشیده و ریش سفید و سرشناس با سوادهای خود را جلو انداخته، دسته‌دسته به محل صابونچی

(مدرسه تمدن ایرانیان) که محل مرکز حزب بود می‌شتافتند و در آنجا از طرف موسسین حزب پذیرائی شده کارت عضویت می‌گرفتند.**

حزب عدالت دارای دو ارگان چاپی بنام‌های مجله‌ی «بیرق عدالت و روزنامه «حریت» بود.** مرامنامه و نظامنامه حزب عدالت در چند شمارهٔ روزنامه «حریت» چاپ و منتشر شده، بخش مقدمه مرامنامه، حزب را یک حزب پرولتاریایی معرفی می‌کند که در راه آزادی و سعادت بشریت زحمتکش مبارزه می‌کند و در آن قید شده که حزب عدالت آنهایی را هم که کارگر و دهقان نیستند، امّا آماده‌اند که از حقوق کارگران و دهقانان دفاع نمایند، در صفوف خود می‌پذیرد.** در بخشی از مرامنامه حزب چنین آمده است:

> ... خیر بر شر غالب آمده دوره عدالت آغاز گردید. «عدالت» آفریده شده بوسیلهٔ کارگران و زحمتکشان ایران نخستین حزبی است که برای بازگرفتن حقوق پایمال شدهٔ پرولتاریای ایران از غاصبان تشکیل شده است عدالت تمام توده‌های زحمتکش را بدون قایل شدن تبعیض به زیر پرچم خود فرا خوانده، می‌گوید: «همه پرولتاریای جهان، همه کارگران و زحمتکشان ایران متحد شوید».**

در مورد آرمان‌های حزب عدالت، پیشه‌وری سالها بعد، چنین می‌نویسد:

> کارگران ایرانی ... اگر چه وارد اتحادیهٔ کارگری هم بود این برای او کفایت نمی‌کرد، او یک سازمان خودمانی ملی هم لازم داشت، تشکیلاتی لازم داشت که هم از همزبانان، از هم وطنان خودش باشد ... همشهری یک جمع سیاسی هم می‌خواست که آن جا حرفهای سیاسی خود را بتواند بزند. از این جهت عدالت را بهتر می‌پسندید. در آن جا حرفهای خود را می‌گفت، دردهای خود را می‌شمرد ... وانگهی وضعیت عمومی خطرناک بود که از زمین و آسمان خون می‌بارید، انقلاب بزرگ روسیه تازه شروع شده بود؛ هر صنف هر دسته هر طبقه خود را برای نبردهای سخت و پیروزی قطعی مجهز می‌نمود. همشهری که در انقلاب مشروطه بوی باروت به دماغش خورده بود طبعاً نمی‌توانست ساکت بنشیند. او

می‌خواست اسلحه داشته باشد از حقـوق خـود، از هـم میهنـان خـود، از صنف و طبقهٔ رنج کش خود مدافعه نماید ... .
عدالت تصمیم گرفته بود در انقلاب طبقاتی دخالت بکنـد و ایـن کـار را جداً شروع کرده بود.
پس اینجا می‌توانیم نتیجه گرفته بگوئیم دومین هـدف عـدالت کمـک بـه مساعدت عملی با انقلابیون روسیه بود.
علاوه بر همه این‌ها عدالت برای کارگران یک سازمان فرهنگی هـم بـود. شعبات متعـدد آن بـرای کـار اجتمـاعی خصوصـاً تحصـیلی و تفریحـی پیوسته مهیا و آماده بود. همشهری دیگر قهوه‌خانه نمی‌رفت و وقت خـود را به کارهای ناشایست و یاوه سرائی تلـف نمـی‌نمـود. در هـر کارخانـه حزب عدالت شعبه و محلـی در عـین حـال باشـگاه فرهنگـی هـم بـود، تأسیس کرده با پشتیبانی خود کارگران همه جور وسـایل فرهنگـی در آن جا فراهم آورده بود. در این باشگاههای کوچک کتابخانـه، قرائـت خانـه، طالار چای خـوری و بـازی و سـالون تـأتر و همـه گونـه وسـایل وقـت گذرانی بـرای آن‌هـا مهیـا بـود: ... اصـلاً بـا تشـکیل عـدالت همشـهری سرپرست پیدا کرد، آدم شده بود، کسی حتی در خارج هم نمی‌توانسـت این کلمه را به زبان بیاورد. بر عکس اغلب ناچار بودنـد از او تملـق هـم بگویند زیرا او حالا دیگر مسلح هم شده بود. آنها که تـا دیـروز از سـایه همشهری هم دوری می‌کردند امـروز ناچـار بودنـد بـه او رفیـق خطـاب بکنند، این را همشهری از حزب عدالت می‌دانست.**

پس از متلاشی شدن حزب دمکرات شـاخه بـاکو در ۱۹۱۸، سـیدجعفر جـوادزاده (پیشه‌وری) به همراه بسیاری از اعضای حزب دمکرات به حزب عدالت پیوست و در کنفرانس عمومی حزب عـدالت کـه در اواسـط سـال ۱۹۱۹ / ۱۲۹۸ برگـزار شـد بـه عضویت کمیته مرکزی حزب برگزیده می‌شود و در مورخه ۲۱ اکتبر ۱۹۱۹ / ۲۸ مهـر ماه ۱۲۹۸ یعنی از شماره ۲۳، سردبیر روزنامهٔ حریت ـ ارگان حزب عدالت ـ می‌گردد، او سردبیری این روزنامه را تا واپسین شماره آن، یعنی شماره ۷۳ (مصـادف ۱۰ ژوئـن

۱۹۱۹ / ۲۰ خرداد ۱۲۹۸) بر عهده داشته است. جوادزاده (پیشه‌وری) سالها بعد در این مورد چنین می‌نویسد:

... مترقی‌ترین تشکیلات سیاسی ایرانیان مرا با آغوش باز پذیرفت، دستور داد روزنامه حریت را تأسیس و اداره نمایم ...**

برخی نویسندگان اشاره می‌کنند که «در اواسط ۱۹۱۹پیشه‌وری با ضمانت محمد فتح‌اله‌زاده و سه برادر بنام‌های یوسف،یعقوب و بهرام آقازاده وارد صفوف حزب عدالت شد »[۷۲].روزنامه حریت به دو زبان فارسی و ترکی منتشر می‌شد.** او قبل از سردبیری این روزنامه، مقالات متعددی در شماره‌های اولیه آن نوشته بود و در همین زمان او علاوه بر حریت در روزنامه‌های کمونیستی دیگری چون: آذربایجان فقراسی (تنگدستان آذربایجان)، یولداش (کمونیست) کومونیست، آذربایجان موقت حربی انقلاب کومیته سینین اخباری (اخبار کمیته انقلاب جنگی موقت آذربایجان) و مجله مشعل و ... ده‌ها مقاله به چاپ رسانده است.**

حمله به کنسولگری ایران در باکو از طرف حزب عدالت، در آوریل ۱۹۱۸، اولین حمله‌ای بود که توسط کارمندان کنسولگری دفع شد. امّا در دومین حمله که یک ماه بعد صورت گرفت کنسولگری به تصرف حمله کنندگان درآمد و سرکنسول ایران (محمد ساعد مراغه‌ای) نیز مجبور به فرار شد. به نوشته منشور گرگانی، در حمله برای تصرف کنسولگری ایران، میرزااسداله غفارزاده و برادران آقایف شرکت داشتند.**

محمد ساعد در خاطراتش می‌نویسد که کارگران، نظر خوشی نسبت به کنسولگری ایران نداشتند و می‌خواستند که کنسول ایران را از میان بردارند و کنسولگری را مجدداً اشغال و کارها را به دست خود بگیرند.**

پس از تصرف کنسولگری ایران، کمیته مرکزی حزب عدالت، اسداله غفارزاده، شخصیت برجسته حزب عدالت (=کمونیست) را برای تماس با میرزاکوچک‌خان به گیلان می‌فرستد ولی وی توسط یکی از مخالفان خود که از باکو او را تعقیب می‌کرده در خیابان‌های رشت، هدف تیراندازی واقع شده و کشته می‌شود. به نوشته سیدجعفر پیشه‌وری، اسداله غفار زاده در یکی از خیابان‌های رشت، از طرف یکی از مخالفان

حزب عدالت، شناسایی و زخمی می‌گردد و در اداره نظمیه به توسط همان فرد به قتل می‌رسد.**

بنابه نوشته سلام‌الله جاوید، اسداله غفارزاده به توسط شائومیان، صدر شورای باکو به گیلان فرستاده می‌شود تا کوچک‌خان را قانع کند که از پیشروی سرهنگ پیچراخوف، فرمانده قزاق روسیِ ضد انقلاب به طرف باکو جلوگیری کند و شایع بوده که کشنده اسداله غفارزاده فردی بنام واعظی‌زاده از حزب فرقه استقلال بود که با حزب عدالت دشمنی داشت.**

بهرام آقایف پس از کشته شدن غفارزاده، جانشین او شد امّا اندکی بعد آقایف دستگیر گردید و پس از دستگیری آقایف، ترکیب کمیته مرکزی حزب به شکل زیر درآمد: بنیادزاده، کامران آقایف، آقابابا یوسف‌زاده، جوادزاده (پیشه‌وری)، اسماعیل، سیف الله، جباری.**

در طول این مدت با وجود این که حزب عدالت رهبر برجسته خودش را از دست داد ولی پیشرفت آن همچنان ادامه داشت بطوریکه در اواخر سال۱۹۱۷و اوایل سال ۱۹۱۸علاوه بر نواحی مختلف آذربایجان در داغستان، هشترخان، تفلیس، باطومی، ایروان و نواحی دیگر دارای تشکیلات بود در باکو و برخی مناطق دیگر حزب توانسته بود حتی برخی از نیروهای خودش را مسلح کند[۸۰] و در دوران حکومت بلشویکی شائومیان در آذربایجان شوروی توانست یک نیروی ۴۰۰۰ نفری را تدارک ببیند؛ سپهر ذبیع علت موفقیت کمیته را در انتشار روزنامه «بیرق عدالت» ارگان رسمی کمیته می‌داند اما پس از این که قوای عثمانی در ۱۹۱۸ آذربایجان شوروی را تصرف کرد، تعداد افراد کمیته عدالت به ۴۰ نفر رسید، البته در پایان جنگ جهانی اوّل و بازگشت سربازان عثمانی از آذربایجان، کمیته عدالت دوباره فعالیت خود را از سر گرفت و به نوشته منشور گرگانی، «روزنامه «حریت» را به زبان فارسی و ترکی منتشر کرد که هر پانزده روز یک بار انتشار می‌یافت این روزنامه طرفدار اتحاد با پرولتاریای جهان و مخالف حکومت سلطنتی و روحانیون مسلمان و اشراف و طبقه ممتاز بوده است.**

قبل از ورود ارتش سرخ به ایران، حزب عدالت در بعضی از شهرهای ایران مانند گیلان، آذربایجان، خراسان و تهران، دارای تشکیلات مخفی و زیرزمینی بود این تشکیلات بعد از ورود ارتش سرخ و رهبران حزب عدالت به ایران، سریعاً توسعه پیدا می‌کند:

> ... در طی سالهای ۱۹۱۸ و ۱۹۱۹ حزب [عدالت] نفوذ شگرفی در میان کارگران ایرانی مقیم باکو بدست آورد و زمانی حدود ۶۰۰۰ نفر عضو مخفی داشت. کمیته حزب «عدالت» اعضای خود را برای کارهای تبلیغاتی و تشکیلاتی به ایران میفرستاد و در آنجا حوزه‌های حزبی تشکیل می‌داد و مطبوعات حزبی ارسال می‌داشت. اندکی بعد در همه جا و نه تنها در قفقاز بلکه در ترکستان نیز سازمان مشابهی در میان کارگران ایران بوجود آمد.**

رقم ۶۰۰۰ نفر، اغراق آمیز به نظر می‌رسد زیرا در حوالی سال ۱۹۲۰ تعداد اعضای حزب عدالت در ایران، ۳۲۳ نفر بوده و حزب تنها در شهرهای تبریز، اردبیل، انزلی، رشت، زنجان و آستارا، حوزه‌هایی را دایر کرده بود.**

حزب مساوات بعد از اعلام استقلال آذربایجان، باکو را پایتخت خود قرار داده در ۲۴ ربیع الثانی ۱۳۳۸ از طرف متفقین به رسمیت شناخته شد و دولت ایران نیز از جمله کشورهایی بود که استقلال آن را به رسمیت شناخت دولت آذربایجان، «اسماعیل زیادخان‌اف» را به عنوان وزیر مختار به ایران فرستاد و دولت وثوق‌الدوله، سیدضیاءالدین طباطبائی را با هیئتی جهت عقد قرار داد با دولت آذربایجان به باکو فرستاد تا در باب تجارت و حمل و نقل و سایر امور اقتصادی و مناسبات سیاسی قراردادی را امضاء کند. امّا همزمان با لشکرکشی ارتش سرخ به قفقاز، این قرارداد کان‌لم‌یکن اعلام گردید؛ سیدجعفر پیشه‌وری که در این زمان سردبیر روزنامه حریت ـ ارگان حزب عدالت ـ در باکو بود در مقاله‌ای تحت عنوان «به مناسبت ورود هیئت اعزامی ایران به آذربایجان» در شماره ۳۶ (۸ دسامبر ۱۹۱۹) به سیدضیاءالدین چنین حمله کرد:

روزنامه های محلی خبر آمدن هیئتی تحت سرپرستی سیدضیاءالدین از طرف دولت ایران به پایتخت آذربایجان را می‌دهند اگر چه بحث درباره اهمیت اقدامات این هیئت به جهت دردست نبودن معلومات رسمی در پیرامون چگونگی فعالیت آن مشکل است، از این نظر که ما ایرانی نامیده می‌شدیم. بیان نظریاتمان در این خصوص با نوشتن این چند سطر بی‌فایده نمی‌بینم. هیئت محترم اعزامی از ایران برای پنجاه ـ شصت هزار ایرانی ساکن باکو چه خواهد داد و به آنها چگونه خواهد نگریست؟ ...
برای هر کس مثل آفتاب روشن است که آنها زحمت آن را به خود نمی‌دهند که فکری به حال گرسنگان و انقلابیونی که دشمن ریاستشان هستند بکنند. آنها تنها تمام همّ خود را مصرف آن می‌دارند که آرزوهای تجار فوق الذکر را از قول به فعل در آورند و حتی به خاطر همین کار است که اعزام شده‌اند. سیدضیاءالدین‌ها که صاحب روزنامه‌ای مانند رعد بودند و این که در رأس این هیئت قرار گرفته‌اند، تا حال به فقرای کاسبه چه داده‌اند که اکنون فلاکت زدگان ایرانی ساکن باکو و مهاجران عجمستان از آنها انتظار منفعتی را داشته باشند؟ ...
آنچه که ما انقلابیون ایرانی را بر اقدامات این هیئت بدبین می‌سازد، وجود آقای سیدضیاءالدین در رأس آن است. ما می‌دانیم که این جناب خادم انگلیسی بوده، به خاطر استقرار نفوذ حاکمیت انگلیس در ایران از هیچ کوششی دریغ نورزیده است... .

تقریباً یک سال بعد، وقتی پیشه‌وری در تهران در روزنامه «حقیقت» قلم می‌زد خطاب به سیدضیا، به عنوان کارگردان اصلی کودتای انگلیسی اسفند ۱۲۹۹، ضمن یادآوری مسافرتش، چنین می‌نویسد:

... یاد داری که تو ما را دعوت کردی که بیاییم با هم کار بکنیم و خیلی از وثوق‌الدوله تعریف می‌کردی. یادت رفته مقالات جریده حریت که با تو در موضوع قرارداد ضدّیت می‌نمود؟ یاد داری که ایرانیان کارگر تو را خائن وطن خوانده، از میان خودشان بیرونت کردند و بر ضد تو که از قرارداد دفاع می‌کردی بیان‌نامه نوشتند ..[**]

پیشه‌وری در وقتیکه این مطالب را می‌نوشت هرگز تصور نمی‌کرد که بیست و پنج سال بعد، همین شخص از دشمنان سرسخت او در فرقه دمکرات آذربایجان و از کارگردانان اصلی مجلس چهارم در ردّ اعتبارنامه‌اش خواهد بود!.

هیئت اعزامی ایران با اهداف زیر به آذربایجان می‌رفتند:

۱. نامه‌ها و شکایات عدیده‌ای از سوی ایرانیان مقیم آنجا رسیده بود که نشان می‌داد اجحاف و ستمهای زیادی به آنان وارد آمده است ... و هیئت اعزامی می‌خواست از نزدیک مسائل ایرانیان را با مقامات جمهوری حل کند.

۲. چون قفقاز یکی از دروازه‌های مهم ایران به جهان بود و راه ترانزیت کالا و روابط پستی، لهذا ایران می‌بایست برای رفع اختلالاتی که به وجود آمده بود اقدام می‌کرد.

۳. دولت ایران همانند بسیاری از دولت‌های دیگر جهان، دولت آذربایجان را به رسمیت نشناخته بود و دولت جدید آذربایجان، اجازه حمل و نقل کالا و مسافر و روابط پستی را نمی‌داد و می‌خواست با تحت فشار قرار دادن، ایران را وادار کند تا جمهوری آذربایجان را به رسمیت بشناسد ... .**

سیدضیاءالدین و همراهان او در روز ششم آذر ۱۲۹۸ با کشتی ویاتکا که متعلق به کمپانی قفقاز مرکوری بود از انزلی حرکت کرده و روز هفتم وارد بادکوبه شدند؛ و روز شنبه ۳۰ اسفند ۱۲۹۸ آخرین جلسه مذاکرات کنفرانس ایران و آذربایجان بود، سیدضیاءالدین در تاریخ ۵ و ۶ فروردین ۱۲۹۹ تمام قراردادها و صورت جلسات را توسط یکی از اعضای هیئت، برای رئیس الوزراء و وثوق‌الدوله فرستاد، مقامات ایرانی، نکاتی چند از مفاد این قراردادها را به ضرر ایران تشخیص داده بودند و به همین خاطر سیدضیاءالدین، هیئت را در باکو گذاشته و جهت ادای توضیحات و ملاقات با رئیس الوزراء به تهران بازگشت امّا دیگر دیر شده بود، زیرا در اوایل اردیبهشت همان سال (۲۷ آوریل ۱۹۲۰ م) حکومت باکو به وسیله بلشویکها سقوط کرده و این قراردادها نیز به تصویب طرفین نرسید و دوران استقلال جمهوری آذربایجان نیز پایان یافت. رسول‌زاده در نامه‌ای تأثر آمیز به تقی‌زاده می‌نویسد: «اگر

بالای سر ما حکومت مقتدر ایرانی وجود داشت، روس‌ها به این سهولت نمی‌توانستند وارد بادکوبه شوند و نه در قفقاز این همه فجایع را می‌توانستند مرتکب شوند». ••

در طول حاکمیت ۲۳ ماهه مساواتی‌ها، اوضاع، نسبتاً آرام و با ثبات بود و دیگر گروهها و احزاب نیز می‌توانستند تا حدودی به فعالیت بپردازند، در پارلمان آذربایجان که متشکل از ۱۲۵ نماینده بود علاوه بر نمایندگان آذری، یک اقلیت قوی از ملیتهای مختلف مرکب از ۲۰ ارمنی، ۱۰ روسی و چند نفر لهستانی و یهودی وجود داشت؛ در شورای گرجستان نیز از مجموع ۱۳۰ کرسی، ۱۰۹ کرسی را سوسیال دمکرات‌ها (منشویکها) در اختیار داشتند و در ارمنستان حزب نیرومند داشناک اکثریت را داشت. •• سه جمهوری ماوراء قفقاز هر کدام پس از تشکیل پارلمان، قانون اساسی خود را از روی قانون اساسی کشورهای غربی، کپی کرده بودند.

در فضای نیمه آزاد حاکمیت مساواتی‌ها، گروهها و تشکل‌های دیگر می‌توانستند هر چند محدود به فعالیت بپردازند همچنان که قبلاً به فعالیت‌های حزب عدالت اشاره شد و روزنامه حریت، ارگان آن حزب، مرتباً در این دوره منتشر می‌شد و در چنین فضایی بود که احزاب متعدد چپ‌گرا، مانند عدالت، همت، و شاخه باکوی بلشویکها هر سه به هم پیوستند و حزب کمونیست آذربایجان را به وجود آوردند که توانست نخستین کنگره خود را در فوریهٔ ۱۹۲۰ برگزار کند.

سه جمهوری تازه استقلال یافته، نه تنها هیچ گونه کوششی در جهت تشکیل اتحاد علیه تجاوز خارجی، بصورت فدراسیون بعمل نیاوردند بلکه خود را سرگرم جنگهای بی‌حاصل و اختلافات مرزی کردند، به همین خاطر وقتی در مقابل تصمیم رهبران انقلابی مسکو برای لشکر کشی به این نواحی قرار گرفتند هر سه به آسانی از پای در آمدند و به توسط «خرس بزرگ» بلعیده شدند. و آذربایجان اولین قربانی آن گردید.

انقلاب کبیر سوسیالیستی اکتبر، تمامی اذهان دردمند و ناامید را متوجه خود کرده بود و نام لنین مترادف با نجات دهنده و فرشته رحمت بود عارف قزوینی در شعری او را چنین مورد خطاب قرار می‌دهد:

ای لنین، ای فرشته رحمت

کن قدم رنجه زود بی‌زحمت
تخم چشم من آشیانهٔ تست
هین، بفرما که خانه خانه تست.**

و ملک‌الشعرای بهار نیز او را به مثابه کسی نامید که ریسمان را از گلوی ملل بدبخت، باز می‌کند و آزاد می‌گرداند.** امّا در این بین، میرزامعجز شبستری، ستایش از بیرق لنین را به جایی رساند که پس از تشکیل حکومت شورایی در نخجوان در شعری سرود که اکنون تبریز و شبستر و ... به نخجوان غبطه می‌خورند.**

لنین در اوایل بدست گرفتن قدرت، پیامبرگونه استقلال و آزادی ملل شرق را نوید می‌داد امّا چون میخ‌های قدرت خود را بر اندام جامعه فرو کوفت کم‌کم آن لحن اولیه تغییر یافت و اعلام کرد: «خودمختاری آذربایجان در راستای دمکراسی نیست؛ این خودمختاریِ خان‌ها، بیگ‌ها و اربابان است». به دنبال آن در ۲۸ آوریل ۱۹۲۰، دولت مساواتی آذربایجان توسط بلشویکها از بیرون و به کمک حزب کمونیست آذربایجان از درون سرنگون شد و جای خود را به یک «کمیسون فوق‌العاده» مرکب از بلشویکها داد؛ سقوط جمهوری آذربایجان دقیقاً وقتی اتفاق افتاد که هنوز سه ماه از اعلام به رسمیت شناختنش از سوی دول اروپائی نگذشته بود.

بزودی مهمترین امور حکومت به دست روس‌ها، ارامنه، گرجی‌ها و کارگران غیر ترک و خارجی سپرده شد «چکا»هایی تابع سازمان ویژه ارتش سرخ، تأسیس شدند که علیه اشخاص با عناوین ساختگی چون ضد انقلاب، شروع به دستگیری و اعدام افراد نمود. اسم پانکراتوف جلاد تن هر کسی را می‌لرزانید و لیست‌های بی‌شمار اعدام شدگان در هر سو ایجاد وحشت می‌نمود.**

قیامهای متعددی بصورت پراکنده در شهرهای مختلف در اعتراض به استیلای بلشویکها آغاز گردید و برجسته‌ترین آنها، قیام گنجه بود امّا همگی سرانجام به خاک و خون کشیده و سرکوب شدند. منابع اقتصادی و در درجه نخست، ثروت بزرگ آذربایجان یعنی نفت، در انحصار کامل حکومت بلشویک قرار گرفت، نریمان نریمانف، لیدر برجسته حزب «همت» که اندکی قبل از سقوط حکومت مساواتی‌ها، به

همراه کل اعضای حزب «همت» با «عدالت» ائتلاف کرده و حزب بزرگِ کمونیست آذربایجان را پدید آورده بودند و اکنون به عنوان صدر حکومت آذربایجان در رأس کار بود هر چند خود از شیفتگان کمونیسم به شمار می‌رفت امّا خود نریمان نریمانف از سر تحسّر به هنگام بدرقه نفت کش‌ها به مقصد آستراخان با شلیک گلوله‌های توپ، گفته بود: «در تاریخ سابقه نداشته است که نفت این چنین، بدون حساب و کتاب به روسیه رود» و در عین حال تفاوت حکومت شوروی با حکومت‌های بورژوا را چنین بیان نمود: «آن دولت‌ها دارای دفاتر مداخل و مخارج هستند، لکن ما فقط دفتر مداخل داریم».••

در نامه‌های محرمانه‌ای که از نریمان نریمانف به عنوان اعتراض به کمیته مرکزی ر. استالین نوشته شده و اخیراً از آرشیوهای حزب خارج گردیده چنین آمده است:

به کمیته مرکزی ر. استالین

رونوشت به ر. تروتسکی، به رادکوف

... آذربایجان شوروی خودش بطور داوطلبانه اعلام کرد که نفت متعلق به تمام زحمتکشان روسیهٔ شوروی است. دیگر چه لازم بود که در جمهوری شوروی یک «سلطنت» و در رأس آن «پادشاهی» بنام سربرووسکی تشکیل شود ...

اگر به ترکیب کارکنان کمیته نفت و شورای باکو دقت شود. آن وقت مشاهده کننده بیطرف حیرتزده می‌شود. این مؤسسات با روسی‌ها، ارمنی ها و یهودی‌ها اشباع شده است در حالی که روستائی آذربایجانی بعلت نداشتن نفت در خانه‌اش پیه سوز روشن می‌کند شهروند آذربایجانی وقتی که می‌بیند نفت در تفلیس از گنجه ارزانتر است خواهی به عنوان کسانی که این اوضاع را بعمل آورده‌اند، ملامتها شنیده خواهد شد و اتهامات استعمار زدگی و امثال اینها به گوش خواهد رسید.

من تمام سال با رفیق سربرووسکی در خصوص حوالهٔ درصد تولیدات نفتی بنفع آذربایجان مبارزه کردم کار ما تا دبیرخانه سیاسی کشید. دبیرخانه (سربرووسکی را ملزم به پرداخت آن کرد. پس چرا کمیته

مرکزی جمهوری اجرای این قرار کمیته مرکزی را تحت نظارت قرار نمی‌دهد؟ ... مگر به خرج آنها می‌رود که در آذربایجان روستائیان در باتلاق جهالت غرق می‌شود؟ ...

آیا در زمان حاضر در آذربایجان حقیقاً حزبی هست که تمثیل کننده آذربایجان باشد؟ من بطور قطعی ادعا می‌کنم که یک چنین حزبی وجود ندارد و تا زمانی که میرزویان‌ها از سیاست کثیفت خودشان، از سیاست هویت زدائی آذربایجان دست بر ندراند وجود نخواهد داشت[۹۳].

در نامه‌ای دیگر که به تاریخ ۲۷ مه ۱۹۲۴ نوشته شده نریمانف چنین می‌نویسد:

... سیاست داشناکی در آذربایجان بطور همه جانبه ادامه دارد. برای من کوچکترین تردیدی نیست که کمیته مرکزی حزب کمونیست روسیه درسیمای سرگو و استالین به ما ترک‌ها اطمینان نمی‌کنند و سرنوشت آذربایجان را به ارمنی‌های داشناک می‌سپارند. تعجب آور است که این اشخاص خیال می‌کنند ترک‌ها یکسره کودن هستند و تمام اینها را درک نمی‌کنند ... خدمتگزاران با شرف بی اعتنائی را از طرف کمیته مرکزی حزب کمونیست روسیه نسبت به آذربایجان در سیمای این قبیل اعضاء حزب هیچوقت از یاد نخواهند برد. من در اینجا یک مثال بسیار گویا که بقدر کافی عمل سرگو و بالنتیجه استالین را در آذربایجان نشان می‌دهد، ارائه می‌دهم. در این گزارش در مورد حاجی بابای خود فروش گفته می‌شود به این ترتیب چهار سال به عنوان مسؤل (در این اواخر حتی عضو کمیسیون مرکزی بود) دزدی کرد، رشوه گرفت، به ناموس و عنف زنان و دختران بیچاره روستائی تجاوز کرد و الخ. بالاخره کار بجائی رسید که دیگر نمی‌شد او را در حزب نگه داشت. پس چه باید کرد؟ نمی‌شود بر اساس این اعمال او را از حزب اخراج کرد؟ این جنایات که در پیش چشم همه، چهار سال تمام ادامه داشت ... .[۹۴]

اما این نامه‌ها و انتقادات صریح نریمانف، پیامدهای شومی برایش در پی داشت و مرگ مشکوک و معماگونه‌اش که در ۱۹مارس۱۹۲۵در ۵۵سالگی‌اش رخ داد به زهر خوراندن توسط عمال استالین نسبت داده شده و تقریبا تمام دوستانش که با او از

حزب همت به بلشویک پیوسته بودند در حوالی سال۱۹۳۷از طرف دستگاه استالینیستی به عنوان کمونیستهای قومگرا تیرباران شدند[۹۵].

زبان روسی کم‌کم جایگزین زبان ترکی گشت ابتدا از ادارات شروع گردید و به کنگره‌ها و مدارس رسید آثار ترکی ملی گرایان جزء کتب ضاله اعلام و از کتابخانه‌ها جمع آوری گردید امّا مطبوعات به زبان ترکی منتشر می‌شد زیرا رژیم جدید برای تبلیغات خود بدان نیاز داشت چون توده مردم، زبان روسی را نمی‌دانستند امّا محتوای این مطبوعات چیزی جز ذکر مناقب ارتش سرخ و سردمداران نظام جدید نبود زیرا در حوزه مطبوعات آنچه [در درجه اوّل] اهمیت دارد محتوای آنهاست نه نوع زبان یا خط عربی یا روسی آن. و این درست مصادف با زمانی بود که سیدجعفر جوان با شیفتگی خاصی نسبت به حکومت شوراها، در حریت چنین می‌نوشت:

> ... روسیه اصول فدراسیون را پذیرفته، استقلال ملی را به رسمیت می‌شناسد. امروز در ترکستان، استونی، اوکراین و ... دولت‌های ملی شورایی متحد با روسیه وجود دارد که روسیهٔ انقلابی ابداً در امور داخلی آنها مداخله نمی‌کند ...»!••

پس از سقوط جمهوری آذربایجان، در ۲۷ آوریل ۱۹۲۰، محمدامین رسول‌زاده دستگیر گردید امّا با وساطت استالین از اعدام نجات یافت زیرا قبل از این در خلال زد و خوردهای دوران تزاری، او یکبار جان استالین را از مرگ حتمی نجات داده بود، استالین، رسول‌زاده را با خود به مسکو برد امّا اندکی بعد، او توانست فرار کند و خود را به ترکیه رساند. سیدحسن تقی‌زاده که با رسول‌زاده رابطه دوستی داشت و در سال ۱۳۲۰ که برای عقد قرارداد تجاری با روسها عازم مسکو شده بود رسول‌زاده را در مسکو دیده و وضعیت غمبار و نیمه آزاد اولین رئیس جمهور آذربایجان را توصیف کرده است.••

کمی قبل از اشغال باکو توسط ارتش سرخ، سیدجعفر پیشه‌وری در مقاله‌ای در روزنامه حریت، با عنوان «مقصر کیست؟» در مورد کشتار ارامنه بدست مساواتی‌های مسلمان و بالعکس، چنین نوشته بود:

> ... این نظر که کشتار متقابل ارامنه و مسلمانان (آذربایجانی‌ها) تا زمانی که هر دو قوم از بین نرفته‌اند، ادامه خواهد یافت، اشتباه است. زیرا که به وجود آورنده مسئله ارمنی و مسلمانان نه عموم ارامنه هستند و نه همهٔ مسلمانان که اختلافاتشان تا باقی ماندن یک نفر از هر دو طرف حل نشود. هرگز چنین نیست. مسئله ارمنی ـ مسلمان موجد دارد اگر آن از میان برداشته شود می‌توان اطمینان یافت که مسئله ارمنی ـ مسلمان نیز از بین خواهد رفت. آن موجد هم عبارت است از احزاب داشناک و مساوات. افروزنده آتش جنگ آنها هستند ... فقرای کاسبهٔ هر دو مملکت [ارمنستان و آذربایجان] را است که به خاطر استقرار حاکمیت خود [،] داشناک‌های مبلغ هایستان بزرگ و مساواتی های ستایشگر توران بزرگ را از میان بردارند. زیرا که برای انسان های امروز نه هایستان [ارمنستان] بزرگ و توران بزرگ، بلکه دولت‌های آذربایجان و ارمنستان کوچک شوروی لازم است که ساکنان قلمرو خود را به جنگ‌های ملی و دینی سوق ندهد ... ••

تقریباً شش روز بعد از این نوشته، توصیه پیشه‌وری به تحقق می‌رسد توصیه‌ای که نه از درون و بوسیله اتحاد آذری‌ها و ارمنی ها، بلکه از بیرون با یورش ارتش سرخ صورت می‌گیرد و در ۱۹۲۰ حکومت مساواتی‌ها بعد از حاکمیت ۲۳ ماهه به دست بلشویکها، سرنگون می‌گردد در حالی که دو ماه قبل از ورود ارتش سرخ به باکو و سقوط مساواتی‌ها، حزب عدالت، سازمان همت و شاخه باکوی حزب کمونیست روسیه به هم پیوسته، حزب کمونیست آذربایجان را تشکیل داده بودند. در حزب مؤتلفه، پیشه‌وری یکی از فعالین آن به شمار می‌رفت.

وقتی در آوریل ۱۹۲۰ / فروردین ۱۲۹۹، اتحاد جماهیر شوروی به زور آذربایجان شوروی (اران) را ضمیمهٔ خاک خود ساخت، اسم آن را تغییر نداد بلکه تنها از «جمهوری دمکراتیک آذربایجان» مبدل به «جمهوری شوروی سوسیالیستی آذربایجان» گردید تا بعدها هر موقع لازم شد به عنوان حربه‌ای برای توسعه طلبی‌های خود از آن استفاده کند. «در واقع جمهوری جدید آذربایجان شوروی در استراتژی کلی بلشویکها،

همان نقشی را بر عهده گرفت که استراتژی کلی پان‌ترکیست‌های عثمانی بر عهده داشت».**

پیشه‌وری چنان که قبلاً از مضمون مقالاتش در روزنامه‌های متعدد بر می‌آید، نجات ایران را در اجرای اصول مشروطیت می‌دانست؛ امّا بعد از انقلاب اکتبر ۱۹۱۷ متأثر از حال و هوای آن دوران، دیگر اجرای اصول قانون اساسی را، راه نجات ایران نمی‌دانست، بلکه در ضدیت با آن، بر انقلاب (سوسیالیستی) و تشکیل جمهوریت شورایی تأکید می‌کرد. او در روزنامه «حریت» تأکید می‌کرد که ایران، به دلیل نارضایتی گسترده مردمش از حکومت وقت، آبستن انقلاب است. بدون شک چنین برداشتی افراطی و غیرمعقول از ایران، پیش از آن که ناشی از عدم درک صحیح و واقعیت‌های موجود آن روز ایران باشد، برداشت یک جوان پرشور و با احساساتی برانگیخته از اوضاع انقلابی آن دوران روسیه بود:

«ایران آبستن یک انقلاب است، آن هم پرولتری، اندیشه انقلاب در ایران بیدار شده، زحمتکشان ایران حقوق خود را فهمیده‌اند. آنها ضمن شرکت در انقلاب دنیا به فکر اجرای اصول اشتراکیت (کمونیسم) در ایران هستند. ما به پیروزی آنها ایمان داریم ... دیگر بشریت از حیات و گذرانِ کهنه به تنگ آمده، در طلب دنیای نو است. ایرانیان نیز عضوی از انسانیت هستند...» و در شیفتگی خاصی که به کمونیسم داشت می‌نویسد:

> «انقلاب روسیه نه تنها بر ملل روسیه اثر نهاده، در سراسر دنیا نیز تأثیر گذاشته است. این انقلاب در همه جا اندیشه حاکمیت فقرا را بیدار کرده، آرمان کمونیسم در هر جا راه یافته، انقلاب آرام و گام به گام نه، که رعدآسا پیش تاخته، دژ کاپیتالیسم و امپریالیسم را در محاصره گرفته است. به ویرانی آن دژ ایمان بیاوریم.»***

پس از پیروزی انقلاب اکتبر ۱۹۱۷، لنین تساوی حقوق ملل را شعار خود قرار داده بود و تمامی قراردادهای دولت تزاری با ایران را، مردود اعلام داشت و در پی برقراری روابط با دولت ایران برآمد و به همین خاطر تلگرافهای متعددی از سوی تروتسکی،

کمیسر خارجه شوروی به تهران ارسال شد و حتی نمایندگانی به ایران فرستاده شد، ولی دولت ایران تحت فشار انگلیس و شاه، روی خوشی به نمایندگان شوروی نشان نداد.*** زاخاریان، در مقاله «روابط ایران و شوروی» می‌نویسد:

> اولین نماینده سیاسی شوروی که در ژوئیه ۱۹۱۸ به ایران آمد، کولومیسف نام داشت ولی حکومت تهران تحت فشار شدید انگلیسی‌ها با استناد موهوم به فقدان پاره‌ای اسناد، از پذیرش نامبرده امتناع ورزید. این رفتار کابینه وثوق‌الدوله، تحریکات امپریالیسم و سفارت روسیه تزاری که هنوز در تهران بر پا بود وضع را بر نمایندگان شوروی دشوار کرده است ... بالاخره دسته‌های مسلح روسهای سفید به عمارت هیئت نمایندگی شوروی حمله کردند و اعضای آن را توقیف ساختند و با اطلاع و رضایت دولت ایران به مأمورین انگلستان سپردند. انگلیسی‌ها اعضای هیئت نمایندگی [شوروی] را به هندوستان تبعید کردند. لکن کولومیسف از وسط راه گریخت و در ژوئن ۱۹۱۹ وارد مسکو شد و این بار، با اختیارات تام از طرف لنین، عازم ایران شد.
>
> کولومیسف در جزیره «آشوراده» خلیج حسینقلی پیاده شد. ولی اندکی بعد بدست قزاقان ایران توقیف گشت و سپس با اطلاع کابینه وثوق-الدوله توسط یک سرهنگ تزاری که فیلیپوف نام داشت کشته شد. قتل کولومیسف چندروز پس از انعقاد قرارداد معروف ۱۹۱۹ که ایران را تحت‌الحمایه رسمی انگلستان می‌نمود، امری تصادفی نبود».***

ملک‌الشعراء بهار می‌نویسد که تنها، حزب دمکرات ایران و روزنامه‌های «ایران» و «نوبهار» در مقاله‌هائی که توسط خود ملک‌الشعرای بهار نوشته می‌شد از فرستادگان روسی تقدیر کرده و نسبت به آنها احترام قائل شده بودند.***

امّا به محض این که گزارش‌های مربوط به سقوط دولت‌های قفقاز و ارمنستان و گرجستان به ایران رسید دولت ایران دیگر سر عقل آمده بود، بلافاصله وثوق‌الدوله تلگرافی به مسکو مخابره نموده و تقاضا کرد که حاضر به برقراری روابط با شوروی است امّا این بار جواب دولت شوروی شدیدالحن بود: «دولت ساویت از دولت

[ایران] تقاضا دارد که قوای انگلیسی را از خاک خود خارج کند والا قوای ساویت ناچار به ایران حمله خواهد کرد».***

ملک‌الشعرای بهار می‌نویسد:

> من دو سال بود با رئیس الوزراء درباره پیشرفت دولت شوروی بحثها داشتم و بعد از وصول مواد ۱۸ گانه که از طرف لنین و تروتسکی به ایران رسیده بود باو می‌تنیدم که هر طور هست باب مجامله و مکاتبه با مسکو را باز کنید اکنون معلوم شد که دولت ایران در این باب خیلی پس افتاده است.***

۶ـ ورود ارتش سرخ به خاک ایران

به دنبال اشغال باکو در اوّل مه / ۱۱ اردیبهشت ماه، مسؤولین نظامی شوروی به مقامات ایران در شهر مرزی آستارا، اعلام کردند که شوروی هیچ دعوایی با ایران ندارد، لیکن قصد دارد از طریق دریا و زمین به انگلیسی‌ها حمله کند. در صبح روز ۲۸ اردیبهشت ماه ۱۲۹۹ / ۱۸ مه ۱۹۲۰ ناوگان جنگی بلشویکها به فرماندهی راسکولنیکف، شروع به شلیک گلوله‌های توپ کرده و به بمباران غازیان و اطراف آن، که نیروهای انگلیسی در آن جا مستقر بودند پرداختند. احسان‌الله‌خان بعدها در خاطراتش می‌نویسد که به اتفاق میرزاکوچک‌خان از صدای شلیک توپ‌ها از خواب بیدار شدیم و من فریاد زدم که صدای شلیک رفقا را شنیدید؟ و میرزا از من خواست به شکرانهٔ ورود رفقا دو رکعت نماز بخوانیم ... . ژنرال چمپین، فرمانده کل نیروهای شمال ایران، که اتفاقاً در انزلی بود، غافلگیر شد، او انتظار حمله‌ای مستقیم به انزلی را نداشت. بوسیله فرستاده‌ای نزد فرمانده شوروی، خواستار ترک مقاومت شد. فرمانده بلشویکها به نیروهای انگلیسی اجازه داد که به سلامت انزلی را ترک گویند مشروط بر آنکه کشتی‌ها و تجهیزات جنگی دنیکن را به او تحویل دهند بدین ترتیب نیروهای انگلیسی در هنگام شب به رشت عقب نشینی کردند.

راسکولنیکف، فرمانده شوروی بار دیگر اعلام کرد که حمله آنان، اشغال ایران نبود بلکه صرفاً نوعی عملیات تعقیبی بوده که مسکو از آن خبر ندارد، و او خودش تصمیم

گرفته است و بزودی پس از تصرف ناوگان، بندر را ترک خواهند کرد امّا در ۳۰ مه / ۹ خرداد، قوای تازه نفسی به همراه تعدادی توپ و خودروهای زرهی در انزلی پیاده شدند که نشان می‌داد میهمان ناخوانده به این زودی‌ها خانه میزبان را ترک نخواهد کرد. ***

به دنبال پیروزی‌های ارتش سرخ و حضور ناوگان آنها در سواحل جنوبی دریای خزر، پایگاههای انگلیسی در ماوراء قفقاز و همچنین در قسمتهای شمالی ایران بر چیده شد وآنها به طرف قزوین عقب‌نشینی کردند، و در نتیجه زمینه مساعدی برای پیشرفت و شروع فعالیت‌های علنی حزب عدالت (= کمونیست)، فراهم گشت، هر چند همچنان که قبلاً مذکور افتاد پیش از این در بعضی از شهرهای ایران، بصورت مخفی حوزه‌هائی از حزب عدالت دایر شده بود.

ابراهیم فخرایی می‌نویسد که در اوایل بهار ۱۹۲۰، جنگلی‌ها نامه‌ای از فرمانده بلشویکها در قفقاز دریافت کرده بودند که به آنها تصرف قریب الوقوع باکو، توسط بلشویکها خبر داده شد بود و قبل از این نیز، میرزاکوچک‌خان نمایندگانی را برای درخواست کمک و اسلحه از بلشویکها به منظور بیرون راندن انگلیسی‌ها به باکو فرستاده بود. ورود ناوگان ارتش سرخ به شمال ایران مصادف با اوج بحران جنبش جنگل بود جنبشی که بسیاری از نفرات خود را از دست داده و در حال فروپاشی بود صادق کوچک‌پور، یکی از بستگان و فرماندهان کوچک‌خان، در یادداشت‌های خود در این زمینه می‌نویسد:

> نفرات جنگلی به کلی تارمار شده و در مناطق میان گیلان و تنکابنِ سرگردان بودند و خود میرزا عده‌ای از آنان را مرخص کرده بود و بنا به دعوت ساعدالدوله پسر سپهسالار تنکابنی قصد داشت در یکی از روستاهای تنکابن ماوا گزینند امّا پیاده شدن بلشویکها در انزلی مرحلهٔ دیگری را پیش آورد. ***

ورود ارتش سرخ به شمال ایران، جان تازه‌ای به جنبش جنگل بخشید. کوچک‌خان به محض استحضار از ورود ارتش سرخ به انزلی، تشکیل جلسه داده و تصمیم گرفت

خواهرزاده خود، اسماعیل جنگلی را به انزلی بفرستد تا با فرمانده ارتش سرخ تماس بگیرد و از نیّات آنان آگاه گردد اسماعیل جنگلی بعد از ملاقات فرمانده ارتش سرخ به میرزا نوشت که فرمانده ارتش سرخ قبل از هر نوع مذاکره، اشتیاقش را به دیدار میرزا ابراز نموده؛ سرانجام میرزا در رأس هیئتی به انزلی رفت و در کشتی بخار کورسک ارتش سرخ در ۲۷ مه / ۹ رمضان، با آنان وارد مذاکره شد. طرفین در موارد زیر به توافق رسیدند:

۱. عدم اجرای اصول کمونیزم، از حیث مصادره اموال و الغاء مالکیت و ممنوع بودن تبلیغات.

۲. تأسیس حکومت جمهوری انقلابی موقت.

۳. پس از ورود به طهران و تأسیس مجلس مبعوثان، هر نوع حکومتی که نمایندگان ملت بپذیرند.

۴. سپردن مقدرات انقلاب به دست این حکومت، و عدم مداخلهٔ شورویها در ایران.

۵. هیچ قشونی بدون اجازه و تصویب حکومت انقلابی ایران، زائد بر قواء موجود (۲۰۰۰ نفر) از شوروی به ایران وارد نشود.

۶. مخارج این قشون به عهدهٔ جمهوری ایران است.

۷. هر مقدار مهمات و اسلحه که از شوروی خواسته شود، در مقابل پرداخت قیمت تسلیم نمایند.

۸. کالای بازرگانان ایرانی که در بادکوبه ضبط شده، تحویل این حکومت شود.

۹. واگذاری کلیه مؤسسات تجارتی روسیه در ایران، به حکومت جمهوری.***

بدین ترتیب قوای کوچک‌خان که مدت پنج سال در جنگل پناه گرفته بودند پس از توافق‌نامه فوق در ۴ ژوئن ۱۹۲۰ / ۱۴ خرداد ۱۲۹۹ یعنی دو روز بعد از تخلیه رشت از قوای انگلیسی، وارد رشت شدند و دولت «جمهوری شوروی سوسیالیستی ایران» را بوجود آوردند و کوچک‌خان در دولت تازه تأسیس به سمت سرکمیسر و کمیسر

جنگ انتخاب شد. روز بعد در ۱۵ خرداد، اعلامیه‌ای از طرف دولت جدید خطاب مردم صادر شد:

... قوهٔ ملی جنگل به استظهار و کمک و مساعدت عموم نوع پروران دنیا، و استعانت از اصول حقهٔ سوسیالیزم، واصل در مرحلهٔ انقلاب سرخ شد و خود را بنام «جمعیت انقلاب سرخ ایران» معرفی می‌نماید و آماده است که در سایه فداکاری و از خود گذشتگی، همه قوائی را که در ایران برای اسارت این قوم و جامعه انسانیت به کار افتاده‌اند، در هم بشکند، واصول عدالت و برادری را نه تنها در ایران، بلکه در جامعه اسلامی توسعه و تعمیم بخشد. مطابق این بیانیه، عموم رنجبران و زحمتکشان ایرانی را متوجه می‌سازد که جمعیت انقلاب سرخ ایران، نظریاتش را تحت موارد زیر که در تبعیّت از آن به وجه ملزمی وفادار خواهد بود، به اطلاع عمومی می‌رساند:

۱ ـ جمعیت انقلاب سرخ ایران اصول سلطنت را ملغی کرده، جمهوری [شوروی] را رسماً اعلام می‌نماید.

۲ ـ حکومت موقت جمهوری، حفاظت جان و مال عموم اهالی را به عهده می‌گیرد.

۳ ـ هر نوع معاهده و قراردادی که به ضرر ایران قدیماً و جدیداً با هر دولتی شده لغو و باطل می‌شناسد.

۴ ـ حکومت موقت جمهوری همه اقوام بشر را یکی دانسته، تساوی حقوق درباره آنان قائل، و حفظ شعائر اسلامی را از فرایض می‌داند.***

این اعلامیه در روزنامه «جنگل» درج شده که ارگان رسمی حکومت موقت بود و به مدیریت میرزامحمد انشائی منتشر می‌شد.*** راسکولنیکف، فرمانده ناوگان سرخ در دریای مازندران در خصوص ورود به خاک ایران، می‌گوید:

در این موقع انگلیسی‌ها تدارکات نیرومندی را برای تبدیل بندر انزلی به پایگاه سلطه خود بر دریای مازندران آغاز نمودند ... آنان امید داشتند که از طریق مستحکم ساختن بندر انزلی آن را به مهمترین پایگاه

خویش، یعنی پایگاهی که سه منطقه ایران، بین النهرین و هندوستان را در حیطه دفاعی قرار دهد، تبدیل سازند.

بعد از قیامی که در باکو بوقوع پیوست، کارگران قیام کننده از نیروی سرخ برادر و ناوگان سرخ دعوت نمودند به کمک آنان بشتابد، ناوگان ما از پتروفسک به باکو اعزام شد و در روز اوّل ماه مه تقریباً همزمان با ارتش سرخ به آنجا وارد شد.

پس از اعلام تشکیل جمهوری آذربایجان ، و با علم باین که روسیه شوروی و جمهوری آذربایجان نمی‌توانستند اطمینان داشته باشندکه انگلیسی‌ها حمله جدیدی را به باکو و انزلی آغاز نخواهند کرد، من تصمیم گرفتم انزلی را تسخیر کنم وکشتی‌های روسان سفید را زیر کنترل در آورم و بدینوسلیه انگلیسی‌ها را از اصلی‌ترین پایگاهشان در دریای مازندران محروم سازم.

در سحر گاه ۱۸ ماه مه (۱۹۲۰) ناوگان ما به انزلی نزدیک شد همزمان با بمباران انزلی کشتی اژدرافکن ما در نزدیکی شهر رشت به نمایش پرداخت ما در شرق انزلی، در حدود هشت میلی شهر، نیرو پیاده کردیم که راه انگلیسی‌ها را به شهر رشت قطع نمود ... پس از اشغال انزلی، ما با کوچک‌خان باب مذاکره را گشودیم و او را به پیشروی بسوی رشت تشویق کردیم. ... دولت کوچک‌خان از نظر ترکیب انقلابی است و از مردانی تشکیل یافته است که چون خود کوچک‌خان سالها برای رهایی ایران جنگیده‌اند. نزدیک‌ترین کس به حزب کمونیست رفیق احسان الله (خان) است که فرمانده کل قوای دولت انقلابی ایران و در شورای انقلابی جنگ نیز عضویت دارد.***

ورود بلشویکها به خاک ایران در ۱۸ مه ۱۹۲۰ / ۲۷ اردیبهشت ۱۲۹۹ ظاهراً به بهانه استرداد کشتی‌هایی بود که توسط مداخله‌گران ربوده شده بود و همچنین بر طرف کردن خطر روس‌های سفید و نیروهای انگلیسی در گیلان صورت می‌گرفت ولی بلشویکها هدف‌های دراز مدت‌تری از این اشغال در نظر داشتند.

چهار هفته قبل از پیاده شدن قوا، راسکولنیکوف از مسکو کسب تکلیف کرده بود که با ناوگان سفید در انزلی چه کند جواب تروتسکی [کمیسر جنگ] چنین بود:

خزر باید به هر قیمتی شده از ناوگان سفید پاک شود. چنانچه این امر مستلزم پیاده شدن [قوا] در خاک ایران باشد، باید آن را انجام داد، و به اطلاع نزدیک‌ترین مقامات ایرانی رساند و به آنها گفت که افسر فرمانده قوای خود را با هدف انحصاری اجرای یک مأموریت نظامی پیاده می‌کند، وانجام این مأموریت فقط بدین سبب ضرورت یافته است که ایران فاقد توانایی خلع سلاح کشتی‌های گارد سفید در بندرش است، و خاک ایران برای ما مصون از تعرض است و بلافاصله پس از تکمیل عملیات نظامی تخلیه خواهد شد.***

راسکولنیکف و نیروهایش که شدیداً تحت تأثیر استقبال گرم اهالی انزلی قرار گرفته بود در این زمینه می‌نویسد: «مردم با خوشی از ما استقبال کردند. کلیه خیابانها و میدانها مملو از جمعیت بود. پرچمهای سرخ در سرتاسر شهر بر افراشته شده بود».***

چنین واکنشِ پرشور از سوی مردم در قبال نیروهای بیگانه، برگرفته از عمق انزجار آنان از دولت مرکزی و قوای انگلیسی از پس انعقاد قرارداد ۱۹۱۹ بود و همین تظاهرات ضد انگلیسی و ضد دولت وثوق‌الدوله که در چندین شهر، صورت گرفت، راسکولنیکف و سران حزب عدالت را مشتبه ساخت که تصور کنند ایران آماده برای انقلاب سوسیالیستی است.

اسناد محرمانه و غیر قابل انکار بدست آمده در سالهای اخیر از آرشیوهای شوروی نشان می‌دهد هدف واقعی بلشویکها از این لشکرکشی و به دنبال آن، ورود اعضای حزب عدالت (کمونیست)، شوروی کردن ایران و پیوستن ایران به «خانوادهٔ برادر جمهوری‌های شوروی» بود عملیاتی که باید گام به گام و با احتیاط کامل به اجرا در می‌آمد.

در حالی که دولت ایران چند روز قبل از آغاز عملیات و حمله به انزلی، طی یادداشتی به دولت شوروی اعلام کرد که بازگشت بلادرنگ تمام کشتی‌های دارای پرچم روسیه و آذربایجان را به بنادر روسیه و آذربایجان تضمین می‌کند و آماده است

تا هر چه زودتر پیمانی را با دولت‌های آذربایجان و روسیه امضاء کند. امّا از آنجا که بازگشت ناوگان گاردهای سفید به روسیه، تنها هدف این لشکر کشی نبود بلکه علاوه بر آن، اخراج انگلیسی‌ها از انزلی و تصرف این بندر [انزلی] و ... از جمله اهداف بود لذا بدون توجه به درخواست دولت ایران، ناوگان روسی پیشروی خود را به سوی انزلی آغاز کرد.***

برای شروع عملیات، آنها اوّل با میرزاکوچک‌خان تماس گرفته و به بهانه کمک و حمایت از او، جنبش جنگل را پیش برده و سرانجام آن را به جانب یک راه سوسیالیستی و شوروی کردن ایران سوق می‌دادند. آنها می‌خواستند ضمن تماس با میرزاکوچک‌خان از عقاید او آگاه شده و در صورت لزوم او را بسوی خویش جذب کنند. تلگرام محرمانه کاراخان، معاون کمیسر امور خارجی شوروی به راسکولنیکوف اهداف ارتش سرخ را مشخص می‌کند:

> ... واکنش کوچک خان نسبت به استقرار نظام شوراها در ایران را باید به دقت مشخص کرد ... زحمتکشان و بورژواهای دموکرات بایستی به نام آزادی ایران متحد گردند، و [مردم را] تحریک به قیام علیه انگلستان و بیرون کردن‌شان از کشور کنند ... اتحاد نیروهای کوچک‌خان و کمونیست‌های ایرانی و گروههای دموکرات علیه انگلستان لازم است. من مخالفتی با تأسیس شوراها ندارم ... امّا بر این عقیده‌ام که اصول آن باید تغییر کند چرا که نگران هستم هر گونه شتاب در استقرار اصول شوراها، می‌تواند منجر به تعارض طبقاتی گردیده و مبارزه را در ایران ضعیف کند.***

اسناد محرمانه دیگری خطاب به راسکولنیکف ابعاد قضیه را بیشتر روشن می‌سازد:

> نکتهٔ مهم این است که هیچ گونه سوء ظنی در مورد تلاش [شورویها] برای فتح بر انگیخته نشود (از دستور تروتسکی)؛ ما باید کاملاً در سایه باشیم و علاوه بر این شما باید از طریق رادیو به ما اعلام کنید که انزلی توسط کوچک‌خان فتح شده است و او خواستار ماندن تو در انزلی شد و اجازه این کار را داده است (از دستور کاراخان)»

آنگاه تروتسکی برای این که سوء ظن انگلیسی‌ها برانگیخته نشود پیشنهاد می‌کند که:

> نخست این که هیچ گونه مداخله نظامی تحت پرچم روسیه، یا به وسیله نیروهای نظامی اعزامی روسی صورت نگیرد. بر عدم مداخله ما [در امور داخلی ایران] تأکید قطعی شود، دوم این که، اعزام تعلیم دهندگان، داوطلبان، و اعطای پول و غیره، کمک‌های همه جانبه به کوچک‌خان داده شود و قلمرو تحت اشغال ما به او واگذرا شود. سوم این که چنانچه برای موفقیت مبارزه آینده کوچک‌خان، مشارکت کشتی های جنگی ضروری باشد، این کشتی‌ها باید تحت پرچم جمهوری آذربایجان قرار گیرند، و کمک به کوچک‌خان به طور کلی از سوی این جمهوری صورت بگیرد.» ***

تمام کمک‌ها اعم از نیروی نظامی، اسلحه و مهمات در اختیار کوچک‌خان قرار گرفت و خوشبینی و رضایت خاطر کوچک‌خان را از مسکو کامل کرد به طوریکه دولت موقت انقلابی را «جمهوری سوسیالیستی شوروی ایران» اعلام کرد و آن را به پیروی از الگوی شوروی، شورای کمیسرهای خلق خواند.

۷ ـ انتقال حزب عدالت از آذربایجان شوروی به خاک ایران

در اواسط سال ۱۹۱۹، طی کنفرانس عمومی حزب عدالت، کمیته مرکزی جدیدی مرکب از «محرم آقایف، محمد آخوندوف، بنیاد زاده، ملا بابا، یعقوب یوسف زاده، نعمت بصیر، بهرام آقایف، ابراهیموف، جهانگیر نقی‌یف، محمد فتح الله اوغلی، رستم کریموف، مشهدی حسین، کامران آقازاده، جوادزاده، قاسم صمد زاده» شکل گرفت و به منظور اداره کردن سازمان‌های خارج از ایران، در داخل همین کمیته، کمیته‌ای بنام بوری خارجی، متشکل از پنج نفر بقرار زیر تشکیل گردید: «داداش بنیاد زاده، صدر؛ کامران آقازاده، دبیر؛ سیف الله ابراهیم زاده، خزانه دار؛ جوادزاده و نعمت بصیر، اعضاء.» بهرام آقایف نیز در این زمان از زندان آزاد شد و بار دیگر صدر کمیته مرکزی حزب شد.»***

در این زمان حزب عدالت با احزاب کارگری دیگری چون «همت» و حزب کمونیست شاخه باکو» ائتلاف کردند و از ترکیب هر سه آنها «حزب کمونیست آذربایجان» بوجود آمد. حزب موتلفه به منزله ستون پنجم در سقوط حکومت مساواتی و کمک به ارتش سرخ، نقش اساسی ایفاء کرد و بین حزب کمونیست آذربایجان و فرماندهی اردوی سرخ در سرنگون ساختن حکومت مساواتی‌ها از نزدیک همکاری وجود داشت.*** سیدجعفر پیشه‌وری، سالها بعد در روزنامه آژیر در مورد مشارکت خود برای پیروزی و استیلای حکومت سوسیالیستی، چنین می‌نویسد:

> من از آن جوانان ایرانی بودم که در آزادی ملل روسیه عملاً دخالت داشتم، در این کار بزرگ و پر افتخار علاوه بر مبارزه آزادیخواهی، یک نظر ملی هم مرا تحریک می‌کرد. من می‌دانستم که نجات و سعادت ملت و میهن من در پیشرفت رژیمی است که انقلابیون روسیه می‌خواهند؛ و اگر غیر از لوای پر افتخار لنین بیرق دیگری در روسیه در اهتزار باشد، استقلال و آزادی ملت ایران همیشه در معرض خطر خواهد بود.»***

از کنفرانس ماه فوریه ۱۹۲۰ اعضای حزب عدالت ایران به دو قسمت تقسیم شدند گروهی از اعضاء که تابعیت حکومت شوروی را پذیرفته بودند و بطور دائمی در آسیای میانه زندگی می‌کردند وارد سازمان‌های کارگری محلی شدند و گروه دوم که هنوز تابعیت دولت ایران را داشتند بتدریج به ایران بازگشتند و وارد حزب کمونیست ایران شدند یکی از هدف‌های اصلی حزب عدالت ایران «پیروز گردانیدن جنبش‌های آزادی بخش ملی و دموکراتیک خلق‌های ایران و رها کردن ایران از یوغ امپریالیست‌ها و بر پاداشتن حاکمیت دموکراتیک خلق در کشور»*** بود به همین منظور، حزب مجبور بود که در داخل ایران، در شهرهای مختلف آن، شعبه‌های حزبی دایر کند امّا تا سال ۱۹۱۹، با اعزام کادرهای برجسته به شهرهای ایران، نتوانسته بود موفقیتی کسب کند. بسیاری از فرستادگان حزب دستگیر و کشته شده و یا دوباره مجبور به بازگشت شده بودند؛ حزب تنها در اواخر سال ۱۹۱۹ توانسته بود در برخی از شهرهای ایران مانند تبریز، مرند، خوی، اردبیل، خلخال، زنجان، تهران، رشت، قزوین، مازندران و مشهد، سازمانهای محلی را بوجود آورد.***

علت‌های عدم پیشرفت حزب عدالت در ایران در این سالها، گذشته از شرایط فئودالی ایران، می‌توان به فقدان شکل گیری طبقه کارگر، حضور سنگین استعمار انگلیس، فشار اختناق موجود، فقدان امکانات کافی و کادر برجسته و فقدان یک نشریه برای ایجاد هماهنگی و سازماندهی اشاره کرد. امّا پس از ورود ارتش سرخ به ایران و تشکیل «حکومت شوروی ...» و فرار قوای انگلیسی از این مناطق، شرایط بسیار مستعدی برای رشد حزب عدالت(= کمونیست) در این مناطق پدید آمد. همچنان که از گزارش جبارزاده، نماینده رشت در کنگره اوّل حزب بر می‌آید قبل از آمدن پیشه‌وری و هیئت همراهش به گیلان، حزب عدالت دارای تشکیلات مخفی در گیلان و آذربایجان و مشهد و تهران بود و به خاطر حضور انگلیسی‌ها و گاردهای سفید، فعالیت‌هایش مخفی بود؛ جبارزاده در نشست دوم کنگره چنین گفت: «تا پیش از ورود ارتش سرخ به رشت دو گروه مخفی ۲۵ و ۱۲ نفری وجود داشت».***

سپهر ذبیح نیز به نقل از کتاب «کمونسیم بین الملل» تعداد اعضای حزب را پیش از ورود قوای شوروی به بندر انزلی، جمعاً ۳۷ نفر ذکر می‌کند که بصورت دو گروه زیرزمینی در رشت فعالیت می‌کردند.***

روزنامه «ستاره ایران» در مورد واکنش کمونیست‌های ایرانی در باکو، در خصوص ورود ارتش سرخ به ایران می‌نویسد:

> در شبی که نیروهای روسی وارد بندر انزلی شدند [۲۸ اردیبهشت ۱۲۹۹]، کمونیست‌های کمیته عدالت که از چنین مداخله‌ای حمایت می‌کردند بیانیه‌ای به امضای حیدرخان عمواوغلی و جوادزاده «پیشه‌وری» منتشر کردند و از همه کمونیست‌های ایران و انقلابیون تندرو خواستند تا در روز ورود نیروهای شوروی به بندر انزلی، قیام کنند و کلیه ادارات و تأسیسات نظامی را به تصرف در آورند و همه اشراف و بازرگانان و مالکان، و هر کسی را که با مقامات انگلیسی در ایران همکاری کرده بود بازداشت کنند. کوتاه سخن، دعوت به شورش در روزی صورت گرفت که ارتش سرخ، پای به خاک ایران گذارده،

> رویدادی که کمیته عدالت از زمان تحکیم بلشویکها در آذربایجان شوروی مشتاقانه چشم انتظار آن بود.***

کمی بعد از ورود ارتش سرخ به انزلی، پیشه‌وری که اکنون ۲۷ سال داشت بعد از ۱۵ سال اقامت در آن سوی ارس، به همراه هیئتی و [بقولی در رأس هیئتی] از اعضای حزب کمونیست (عدالت)، در اوایل خرداد ۱۲۹۹ به شمال ایران اعزام می‌شود و این در حالی است که جمهوری جنگل به رهبری کوچک‌خان تازه شکل گرفته است. او بعدها در روزنامه آژیر چنین می‌نویسد:

> نهضت جنگل مرا هم مانند همه آزادیخواهان ایرانی جلب نمود ... به اتفاق دوستان صمیمی خود که اغلب آنها توی حزب توده هستند در ده، شهر، در فرونت [جبهه] زیر آتش گلوله توپ پیش می‌رفتیم، کار می‌کردیم، نبرد می‌کردیم، غذای روحی ما ایمان و عقیده بود.***

به دنبال پیشروی ارتش سرخ به سوی سواحل جنوبی خزر و عقب نشینی نیروهای انگلیسی و گاردهای سفید ژنرال باراتوف، پیشه‌وری که در آن زمان در باکو بود، در روزنامهٔ «آذربایجان موقت حربی انقلاب کومیته سی نین اخباری» نوشت:

> بنابه اخبار دریافتی، انزلی و آستارا از طرف واحدهای ارتش سرخ اشغال گردیده، انگلیسی‌ها فرار کرده‌اند ... ای زحمتکشان ایران، بیایید برویم حاکم کشور خود شده، اراضی زراعتی خود را از ملّاکان گرفته، با زراعت گذران کنیم.***

در مورد تاریخ ورود پیشه‌وری به ایران، اقوال مختلفی وجود دارد بعضی ورود او را همزمان با ورود ارتش سرخ، دانسته‌اند و کسانی حتی نوشته‌اند که او قبل از ورود ارتش سرخ به ایران، به همراه اعضایی از حزب عدالت، وارد رشت شده، به عنوان مثال سپهر ذبیح در این مورد می‌نویسد:

> جوادزاده اهل خلخال آذربایجان [ایران] بود و زبان‌های فارسی و ترکی آذری را به خوبی می‌دانست ... . جوادزاده و برادران آقایف، همراه با سایر رهبران کمیته کارگران عدالت به عنوان پیشتازان کمونیست‌های

محلی، راهی ایران شدند و این کار پیش از یورش ارتش سرخ به ایران صورت گرفت.***

نظر سپهر ذبیح در مورد تاریخ ورود جوادزاده (پیشه‌وری) به ایران، نمی‌تواند درست باشد زیرا همچنان که در بالا به نوشته‌ای از پیشه‌وری در روزنامه «آذربایجان موقت حزبی ...» اشاره شد، پیشه‌وری نمی‌توانست در زمان نوشتن این مطالب در ایران (رشت) باشد.اما برخی منابع غیرفارسی گزارش دقیقی از آمدن پیشه‌وری و هیئت همراهش بدست میدهند بر طیق نوشته اکرم رحیملی«پیشه‌وری در راس یک هیئت ۳۰نفری در در ۲۳می۱۹۲۰به گیلان میآید و هدف این هیئت نیز حل اختلافات پیش آمده بین دو جناح چپ و راست جنگل یعنی جناح احسان الله خان و جناح میرزاکوچک خان بوده است اختلاف اصلی بر سر این بوده که جناح احسان الله خان خواستار لغو مالکیت خصوصی اربابان،جدایی دین از سیاست و لغو حجاب زنان بودند».[۱۲۸]اما در مورد هدف آمدن این هیئت به نظر نمیرسد که برای رفع اختلاف آمده باشند بلکه همچنانکه در صفحات آینده خواهیم دید آنها بیشتر به تقویت جناح احسان الله خان پرداختند.

جوادزاده و اعضای دیگر حزب، ابتدا در انزلی به تبلیغات حزبی و جذب جوانان پرداختند و بعد از خروج راسکولنیکف و ارژنیگیدزه از ایران، که زمینه کودتای سرخ فراهم گشت به رشت آمده و قرارگاه خود را به آنجا منتقل کردند. در آثار برگزیده پیشه‌وری (سئچیلمش اثرلری) چنین آمده است:

حزب عدالت ایران برای برپا داشتن جبههٔ واحد مبارزه بر ضد مرتجعان داخلی و مداخله گران امپریالیست و ... در کشور، تلاش می‌کرد. به همین منظور هم حزب با سران جنبش جنگل تماس می‌گیرد و در اوایل خرداد ماه سال ۱۲۹۹ / ۲۳ مه ۱۹۲۰ برای مذاکره با میرزاکوچک‌خان هیئتی به سرپرستی پیشه‌وری اعزام می‌دارد. مذاکرات هیئت به موفقیت می‌انجامد و در اواسط ماه خرداد، یعنی در ۴ ژوئن ۱۹۲۰، جمهوری گیلان اعلام می‌گردد. م. ج. پیشه‌وری هم به عنوان وزیر خارجه حکومت انقلابی مذکور تعیین می‌گردد.***

اشتباهی که در این نوشته به چشم می‌خورد این است که سیدجعفر جوادزاده (پیشه‌وری) را به عنوان وزیر خارجه حکومت انقلابی ذکر می‌کند در حالی که پیشه‌وری تنها در دولت کودتایی، که حدود دو ماه بعد به سر کمیسری احسان‌الله‌خان تشکیل گردید پست وزارت داشته (آنهم وزیر داخله، نه وزیر خارجه) و کمیسر امور خارجه دولت میرزاکوچک‌خان، نه سیدجعفر جوادزاده (پیشه‌وری) بلکه سیدجعفر محسنی صومعه‌سرایی بوده است و اشتباه فوق شاید به خاطر این تشابه اسمی صورت گرفته است.[***]

جوادزاده (پیشه‌وری)، به همراه تعدادی از افراد حزب عدالت که تعداد آنها را ۲۳ و یا ۳۰ نفر نوشته‌اند و به گفته بعضی از منابع وی برای مذاکره‌با میرزاکوچک‌خان و یا به خاطر تدارک مقدمات برگزاری نخستین کنگره حزب کمونیست ایران می‌آمده است.[***] از نوشته علی شمیده، چنین بر می‌آید که آمدن جوادزاده «پیشه‌وری» به ایران به خاطر تدارک زمینه اولین کنگره حزب کمونیست ایران بوده و روزنامه «کمونیست» نیز در ماه مه ۱۹۲۰، اعلانی با امضای جوادزاده (صدر) و سیف الله ابراهیم زاده (کاتب) به چاپ رسانده بود که در آن، تشکیل کنگره حزب کمونیست (عدالت) را در ۱۵ ژوئن ۱۹۲۰ به اطلاع عموم رسانده و در آن ذکر شده بود که حزب به خاطر پیشبرد اهداف و اصول حزبی و توسعهٔ آن در داخل ایران، تصمیم گرفته این کنگره را در داخل ایران تشکیل دهد.[***] هیئت پیشه‌وری بعد از ورود به گیلان، در شهر انزلی به تبلیغ مرام کمونیستی می‌پردازند: «بنای مدرسهٔ ارامنه را تصرف کرده در سالن بزرگ آن، هر روز مجلس موزیک ترتیب داده و اهالی را به دخول در فرقه عدالت (کمونیسم) دعوت می‌نمودند در سواحل دریا، متنیگ می‌داد، زورقچی‌ها، صیادان و حمال‌ها روز به روز زیادتر در فرقه عدالت داخل می‌شدند ... .»[***]

آنها اندکی بعد به آن قانع نشده بعد از جذب افرادی به حزب، اقدام به مسلح کردن دسته‌جات کارگری و ملاحین نمودند و اندکی بعد دامنه تبلیغات خودشان را به شهر رشت گسترش دادند. گریگوریقیکیان، از مخالفان حزب عدالت در مورد خطابه‌های پیشه‌وری می‌نویسد:

هر روز عصرها، در متینگهای سبزه میدان، نمایندهٔ حزب اشـتراکی ایـران (عدالت)، جوادزاده خلخالی که با زبان فارسی آشنا نبود، بـه ترکـی نطـق می‌کرد. ولی همین که نطق خود را با کلمـه ترکـی «یولداشـلار» [رفقـا]، شروع می‌کرد، مردم که بـا کمـال دقـت نطـق فارسـی زبانـان را اسـتماع می‌کردند متفرق می‌شدند، ولی جوادزاده در حضور چند نفر بـاقی مانـده به نطق خود ادامه می‌داد.***

یقیکیان به نقل از روزنامه «ستاره ایران» درمورد واکنش میرزاکوچک‌خان می‌نویسد:

از باکو به نمایندگان فرقـه عـدالت وارد شـده، آقـایوف و جـوادزاده، در کشـتی مشـغول بـه تبلیغـات بودنـد، معلـوم شـد انزلـی مرکـز تبلیغـات کمونیستی و از آنجا افکار و مقاصد خـود را بـه طـرف جنـوب اشـاعت خواهند داد. میرزاکوچک از ترس آنکه جـوادزاده و آقـایف و یـا رفقـای ایشان رئیس انقلاب بشوند خود به انزلی رفـت. میـرزا از عـدالتیها تـرس داشت و می‌خواست که انقلاب ایران ملی باشد. ولی بعـد از ملاقـات بـا نمایندگان دولت سویت خودش هم سوسیالیست شـد. اگـر میرزاکوچـک ریاست انقلاب را عهـده دار نمـی‌شـد، مسـلماً فرقـهٔ عـدالت شـروع بـه انقلاب می‌کرد ... و ورود میرزاکوچـک‌خـان در انزلـی فـتح فـوق‌العـاده بود.***

سرانجام اختلاف بین قوای جنگل به رهبری میرزاکوچک‌خان با عدالتی‌ها، تشـدید می‌یابد و کوچک‌خان ضمن مذاکره با آنان، از آنها می‌خواهـد کـه بـه علـت ایـن کـه رهبری نهضت جنگل در دست عناصـری بـه شـدت مـذهبی قـرار دارد، از تبلیغـات کمونیستی که باعث تفرقه و تجزیه در جنبش می‌گردد پرهیز نمایند فخرائـی در ایـن مورد می‌نویسد: «میرزا که دارای افکار مذهبی بـود، بـه همـین جهـت کمـونیزم را بـا افکارش سازگار نمی دید، اصرار داشت که تا مدتی بایستی از تبلیغات مسلکی صـرف نظر شود».*** امّا اعضای حزب عدالت بی‌توجه به درخواسـت‌هـای او، در تبلیـغ مـرام کمونیستی و مخالفت با مقدسات مردم، تا آنجا پیش رفتند که ضربات خرد کننده‌ای بر پیکر جمهوری نوپای جنگل وارد ساختند.

حزب عدالت کم‌کم کنترل امور را بدست می‌گرفت و دولت کوچک‌خان رو به تحلیل می‌رفت. کوچک‌خان، کم‌کم احساس می‌کرد که ارتش سرخ پیش از آن که حامی او باشد اوامر کمونیست‌های دو آتشه و تندرو را پیش می‌برد آنها می‌خواستند هر چه سریعتر رهبری نهضت را بدست گرفته و بصورت مکانیکی آنچه در شوروی اتفاق افتاده بود در ایران پی‌ریزی نمایند. تندروی‌های حزب عدالت چنان بودکه از همان بدو ورود به ایران در میدان‌های شهر و روستا، در سخنرانی‌های خود، دم از مصادره اموال و کشتن مالکان و بورژواها می‌زدند، و بر علیه اسلام وحجاب سخن می‌گفتند. به طوری که خشم توده‌های مذهبی را که بزرگترین پشتیبان جنبش جنگل بودند. بر انگیختند و نسبت به نهضت دلسرد کردند؛ تا آنجا که حتی واکنش سران مسکو را نیز برانگیختند:

> گر چه چنین سخنرانیهایی بازتاب راستین سیاست‌های بلشویکها و چپ‌گرایان حزب عدالت بود، امّا در آن لحظه برای هر دوی آنها حکم خودکشی را داشت، چون موضع تاکتیکی وقت خود در حمایت از کوچک‌خان و همکاری با او را از بین می‌بردند. راسکولنیکوف طی تلگرام مورخ ۶ ژوئن ۱۹۲۰ / ۱۹ رمضان ۱۳۲۸ به تروتسکی، که رونوشت آن برای لنین و چیچرین فرستاده شد، با ظرافت فعالیت این دو شخص را «بی‌کیاستی» خواند و گفت که آقایف باید به باکو بازگردانده شود و جوادزاده تحت نظارت ویژه ب. آبوکوف قرار گیرد.[***]

ابراهیم فخرایی، ضمن اشاره به گسترش دامنه اختلاف بین میرزاکوچک‌خان و کمونیست‌ها می‌نویسد:

> ... خلاف مدلول موافقت نامه دائر به منع ورود نیروهای جدید، مرتباً دستجات تازه از بادکوبه وارد می‌شوند، و مقررات موافقت‌نامه را عملاً نقض می‌کنند ... . گروه حزبی هر روز مردم را به متینگ و سخنرانی دعوت می‌کردند و وعدهٔ فتح هندوستان می‌دادند. [ضمن سخنرانی‌ها] به میرزا خرده گیری می‌شد که مثلاً جواهرات بانک را چه کرده است، و جواهرات مزبور اکنون کجاست ... .[***]

۸ ـ نخستین کنگره حزب عدالت (کمونیست)

نخستین کنگره حزب از ۲۲ تا ۲۶ ژوئن / ۱ الی ۵ تیر ماه ۱۲۹۹، در شهر انزلی [میان پشته] به ریاست آقازاده یکی از اعضای قدیمی کمیته عدالت، تشکیل شد. مقدمات تشکیل آن قبلاً در تاشکند، توسط کمیته عدالت ترکستان صورت گرفته بود. در این کنگره، پیشه‌وری به عنوان عضو هیئت رئیسه حضور داشت و در آن، ۵۱ نماینده با رأی قطعی، ۱۱ نماینده با رأی مشورتی، ۹ نماینده به عنوان مهمان شرکت داشتند. که نمایندگی ۲۰۰۰ عضو و هوادار حزب را در نقاط مختلف ایران به عهده داشتند.

برای شرکت در کنگره از تبریز ۵ نفر، از مرند ۱ نفر، از خوی و سلماس۳ نفر، از خلخال و زنجان ۴ نفر، از اردبیل ۳ نفر، از تهران ۱ نفر، از قزوین ۱ نفر، از رشت ۲ نفر، از مازندران ۱ نفر، از مشهد ۲ نفر، از حزبی‌های ایرانی ترکستان، داغستان، گرجستان، باکو و گنجه ۲۷ نفر نماینده با رأی قطعی فرستاده شده بود، تعداد نمایندگان شرکت کننده از هر شهر، نشانگر میزان پیشرفت حزب در آن شهر بود، از مناطقی که تحت اشغال انگلیسی‌ها بود یا اصلاً نماینده‌ای وجود نداشت یا نمایندگان کمی شرکت کرده بودند.***

بسیاری از نمایندگان شرکت کننده، دارای سابقه مبارزاتی ۱۵ـ۱۰ ساله بودند. در این کنگره لنین به ریاست افتخاری و نریمان نریمانف، سن. اورجونیکیدزه، م. کالینین، آ. میکویان به عنوان اعضای افتخاری هیئت رئیسه انتخاب شدند.*** کنگره یاد اسدالله غفارزاده، عضو برجسته حزب را با قیام شرکت کنندگان و اعلام سکوت گرامی داشت و تصمیم گرفت پیامهای شادباشی به مناسبت افتتاح خود برای کمیته مرکزی حزب کمونیست (بلشویک) روسیه، کمیته مرکزی حزب کمونیست (بلشویک) آذربایجان، کمیته اجرائیه انترناسیونال سوم، و. ای. لنین، مخابره نماید. سپس کنگره به صورت زیر به بررسی مسائل پرداخت:

۱). وضعیت داخلی و خارجی ایران (گزارش دهنده سلطانزاده)

۲). مسایل تشکیلات حزب (گزارش دهنده کامران آقازاده)

۳). مسأله ارضی در ایران (گزارش دهنده علی خانوف)

۴). مسأله مطبوعات حزبی (گزارش دهنده جوادزاده «پیشه‌وری»)

۵). مسایل تاکتیکی (گزارش دهنده آبوکف و نانیشویلی)

۶). انتخابات ارگان‌های حزبی.***

تشکیل کنگره اول در شرایط بحرانی و حوادث پیچیده موجود جنگل، هر چند به عنوان یکی از مهمترین حوادث تاریخ مبارزه جنبش چپ می‌باشد امّا آن چنان که از کل صورتجلسات کنگره بر می‌آید وجود اختلاف و دودستگی در درون حزب کمونیست ایران در طول جلسات کنگره به شدت به چشم می‌خورد اختلافی که بعداً تا سالهای مدیدی حتی در دوره رضاخان و رضاشاه نیز ادامه داشت، به عنوان مثال، وقتی سلطانزاده در گزارش خود، اعلام کرد که در وضعیت حاضر، مبارزه باید بر علیه حکومت شاه و استعمار انگلیس و همچنین بر علیه خانها و صاحبان زمین باشد واگر یکی از این شعارها فراموش شود انقلاب به موفقیت نمی‌رسد امّا در جلسه سوم، نانیشویلی، نماینده حزب کمونیست روسیه بر خلاف سخنان سلطانزاده اعلام کرد که ایران هنوز آماده انقلاب کمونیستی نیست و در این مرحله باید از بورژوازی ملی ایران که مخالف استعمار انگلیس می‌باشد حمایت کرد. کتاب «کمینترن و خاور» نیز ضمن اشاره به همین مسئله می‌نویسد:

> نظرات چپ‌گرایانه در میان کمونیست‌های ایرانی، از جمله آبوکوف و جوادزاده، اعضای برجسته کمیته مرکزی حزب کمونیست ایران که در خود ایران فعالیت می‌کردند و سلطانزاده نماینده حزب در کمینترن، همچنان باقی ماند. سلطانزاده نه تنها در اولین کنگره حزب کمونیست ایران، بلکه در دومین کنگره کمینترن هم کوشید ثابت کند که ایران با انقلاب سوسیالیستی مواجه است و این که این کشور مرحله بورژوا ـ دموکراتیک را قبلاً پشت سر گذاشته است.***

از این تاریخ در درون حزب کمونیست ایران تقسیم بندی چپ و راست شکل می‌گیرد؛ اختلافی که نه تنها در تاکتیکهای حزب و عملکردهای آن، بلکه در شعارها نیز به چشم می‌خورد.

کنگره ضمن اشاره به اشتباهات گذشته خود، نه تنها تبلیغ شعارهای رادیکال را که باعث روی گرداندن بورژوازی ملی از حکومت انقلابی و از مبازه علیه امپریالیسم و حکومت شاه گشت محکوم نمود، بلکه تشکیل جمهوری شوروی سوسیالیستی گیلان را نیز اشتباه خواند زیرا معتقد بود که تشکیل جمهوری، باعث شد بورژوازی ملی، خود را از اردوگاه انقلاب بیرون کشد تا بدین ترتیب شکست جنبش بدست حکومت مرکزی ایران با حمایت انگلیس آسان‌تر شود.***

سیدجعفر جوادزاده که در خصوص مطبوعات حزبی گزارش داده بود در قطعنامه کنگره در خصوص مطبوعات، چنین آمده است:

> برای نزدیک شدن به دهقانان و پیدا کردن زبان مشترک با آنها و برای آشنا کردن دهقانان با مبارزهٔ طبقاتی علیه ملاکان و فئودالها و برای آشنا کردن خلق‌های ایران با سیاست‌های اشغالگرانهٔ بیگانگان، لازم است، بروشورهایی با تیراژ زیاد چاپ و منتشر شود. برای توسعه مطبوعات حزبی علیه انگلیسی‌ها و حکومت شاه، باید دقت لازم به عمل آید.***

کنگره همچنین متذکر شد، که بورژوازی ایران با شعور و متشکل است و حزب کمونیست باید از این نیرو در مبارزه استفاده کند دور کردن آن از جبهه ضد امپریالیستی اشتباه است. زیرا ایران در چنین شرایطی برای انقلاب سوسیالیستی آماده نیست.***

در این کنگره نام حزب عدالت به حزب کمونیست تغییر یافت و اعضای کمیته مرکزی به شکل زیر انتخاب شدند:

۱ـ آبیکف آقازاده ۲ـ خانم آبیکف آقازاده ۳ـ کامران میرزا (آقازاده) پسر آبیکف. ۴ـ چلنگرایان. ۵ـ زاخاریان ۶ـ سیدابوالقاسم موسوی ۷ـ جعفر پیشه‌وری (در آن موقع نامش جوادزاده بوده است) مسؤول تشکیلات لاهیجان. ۸ـ زنجانی ۹ـ صدقعلی

۱۰ـ احسان‌الله‌خان ۱۱ـ مجتبی شریعتمداری ۱۲ـ کاظم شاهرخی مسؤول تشکیلات حزب کوچصفهان تا لنگرود. ۱۳ـ سلطانزاده ۱۴ـ خالوعلی مسؤول تشکیلات انزلی. ۱۵ـ علیزاده

پس از کشته شدن خالوعلی تغییراتی بشرح زیر در کمیته مرکزی حزب بوجود آمد:

۱ـ کاظم شاهرخی مسؤول تشکیلات انزلی. ۲ـ زاخارف معاون تشکیلات. ۳ـ ابراهیم سرخی (بعداً مسؤول تشکیلات انزلی گردید.) ۴ـ جعفر پیشه‌وری. ۵ـ جلنگریان. ۶ـ سیدابوالقاسم موسوی. ۷ـ عزیز ایران دوست. ۸ـ ابیخ، مسؤول کمیسیون تفتیش .... ***

تقی شاهین، کمیته مرکزی اولیه را که کنگره انتخاب کرد به شکل زیر معرفی می‌کند:

۱ـ سلطانزاده. ۲ـ کامران آقازاده. ۳ـ جوادزاده «پیشه‌وری» ۴ـ علیخانوف. ۵ـ نعمت بصیر. ۶ـ محمد فتح‌الله‌یف. ۷ـ رحمت‌الله. ۸ـ محمدعلی حسین‌زاده. ۹ـ حسین رحمی‌اوغلو. ۱۰ـ سیدقلی. ۱۱ـ عیسی فتح‌وئردی‌اوغلی ... . ***

در مورد شرکت کنندگان کنگره شایان ذکر است که حیدرخان عمواوغلی در آن حضور نداشت، کسانی مانند رضا روستا، علت عدم شرکت او را، اختلاف وی با سلطانزاده دانسته‌اند. *** حیدرخان به خاطر این که در نخستین کنگره حزب، حضور نداشت در کنگره خلق‌های خاور زمین که اندکی بعد از کنگره اوّل تشکیل گردید، خواستار تجدید نظر در کمیته مرکزی انتخاب شده کنگره اوّل شد.

کنگره همچنین تصمیم گرفت که هر یک از اعضای کمیته مرکزی باید به مدت ۲ الی ۳ ماه در استانهایی که هنوز در اشغال انگلیسی‌ها است بکار مخفی بپردازند. «یک هفته پس از تصویب این قرار شش نفر از اعضای کمیته مرکزی برای انجام وظیفه عزیمت کردند ...». ***

مرکز حزب در این زمان در رشت بود و کنگره تصمیم گرفت کمیتهٔ مرکزی را به تهران انتقال دهد، از اینرو حزب، سیدجعفر پیشه‌وری را جهت توسعه تشکیلات

حزبی در تهران انتخاب کرد. پیشه‌وری یکی از دبیرهای مسؤول منتخب کنگره بود و همچنان که بعداً خواهیم دید پیشه‌وری پس انتخاب به مأموریت تهران بزودی به تهران عزیمت نکرده بلکه عزیمت او به تهران دو سه ماه طول کشیده به طوری که او تا پیش آمدن کودتای احسان‌الله‌خان و تشکیل دولت او، در جنگل حضور داشته و وزیر داخله دولت کودتا بوده است. پیشه‌وری در مورد تصمیم کنگره مبنی بر اعزام او به تهران، سالها بعد در آژیر چنین می‌نویسد:

> در شدیدترین دوره نهضت ملی گیلان ملّیّون تصمیم گرفتند مرکز فعالیت خودرا به تهران انتقال دهند و در آنجا بر علیه استبداد و ارتجاع و زورگوئی مبارزه کنند. پیش از هر کسی من دم نظر بودم. همه از من انتظار فعالیت و کار داشتند. من هم در نوبهٔ خود تردید بخود راه ندادم. فرونت‌ها و جنگل‌ها و کوه‌ها را پیموده، خود را به طهران رسانیدم ...

سیدجعفر پیشه‌وری در مقاله‌ای که در روزنامه جنگل، در دوم ژوئن ۱۹۲۰ به چاپ رسید خط مشی‌های مصوب کنگره اول حزب کمونیست را به شکل زیر جمع بندی کرده است:

۱. سرنگون کردن سلطه امپریالیسم بر ایران.
۲. مصادره اموال کلیه شرکت‌های خارجی.
۳. شناسائی حق خودمختاری برای همه ملیت‌ها و در چارچوب وحدت کشور.
۴. اتحاد با روسیه شوروی و نهضت پرولتاریای جهانی. ...

۹ ـ کودتای احسان‌الله‌خان

در ۱۰ ژوئیه ۱۹۲۰، کمیته مرکزی حزب کمونیست ایران سرانجام دیدگاه رسمی خود را درباره کوچک‌خان با اتخاذ یک تصمیم کاملاً محرمانه، رسماً بیان کرد:

نابودی کوچک‌خان و حکومت او که دیگر رهبران جنبش رهایی بخش ملی نیستند؛ افزودن شعار زیر به شعارهای رهایی ملی: «حتی یک مثقال برنج هم به اربابان ندهید» و «زمین برای مردم ...» «اگر کوچک‌خان در جهت تبدیل شدن به یک چهره

انقلابی عمده پیشرفت نکند؛ به ناچار باید از بین برود، و بسیار محتمل است که این ضرورت بسیار زود فرا برسد.»...

گذشت زمان برای مقامات مسکو نشان داد که کوچک‌خان به یک چهره انقلابی [بخوانید مهره طرفدار روسی] تبدیل شدنی نیست. محمدعلی گیلک که خود، کمیسر فواید عامه در نهضت جنگل بوده در خاطرات خود در مورد علت شدت یافتن اختلاف و مقدمات کودتا می‌نویسد اختلاف پایه‌اش در تفاوت بین دو مسلک گذاشته شده بود و تمام اقدامات بعدی، بهانه‌ای بیش محسوب نمی‌گردید. عدالتی‌ها و فرقه اشتراکیون می‌خواستند قدرت را خودشان بدست گیرند و شروع به ایجاد موانع در مقابل قوای جنگلی کردند. اشخاص عاقل و دلسوز زعمای بلشویکها مانند راسکولنیکف، اورجونیکیدزه و دکتر نریمانف، مخالف وقوع اختلاف و کنار گذاشتن میرزاکوچک‌خان بودند و حتی بعضی از آنها، اجرای مرام کمونیزم را در ایران جایز نمی‌دانستند و عقیده داشتند که این موضوع، انقلاب ایران را از بین خواهد برد. به همین خاطر، کمیته اشتراکی ایران خیلی زود این موضوع را احساس کرد و موفق گردید آنان را با توسل به مقامات ارشد شوروی از ایران دور سازد:

> «در ایران نیز کاژانف فرمانده کل قوای انقلاب و پولایف رئیس دستجات اعزامی به مازندران از اشخاص متنفذ و از مأمورین عالی مقام روسی بشمار رفته و کسانی بودند که در مقابل عدالتیها ایستادگی و نمی‌گذاشتند کودتای مورد نظر انجام شود ولی بزودی هر دو نفر از ایران فراخوانده شدند. در این وقت تقریباً کلیه موانع عملی، برای کودتا از میان براداشته شده بود و بلافاصله باید اجرا می‌شد ولی بدلیل این که سربازان در جبهه بودندو برای کودتا نفرات بیشتری لازم بود به خاطرهمین افرادی را دسته‌دسته از بادکوبه وارد کردند.»...

سرانجام میرزا به نشانه اعتراض به تندروی‌های حزب عدالت، شاید هم به خاطر اطلاع از توطئه، در ۱۸ تیر ماه ۱۳۹۹ یعنی دو هفته بعد از کنگره اوّل، از رشت خارج می‌گردد و در جنگل (فومن) پناه می‌گیرد واعلام می‌کند که:

مادامی که بی‌ترتیبی‌هـای جـاری رفـع نشـوند و افـراد حـزب عـدالت از پرخاش و ستیزه‌جوئی و تبلیغـات مرامـی دسـت برندارنـد، از فـومن بـر نخواهد گشت.***

او قبل از حرکت‌اش از رشـت، دو نفـر از یـارانش (گـائوک و مظفـر زاده) را بـه نمایندگی برای رفتن به مسکو تعیین می‌کند و نامه‌ای از طریق آنها به لنین می‌فرستد او دچار این خوشبینی بود که فکر می‌کرد عوامل کودتا، خودسرانه دست بـه ایـن عمـل می‌زنند و مقامات مسکو از این امر اطلاعی ندارند.

متعاقب خارج شدن کوچک‌خان از رشت و رفتنش به «فومن» سران کودتا، کاژان-اف فرمانده ارتش سرخ و بسیاری از افرادی کـه مخـالف تنـدروی‌هـای آن بخـش از حزب کمونیست (= عدالت) بودند و نسبت به میرزاکوچک‌خان نظر مساعدی داشـتند از ایران احضار کرده و بجای آنها، عناصر جدیدی که موافق کودتا بودند وارد کردند:

عملیات پشت پرده حزب (عدالت رشت) آرام آرام آثارش را مـی‌بخشـد. طولی نکشید کـه بـا آمـدن «مـدیوانی» نماینـده بازرگـانی «خوشـتاریا» و «میکویان» کمیسر تجارت شوروی به رشت، کودتـائی در ۱۴ ذیقعـده ۳۸ مطابق نهم مرداد ۹۹ رخ داد و از جریان کار چنین فهمیده شد که احضار کـاژان‌اف بـه مسـکو و فراخوانـدن «پـالایف» از مازنـدران، در نتیجـه اشتباه‌کاریهای اعضای حزب عدالت صـورت گرفتـه اسـت... . کودتـای رشت را «بولومکین» اداره می‌کرد و بولومکین نمایندهٔ چکای شـوروی در گیلان بود.***

در غیبت کوچک‌خان، کودتای سـرخ در روز ۹ مـرداد ۱۲۹۹ بـا پشـتیبانی ارتـش شوروی شروع گردید، آنها در پی آن بودند که میرزا را کشته و یا دستگیر کنند لـذا در حالی که مجهز به توپخانه بودند وارد جنگل شدند، و واحدهای نظامی کوچک‌خان را که در حال عقب نشینی به فومن بود مورد حمله قرار داده تعدادی از آنـان را کشـته و دستگیر کردند امّا بدلیل موانع حاصل از وضعیت راهها، نتوانستند تعقیب را بیشتر ادامه دهند.

ارتباط‌هایی که میرزاکوچک‌خان با حکومت مرکزی ایران در این اواخر برقرار کرده بود نباید در امر کودتا از نظر دور داشت همچنان که نویسنده «تاریخ انقلاب جنگل» اشاره می‌کند. وقتی به دنبال سقوط کابینه وثوق‌الدوله، مشیرالدوله به نخست‌وزیری رسید، او سیدعبدالرحیم خلخالی را که یکی از دوستان میرزاکوچک‌خان بود، برای تماس و ملاقات با میرزاکوچک‌خان به فومن فرستاد. همچنین کوچک‌خان پس از خروج از رشت در فومن در باغِ حاج معین‌الممالک مستقر بود و مخفیانه شبها با بعضی از افراد حکومت مرکزی ایران به مذاکره می‌پرداخت.*** بلشویکها ملاقات‌های او را زیر نظر داشتند و این مسئله در کودتای حزب عدالت و احسان‌الله‌خان در نهم مرداد ماه ۱۲۹۹ بی‌تأثیر نبود.

کودتا به رهبری مقامات شوروی مانند «ابوکف» (فرمانده قوا) «تروئین» (رئیس اداره سیاسی) «بولوملکین» (رئیس چکا) «گوسف» (رئیس تأسیسات نظامی) «آبیخ» (معاون دژبان نظامی) و با همکاری نزدیک حزب عدالت انجام گرفت و در دولتی که به سرکمیسری احسان‌الله‌خان در ۱۳ مرداد ۱۲۹۹ تشکیل گردید در دولت کودتا، جوادزاده «پیشه‌وری» به عنوان کمیسر داخله انتخاب گردید در حالی که او مدیریت روزنامه «کامونیست» را هم به عهده داشت. روزنامه‌ای که ارگان رسمی فرقه کمونیست ایران و ناشر افکار کمیته مرکزی بود. کریم کشاورز که سالیان زیادی با سیّدجعفر پیشه‌وری دوست بوده در خاطرات خود می‌نویسد:« پیشه‌وری را من از زمان انقلاب گیلان می‌شناختم.از وقتی که او به کمیسری داخله منصوب شد و جلوی تندرویها، رذالتها و کج‌رویهایعده‌ای از«عدالتی‌ها»و غیره را گرفت و آنها را اصلا طرد کرد و چندین بار از بالکن عمارت سنگی-یا به قول گیلکها سنگ عمارت-برای مردم که در قرق کارگزاری جمع شده بودند نطق کرد[۱۵۷]».

روزنامه جنگل، ارگان رسمی دولت جمهوری شوروی ایران، پس از کودتا تعطیل شد و روزنامه «ایران سرخ» یا «انقلاب سرخ» نیز که از اوایل نیر ماه ۱۲۹۹ انتشار خود را آغاز کرده و در شهر رشت به مدیریت ابوالقاسم ذره منتشر می‌شد،*** متوقف شد و روزنامه کامونیست انتشار خودرا آغاز کرد. نویسنده کتاب «تاریخ سانسور در

مطبوعات ایران» روزنامه کامونیست را ناشر افکار جناح احسان‌الله‌خان می‌داند و می‌نویسد از آنجا که این روزنامه مانند روزنامه «ایران سرخ» بدون اخذ امتیاز و گذراندن مراحل قانون مطبوعات در وزارت علوم و معارف منتشر می‌شد به خاطر دور بودن از قید و بندهای سانسور دولتی و فشارهای رسمی، در اشاعه افکار خود، آزادی کامل داشت به همین خاطر در مقاله‌های آتشین آن، پیروزی انقلاب و نابودی کاپیتالیسم را وعده می‌داد و در بالای صفحه اوّل آن، جمله معروف زیر، از کتاب مانیفست مارکس و انگلس نقش بسته بود:: «رنجبران تمام ممالک! اتفاق کنید».***

روزنامه کامونیست، کمی قبل از وقوع کودتای احسان‌الله‌خان، انتشار خود را آغاز کرده و هفته‌ای دو بار منتشر می‌شد. گریگور یقیکیان در این مورد می‌نویسد:

> پس از رفتن میرزاکوچک و همکارانش از شهر، روزنامه جنگل ارگان رسمی دولت جمهوری شوروی ایران تعطیل شد و روزنامه انقلاب سرخ ارگان ادارهٔ سیاسی ارتش سرخ ایران مدتی منتشر نشد. ولی شماره معمولی روزنامهٔ کامونیست در تاریخ چهارشنبه هجدهم ذیقعده ۱۳۳۸ (مطابق چهارم اوت ۱۹۲۰) یعنی چهار روز پس از کودتا منتشر شد و تحت عنوان «انقلاب سرخ» مقاله‌ای درباره اوضاع منتشر ساخت. روزنامهٔ کامونیست ناشر افکار کمیتهٔ مرکزی فرقه کامونیست (بلشویک) ایران بود و به مدیریت م. ج. جوادزاده خلخالی و تحت بازرسی بانو بوالله منشی کل حزب کامونیست (بلشویک) ایران و شوهر او آبوکف نمایندهٔ حزب کامونیست روسیه در ایران منتشر می‌شد.***

میرزاکوچک‌خان پس از کودتا در اولین اعلامیه خود که بنام «خطاب به برادران مجاهد» صادر کرد. شدیداً بر عدالتیها تاخت:

> این کمونیست‌ها کی هستند و چه می‌گویند؟ محرکشان کیست؟ امّا کمونیست‌های حالیه رشت یک عده قورچی‌ها و آدمکش‌های قفقازند که بعضی از آنها خود را ایرانی نژاد می‌خوانند. از تمام عادات و اخلاق و شعائر انسانیت بی اطلاع و دور، بلکه ضد هستند. در مجامع، بی ملاحظه از قوانین مزدک تعریف می‌کنند، در قفقازیه شغلشان پول گرفتن و

مزدور شدن برای آدمکشی بوده. اخیراً برای این که آسانتر و بیشتر مردم را بکشند و غارت کنند، مسلک کمونیستی را به خودشان بستند.***

جوادزاده «پیشه‌وری» در پاسخ به اعلامیه میرزاکوچک‌خان، در روزنامهٔ کامونیست چنین نوشت:

انقلابی که در عرصه ظهور بصورت اکثریت عرض اندام نمود لاشک جهان را فرا گرفته جهانیان را به آرزوی خود خواهد رسانید جهان را بنگر ببین دریای انقلاب که از عرق جبین فعله و بخار دل رنجبر بوجود آمده چگونه تلاطم کرده و به کاپیتالیزم دنیا دارد به چه نحو هجوم می‌برد ... اینگونه انقلاب موانع بهر درجه مشکل را پشت پا زده به سر حد ایران فرا رسید و بر یکی از ایرانیان که تا دیروز از ترس انگلیس وعاملین او (کابینه وثوق‌الدوله) در زوایای تاریک جنگل متواری و دقایق سختی را می گذراند فرصت آن را داد که در سایه جریان انقلاب از غاصب ایران و دشمن خود انتقام بگیرد زهی کوته بینی و بدبختی که بی‌هیچ مطالعه بتاریخ دو ساله خود مظالمی را که از انگلیسی‌ها دیده [بود] بکلی فراموش [کرده] و تلخیهای وارده از وثوق‌الدوله را بالتمام از یاد برده باز هم به جنگل رفت. آیا میدانید که این شخص کیست او میرزاکوچک‌خان است که سالها است بهر مقصد باشد نامی به آزادی طلبی داشته و این دو ماه اخیر نزدیک بودکه در حیات جدید عالم نیز اسم و رسمی بدارد. لکن از کوزه همان برون تراود که در اوست ... ما هرگز افکار خودمان را بر دایره اشخاص محدود نکرده تمام جهان را بسوی مقصد خود دعوت می‌کنیم و با صدای رسا می‌گوئیم ـ رنجبران ممالک اتحاد کنید ـ و اعتقاد داریم که در این طوفان سرخ به مامول خود نائل آئیم بنابراین مسؤول و مجبوریم که مقتضیات انقلاب را بجا آوریم و تا امروز اوامر آن را اطاعت کردیم هر چیزی‌که بر سر راه پیشرفت آن واقع می شود رفع آن اولین وظیفه انقلابیون است این است اشخاص نالایق هم که موجب بطوء انقلاب بودند از سر کار اخراج و امورات با ایادی وظیفه شناس تعویض شد نظر به نشر حسّیات حق

شناسی و آزادیخواهانه متصدیان امور که سر کار آمده‌اند امیدوارمی هر چه زودتر وظایفی را که انقلاب سرخ بعهده ایشان محول می‌کند موافق تاکتیک فرقه کمونیست انجام داده بیرق آزادی را در تمام نقاط ایران نصب و به استخلاص شرق از [یوغ] امپریالیزم، جدیت فوق‌العاده نمایند.

پاینده باد انقلاب ـ زنده باد قشون سرخ ***

روزنامه‌های دیگر نیز در رشت به میرزاکوچک‌خان حمله کردند و او را «انگلیسی پرست» و همچنین «کرنسکی ایران» لقب دادند، متأسفانه به نظر می‌رسد شماره‌هایی از این روزنامه‌ها بجای نمانده ولی از جوابیه‌ای که پیشه‌وری به اعلامیه کوچک‌خان نوشته چنین برمی‌آید که او هنوز کاملاً به انشای فارسی مسلط نبوده به همین خاطر، ضعف‌هایی که در نوشته فوق الذکر به چشم می‌خورد هرگز قابل مقایسه با مقاله‌های پخته‌ای نیست که او یک سال بعد در روزنامه «حقیقت» نوشته گریگور یقیکیان نیز چند سطری که از مقاله فوق‌الذکر جوادزاده بدون کم وکاست [البته به ادعای خودش] آورده و ضعف‌های نوشتاری، پیشه‌وری را ذکر کرده:

فرصت آن داد که در سایه جریان انقلاب انقلاب از غاصب ایران و دشمن خود [انگیس] انتقام بگیرد و ... امّا او بی‌هیچ ملاحظه‌ای باز به جنگل برگشت و ... سخن رفته و وی مورد سرزنش قرار گرفته و در پایان هم ضمن ابراز این نظر که «هر چیزی که بر سر راه پیشرفت آن [انقلاب] واقع می‌شود، دفع آن اولین وظیفه انقلابیون است». به تغییراتی که در رده‌های مسؤولان امور صورت می‌گیرد اشارت رفته، اظهار امیدواری شده است که مسؤولان جدید«هر چه زودتر وظایفی را که انقلاب سرخ به عهدهٔ ایشان محول می‌کند، موافق تاکتیک فرقهٔ کامونیست انجام داده، بیرق آزادی را در تمام نقاط ایران نصب و به استخلاص شرق از [چنگال] امپریالیزم حدیت فوق‌العاده نمایند.***

سه تا از اعلامیه‌هایی که دولت انقلابی پس از به دست گرفتن قدرت (در ۳ مرداد ۱۲۹۹) صادر کرده و در زیر هر کدام، نام سیدجعفر جوادزاده به عنوان وزیر داخله آمده است به عنوان یادگاری از آن دوران است***

۱۰ ـ پس از کودتای احسان‌الله‌خان

حکومت جدید در سلطه یک نیروی ۲۰۰ نفره روسی، ارمنی، سربازان گرجی و نزدیک به ۱۲۰۰ نفر از کارگران ایرانی بود که در صنعت نفت باکو کار می‌کردند.

بنابه نوشته روزنامه انقلاب سرخ، دو کمیته، قدرت را در دست داشت: یکی کمیته موسوم به «کمیته انقلاب» بود که مسیر مسلکی رژیم را تبیین می‌کرد؛ دیگری کمیته «شعبه ویژه» نام داشت که کارش نظارت بر اجرای حط مشی عملی از سوی کمیسرها و ارگان‌های تابعه مانند اتحادیه جوانان کمونیست و دستجات نظامی بود که برای دفاع از رژیم بسیج شده بودند.***

نخستین اقدامات رژیم کمونیستی جدید، سلب مالکیت و وصول مالیات بود. پس از تثبیت حکومت در رشت و مناطق اطراف آن، طبق دستور حکومت، کلیه اجاره بهاها به جای پرداخت شدن به مالکان، به خزانه دولت واریز می‌شد، و سهم مالکان از محصول زمین به خزانه‌داری منتقل می‌گردید. خانه‌های مالکان بزرگ مصادره شده و همه خانه‌های بزرگی که ظرفیت بیش از یک خانواده را داشت برای اقامت کارمندان دولت در نظر گرفته شد و مصادره گردید.***

برنامه‌های دولت کمونیستی احسان‌الله‌خان عبارت بودند از: اخراج نیروهای انگلیسی و سرنگونی نظام سلطنتی، مصادره زمین‌ها، الغاء مالکیت بر وسایل تولید و حرکت به سوی تهران، امّا آنها با کنار گذاشتن کوچک‌خان و رفتارهای مغایر با سنتهای مردمی و مصادره اموال، عملاً احساسات مردم را جریحه دار کرده و نفرت عمومی را بر علیه خود برانگیختند. به همین خاطر، وقتی در ۱۱ اوت / ۲۶ ذیقعده پیشروی نظامی خود را به سوی تهران آغاز کردند نه تنها کوچک‌ترین پیروزی را

بدست نیاوردند بلکه متحمل تلفات سنگین نیز شدند و در طی دو ماه و نیم جنگ، حتی یک گام نیز نتوانستند به پیش بردارند. بسیاری از نیروهای ایرانی، فرار کرده و به اردوی دشمن یعنی نیروهای دولتی ایران پیوسته بودند. زیرا با کنار گذاشتن میرزا، جنبش، رهبری را از دست داده بود که در بین مردم، بیشترین محبوبیت و نفوذ را داشت به همین خاطر، بعد از حذف میرزاکوچک‌خان نه تنها مردم به حمایت از حزب عدالت و بلشویکها رغبتی نشان ندادند بلکه به دشمنی با ارتش سرخ و حزب عدالت پرداختند همچنان که از گرازش جی. اس. فریدلند، نماینده شورای جنگ انقلابی ارتش اوّل جبهه ترک در گیلان به اداره متبوع خود در تاریخ ۱۱ سپتامبر ۱۹۲۰ بر می‌آید: «عقب نشینی‌نیروهای سرخ به جبهه خصومت آشکار مردم محل با بلشویکها را برملا می‌سازد ... توده‌ها نه با حزب کمونیست ایران، و نه با ارتش سرخ، بلکه با خان‌ها، بورژوازی و قزاق‌ها علیه کمونیست‌ها و علیه ارتش سرخ همکاری می‌کنند، و بر اساس بنیادهای مذهبی و ملی به طور کلی علیه روس‌ها تحریک شده‌اند».***

شکست قوای کودتا، منجر به عقب نشینی و تخلیه منجیل، رشت، لاهیجان، فومن و تمرکز یافتن آنها در انزلی گشت و حتی بسیاری از مردم چنان از بلشویکها متنفر بودند که به قزاق‌ها کمک می‌کردند. محمدعلی گیلک در این مورد می‌نویسد: «صبح زود من از منزل بیرون آمدم اولین اشخاصی را که دیدم بلومکین و دکتر بلینکی بودند که اتومبیل خودرا پر از کالا و اجناس کرده و از رشت بطرف انزلی پیش می‌رفتند و طوری عجله داشتند که حتی جواب سلام مرا هم ندادند.***

مردم به قوای قزاق پیوسته و آن گروه از بلشویکها را که به موقع نتوانسته بودند از مهلکه بگریزند، دستگیر و زیر کتک می‌گرفتند.

> ... یک چنین مساعدت از طرف اهالی رشت نسبت به قزاقها هیچوقت سابقه نداشت واین فقط ناشی از شدت خصومت و کینه و عداوت با انقلابیون بودکه عرض یکی دو ماه در دل اهالی تولید شده بود. بعضی از افراد بلشویک و افسران قشون غزل [قزل] عسکری مخصوصاً در رشت پنهان و بعداً به قزاقها تسلیم شدند. انبار مهمات و اسلحه بلشویکها

بدست قوای دولتی افتاده و آنها هر قدر می‌توانستند از اسلحه مذکور حمل به قزوین نمودند.***

در کنگره بین‌الملل شرق که اندکی بعد در بادکوبه تشکیل شد یکی از موضوعات اساسی، حل اختلافات و وجود دو دستگی در قوای جنگل بود، آنها یوسف ضیاء، نماینده ترکیه در کنگره را که از دوستان قدیمی کوچک‌خان بود برای آشتی با کوچک‌خان، به رشت فرستادند امّا اختلاف موجود حل نگردید.

روزنامه کمونیست برای جلب مردم، ناچار شد در مقاله‌ای بنویسد که عدالتی‌ها هیچ ضدیتی با مذهب ندارند و آن را تهمتی از سوی دشمنان انقلاب یعنی انگلیسی‌ها می‌دانند در این مقاله که به قلم پیشه‌وری نوشته شده چنین آمده:

رفقا اینهمه اظهارات و بدبینی‌ها که در این چند روزه به تحریک چند اشخاص خائن و بی‌شرف نسبت به فرقه کمونسیت ایران در کار جریان است و می‌خواهند نیات پاک و مقدس این فرقه را که فقط عبارت از استقرار آزادی و برابری بوده باشد با زور تهمت‌ها و اختراعهای دروغ و بی‌حقیقت در لباس جور و ظلم وبلکه مخالف با اصول شرع و انور نبوی در افکار و انظار عامه جلوه دهند همه از اثر و نتیجه تقلبات و دسیسه مخفیانه انگلیسی‌ها است برای شورانیدن اهالی بر ضد فرقه کمونیست این شایعه را منتشر نمودند که مسلک کمونیزم مخالف با دین است معاذالله زبان از ذکر و بیان این تهمت بزرگ که شایسته اعمال و افعال و مدعیان آن است شرم دارد ... .***

شکست‌های پی‌درپی ارتش سرخ در ایران، بخصوص در اواسط اوت / اوائل ذیحجه باعث شد که در قبال مشکل ایران و عدم کسب موفقیت ارتش سرخ و حزب کمونیست ایران در پیشروی به سوی تهران، کمیته مرکزی حزب کمونیست شوروی، طرح کاراخان را در مورد شوروی کردن ایران، مورد بررسی قرار دهد، در نامه ل.کاراخان، خطاب به کمیته مرکزی حزب کمونیست ایران، دو راه حل پیشنهاد شده بود او در نامه‌اش، سرکوبی نیروهای کوچک‌خان توسط ارتش سرخ را یک اشتباه سیاسی شمرده و مداخله شهروندان شوروی در انقلاب گیلان و ارباب نمایی آنها در

یک کشور تسخیر شده را، علت روی گردانی مردم از حزب کمونیست و ارتش سرخ ذکر می‌کند ولی در عین حال از دست دادن ایران را، ضربه‌ای جدی برای شوروی می‌داند به همین خاطر، دو راه در قبال مسأله ایران پیشنهاد می‌کند:

راه حل اوّل: «نیروهای [شوروی] موجود در انزلی با یک نیروی اعزامی هشت تا ده هزار نفره تقویت می‌شدند، که تسخیر تهران و سرنگونی حکومت شاه را برای ما کاملاً تضمین می‌کند و برای مبارزهٔ بعدی و اخراج کامل انگلیسی‌ها از ایران کاملاً کافی است ... یک حکومت غیرکمونیستی امّا به شیوهٔ شوروی در تهران تشکیل شده و از عناصر ملی ـ دموکراتیک دعوت خواهد شد تا به آن ملحق شوند. سیاست این حکومت بیشتر متمایل به کشاورزان خواهد بود، بدون این که منافع سرمایه تجاری به خطر افتد».

راه حل دوم: «ما نیروهای خود را بیرون خواهیم راند و در عین حال انزلی را تحت کنترل نظامی خود نگاه می‌داریم. با حکومت شاه در تهران تماس می‌گیریم، نمایندگی دیپلماتیک خود را به تهران می‌فرستیم و به منظور تشویق و تبلیغ (با لغو پیمان‌ها، حقوق ویژه و بازگرداندن زمین‌ها و اموال غصب شده) با حکومت شاه یک پیمان دوستی خواهیم بست ... سفیر دولت شاه هم اکنون به سوی ما در حرکت است مقصد او مسکو است، و هم اکنون از ترکستان گذشته و ظاهراً قصد دارد از طرف حکومت وحشت‌زده شاه با ما روابط دوستانه برقرار کند».

او ضمن اشاره به رئوس فعالیت‌های احتمالی دفتر نمایندگی شوروی در تهران در صورت امضای پیمان ایران ـ شوروی، اشاره می‌کند که «هدف [دفتر نمایندگی] سازمان دهی، شکل دادن و حمایت مادی از عناصر ملی ـ دموکراتیک و ضد انگلیسی از یک طرف، و کمونیست‌ها از طرف دیگر و بدین ترتیب انجام یک کار حساب شده برای یک دورهٔ نسبتاً دراز مدت خواهد بود ... کمیته مرکزی باید در مورد این که کدام یک از دو راه حل را در پیش بگیرید تصمیم گیری کند». کاراخان خودش راه حل اوّل را ترجیح می‌دهد و می‌نویسد:

به لحاظ سیاسی خط [مشی] اوّل هم اکنون ضروری است چون تأثیری بسیار سریع به جای خواهد گذاشت و ضربه‌ای به انگلستان وارد خواهد ساخت که ... ثابت خواهد کرد ما مستقیماً تهاجم خود را به شرق هدایت می‌کنیم تا با سیاست انگلستان در قبال خود [مقابله کنیم]: این به آن در. ...

امّا پلنوم کمیته مرکزی حزب کمونیست روسیه که در ۲۰ سپتامبر / ۶ محرم ۱۳۳۹؛ با حضور لنین، تروتسکی، استالین، زینوویف، کامنوف، بوخارین، و دیگران تشکیل شده بود، بر خلاف توصیه کاراخان، راه حل دوم یعنی مذاکره با حکومت شاه ایران را برگزید.

در گزارش تلگرافی استالین به لنین، تحت عنوان «تنها به لنین» در ۱۶ نوامبر ۱۹۲۰ / ۴ ربیع الاول، از لزوم تجدید سازمان در کمیته مرکزی حزب کمونیست ایران سخن رفته و حتی تأکید شده بود که به جای افراد تندروی چون سلطانزاده و دیگران، یک انقلابی قدیمی ایران یعنی حیدرخان گذاشته شود، که فردی معتدل است.

سیروس بهرام [= محمد آخوندزاده]، عضو کمیته مرکزی حزب کمونیست ایران، که در اولین کنگره حزب به نمایندگی از طرف تشکیلات آستارا شرکت کرده و پس از آن، از طرف حزب به عنوان نماینده در کنگره خلق‌های شرق به باکو اعزام شده بود به دخالت استالین در تجدید نظر در کمیته مرکزی حزب کمونیست ایران اشاره می‌کند، هر چند سیروس بهرام با اندکی تحریف واقعیت، آن را به عنوان دستوری از جانب لنین قلمداد می‌کند: «در جریان کار کنگره معلوم گردید که در عملیات انقلابی خلق‌های آسیا برخی مسایل دشوار سیاسی وجود دارد، که حل آنها برای خلق‌های مذکور بسیار سخت است و آنها در حل آنگونه مسائل به رهبری لنین کبیر محتاجند». ...

بنا به ادعای سیروس بهرام، حزب برای حل مسائل و مشکلات موجود، را به اتفاق فرد دیگری بنام عوض‌اف [از قریه بنفشه در محال اردبیل] انتخاب کرده و بسوی مسکو روانه می‌کند. سیروس در ادامه می‌نویسد:

... ولی ملاقات با لنین دشوار شده بود، زیرا وی در آنروزها بیمار بـود و پزشکان رسیدگی به امور را بطور قطعی برای وی منع کرده بودنـد. ولـی نمایندگان ... وضع دشوار خود را بـه لنـین نگاشـتند و مصـراً خـواهش ملاقات کردند. لنین بر دشواری وضعیت آنها پی‌برد و بنـوعی دکترهـا را راضی کرد که آنها را بپـذیرد. سـرانجام روز ملاقـات معـین گردیـد و در همان روز به حضور رفیق لنین قبول شـدیم. مـن در آن ملاقـات نماینـده دومی بودم که سخن گفتم. درباره مشی حزب کمونیست ایران اطلاعات مختصری دادم و از چپ‌روی که در آن بروز کرده بود شکایت نمودم. ...

سیروس در ادامهٔ نوشته‌اش، ضمن تأیید دخالت اسـتالین در تغییـر اعضـای کمیتـه مرکزی حزب کمونیست ایران، به اشتباه [عمدی یا سهوی] آن را بنابه رهنمود لنـین و نتیجه ملاقات خود با لنین ذکر می‌کند:

هنوز به باکو باز نگشته بودم که استالین بنا به رهنمود لنین و با صـوابدید کمینترن برای شور و یاری به حل مسائل که مـا مطـرح کـرده بـودیم بـه باکو وارد شد و بنا بـه پیشـنهاد کمینتـرن قریـب دو سـوم اعضـاء کمیتـه مرکزی سابق از کار کنار رفتند و بجای آنهـا نـه تـن از طرفـداران مشـی سیاسی حیدر عمو اغلی به کمیته مرکزی قبول شدند که من نیز از جملـه آنان بودم. ...

نویسنده «آزادلیق قهرمانی» نیز ضمن محکوم کردن سـلطانزاده و طرفـداران او، بـه عنوان عوامل «چپ‌رو» و عوامل اختلاف و شکاف در نهضت جنگل، به دخالت لنـین در تغییر اعضای کمیته مرکزی حزب کمونیست ایران اشاره می‌کند:

به خاطر حوادث پیش آمده و بر کناری عناصر چـپ رو و راه حـل‌هـای قطعی ضروری بنظر می‌رسید به خاطر همـین بنابـه دسـتور لنـین و طبـق ملاحظه کومینترن در سـپتامبر ۱۹۲۰ کنگـره ملـل شـرق در بـاکو کمـک بزرگی به این مسئله نمود. ...

در مورد نادرستی نوشته‌های سیروس بهرام و علی شمیده در صفحات آینده توضیحاتی خواهد آمد، امّا قبل از آن، نگاهی به کنگره ملل شرق ضروری به نظر می‌رسد.

۱۱ ـ کنگره ملل شرق

این کنگره به ابتکار حزب کمونیست و کمینترن، یک ماه پس از کودتای سرخ از نهم الی پانزدهم شهریور ۱۲۹۹ / اوّل سپتامبر ۱۹۲۰ در باکو تشکیل گردید و ۱۸۹۱ نماینده از ۳۲ کشور از شرق مراکش گرفته تا منچوری، در آن شرکت داشتند؛ از ایران نیز سیدجعفر جوادزاده به همراه هیئت ۲۰ نفری در ۴ شهریور از انزلی به راه افتادند و خود را به کنگره رساندند. ۱۹۳ نفر از کل شرکت کنندگان ایرانی بودند، از افراد برجستهٔ ایرانی که در این کنگره حضور داشتند می‌توان به شخصیتهایی چون حیدر عمواوغلی، سلطانزاده، احسان‌الله‌خان، جوادزاده (پیشه‌وری)، لاهوتی، و ذره اشاره کرد. از کل شرکت کنندگان: «۲۳۵ نفر ترک، ۱۹۳ نفر ایرانی، ۱۷۵ نفر ارمنی و ۴۴ زن» بودند.***

کنگره در عمارت تئاتر مایل‌اف باکو تشکیل گردید و زینویف ریاست کنگره را به عهده داشت وی در سخنرانی افتتاحیه خود، خواستار مبارزه با امپریالیسم بریتانیا و استقرار نظام شورائی در سراسر شرق شد.***

هدف این کنگره، بررسی و مطالعه مسائل و جریان‌های سیاسی ملل شرق بود، آنچه در این کنگره و کنگره‌های بعدی مشاهده شد وجود مشکل بلشویکها در رویاروئی با مسأله ملی بود بلشویکها، نمایندگان میهمان را متهم کردند که به جای تبلیغ کمونیسم به موعظه ناسیونالیسم می‌پردازند. در این کنگره، انتقاداتی نیز به کمیته مرکزی منتخب انزلی وارد شده است. امّا سرانجام در پلنومی که به همت شعبه شرق کمینترن در روزهای ۹، ۱۰، ۱۱ برگزار شد، کمیته مرکزی قبلی که در غیاب حیدر عمواوغلی انتخاب شده بود لغو می‌شود و کمیته مرکزی جدیدی به رهبری حیدر عمواوغلی تشکیل می‌گردد. کاظم شاهرخی که از شرکت کنندگان کنگره بود در مورد

تلاش برادران آقایف (بهرام و محرم) به عنوان رقیب حیدر عمواوغلی برای تصدی دبیر کلی حزب کمونیست ایران می‌نویسد:

> بعد از افتتاح کنگره و شروع کنفرانس‌ها، آقایف‌ها زیاده از حد کوشش کردند تا با استفاده از نفوذی که میان ایرانیان داشتند، در هیئت رئیسه‌ی مربوط به ایران قرار بگیرند ولی شانس موفقیت حیدر عمواوغلی با توجه به محبوبیت فوق‌العاده که در میان فرق داشت اجازه نداد که آقایوف‌ها موفق شوند و بالاخره مرحوم مزبور [حیدرخان] گوی سبقت را ربود علت موفقیت عمواوغلی این بودکه زبانهای ترکی، روسی، فرانسوی و فارسی را بخوبی و زبان آلمانی را تا اندازه‌یی می‌دانست و مطالب کنفرانس را ترجمه کرده برای ملت‌ها و نژادها به زبان خودشان توضیح می‌داد.***

در بین اعضای ۱۲ نفری کمیته مرکزی جدید، تنها چهار نفر از اعضای کمیته مرکزی سابق حضور داشتند و افرادی چون سلطانزاده و پیشه‌وری و ... کنار گذاشته شدند، ولی بعد از مرگ حیدر عمواوغلی در گیلان، با پادرمیانی مقامات شوروی، هر دو، بار دیگر وارد کمیته مرکزی شدند. جالب این که سیروس بهرام در خاطرات، خود ضمن تحریف واقعیت با تکبر تمام می‌نویسد:

> من از کمینترن خواهش کردم که سلطانزاده را به ما بدهند و آنها نیز با این خواهش موافقت کردند***

اعضای کمیته مرکزی سابق از کمیته مرکزی جدید، متابعت نمی‌کردند و همچنان در پی مواضع سابق خود بودند و در واقع، دو مرکز تصمیم‌گیری در داخل حزب وجود داشت در یک طرف، جناح چپ بود که رهبری آن را سلطانزاده و جوادزاده (پیشه‌وری) بر عهده داشتند و همچنان بر ضد میرزاکوچک‌خان، و شعار انقلاب پرولتری سر می‌دادند و در رأس جناح دیگر، حیدرخان عمواوغلی قرار داشت که در پی حمایت از میرزاکوچک‌خان و همکاری دوباره با او بودند و می‌خواستند اختلافات و شکاف پیش آمده را ترمیم سازند و این در حالی بود که جوادزاده (پیشه‌وری) در مقاله‌ای تحت عنوان «حزب کمونیست ایران»*** در روزنامهٔ کومونیست، کوچک‌خان

را یک «فاناتیک اشراف پرست، که زندگی و سعادت خود را در گرو دفاع از ملاکان و ثروتمندان می‌دید» یاد می‌کرد و همچنان شعار می‌داد که «در ایران باید حکومت دهقانان و کارگران زحمتکش تشکیل گردد».***

دامنه این اختلافات، نه تنها بعدها از بین نرفت بلکه به حدی رسید که جوادزاده در یکی از جلسات کنگره سوم کمینترن (۲ ژوئن تا ۱۲ ژوئیه ۱۹۲۱ / ۱۲ خرداد تا ۲۱ تیر ماه ۱۳۰۰) در مسکو از وجود دو حزب کمونیست در ایران سخن گفت، پیشه‌وری که در این کنگره بر اساس اعتبارنامه تشکیلات شهری تبریز حزب کمونیست ایران و به عنوان نماینده رسمی شرکت کرده بود ضمن حمله به حیدرخان، در نطق خود گفت:

> ممکن است بنظر شما غریب بنماید که در برخی از کشورهای خاور چند حزب کمونیست وجود دارد مثلاً در ترکیه، سه حزب کمونیست، در ایران دو حزب و در کره دو حزب کمونیست وجود دارد. دلیل این امر را می‌توان در این یافت که هر پاشا ـ هر حاکم که می‌خواهد از ایده‌های کمونیسم برای مقاصد شخصی خویش استفاده کند، یک حزب کمونیست برای خویش بر پا می‌کند.***

جوادزاده البته این تفرقه فکری را نتیجه سیاست موفق طبقات حاکم در شرق دانست که بین کادر رهبری احزاب کمونیست نفاق می‌اندازند. زینویف در پاسخ اظهار داشت که کمینترن فقط می‌تواند از فعالیت‌های اصیل کمونیستی حمایت کند و بایستی هر حرکتی که رنگ ناسیونالیستی محض دارد را طرد کند ....

سلطانزاده و رفقای هم‌فکرش یعنی جوادزاده، چلنگریان و برادران آقازاده که عضو کمیته مرکزی منتخب انزلی بودند هر چند از طرف حیدرخان، هواداران او معتبر نبودند ولی سلطانزاده و پیشه‌وری و همفکران آنان همچنان بنام نمایندگان حزب کمونیست ایران در کنگره‌ها و اجلاسیه‌های کمینترین شرکت می‌کردند و هنوز از طرف کمینترن به رسمیت شناخته می‌شدند، این نشانگر آن است که تغییرات پیش آمده در کمیته مرکزی حزب کمونیست ایران نه با دخالت لنین و کمینترن بلکه با دخالت مستقیم استالین صورت گرفته است. کنگره خلق‌های خاور زمین در ۸ سپتامبر

در باکو به پایان رسید، امّا آنچه مسلم است این که انتخاب حیدرخان به دبیر کلی حزب تحت نفوذ حزب کمونیست آذربایجان و دفتر قفقاز حزب کمونیست روسیه شوروی (که هر دو زیر نفوذ استالین بودند) انجام گرفت. به همین دلیل لنین در نامه ۱۶ ژوئیه خود به چیچرین، کمیساریای امور خارجی می‌نویسد که روتشتین از دخالتهای دفتر باکوی حزب بلشویک در روابط ایران و شوروی شکایت دارد، و ما می‌دانیم که دفتر باکوی حزب، شدیداً تحت نفوذ استالین بود.[•••] رضا روستا می‌نویسد:

> در نتیجه اعتراضات توده‌ی حزبی و راهنمایی بین الملل کمونیستی چند ماه پس از کنگره اوّل، پلنوم کمیته مرکزی حزب کمونیست در تاریخ ۱۱ سپتامبر ۱۹۲۰ تشکیل شده در نتیجه، رهبری انقلاب و حزب کمونیست ایران بدست توانای حیدرخان عمواوغلی، بنیادگزار نهضت سوسیال دمکراسی ایران افتاد ... سلطانزاده و آقایف‌ها از ترکیب کمیته مرکزی اخراج و سلطانزاده به مسکو منتقل می‌گردد.[•••]

اشتباهی که در نوشته روستا به چشم می‌خورد این است که همچنان که از اسناد کابک [کمیته اجرائی بین الملل کمونیست] برمی‌آید کمیته مرکزی حزب کمونیست آذربایجان و دفتر قفقاز حزب کمونیست روسیه که هر دو زیر نفوذ استالین بودند جناح حیدرخان را، در مقابل جناح سلطانزاده تقویت می‌کردند و در امور داخلی حزب کمونیست ایران دخالت روا می‌داشتند. شاید بدین خاطر بود که اجلاسیه ۱۷ ژوئیه ۱۹۲۱ کابک [کمیته اجرائی بین الملل کمونیست] تصمیم زیر را اعلام داشت:

> در ایران تنها حزب کمونیست ایران برسمیت شناخته می‌شود [مقصود کمیته مرکزی منتخب انزلی و سلطانزاده] این تصمیم به اطلاع دفتر قفقاز حزب کمونیست روسیه و کمیته مرکزی حزب کمونیست آذربایجان [شوروی] خواهد رسید. اگر این تصمیم مورد توافق این دو ارگان اخیر قرار نگیرد می‌بایست کمیته اجرائی کمینترن را مخاطب قرار دهند.

همچنین بعداً نیز از طرف کابک اعلام گردید:

> این تصمیم که در ایران تنها حزب کمونیست ایران به مثابه شعبه‌ی بین الملل کمونیست برسمیت شناخته می‌شود، تأیید می‌گردد. توجه حزب

کمونیست آذربایجان باین امر جلب می‌گردد که وی حق ندارد [در ایران] حزب کمونیستی به موازات [حزب کمونیست ایران] سازمان دهد. اگر حزب کمونیست آذربایجانن [شوروی] نسبت به حزب کمونیست ایران اعتراضی داشته باشد، می‌بایست آن را به اطلاع کمینترن برساند.***

سرانجام، بعد از مرگ حیدرخان، اجلاسیه هفتم اکتبر ۱۹۲۱ کابک، کمیته مرکزی نشست باکو را به این شرط به رسمیت شناخت که نمایندگان خراسان، سلطانزاده و جوادزاده را به عضویت خود پذیرفت و بدین ترتیب با پذیرش اینها به عضویت کمیته مرکزی، اختلافات داخل حزب کمونیست ایران، از نظر سازمانی برطرف گردید.

در واقع با انتخاب حیدرخان کهنه کار به دبیریِ کمیته مرکزی، تغییری در خط مشی و نگرش حزب کمونیست نسبت به شرایط اجتماعی و اقتصادی ایران به چشم می‌خورد و پذیرش این مسأله مهم بود که با اقدامات فوری و یک شبه نمی‌توان به الغاء نظام زمینداری کهن در ایران نائل شد.

روزنامه ایزوستیا، ارگان حزب کمونیست شوروی، خط مشی جدید حزب کمونیست ایران را چنین تفسیر کرد: انقلاب ایران، باید به وسیله طبقه بورژوا صورت گیرد زیرا تجربه گیلان به اثبات رسانید که تلاش برای ایجاد یک رژیم سوسیالیستی در این کشور به جائی نخواهد رسید، به عبارت دیگر، نظریه جدید موجب خاتمه دادن به سیاست استقرار رژیم کمونیستی در ایران می‌گردید. بدین سان، تلاشی که به صورت تشکیل دولت شورائی گیلان آغاز شده بود، می‌بایست به سود دیپلماسی متعارف روسیه بلشویک کنار گذارده شود.***

در این جا لازم هست به اتهام «چپ‌روی» که از سوی بسیاری از مورخین حزب توده و مورخین استالینی به سلطانزاده نسبت داده شده توضیح بیشتری بدهیم؛ یکی از مسائلی که در کنگره دوم (انترناسیونال سوم)، بطور گسترده مورد بررسی قرار گرفت مسئله چپ‌روی در احزاب کمونیستی بود که به عنوان یک بیماری تلقی گردید. لنین در «تزهائی درباره مسائل ملی ـ مستعمراتی» به این مسئله می‌پردازد. بنظر لنین،

کشورهایی که هنوز در مرجله ما قبل مناسبات سرمایه‌داری بسر می‌برند و اکثریت جمعیت آن را روستائیان تشکیل می‌دهند و نظام فئودالیسم حاکم هست کمونیست‌ها وظیفه دارند که ضمن اتحاد با بورژوازی ملی (در کشورهای مستعمراتی) از جنبش بورژوا- دموکراتیک حمایت کنند و با دشمنان بوژوازی ملی که استعمار خارجی و فئودالیسم داخلی است مبارزه کنند زیرا در کشورهای عقب مانده، بورژوازی ملی در این مرحله از تکامل تاریخی، مترقی می‌باشد و به عنوان جبهه‌ای بر ضد امپریالیسم و فئودالها عمل می‌کند.

در مقابل سلطانزاده، بر این قول مارکس تأکید داشت: که هر چند «گذار از فئودالیسم به سرمایه داری و از سرمایه‌داری به کمونیسم اجتناب ناپذیر است امّا این به آن معنی نبود که این ضرورت در همه اوضاع و احوال و در تمامی کشورها [بخصوص عقب مانده و جهان سوم] صادق خواهد بود در واقع در اندیشه سلطانزاده نیازی بر این نیست که کمونیستها در کشورهای عقب ماندهِ ماقبل سرمایه‌داری، نخست، برای ایجاد «انقلاب بورژوائی» بکوشند و تا بعد از حصول آن، برای برپائی نظام کمونیزم اقدام کنند؛ به عبارتی، سلطانزاده معتقد نیست که کمونیستها حتماً باید در این مرحله، به خاطر دشمنی بزرگتر و اصلی که همان مالکان بزرگ و نظام سلطنتی استبدادی هست، با بورژوازی همدست شوند.

لنین در «تزهای مربوط به مسئله ملی و مستعمراتی» که در ژوئن ۱۹۲۰ در آستانه دومین کنگره انترناسیونال کمونیستی منتشر شد چنین می‌نویسد:

«در مورد کشورها و ملت‌هایی که در حالت عقب ماندگی بیشتری هستند و مناسبات فئودالی یا پاتریارکال و مناسبات دهقانی پاتریارکال در آنها تفوق دارد، باید بویژه این نکات را در نظر داشت:

نخست، لزوم کمک همه احزاب کمونیست به جنبش رهائی بخش بورژوا ـ دموکراتیک در ان کشورها ـ وظیفه بذل مجدانه ترین کمکها در وحله اوّل به عهده کارگران آن کشوریست که ملت عقب مانده از لحاظ مستعمراتی یا مالی وابستهٔ آنست ... انترناسیونال کمونیستی باید از جنبش ملی بورژوا دموکراتیک در کشورهای مستعمراتی و عقب مانده

فقط بدان شرط پشتیبانی کند که عناصر احزاب پرولتری آینده، که کمونیست بودن آنها فقط عنوان نباشد در کلیه کشورهای عقب مانده متحد گردند و با روح درک وظایف خاص خود، یعنی وظائف مربوط به مبارزهٔ جنبش های بورژوا دموکراتیک در داخل ملت خود، تربیت شوند؛ انترناسیونال کمونیستی باید با دموکراسی بورژوائی مستعمرات و کشورهای عقب مانده در اتحاد موقت باشد ولی خود را با آنها نیامیزد و استقلال جنبش پرولتری را ، حتی در نطفه‌ای ترین شکل آن، بی‌چون و چرا محفوظ دارد...».***

از افراد برجسته‌ای که بر این اندیشه لنین انتقاد داشتند می‌توان به سلطانزاده و کمونیست مشهور هندی، مانابندراناث رُی اشاره کرد که هر دو بر خلاف نظر لنین، بر انقلاب سوسیالیستی و حاکمیت طبقه پرولتاریا تأکید می‌کردند، در تزهای سلطانزاده چنین آمده است: «این عقیده حاکم که انقلاب اجتماعی در کشورهای مستعمره و نیمه مستعمره باید از یک انقلاب ملی ـ دموکراتیک گذر کند، کاملاً درست نیست» و در مورد روحیه سازشکاری طبقه بورژوای، [با توجه به نقش سازشکارانه بورژوازی ایران در انقلاب مشروطیت] سلطانزاده می‌نویسد:

و از آنجا که بورژوازی در کشورهای مستعمره پرچمدار انقلاب ملی است، این اوست که به هدایت ضمیر طبقاتی‌اش و با هراس از نمونه روسیه، در تلاش حفظ دارائی و امتیازات خویش یا چون در ایران علناً به اردوی ضد انقلاب می‌پیوندد یا این که ، در اثر اجبار به شرکت در مبارزه انقلابی، از نخستین امکان موجود برای عقد قرارداد با اروپای سرمایه داری استفاده می‌کند، چنانکه ترکیه کرد.***

در واقع نظر و اندیشه سلطانزاده در این مورد، متاثر است از اندیشه مارکس و انگلس از پس انقلابهای ۱۸۴۸ در آلمان و فرانسه و نقش ارتجاعی که بورژوازی این دو کشور پس از بدست گرفتن قدرت ایفا کردند نوشته‌ای از مارکس و انگلس با عنوان طرح خواست‌های حزب کمونیست آلمان، که در ماه مارس ۱۸۴۸ به تحریر درآمد تأکیدی بود بر وحدت عمل و همراه شدن با بورژوازی به منظور تحصیل

حقوق و مناسبات پیشرفته، ایجاد بستری مناسب [نظام دمکراسی] برای مبارزه نهائی یعنی انقلاب کمونیستی. البته مارکس و انگلس این وحدت و همراهی را موقتی، و تنها محدود به برهه‌ای می‌دانستند که بورژوای مترقی و انقلابی باشد طبق نوشته مارکس:

> آن مجلسی که خواستار محاکمه‌ی افراد با حضور هیئت منصفه، برابری افراد در برابر قانون، انحلال نظام کار بردگی، آزادی نشریات، آزادی گردهمایی و نمایندگی راستین باشد، آن مجلسی که یک بار و برای همیشه با گذشته وداع کند و خواست‌های خود را بر اساس بنیادهای امروز و نه قانون‌های گذشته تنظیم کند، می‌تواند از هواداری پرولتاریا از خود اطمینان داشته باشد.***

امّا به دنبال نقش ضد انقلابی و سرکوبگری که این طبقه [بورژوای] در فرانسه و آلمان، از میانه سال ۱۸۴۸ بازی کرد و به دنبال یورشی که نیروهای سرکوبگر بورژوای به خیزش کارگران پاریس برد، مارکس در مقاله‌ای خشماگین با عنوان «انقلاب ژوئن» به گسست کامل کارگران از بورژوازی تأکید کرد:«پرچم سه رنگ جمهوری اکنون فقط یک رنگ دارد، رنگ شکست خوردگان، رنگ خون» و به دنبال همین تجربه خونین کارگران بود که مارکس در مقاله فوق‌الذکر عنوان کرد که دیگر راهی جز مبارزه‌ی رودررو با نیروهای متحد ارتجاع و بوژوازی باقی نمانده است. همچنین مارکس در مقاله‌ای با عنوان «انقلاب در کلن» به مناسبت اتحاد بورژوازی آلمان با نیروهای ارتجاعی و سرکوب جنبش توده‌ای در وین و برلین، نوشت که بورژازی فرانسه و بورژوازی آلمان که «تاریخ موجوداتی شرم‌آورتر و ترحم برانگیزتر از آنان نیافریده» خود را به ارتجاع فروخته‌اند.»***

مارکس بعداً در دسامبر همان سال در سلسله مقالاتی تحت عنوان «بورژوازی و ضد انقلاب» توجه خود را به این موضوع مبذول داشت که چرا بورژوازی آلمان نتوانست تکالیف اصلی انقلاب را، که تکالیفی بورژوائی [دمکراسی، پارلمان، آزادیهای فردی و مطبوعات و ...] هم بودند، حل کند؟.

امّا در اینجا همچنان این سؤال مطرح می‌شود که وظیفه کمونیست‌ها در کشورهای عقب‌مانده و ماقبل سرمایه‌داری متکامل چه می‌شود؟ بهترین جواب شاید اشاره به

پیشگفتار کارل مارکس و فریدریش انگلس بر چاپ آلمانی «مانیفست حزب کمونیست» در مورد کشور روسیه باشد:

وظیفه «مانیفست کمونیستی» عبارت بود از اعلام نابودی آتی و احتراز ناپذیر مالکیت کنونی بورژوازی. ولی در روسیه، به موازات التهاب پر تب و تاب سرمایه‌داری که با سرعت تمام در حال رشد و گسترش است و نیز به موزات مالکیت ارضی بورژوازی که فقط در حال تکوین است ما بیش از نیمی از اراضی را در مالکیت اشتراکی دهقانان مشاهده می‌کنیم. اکنون این سؤال پیش می‌آید: آیا آبشین روس - این شکل مالکیت اولیه دسته جمعی زمین، که در حقیقت این که بسختی مختل و خراب شده - می‌تواند بلاواسطه به شکل عالی یعنی به شکل کمونیستی مالکیت زمین مبدل گردد؟ یا آنکه بر عکس باید بدواً همان جریان تجزیه‌ای را بپیماید که مختص سیر تکامل تاریخی باختر است؟ تنها پاسخی که اکنون می‌توان باین سؤال داد این است: اگر انقلاب روسیه علامت شروع انقلاب پرولتاریای باختر بشود، بنحوی که هر دو یکدیگر را تکمیل کنند در آنصورت مالکیت ارضی اشتراکی کنونی روسیه می‌تواند منشاء تکامل کمونیستی گردد.***

اکنون جغرافیای انقلاب نقل مکان می‌کرد و بر عکس پیش‌بینی‌های مارکس، از کشورهای سرمایه‌داری متکامل رخت برمی‌بست و روی به کشورهای غیرسرمایه‌داری و یا در حال تکامل سرمایه‌داری می‌آورد کشور روسیه، تازه در حال صنعتی شدن، آنهم به شکل تصنعی و از بالا به وسیله حمایت دولت و متکی به کمک‌های خارجی (لحاظ سرمایه و تکنسین) بود و بیشتر نواحی کشور، فاقد طبقه بورژوا و تقریباً سرزمین روستائی بودند. لنین و سران انقلاب نمی‌توانستند به انتظار جبر تاریخ بنشینند، به همین خاطر، لنین تأکید می‌کند که «هیچ چیزِ انقلاب، خود بخودی نیست. باید آن را تدارک دید همچنان که جنگ را تدارک می‌بینند» به تناسب همین اوضاع اقتصادی و اجتماعی روسیه، لنین به نقش حزب و روشنفکران و دهقانان بی‌شمار در انقلاب تأکید می‌کند، بنظر او «جهش واقعی انقلاب روسیه تنها هنگامی به راستی آغاز

خواهد شد که ... توده‌های دهقان همگام با پرولترها یک نقش انقلابی فعال ایفا کنـد» و وجود نمای چکش در تحت لوای ستارهٔ حزب با داس از همین رو با معناست.***

بدون شک سلطانزاده، با توجه به آثار و نوشته‌هایش، می‌توان گفـت کـه از لحـاظ تئوری و آشناییش با منابع اولیه مارکسیستی در آن زمان، به عنوان برجسته‌ترین فرد در بین کمونیست‌های ایرانی بوده و به گفته درست خسـرو شـاکری، تمـامی حمـلات و اتهام چپ‌روی، کمونیست‌های ایرانی از جمله کامبخش، آوانسیان نسبت به سلطانزاده، متأثر و شاید همسو با اتهامات دروغـین مـورخین استالینیسـتی بـوده کـه همزمـان بـا مغضوب شدن و کشته شدنش بدست اسـتالین در مطبوعـات آن دورهٔ روسـیه نوشـته شده، بدون این که کوچکترین دفاعی به او داده شود، امّا مورّخین ضد استالینی کـه از یک طرف می‌خواهند از سلطانزاده در مقابل تهمت‌های مورخین رسمی دولـت، دفـاع کنند و از طرفی شیفته لنینیسم هستند، هیچوقت به اختلاف نظر بین لنین و سـلطانزاده در قبال کشورهای عقب مانده و مستعمره کـه در «تزهـای مربـوط بـه مسـئله ملـی و مستعمراتی» در آستانه دومین کنگره انترناسیونال کمونیستی منتشر شده توجه نمی‌کنند. سلطانزاده در سخنرانی خود در کنگره دوم کمینترن که در ژوئیه ۱۹۲۰ برگـزار گردیـد می‌گوید:

> با توجه به ضعف بورژوای، توفان ملی بعدی می‌تواند این کشورها را بـه دامن یک انقلاب اجتماعی بکشاند. ایـن اسـت بـه طـور کلـی اوضـاع و احوال در غالب کشورهای شرق. آیا نباید نتیجـه گرفـت کـه سرنوشـت کمونیسم در سراسر جهان بـه انقـلاب اجتمـاعی در شـرق بسـتگی دارد، چنان که رفیق روی [رُی] به ما اطمینان می‌دهد؟ ... اگر انقلابیان ایرانـی و ترک زنجیرهای اسارت انگلـیس زورمنـد را پـاره کننـد، بـدین جهـت نیست که آنان امـروز نیرومنـد گشـته‌انـد، بلکـه بـدین سـبب اسـت کـه غارتگران امپریالیست قدرت خویش را از دست داده‌اند.***

امّا پس از شکست نهضت جنگل، سـلطانزاده در مـورد اشـتباهات و ضـعف‌هـای حزب کمونیست ایران، در خلال نهضت جنگل می‌نویسد:

حزبی که سابقه کار طولانی سازمانی نداشت، حزبی که در میانش کادر رفقای دارای آمادگی تئوریک کافی نبود، حزبی که در شرایط کشور عقب مانده نیمه مستعمره فعالیت می‌کرد، طبیعی است که نمی‌توانست بسرعت قوام یابد و روی پای خود بایستد.

هیئت رهبری حزب در اثر این نارسائی‌ها، خطاها و اشتباهات زیادی مرتکب شد، که به منازعات داخلی و انشعاب منجر گردید. ولی در آغاز سال ۱۹۲۲ پس از مداخله جدی کمیته اجرائیه بین المللی کمونیست، تمام این مشاجرات فرساینده از بین رفت. ...

۱۲ ـ تلاشهای نافرجام حیدرخان

در تزهای حیدرخان، یک برنامه تغییر و تحول آرام و دموکراتیک به چشم می‌خورد که در مقایسه با تزهای سلطانزاده، مواضع معتدلی را ارائه می‌دهد و لزوم همکاری دوباره با میرزاکوچک‌خان را مورد تأکید قرار می‌دهد. حیدرخان پس از شروع به کار به عنوان رهبر حزب، کابینه کودتایی احسان‌الله‌خان را منحل اعلام کرد و کمیسرهای کمونیست آن را که پیشه‌وری نیز جزو آنها بود بر کنار کرد.

دکتر نریمان نریمانف، صدر شورای حکومت آذربایجان نیز که از کوچک‌خان حمایت می‌کرد دو نفر از طرف حکومت آذربایجان (شوروی) بنامهای ابراهیم آذربایجانی و داداش بیک بادکوبه‌ای برای ملاقات با میرزاکوچک‌خان و حل اختلافات، به ایران فرستاده و نامه‌ای از طریق آنان به میرزا نوشته بود.

سیروس بهرام در خاطرات خود می‌نویسد که کمیته مرکزی جدید، او را برای تقویت کار حزب و ایجاد اتحاد دوباره برای مبارزه با ارتجاع و استعمار، به ملاقات احسان‌الله‌خان و مذاکره با میرزاکوچک‌خان فرستاده، سیروس بهرام در این مورد می‌نویسد:

بعد از ورود به گیلان و رسیدگی بکارهای تشکیلاتی برای احسان‌الله‌خان خبر فرستادم و اجازه ملاقات خواستم احسان‌الله‌خان موافقت کرد ... به درون خانه در آمدم و دیدم که احسان‌الله‌خان در بالای بستری دراز

کشیده، آرنج یک دست خودش را به بالش تکیه داده تریاک می‌کشد ... در نتیجه تبادل افکار و مذاکرات زیاد معلوم شد که احسان‌الله‌خان، اگر چه ظاهراً با من مخالفت نمی‌کند، ولی در حقیقت پیشنهادهای من به خرج وی نمی‌رود. او نیز مثل کوچک‌خان تکیه بر حزب مستحکم نمی‌کند ... در کمینترن به احسان‌الله‌خان «باکونین» ایران لقب داده بودند، یعنی او را آنارشیست مشهور ایران حساب می‌کردند. ***

حیدرخان بعد از سرو سامان دادن به کارهای حزبی، همراه با یک کشتی پر از اسلحه و ۵۰۰ نفر مسلح داوطلب به احتمال قوی در نیمه اوّل مرداد ۱۳۰۰ به گیلان می‌آید. در حالی که قبل از ورود حیدرخان، احسان‌الله‌خان و خالوقربان برای دیدار میرزاکوچک‌خان به فومن رفته و ضمن توافق با او، «کمیته انقلابی جدیدی» را با شرکت کوچک‌خان، خالوقربان، حیدرخان، محمدی، احسان‌الله‌خان ... تشکیل داده اند، در اعلامیه که بعد از تشکیل کمیته انقلابی جدید در تیر ماه ۱۳۰۰ منتشر می‌کنند کمیته انقلابی جدید را متشکل از همان پنج نفر معرفی می‌کنند و از آنجا که حیدرخان هنوز به گیلان نرسیده بود محمد آخوندزاده (سیروس بهرام) بجای او آن را امضاء کرده بود. ***

در ۶ مه ۱۹۲۱ / ۱۶ اردیبهشت ۱۳۰۰، پس از مذاکرات طولانی، امضای توافق بر سر همکاری جدید با کوچک‌خان را امکان پذیر ساختند. شرایط این توافق عبارت بود از: غیر قابل قبول بودن مداخلهٔ خارجی، ولهذا مداخله شوروی در امور انقلاب گیلان؛ تشکیل یک کمیته انقلابی به ریاست کوچک‌خان؛ دفاع مشترک از ایالت گیلان و دوستی با روسیه، گرجستان، آذربایجان و غیره ... . ***

امّا با ورود حیدرخان عمواوغلی به صحنهٔ جنگل، نه تنها اختلافات موجود حل نگردید بلکه سوءظن بر دلهای طرفین حکومت می‌کرد که می‌رفت تا بساط نهضت جنگل را از درون در هم بپیچد.

در این اوضاع و احوال که نشان می‌داد ایجاد انقلاب سوسیالستی در ایران، امکانپذیر نیست در نتیجه مقامات شوروی از وضع موجود استفاده کرده به تحکیم

روابط خود با حکومت مرکزی ایران پرداختند. قرارداد مودّت بین ایران و شوروی که در ۲۶ فوریه ۱۹۲۱ / ۸ اسفند ۱۲۹۹ به امضاء رسید یکی از مهمترین مواد آن، خروج ارتش سرخ از ایران تا ۲۱ سپتامبر ۱۹۲۱ بود این قرار داد که بین مشاورالممالک، سفیر ایران در مسکو با چیچرین، کمیساریای خلق در امور خارجی به امضاء رسید در واقع به منزله نقطه پایانی بر نهضت جنگل بود و به دنبال آن روتشتین و چیچرین، لنین را متقاعد ساختند که دستور دهد تا ارتش شوروی خاک ایران را تخلیه کنند و این امر در شهریور ماه ۱۳۰۰ / سپتامبر ۱۹۲۱ صورت گرفت.

در اینجا لازم است نگاهی گذرا بر این قرار داد بیافکنیم تا به چگونگی تغییر خط مشی سردمداران شوروی پی ببریم که چگونه با در نظر گرفتن منافع ملی و اقتضای شرایط بین‌المللی به نهضت جنگل پشت کردند، دکتر داود هرمیداس باوند معتقد است که اندیشه‌های مسؤولین دولت شوروی در دوره ۴ ساله اوّل انقلاب، با توجه به تحولات و تجارب چهار ساله دستخوش تغییر گردید. عدم تحقق انقلاب کارگری مورد نظر در اروپا، پایان موفقیت‌آمیز جنگهای داخلی و دخالت‌های خارجی، اعاده سلطه بر جمهوری‌های مستقل قفقاز و جوامع ماورای خزر و بالاخره ضرورت حفظ و بقای دولت جدید، موجب گردید که استراتژی انقلابی سالهای ۱۹۲۰ـ ۱۹۱۷ به استراتژی دفاعی تبدیل گردد و موضع تجدید نظرطلبانه در رابطه با نظم و نسق بین-المللی به نوعی همزیستی و هماهنگی با نظام و موازین جهانی تغییر یابد. فراتر از همه، تفاهم بین شوروی و انگلستان، در مورد اجرای سیاست عدم مداخله فعال در رابطه با همسایگان جنوبی شوروی یعنی، کشورهای حایل بین اتحاد جماهیر شوروی و شبه قاره هند و مناطق امنیتی وابسته به آن، در تغییرِ نگرش شوروی بی‌تأثیر نبود. زیرا از یک طرف دولت انگلستان متعهد شده بود از ادامه یاری و کمک به جنبش‌های استقلال‌طلب و ضد انقلابی چون داشناک‌ها، مساواتیها، منشویکها و بالاخره روسهای سفید خودداری نماید و از کشورهای همسایه جنوبی به عنوان پایگاهی علیه شوروی استفاده نکند و در مقابل، دولت شوروی نیز متعهد می‌شود از صدور انقلاب از طریق کشورهای همسایه در جهت شبه قاره هند و حمایت از جنبش‌های ضد استعماری و

مهمتر از همه، از تهدید منافع حیاتی، امنیتی و اقتصادی انگلستان در منطقه مورد بحث، خودداری کند.***

با نگاهی به مفاد عهدنامه ایران ـ شوروی، بخصوص مفاد مندرج در ماده ۶ آن، چنین برمی‌آید که عهدنامه، کاملاً به نفع شوروی بود به عنوان مثال، ماده ۶ آن با اصول مربوطه حقوق بین‌الملل، از جمله اصل برابری دولت‌ها و تعیین سرنوشت ملت‌ها مغایرت دارد و همین ماده ۶، به منزله شمشیر داموکلسی بر سر ایران بوده تا با کوچکترین بهانه‌ای ایران را اشغال کند همچنان که در ۱۳۲۰ شهریور به بهانه حضور چند صد نفر از کارشناس آلمانی، ایران را اشغال کرد. در ماده ۶ چنین آمده است:

اگر یک دولت ثالث در اجرای سیاست غاصبانه خود، نیروی نظامی وارد ایران نماید، یا دولت مورد بحث قصد داشته باشد از خاک ایران به عنوان پایگاه عملیاتی علیه روسیه استفاده کند و یک قدرت خارجی مرزهای روسیه و متحدین آنها را مورد تهدید قرار دهد و پس از یکبار تقاضا از سوی دولت روسیه، ایران قادر به رفع آن نباشد، روسیه حق خواهد داشت نیروهای خود را به منظور عملیات نظامی برای دفاع از خود، وارد ایران کند.***

نویسندهٔ «پژوهشی در روابط ایران و روسیه شوروی یا قرارداد ۱۹۲۱» در مورد اهداف دولت شوروی از انعقاد این قرارداد، معتقد است که اتحاد جماهیر شوروی سه هدف کلی را دنبال می‌کرد:

۱ـ روابط بازرگانی و مناسبات تجاری ۲ـ مسائل مرزی و مناطق تحت سلطه ... یعنی آن چیزی که در متن اولیه قرارداد بصورت (ایران سر حد ات روس را تایید می‌کنند) آمده است ۳ـ ماده ششم قرارداد که حاکی از نوعی منطقه و محدوده امنیت ملی برای شوروی و احیاناً دخالتی مسلحانه بود.***

در اینجا این سؤال مطرح می‌گردد که آیا شکست نهضت جنگل، اجتناب ناپذیر بود؟ و آیا شکست نهضت جنگل، باعث انعقاد «پیمان مودت بین ایران و شوروی» شد یا برعکس، انعقاد پیمان مودّت و کنار گذاشتن جنبش جنگل توسط دولتمردان

شوروی، باعث نابودی جنبش جنگل گشت؟ شاید هر دو عامل در همدیگر تأثیر داشتند. دو سال بعد، در ۱۹۲۳ کارل راداک از بلند پایگان وزارت امور خارجه شوروی گفت:

برای دولت شوروی به هیچوجه ضرورتی ندارد که به ایجاد جمهوری‌های شوروی [شورائی] در ایران اقدام کند.
استراتژی واقعی شوروی در ایران از این حقیقت نشأت می‌گیرد که ایران نباید به صورت یک پایگاه برای حمله به باکو درآید. چنانچه دولت ایران یک خط مشی واقعی را بر مبنای قرارداد ۱۹۲۱ اتخاذ کند، راه حل های مسأله ارضی در ایران (چون مشکل کارگران شدیداً در ایران وجود دارد) صرفاً به مردم ایران و نفوذ معنوی کمونیست‌های ایرانی و اکثریت رهبران مسؤولی مربوط می‌شود که به خوبی درک می‌کنند پیروزی نهضت انقلابی ایران [نهضت کمونیستی ایران] در یک برهه طولانی و فقط به صورت نهضت دهقانان امکان پذیر است؛ و شاید در این زمان کمونیسم قادر نیست راه طولانی را در معیت اینتلجنسیای دموکراتیک، طی کند»***

خسرو شاکری نویسنده کتاب «جمهوری شوروی سوسیالیستی ایران، ۱۹۲۱ ـ ۱۹۲۰ شکل‌گیری یک ضایعه»، در اشاره به کاستی های درونی نهضت، به ویژه نقاط ضعف رهبری و نقش آنها در شکست نهضت جنگل معتقد است: جنگلی‌ها پیش از آنکه از طریق سازماندهی دهقانان در اتحادیه های صنفی و اصلاحات ارضی، این نیروی اصلی نهضت را وارد میدان کنند، بر واحدهای عشایری تکیه کردند علاوه بر این کوچک‌خان و یارانش چون تصور و برداشت دقیقی از «قدرت» نداشتند از «استقلال و آزادی نیز جز تصویری صوری و سطحی چیز دیگری کسب نکردند، جنگلی‌ها صرفاً مخالف مداخلهٔ صریح و آشکار قدرت‌های بیگانه بودند و نتوانستند درک کنند که برای تأمین استقلال واقعی ایران، باید ساختارهای سیاسی و اجتماعی کشور را به نوعی اصلاح کرد که دیگر برای عوامل داخلی این که زمینه ساز مداخلهٔ

خارجی هستند، عرصه‌ای باقی نماند».[***] همچنین احسان طبری در مورد ضعف‌های حزب کمونیست در سالهای اولیه می‌نویسد:

> پیداست که حزب کمونیست ایران از همان آغاز نتوانست ویژگی‌های جامعه ایران را دریابد و گاه با انطباق قالبی تجارب انقلابی روسیه، چه در جریان انقلاب گیلان و چه پس از آن دچار برخی اشتباهات و گاهی اشتباهات جدی شد. این اشتباهات تصادفی نبود و دارای پایه استدلال و به اصطلاح «اساس‌مندی» تئوریک بود.[***]

به هر حال نهضت جنگل از مدت‌ها قبل، از درون دچار بحران عظیمی شده بود، وحدت سابق از هم پاشیده و دوستان دیروز در مقابل همدیگر سنگر گرفته بودند، مردم کم‌کم از مبارزه خسته شده و از پشتیبانی نهضت دست کشیده بودند، کوچک‌خان از ترس این که ممکن است دوباره کمونیست‌ها او را کنار بگذارند بر علیه حیدرخان، بر جسته‌ترین چهره جمهوری گیلان و کمونیست‌های دیگر، وارد عمل شد، نیروهای او در ۷ مهر ۱۳۰۰، حمله خودشان را بر علیه مواضع حزب کمونیست در رشت آغاز کردند و در جریان این حمله، حیدرخان ناجوانمردانه کشته شد و خالوقربان فرار کرده، با نیروهای خود در ۲۹ مهر به قشون دولت مرکزی پیوسته و از دست رضاخان مقام سرهنگی گرفت.[***]

در اواخر ماه اکتبر، نیروهای کمونیستی احسان‌الله‌خان، بکلی نابود شدند و خود او نیز به ناچار به اتفاق یاران معدودش، توانست با قایقی از طریق انزلی فرار کند و خود را به شوروی برساند. هرچند او در حین فرار اعلام کرد که بار دیگر به ایران بر خواهد گشت تا «یک بار دیگر پرچم انقلاب سرخ را در سراسر ایران بر افراشته سازد» امّا برای همیشه از ایران خارج شد و در سرزمین شوراها، چون مهره‌ای سوخته کنار گذاشته شد.[***] تا سرانجام در تصفیه‌های خونین استالینی، به جوخه اعدام سپرده شود.

اختلافات پیش آمده در نهضت جنگل، تندروی‌های کمونیست‌های افراطی، تعلل و ضعف‌های تاکتیکی کوچک‌خان و بالاتر از همه، چرخش سیاسی دولت شوروی (عهدنامه مودّت با ایران) سرانجام آن «آتش سبز» را از درون خاموش ساخت و شرایط

را برای حمله نیروهای رضاخان در سایه سرنیزه قزاق‌ها فراهم ساخت، به دنبال شکست قوای جنگلی در عملیات ۲۹ مهر تا آبان، کوچک‌خان به کوهستان گریخت و سرانجام با کشته شدن او در میان برف و کولاک در کوهها‌ی طالش، جنبش جنگل بعد از سالها مبارزه، به پایان غم‌انگیز خود رسید و برای همیشه خاموش گشت و به دنبال آن، استقرار دیکتاتوری رضاخان فراهم گردید. قبل از کشته شدن کوچک‌خان، روتشتین از او خواست تسلیم شود و طرز برخورد احسان‌الله‌خان را با نهضت مورد انتقاد قرار داد و اعلام کرد که دولت شوروی هر گونه اقدام انقلابی را در این شرایط، بی‌فایده و زیان‌بار می‌داند و از این رو، سیاست خود را نسبت به ایران تغییر داده است. ••• امّا میرزاکوچک‌خان تسلیم نشد و مرگ را شجاعانه پذیرفت و بقول عبدالله مستوفی: «بجای این که او هم مثل خالوقربان، با عده و اسلحه و ساز و برگ خود تسلیم شده و به مانند خالوقربان به رتبه سرتیپی یا سرلشکری نائل آید تسلیم نشد و در کوه از سرما و شاید گرسنگی نفله شد...»!. •••

بر اساس قرارداد دوستی بین ایران و روسیه، ارتش شوروی در شهریورماه ۱۳۰۰خاک ایران را تخلیه کرده و یک ماه بعد با حمله قوای حکومت ایران نهضت جنگل فروپاشید خیانت آشکار سران مسکو به نهضت جنگل، پیشه‌وری و کمونیستهای دیگر ایران را سر عقل نیاورد و کوچکترین خللی در اعتقاد آنان به نظام کمونیستی روسیه ایجاد نکرد بطوری که هنوز اندکی از این خیانت نگذشته پیشه‌وری به ستایش از پیمان مودت ایران و روسیه می‌پردازد و آنرا گام مهمی در نجات ایران از اسارت انگلستان و کسب استقلال خود ذکر می‌کند هرچند او در نوشته‌ای به تاریخ ۲۸ اردیبهشت ۱۳۰۰در روزنامه«فقرای آذربایجان»اشاره می‌کند «که حکومت ایران برای قطع کمکهای انقلابیون ایران نیازمند این عهدنامه با حکومت سوسیالیستی روسیه بود با اینهمه این یک پیروزی بوده است»![۲۰۸]

۱۳ ـ ظهور دیکتاتوری رضاخان

ماریانا! آدمی چیست بی‌آزادی
به من بگو، اگر آزاد نباشم چه سان توانم دوستت داشته باشم؟
چگونه قلب خویش را ـ اگر از آن من نباشد ـ به تو هدیه کنم؟

لورکا

در خصوص ظهور رضاخان و تبدیل آن به رضاشاه در اکثر کتب تاریخی به نقش انگلستان بیشتر پرداخته شده امّا به نقش طبقات اجتماعی ایران و بخصوص به نقش کشور شوروی و گروههای کمونیستی ایران، کمتر بها داده شده، بعد از کنگره دوم حزب کمونیست ایران [۱۳۰۶ش]، کمونیست‌ها او را جاسوس و برکشیده انگلستان دانسته‌اند که مأموریتش تنها پیشبرد منافع انگلستان بوده و به کمک قزاق‌ها به زور، قدرت را قبضه کرده بود، در حالی که آنها هرگز به نوشته‌های اولیه خودشان که در حمایت از رضاخان بوده اشاره نکرده و اگر اشاره‌ای گذرا می‌کردند آن را به افرادی اندک، محدود کرده و ناشی از اشتباه آنان در تشخیص ماهیت رضاخان می‌دانستند، همچنین در مورد قبضه کردن قدرت به کمک نیروی قزاق‌ها، به این سؤال نمی‌پردازند که چرا چنین کودتایی به آسانی و سهولت و بدون خون ریزی و مخالفتی جدی از طرف تقریباً، همه طبقات اجتماعی انجام شد رضاخان به دنبال مأموریتهای متعددی که به اطراف و اکناف کشور برای سرکوبی جنبش‌های محلی می‌رفت و پیروزمندانه بر می‌گشت تحسین و رضایت همگان را بر می‌انگیخت، آنچه جای تأمل است این‌که چنین تحسین‌ها و شادمانی‌ها تنها محدود به سرکوبی دست نشانده‌هائی چون شیخ خزئل یا یاغیانی چون اسماعیل آقای سمیتکو محدود نبود بلکه شامل جنبش‌های اصیل و ضد استعماری نیز می‌گردید به عنوان مثال کمتر کسی در پایتخت پس از سرکوبی جنبش‌هایی چون جنبش جنگل یا شیخ محمد خیابانی یا محمدتقی پسیان خم به ابرو آورد در حالی که قبل از این، اکثر طبقات اجتماعی ایران به آن جنبش‌ها، به عنوان راه نجات چشم دوخته بودند. جنبش‌هائی که بواسطه ضعف‌های درونیشان یکی پس از دیگری به توسط دولت مرکزی در اندک زمانی از پای در آمدند. همچنین

در تحلیل های کمونیست‌ها از ظهور رضاخان، کوچکترین اشاره ای به شرایط سیاسی و اجتماعی و فرهنگی ایران نمی‌شود و گوئی چنین شخصی در خلاء به قدرت می‌رسد.

در اینجا می‌توانیم این سؤال را بکنیم که آیا نهضت جنگل را واقعاً رضاخان خاموش ساخت یا پیش از ورود قزاق‌های رضاخان این «آتش سبز» از درون، خود به خود به خاکستر گراییده بود.

با وجود تناقضهای موجود در درون جنبش جنگل، که قطعاً در شکست (البته شکست زودرس) آن سهم به سزایی داشت، نباید سیر اصلی تحولات اجتماعی و سیاسی آنروزگار را از نظر دور داشت. بخصوص وقتیکه در نظر بیاوریم جنبش‌های برافروخته در نقاط مختلف ایران آن روزگار، یکی پس از دیگری در اندک زمانی حتی به فاصله چند ماه، به خاموشی گراییدند، سه قیام تقریباً اصیلِ از پس قرارداد ۱۹۱۹: جنبش کلنل محمدتقی پسیان، جنبش جنگل و جنبش سرگرد لاهوتی به دنبال هم در عرض ماههای مهر و آذر و بهمن ۱۳۰۰ به زودی خاموش شدند و از پس خاکستر آنها نه ققنوسی زنده بیرون آمد بلکه، سرمای جانسوز و زمهریروار استبداد رضاخانی بود که نفس‌ها را در سینه حبس می‌کرد. در اینجاست که می‌توانیم نتیجه بگیریم که دوران جدیدی نه تنها در ایران بلکه در کشورهای همسایه نیز در حال شکل گرفتن بود.

سیاست استعمار پیر انگلیس، در قبال حکومت‌های منطقه، نه بر مبنای تضعیف آنها، که از دوره صفویه ادامه داشت بلکه به دنبال پیروزی انقلاب روسیه، به منظور ایجاد «خط قرنطینه» در مقابل صدور انقلاب کمونیستی، به تقویت حکومت‌های مرکزی و ایجاد دولت‌ها مقتدر و باثباتِ طرفدار انگلستان روی می‌آورد، هم چنین دیگر نگهداشتن قشون عظیم در جنوب ایران و نقاط دیگر، با هزینه‌های هنگفتِ بعد از رکود اقتصادیِ حاصل از جنگ جهانی، مقرون به صرفه نبود و چه بسا وجود خود حکومت‌های مرکزی نیرومند، ولی دست نشانده، می‌توانست چنین هدفی را بدون صرف هزینه‌های هنگفت، محقق سازد. به دنبال همین دگرگونی در سیاست انگلستان

هست که در یاداشت‌های آیرونساید، رضاخان کشف می‌گردد: «جان و روح واقعی ماجرا یک سرهنگ است، به نام رضاخان، مردی که پیشتر هم خیلی از او خوشم آمده بود.»***

امّا ظهور او، قبل از این که محصول استعمار انگلستان باشد به لحاظ روانشناسی اجتماعی، محصول وجدان‌های مذبذب و ناامید ایرانی از پس شکست آرمان‌های انقلاب مشروطیت بود انقلابی که آزادی را وعده می‌داد. امّا به جای آن، ناامنی‌های گسترده و هرج مرج حاکم شده بود و قوانین مجلس، به قول سیدجعفر پیشه‌وری در روزنامه حقیقت، حتی در جلوی چشم مقنن‌های آن در مجلس اجرا نمی‌شد چه برسد در دهات دور افتاده فرمانفرما ...!

تحریکات و اقدامات مداخله جویانه خارجیها از یک طرف و جنبش‌های فرساینده دور از پایتخت که از دستورات مرکز متابعت نمی‌کردند از طرف دیگر، کم‌کم مردم ناکام از آرمان‌های انقلاب مشروطیت را به غبطه خوردن نسبت به دوران حکومت شاه شهید (استبداد ناصری) وا می‌داشت!:

> ... میرزاکوچک‌خان و دارو دسته انقلابی او و سربازان شوروی در گیلان، خان‌های ترکمن در استرآباد، اقبال السلطنه ماکوی در شمال غربی آذربایجان، قبیله شاهسون در اردبیل و دشت مغان، کرد ها به سرکردگی سردار رشید در قسمتهایی از غرب ایران، و روسای ایلات سنجاب و کلهر در کرمانشاه از اقتدار حکومت مرکزی خارج بودند جنوب جولانگاه قشقاییها بود، و بهرام‌خان و دوست محمدخان، سران ایل بلوچ، بر جنوب شرقی ایران فرمان می‌راندند، شیخ خزعل بی منازع در نهایت قدرت بر خوزستان حکومت می‌کرد؛ و مرکز ایران قلمرو بختیاریها بود. حتی تهران و اطرافش هم کاملاً امن و امان نبود. دسته‌های جانی شبها خیابان‌ها را در قبضه داشتند.***

چنین بلبشوی و ناامنی که دمار از روزگار مردم در می‌آورد و در حالی که هنوز خون شهیدان انقلاب مشروطیت خشک نشده بود اذهان را کم‌کم بسوی قدرتی قهار می‌راند، قدرتی که ولو با دیکتاتوری هم که شده، بتواند امنیت سنتی از دست رفته را

برگرداند، پس تنها در این چشم انداز است که آن «نجات بخش قدرت» می‌توانست، به مانند منجی و بقول دشتی به مانند «نادرشاه افشار» ظهور کند و با حرکتی خزنده موفق به صعود از پلکان قدرت گردد.

این که در بسیاری از نوشته‌ها، رضاخان را تنها تحمیلی از سوی انگلستان معرفی می‌کنند سخنی بس سخیف و بدور از واقعیت است. او زاده شرایط و بستر مناسبی بود که زمینه عینی و بخصوص ذهنی جامعه‌ای ایرانی، آماده ساخته بود و هرگز نمی‌توان به نقش عظیم روشنفکران، روحانیون، مجلس چهارم و پنجم، ملاکین بزرگ و تجار و حتی روزنامه نگاران و کمونیست‌ها را در ظهور او نادیده انگاشت:

> روشنفکران و تحصیلکرده گان خارج از کشور و بخصوص نویسندگان مجله «نامه‌فرنگستان» در برلین که به حکومت فاشیستی موسولینی در ایتالیا غبطه می‌خوردند آرزو می‌کردند ایران نیز از چنین نعمتی بهره‌مند شود چرا که موسولینی به پارلمان عقیده ندارد. ... و توصیه می‌کردند اگر می‌خواهید روزی لذت آزادی را که امروز اروپایی در آغوش دارد بچشید دیکتاتور عالم تولید کنید دیکتاتور عالم، دیکتاتور ایده‌آل، با هر قدم خود چندین سال سیر تکامل را پیش می‌برد.***

از بین علما نیز بزرگانی وجود داشت*** که تلگرامهایی از نقاط مختلف ارسال و آرزو می‌کردند خداوند عمر ابد مدت رضاخان را به حکومت امام زمان متصل کند، تنها به این خاطر که او (رضاخان)، به عزاداری می‌پرداخت و در ماه محرم [به تزویر] کاه بر سر می‌ریخت. از بین آنها، افراد نادری چون مدرس، مخالفتی جدی بعمل آورد و به خاطر همین «نادر» بودن نیز، عاقبت به توسط رضاخان از سر راه بر داشته شد.

کمونیست‌ها او را نماینده بورژوازی ملی و مترقی و ناسیونالیستی می‌دانستند که نسب به اشراف پوسیده ایرانی نمی‌برد و در نتیجه از او حمایت می‌کردند و اکنون وقتِ آن بودکه آن سرباز گمنام و نوخاسته، نخستین اعلامیه‌اش را بعد از تسلط بر پایتخت اعلام کند، در آغاز بدون هیچ گونه مقدمه‌ای می‌گفت «حکم می‌کنم» و سپس مقررات حکومت نظامی را اعلام می‌کرد:

روزنامه‌ها همه تعطیل و بر حسب حکم و اجازه‌ای که بعداً داده خواهد شد باید منتشر شوند؛ اجتماعات در منازل و نقاط مختلف به کلی ممنوع است؛ تمام مغازه‌های مشروب فروشی و تئاتر و سینما و کلوپهای قمار باید بسته شود: تمام دوائر دولتی غیر از اداره ارزاق بسته خواهد بود. به اهالی تهران هشدار داده شد که هر کس از اوامر حاکم نظامی سرپیچی کند به اشدّ مجازات خواهد رسید. ...

افرادِ انگشت‌شمارِ رند، شب‌ها در جلوی «حکم می‌کنم» می‌نوشتند: تو غلط می‌کنی!: امّا اکثریت مردم، چنان خسته و فرسوده شده بودند که چشم‌هایشان کاملاً به افق دوخته شده بود:

اصلاح از راه عادی و قانونی ممتنع به نظر می‌رسید و افکار تند و فعال جمعاً متوجه یک تحول ناگهانی و شدید بود. فکر کودتا در سرهای اصلاح طلب دور می‌زد و نظرها متوجه افق بود که ناگهان دست از غیب بر می‌آید و ریشهٔ پوسیده آن دولت ضعیف و حکومت پوشالی عاجز را با یک ضربت قاطع بر کند و اگر اعمال خارق عادت و اعجاز انجام نمی‌دهد، اقلاً امنیت را محفوظ دارد و دست تعرض راهزنان و یاغیان را از مال و جان و ناموس مردم بی‌گناه کوتاه نماید. ...

حتی افرادی چون مدرس، سردار اسعد و نصرت‌الدوله نیز در فکر کودتا بودند.[۲۱۵] کسروی که در این زمان، رئیس عدلیه خوزستان بود در مورد اشتیاقش به رضاخان می‌نویسد:

بخوبی می‌دانستم که بازوی نیرومندی را خدای ایران برای سرکوبی گردنکشان این مملکت و نجات رعایا آماده گردانیده است و این انتظار مرا می‌کشت که کی آن دست خدایی و بازوی نیرومند به سوی خوزستان نیز دراز خواهد شد. ...

ملک‌الشعراء بهار در خاطرات خودش از آن روزها می‌نویسد:

آنروز دریافتم که حکومت مقتدر مرکزی از هر قیام و جنبشی که در ایالات برای اصلاحات بر پا شود صالح‌تر است و باید همواره بدولت مرکزی کمک کرد ... بر حسب همین عقیده بود که من با تمام سرکشان

و نهضت کنندگان اطراف و با هر قسم فحاشی و دشمن ماجرائی نسبت به حکومت مرکزی بحکم تجربه مخالف بوده‌ام نه بجنگلیها عقیده داشته‌ام و نه با خیابانی همراه و هم سلیقه بوده‌ام و نه با قیام کلنل محمد تقی پسیان (به آن طریق) موافقت داشته‌ام، تمام این حرکات را حرکاتی خلاف مصالح کلیه ملک و ملت و بحال مردم این کشور وخود قیام کنندکان زیان بخش می‌دانسته‌ام.***

آن وقت در مورد وضعیت روحی مردم می‌نویسد:

همه کس و همه دسته‌ها خسته بودند، و تنها سردارسپه بود که خستگی نمی دانست، آمد و آمد و همه چیز و همه کس را در زیر بالهای «قدرت» خود ـ قدرتی که نسبت به آزادی و مشروطه و مطبوعات چندان خوش بین نبود ـ فرو گرفت! من در بادی امر، به این مرد فعال نزدیک بودم، و نظر بآنکه تشنه حکومت مقتدر مرکزی بودم، و از منفی نیز خوشم نمی‌آمد، میل داشتم باین مرد خدمت کنم ... مجلس پنجم باز شد، شاه فرار کرد، سردارسپه فرمانروای مملکت گردید، شهربانی و قشون وامنیه و حکام و دسته‌های سیاسی و مجلس همه در دست او مانند موم بودند ولی افکار عامه و سواد جماعت و رجال بزرگ و معدودی هم آزادی‌خواه و تربیت شده و متجدد باقیماندند و با نفوذ قدرتی که مانند طوفان سهمگین غرش کنان بدر و دیوار و سنگ و چوب ودشت و کوه می‌خورد و پیش می‌آمد، دم از مخالفت زدند ... چشم و ابروی دیکتاتوری که در پرده پیشین از پس پرده نمایان بود و ما را آن اندازه بیمناک ساخت، اینک با تمام قد و قامت و سر و سنباط و هیبت و صولت در پیش پرده ایستاده با ما سخن می‌گوید، رعد و برق می‌کند، نوید می‌دهد، تهدید می‌نماید و هر چه می‌خواهد می‌تواند کرد ... همه یکی‌یکی میروند. تسلیم می‌شوند و عاقبت بیش از دو سه نفر نمی‌ماند ... .***

در حالی که فساد، نابسامانی، ناامنی و فقر و فلاکت، سراسر کشور را در غرقاب فرو برده بود و دولت سپهدار، به علت ضعف‌های سیاسی و مالی، کاملاً منفعل بود و

کاری از پیش نمی‌برد، در رأس کشور، شاهی بی‌لیاقت و مفلوکی قرار داشت که نه تنها از درک تحولات دنیا عاجز بود بلکه از اقتدار لازم نیز بکلی تهی بود و فقط بفکر افزایش ثروت و دارایی شخصی‌اش بود وبرای خروج از کشور، نیازمند اجازه گرفتن از سفیر انگلیس بود. توصیف آیرونساید بعد از نخستین دیدارش از احمدشاه، بسی رقت‌انگیز است:

> ... مردی چاق و جوان در قبایی خاکستری رنگ [در برابر خود] دیدم که از حرفهای من ناراحت به خود می‌پیچید. مشاهدهٔ موجود بشری چنین مفلوک در مقامی چنان والا به نظرم دردناک آمد ... می‌خواهد مقداری پول به بانک خود در بمبئی بفرستد. ستون موتوری بریتانیا به بغداد یگانه طریق امن است ابتدا نفهمیدم که چه توقعی از من دارد، و کم‌کم دستگیرم شد که مقداری پول ایرانی به صورت سکه‌های بزرگ نقره به اندازه پنج فرانکیهای فرانسه دارد. ارزش این بار سنگین نقره در حدود ۵۰۰ هزار لیره است. آیا هیچ می‌داند که وزن اینها چقدر است و حملشان چند کامیون می‌خواهد؟ ... تکلیف ایران با چنین فرمانروایی چیست؟ تعجب نیست که مملکت این همه به گِل فرو رفته است. ایران به مردی مقتدر نیاز دارد که از این ورطه بیرونش کشد ... برای من همیشه راز بوده که این کشور چگونه توانسته استقلال خود را حفظ کند. ***

آیرونساید در مورد وضعیت رقت‌بار افسران می‌نویسد: «وقتی با سردار همایون و سرهنگ اسمایت، گشتی به دور اردوگاه قزاق‌ها زدیم، همه چیز را در شرایط رقت باری دیدیم، نه افسران لباس زمستانی داشتند و نه افراد. عملاً همه از شدت سرما و تب می‌لرزیدند. بسیاری از مردان پوتین به پا نداشتند وقتی پیش ما می‌آمدند، پاهایشان را در شال‌هایی پیچیده بودند. ***

در یادداشت‌های آیرونساید، اشارات متعددی به ضرورت مردی مقتدر که بتواند ایران را نجات دهد دیده می‌شود. *** امّا ایجاد حکومتی مقتدر واصلاحات ریشه‌ای و بنیانی و جدید، نیاز به آدمهای جدید داشت و چنین تغییرات عمیق و اصلاحات

ریشه‌ای، از دست «سلطنه‌ها» و «دوله‌ها» که منافع‌شان ریشه در مناسبات اجتماعی و سیاسی سنتی و کهن داشت بر نمی‌آمد، زیر و زبر کردن آن مناسبات، تنها از دست کسانی برمی‌آمد که هیچ پیوند و علقه‌ای با گذشته نداشته باشند. تنها در این چشم‌انداز است که شکل‌گیری کودتا، به دست مردانی چون رضاخان و سیدضیاءالدین با حمایت مستقیم انگلستان معنی‌دار می‌شود.

رضاخان پسر عباسعلی‌خان معروف به داداش بیک، روستازاده‌ای از ایل سواد کوه مازندران بود سربازی با هوش، که از طبقه پایین اجتماع بر آمده و هیچ نَسَبی به اشرافیت استخواندار ایرانی نمی‌برد او در پانزده سالگی بوسیله دایی‌اش، به عنوان پیاده قزاق به فوج اوّل قزاق خانه پیوسته و کم‌کم مراحل رشد را طی کرده، بعد از فرماندهی گروهان، به اداره کردن «شصت تیر»هایی پرداخته که مظفرالدین شاه در سفر خود به فرنگ، وارد ایران کرده بود. ژنرال آیرونساید که از وزارت امور خارجه بریتانیا در ۱۹۲۰ به تهران فرستاده شده بود بعد از اولین دیدار، رضاخان را چنین توصیف می‌کند افسری، «شانه‌های پهن، سرو وضعی بسیار موقّر، و قامتی بلند با بیش از ۱/۸۰ متر، بینی عقابی و چشمان درخشان و دارای شور و نشاط». امّا سیدضیاءالدین، پسر آقا سیدعلی طباطبایی‌یزدی (از مشروعه‌خواهان ضد مشروطیت و از دوستان نزدیک شیخ‌فضل‌الله نوری) بود، از پدری متعصب و دیندار، پسری بی‌دین و طرفدار سرسخت انگلستان پدید آمده بود، که از پدر خود بریده و به تهران آمده و در روزنامه‌اش [رعد]، علناً از انگلستان و قرارداد ۱۹۱۹ حمایت می‌کند و در تابستان ۱۲۹۹، در تهران گروهی از انگلوفیل‌هایی که دارای مقامهای مهمی در محافل سیاسی و اجتماعی ایران بودند و مخالفت با اتحاد جماهیر شوروی، آنها را به همدیگر جوش داده، به دور خود جمع کرده و تحت عنوان کمیته آهن، جلسات خودشان را بطور مرتب در خانه او در شمال تهران برگزار می‌کنند. جن. پی. چرچیل در یادداشتی، او را چنین توصیف می‌کند: مردی جوان که گاه و بیگاه پروژه‌های بسیار عجیب و غریبی عرضه می‌کند که خود در آنها نقش دیکتاتور دارد.[***] هم از اینروست که بعد از

کودتا در اولین دیدار خود از احمدشاه درخواست می‌کند که بـه او لقـب «دیکتـاتور» اعطا کند!.

هیچ کدام از آن دو، جزو طبقه اشراف نیستند و به هیچ حزب سیاسی تعلق ندارند همچنین کوچک‌ترین ارتباطی با دربار ندارند. همین وابسته نبودن به اشرافیت کهن را، پیشه‌وری در روزنامه حقیقت، به عنوان یک امتیاز برای رضاخان برمی‌شمرد: «زیـرا او اشراف نیست، رعیت ندارد، ملک ندارد، لقب ندارد، برای او فرق ندارد اشراف منفعت بکنند یا ضرر نمایند».[***]

برای انجام کودتا به افراد متعددی،[***] جهت بعهده گرفتن فرمانـدهی قـوای قـزاق مراجعه شد امّا سرانجام به رضاخان رجوع کردند قرار گذاشته بودند که بدون جنگ و خونریزی وارد تهران گردند. به احمدشاه یاد آور شدند کـه چـون عـده‌ای از افسـران ژاندارم با عده‌ای از دولتی‌ها متحد شده و خیال کودتـا دارنـد بهتـر اسـت شـاه بـرای جلوگیری از آن، دستور دهد تعداد پانصد نفر از قزاق‌هایی کـه در قـزوین هسـتند بـه تهران بیایند تا مواظب اوضاع باشند و از کودتا ممانعت بعمل آورند، به محض شنیدن آن، احمدشاه متوحش شده و محرمانه دستور داد پانصد نفر از افراد قزاق که در قزوین هستند به تهران حرکت کنند، از طرفی، به افسران ارشد ژاندارم دستور داده شد کـه از ورود قزاق‌ها جلوگیری ننمایند. بدین ترتیب در ۲۵ بهمن ۱۲۹۹ نیرویی در حـدود دو هزار نفر (نه پانصد نفر) از اردوی قزوین بطرف تهران حرکت کردند در بین راه افـراد متعددی به این اردو پیوستند که سیدضیاءالدین از برجسته‌تـرین آنهـا بـود «سیدضـیاء قرآنی از جیب در آورد و پنج نفر: رضـاخان، سیدضـیاء، کـاظم‌خـان، مسـعودخـان و امیراحمدی قسم می‌خورند که به استقلال کشور وفـادار باشـند. امیراحمـدی سـوگند دیگری هم یاد می‌کند که به رضاخان نیز وفادار باشند.[***]

آیرونساید بعد از آماده کردن امکانات کودتا، در روز کودتا، عازم بغداد می‌شـود و در دوم اسفند، نیروی پیاده نظام قزاقها به سرکردگی رضاخان به حوالی تهران می‌رسند و از دروازه‌های تهران، بدون کوچکترین مقاومتی عبور می‌کنند، کلانتریها را می‌گیرنـد و در نیمه شب سوم اسفند ۱۲۹۹ پس از اندک مقاومتی، کودتا با موفقیت بـه اجـرا در

می‌آید و مسؤولین کودتا، به عنوان نخستین اقدام، در شهر حکومت نظامی اعلام کرده تعدادی را دستگیر می‌کنند. حتی برای این که این تصور نرود که کودتا ساخته و پرداخته انگلیسی‌هاست، تعدادی از افراد طرفدار انگلستان، مانند فرمانفرما و پسرانش را نیز دستگیر می‌کنند و ضمن سرکوب ناراضیان، ممنوعیت هر گونه اجتماعات را اعلام می‌دارند و کلیه مطبوعات را توقیف می‌کنند. از طرف نرمن، وزیر مختار انگلستان به احمدشاه اطمینان داده می‌شود که خطری متوجه او نیست و توصیه می‌شود که از سیدضیاءالدین و رضاخان پشتیبانی کند، روز بعد احمدشاه رضایت می‌دهد که سیدضیاء رئیس الوزراء شود، رئیس الوزایی مقتدر و طرفدار بریتانیا که وزیر مختار انگلستان می‌خواست تا جایگزین «سپهدار» سر به راه ولی بی‌عرضه کند.

برای نخستین بار، مردم پایتخت در خیابانهای تهران با سیدضیاء رئیس الوزراء مواجه شدند که سوار بر اتومبیل، سر و صورت را اصلاح کرده و عمامه را به کنار نهاده است.

از آغاز صبح، به فرمان بازیگران کودتا بگیر و ببند شروع شد ... هر کس که سرش به کلاهش می‌ارزید آنروز گرفتار شد، مگر کسی که امید همفکری به او می‌رفت ... در یک هفته، قریب هشتاد نفر ناجور و از هر طبقه به محبس افتاد، غالب آنها را در عمارات قزاقخانه مشرب به میدان مشق قدیم حبس کرده و از تنگی مکان، هر دسته را در اطاقی جای داده بودند.*** از افراد توقیف شده می‌توان مدرس، حسین یزدی، حاج مجدالدوله، فرمانفرما، تیمورتاش، رهنما، علی دشتی، فرخی، فدائی، ملک‌الشعرای بهار، سیدهاشم را نام برد، از پیر مرد هشتاد ساله تا پسر بچه چهارده ساله که با زیر شلواری از خانه بیرون کشیده و آورده بودند در آنجا دیده می‌شد.***

چهار روز بعد از کودتا، رضاخان ملقب به سردارسپه گشت و به اتفاق سیدضیاء از بانک شاهی (بانک انگلیس ـ ایران) مقدار زیادی پول گرفتند و بین افسران و قزاقها و ... تقسیم کردند.

کالدول، وزیر مختار امریکا در ایران در گزارشی به تاریخ ۲۱ اسفند ۱۲۹۹ در مورد کودتا می‌نویسد:

سیدضیاء در ۲۶ فوریه اعلامیه‌ای صادر کرد که با قدرت تمام و مطلق ریاست وزیران را به دست گرفته است و اینک به راهنمایی شاه و رایزنی ساعت به ساعت با سفارت بریتانیا امور دولت را اداره می‌کنند ... نخست‌وزیر دست پرورده بریتانیاست و شخصیت و هدف و سوابق او خالی از شبه نیست، در حقیقت همه می‌دانند که وقتی سردبیر روزنامهٔ دولتی رعد بود، مرتب از انگلیسی‌ها مقرری دریافت می‌داشت.***

به سیدضیاء از طرف انگلیسی‌ها توصیه می‌شود که در ظاهر، بر علیه انگلستان عمل کند او برای فریب افکار عمومی، قرارداد ۱۹۱۹ را لغو می‌کند در حالی که این قرارداد، عملاً به خاطر مخالفت‌های مردمی و مجلس به اجرا در نیامده بود. ولی در عمل، کابینه‌ای که سیدضیاء در رأس آن قرار داشت، چیزی نبود جز مأمور به اجرا در آوردن قرارداد ۱۹۱۹.*** «سیدضیاء و رضاخان کاملاً مکمل یکدیگرند یکی به کار اصلاحات سیاسی و اداری میرسد و دیگری ارتش را زنده می‌کند تا در برابر تهدید بلشویسم محکم بایستد. از این مهمتر از نظر کرزن، هدفهای اصلی قرارداد ۱۹۱۹ نیز تحقق می‌یابد چون سیدضیاء قول داده است مستشاران مالی و نظامی بریتانیا را به کار بگمارد».*** بدین ترتیب با اجرای کودتا، زمام امور دولت به دست کسانی افتاد که طرفدار سرسخت انگلیس و دشمن بلشویکها و اتحاد جماهیر شوروی بودند.

همچنان که در صفحات قبل مذکور افتاد در مورد کودتای سوم اسفند ۱۲۹۹ و ظهور پدیده «رضاخان»، هر چند نمی‌توان نقش عوامل خارجی به خصوص انگلستان را نادیده گرفت، امّا این بدان معنی نیست که نقش عوامل داخلی به عنوان زمینه و بستری مناسب برای ظهور پدیده فوق، نادیده گرفته شود. اولاً دسترسی به اسناد رسمی دولت بریتانیا از اواخر دهه ۱۹۷۰ نشانگر این امر است که در مورد ایران، بین دوایر مختلف بریتانیا اختلاف نظر و عمل چشمگیری وجود دارد. ضمن وجود اختلاف نظر بین وزارت جنگ بریتانیا و وزارت خارجه آن کشور، حتی در خود وزارت خارجه آن نیز، وحدت نظری در قبال مسئله ایران دیده نمی‌شود: ژنرال آیرونساید، فرمانده نیروهای نظامی انگلیس در ایران، برای خروج بی‌درد سر نیروهای تحت فرمانش از ایران، در سایه یک دولت مرکزی قوی در تهران، چشم دوخته، امّا

لردکرزن به قرارداد ۱۹۱۹ که به «رؤیای کرزن» معروف شده نظر دارد، قراردادی که نه تنها در ایران، مقبول عام واقع نشده، بلکه در خود بریتانیا نیز مخالفانی جدی داشته است. امّا از طرفی، در مورد ابقای قرارداد ۱۹۱۹ نیز بین مسؤولین بریتانیا، وحدت نظر وجود نداشت؛ نرمن، وزیر مختار بریتانیا که پس از کاکس به ایران آمد ابقای قرار داد ۱۹۱۹ را عملی نمی‌دانست و خواهان انعطافِ بیشترِ دولت بریتانیا بود امّا از طرفی سرپرسی کاکس، هر چند خود یکی از طراحان اصلی قرارداد ۱۹۱۹ بود ولی ابقای قرارداد را با توجه به مخالفتهای داخلی ایران و عدم تصویب مجلس ایران غیر عملی می‌دانست ولی بر خلاف نرمن، راه حل را نه در انعطاب بیشتر در قبال ناسیونالیست‌های ایرانی، بلکه در تجزیه بخش‌های جنوبی کشور، شیخ نشین‌های تحت الحمایه بریتانیا می‌دید.***

ملاحظه چنین راه حل‌های متعدد و چه بسا متضاد و فقدان وحدت نظر و عمل در بین سردمداران بریتانیا در قبال مسایل ایران، بخوبی بیانگر این امر است که بواسطه وجود شرایط بحرانی وتشتت ایران آن روزگار، انگلیسی‌ها سیاستی منسجم و مشخص در قبال ایران نداشتند «در این دوره انگلیسی‌ها بیش از آنکه بتوانند به واقعیت جاری شکل دهند مجبور بودند که به نوعی با آن کنار بیایند و رشته تحولاتی ... که زمینه را برای شکل گیری اقتدار رضاخان سردارسپه فراهم ساخت، در اصل بر یک تعامل گسترده اجتماعی و با حمایت طیف مهم و متنوعی از نیروهای سیاسی آن روز صورت گرفت» در این بین نمی‌توان نقش عوامل داخلی چون: نخبگان سیاسی و فرهنگی، ارزیابی غلط نیروهای چپ، پشتیبانی شخصیت‌های ملی و استخواندار، ملاکین بزرگ و تجار و همچنین نقش مجلس چهارم و پنجم را نادیده انگاشت.

رضاخان که اینک از طرف احمدشاه به لقب «سردارسپه» ملقب گشته بود در اردیبهشت ۱۳۰۰، جانشین مسعودخان کیهان گردید و وزارت جنگ را بدست گرفت. پس از سه ماه از کودتا نگذشته بود که سیدضیاء، بدون هیچ گونه توضیحی از مقام نخست‌وزیری استعفا داد و حتی از کشور خارج شد. از آنجا که پس از استعفای او، بقیه زندانیان سیاسی آزاد شدند و انتخابات مجلس برگزار گردید محافل چپ و

ناسیونالیستهای تندرو، این واقعه را نه همچون کودتایی درونـی بـه توسـط رضـاخان، بلکه ضد کودتای زیرکانهٔ رجال سیاسی منفور تلقی کردند.***

علت سقوط سیدضیاء به این خاطر بود که هم احمدشاه و هم رضاخان میانه خوبی با او نداشتند همچنین به دلیل داشتن سابقه حمایت از منافع انگلستان، تقریبـاً در بـین اکثر افراد منفور بود کمونیست‌ها در عین حال که موافق کودتـا و رضـاخان بودنـد از سیدضیاء نفرت داشتند همچنین، سیدضیاء با دستگیری افراد متشخصی چون مـدرس، شیخ حسین یزدی، حاج مجدالدولـه، فرمانفرمـا، تیمورتـاش، رهنمـا، دشـتی، فرخـی، فدائی، ملک‌الشعراء بهار و کثیری از افراد دیگر ،به اندازه کافی بـرای خـودش دشـمن تراشید، ملک‌الشعراء بهار در این مورد می‌نویسد:

> ... نه حزبی داشت که هم مسلکآن را کار بدهد و باقی را بیکار سازد، نه ایل و عشیره‌ای داشت که اقوام خود را که طبعاً بسته او باشـند بـر مـردم دیگر مسلط کند، و نه هم قبلاً طبق اظهـار خـود مشـارالیه تـدارک دیـده شده بود که لااقل صد نفر دوست مناسب اوضاع با خود همدسـت سـازد که بعد از سه ماه سردارسپه نتواند زیر پایش را جاروب نماید!.***

وقتی نخست‌وزیری او بعد از ۹۳ روز پایان یافت و او حتی مجبـور بـه خـروج از ایران گشت تقریباً همه نویسندگان و شعراء و روزنامه‌نگـاران هرچـه فحـش و ناسـزا داشتند نثار او کردند، تنهـا عـارف قزوینـی (شـاید بـدلیل نفـرت بـیش از حـدش از قاجاریها) از او حمایت کـرد و تصـنیف معـروف «ای دسـت حـق» را در حمایـت از سیدضیاء ساخت:

ای دست حق پشت و پناهت بازآ — چشم آرزومند نگاهت بازآ
وی توده مـلت سپاهت بـــازآ — قربان کابینهٔ سپاهت بـــازآ***

در مدتی اندک، یعنی تا سال ۱۳۰۲ کابینه‌های مستعجلی چون، کابینه قوام‌السـلطنه، مشیرالدوله، مستوفی روی کار آمده و سقوط کردند و در تمام این کابینه‌هـا، رضـاخان به عنوان مرد قدرتمند، پست وزارت جنگ را در اختیار داشت و بشدت بر محبوبیـت خویش می‌افزود، او بعد از سرکوبی قیامها و شورشهای مختلف کشور، پیروزمندانه به

پایتخت باز می‌گشت و مورد استقبال مردم واقع می‌شد و بـا تغییراتـی کـه در ارتـش بوجود آورد جایگاه خود را مستحکم ساخت، با ترکیب ۷۰۰۰ قزاق و ۱۲۰۰۰ ژاندارم، ارتش ۴۰۰۰۰ نفری جدید مرکب از پنج لشـکر بوجـود آورد و در سـال ۱۳۰۱، علیـه کردهای آذربایجان غربی، شاهسون‌های آذربایجانشرقی و کهکیلویه‌ای‌های فـارس؛ در سال ۱۳۰۲، علیه کردهای سنجابی کرمانشاه؛ در سال ۱۳۰۳، علیـه بلـوچ‌هـای جنـوب شرقی ولرهای جنوب غربی؛ و در سال ۱۳۰۳، علیه ترکمن‌هـای مازنـدران، کردهـای خراسان و اعراب طرفدار شیخ خزعل در محمره، بـه تلاشـهای موفقیـت‌آمیـز دسـت زد.***

در این میان، اهل مطبوعات و روزنامه‌نگاران مبارز و خستگی ناپذیر، مانع عمده‌ای بودند که با حملات پی‌درپی و افشاگرانه، موی دماغ دیکتاتور می‌شدند و او را بیش از حد عصبانی می‌ساختند؛ در این جدال شورانگیز ولی نابرابر و بی‌سرانجام، که در یـک طرف آن، رضاخان و قزاقان مسلح‌اش و در طرف دیگر، روزنامه‌نگـاران متعهـد و بـه شدت آسیب‌پذیر قرار داشتند شاید به عنوان آخرین سنگریزه‌هایی به شمار مـی‌آمدنـد که گاهگاهی می‌توانستند خواب آرامِ مرداب را آشفته سازند، آنها وقتی نمـی‌توانسـتند مستقیماً به دیکتاتور حمله کنند به پیروی از توصیه برتولت برشت، به مشابه آن یعنـی به نصرت‌الدوله به عنوان عامل کودتا، حمله مـی‌برنـد. امّـا رضـاخان در اعلامیـه‌ای، معروف به «مسبب کودتا منم» آنان را، ایادی بیگانگان خواند و تهدید کرد که: «صریحاً اخطار می‌کنم پس از این، برخلاف ترتیب فوق، هر یک از روزنامـه‌هـا از ایـن بابـت ذکری بشود. به نام مملکت و وجدان، آن جریده را توقیـف و مـدیر و نویسـنده آن را هم هر که باشد تسلیم مجازات خواهم نمود.»

زین‌العابدین فروزش، مدیر روزنامه «نجات ایران» با اسم مستعار در هشـت اسـفند ۱۳۰۰، مقاله‌ای در پاسخ به رضاخان نوشت که در آن چنین آمده بود:

... عامل کودتا تو نبودی، انگلیسی‌ها و نصرت‌الدوله بودند اگر تـو بـدین اقدام، مبادرت نمی‌کردی یک صـاحب منصـب دیگـری را مـی‌آوردنـد و

چون تو می‌دانم که مرا گرفتار خواهی کرد، من هم پنهان می‌شوم، تو هم هر کار که از دستت بر می‌آید بکن.»

رضاخان برای دستگیری نویسنده مقاله و مدیر روزنامه اعلام کرد که هر کسی آنها را پیدا کند ۱۰۰ تومان جایزه خواهد گرفت. ضرب و شتم و دستگیری روزنامه‌نگاران، تازه آغاز شده بود که این بار، فرخی‌یزدی در مقاله‌ای، معروف و شدیدالحن، رضاخان را به باد انتقاد گرفت، این مقاله که در ۱۸ اسفند ۱۳۰۰، در روزنامه «طوفان» درج شده رباعی زیر، زینت بخش صفحه اوّل آن بود:

از یک طرفی مجلس ما شیک و قشنگ

از یک طرفی عرصه به ملیون تنگ

قانون حکومت نظامی و فشار

این است حکومت شتر و گاو و پلنگ

بدنبال انتشار این شماره روزنامه، فرخی یزدی، که عکس‌العمل حریف را می‌دانست قبل از این که قزاقان برای دستگیری‌اش بیایند به همراه تعدادی از روزنامه‌نگاران دیگر، تحصن در شاه‌عبدالعظیم و پس از آن سفارت شوروی را برگزید. امّا اولین قربانی از طایفه مطبوعات، عشقی بود که در مبارزه با شعار جمهوری‌خواهی رضاخان، در خون خود غلطید.

رضاخان در آبان ماه ۱۳۰۲ نخست‌وزیری را بدست گرفت و بوسیله قدرتی که در ارتش به هم زده بود برای کنار زدن نظام قاجاری، شعار جمهوری را مطرح ساخت و با تحریک ایادی خود، تلگراف‌های متعددی از سراسر کشور برای برقراری نظام جمهوری به پایتخت گسیل داشت و مطبوعات و سخنرانان وابسته به خود را واداشت تا در ذکر مناقب جمهوری قلمفرسایی کنند زیرا نتیجه چنین انتخابات، در صورت برگزاری، از پیش مشخص بود، نام رضاخان در شهرستانها و تهران به کمک نظامیان از صندوق‌ها بیرون می‌آمد. هر چند شعار جمهوری‌خواهی، بسیار از افراد را فریفت امّا پایداری معدودی از افراد در مجلس و بیرون از آن، شعار جمهوری‌خواهی را با شکست مواجه ساخت، ملک الشعراء بهار می‌نویسد: «در بادی امر من نیز چون

دیگران بحکم ظواهر، مفتون جمال جمهوری شدم امّا چیزی نگذشت که خطری بزرگ از پشت این پرده چشم و ابرو نشان داد ... زیرا سر و کله دیکتاتوری عظیمی را از پشت پرده دیدند»! . *** عبدالله مستوفی درخاطرات‌اش می‌نویسد:

> سردارسپه بخوبی فهمیده بود که ... اگر یکی دو سالی به عنوان ریاست جمهوری بر این کشور حکمفرمائی کند، از ریاست جمهوری تا سلطنت آنهم در نزد ایرانیها که اکثریتشان شاه دوست تاریخی هستند، یک قدم کوچک بیشتر نیست بنابراین مناسب‌تر، و ساده‌تر و طبیعی‌تر این است که، بدست آزادیخواهان دو آتشه خود را بریاست جمهوری برساند، تا بعدها بدست سلطنت‌طلبان تاج و تخت را تصرف، و سلطنت را در خانواده خویش مستقر نماید، این است که می‌بینیم، بعد از مراجعت از سفر مشایعت احمدشاه [به خارج] و تمشیت کارهای عمومی کشور، و سفری به آذربایجان تغییر طرز حکومت را محرمانه، با خواص خود از نظامیان و وکلائی که با او همدست شده بودند، به میان گذاشت، و از رؤسای آنها قول مساعد گرفت، و بلافاصله انتخابات را با سلیقه و نظرات لیدرها، که هم خیالان خود را باو معرفی کردند، بانجام رساند. ***

امّا در بیرون از مجلس، در حالی که نویسندگان بعضی از جراید در حمایت از جمهوری‌خواهی، قلمفرسایی می‌کردند افراد معدودی مانند میرزاده عشقی به شدت بر رضاخان و شعار جمهوری‌خواهی او می‌تاختند، عشقی، شماره هفتم تیر ۱۳۰۳ روزنامه قرن بیستم را که آخرین شماره آن نیز بود یکسره به حمله کردن بر جمهوری‌خواهی اختصاص داد او بر روی جلد، کاریکاتوری را به چاپ رساند که زیر آن نوشته شده بود «جناب جمبول بر خر جمهوری سوار شده، شیره ملت را مکیده، می‌خواهد به سرما شیره بمالد» وقتی این شماره انتشار یافت رضاخان با مشاهده آن با غضب چکمه به زمین کوفت و گفت: «این پسره فکلی را نمی‌شود تحمل کرد» تنها پنج روز بعد از انتشار این شماره، میرزاده عشقی بدست عوامل رضاخان کشته شد و این سر آغاز سلسلهٔ کشته شدن روزنامه‌نگاران، توقیف روزنامه‌ها و کتک خوردن اهل قلم و حمله به چاپخانه‌ها از سوی رضاخان بود. ***

در درون مجلس (پنجم)، هر چند رضاخان اکثریت قاطعی داشت ولی مقاومت شجاعانه مدرس، تمام نقشه‌های او را پنبه کرد مدرس با چند نفر افراد انگشت شماری چون میرزاهاشم آشتیانی وکیل تهران، حائری‌زاده وکیل یزد، میرزاعلی کازرونی، سیدحسن‌خان زعیم و چند نفر دیگر، فراکسیونی کوچک تشکیل داده، می‌کوشید از راه مخالفت با اعتبارنامه‌های وکلا، نگذارد جمهوری خواهی رضاخان عملی گردد. ... مسئله اعتبارنامه‌ها در جلسه‌های ۲۳ و ۲۵ مجلس توام با کشمکش سپری شد امّا در جلسه ۲۷ که پرتشنج‌ترین جلسه بود در مقابل مقاومت مدرس، بین او و سیدمحمد تدین، لیدر فراکسیون تجدد درگیری پیش آمد. بسیاری از نمایندگان از مجلس خارج شدند. در اتاق تنفس، در حالی که مدرس همچنان به نطق خود ادامه می‌داد دکتر احیاءالسلطنه بهرامی، که از طرفداران رضاخان بود به مدرس نزدیک شده. سیلی به گوش مدرس زد، حرکت زشت دکتر بهرامی باعث شد که عده‌ای از وکلای بیطرف مجلس که متمایل به دسته جمهوری‌خواه بودند از آن برگشته و به مدرس به پیوندند و در نتیجه فراکسیون او قوی‌تر شد. ...

در بیرون مجلس نیز که تا آن موقع واکنشی جدی علیه جمهوری‌خواهی وجود نداشت، سیلی خوردن مدرس، باعث سرو صدای زیادی گردید و «بنا گاه در تمام شهر مثل زنگ ناقوس در پیچید و احساسات خفته را بیدار کرد. دکان‌ها بسته شد، انقلابی بزرگ نمودار گردید». ...

> مردم بطرف مجلس رو آوردند «در حالی که در جلو اکثر دسته‌ها، علمهائی که روی آن زنده باد سلطان احمدشاه! مرده باد جمهوری نوشته بودند کشیده می‌شد ... کم‌کم، عرصه بر آقایان فراکسیون‌های تجدد و سوسیالیست که تا این ساعت خود را فاتح می‌دانستند، تنگ شد و بوسیله تلفن از سردارسپه کمک طلبیدند که شاید با اشتلم نظامی مردم را خفه کرده ... سردارسپه قبلاً عده کافی از نظامیان مسلح در حول حوش مجلس واداشته بود. ...

نظامیان بدستور رضاخان وارد مجلس شدند و شروع بـه کتـک زدن مـردم کردنـد رضاخان که خود با مردم درگیر شده بود، توسط ملک الشعراء بهار به سرسرای مجلس آورده شد ملک الشعراء در خاطرات خود می‌نویسد:

> من اوضاع را وخیم دیده وشایسته ندیدم که رئیس دولت با مـردم دسـت به یخه شود. به عجله از عمارت پایین دویده، پهلوی ایشان رفتم و گفـتم «بفرمائید بیایید بالا» و رئیس دولت را به طرف سرسـرا راهنمـایی کـردم. سردارسپه متوحش بود و دنبال رئیس مجلس مـی‌گشـت. آقـای مـؤتمن الملک [میرزاحسین‌خان پیرنیا، رئیس مجلس] هـم پـس از دیـدن واقعـه برخاسته به سوی سرسرا و مجلس می‌آمد. در وسـط اتـاق شـرقی آن دو بهم رسیدند.
>
> هیچ کسی جز من و آن دو آنجا نبـود، زیـرا مـن رئـیس دولـت را تـرک نگفته بودم ... رئیس مجلس برگشته، گفت: «چـرا آمـدی، چـرا مـردم را زدی؟ اینجا مجلس ملی است، امر و نهـی و اداره آن بـا مـن اسـت. الان معلوم می‌شود ...» و داخل سر سـرا شـده، گفـت: «سـیدمحمود زنـگ را بزن!» ***

رضاخان که اینک خود را باخته بود با شتاب افراد خود را جمع کرد و برد. او پس از این شکست، از نخست‌وزیری استعفا کرده و به ملک خـود (بـومهن) کـه تـازه در نزدیکی تهران خریده بود رفت، امّا او مردی نبود که به این زودی‌ها از میدان بدررود، چرا که در پشت سر او، نظامیان به مردم چنگ و دندان نشان می‌دادند و روزنامه‌هـای وابسته به او، حمله‌های شدیدی را به مجلس آغاز کردند. علی دشـتی، مقالـه‌ای را در «شفق سرخ» با عنوان «پدر وطن رفت!» نوشت. اگر چـه شکسـت جمهـوری‌خـواهی رضاخان در درجه اوّل، مرهون تلاش‌های مدرس بود امّا رضـاخان در ایـن زمـان، بـا اقـدامات متعـددش توانسـت بسـیاری از علمـای طـراز اوّل از جملـه سیدابوالحسـن اصفهانی و حاج میرزاحسین نایینی، ... را با خود همراه سازد.***

مدرس در شناختی که از رضاخان داشت بدرستی تشخیص داده بود که او در پـی قبضه کردن قدرت است. او برای جلوگیری از آن، به احمدشـاه متوسـل مـی‌گـردد و

بوسیله رحیم‌زاده صفوی به احمدشاه، که در پاریس بسر می‌برد گوشزد کرده که سلطنت‌اش در حال از دست رفتن است، امّا احمدشاه عیش و نوش در فرنگ را بر حکومت کردن در یک کشور عقب‌مانده، ترجیح می‌داد.*** سرانجام مدرس به شیخ خزئل که به عنوان مهره سرسپرده انگلستان، منفور همه بود متوسل می‌گردد او در واقع خطر را درست تشخیص داده بود امّا برای درمان آن، بجای این که بیمار را به داروخانه بفرستند به دکان عطاری فرستاده بود!***

در اواسط ۱۳۰۴ دیگر تقریباً همه چیز به نفع رضاخان بود در مجلس به جز افراد معدودی که مخالف‌اش بودند اکثراً بدو پیوسته بودند. علی‌اکبر داور، تیمورتاش و فیروز در مجلس به مانند یک مثلث، برای تغییر سلطنت از قاجاریه به پهلوی، نقش اساسی و فعال داشتند. با وجود درخواستهای پی‌گیر مخالفان رضاخان، احمدشاه از بازگشت به کشور منصرف شده بود، عصر هفتم آبان ماه، مجلس وارد بحثی طولانی در مورد تلگرافهائی شد که از طرف مردم، برای عزل قاجاریه ارسال شده بود؛ روز هشتم آبان، علی‌اکبرخان داور به همراه چند نماینده، که از طرفداران شدید رضاخان بودند مجلسی در خانه رضاخان ترتیب داده و نمایندگان را بدانجا دعوت کرده و از آنها برای تغییر سلطنت امضاء می‌گرفت یحیی دولت آبادی به عنوان یکی از شاهدان عینی می‌نویسد:

«... ناچار روانه شده نزدیک نصف شب است به منزل سردارسپه می‌رسم اطاقها همه روشن است و جمعی از تجار و کسبه دیده می‌شوند که در اطاق‌ها نشسته یا خوابیده‌اند و اینها متحصنین هستند ... ناچار می‌روم به اطاق زیر زمین، جمعی از نمایندگان و صاحب‌منصبان نظام و نظمیه در اطراف نشسته میزی در وسط است و روی میز ورقه ایست به محض نشستن یاسائی نماینده سمنان ورقه را برداشت بدست من داده می‌گوید امضاء کنید ورقه را می‌خوانم و می‌فهمم مطلب چیست و می‌بینم مابین شصت و هفتاد نفر از یکصد و بیست نفر نماینده آن را امضاء کرده‌اند.***

از بین نمایندگان دعوت شده تنها دولت آبادی آن را امضاء نکرد، آنها در واقع طرح ماده واحده را امضاء می‌کردند که قرار بود فردا نهم آبان، تقدیم مجلس شده و تصویب گردد ماده واحده چنین بود:

> مجلس به خاطر سعادت ملت، خلع قاجار را اعلام و اداره موقت کشور را از محدوده قانون اساسی و قوانین نافذ به آقای رضاخان موکول می‌کند. تعیین تکلیف قطعی موکول به نظر مجلس مؤسسان است که برای تغییر مواد ۳۶ـ۳۷ـ۳۸ـ۴۰ متممّ قانون اساسی تشکیل می‌شود.***

مدرس و منفردین کوشیدند تا از طریق دفع‌الوقت، از تصویب آن ممانعت بعمل آورند امّا موفق نشدند، مستوفی رئیس مجلس (برای آلوده نشدن و یا به نوشته دولت آبادی طبق قرار با رضاخان و یا به گفته سیدحسن تقی‌زاده با حیله رضاخان)، در مجلس حضور نداشت و به جای او تدیّن،*** نایب رئیس مجلس که از طرفداران جدی رضاخان بود ریاست مجلس را به عهده داشت:

> مجلس امروز از هر جهت تازگی داشت اولاً دستورش منحصر است به تغییر سلطنت، طرفداران سردارسپه مانند لشکر فاتح به طالار مجلس وارد شده هر یک در جای خود قرار می‌گیرند ثانیاً تماشاچیان این جلسه غالباً غیر از تماشاچیان جلسه‌های عادی مجلس هستند و در میان آنها اشخاصی دیده می‌شوند که با نگاههای غضب آلود خود می‌خواهند اگر مخالفی باشد او را ترسانده از خیال مخالفت بیندازند.***

قبل از همه، مدرس اخطار آیین نامه‌ای می‌دهد: زیرا رئیس مجلس (مستوفی)، استعفاء داده باید اوّل رئیس مجلس تعیین شود. امّا تدین، نایب رئیس مجلس که در غیاب مستوفی، ریاست جلسه را به عهده دارد اخطار آیین نامه‌ای مدرس را ردّ می‌کند، مدرس بدون ایراد نطقی با عصبانیت مجلس را ترک می‌کند و می‌گوید جلسه غیرقانونی است «حتی اگر صد هزار هم رأی دهید غیرقانونی است».*** غیر از مدرس، چهار نفر دیگر: مصدق، دولت آبادی، تقی‌زاده، علاء به مخالفت پرداختند؛ تقی‌زاده می‌نویسد:

«مخالفین جدی تغییر سلطنت منحصر به پنج شش نفر بود یعنی مستوفی‌الممالک و مشیرالدوله و میرزاحسین‌خان علاء و مصدق‌السلطنه و من و مدرس. دولت آبادی هم کم و بیش ظاهراً با ما همراهی می‌کرد ... نهم آبان، طرح در مجلس مطرح شد و ما چند نفر در مخالفت با آن حرف زدیم. قبل از همه اوّل کسی که نطق کرد من بودم و پس از نطق کردن بر خلاف طرح، از مجلس خارج شده بیرون رفتم و بعد از آن مصدق‌السلطنه در همان زمینه نطق کردند و هر کدام از آنها هم پس از نطق از مجلس بیرون رفتند ما دیگر بعد از آن به مجلس نرفتیم ...»[•••]

تقی‌زاده به عنوان مخالف طرح در خطابه خود گفت: « ... بنده ترجیح می‌دادم که این مسأله رجوع شود به یک کمسیونی، مجلس خصوصی بشود، شور بشود، و راه بهتر و قانونی‌تری پیدا شود، امّا از قراری که احساس می‌کنم این منظور مقبول نمی‌شود».[•••]

سرانجام مجلس به نفع رضاخان رأی داد و از تعداد نمایندگان ۸۵ نفر حاضر در مجلس، ۸۰ نفر به ماده واحده رأی مثبت دادند و تصویب کردند.[•••]

در واقع اقدام مجلس از حمایت کامل ناسیونالیستها، تجدد خواهان، سوسیالیستها و ارتش و روسای ادارات برخوردار بود روحانیت نه له و نه علیه آن تبلیغ کرد، امّا عدهٔ زیادی از علما و به خصوص سیاست‌مدارهای معمم در مجلس مؤسسان که بعداً در آذرماه تشکیل شد موافق آن رأی دادند.[•••]

وقتی در دهم آبان، متن قانون ماده واحده، را رضاخان با شرحی به تمام مراکز کشور مخابره کرد هر چند تلگراف‌های تشکرآمیزی طبق معمول، از طرف مردم به مرکز سرازیر شد! امّا واکنش مردم بیشتر حاکی از بی‌تفاوتی بود آنها از سقوط قاجاریه و ظهور سلسله پهلوی، نه ابراز خوشحالی کردند و نه ابراز تأسف، بلکه همان رفتار بی‌تفاوتی را در پیش گرفتند که در بیشتر مواقع حساس تاریخی در پیش می‌گیرند! در گزارشی که در بایگانی وزارت امور خارجه فرانسه موجود است راجع به بی‌تفاوتی مردم چنین آمده است:

... در شهر [تهران] به ندرت شاهد برافراشتن پرچم و چراغانی کردن مغازه‌ها هستیم، در برخی از مغازه‌ها یک یا دو چراغ و در بعضی اوقات شمعی روشن بود. خلاصه کلام این که چندان شور و هیجانی خود جوش در میان مردم دیده نمی‌شود. این چنین به نظر می‌رسد که شهروندان تهرانی این تحولات سیاسی را با بی‌تفاوتی و بی علاقگی پذیرفته‌اند. ...

یک نویسنده روسی می‌نویسد: «از دشمنت نترس، چون او فقط می‌تواند تو را بکشد. از دوستت نترس، چون فقط او می‌تواند به تو خیانت کند، ولی از آنها بترس که بی‌تفاوتند چون با بی‌تفاوتی خود وضعی را پیش می‌آورند که در آن کشتن و خیانت کردن می‌تواند روی دهد».

۱۴ ـ کمونیستها و حکومت رضاخان

در مورد واکنش‌های کمونیست‌های ایران و دولت شوروی در به قدرت رسیدن رضاخان تا بحال کم سخن رفته، در حالی که نقش کمونیست‌های ایرانی و دولت شوروی در سیر صعود رضاخان بر اریکه قدرت، شایان توجه هست. همچنان که در تمام مواقع، تاکتیک و استراتژی کمونیست‌ها در قبال حکومت مرکزی ایران با دیپلماسی و عملکردهای اتحاد شوروی همخوانی و مطابقت داشته در قبال ظهور رضاخان نیز سیاستهای آن دو (به استثناء رفتار بعضی از افراد تک‌رو و نادر)، تقریباً همخوانی داشت.

در حالی که هنوز نهضت جنگل ادامه داشت تروتسکی در نامه‌ای سری، به لنین پیشنهاد می‌کند که از حمایت انقلاب در شرق [ایران] دست بردارند و به مصالحه با بریتانیا تن در دهند. نیاز مبرم شوروی به مبادلات تجاری، که ناشی از مقتضیات مرحله انکشاف نیروهای مولده روسیه بود، بخشی از رهبران بلشویک و از جمله تروتسکی را به این نظر سوق داد که انقلاب، نخست ضرورتاً باید در باختر پیروز گردد و نه در شرق. به همین خاطر تروتسکی در نامه‌ای سری، به لنین می‌نویسد:

رونوشت، نهایت سری، تلگراف پستخانه شماره ۶۴۳، ۴ ژوئن ۱۹۲۰ ـ به کمیساریای ملی امور خارجه، رفیق چچرین، رونوشت به رفقا لنین، کاشف، کرستِنْکی و بخارین.

تمام اطلاعات مربوط به وضع خیوا. ایران و بخارا و افغانستان بر این واقعیت (فاکت) گواهی می‌دهد که انقلاب سوویتی در لحظه کنونی در این کشورها بزرگترین دشواریهای ممکن را برای ما موجب خواهد گشت. حتی آذربایجان [شوروی] علیرغم صنعت نفت و ارتباطاتش با روسیه، قادر نیست بروی پای خود بایستد. تا زمانیکه وضع در باختر تثبیت نگشته است و وضع صنایع و ترانسپورت خودمان بهتر نشده است، خطرات لشگرکشی سویت در خاور کمتر از خطرات جنگ در غرب نخواهد بود.

از سوی دیگر ـ و دراین مورد تأیید هر چه بیشتر موجود است ـ در سیاست بریتانیا بهیچوجه یگانگی مطلق نظر دیده نمیشود و ما ظاهراً می‌توانیم پیدایش یگانگی نظر را بتعویق بیاندازیم ازین نتیجه می‌شودکه انقلاب سوویتی در شرق اکنون برای ما عمدتاً بمنزله یک وسیله اصلی معامله دیپلماتیک با انگلستان امتیازآور است.

لذا نتیجه می‌شود ۱ـ در شرق ما باید بکار سیاسی و تربیتی بپردازیم (دروس سیاسی، کار حزبی و تشکیلاتی، مدرسین نظامی و غیره). در حالی که نباید از هیچگونه توصیه‌ای علیه گامهائی که چه از روی حساب، و چه ضرورتاً حمایت نظامی ما را در برگیرد، فرو گذار کرد. ۲ـ ما باید با استفاده از همه طرق و وسایل به تأکید دایر بر آمادگی خود در رسیدن به تفاهم با انگلستان در مورد شرق ادامه دهیم. تروتسکی.

در نامه‌ای که از طرف چچرین در ۱۹ نوامبر ۱۹۲۱ به استالین، ارسال شده تقریباً، همان پیشنهادهای تروتسکی به چشم می‌خورد:

حکومت شوروی نمی‌بایستی تنها خود را به حمایت سیاسی از جنبش‌های رهائی بخش ملی در خاور زمین محدود سازد، بلکه الزام‌آور

است که حکومت‌های جوان را کمک کند تا اقتصاد خود را انکشاف بخشند و کادر تربیت کنند.***

سیاست شوروی و کمینترن از این به بعد در جهتی سیر می‌کند که تروتسکی پیشنهاد کرده بود: دست برداشتن از حمایت جنبش جنگل، کوشش برای ایجاد تفاهم و عقد قرارداد تجاری با انگلستان، عقد قرارداد مودت بین ایران و شوروی، حمایت از رضاخان و بعداً از رضا شاه. گزارشهای غیر قابل انکاری، نشان می‌دهد در وقتی که نهضت جنگل، هنوز بر علیه حکومت مرکزی ادامه داشته روتشتین، سفیر شوروی؛ همچنین کنسول شوروی در رشت و کنسول آذربایجان شوروی در رشت، کوشش‌هائی برای وادار کردن سران نهضت جنگل به صلح با دولت مرکزی بعمل می‌آوردند. علاوه بر نامه‌ای که روتشتین برای میرزاکوچک‌خان نوشت و او را به دست برداشتن از مبارزه،*** تشویق کرد قبل از آن، کنسول شوروی در رشت به سراغ احسان‌الله‌خان و خالوقربان‌خان رفته و آنها را تشویق به ترک مبارزه کرده در نتیجه، او موفق شده بود احسان‌الله‌خان را با رضاخان آشتی دهد به طوری که پس از آن، احسان‌الله‌خان به انزلی بازگشته و تقریباً دست از مبارزه کشیده بود افراد خالوقربان نیز به رضاخان پیوسته و خود او به درجه سرهنگی مفتخر شده بود

توسط مقامات شوروی از احسان الله خواسته شد ایران را ترک کند، عزیمت او و شصت تن از فعالان جنگلی، در واقع بنابر تشخیص نریمان نریمانف، صدر شورای کمیسرهای خلق آذربایجان شوروی و به درخواست روتشتین، سفیر وقت شوروی در ایران صورت می‌گرفت.

او بعد از خارج شدن از ایران، در باکو حزبی بنام «کمیته‌ی انقلاب آزاد کننده ایران» بنیاد نهاد امّا اقدامات او نه تنها با تشویق مقامات شوروی مواجه نشد بلکه آنها در این زمان، بیشتر او را تحمل می‌کردند. وقتی مقامات ایرانی، ناخرسندی خود را از حضور احسان الله و اقداماتش به مقامات شوروی ابراز کردند. ایجاد محدودیتهایی برای احسان‌الله‌خان شروع شد. سرانجام به توصیه نریمان نریمانف او را از باکو [هم مرز با ایران] دور کرده و به مسکو فرستادند. نمایندگان سیاسی ایران در آذربایجان

قفقاز که نگران حضور احسان‌الله‌خان در باکو بودند از عزیمت وی به مسکو استقبال کردند مأموران دولت ایران، احسان‌الله‌خان را طی سفرش از تفلیس تا مسکو و حتی طی اقامتش در مسکو، زیر نظر داشتند.*** امّا اقامت احسان‌الله‌خان در مسکو دیری نپایید وقتی او در اواخر ۱۹۲۲ / ۱۳۰۱ به باکو بازگشت دوباره به او گوشزد کردند که دست به اقداماتی نزند و سکوت پیشه کند. امّا اقدامات بعدی او بر علیه رضاخان نشان داد که او از فرمان مقامات شوروی سر پیچیده. به همین خاطر در نیمه دهه ۱۹۲۰ / ۱۳۰۰ اداره پلیس سیاسی تازه تأسیس او. گ. پ. ئو (GUP)، احسان‌الله‌خان و اطرافیان فعالش را بیش از پیش در منگه گذاشت. به آنان دستور داده شد که سلاح‌های شخصی شان را که هنگام ترک انزلی با خود آورده بودند تسلیم کنند، به مقر آنان در باکو حمله کرده و هر چه داشتند، توسط مأمورین OGPU ضبط گردید و حتی خروج آنها از محل مسکونی خود قدغن شد.[۲۶۰]

یوسف افتخاری از فعالان اتحادیه‌های کارگری در ایران، که در این زمان در دانشگاه «کوتو»*** تحصیل می‌کرده در خاطرات خود در مورد محدودیتهائی که مقامات مسکو نسبت به ایرانیان مخالف سیاستهای رضاخان اعمال می‌کردند می‌نویسد:

> پس از شکست انقلاب گیلان...کسانی که از گیلان برگشته و شکست خورده بودند، در روسیه هم خوب مدارا نمی‌کردند. بر خورد با آنها بستگی به دیپلماسی داشت. اگر روسها می‌خواستند با ایران قرارداد ببندند و نزدیک شوند، باشگاه آنها را می‌بستند، پراکنده‌شان می‌کردند و سرو صدایشان را می‌خواباندند. بعد اگر در قراردادهایشان موفق نمی‌شدند فوراً باشگاه آنها باز می‌شد و این صحبتها را شروع می‌کردند که راه هندوستان از ایران می‌گذرد ...»
>
> روتشتین سفیر شوروی و آخوندزاده که عضو کمیته مرکزی حزب کمونیست ایران بود و موسوی که با روسیه مربوط بود می‌گفتند که دیگر رضاخان از خودمان است و حتی گویا به او پیشنهاد کرده بودند که عضو حزب کمونیست بشود و رضاخان گفته بود که حالا زود است. چون ایرانی ها مسلمانند و اگر من این کار را بکنم ممکن است از ما برگردند

و شما کار خودتان را بکنید. در این میان در سال ۱۹۲۴ در مسکو کنگره‌ای مرکب از شرق شناسان اتحاد جماهیر شوروی، بعضی از اعضای برجسته بین الملل سوم و حزب کمونیست شوروی و ایرانیهای مختلف از تجار ملی گرفته تا کمونیست‌ها تشکیل شد. در یک جلسه گفته شد که رضاخان مردی است مترقی و می‌خواهد ایران را به طرف ترقی سوق بدهد، آزادیخواه است و می‌خواهد رژیم سلطنتی را تبدیل به جمهوری بکند. ما گذاشتیم که او نیز مانند مصطفی کمال تقویت شود. غالباً با این نظر موافق بودند، چون نظر را شورویها می‌دادند ... فقط سه نفر مخالفت کردند، یکی لادبن برادر نیمایوشیج و دیگر لطیف‌زاده بود یکی هم من بودم ... تحصیلات من تمام شد می‌خواستم به ایران برگردم ولی به علت این مخالفت گفتند که شما نباید ایران بروید چون با رضاخان مخالفید و ما با رضاخان دوست هستیم، شما می‌روید و آن دوستی ما به هم می‌خورد و نباید بروید. پرسیدم کجا برویم؟ گفتند بروید باکو ...[***].

روتشتین، نخستین سفیر شوروی در تهران و یکی از موافقان رضاخان در جزوه مسایل ایران معاصر می‌نویسد:

لکن در این مسئله عامل دیگری نیز موثر و دخیل است و آن شخصیت و فعالیت رضاخان است ... این که او توانسته است نه تنها خود را در مرتبه‌ای بالا حفظ کرده، بلکه به مرتبه عالی تری دست یابد، دلیل بر استعداد استثنائی و اراده قوی اوست. همه آن چه گفته شد، دلیلی بر حقانیت تاریخی او نیست، آن چه که به او حقانیت تاریخی، می‌بخشد این است که ارتقاء او تنها نتیجه استعداد و خود خواهی او نبوده، بلکه در عین حال نتیجه اعتماد مردم نیز هست که به طور غریزی سازنده تاریخ جدید خود را در او یافته‌اند.[***]

در مورد اهمیت عقد قرارداد تجاری با انگلستان، برای دولت شوروی و تأثیر آن در چرخش سیاسی و استراتژی مقامات مسکو و این که چگونه جنبش جنگل وجه المصالحه عقد قرارداد تجاری و تفاهم با انگلستان قرار گرفت به بخشی از نامه

محرمانه نریمان نریمانف، شخصیت بر جسته و صدر شورای کمیسرهای خلق آذربایجان اشاره می‌کنیم که در ۱۹۲۳ نوشته و اخیراً از آرشیوهای حزبی خارج شده:

به کمیته مرکزی ر. استالین

رونوشت به ر. تروتسکی، به رادکوف

من از چیچرین [کمیسر امور خارجه شوروی] نامه‌ای دریافت داشتم، ضمن آن می‌نویسد که باید هرگونه مساعدت با انقلابیون ایران [میرزاکوچک‌خان و حزب کمونیست ایران] را قطع کرده، زیرا این مانع ایجاد مناسبات ما با انگلستان می‌گردد.

من بطور قطع گفتم که، با دست خودمان جنبش آزادی بخش را در ایران خفه کردیم ... ...

در حالیکه کنگره ملل شرق که از اول تا ۷سپتامر برگزار شد اصلا هدف اصلی کنگره توجه به شرق و کمک به ملل شرق برای رهایی از ستم ظالمان بوده است نریمانف در نامه‌اش قید میکند که :

من بارها به چیچرین یادآوری کرده‌ام که او سیاست شرق را درست ارزیابی نمی‌کند و ما با این سیاستها از شرق دور شده هرچه بیشتر به غرب آلوده می‌شویم و ما در اوایل انقلاب خودمان هرچه با دعوت دیگران به انقلاب بدست آورده بودیم داریم از دست می‌دهیم ما با دادن وعده آزادی به شرق مظلوم از دست ظالمان خارجی آنان را متحد خویش کرده بودیم.[۲۶۵]

نریمانف در ادامه می‌نویسد در اصل مقصد من و رفیق چیچرین یکی بوده و آن سوق دادن انقلاب سوسیالیستی و مبارزه بسوی غرب و نابودی دنیای کاپیتالیسم بوده اما اختلاف ما در این بوده که من تاکید داشتم که این کار را باید از شرق شروع کرده چرا که بدین ترتیب اروپا از لقمه چرب غارت محروم گشته و همین مسئله باعث تشدید بیکاری و تشدید بحران در صنایع تجاری اروپا می‌گردد اما بر عکس، او مسئله شرق را درک نکرده معتقد بود که با نزدیک شدن به غرب می‌توان از نزدیک آتش انقلاب را شعله ورتر ساخت[۲۶۶].

همچنان که قبل از این، در نامه چیچرین اشاره شد، تأکید مقامات مسکو بر کنار گذاشتن اندیشه انقلاب و روی آوردن بر تربیت کادر زبده باعث گردید که واکنش دولت روسیه در این زمان، بر خلاف زمان نهضت جنگل تا حدودی در ایران احتیاط آمیز گردد پس از ورود روتشتین، به عنوان وزیر مختار شوروی به ایران در ۱۳۰۰، به کمک او مدرسه روسی در تهران شروع بکار کرد و کمونیست‌های برجسته‌ای چون محمد انزابی و سیدجعفر پیشه‌وری ... را به استخدام خود در آورد و با براه انداختن تبلیغات وسیع از طریق روزنامه های متعدد و اتحادیه‌های کارگری، از یک طرف می‌کوشید، نظام سیاسی ایران را تضعیف سازد امّا از طرفی به تأیید رضاخان می‌پرداخت و او را نماینده جنبش آزادی بخش ملی با تمایلات ضد امپریالیستی، می‌نامید.[•••]

امّا سؤالی که در اینجا مطرح می‌شود این است که چرا مقامات مسکو رضاخان را به عنوان نماینده جنبش بورژوازی ملی تلقی می‌کردند؟ بنظر می‌رسد که بعضی از اقدامات اولیه رضاخان که در ظاهر، ضد انگلیسی می‌نمودند مقامات مسکو را سخت به اشتباه انداخته است حتی وقتی که روتشتین، وزیر مختار شوروی بعد از مدتی در تیرماه ۱۳۰۲، جای خود را به شومیاتسکی داد وزیر مختار جدید نیز زبان به ستایش رضاخان گشود و او را به عنوان نماینده «بورژوازی ملی» ایران دانست که همّ و غمش سرکوب فئودال‌های مرتجعی است که بسیاری از آنها عمّال امپریالیسم انگلیس‌اند...[•••]

اردشیر آوانیسان، در مقاله‌ای متذکر می‌شود در ملاقاتی که بین برخی کمونیست‌های ایرانی و سفیر وقت شوروی (شومیاتسکی) در تهران، دست داد، سفیر شوروی، رضاخان را شخصی مترقی ارزیابی کرد.[•••] مسلم است که این نظر شخصی سفیر نبود، بلکه بازگو کننده سیاست خارجی شوروی در این زمان بود.

رضاخان در راه نیل به قدرت، همه را بازی داد و توانست هم نماینده انگلیس و هم نماینده شوروی و هم دولت‌های متبوعشان را به اشتباه بیندازد از بارزترین نمونه‌های استعداد عجیب او در دوزدوزه بازی بود جالب این که وزارت امور خارجه انگلستان بیشتر در مورد او مردد و احتیاط می‌کرد تا وزارت امور خارجه شوروی![•••]

امّا آنچه جای تأمل است این که نگرش مثبت مقامات مسکو نسبت به رضاخان، حتی بعد از پی افکندن نظام پهلوی نیز ادامه داشته و بنا به نوشته بعضی از منابع، تا تدوین قانون سیاه و ضد کمونیستی ۱۳۱۰ نیز ادامه داشته است. روزنامه معتبر «ایزو ستیا» در ۱۹۲۵ درباره سلسله پهلوی چنین نوشت:

> در ۱۹۲۱ دیکتاتوری بورژوازی ملی رضاخان پدید آمده این دیکتاتوری طی سالهای متعاقب ۱۹۲۲ تا ۱۹۲۵ مسایل مورد اختلاف را با فئودالهای مرزنشین حل کرد، معاهده ۱۹۱۹ را ملغی ساخت. مالیاتهای گمرکی حوالی مرزهای شوروی را که در سال ۱۹۲۰ وجود داشت، از میان برداشت و با ظفرمندی علیه همه درخواستهای انگلستان مبارزه کرد ... شیوه‌های کشت فئودالی مضمحل گشت و پیشرفتهای خود گرایانه (راسیونال) در اقتصاد روستایی پدید آمد ... بر ویرانه‌های سلطنت نیمه فئودال قاجار، امروز سلطنت جدید رضاخان، با ایده‌های نوین اجتماعی، استوار است ... سیاست انگلستان خواهد کوشید از هر فرصتی بدین منظور استفاده کند تا سلسله جدید را بطرز فکر بریتانیا متقاعد سازد، ولی چنین تلاشهائی در آتیه نزدیک محکوم بشکست است.[...]

در اینجا باید سؤال کرد که: رضاخان سرکوبگر نهضت جنگل است، قلع و قمع کننده کمونیست‌ها و اتحادیه‌های کارگری است، مطبوعات کمونیستی را توقیف می‌کند امّا با این‌همه، چرا هنوز از دید شوروی و همچنین کمونیست‌های ایرانی «قهرمان ملی» و «سردار ملی» تلقی می‌شود؟ آیا عناد و دشمنی او نسبت به کمونیست‌ها از دید سردمداران بلشویک، مکتوم مانده بود؟ و چرا این رویه اشتباه‌آمیز تا کنگره دوم حزب کمونیست ایران و حتی پس از آن ادامه پیدا کرد؟ به طوری که در سال ۱۳۰۶، یکی از نویسندگان آمریکایی، پرسشهایی از کمیساریای خارجه شوروی نسبت به رژیم رضاشاه کرده و سخنگوی وزارت خارجه مذبور چنین می‌گوید:

> خیلی مشکل است به پرسشی که این اندازه جنبه شخصی دارد جواب گفت رضاشاه در گذشته اقدامات بسیار نیکوئی در ایجاد اولین ارتش

ایران و مبارزه با بقایای فئودالیزم کـرده و شـالوده حکومـت جدیـدی را پی‌ریزی کرده که موجـب پیشـرفت و ترقـی وضـع سیاسـی و اقتصـادی کشور ایران خواهد بود. در ایـن مـوارد و بـا وجـود اینکـه او سـوء ظـن شـدیدی نسـبت بـه بلشـویزم دارد از مسـاعدت کامـل دولـت شـوروی بهره‌مند بوده است. در حال حاضر آشکار نیست کـه او مـی‌خواهـد چـه کاری را در آینده انجام دهـد. تمـایلات او بطـرف انگلیسـی‌هـا ظـاهر و هویداست ولی شاید این مربوط باحتیاجات مالی دولـت ایـران باشـد. در هر قدمی که او برای استواری امور کشور و تحکیم استقلال ایران بـردارد بدون تردید از مساعدت و حسن نظر ما برخوردار خواهد شد.***

اسناد دیگری نشانگر این مطلب است که دولت شوروی در ایـن سـالها همچنـان، سیاست‌اش مبتنی بر تأیید و حمایت از رضاخان بوده است؛ در گزارشـی کـه یکـی از معلمان دارالفنون فرانسوی به وزیر مختار فرانسه، در مورد عملکردهای دولتـین روس و انگلیس فرستاده چنین آمده است:

در این جا پرسشی که مطرح می‌شود این است کـه در تحـولات سیاسـی اخیر، آیا انگلیسی‌ها و روسی‌ها نقشی را ایفا کرده‌اند؟ ... افکار عمـومی بر این اعتقاد دارند که تحولات سیاسی ایـران بـا یـاری دولـت انگلـیس صورت می‌گرفته است و روس در برابـر آن نیـز هـیچ گونـه مخـالفتی از خود نشان نداده به نظرم، یکی از خصوصیات سیاست عمومی روس ایـن می‌باشد که بطور مستقیم در امور سیاست داخلی کشـوری دخالـت نکنـد بلکه از طریق فعالیت‌های تبلیغـاتی ایـدئولوژیکی، دخالـت‌هـای خـود را بیش‌تر می‌کند ...***

در وقتی‌که صحبت از تغییر سلطنت از قاجاریه به پهلـوی مطـرح شـد بسـیاری از نویسندگان روسی، از آن حمایت کردند و آن را گامی به سوی انقلاب بورژوازی تلقی کردند و سفارش می‌کردند که باید به تقویت آن پرداخت:

رضاشاه از میان مردم برخاسته و نهضتی که او پیشوای آن می‌باشـد قـدم بزرگی در تحول جامعه ایران است یک دولت نیرومند مرکزی کـه متکـی با ارتش متحد ملی باشد موجـب پیشـرفت امـور بازرگـانی و صـنعتی و

فرهنگی در ایران خواهد بود و سبب خواهد شد که ایران از مرحله فئودالیزم خارج شده و موجودیت جدیدی در اقتصاد و سیاست بدست آورد.***

«ایراندوست» (کیتاکاروفسکی)*** در مقاله‌ای در هفته‌نامه کمینترن، انتقال سلطنت از قاجاریه به پهلوی را مرحله مهمی از انکشاف حکومت ایران دانست؛ او قاجاریه را نماینده ارتجاع و رضاشاه را نماینده بورژوازی شهر، بازرگانان، پیشه‌وران و کارمندان دولت قلمداد کرد و بر این عقیده بود که فئودال‌ها علیه رضاشاه متحد شده بودند.***

در ارزیابی غلط از شخصیت رضاخان و بعدها رضا شاه، بعضی کمونیست‌ها مانند کامبخش، آوانسیان و احسان طبری بی آنکه به ارزیابی غلط و سیاست خارجی مقامات مسکو و سیاست عمومی کمینترن در قبال ایران، اشاره‌ای بکنند آن را تنها به حزب کمونیست ایران و در درون حزب نیز به بعضی از افراد انگشت شمار حزب محدود می‌کنند، مثلاً اردشیر آوانسیان در خاطرات خود می‌نویسد:

در زمان پیدایش رضاشاه و حتی سالها بعد از آن در حزب کمونیست عناصر راست وجود داشتند که درباره ماهیت رضاشاه نظریات نادرستی ابراز می‌کردند (از آنجمله افراد برجسته‌ای از اعضا، کمیته‌ای مرکزی حزب مانند باقرزاده و جلیل زاده ... حزب کمونیست ایران با این افکار غلط مبارزه می‌نمود و از آن جمله در بیانیه‌ای که بعد از کنگره دوم صادر شد چنین اعلام داشت: «رضاشاه به تمام معنی ارتجاع قرون وسطی را در ایران مستقر نموده و کمترین جنبش آزادی طلبانه و افکار ترقی خواهانه را با زور نابود می‌کرد.***

اشتباهاتی که در نوشته آوانسیان دیده می‌شود این است که: اولاً هیچ کدام از آنها نه باقرزاده و نه جلیل‌زاده عضو کمیته مرکزی نبودند.*** ثانیاً آوانسیان توضیح نمی‌دهد که اگر امثال آنان به ستایش از رضاخان می‌پرداختند. در واقع متاثر و ملهم از مواضع سیاست خارجی شوروی بودند همچنین نویسنده، بلافاصله به بیانیه‌ی کنگره دوم که رضاشاه را محکوم کرد اشاره می‌کند در حالی که تا کنگره دوم که در سال ۱۳۰۶، برگزار شد هنوز چند سال فاصله وجود دارد و در خلال این مدت توضیح نمی‌دهد که

عکس العمل اعضای کمیته مرکزی حزب کمونیست ایران در قبال رضاخان چگونه بوده است؟

همچنین کامبخش، حمایت از رضاخان را به جناح راست حزب کمونیست و به سلطانزاده نسبت می‌دهد.*** در حالی که تنها سلطانزاده و «جناح راست» حزب، دچار این اشتباه نبود که از رضاخان به مثابه «سردار ملی» و «قهرمان ملی» یاد می‌کرد، بلکه سیاست خارجی اتحاد شوروی، این خط مشی را تعقیب می‌کرد.***

سلطانزاده به عنوان یکی از برجسته‌ترین متفکران مارکسیسم ایرانی، هر چند در اوایل، تحت تأثیر سیاستمداران روسی و بعضی از اقدامات اولیه کودتاگران در ارزیابی آن به مانند تقریباً تمامی کمونیست‌های ایرانی به خطا رفت امّا او شاید جزو افراد معدود و انگشت شماری بود که به زودی به ماهیت اصلی رضاخان و کودتا پی‌برد.

سلطانزاده در انتقاد از رفقای کمونیست خود، که به رضاخان به عنوان عنصری مترقی و حامی زحمتکشان می‌نگریستند می‌نویسد:

> برای بسیاری هنوز، رضاخان با سیدضیاء فرق داشت، اگر چه رضاخان می‌دانست که همراه سیدضیاء مجری نقشه‌های انگلستان بوده بسیاری از رفقا که در این اواخر در مطبوعات قلم زده‌اند ازعان دارند که سیدضیاء واقعاً عامل انگلیسی‌ها بود، ولی معتقدند که رضاخان کاملاً مبرا بود، بعلاوه ، شدیدترین مبارزه بر ضد انگلستان را انجام می‌داد. ولی نمی‌توان واقعیت‌ها را از تاریخ به دور افکند. دشوار بتوان پذیرفت که دو رهبر همطراز کودتای ۱۹۲۱، مخفیانه از یک دیگر عمل می‌کردند و یکی عامل انگلستان و دیگری مخالف امپریالیسم انگلستان، یکی خائن و دیگری رهبری ملی ایران بوده باشد، با کمال تأسف باید گفت که واقعیت‌های بعدی نشان می‌دارند که سیدضیاءالدین و رضاخان دو روی سکه بودند. هنگامی که سیدضیاء کاملاً افشاء شد، سفارت انگلستان رضاخان را برای ادامه سیاست سیدضیاء پیش کشید.***

امّا اندکی پس از کودتای سیدضیاء، سلطانزاده در ۱۹۲۱ (از سپتامبر الی دسامبر) در مسافرتی به ایران، به تحلیل جریان کودتا و ماهیت آن می‌پردازد و اشتباه برداشت او

کاملاً آشکار است به طوری که او اعلامیه سیدضیاء را پس از به ثمر رسیدن کودتا، به عنوان «سند فوق‌العاده جالبی در تاریخ نهضت انقلابی ایران» ذکر می‌کند:

بزرگترین و در عین حال غیرمترقبه‌ترین نتیجه تغییر سیاست انگلیس عبارت از آنستکه انگلیسی‌ها چنانکه بعداً خواهیم دید دوستی و پشتیبانی بسیاری از ملاکان و خوانین را از دست دادند. آیا این اوضاع و احوال زیاد دوام خواهد آورد؟ دشوار است. ولی واقعیت را نمیتوان نادیده گرفت. قضیه از کودتای فوریه (اسفند) آغاز گشت. دولت سپهدار که توانائی حتی اصلاحات جزئی را نداشت، در مقابل از هم پاشیدگی شیرازه امور کشور عاجز و ناتوان ماند. عناصر رادیکال اصلاح طلب از همکاری با او امتناع ورزیدند. کشور دستخوش بحران مالی و اقتصادی سنگین بود. قزاق‌ها پس از ۶ ماه مواجب نگرفته بودند. روحیه انقلابی درهمه جا بالاگرفته بود، در چنین اوضاع و احوالی در تهران کودتا روی داد کودتائی که هدفش ایجاد تغییرات بنیادی در نظام اجتماعی - اقتصادی ایران بود.

او حتی سقوط حکومت سیدضیاء را به مقاومت ملاکان و فئودالهای رنجدیده از کودتا نسبت می‌دهد:

... در اثر این مقاومت و «دفاع» جدی، حکومت سیدضیاء سقوط کرد و خود او در بغداد مخفی شد. و امّا تصدیق این مطلب که آیا انگلیسی‌ها این کودتا را رهبری می‌کردند و آیا سیدضیاءالدین چنانکه در تهران می‌گفتند با آنان در ارتباط بود، بسیار دشوار است ... صرفنظر از صحت و سقم مطلب، برنامه حکومت سیدضیاء و تدابیری که او پیش بینی کرده بود، تمام و کمال با مناقع اقتصادی و سیاسی ایران مطابقت داشت. عقیده راسخ ما این است که فقط از راه این قبیل شیوه‌های جراحی یا از راه انقلاب ملی می‌توان کشور را به راه ترقی و تعالی انکشاف نیروهای مولد اقتصادی ملی سوق داد. اصلاحات جزئی که دموکرات‌ها می‌خواهند بوسیله آن ایران نوین بسازند محققاً به هیچ جا نخواهند رسید. ...

در کتاب «اقتصاد و مسائل انقلاب ملی در کشورهای خاور دور و نزدیک» منتشره در سال ۱۹۲۲، می‌نویسد: «... سرانجام گروهی از دمکراتهای چپ با کمک نیروهای قزاق به واژگونی حکومت اقدام کردندو قدرت را بکف گرفتند و از تصویب قرارداد [۱۹۱۹ انگلیس] مطلقاً سرباز زدند ...».***

او حتی در «کتاب ایران» علت استعفای رضاخان را، که در اثر اعتراض و انتقادات بعضی از نمایندگان نسبت به بی‌قانونی‌های او بود به عنوان توطئه و تحریکات انگلیسی‌ها برای ضربه زدن به رضاخان ذکر می‌کند!

امّا پس از کنگره دوم حزب کمونیست ایران در سال ۱۹۲۸ در مجله «خاور انقلابی» چنین نوشت: «ایشان (رهبران دولت انگلستان) با ملاحظه این که اجرای قرارداد ۱۹۱۹ غیر ممکن می‌نمود، تصمیم بر آن گرفتند که از تاکتیک دیگری استفاده کنند. اینان وسایل کودتای معروف همگان را در اوایل فوریه ۱۹۲۱ فراهم ساختند. که وسیله سیدضیاءالدین انگلوفیل شناخته شده که با انگلیسیها نه در حرف بلکه در عمل مناسبات بسیار نزدیک داشت به مورد اجرا گذاشته شد ... سیدضیاءالدین پس از وارد ساختن ضربه کوبنده خود، به همراه رضاشاه، شعارهای رادیکال چپ مطرح ساخت. مشتی از فئودالهای بزرگ را دستگیر ساخت و حتی برخی از هواداران انگلیس را بزندان افکند تا تغییر را معلوم دارد، از آنان طلب وجه نمود و مانیفست تمایل به چپ را که باندازه کافی رادیکال بود بتصویب رساند. در این زمان، من اعلام داشتم که این اعلامیه برای ایران کاملاً مفید است ولی مصنفین آن به هیچوجه در فکر اجرای آن نبودند.***

اردشیر آوانسیان در مورد حمایت حزب کمونسیت ایران از شعار جمهوری‌خواهی رضاخان می‌نویسد:

> ... حزب کمونیست ایران خود را طرفدار جمهوری اعلام کرد و تا حدودی تبلیغات علیه سلطنت [او] به نفع جمهوری نمود. از آن جمله تبلیغات زیادی در گیلان شده مثلاً در رشت متینگ بزرگی به همین مناسبت تشکیل گردید در این متینگ حتی عده‌ای از نمایندگان دهات

اطراف شهر رشت حضور داشتند. کمیته ایالتی حزب در گیلان بیانیه‌ای علیه سلطنت و به نفع جمهوری منتشر کرد. عنوان این بیانیه «عکس شاه را پاره کنید» بود.***

مقاله‌ای از «نادری» تصریح می‌کند که مغازله حزب کمونیست با رضاخان تا آنجا پیش رفته بود که قرار بود سیروس آخوندزاده به عنوان نماینده حزب کمونیست ایران با رضاخان ملاقات کند. ولی این ملاقات به سبب یورش رضاشاه به حزب کمونیست، صورت نمی‌گیرد.***

د ر ۱۱ نوامبر ۱۹۲۳، وقتی رضاخان به تهران بازمی‌گشت گروههای مختلف اجتماعی از او استقبال کردند، همگی در بازار علامت‌هایی به نمایش گذاشتند، بر علامت اتحادیه چاپچیان نوشته بودند »اتحادیهٔ چاپچیان به سردارسپه مدافع اتحادیه‌های کارگری ایران خوش آمد می‌گوید».***

به اتحادیه‌ها دستور داده شد که از رضاخان، درست به گونه یکی از ابزارهای حزب پشتیبانی کنند قرار شد که مخالفان رضاخان، سخت مورد مخالفت و حمله قرار گیرند و حداکثر پشتیبانی ممکن در این زمینه بسیج شود.***

احسان طبری در جمع بندی دلایل اشتباهات حزب کمونیست ایران در ارزیابی از ماهیت رضاخان می‌نویسد:

> مقابله رضاخان با سیدضیاء که همه او را عمال انگلیس می‌دانستند، مقابله رضاخان با خزئل که او نیز حمایت شده بریتانیا محسوب می‌شد، خاستگاه خلقی رضاخان، تظاهر شدیدش به ترقی خواهی و میهن دوستی و نزدیکیش با محافل چپ، مغازله‌اش با جمهوری، روابط حسنه‌اش با نخستین کشور سوسیالیستی جهان، همه و همه بازشناسی سیمای اجتماعی او و کشف متضاد بودن این چهره را دشوار می‌ساخت.***

۱۵ ـ رشد اتحادیه‌های کارگری

سران مسکو که در پاییز ۱۹۲۱، تقریباً حمایت خود را از نهضت جنگل قطع کرده بودند، ضمن برقراری رابطه دیپلماتیک با دولت ایران، به تربیت کادرهای ورزیده و حمایت و تقویت اتحادیه‌های کارگری و دهقانان پرداختند. سندیکاهای کارگری ابتدا در شهرهای تهران، تبریز و رشت بوجود آمدند و اتحادیه چاپخانه‌ها، اولین اتحادیه کارگری، بودند که شکل گرفت و در واقع اتحادیه‌های بعدی، از پس پیروزی سندیکای کارگران که برای تقلیل ساعات کار و بهبود شرایط کار و ... در سال ۱۲۹۷ اعتصاب کرده بودند بوجود آمدند کارگران چاپخانه، اعتصابشان چهارده روز طول کشید که سرانجام با پیروزی کارگران اعتصاب پایان یافت.

سالهای ۱۹۲۳ ـ ۱۹۲۰ سالهای اوج گیری اتحادیه‌های کارگری در ایران است. در ۱۹۱۸ تنها دو اتحادیه وجود داشت و در سال ۱۹۲۰ تعداد اتحادیه‌ها به ده می‌رسد و در پایان سال ۱۹۲۱ از ۲۰/۰۰۰ اعضای اتحادیه‌های کارگری گزارش شده در ایران، ۸۰۰۰ تن در تهران بودند ودر نوامبر ۱۹۲۱ سازمان‌دهندگان اتحادیه‌ها، شورای اتحادیهٔ مرکزی (اتحادیهٔ مرکزی کل کارگران تهران) را تشکیل دادند که به اتحادیهٔ کارگری بین المللی کمونیست، سازمان بین المللی سندیکاهای سرخ در مسکو پیوست. در اوج جنبش اتحادیهٔ کارگری (۱۹۲۳ ـ ۱۹۲۲) این شورای مرکزی، نمایندهٔ ۱۶ اتحادیه بود. وظیفه شورای مرکزی رهبری و تعلیم اتحادیه‌های موجود و سازمان دادن اتحادیه‌های جدید بود و در هر اتحادیه، سه عضو از شورای مرکزی به عنوان نماینده حضور داشت که بطور مرتب، پنج‌شنبه شب در ادارهٔ روزنامه «حقیقت» و پس از آن در خانه‌ای اجاره‌ای در خیابان ناصریه ملاقات می‌کردند.[***]

حزب کمونیست ایران بطور رسمی و علنی بر اتحادیه‌ها نظارت نداشت بلکه بواسطه انجمن سری که اعضای حزب در درون هر یک از اتحادیه‌ها درست کرده بود نظارت خود را اعمال می‌کرد حزب کمونیست به کادرهای خود دستور داده بود که طوری کار کنند که مردم تصور نکنند میان حزب و اتحادیه‌های کارگری، ارتباط مستقیم برقرار است. به همین خاطر در چهارمین کنگرهٔ کمونیست بین المللی در

۱۹۲۲ نمایندگان ایران گزارش خود را در خصوص اتحادیه‌های کارگری، بصورت محرمانه ارائه دادند.

پس از شکست نهضت جنگل، تشکیلات حزب کمونیست تقریباً در آن خطهٔ متلاشی شده و افراد آن یا زندانی شده و یا قبلاً به تهران آمده بودند امّا به فاصله کمی پس از شکست نهضت جنگل، میرزامحمد آخوندزاده (سیروس بهرام)، عضو کمیته مرکزی، به کمک عده‌ای از فعالین جنبش کارگری از جمله داداش تقی‌زاده، [لیدر اتحایه حمالان] و صفر نوعی؛ از نو اتحادیه‌های کارگری را در رشت و انزلی سرو سامان داد ولی در ۸ اردیبهشت ۱۳۰۱، سیروس بهرام از طرف حکومت، با اتهامات واهی دستگیر و به قلعه همدان فرستاده شد علت دستگیری، ظاهراً جلوگیری از پیروزی احتمالی او در انتخابات دوره پنجم مجلس بود، سیروس از انزلی کاندیدای دوره پنجم مجلس شده بود. روزنامه حقیقت در این مورد می‌نویسد:

> هیئت عامله [هیئت نظارت دست نشانده وثوق‌السلطنه] اتحادیهٔ حمال‌ها که در انزلی فقط برای مدافعه و بهبودی اوضاع اقتصادی خود تشکیل شده و از سیاست بالمره عاری است، در محبس خانه‌های رشت توقیف کرده است برای [به جای] این که نماینده‌های انگلیسی‌ها را به مجلس بگذارند، نمایندهٔ آزادی خواهان را به همدان تبعید می‌کنند ...[***]

سیروس بهرام بواسطه اعتراضات طرفدارانش، اندکی بعد آزاد می‌شود و دوباره برای سازماندهی و فعالیت‌های انتخاباتی وارد گیلان می‌شود. ولی در ۱۳۰۲ بوسیله سرتیپ محمد آیرام (فرمانده تیپ گیلان)، آخوندزاده و داداش تقی زاده و تعداد دیگری از فعالین، دستگیر و به زندان رشت منتقل می‌شوند و بعد از مدتی تعدادی از آنان را به زندان تهران انتقال داده بدین ترتیب، دوباره شیرازه فعالیت‌های حزبی در گیلان از هم گسسته می‌شود.

کمونیست‌ها در هدایت اعتصابات مهمی چون اعتصاب کارگران پست، اعتصاب معلمان مدارس تهران در دی ۱۳۰۰ و اعتصاب مهم کارگران صنعت نفت علیه «شرکت نفت ایران و انگلیس» در آبادان در سال ۱۳۰۱ نقشی فعال داشتند، اتحادیه

عمومی کارگری مرکزی که در آبان ۱۳۰۰ تشکیل شده بود مرکب از هشت اتحادیه کارگری بود. سیدمحمد دهقان که از یک طرف سردبیر روزنامه حقیقت بود و از طرف دیگر، رهبر اتحادیه عمومی کارگری مرکزی بود، در واقع پل ارتباطی بین اتحادیهٔ عمومی کارگران مرکزی و روزنامه حقیقت به شمار می‌رفت، امّا در ۱۳۰۱ روزنامه حقیقت توقیف گردید و سیدمحمد دهقان، شخصیت برجسته اتحادیه نیز برای شرکت در چهارمین کنگره جهانی انترناسیونال سوم که در پاییز ۱۳۰۱، در مسکو تشکیل گردید از ایران خارج شد؛ وقتی در اواخر سال ۱۳۰۱ او به تهران بازگشت، اتحادیه بشدت ضعیف شده بود. بعد از توقیف «حقیقت» در تیر ماه ۱۳۰۱، روزنامه‌های «کار» و «پیکان» منتشر شدند به طوری که روزنامه «کار» با همان سبک و سیاق حقیقت منتشر می‌شد.

در فوریه ۱۹۲۲ که اوج مبارزه و رقابت بین رضاخان و مجلس بر سر کسب قدرت بود اتحادیه‌های کارگری از رضاخان حمایت می‌کردند و روزنامه‌های حقیقت، پیکار، کار ، کوشش، بهارستان نوبخت، شفق سرخ که از سلیمان میرزا، رهبر حزب سوسیالیست پشتیبانی می‌کردند همگی از رضاخان حمایت می‌کردند.*** زیرا مجلسیان، مخالف اتحادیه‌های کارگری بودند واکثریت مجلس خواستار از میان بردن اتحادیه‌ها بودند برخی دیگر از نمایندگان محافظه کار به رهبری نصرت الدوله، اتحادیهٔ کارگران کشاورزی را تشکیل دادند و کوشیدند تا جنبش کارگری را بی‌اعتبار سازند و از آنجا که حزب کمونیست در مجلس نمایندگانی نداشت بنابراین حزب می‌کوشید تا با برقراری رابطه‌هایی با رهبر اقلیت در مجلس یعنی سلیمان میرزا، رهبر حزب سوسیالیست (اجتماعیون، عامیون) برای اتحادیه‌ها سکوی سیاسی فراهم کند.

۱۶ ـ پیشه‌وری و روزنامه «حقیقت»

پیشه‌وری که به منظور شرکت در کنگره سوم کمینترن (از ۲ ژوئن تا ۱۲ ژوئیه ۱۹۲۱ / ۱۲ خرداد تا ۲۱ تیر ماه ۱۳۰۰)، عازم مسکو شده بود، پس از برگزاری کنگره، به ایران بر نمی‌گردد و حدود ۵ الی ۶ ماه در آنجا توقف می‌کند. در این مدت وی به باکو بر

می‌گردد و در آنجا اقدام به انتشار روزنامه «اکین چی» می‌کند. در کتاب مجعول «زندگانی من» که منسوب به قلم ابوالقاسم لاهوتی است چنین آمده:

> از پیشه‌وری که پس [از] قطع رابطه با میرزاکوچک‌خان در سپتامبر ۱۹۲۱ به باکو رفته و در آنجا با استفاده از وجوهی که در اختیار او گذاشته شده بود روزنامه «اگین چی» را می‌نوشت وعضویت فاکولته مدرسه کارگران را هم پیدا کرده همه انتظارات زیاد داشتند، بنابراین در ۱۹۲۲ به ایران اعزام و ریاست حزب کمونیست ایران بعهده او واگذار شد ولی دستور اکید باو داده شده که تمام عملیات خود را مخفی نگاهداشته و نگذارد که کسی متوجه بشود که کمونیست‌ها از جنبش کارگران پشتیبانی می‌کنند. رضا روستا که سابق هم در گیلان با او بود باتفاق او بطهران رفتند و بدون فوت وقت اتحادیه کارگران ایران که در ۱۹۲۱ از طرف سیدمحمد دهگان تأسیس شده بود در اختیار گرفتند.***

پیشه‌وری وقتی به ایران باز می‌گردد، جنبش جنگل به اوج بحران خود رسیده و او دیگر به گیلان باز نمی‌گردد بلکه مستقیماً به تهران می‌آید: «چون گیلان شلوغ بود و دستجات مختلفی بودند بنده هم نمی‌خواستم دوباره داخل در کارهای گیلان بشوم، از راه خراسان به تهران آمدم».***

سلام‌الله جاوید نیز که از دوستان نزدیک پیشه‌وری بود در خاطرات خود چنین اشاره می‌کند:

> میرجعفر جوادزاده (پیشه‌وری)و بهرام آقایف، که در عضویت کمیته [مرکزی] باقی مانده بودند، در کمیته مرکزی حضور نیافتند. جوادزاده (به اتفاق علی‌امیرخیزی) برای فعالیت به تهران اعزام شده بود.***

او پس از ورود به تهران به اتفاق محمد دهگان، کریم نیک‌بین، ابوالفضل لسانی و دوستان دیگر، به انتشار روزنامه حقیقت می‌پردازد و مقارن با انتشار روزنامه حقیقت، کمیته مرکزی حزب کمونیست نیز از گیلان به تهران انتقال می‌یابد. انتشار روزنامه حقیقت از یکسو مقارن با رشد اتحادیه‌های کارگری است و از سوی دیگر، مصادف

هست با کسب تدریجی قدرت، از جانب رضاخان و مبدل شدنش به خودکامه‌ای مطلق. پیشه‌وری سالها بعد در روزنامه آژیر از آن دوران چنین یاد می‌کند:

در شدیدترین دورهٔ نهضت ملی گیلان، ملیون [کمونیست‌ها] تصمیم گرفتند مرکز فعالیت خود را به تهران انتقال دهند و در آنجا بر علیه استبداد و ارتجاع و زورگویی مبارزه کنند. پیش از هر کسی من دَم نظر بودم. همه از من انتظار فعالیت و کار داشتند، من هم در نوبه خود تردید به خودم راه ندادم. فرونت‌ها [جبهه‌ها] و جنگل‌ها و کوه‌ها را پیموده، خود را به طهران رسانیدم. در آن جا عدهٔ بیشماری را پیدا کرده، دست به دست آن‌ها داده، وارد کار شدم. هنوز جنگل داشت تازه تمام می‌شد، در صورتی که ما در طهران علاوه بر سازمان‌های جدی سیاسی، شورای مرکزی اتحادیه‌های کارگران را، که اعضایش آن روز به هفت هزار نفر بالغ می‌شد، موفق شده بودیم تشکیل بدهیم. شورای اتحادیهٔ کارگران ارگان خود را تأسیس کرد. این روزنامه حقیقت بود. به استثنای چند مقاله، که رفقای آزادی خواه آن روز می‌نوشته‌اند، تمام سر مقاله‌های روزنامهٔ مزبور از قلم من تراوش کرده است.[...]

او که در این زمان، جوانی ۲۹ ساله است و حوادث و اتفاقات زیادی را از سرگذرانده، با معصومه‌خانم مصور رحمانی، دختر میرزاابراهیم‌خان صنیع‌الدوله معروف به عکاس باشی ازدواج می‌کند و از او صاحب تنها فرزندش «داریوش» می‌گردد برادر معصومه‌خانم، مهندس عبدالحسین مصور رحمانی است که بعد از شکست فرقه دمکرات به همراه پیشه‌وری و خواهرش به باکو می‌رود و بعد از مرگ پیشه‌وری در اثر تصادف ساختگی، به احتمال زیاد بدست مقامات شوروی در بیمارستان شماره یک اداره چهارم وزارت بهداری کشته می‌شود.

معصومه‌خانم، خواهر زن بهمن شیدانی بود و پیشه‌وری از طریق بهمن شیدانی با او آشنا می‌شود. نجفقلی پسیان از مخالفان پیشه‌وری بدون اینکه منبعی بدست دهد مغرضانه در این مورد می‌نویسد:

پیشه‌وری با ورود به تهران پس از آشنایی با بهمن شیدانی که از افراد فرقه بود و رفت و آمد نزدیک، با دو خواهر زن او که یکی زیبا بود و دیگری کمتر از وجاهت نصیب داشت، آشنا شد و گفتگوی ازدواج پیش آمد، در پایان مراسم، با آن که او خواهر زیبا را پسندیده بود، معلوم شد دیگری را که معصومه نام داشت، برایش عقد کرده‌اند. معلوم است این ازدواج چه جریان و چه ماجرا و چه پایانی پیدا می‌کند...به محض آن که دستگیر شد، نخستین کارش فکر طلاق معصومه‌خانم بود امّا معصومه‌خانم به او وفادار ماند و دهها بار به دربار و دادگستری و شهربانی نامه نوشت و ضمن بی‌گناه خواندن شوهر خود تقاضای استخلاص او را کرد او پسری داشت که کمتر از او یاد می‌کرد و کمتر به یادش بود و کمتر کسی از سرنوشت او آگاهی یافت. •••

این نوشته‌ها پیش از آنکه ریشه در واقعیت داشته باشد از تخیلات نویسنده نشات گرفته است چرا که معصومه‌خانم زن خوبی بوده بخوبی تار می‌زده و همیشه شرایط ایده‌آلی را برای فعالیتهای سیاسی و فرهنگی شوهرش بوجود می‌آورده[۲۹۸].

بهمن شیدانی جز همکاران او در روزنامه حقیقت بود و در شماره ۱۰۴ روزنامه حقیقت، استعفای او از مدیریت داخلی روزنامه به چاپ رسیده است.

«حقیقت» بزودی به یکی از روزنامه‌های مطرح زمان خود مبدل گشت و به گفته اردشیر آوانسیان، گاهی اتفاق می‌افتاد که یک شماره «حقیقت» را حتی به پنج تومان هم نمی‌شد بدست آورد. این پول گزاف را برای خریدن «حقیقت»، اعیان و اشراف و حتی فئودال‌های جنوب خرج می‌کردند:

روزنامه حقیقت مقالات تندی بر علیه ارتجاع و اوضاع دولت و مخصوصاً دخالتهای بی‌مورد و خلاف قانون وزیر جنگ می‌نوشت که فوق‌العاده مورد توجه ملت واقع شده بود روزانه چهار هزار برگ تکفروشی در تهران داشت مقالات این روزنامه مانند تیری به پهلوی مرتجعین می‌نشست و به هیچ عنوان نمی‌توانستند از انتشار روز افزونش جلوگیری و ممانعت نمایند. بالاخره مرحوم م. و همراهانش با کمک

دولت در پنج محل تهران عده از اوباش و مردمان بیسواد و بار فروشهای میدان و جمعی از کسبهٔ مرتجع بازار را جمع کرده اتحادیه پنج محل تهران را بر علیه روزنامه حقیقت تشکیل دادند، مدتی جمعیت را برای سوزاندن روزنامه حقیقت تحریک و تشجیع می‌نمودند، تهیه حمله باتحادیه مرکزی را می‌دیدند.
مقالات آتشین و مجلات موثر روزنامه حقیقت که گاهی بقلم شادروان دهگان و زمانی بخامه آقای پیشه‌وری نوشته می‌شد بنیان قدرت دولت جوان پهلوی را تکان می‌داد بالاخره تاب و تحمل تمام شد و بدستور حکومت نظامی این روزنامه با شهامت توقیف گردید....***

ویلم فلور از قول شکرالله مانی می‌نویسد:

بنابه روایت مانی روزنامهٔ حقیقت ۴۰۰۰ خواننده داشت و آنقدر شهرت داشت که هر نسخه آن در بار دوم به قیمتی گزاف‌تر از قیمت آبونمان به فروش می‌رسید. به نظر می‌رسد که روزنامه حقیقت توجه محافل محافظه کار را ـ که مطالبش را با اشتیاق می‌خواندند ـ نیز به خود جلب کرده.***

حسین امید، از فعالان اتحادیه‌های معلمین و از همکاران قلمی سیدجعفر پیشه‌وری در روزنامه حقیقت، در خاطرات خود از آمدن سیدجعفر پیشه‌وری به تهران و از رقابت او با اسماعیل فارسی [= کریم نیک‌بین] بر سر رهبری حزب می‌نویسد:

«کریم نیک‌بین [اسماعیل فارسی] زودتر از پیشه‌وری به تهران آمده بود و مردی بود قدری قوی هیکل و قلدرمنش و ماجراجو. زبان روسی می‌دانست و مختصر سواد فارسی هم داشت ... اهل بادکوبه و در آنجا بستگانی داشت. زنی روسی داشت، موقر و عفیف که از شوهرش مسن‌تر به نظر می‌رسید ولی به هیچوجه در کارهای حزبی به ظاهر مداخله نداشت. ... چند ماهی از ورود اسماعیل فارسی سابق الذکر نگذشته بود که جعفر پیشه‌وری در تهران ظهور کرد. جوادزاده خلخالی پس از به هم خوردن بساط بلشویکها به باکو رفت. مدتی کوتاه در آنجا روزنامه‌ای به زبان ترکی منتشر کرد و سپس به تهران آمد. گویا از نقاط

شمالی ایران به تهران منتقل شده بود و آنچه به خاطر دارم، مدت‌ها به جوادزاده معروف بود. جوانی بود صریح اللهجه، خوش بیان و خوش منظر، عصبانی مزاج و تند خو و قیافه خود را مرموز نشان می‌داد ...»[***]

سلام‌الله جاوید نیز در خاطرات خودش از کریم نیک‌بین که متولد تبریز و تحصیلکرده اقتصاد در دانشکده مسکو بود، با اسامی حسن‌اف و اسماعیل فارسی یاد می‌کند.

جاوید در خاطرات خود از حزب عدالت، می‌نویسد که «نیک‌بین پس از آمدن به تهران با جوادزاده و امیرخیزی در ارتباط بوده، به اتفاق به سازماندهی تشکیلات تهران و فعالیت آن می‌پردازد. در آن تاریخ به سبب آن که انقلاب به سرعت نزدیک می‌شد، علاقه‌مندان اجتماع هر یک از نظر می‌کوشیدند در تشکیلات کمونیستی شرکت داشته باشند. در جریان تشکیل حزب عدالت ... بر تعداد کسانی که به حزب عدالت می‌پیوستند، افزوده شد. از آن جمله سیدجلیل اردبیلی، میرزااسمعیل یکانی، بهمن شیدانی، علوی زاده، حسین امید، دهگان، بهبهانی و چند نفر دیگر که نامشان را فراموش کرده‌ام، به آن پیوستند ...»[***].

بسیاری از مقالات «حقیقت» بدلیل ملاحظه مسایل امنیتی با اسامی مستعار نویسندگان آمده و مقالات پیشه‌وری با امضاهای احمد، پرویز، ا. پرویز، م. ج. و عجول آمده و بعضی از مقالات حتی بدون ذکر اسم مستعار به چاپ رسیده. عبدالصمد کامبخش در مورد «حقیقت» می‌نویسد:

«در ۹ دی ماه ۱۳۰۰ (۱۹۲۱) در تهران به مدیریت سیدمحمد دهگان روزنامه‌ی «حقیقت» اولین شماره خود آغاز و با شعار «رنجبر روی زمین اتحاد» منتشر کرد و خود روزنامه ارگان اتحادیه‌هایی بود که به کمک حزب تشکیل یافته بود این روزنامه در نتیجه برخورد مارکسیستی خود در تحلیل حوادث، طرح مبرم‌ترین مسائل مورد ابتلاء مردم و سبک خاص خود که تا آن زمان در مطبوعات ایران بکار نرفته بود، بزودی یکی از کثیر الانتشارترین روزنامه‌های مرکز شد، پس از اندک زمانی

انتشار خود را یومیّه کرد و هر روز در دو صفحه به قطع بزرگ منتشر می‌شد.

نفوذ روزنامه‌ی «حقیقت» و کامیابیهای تبلیغاتی آن موجب نگرانی طبقات ارتجاعی و خود رضاخان گردید. برای تعطیل آن پی بهانه بودند. این بهانه بدست آمد و آن بحث و مشاجره‌ای بود که در صفحات روزنامه «حقیقت» و یکی از جرائد ارتجاعی («اتحاد» به مدیریت سر کشیک زاده) در گرفت و روزنامه‌ی «حقیقت» در این بحث به پیروی از رقیب خود، از حدود نزاکت مطبوعاتی خارج شد ... پس از اندکی روزنامه «کار» با همان سبک و قطع جانشین روزنامه حقیقت گشت.***

بنظر اردشیر آوانسیان «روزنامه حقیقت بیش از یکصد و چهار شماره دوام نیاورد».*** امّا بنظر نویسنده «آخرین سنگر آزادی»: «آخرین شماره آن ۱۰۶ بوده که در کتابخانه تربیت تبریز موجود است».***

پیشه‌وری در موقعیکه این مقالات را می‌نوشت هر چند بیش از ۲۹ سال نداشت امّا دارای تجربیات غنی بود و زندگی پر فراز و نشیبی را پشت سر گذاشته بود. مقالات او هر چند بصورت خطابه مانند است امّا پخته و ساده و روان می‌باشند. چکیدهٔ مقالات پیشه‌وری در روزنامهٔ حقیقت چنین است:

سیاست اقتصادی لنین«نپ»، جنبش‌ها و اتحادیه‌های کارگری در غرب و شرق جهان، نقد «اوهام راجع به دوستی با آمریکا، مجادلات قلمی با روزنامه شفق سرخ علی دشتی، تأکید بر قانون اساسی و مشروطیت و آزادی وظیفه مطبوعات، استعفای کابینهٔ مشیرالدوله و علت آن، انجمنهای ایالتی و ولایتی، نقد «عید خون» میرزاده عشقی، فاجعه گیلان، دفاع از روسیه، افشای سیدضیاءالدین طباطبائی ... .

در زمان نوشتن این مقالات، او کم‌کم از اندیشه‌های حاکم بر جناح سلطانزاده فاصله می‌گیرد و به نظرات مطرح شده در «تزهائی در پیرامون مسائل ملی ـ مستمراتی» لنین نزدیک می‌گردد که در آن زمان، خط مشی رسمی مسکو، در قبال ایران بود، ردّپای این اندیشه، در مقالات متعدد روزنامه حقیقت به چشم می‌خورد به

خصوص در دو مقاله‌ای که به نزاع قلمی او با علی دشتی، سردبیر «شفق سرخ»، مربوط می‌شود:

> [روزنامه] حقیقت بر پیشرفت ملک طرفدار ایجاد سرمایه در ایران و کوتاه کردن دست سرمایه‌داران غارتگر خارجی شده است. بلی، حقیقت طرفدار ایجاد کاپیتالیزم در ایران است، زیرا کاپیتالیزم در ایران ضربه به کاپیتالیزم خارجی ... می‌باشد ... آیا رواج امتعه وطن ضررهای عمده به سرمایه داران خارجی وارد نمی‌آورد؟ ... ما مکرراً نوشته‌ایم که باید در ایران ایجاد سرمایه نمود ... . ایجاد سرمایه [داخلی] سرمایه خارجی را از ایران کوتاه می‌کند که این بر جمعیت کاپیتالیزم ضربه مهلک می‌باشد گذشته از این، طرفداری از ایجاد سرمایه‌داری مقصود اساسی نبوده، خط مشی [تاکتیک] موقتی است که تمام مارکسیست‌ها معتقد می‌باشند.

و در حمایت از جنبش بورژوا ـ دمکراتیک می‌نویسد:

> امروز ایران محتاج اصلاحاتی است که هر بی حسی در آن تردیدی ندارد. خوب است روسای دولت و زمامداران مملکتی تاسی به حکومت‌های معتدل کرده ... امروز در ایران لزوم تغییرات و اصلاحات اساسی ثابت شده است. یا به واسطه انقلاب دیموکراسی یا به آرای معتدل مثلاً اصلاح، باید حکومت ملی با تمام معنی تأسیس بشود و قانون اساسی که اساس حکومت ملی است تعمیم گردد...

پرداختن به کلیه مقالات پیشه‌وری در روزنامه حقیقت، در این مقال نمی‌گنجد امّا دو موضوع اساسی که پیشه‌وری در این روزنامهٔ به آنها پرداخته در خور توجه است: یکی تأکید بر اصلاح طلبی، قانون اساسی، مشروطیت و آزادی است که با عملکردهای انقلابی و رادیکال او به منزله یک کمونیسم دو آتشه در طول چهار ماه از حضورش در گیلان، کاملاً مع الفارق و چه بسا متضاد هست. دومی مخالفت او با هر گونه تجزیه طلبی با تأکید بر رعایت حقوق اقوام مختلف و ولایات است همان اندیشه ای که قبلاً از او در روزنامه «آذربایجان جزء لاینفک ایران» سراغ داشتیم ولی این بار به شکلی پخته‌تر و جامع‌تر.

الف: تأکید بر اجرای قانون اساسی و اصول انقلاب مشروطه

پیشه‌وری در مقاله‌های مربوط به استعفای کابینه مشیرالدوله می‌نویسد: «ما از تمام کابینه‌ها خواه جدیداً خواه حالیه فقط اجرای اصول آزادی را منتظریم»...

ما چنانچه در شمارهٔ گذشته نوشتیم، علت سقوط کابینه در اطراف مسئله اجرای قانون اساسی است. نه این که این کابینه، بلکه هر کابینه که نتوانست قانون اساسی را اجرا نماید و آزادی را مدافعه کند و جلب حسن توجه آزادی خواهان را بکند، چنین کابینه‌ای سقوط خواهد کرد. ولی رسماً این موضوع کاملاً معین نشده است که چه قوه‌ای در مقابل تمایل دولت برای اجرای قانون اساسی عرض اندام می‌کند...

دست اندرکاران روزنامه حقیقت که از اجرای قانون اساسی دفاع می‌کردند هرگز در این دوره نتوانستند تشخیص دهند که چه قوه‌ای مانع اجرای اصول قانون اساسی است. این قوه، رضاخان سردارسپه بود نه مشیرالدوله. امّا پیشه‌وری می‌نویسد:

امّا سردارسپه ... حاضر است با میل ملت رفتار نموده و حامی قانون باشد ... همه می‌دانند که سردارسپه از کسی نمی ترسد و تملق و دروغگویی [را] نمی‌پسندد. به عقیدهٔ ما در این صورت نمی‌توان تهمت طرفدار توقیف مطبوعات و خلاف با آزادی بودن را به ایشان زد ... ما از بعضی اقدامات خلاف آزادی سردارسپه راضی نیستیم و بدون پرده پوشی هم می‌نویسیم، ولی تهمت و افترایی را که به ایشان می‌بندند، نمی‌توانیم با وجود تکذیب خودشان قبول کنیم. مشیرالدوله با این انتشارات می‌خواهد نفوذ از دست رفته خود را تحصیل کند و ضمناً رقیب خود را که سردارسپه باشد، به زمین بزند. این‌ها، این دیپلومات‌های کهنه، دشمن آزادی هستند. اینها نمی‌خواهند از طبقه رنجبر ولو یک نفر هم سر کار بیاید ... مشیرالدوله می‌خواهد ... با دست سردارسپه دهن آزادی خواهان را بشکند. با این طریق هم سردارسپه از نظر ملت بیفتد، هم آزادی خواهان را از سرش دور کند ... . مخصوصاً اشراف بر خلاف ترقی سردارسپه، به عبارت خودمان رضاخان هستند زیرا او اشراف نیست، رعیت ندارد، ملک ندارد، لقب

ندارد، برای او فرق ندارد اشراف منفعت بکنند یا فرو نمایند. اشراف امروز اولاً می‌کوشند هر طور بوده باشد، سردارسپه را در دست خود آلت نمایند. بعد وقتی که فرصت پیدا کردند، او را به زمین زده، ادارهٔ قشون را به دست بگیرند. ***

امّا در واقعیت امر، این حکومت مشیرالدوله بود که در عین حال که زیر فشار رضاخان و دخالت قزاق‌های او قرار داشت برای آزادی مطبوعات کوشش می‌کرد:

آزادی جراید موجب شد که روزنامه حقیقت راجع به اختلاس‌های سردار اعتماد رئیس قورخانه که در دوره قبل به مناسبت تنظیم آتش بازی اعیاد و اختلاسهایش او را سردار فشفشه لقب داده بودند شرحی نگاشته و در ضمن اسنادی راجع بسوء استفاده خدایارخان رئیس انبار غله و نان تهران نگاشته و در ضمن سردارسپه را هم طرف حمله قرار می‌دهد. وزیر جنگ [رضاخان] دستور توقیف روزنامه را میدهد. مشیرالدوله دستور او را نقض کرده و می گوید اگر شکایتی دارد به عدلیه رجوع کنید ... .

سردارسپه به وسیله سالار نظام و محمود آقاخان [،] امیر اقتدار حاکم نظامی به رئیس الوزراء پیغام می‌دهد که اگر روزنامه حقیقت توقیف نشود دستور می‌دهم شما را به دربار و هیئت وزراء راه ندهند.

مشیرالدوله فوراً در مجلس حاضر شده، و به سردمداران می‌گوید « این مرد یاغی اخیراً دیوانه شده است بنابراین من و دولتم نمی‌توانیم با این اوضاع کار کنیم. ***

در زیر فشار مجلس، رضاخان در ظاهر، مجبور به عذرخواهی از مشیرالدوله می‌شود امّا همچنان در باطن مشغول دسیسه علیه مشیرالدوله است و سرانجام مشیرالدوله اعلام می‌کند که با وجود این وزیر جنگ [رضاخان] و افراط کاری‌های او، نمی‌تواند از قانون اساسی و حقوق افراد دفاع نماید در نتیجه مجبور به استعفاء می‌شود. امّا به دنبال استعفای مشیرالدوله، وقتی قوام‌السلطنه به نخست‌وزیری می‌رسد، ضمن اعلام اتحاد و همدستی با سردارسپه در حمله به روزنامه‌ها، اعلام می‌کند:

نظر به این که دولت نمی‌تواند در مقابل هر نوع تجاوزات و تعرضات جراید نسبت به مقامات عالیه مملکتی و سایر طبقات بی‌قید بماند و در مقابل هتک اعتراض و حیثیات مقامات مزبور که اثرات سوء آن فی البداهه در تمام مملکت مشهود و موجب تجری اشرار و ناامنی بلد گردیده است تماشاچی واقع شود، لزوماً عموم آقایان ارباب جرائد اخطار می‌شود مادامیکه قانون هیئت منصفه از مجلس نگذشته با حسن وفاق و وطن پرستی که از ارباب جرائد انتظار می‌رود باید رویه سابق را متروک و از هر گونه تجاوزات و تعرضات بی رویه اجتناب ورزند.

هر گاه با وجود این اخطاریه [،] رویه نامطلوب سابق تعقیب گردد و این نصایح خیر خواهانه موثر نگردد دولت ناچار است هر روزنامه‌ای را که از حدود نزاکت خارج و به تعرضات نامتناسب و حملات بی‌رویه بپردازد تا تشکیل محکمه صالحه آن روزنامه را توقیف نماید.***

امّا وقتی قانون هیئت منصفه از تصویب مجلس گذشت به نوشته عبدالله مستوفی: نه روزنامه‌نگاران از آن وحشت کردند و نه سردارسپه حوصله مراجعه به محاکم را داشت و به دنبال آن، کتک زدن حسین صبا در میدان مشق و شکستن دندان فلسفی مدیر «حیات جاوید» پیش آمد.

به هر حال مطالبی که در فوق از پیشه‌وری نقل گردید چنین بر می‌آید که جوان ۲۹ ساله ما آن چپ روی‌های رادیکال و بی‌منطق را که از او در نهضت جنگل شاهد بودیم به کنار گذاشته و به جای دعوت به انقلاب و کشت و کشتار به اصول مشروطیت و اجرای قانون اساسی آورده و بر خلاف روزنامه‌های زمان خود و دوره مشروطیت که در هتاکی و فحاشی یدی طولانی داشتند در روزنامه حقیقت نه اثری از این فحاشی‌ها نسبت به مخالفان هست و نه در مقالات پیشه‌وری سخنی بر خلاف باورهای دینی مردمان دیده می‌شود.

پی‌بردن به این تغییر و تحول در عملکردهای حزب کمونیست و پیشه‌وری آنهم در مدت یک‌سال شاید چندان مشکل نباشد. آنها در جریان قیام جنگل متاثر از تجربه انقلاب ۱۹۱۷ روسیه و حال و هوای مربوط به آن شرایط بودند و می‌خواستند هرآنچه

در شوروی اتفاق افتاده بطور مکانیکی در ایـران پیـاده کننـد و بـدون در نظـر گـرفتن واقعیتهای موجود و موانع آن، در پی انقلاب سوسیالیستی در ایـران بودنـد و حضـور نیروهای نظامی روسیه نیز این انگیزه را تقویت می‌کرد. امّا شکست جنگل و آشنایی با اوضاع ایران، باعث شد که کم‌کم از فکر انقلاب سوسیالیستی و جنگ مسلحانه، دست بردارند.

از طرفی، برداشت و رویه حزب کمونیسـت ایـران و پیشـه‌وری در قبـال اوضـاع سیاسی ایران را باید همسو و مرتبط با عملکردهـای نظـام روسـیه نسـبت بـه اوضـاع سیاسی و حکومت ایران در نظر گرفت چنین همسوئی، امری رایج و دیرینه‌ای بود که به کـرات در فعالیـت‌هـا و عملکردهـای پیشـه‌وری و تقریبـاً تمـامی رهبـران حـزب کمونیست ایران مشاهده شده است.

اندکی پس از کودتای سوم اسفند ۱۲۹۹ عهدنامه مودت بین ایران و شوروی بسـته شد که بر اساس آن تمامیت ارضی ایران، توسط شوروی تضمین شد و ایران نیز متعهد گشت که به پایگاهی برای حمله به شوروی مبدل نگـردد و بـه دنبـال ایـن عهدنامـه، دولت شوروی کلیه نیروهای خود را از ایران خارج کرد داستان عبرت انگیزی که یک بار دیگر در جریان شکست فرقه دمکرات آذربایجان اتفاق خواهد افتاد.

وقتی دست اندرکاران شوروی، رضاخان را به عنوان شخصـی مترقـی، ملـی، ضـد انگلیسی و دوستدار منافع روسیه قلمداد می‌کردند حزب کمونیسـت ایـران و روزنامـۀ «حقیقت» به عنوان ارگان حزب کمونیست ایران (بقول بعضی از افراد) دیگـر رویـه‌ای بر علیه رضاخان در پیش نمی‌گرفت هر چند بعضاً به انتقاد از او می‌پرداخت امّـا ایـن انتقادات، بیشتر در حکمت نصیحت و هشدار به او بود که مواظب «اشـراف پوسـیده» باشد تا به زمین‌اش نزنند.

ب : مقاله «حکومت مرکزی و اختیارات ملی»

مقاله «حکومت مرکزی و اختیارات محلی» یکی از بهترین مقالات پیشه‌وری است. این مقاله دقیقاً ادامه همان اندیشه و نظر او در روزنامـه «آذربایجـان جـزء لاینفـک ایـران»

است امّا بشکلی علمی‌تر و مستندتر. طرح چنین بحثی در آن مقطع زمانی از سوی پیشه‌وری، دور از انتظار نیست زیرا مرتبط با اصول قانون اساسی مشروطیت (اصل‌های ۹۰، ۹۱، ۹۲، ۹۳، مربوط به انجمنهای ایالتی و ولایتی) است اصل‌هایی که از مشروطیت معوق مانده بود. پیشه‌وری پس از ذکر نمونه‌هایی مانند سویس، آمریکا، آلمان و فرانسه و شوروی که اصول فدراسیون را پذیرفته‌اند و این که هر منطقه‌ای، از آنجا که از لحاظ شرایط جغرافیایی و معیشتی متفاوت می‌باشند اهالی هر منطقه و محل بهتر از دیگران به احتیاجات و نیازهای خود واقف هستند. پیشه‌وری می‌نویسد:

> در سابق گمان می‌کردیم که بازور سر نیزه ممکن است اهالی یک مملکت را در اطراف یک حکومت مرکزیت داد. امّا بعد از توسعه تمدن معلوم شد که زور سر نیزه لازم نیست. به وسیلهٔ اختیارات محلی و قوانین می‌توان به آسانی از تمام قوای اهالی مملکت استفاده نمود. بنابراین امروز می‌بینیم که حقوق و امتیازات اهالی محلی یا به واسطهٔ اصول فدراسیون یا انجمن و شوراهای محلی تأیید شده و حاکمیت یک شهر یا یک طایفه یا ایل از میان رفته و تمام اهالی مملکت دارای یک حق بالسویه شده‌اند و ممکن هم نیست حقیقتاً یک ایالت یا اکثریت اهالی را از حقوق خود محروم کرد.
>
> در مملکت یک حقوق عمومی و قوانین اساسی است که همه به آنها علاقه دارند و البته آن را باید تمام نمایندگان ملت در یک جا مشترکاً حل کنند. امّا بعضی مسائل مختص به اهالی یک محل است مانند ماهی‌گیری در گیلان که اهالی خراسان ابداً از آن اطلاعی ندارند. یا موضوع زراعت تریاک خراسان که ربطی به گیلانی‌ها ندارد.
>
> در همچو مسائل البته باید اهل محل خودشان فکر کنند و قوانین مطابق احتیاجات خود وضع کنند. منتهی این قوانین نباید مخالف اساس قوانین عمومی باشد.
>
> ... حکومت مرکزی تاکنون توجه به ولایات معطوف نداشته و آنها را از خود راضی نکرده و این که آنها تاکنون به فکر تجزیه نیفتاده‌اند، همان احساسات ایرانیت بوده است ... ما کار نداریم که ابتدا چگونه بوده

> شاید آذربایجانی‌ها از جنس مغول‌ها هستند، یا خراسانی‌ها از نسل عرب یا گیلانی‌ها از ملت دیگر یا کردها از نسل مدی بوده‌اند. این‌ها را امروز مدرک قرار دادن دیوانگی است ... ایرانیت مافوق همه نوع اختلافات است. یک نفر آذربایجانی خود را بهتر از شیرازی ایرانپرست می‌داند. شاید شیرازی بهتر از خراسانی و اصفهانی بهتر از همه باشد. لیکن با وجود این باز هم شورش‌ها را [ناشی] از فکر تجزیه نمی‌توان گفت ... ...

امّا به واسطه این که اکثریت مردم ایران بی‌علم و بی‌سواد هستند ایدهٔ فدرالیسم را مناسب وضعیت ایران نمی‌داند و بجای آن، تشکیل انجمنهای ایالتی و ولایتی را توصیه می‌کند:

> ایران احتیاج به فدراسیون ندارد. امروز باید به واسطهٔ توسعهٔ اختیارات اهالی محل به مرکزیت دادن حکومت کوشید والاّ روز به روز عدم رضایت اهالی توسعه یافته، فکر تجزیه تولید خواهد شد ... آنها می‌روند خیابانی‌ها و آزادی خواهان را می‌کشند ... آنها اصلاح طلبان را می‌کشند و افتخار می‌کنند ... .
>
> انجمن‌های محلی برای خاتمه دادن به ملوک الطوایفی، صحت انتخابات، ترقی تجارت و صنایع محلی وسیلهٔ بزرگی است و ضرری هم برای دولت ندارد. ...

بدیهی است که چنین هشدارهایی در خود کامگانی چون رضاخان که کم‌کم در پی تحکیم نظام استبدادی خود بود چگونه می‌توانست تأثیری داشته باشد خودکامگانی که نه تنها مخالف هر گونه تنوع و تعدد، در فکر و اندیشه بلکه حتی در طرز لباس و ظواهر نیز بوده و می‌کوشیده اند از تمامی نقاط تحت سلطه خود، چون پادگانی یک دست و یک شکل بسازند:

> اهالی ایران از ترک تا لر و کُرد [،] ایرانیت را فوق تمام احساسات می‌دانند ولی با وجود این باید یک نوع اختیارات عملی به آنها داد. امّا عثمانی‌ها به اسم ترک و استبداد ملی، اعراب را از خود دور نمودند و حال آن که اگر اصول مختاریت ملی را قبول می‌کردند و عثمانی را یک

دولت اسلامی یا یک دولت مختلف العنامه معرفی می‌کردند و عملاً احساسات سایر نژادها را به اسم پان‌ترکیزم تحقیر نمی‌کردند دچار این اشکالات نمی‌شدند. ترک‌ها این مسائل را نفهمیدند و خواستند شورش اعراب را با سرنیزه و ارامنه را با قتل عام بخوابانند.

ایرانی‌های ساکن اسلامبول را «عجم اشکی» گفتند و همه را بر ضد خود شورانیده، عثمانی را متلاشی کردند. همچنین روسیه تزاری در مقابل تقاضای اهالی ترکستان، لهستان، تاتارستان، قفقاز و غیره به سر نیزه متوسل شده، سیاست پان اسلاویزم را تعقیب نموده و سلطنت تزاری را قربانی این سیاست سوء نمودند ... ما در ایران این گونه اسارت‌های ملی را قائل نیستیم ولی بعضی نویسنده‌های بی‌فکر، آذربایجان را ترک [خوانده] یا فلان ایل را ایرانی ندانسته، درباره آنها سیاست علیحده تعقیب می‌کنند و این مسئله خطرناکتر از سیاست دولت می‌باشد. اگر بنا باشد نویسنده‌ها این فکرها را تلقین و حکومت نیز سیاست سابق را تعقیب کند، قطعاً از میان اهالی ولایات، ملت‌های جدیدی به زور احداث می‌کنند و دست خارجی نیز آنها را تأیید کرده، یک دفعه ملتفت می‌شویم که هرج و مرج مملکت را احاطه کرده است و فلان قسمت ایران را انگلیسی‌ها مثل بین‌النهرین به اسم استقلال فلان طایفه در تحت تسلط خود در آورده است.

در هر حال دولت باید بدون تأخیر، انجمنهای محلی را دعوت به انعقاد کند و اختیاراتی به اهالی بدهد و با آمال ملت مقاومت نکرده، آنها را به کمک خود بطلبند.***

به نوشته کامبخش، توقیف روزنامهٔ حقیقت، لطمه‌ای به کار تبلیغاتی و تشکیلاتی حزب نزد زیرا اندکی پس از توقیف آن، روزنامه «کار» با همان سبک و سیاق منتشر شد و به موازات آن روزنامهٔ «پیکار» نیز در اختیار حزب گذاشته شد. در کنار آن هفته‌نامه «خلق» نیز از طرف حزب منتشر می‌شد، ولی اندکی پس از انتشار، تعطیل شد و مجلهٔ «جرقه» به جای آن منتشر گردید. و مدت انتشار آن بیش از دو شماره دوام نیاورد. حزب علاوه بر مرکز، در شهرستان‌های دیگر نیز دست به انتشار جراید زده بود

که از مهم‌ترین آنها می‌توان به روزنامهٔ «پیک» در رشت، روزنامهٔ «نصیحت» در قزوین، با مدیرت میرزایحیی واعظ کیوانی، اشاره کرد. به میزانی که رضاخان از نردبان قدرت بالا می‌رفت فشار و اختناق افزون می‌گشت و روزنامه‌ها یکی پس از دیگری توقیف می‌شدند به طوری که چند روز قبل از انقراض سلطنت قاجاریه، آخرین روزنامهٔ حزب «نصیحت» نیز توقیف و مدیرش، واعظ کیوانی به تهران احضار شد و در شب نهم آبان (انقراض سلطنت قاجاریه) در جلوی مجلس به قتل رسید.***

آخرین شماره روزنامه حقیقت، شماره ۱۰۶ بود که در پنجم تیرماه ۱۳۰۱ ش. منتشر شد. سبب توقیف آن، مقاله‌ای تحت عنوان «ارتجاع در بالای ارتجاع» بود که به قلم خود سیدجعفر پیشه‌وری نوشته شده بود.***

رضاخان ضربه ناگهانی را در ۱۳۰۴ بر پیکر حزب وارد ساخت او بسیاری از رهبران اتحادیه‌های کارگری را بزندان افکند و تشکیل اتحادیه‌های کارگری را ممنوع کرد، تنها تعدادی از آنها به صورت غیر قانونی به کار خود ادامه دادند پس از سرکوب ۱۳۰۴ کمیته مرکزی حزب، عملاً وجود نداشت و اکثر رهبران حزب مثل عبدالحسین احسانی، استاد میرزاعلی، باقرزاده، پروانه ... زندانی شده، وعده‌ای دیگر به خارج رفتند. پیشه‌وری نیز پس از توقیف روزنامه «حقیقت» و نوشتن چند مقاله در روزنامه‌های جدید (جانشین حقیقت)بصورت غیرقانونی از ایران خارج شده و به زنش که در باکو در رشته پزشکی تحصیل می‌کرده می‌پیوندد و در همین زمان یعنی۱۳.۴تنها پسرش داریوش به دنیا می‌آید و به گفته خودش در این مدت، به شغل معلمی مشغول بوده، پس از چهار سال اقامت در باکو، دوباره به ایران باز می‌گردد و در واقع این چهار سال جزو مبهم‌ترین سالهای زندگی او بوده است تنها منبعی که تا حدودی بیانگر فعالیت‌های او در این مرحله از زندگیش است اسناد بازجوئی‌های زندانش است امّا تا آنجا که اطلاع داریم در کشوری مثل ایران تقریباً قریب به اتفاق اسناد بازجویی‌ها، فاقد اعتبار تاریخی بوده و نمی‌توانند به عنوان سند قرار گیرند. به هر حال او بعدها در بازجوئی‌های خود در زندان، از آن سالها چنین یاد می‌کند:

... مراجعت کردم به بادکوبه مدتی در آنجا مشغول تحصیل بودم که به دارالفنون آنجا داخل شدم یعنی تحصیل خصوصی، وقتی امتحان دادم از زبان روسی رفوزه شدم زیرا دارالفنون آنجا اونیورسیته است بعد خیال کردم که بهتر است بروم ایران زندگانی کنم چون گیلان شلوغ بود و دستجات مختلفی بودند بنده هم نمی‌خواستم دوباره داخل درکارهای گیلان بشوم، بنابراین از راه خراسان آمدم به طهران مدت دو سه ماه بیکار بودم بعد در ادارهٔ روزنامهٔ حقیقت به سمت مترجمی و نویسندگی داخل شدم و مدتی در آنجا کار کردم بعد به مناسبت اختلافاتی که در میان کارکنان روزنامه حقیقت پیش آمد و علاوه بر این روزنامه توقیف شد بنده بعد از دو سه ماه بیکاری مجبور شدم به بادکوبه بروم و در آنجا به شغل معلمی اشتغال پیدا نمایم تقریباً در سنه ۱۹۲۲ بود و عیالم را هم خواستم به بادکوبه که تحصیل قابلگی بکند تا هزار و نهصد و بیست و هفت آنجا بودیم. بعد بواسطهٔ میل زیادی که عیالم برای دیدار اقوامش داشت و من هم از وضعیت بادکوبه نسبت به ایرانی‌ها خسته شده بودم بنابراین کار پیدا کردم در ادارهٔ پنبه بار فروش که مال روسها بود و توصیه گرفتم به واسطهٔ یکی از دوستانم که در آنجا مرا بپذیرد خیال داشتم عیالم را بفرستم برای طهران نزد اقوامش به این لحاظ آمدم به بار فروش، توصیه را به رئیس اداره پنبه ارائه دادم ... ...

او بعد از آمدن به تهران، در خیابان رفاهی یک کتابفروشی از شخص آمریکایی به قیمت ۶۰۰ تومان می‌خرد و اسم آن را فروردین می‌گذارد، دو سال بعد [به قولی یک‌سال؟] آن را به هزار تومان به میرزاحسین‌خان جویا می‌فروشد و در ۱۳۰۸ به مدت یکسال و چهار ماه، حقوق ماهانه ۱۲۵ تومان، معلم مدرسه شوروی در تهران می‌شود و به قول خودش به تدریس ریاضیات، تاریخ، جغرافیا و زبان فارسی می‌پردازد. در راپرت مأمور رضاخان چنین آمده است:

از طرف دولت مساوات (روسیه) برای تشکیل جمعیت کمونیستی به ایران می‌آید و در تهران کتابخانه [کتابفروشی] بنام فروردین تأسیس کرده به قصد این که جمعیتی تشکیل [،] مرام کمونیستی را تبلیغ نماید.

بواسطه مواظبت و مراقبت عمال پلیس موفق به این مقصود نگردیده، ناچار کتابخانه را ترک و در مدرسه شوروی داخل می‌شود.***

او در همین موقع نام جوادزاده را عوض می‌کند:

«قبلاً نام فامیلی‌ام بنام جوادزاده بود در موقع سجل گرفتن پرویز گرفتم طوری که قبلاً عرض [کردم] سه سال و نیم قبل [،] از بادکوبه [به] طهران آمدم و سجلم گم شده بود خواستم سجل بگیرم [،] به اسم پیشه‌وری گرفتم چون که گفتند قبل از من یک نفر دیگر به اسم پرویز سجل گرفته است ... از تاریخ ۱۹۳۰ به این طرف پرویز معروف بودم که نام فامیلی مرا به همین اسم صدا می‌کردند والاّ اسم بنده میرجعفر بوده و سجلی که در ۱۹۳۰ گرفتم به همین اسم میرجعفر ولد میرجواد پرویز [بوده] که شما می‌توانید از ناحیه سجل احوال قنات آباد تحقیق کنید».***

در خلال سالهای ۵ ـ ۱۳۰۴ برای اولین بار کمونیست‌ها تحت تعقیب و فشار پلیس رضاشاه قرار گرفتند و مطبوعات و روزنامه‌های آنها، یکی پس از دیگری تعطیل می‌شد امّا هنوز در درون حزب کمونیست ایران، بین افراد آن در ارزیابی شخصیت رضاشاه عقایدِ ضد و نقیضی به چشم می‌خورد. در «کنگره ارومیه» که در سال ۱۳۰۶ در شهر رستوف شوروی تشکیل گردید یکی از مهم‌ترین موضوع گنگره، همانا بررسی و ارزیابی حکومت رضاشاه و چگونگی به قدرت رسیدن او و رویه سیاسی حزب در قبال او مطرح بود.

۱۷ ـ دومین کنگره حزب کمونیست ایران

این کنگره در ۱۳۰۶ در شهر رستوف شوروی واقع در ساحل دریای آزوف تشکیل گردید که بعداً به «کنگره ارومیه» معروف شد. از افراد برجسته‌ای که در این کنگره حضور داشتند می‌توان به کسانی چون سلطانزاده، پیشه‌وری، دهزاد، نیک‌بین و میرزامحمد آخوندزاده و حسین شرقی اشاره کرد. هدف از این کنگره، بررسی و ارزیابی حکومت رضاشاه و چگونگی، به قدرت رسیدن او و تعیین موضع حزب

نسبت حکومت رضاشاه بود. احسان طبری در این مورد می‌نویسد که در تصمیمات کنگره دوم سعی شده به سؤالات مهم تئوریک زیر پاسخ داده شود:

> آیا کودتای رضاخان یک «کودتای درباری» بود که چیزی را عوض نمی‌کند یا انتقال از دورانی است به دورانی؟ آیا دعوی راست‌ها که پس از این کودتا، ایران می‌تواند از طریق «ترقی صلح آمیز» (به اصطلاح امروزی ما تکامل مسالمت آمیز) به پیش برود، درست است؟ آیا این دعوی که ایران وارد «سیر طریق سرمایه‌داری» شده (راه رشد سرمایه داری) درست است یا ایران در چارچوب فئودالیسم باقی مانده است؟ آیا در ایران می‌توان و با یک حزب وسیع «انقلابی ملی» تشکیل داد و آیا کمونیست‌ها باید در چنین حزبی چه موقعیتی را اتخاذ کنند، موقعیت سرکردگی یا نه؟ در مجموع کنگره مسایل را «از چپ» حل کرد. امکان رشد سرمایه داری را در ایران ... ندید. وظیفه اجتماعی رضاشاه را تاحد عامل انگلیس و کارگزار فئودالیسم محدود ساخت ولذا محتوای طبقاتی کودتا و تحول رژیم را متوجه نشد و اصرار ورزید که در حزب «انقلاب ملی» که بوسیلهٔ خود کمونیست‌ها از ائتلاف سازمان‌های توده‌ای به وجود می‌آید، سرکردگی باید در دست کمونیست‌ها باشد.***

کنگره تصمیم گرفت کریم نیک‌بین [حسنوف] را به عنوان نماینده ایران، به ششمین دوره کمینترن اعزام نماید همچنین در این کنگره، برنامه جدیدی، طرح شد و پیشنهادات رسیده در مورد کار اتحادیه‌ها و فعالیت کار جوانان کمونیست و فعالیت در میان زنان را مورد بررسی قرار داده و در این زمینه خط مشی‌های اساسی اتخاذ نمود.***

به نظر کامبخش، مهمترین مسئله تشکیل کنگره دوم حزب کمونیست ایران، همانا موضوع ارزیابی رضاشاه و چگونگی رویه سیاسی حزب بود، چیزی که درک مسأله را برای برخی دشوار می‌ساخت، عدم احاطه به جریانات عمومی جهانی و عدم اطلاع از تغییرات ژرفی بود که در سیاست امپریالیسم انگلیس بوجود آمده بود، و انگلیسی‌ها موفق شده بودند خطوط اصلی آن را مدت مدیدی مستور نگهدارند. در مورد

چگونگی ارزیابی شخصیت رضاشاه، به عنوان مهمترین بحث کنگره، در قطعنامه آن چنین آمده است:

> عده‌ای از رفقا چه در ایران و چه در خارجه دچار اشتباهات شده و عقیده داشتند رضاخان بر علیه امپریالیسم انگلیس مبارزه کرده است. ولی حقایق مسلمه‌ای که در عرض چند سال جمع شده بود علناً مخالف این تصورات بود. بدین جهت بود که موضوع مهم کنگره‌ی دوم مسئله راجع به چگونگی رسیدن رضاخان به حکومت و عملیات سیاسی او بود.***

لازم به ذکر است که سلطانزاده در کنگره دوم حزب، نقشی فعالانه داشت و به نوشته بعضی از منابع، مصوبات کنگره دوم زیر نظر مستقیم او تدوین یافته بود. از برنامه‌های مصوب کنگره، می‌توان به موارد زیر اشاره کرد: «واگذار نمودن کلیه املاک دولتی و ملاکین بزرگ و موقوفات بلاعوض به دهاقین، ضبط املاک شاه و اشراف و خوانین و تقسیم آنها میان دهاقین.» در قسمت سیاسی مصوبه کنگره چنین آمده:

> حزب کمونیست ایران در همانحال که جمهوریت پارلمانی را نسبت به رژیم حالیه بدون شبهه یک قدم به جلو می‌داند در عین حال این قسم جمهوریت را وسیله فریب دادن توده زحمتکش کشور از طرف طبقات حکمفرما دانسته و باین علت با آن مخالف می‌باشد.***

پس از کنگره دوم، حزب موفق به ایجاد وسایل بیشتری برای کار تبلیغاتی خود شد و کمیته مرکزی تصمیم گرفت برای نشریات حزبی و کار میان محصلین اروپا، مرکزی در خارج تشکیل گردد. این مرکز با مدیریت سلطانزاده، که از طرف حزب مامور این کار بود تشکیل و مرتضی علوی به سرپرستی مستقیم آن گمارده شد. در اثر تلاشهای این مرکز، روزنامه، «پیکار» [در برلن] و مجله «ستاره سرخ» (در وین) منتشر شد که هر دو ارگان رسمی حزب بودند و به صورت سازمان یافته وارد ایران گشته و پخش می‌شدند.***

در مورد نتایج عمده کنگره کامبخش می‌نویسد که این کنگره باعث ایجاد وحدت ایدئولوژیک و سازمانی در حزب گردید و به دنبال آن، کمیته مرکزی جدید، دست به

کار احیاء سازمان و تبلیغات حزب زد و به نواحی مختلف کشور که فاقد سازمان حزبی بودند نمایندگانی اعزام داشت و با وجود شرایط سخت پلیسی، کمیته مرکزی، برای کار در میان جوانان، دهقانان، ارتشیان، زنان و غیره مسؤولینی معین نمود که با جلب فعالین حزبی مشغول کاری شدند، سازمان مربوط به جوانان حزب، دست به ایجاد اتحادیه‌های محصلین و کارهای فرهنگی زد، که از فعالیت‌های آن می‌توان به اعتصاب سیزده روزه شاگردان دارالفنون در سال ۱۳۰۶، اشاره کرد که تحت رهبری اتحادیه محصلین رخ داد. همچنین حزب در شهرهای مختلف از جمله آذربایجان، گیلان، مشهد، قزوین در میان دهقانان، فعالیت‌هایی از خود نشان داد. عبدالصمد کامبخش، وضعیت حزب کمونیستِ را بعد از کنگره دوم در مقایسه با قبل از آن، چنین توصیف می‌کند:

۱. حزب بعد از کنگره برای تبلیغ افکار مارکسیستی در بین کارگران کادرهای ورزیده‌ای داشت در حالی که قبلاً فاقد آن بود.
۲. آشفتگی و ناهماهنگی که قبلاً گریبانگیر حزب بود بعد از کنگره دوم جای خود را به وحدت سازمانی و هماهنگی در کار داد.
۳. با ایجاد مؤسسات صنعتی، رفته‌رفته تمرکز بیشتری در صفوف طبقه کارگر بوجود آمد در حالی که قبل از کنگره دوم، کارگر صنعتی به معنی واقعی در ایران بوجود نیامده بود.***

در این کنگره، رهبری حزب به سه شاخه زیر تقسیم می‌شد: نیک‌بین در شوروی، مرتضی علوی در آلمان و پیشه‌وری به عنوان مسؤول تشکیلات حزب در ایران. در بخشی از قطعنامه کنگره در مورد رضاشاه چنین آمده است: «عده‌ای از رفقا چه در ایران و چه در خارج دچار اشتباهات شده و عقیده داشتند رضاخان بر علیه امپریالیسم انگلیس مبارزه کرده است. ولی حقایق مسلمه‌ای که در عرض چند سال جمع شده بود علناً مخالف این تصورات بود».*** در تزهای مصوب کنگره چنین آمده است:

مهمترین شعارهای حزب کمونیست ایران در این دوره باید نابود کردن رژیم سلطنت و استقرار جمهوریت انقلابی باشد. جمهوری انقلابی با وسائل لازمه اجرای وظایف زیر را عهده دار شود:

الف. حفظ استقلال و تمامیت ایران در مقابل دو امپریالیست.

ب. استحکام علاقه دوستی ما بین ایران و اتحادیه جماهیر شوروی.

ج. سپردن امور و مهم حکومتی بدست عناصر انقلابی.

د. محو و نابود کردن قطعی بقایای فئودالیزم و تقسیم زمینهای اربابی و غیره بین دهاقین .

ه. استقرار کامل آزادی دمکراسی.

و. وضع قوانین برای کارگران و حفظ حقوق آنها و مسلح کردن تشکیلات انقلابی کارگران و دهاقین و صنعتگران.

ز. وضع قوانین انقلابی با شدیدترین وجهی، هم اقدامات و کوششهای ضد انقلابی را برای استقرار اصول قدیمه محو و نابود سازد.***

۱۸ ـ فعالیت‌های حزب پس از کنگره دوم

پس از کنگره، در سال ۱۳۰۶ در شهرهای قزوین و گیلان و در ۱۳۰۷ در مشهد، فعالیت‌های حزب بیشتر گشت. قبل از این که قانون معروف ضد کمونیستی (۱۳۱۰) تصویب گردد کمیته مرکزی به آذربایجان توجه کرده و نیک‌بین را با تعدادی دیگر مأمور تشکیلات آذربایجان نمود. هر چند قبل از آن، گروه‌های متعدد کمونیستی در تبریز بصورت مستقل و پراکنده فعالیت می‌کردند.

حزب کمونیست در اواخر ۱۳۰۶ تا حدودی موفق شد به ترمیم ضربات ناشی از دستگیری‌های وسیع اعضاء، طی سالهای ۵ ـ ۱۳۰۴ به پردازد این دستگیری‌ها، حزب را از برخی عناصر فعالش محروم ساخته بود. کنگره نظر بعضی از افرادی که رضاشاه را عامل پیشرفت تلقی می‌کردند کنار گذاشت و «کمیته مرکزی جدید» موفق شد ظرف چند ماهی که از کنگره گذشته بود تمام افراد را مجدداً گرد هم آورد و متحد سازد.***

سازمان جوانان کمونیست که قبل از تاجگذاری رضاشاه در آذر ۱۳۰۴ شمسی در تهران بوجود آمده بود بعد از سرکوب ۱۳۰۴ تارمار شده و چیزی از آن باقی نمانده بود امّا بعدها دوباره فعالیت‌هایش را در ۱۳۰۶ و ۱۳۰۷ از سر گرفت، بسیاری از اعضای آن در درجه اوّل، از بین دانشجویان و در درجه دوم از بین کارگران، جذب حزب شده بودند این سازمان، در دارالفنون و تأسیس اتحادیه دانشجویان، نقش مهمی ایفاء کرده بود. اردشیر آوانسیان، رضا روستا و رادمنش از فعالترین افراد آن بودند. آوانسیان در خاطرات خود می‌نویسد: تماسهای گوناگونی در اینجا بعمل می‌آمد و حتی اشخاصی که از خود فعالیت اجتماعی نشان می‌دادند برای جلب مذاکره، باین خانه دعوت می‌شدند «تا آنها را براه راست یعنی به راه کمونیسم هدایت نمائیم. عده زیادی در همین خانه تبلیغ شده به کمونیسم پیوستند سازمان جوانان، مجله‌ای بنام «بلشویک جوان» منتشر می‌کرد که با دست نوشته شده و تکثیر می‌شد سازمان جوانان در کرج نیز اتحادیهٔ دانشجویان تشکیل داده بود.*** امّا با گذشت زمان که پایه‌های استبدادی رضاخان تحکیم می‌یافت، حزب ناگزیر از رفتن به زیر زمین می‌شد به طوری که از کنگره دوم یعنی ۱۳۰۶ تا اواسط سال ۱۳۱۰ بیشتر اعضای کمیته مرکزی یا در زندان بسر می‌بردند و یا در شهرهای گوناگون ایران فعالیت می‌کردند و یا در خارج از ایران بودند به همین خاطر، همیشه عده قلیلی در تهران فعالیت می‌کردند بیشتر مواقع در کمیته مرکزی، بیش از یکی دو نفر فعالیت نمی‌کردند. از برجسته‌ترین افرادی که در بین سالهای ۱۳۰۸ ـ ۱۳۲۰ دستگیر شدند عبارتند از: رضا روستا، آرداشس آوانسیان، جعفر پیشه‌وری، دکتر سلام‌الله جاوید، سیدمحمد تنها، یوسف افتخاری، کاظم شاهرخی، علی شرقی، ستارزاده.

روزنامه پیکار که از ۲۶ بهمن سال ۱۳۰۹، در برلن به مدت یک سال از طرف کمونیست‌های ایرانی منتشر شد حملات سختی به رضاشاه می‌کرد مدیر روزنامه دکتر ونر، کمونیست آلمانی بود ولی اداره آن، کاملاً در دست مرتضی علوی و سلطانزاده بود. وقتی شماره‌هایی از آن بصورت محرمانه وارد ایران شد به دستور رضاشاه و با تلاش و شکایت محمدعلی فرزین، سفیر ایران در آلمان این روزنامه بعد از شماره ۱۵،

در ۲۲ مهر ماه ۱۳۱۰، توقیف گردید و مرتضی علوی تبعید و اسدی نیز از خاک آلمان اخراج گردید.

بسیاری از نویسندگان حزب توده در نشریات خود، ارانی را به اشتباه به عنوان یکی از نویسندگان روزنامه پیکار قلمداد کرده‌اند در حالی که ارانی یکسال قبل از انتشار اولین شماره روزنامه پیکار، به ایران بازگشته بود و جالب این که در هیچکدام از اسناد مربوط به پیکار، اسمی از ارانی دیده نمی‌شود «بلکه ایرانیانی که مشارکت و مباشرت در این کار دارند عبارتند از: دکتر امامی، دکتر یزدی‌زاده، دکتر بهرامی، که در رشته طب تحصیل کرده‌اند».*** همچنین بر خلاف آنکه در نشریات حزب توده از روزنامه پیکار، به عنوان ارگان حزب کمونیست ایران در اروپا نام برده شده اشاره‌ای در روزنامه پیکار بر این امر دیده نمی‌شود.***

پیکار «یازده شماره منتشر شد و پس از انتشار مجدد آن به نام 'نهضت' ـ که تنها یک شماره به چاپ رسید ـ به تعطیلی گرایید».***

۱۹ ـ ظهور کمونیست‌های نسل جدید؛ تقی ارانی

دستگاه رضاشاه همه ساله تعدادی دانشجو جهت ادامه تحصیل، به خارج از کشور اعزام می‌کرد که در سال تحصیلی ۱۳۰۲ ـ ۱۳۰۱ بر اساس مصوبهٔ مجلس چهارم، شصت نفر دانشجو به اروپا اعزام شدند. امّا این گروه از دانشجویان بیشتر برای فرا گرفتن فنون نظامی و خدمت در ارتش به اروپا اعزام می‌شدند.*** و دکتر ارانی نه جزو این دسته از دانشجویان بود و نه جزو دسته‌های دیگری از دانشجویان که بعدها از سوی رژیم به خارج اعزام شدند بلکه او به همت و توانایی خودش به آلمان رفته بود و در تمام دوران تحصیل خود از سال ۱۳۰۸ ـ ۱۳۰۱، در رشته فیزیکوشیمی به عنوان مصحح در چاپخانه، کار می‌کرد هزینه تحصیل خود را تأمین می‌نمود، به طوری که در اثر همین کار فشرده، چشمان او به شدت ضعیف شده بود . کمونیست‌های پیشکسوتی چون مرتضی علوی و احمد اسدی (=اسدوف)،می‌کوشیدند از طریق تبلیغ کمونیسم، دانشجویان ایرانی را در خارج به سوی حزب جذب کنند، با تلاش آنها،

«فرقه جمهوری انقلابی ایران» در آنجا بوجود آمد، که در واقع جبهه و ائتلافی از گروههای متعدد اعم از سوسیالیست‌ها، ناسیونالیست‌های ایرانی و کمونیست‌ها بود، امّا نباید از یاد برد که سکاندار این جبهه، بیشتر کمونیست‌هایی چون مرتضی علوی و احمد اسدوف بودند که به منزله یک فراکسیون کمونیستی، در درون فرقه عمل می‌کردند. دکتر ارانی که در دوران تحصیل جذب این فرقه شده بود بعدها در اوراق بازجویی خود، در این مورد چنین می‌نویسد:

... به واسطه زیاد شدن شاگردان ایرانی در آلمان، جمعیت محصلین ایرانی که سابقاً فقط برای تشکیل عید نوروز منعقد می‌شد به عنوان «انجمن ایران» تشکیل گردید. از طرف دیگر مرتضی علوی که از همه شاگردان انقلابی‌تر بود داخل هیئت رئیسه شده و به تدریج علاوه [بر] جمعیت ظاهری، یک جمعیت سرّی هم به عضویت اشخاص ذیل: دکتر اردلان (علی)، فروهر، محمودپور رضا، ابراهیم مهدوی، مرتضی علوی، مرتضی یزدی، احمد اسدوف، احمد فرهاد و تقی ارانی (من) تشکیل شد. بعدها حاجی ابوالحسن علوی (پدر مرتضی) و منصور رکنی بدان اضافه شد. این جمعیت سرّی به عنوان یک فرقه تشکیل شده، مرام آن حفظ اصول دموکراسی و تاحدی حزب ملی مختلط از اشخاص کاملاً متفاوت بود. البته این حزب ابداً کمونیست نبود فقط دو نفر کمونیست و دو نفر تا حدی سوسیالیست (پدر رضا و مهدوی) و چند نفر بورژوا (بقیه) در آن موجود [بودند] بواسطه‌ی متجانس نبودن اعضاء این حزب به هم خورد، ولی مرتضی علوی باطناً به تنهایی مشغول شده مقداری اوراق چاپ و منتشر کرد سایر اعضاء سابق کاملاً می‌دانستند که این کار از علوی است و در موقع لازم به او کمک پولی هم می‌کردند. ولی تنها عامل این انتشارات مرتضی علوی بود. دو فقره از این انتشارات در نظر من است، یکی به عنوان بیانیه و دیگری برعلیه تیمورتاش، موقعی که مشارالیه به برلین آمده بود ... .

***

نویسنده کتاب «تاریخچه فرقه جمهوری انقلابی ایران و گروه ارانی» دکتر ارانی راهم جزو پایه گذاران این فرقه آورده است. ارانی از طریق دوستی با احمد اسدی،

دانشجوی رشته اقتصاد و تجارت و همچنین مرتضی علوی، دانشجوی رشته اقتصاد سیاسی دانشگاه برلین توانستند به فعالیت سیاسی حادی دست بزنند که پایه گذاری «فرقه جمهوری انقلابی ایران» نتیجه آن است.•••

از فعالیت‌های این فرقه می‌توان به شرکت آنان در اولین کنگره اتحاد ضد امپریالیستی در فوریه ۱۹۲۷ در بروکسل اشاره کرد که به هدف تشریح وضعیت دولت رضا شاه، نقش استعماری انگلیس در ایران و تبیین اهداف فرقه جمهوری انقلابی و غیره ... در این گنگره شرکت جسته بودند. در همین کنگره به همت احمد اسدی و مرتضی علوی، قطعنامه‌ای چهار ماده‌ای در مورد ایران به تصویب کنگره رسید.•••

همچنان که که قبلاً، در بازجویی‌های دکتر ارانی مذکور افتاد فرقه در سپتامبر ۱۹۲۸ به مناسبت آمدن تیمورتاش، وزیر دربار رضاشاه به برلین، اعلامیه‌ای را بر ضد رضاشاه و تیمورتاش انتشار داد که در بعضی از شهرهای اروپایی نیز پخش گردید، ایرج اسکندری در خاطرات خود می‌نویسد:

> وقتی تیمورتاش در مسافرت به اروپا به فرانسه آمده بود، اعلامیه‌ای بر علیه او از طرف همین سازمان ما که در آلمان بوده تنظیم شده بود که بوسیله من در فرانسه انتشار پیدا کرد و سفارت ایران سخت به تکاپو افتاده بود، به همین دلیل، وقتی تیمورتاش به ایران بازگشت به وزارت دارایی دستور داد و حقوق شخصی مرا، که مستمری برای تحصیل من بود، قطع کردند.•••

فرقه جمهوری انقلابی ایران، در پائیز ۱۳۰۶ جزوه‌ای تحت عنوان «بیانیه حق»••• منتشر کرد که انتقادی شدید و افشاگرانه از اوضاع ایران و نابسامانی‌های کشور و فقر و فلاکت توده‌های فقیر و نقش غارتگرانه استعمار انگلیس بود «این بیان‌نامه به زبان فرانسه ترجمه و برای جراید و احزاب سیاسی فرستاده شد. انتشار این جزوه با واکنش سریع دولت ایران مواجه گردید. تیمورتاش وزیر دربار، سفیر آلمان در ایران را فرا خواند و خواستار اقداماتی علیه نویسندگان این جزوه در آن کشور شد. به دنبال اعتراض دولت ایران، وزارت امور خارجه آلمان به کمیساریای عمومی وظیفه داد تا نیروهای سیاسی اپوزیسیون ایرانی در آلمان را تحت نظر بگیرد».••• و سرانجام پلیس

آلمان تحت فشار وزارت خارجه کشورش در نوامبر ۱۹۲۸ احمد اسدی را از آلمان اخراج کرد به دنبال آن، شرایط برای بازماندگان فرقه مشکل‌تر شد به طوری که سرانجام فرقه از هم پاشید و دکتر ارانی نیز بعد از اتمام تحصیلات خود در ۱۳۰۸ [؟] به ایران باز گشت.

آنچه جای تعجب است این که با وجود حمایت‌های کمونیست‌های ایرانی از «فرقه جمهوری انقلابی ایران» که در صفحات قبل نیز اشاره گردید ولی هم در درون حزب کمونیست ایران و هم از سوی کمینترن، استراتژی واحدی در مورد «فرقه جمهوری انقلابی ایران» به چشم نمی‌خورد.

شاید این فقدان استراتژی واحد، از سوی حزب کمونیست ایران در قبال «فرقه ...» منبعث از تشتت آراء و فقدان خط مشی واحد در درون حزب کمونیست ایران باشد.همچنان که قبلاً ذکر شد حزب کمونیست ایران در درون خود، که دارای دو جناح اقلیت و اکثریت بود جناح اکثریت به رهبری سلطانزاده از خط مشی مصوب کنگره ششم کمینترن دفاع می‌کرد که معتقد بود:

> ... برای فرقه کمونیست با هیچ یک از فرق و تشکیلات سیاسی بورژوازی بزرگ و کوچک تشریک مساعی ممکن نیست. فرقه به طور مستقل کارهای خود را ادامه داده، عناصر انقلابی را که عبارت از طبقه کارگر و زارع است برای انقلاب پرولتری تشکیل و ترتیب خواهد کرد ...»

در نتیجه، جناح اکثریت هر نوع همکاری و ائتلاف با احزاب سوسیالیستی ... را نفی می‌کردند این رفتار آنان، مطابق با قطعنامه‌ی کنگره ششم کمینترن بود که در آن آمده بود:

> «بین الملل دوم با توجه به خط مشی‌ای که در آخرین کنگره بروکسل در مورد مسئله استعمار به تصویب رساند، سرانجام به فعالیت‌های احزاب مختلف سوسیالیست در کشورهای امپریالیست در سالهای قبل از جنگ صحه گذاشت. خط مشی استعماری مبتنی بر سوسیال دمکراسی خط مشی حمایت فعالانه از امپریالیسم برای استعمار و بهره‌کشی از مردم

مستعمرات است. در این خط مشی اعتقاداتی که مبنای «جامعه ملل» را تشکیل می‌دهد به چشم می‌خورد. تئوری سوسیال دموکراسی، و این اعتقاد که رژیم سرمایه‌داری استعماری امپریالیستی خود را مخفی می‌کنند کمونیست‌ها باید این نقاب را به کنار بزنند و نشان بدهندکه ماهیت برنامه‌های سوسیالیستی آنان به برترین وجهی بر ملا شده است و به صورت عمال امپریالیسم در کشورهای امپریالیستی و مستعمرات انجام وظیفه می‌کنند»***

و در ادامه ششمین کنگره بین الملل کمونیست (کمینترن) چنین اعلام شده بود:

«باید از هر گونه اتحاد حزب کمونیست با اپوزیسیون ناسیونال ـ رفرمیست در گذشت. این مانع آنها نیست که توافق‌های موقتی و هماهنگی هائی در عملیات جداگانه مربوط به تظاهرات مشخص علیه امپریالیسم صورت گیرد، بشرط آنکه بتوان در تظاهرات اپوزیسیون بورژوائی در جهت گسترش جنبش توده‌ای استفاده شود، و به شرط آن که چنین توافق‌هائی به هیچوجهی آزادی عمل حزب کمونیست را در امر تبلیغ در میان توده‌ها و سازمان شان محدود نکند».***

امّا در مقابل؛ جناح اقلیت، ائتلاف و همکاری با احزاب غیر کمونیستی را نفی نمی‌کرده، از شخصیت‌های برجسته جناح اقلیت در حزب کمونیست ایران، می‌توان به پیشه‌وری، کریم نیک‌بین، حسابی [دهزاد] و حسین شرقی اشاره کرد. افراد این جناح به دنبال تشکیل جبهه‌ای از کارگران، بورژوازی (ملی) و دهقانان در مبارزه با فئودالیسم و حامی آنها (استعمار انگلیس) در ایران بودند و در واقع این جناح، از مصوبات کنگره چهارم کمینترن پیروی می‌کرد.

جالب این که، همین اختلاف موجود دو جناح در درون حزب کمونیست ایران را، در مواجهه با انتخابات دوره هفتم ۱۳۰۷ مجلس نیز می‌بینیم. رهبران جناح اقلیت که بیشتر در ایران بودند آمادگی حزب کمونیست را برای شرکت در انتخابات مجلس شورای ملی اعلام کردند و حتی از رأی دهندگان نیز خواسته بودند که به نمایندگان واقعی رأی دهند.***

امّا جناح اکثریت، ضمن حمله به انتخابات و مجلس به عنوان پارلمان پهلوی، اعضای اقلیت حزب را فرصت طلب و اپورتونیست نامید و شدیداً بر موضع آنها حمله کرد.***

اردشیر آوانسیان در خاطرات خود می‌نویسد که چپ روی و سکتاریسم یکی از بیماریهایی بود که حزب کمونیست ایران به آن مبتلا بود و ضمن اشاره به سندی از حزب کمونیست، در مورد انتخابات مجلس می‌نویسد:

«از جمله در این سند [درباره انتخابات مجلس] چنین آمده است:

در ماده اوّل ـ هر یک از افراد کارگر و زارع با فهم نباید بجز بافراد کارگر و زارع رأی دهند.

در ماده دوم ـ رنجبران ایران همیشه در هر کار مبارزه طبقاتی را در نظر گرفته دائماً برای برانداختن اصول ملاکی و بورژوازی و ایجاد حاکمیت رنجبران خواهند کوشید.

از این مواد چنین بر می‌آید که با سایر عناصر ملی و آزادیخواه نباید همکاری نمود و عناصر مترقی دیگر [را] نباید انتخاب کرد.

در ماده چهارم میان بورژوازی کمپرادور و بورژوازی ملی تفاوتی گذارده نمی‌شود که این خود چپ [روی] و نادرست است.»***

در واقع پلنوم دوم حزب کمونیست ایران که با آمدن سلطانزاده به ایران، در بهمن ماه ۱۳۰۸ در تهران صورت گرفت، برای حل اختلاف نظر رهبران حزب، در کمیته مرکزی بود: اردشیر آوانسیان که خود در پلنوم حضور داشت در مورد افراد شرکت کننده و موضوعات مطرح شده می‌نویسد:

«در این جلسه عدهٔ نسبتاًزیادی جمع شده بودند: آنچه به خاطرم مانده شرکت کنندگان عبارت بودند از: ۱ـ سلطانزاده. ۲ـ عبدالحسین دهزاد. ۳ـ حسین شرقی. ۴ـ پورافر. ۵ـ سیفی. ۶ـ پیشه‌وری. ۷ـ کاویان. ۸ـ نگارنده این خاطرات [اردشیر آوانسیان].

در این جلسه وضع جهان و ایران مطرح شده خطر جنگ و وظایف حزب ما، دربارهٔ مبارزه با امپریالیسم و مبارزه در راه استقلال ایران از

طرف سلطانزاد، دربارهٔ وضع ایران و مسائل سازمان حزب ما (از طرف حسین شرقی) و نیز دربارهٔ سازمان جوانان گزارش داده شد. این جلسه چند روز طول کشید و خود جلسه پرشوری بود ... . جلسه در ته خیابان شاهپور در خانه حسن پورافر منعقد شد.***

پس از پایان پلنوم در تاریخ ۱۰ اسفند ۱۳۰۸، بیانیه‌ای خطاب به اعضای حزب صادر شد که در آن مستقیماً به اختلاف نظر موجود در درون حزب اشاره می‌کند و موضوع، به این شکل عنوان می‌گردد که: «فرقه توانسته است نظریات غلط و اشتباه آمیزی را که در فرقه پیدا شده بود کاملاً از بین ببرد».***

امّا گذشت زمان نشان می‌دهد که اختلاف نظر موجود همچنان پا برجا بوده و ادامه داشته، به طوری که در مقاله‌ای از عبدالحسین دهزاد، تحت عنوان: «انقلاب ملی چیست و چرا ما طرفدار آن هستیم» چنین بر می‌آید که او همچنان به نقش بورژوازی انقلابی در شرایط عقب مانده جامعه ایران، با نظر مثبت می‌نگرد:

انقلاب آتیه ایران باید انقلاب با روح بورژوازی باشد، و بعد از چنین انقلابی لازم است که تحولات دموکراتیک را اجرا نمود. چنین تحولاتی نه تنها مانع رشد اصول سرمایه داری نخواهد بود بلکه بالعکس برای اولین مرتبه راه به جهت رشد سرمایه‌داری باز می‌نماید. صرف نظر از این که رشد مزبور به منافع طبقه بورژوازی تمام می‌شود، ولی در عین حال مشاهده می‌نمائیم که کارگران هم از این ترقیات بی‌نصیب نخواهند ماند و آنها نیز در این کار دارای منافعی هستند. انقلاب فلاحتی و تقسیم کردن اراضی در بین دهاقین اولین قدمی است برای ترقیات بورژوازی در انقلاب ملی. کارگران و زحمتکشان و طبقه بورژوازی هر یک به نوبه خود ذینفغ و علاقمند هستند».***

سلطانزاده پس از چاپ مقاله دهزاد، در شماره بعدی روزنامه «پیکار» در مقابل آن، چنین موضع‌گیری کرد:

فرقه کمونیست ایران که در مقابل خود یک وظیفه مهم تاریخی را دارد موظف است که بر تشکیلات خود مجدداً نظری انداخته و از نو آنها را

با اسلوب محکم‌تری تشکیل بدهند. عناصر اپورتونیست و متزلزل را که امروز در حال یأس و دودلی می‌باشند از محیط فرقه کمونیستی اخراج نمایند.***

دکتر ارانی پس از بازگشت به ایران [۱۳۰۸؟]، نخستین شماره مجله «دنیا» را در بهمن ۱۳۱۲ در حالی انتشار می‌دهد که حزب کمونیست ایران، بواسطه اختناق رضاشاهی از هم پاشیده و رهبران آن همگی در ایران دستگیر شده‌اند. نویسنده کتاب «تاریخچه فرقه جمهوری انقلابی ایران و گروه ارانی» می‌نویسد که پس از مراجعت دکتر ارانی به ایران و انتشار مجله دنیا، کم‌کم افرادی بدور او جمع شدند:

پیوستن خلیل ملکی به «گروه ارانی» پس از مراجعت به ایران .... و از چهره‌های سرشناس دیگر سالها بعد که در این دوران به دکتر ارانی گرایش پیدا می‌کند عبدالحسین نوشین است که در فرانسه تحصیل می‌کرد ... نوشین پس از بازگشت به ایران با دکتر ارانی تماس گرفت ....***

امّا آنچه جای شگفتی است این که، نویسنده در کتاب یاد شده، ارانی را اصلاً فردی کمونیست نمی داند.*** در حالی که منابع متعدد و موثقی از جمله خاطرات افرادی چون ایرج اسکندری، انورخامه‌ای، و حتی بازجویی‌های خود دکتر ارانی، خلاف آن را نشان می‌دهد. به عنوان مثال در بازجویی‌های دکتر ارانی چنین آمده است:

من اولین دفعه کلمه مارکسیزم و کمونیزم را در سال ۱۳۰۲ از احمد اسدوف که اکنون به اسم داراب در ایران است در برلن شنیدم. پس از آن دوم کسی که کمونیستی شناختم مرتضی علوی از محصلان برلن بود. من تا سال ۱۳۰۶ [که] ابداً کتاب کمونیست نخوانده بودم ... من تقریباً سال ۱۳۰۸ از برلن حرکت می‌کردم تا حدی سیاسی شده بودم ولی هنوز کمونیست نبودم بلکه داشتم درا اطراف این موضوع مطالعات می‌کردم. من چند کتاب کمونیستی با خود به ایران آوردم، یکی مانیفست، دیگر

«کتـاب لودویـگ فـویر بـاخ وانقـراض فلسـفه کلاسـیک» و دیگـری «ماتریالیسم و امپریوکریتی‌سیسم ...» .
سال ۱۳۱۰ خیال می‌کردم که کمونیست شـده‌ام و از کتـب و افکـار آنهـا اطلاع پیدا کرده‌ام. در این ضمن یـک فرقـه کمونیسـت هـم مخفیانـه در ایران بوده است، منتها من نمی‌دانستم.، مـن از وجـود حسـابی در ایـران اطلاع داشتم و کمونیست بودن او را می‌دانسـتم ولـی محـل او را اطـلاع نداشتم ... در تهران چند ملاقات از او در گلابدره کردم. مباحثـه فلسـفی زیاد کردیم و من از او جریان حزب را می‌پرسیدم و میـل مـی‌کـردم کـه داخل شوم ولی او موضوع را به من واضح نمی‌کرد. یک رسـاله بـه اسـم «علل عمومی بحران اقتصادی دنیا» تألیف لادبن اسـفندیاری [بـرادر نیمـا یوشیج] را برای مطالعه به من داد. در سال های ۱۳۰۸ ـ ۱۳۱۰ من خودم به تدریج کمونیست می‌شدم.***

در واقع علت این که دکتر ارانی در این سالها دستگیر نشد شاید به این خاطر بوده که چون عبدالحسین دهزاد [حسابی] و لادبن اسفندیاری، دستگیر نشـدند و توانسـتند بزودی از کشور خارج شده و به شوروی بروند و اینها در واقع، تنها رابط او در ایران بودند.***

تقی ارانی در سال ۱۲۸۲ در تبریز در یک خانوادهٔ نسبتاً مرفه بدنیا آمد. پـدرش بـه خاطر علاقه زیادش به آران (آن سوی ارس) نام ارانی را انتخاب کرده بود او در سـال ۱۳۰۰ دارالفنون را به پایان می‌رساند و برای ادامه تحصیلات عالی، به برلن می‌رود در سال ۱۳۰۸ موفق به اخذ دکتری در رشته شیمی می‌گردد پس از بازگشت به ایـران بـه خدمت وزارت معارف در مـی‌آیـد در موقـع دسـتگیری‌اش در ۱۸ اردیبهشـت ۱۳۱۶ ریاست «تعلیمات ادارهٔ کل صنایع را به عهده داشته.*** ارانـی قبـل از روی آوردن بـه کمونیسم، یک ناسیونالیسم دوآتشه بود به طوری که در دوران دانشجویی‌اش، وقتی در مجلات فرنگستان و ایرانشهر قلم می‌زد معتقد بود که همه مردم ایران مخصوصاً اهالی آذربایجان به خاطر وحدت ملی باید به فارسی سخن بگویند.

به دنبال فضای خفقان آور ۱۳۱۰ که تقریباً دیگر شیرازه حزب کمونیست از هم پاشیده و اعضای اصلی آن دستگیر و یا مانند دهزاد و لادبن اسفندیاری به خارج از کشور فرار کرده بودند رابطه دکتر ارانی نیز موقتاً با حزب، کاملاً قطع می‌شود. او در بهمن ۱۳۱۲ به اتفاق بزرگ علوی و ایرج اسکندری اولین شماره مجله «دنیا» را منتشر می‌کند و در فاصله بین قطع ارتباطش با حزب و انتشار مجله دنیا، دست به تألیف و انتشار یک سری کتابها تحت عنوان «سلسله علوم دقیقه» که بر مبنای تحلیل مارکسیستی نوشته شده‌اند می‌زند، این کتابها عبارتند از: ۱. فیزیک، ۲. شیمی، ۳. بیولوژی (دو جلد)، ۴. پسیکولوژی (دو جلد)، ۵. اصول مادی و منطقی علم. آخرین شماره مجله دنیا، شماره ۱۰، ۱۱ و ۱۲ بود که هر سه شماره در یک مجلد و در ۹۶ صفحه با چهار ماه تأخیر، در خرداد ۱۳۱۴ از چاپ بیرون می‌آید. در ماههای آخر سال ۱۳۱۳ صغری دهزاد، نصر الله اصلانی (کامران)، [عضو کمینترن] که به تازگی از شوروی وارد ایران شده بود با دکتر ارانی آشنا می‌کند، پس از این آشنائی می‌بینم که آخرین شماره نشریه ، برخلاف معمول ، بیشتر رنگ سیاسی بخود می‌گیرد و در تمام صفحات آن عبارات و پاراگراف‌هایی با حروف سیاه چاپ شده که بیان کنندهٔ صریح و بی پرده اصول ماتریالیسم دیالکتیک در زمینه فلسفه، جامعه شناسی، تاریخ، هنر و علوم دیگر است.»*** این تغییرات محسوس در محتوی مجله شاید به دلیل اصرار زیاد نصر الله اصلانی (کامران) باشد همچنان که دکتر ارانی نیز در بازجویی‌های خود به آن اشاره می‌کند «اساس صحبت‌هائی که بامن کرد این بودکه در مجله دنیا بیشتر مطالب سیاسی نوشته شود».***

تعطیلی مجله نیز، بعد از آخرین شماره آن در خرداد ۱۳۱۴ شاید بی‌ارتباط با «تشکیل رسمی هسته کمونیستی و در قالب سیاست تشکیلاتی، یعنی پرهیز از فعالیت‌های علنیِ از این قبیل، بقصد احتراز از لو رفتن احتمالی فعالیت‌های مخفی این هسته از طریق انتشار یک نشریهٔعلنی شناخته شده» نباشد.*** در مدت اقامت یک ماهه کامران در تهران، کار سازماندهی این تشکیلات کمونیستی، شکل می‌گیرد «و قرار بر این گذاشته می‌شود که پس از خروج کامران از ایران، ارانی کار سازماندهی چنین

تشکیلاتی را با کمک شخصی [عبدالصمد کامبخش] که با نشانی معین به سراغ او خواهد آمد مشترکاً انجام دهد ... در تهران نیز با کامبخش تماس می‌گیرد و تمام اطلاعات و نشانی‌های لازم و از جمله آدرس دکتر بهرامی را در اختیار او می‌گذارد که پس از عزیمت خودش به شوروی از طریق او با ارانی مربوط شود و مشترکاً کار سازماندهی فرقه را به سامان برسانند». ***

در حالی که فعالیت‌های حزب در داخل ایران به خاطر شرایط اختناق رو به وخامت می‌گذاشت وضعیت آن بخش از فعالین حزب کمونیست ایران در شوروی نیز به مراتب وخیم‌تر می‌شد، هم کمینترن و هم حزب کمونیست شوروی بعد از برقراری روابط سیاسی و دیپلماسی با ایران، چندان روی خوشی به ایرانیان مقیم قفقاز و ترکستان، نشان نمی‌داد و آنان را ترغیب می‌کرد که شهروندی شوروی را بپذیرند، در آذربایجان، همهٔ دفاتر امور خارجی حزب کمونیست ایران را تعطیل کردند و کلیه دارائیهای آن، تحویل حزب کمونیست آذربایجان گردید و از ایرانیان خواسته شد که از فعالیت‌های سیاسی مرتبط با ایران، دست بکشند. امّا بنا به نوشته تورج اتابکی، نه کمینترن و نه مقامات شوروی، هیچ یک از این سیاست را تماماً پی نمی‌گرفتند به همین خاطر وقتی خبرهایی از اعتصابات کارگران صنایع نفت جنوب به شوروی رسید کمینترن بار دیگر دست به اقداماتی برای بسیج ایرانیان محلی زد، سلام‌الله جاوید، یکی از اعضای کمیته مرکزی حزب کمونیست ایران و از رابطه‌های نزدیک به کمینترن به منظور بسیج و سازماندهی مجدد ایرانیان، به باکو اعزام شد، جاوید در نشستی که در ۱۹ تیر ۱۳۰۸ از طرف حزب کمونیست آذربایجان، به منظور تبادل نظر با اعضای حزب کمونیست ایران صورت گرفته بود با اشاره به حالت عام سرخوردگی و بدبینی موجود در میان ایرانیان مقیم قفقاز، به نکوهش حزب کمونیست آذربایجان پرداخت همچنین او در نامه‌هایی خطاب به اورجونیکیدزه، کمیته اجرایی کمینترن، کمیته مرکزی حزب کمونیست اتحاد جماهیر شوروی، و کمیته مرکزی حزب کمونیست آذربایجان، تصویری گویا از وضعیت جامعه ایرانیان مقیم باکو ارائه داد، او در نامه‌اش به حزب کمونیست آذربایجان، از تلاش‌های آن حزب برای منع فعالیت‌های مختلف

ایرانیان انتقاد کرد و آن را شرم آور خواند و یاد آور شد که برخی از کمونیست‌های ایرانی، سیاستهای قومی حزب کمونیست آذربایجان را با سیاست ادغام قومی رضاشاه در ایران مقایسه می‌کنند و تحمیل پذیرش شهروندی شوروی به ایرانیان را سیاستی دانست که منجر به پراکندن و منفعل کردن ایرانیان قفقاز می‌شود. به دنبال این نامه‌ها، جاوید به ایران باز می‌گردد و بزودی دستگیر و روانه زندان می‌شود.***

تا سال ۱۳۱۰ ایران و شوروی دارای روابط و همکاری‌های گسترده بود امّا بعد از انتشار خاطرات و افشاگری‌های آقا بکف، مأمور سازمان «چکا» و «گ. پ. ئو» رو به تیرگی نهاد، نامبرده بعد از فرار به فرانسه، خاطرات خود را در روزنامه لوماتن منتشر کرد و در بخشی از این خاطرات، او مدت دو سالی هم که در ایران بوده و با افراد متعدد ارتباط داشته، پرده برمی‌دارد. به دنبال انتشار خاطرات دستگیری افرادی که نامشان در خاطرات او آمده بود آغاز شد به طوری که حدود ۴۰۰ نفر در شهرهای مختلف ایران تهران، خراسان، آذربایجان دستگیر شدند و حتی از بین آنها چهار نفرشان محکوم به اعدام گردید. این دستگیری‌ها بر اساس قانونی صورت می‌گرفت که در همین سال ۱۳۱۰ (۲۲ خرداد) از تصویب مجلس گذشته بود این قانون فعالیت‌های کمونیستی و اشتراکی را غیر قانونی اعلام می‌کرد و مجرمین را به ۳ الی ۱۰ سال زندان محکوم می‌کرد.***

هنوز هم در مورد صحت این کتاب اظهار نظر قطعی نمی‌توان کرد ولی آنچه مهم است این که، به دنبال انتشار این خاطرات از همکاری‌های گسترده دو کشور کاسته شد و فعالیت حزب کمونیست نیز، غیر قانونی شناخته شد.***

در ۱۰ خرداد ۱۳۱۰، وقتی قانون ضد کمونیستی، به دستور رضاشاه، توسط داور به مجلس ارائه گردید تقریباً تمامی رهبران کمونیستی در ایران دستگیر شده بودند، این قانون ظاهراً بر علیه ترویج مرام اشتراکی و کمونیسم واقدام بر علیه امنیت کشور بود، ولی طوری کشدار نوشته شده بود که هر تشکیلاتی را با توسل به آن می‌توانستند تحت تعقیب قراد دهند و به ۳ الی ۱۰ سال زندان محکوم سازند.

پیشه‌وری نیز که به مانند سایر رهبران و فعالین حزب دستگیر شده بود به همراه دیگر فعالین حزب، سالهای سال بدون دادرسی در زندان به سر برد، تعدادی از کادرهای برجسته حزب مانند حجازی، سیدمحمد تنها، انزابی، استاد علامحسین نجار، یرواندیغیکیان، پوررحمتی و غیره در شرایط سخت زندان و زیر شکنجه کشته شدند و کثیری از آنان که از مرگ رسته بودند تنها بعد از ورود متفقین و سقوط رضاخان در ۱۳۲۰ توانستند از زندان آزاد گردند. آخرین گروه دستگیر شده، تحصیلکرده‌های حزبی بودند که به دور مجله دنیا و دکتر ارانی جمع شده بودند. همگی آنها که بعداً به گروه ۵۳ نفر معروف شدند در سال ۱۳۱۶ به چنگ پلیس افتادند و در زندان به کمونیست‌های پیشکسوت و قدیمی پیوستند. به نوشته روزنامه پیکار در طی سالهای ۱۳۱۰ ـ۱۱ بیش از دو هزار نفر تحت فشار و شکنجه قرار داشتند و طبق نوشته روزنامه سیاست، در خلال سالهای سلطنت رضاشاه، بیش از بیست هزار نفر زندانی و تبعیدی وجود داشت. یوسف افتخاری در خاطرات خود از دوران زندان می‌نویسد:

> از اردبیل اخوان من، رحیم و عزیز را گرفتند ، طاهری، جودت و چند نفری را هم با آنها گرفتند. از گیلان آرداشس ارمنی را گرفته بودند، آرداشس از ارامنه گیلان بود یکبار هم قبلاً او را گرفته بودند. از تبریز حسین اتکا را گرفته بودند، دو سه نفر کفاش و متفرقه گرفته بودند ... از رشت دکتر شفیعی و رسولی و یک عده دیگر را گرفتند از آستارا صادق‌خان، ممی نام و عزت را گرفته بودند از مازندران علی‌زاده را به اتهام جاسوسی گرفته بودند که قبلاً فامیلش قنادی‌زاده بود که تبدیل به علی‌زاده کرده بود. از جنوب رضا روستا را به جرم جاسوسی گرفتند.
>
> زندانیان سیاسی دو گروه بودند یک عده را گرفته بودند به اتهام جاسوسی و یک عده هم به اتهام حزبی و سیاسی، آنهایی را که به اتهام جاسوسی گرفته بودند، محاکمه و محکوم می‌کردند و بعد از آن که مدت محکومیتشان تمام می‌شد مرخص می‌کردند.
>
> البته گروه سیدابوالقاسم موسوی هم بود موسوی از مشروطه خواهان قدیمی بود که در انقلاب گیلان هم شرکت داشت بعداً در تهران با

آخوندزاده و یکی از تجار قزوین که اسمش را فراموش کردهام، متحداً با شوریها، ارتباط داشتند و رضاخان را تشویق به تشکیل جمهوری کرده بودند. با موسوی در مسکو آشنا شده بودم موسوی و دکتر مسنن و چند نفر دیگر بودند که به اتهام ترور رضاشاه دستگیر شده بودند. ولی آنها تروریست نبودند. ابوالقاسم موسوی بعدها در جمعیت هواداران صلح شورویها وارد شد.***

پیشه‌وری قبل از دستگیری، در مدرسه شوروی در تهران مشغول تدریس بوده و اسناد باقیمانده حاکی از آنست که او اندکی قبل از دستگیری‌اش، می‌خواسته از ایران خارج شود و به شوروی رود ولی به او اجازه خروج از کشور نداده‌اند. در اسناد آمده است که:

«مدرسه شوروی شرحی به نظمیه نوشته که چون مدرسه شوروی احتیاج به اصول علم و تعلیم و تربیت و تکمیل زبان روسی دارد ناچار چند نفر از معلمین خود را به مسکو روانه نماید و تقاضا نموده به سیموتیان و جعفرخان پیشه‌ور[ی] تذکره عبور داده شود به مسکو عزیمت نمایند»

امّا بنابه نوشته «تشکیلات نظیمه مملکتی» از آنجا که «مسافرت این قبیل اشخاص [سوابق دارند و همیشه اعمال و رفتار آنها مراقبت می‌شده] به مسکو خالی از سوءنیتی نبوده و در مدت اقامت در روسیه برای تبلیغات کمونیستی و پاره ای مقاصد سوء تربیت شده مراجعه می‌نمایند. چنانچه در سنه ۱۳۰۷ ابوالقاسم‌خان اسدی معلم مدرسهٔ مذکور به روسیه عزیمت و بر طبق مرقومه وزارت جلیله امور خارجه مشارالیه از آنجا با اخذ دستوراتی به ایران مراجعت نموده است ...»***

پانویس‌ها

[۱] میرزاحسین خان تحویلدار، جغرافیای اصفهان، به کوشش منوچهر ستوده (تهران: موسسه مطالعات و تحقیقات اجتماعی، ۱۳۴۲) ص ۱۰۲، به نقل از: محمدحسین خسرو پناه، «کارنامه و روزگار ایرانیان مهاجر در قفقاز ۱۹۰۰ ـ ۱۹۲۰»، نگاه نو، شماره ۳۴.

[۲] حاج زین العابدین مراغه‌ای، سیاحتنامه ابراهیم بیک (تهران: صدف، ۱۳۴۴). ص

[۳] سلطانزاده، برشور «ایران» به نقل از: اسناد تاریخی حنبش کارگری سوسیال دموکراسی ... ج۱، ص ۳۰.

[۴] یاقوت حموی در «معجم البدان» راجع به وجود نفت در بادکوبه چنین می‌نویسد:

«بادکوبه در ایالت شیروان نزدیک در بند است. در این شهر چشمه بزرگی از نفت است که روزی هزار درهم نفت می‌دهد کنار آن چشمه دیگری از نفت سفید است که مانند روغن زیبق می‌باشد و شب و روز جاری است و عایدی این چشمه هم مانند چشمه اولی می‌باشد. بازرگانی موثق به من گفت که در آنجا از یک قطعه زمین شعله آتش جاودان بر می‌خیزد و هیچگاه خاموش نمی‌شود».

اما استخراج سرشار از این معدن به اواخر قرن نوزده و اوایل قرن بیستم بر می‌گردد به طوری که در مدت چهار سال یعنی از سال ۱۸۹۸ تا ۱۹۰۱ معادن نفت بادکوبه در استخراج نفت توانست حتی از آمریکا که بزرگترین کشور نفت‌خیز جهانی به شمار می‌رفت جلو بیفتد. (مصطفی فاتع، پنجاه سال نفت ایران (تهران: پیام، ۱۳۵۸ ص ۲۷).

در سال ۱۹۰۱ محصول معادن مزبور به دوازده میلیون تن بالغ می‌شد که برابر با نصف محصول نفتی سراسر جهان در آن روزگار بود. علاوه بر معادن نفت بادکوبه از مناطق نفت‌خیز دیگر قفقاز می‌توان به گروزنی، میکاپ وداغستان اشاره کرد که بترتیب از سالهای ۱۸۹۳ و ۱۹۰۹ و ۱۹۴۶ استخراج نفت از آن مناطق آغاز گشته ولی هیچ یک به اهمیت نفت بادکوبه نمی‌باشد.(همان، ص ۴۹).

[۵] محمدحسین خسرو پناه، «کارنامه و روزگار ایرانیان مهاجر در قفقاز ۱۹۰۰ ـ ۱۹۲۰»، نگاه نو، شماره ۳۴.

[۶] عبدالله بهرامی، خاطرات کودتا از آخر سلطنت ناصرالدین شاه تا اول ([تهران] علمی، ۱۳۶۳) . صص ۸۷

• حاج زین العابدین مراغه‌ای، سیاحتنامه ابراهیم بیک (تهران: صدف، ۱۳۴۴) ص ۲۷.

• سیدجعفر پیشه‌وری، تاریخچه حزب عدالت، صص ۱۶ ـ ۱۵.

• حاج زین العابدین مراغه‌ای، همان کتاب، ص ۳۱.

[10] . Məmmədquluzadə C.H. Əsərləri: 3 cilddə, 2c., Bakı: Azərb. SSR EA nəşriyyatı, 1967, s.98

•• ا. ن. قلی اف، تاریخ آذربایجان، ترجمه ا. آ. افشار ([بی‌جا]: شورا، معاصر، ۱۳۵۹)، صص ۲۲۵ ـ ۲۲۴.

•• اسد بیگ قفقازی، نفت و خون در شرق، ترجمه محمد حسین جهانبانی (آستارا: [بی‌نا] ،۱۳۲۹) صص ۱۰ ـ ۵.

•• محمدامین رسول‌زاده، گزارشهایی از انقلاب مشروطیت ایران، ترجمه رحیم رئیس نیا (تهران: شیرازه، ۱۳۷۷) صص ۷۸ ـ ۷۷.

•• ایران نو، شماره ۷۳، شنبه ۱۹ محرم ۱۳۲۹، ص ۴. نقل در نگاه نو، شماره ۳۴.

•• سیدجعفر پیشه‌وری، «احزاب سیاسی و کنسولگری»، آژیر ۱۷ شهریور ۱۳۲۲.

•• حاج زین العابدین مراغه‌ای، همان کتاب، ص ۲۵.

•• ثریا، سال دوم، شماره ۷، شنبه ۲۹ رجب ۱۳۱۷. به نقل از: محمد حسین خسرو پناه، «کارنامه و روزگاه ایرانیان مهاجر در قفقاز»، مجله نگاه نو، شماره ۳۴.

•• Taghi Šahin, Iran kommunist Partiyasinin yaranmasi, baki 1963, s.117.

•• سیدجعفر پیشه‌وری، آژیر، ۲۷ مرداد ۱۳۲۲.

•• حاج زین العابدین مراغه‌ای، همان کتاب، ص ۳۴.

[۲۱] . آژیر،سرگذشت من،سال اول شماره۲۵،۱۹آذر۱۳۲۲.

[22]. ƏKRƏM RƏHiMLi (BiJE).MÜBARiZƏ BURULĞANLARINDA KEÇƏN ÖMÜR:SEYİD CƏFƏR PİŞƏVƏRİ(Həyatı və ictimai-siyasi fəaliyyəti).NURLAR.2009-BAKI.S.13.

---

23. ƏKRƏM RƏHiMLi (BiJE).MÜBARiZƏ BURULĞANLARINDA KEÇƏN ÖMÜR:SEYİD CƏFƏR PİŞƏVƏRİ(Həyatı və ictimai-siyasi fəaliyyəti).NURLAR.2009-BAKI.S.14-16.

24. ƏKRƏM RƏHiMLi (BiJE).MÜBARiZƏ BURULĞANLARINDA KEÇƏN ÖMÜR:SEYİD CƏFƏR PİŞƏVƏRİ(Həyatı və ictimai-siyasi fəaliyyəti).NURLAR.2009-BAKI. S.17.

25. Həsənli C.P.Güney: Azərbaycan:Tehran-Bakı-Moskva arasında (1939-1945)Bakı, "Diplomat" nəşriyyatı, 1998.S.201.

26. ƏKRƏM RƏHiMLi (BiJE).MÜBARiZƏ BURULĞANLARINDA KEÇƏN ÖMÜR:SEYİD CƏFƏR PİŞƏVƏRİ...S.15.

** کاوه بیات، فعالیت‌های کمونیستی در دوره رضاشاه، سیدجعفر پیشه‌وری۱۳۰۰) (تهران: سازمان اسناد ملی ایران، ۱۳۷۰)، ص ۱۶۰.

** او در مورد پیشه‌وری می‌نویسد: « پیشه‌وری از کمونیست‌های آتشین و با سابقه بود. او که در سال ۱۸۸۸ در آذربایجان متولد شده بود در سال ۱۹۰۴ به باکو رفت و تا زمان انقلاب در آن جا باقی ماند. در سال ۱۹۱۸ همراه با ارتش سرخ و با نام مستعار سیدجعفر بادکوبه‌ای وارد ایران شد. در سال ۱۹۲۰ به وزارت کشور جمهوری انقلابی گیلان منصوب گردید. بعد از سقوط جمهوری به روسیه رفت و در سازمان کمینترن با نام سلطانزاده به فعالیت پرداخت. مأموریتهائی که از طرف کمینترن به او احاله می‌شد او را به کشورهای خاورمیانه منجمله (حبشه) کشاند. پیشه‌وری که سعی میکرد خودش را قربانی تصفیه ۱۹۳۶ شوروی قلمداد کند از نو، به ایران آمد. دولت ایران او را دقیقاً زیر نظر داشت و در کاشان در زیر کنترل دولت زندگی می‌کرد. در نتیجه عفو عمومی سال ۱۹۴۱ پیشه‌وری هم آزاد شد و به تهران رفت و مدیریت نشریه روزانه آژیر را به عهده گرفت و در پا گرفتن حزب توده سهیم شد». (ژرژ لنچافسکی، غرب و شوروی در ایران سی سال رقابت ۱۹۴۸ ـ ۱۹۱۸. ترجمه حورا یاوری. (تهران: ابن سینا، ۱۳۵۲)، ص ۲۸۳. برای ردّ نظر او بنگرید به: خسرو شاکری، اسناد تاریخی جنبش کارگری ... «پیرامون شخصیت ناشناخته یک کوشنده انترناسیونالیست ایرانی» ج ۴، صص ۱۳ ـ ۱۱).سرهنگ علی زیبائی نیز در کتاب «کمونیزم در ایران»، پیشه‌وری را چنان توصیف می‌کند که گوئی بین نویسنده این دو کتاب در تحریف واقعیت هماهنگی وجود داشته:

«سیدجعفر پیشه‌وری فرزند سیدجواد از سادات خلخال و از کمونیست‌های مومن و تعلیم یافته و دانشگاه (کوتو) بود وی دوران پرهیجان و طوفانی را در زندگی سیاسی خود طی کـرده اسـت نـامبرده در سـال ۱۲۶۷ شمسی در آذربایجان ایران بدنیا آمد و در ۱۲۳۸ به باکو رفت و تا زمان انقلاب روسیه سال ۱۹۱۷ مـیلادی در آنجا بود و در بادکوبه در مدرسه اتحاد ایرانیان به شغل معلمی اشتغال داشت یکسال پس از انقلاب اکتبر در سال ۱۲۹۷ شمسی با ارتش سرخ بایران بازگشت و بنام سیدجعفر بادکوبه‌ای معروف شد. در سال ۱۲۹۹ شمسی وزیر کشور جمهوری سوسیالیستی گیلان « شورش میرزاکوچک‌خان گردید و پس از سـقوط جمهـوری مـذبور بـه روسیه رفت و در کمینترن به فعالیت پرداخت و مأموریت‌ها و دستورهای کمینترن او را به کشورهای خاورمیانه کشانید نامبرده در آن موقع اظهار می‌داشت جزء افرادی است که قربانی تصفیه شده مشارالیه پس از مـدتی در سال ۱۳۱۵ شمسی در ایران ظاهر شد. دولت ایران دقیقاً مراقب بود و عملیات او را زیر نظر داشت تا این‌که به کاشان تبعید شد لیکن در نتیجه عفو عمومی سال ۱۳۲۰ شمسی آزاد گردید. پیشه‌وری پس از آزادی به تهـران آمد و به انتشار روزنامه آژیر پرداخت و در تأسیس حزب توده کمک کرد ... (علی زیبائی، کمونیزم در ایران، [تهران: بی‌نا، ۱۳۴۳]، ص۱۹۷، پاورقی).

آنچه در این دو نوشته بیشتر جای تأمل است این‌که در هیچ کدام از دو منبعِ معتبرِ یـاد شـده، کـوچکترین اشاره‌ای به ۱۰ سال زندان پیشه‌وری در دوره رضاشاه نشده است در حالی که این موضوعی نیست که از دیـد کسی پوشیده باشد، بخصوص از دیدِ نویسندگان مطلع دو کتاب فوق الذکر. متاسفانه بسیاری از نویسندگان دیگر نیز، ضمن تکرار مطالب دو کتاب فوق، کوچکترین اشاره‌ای به ده سال زندان پیشه‌وری نکرده‌اند. به عنوان مثال آخرین کتابی که در این زمینه منتشر شده عبارت است از: بحران آذربایجان: سالهای ۱۳۲۴ ـ ۱۳۲۵ ش. خاطرات آیت الله میرزاعبدالله مجتهدی، به کوشش رسول جعفریان (تهران: موسسه مطالعات تاریخ معاصر ایران، ۱۳۸۱) ص ۱۰.

شایان ذکر است که کتاب «کمونیزم در ایران» نوشته سرهنگ ستاد، علی زیبائی یکـی از بهتـرین کتابهـادر مورد تاریخ جنبش کمونیستی در ایران است که حاوی مهمترین اسناد در مورد جنـبش چـپ ایـران مـی‌باشـد نویسنده آن که خودش از شکنجه‌گران و مسؤولین فرمانداری نظامی تهران و جزء ساواکی‌های معروفی بود این کتاب را بر اساس اسناد دست اوّل «ساواک» در خصوص جنبش چپ ایران، تدوین کرده و کتاب را در تیراژی محدود به چاپ رسانده در واقع این کتاب برای دولتمردان مورد اعتماد رژیم نوشته شده بود. کتاب «کمونیزم در ایران» بیشتر با کتاب «سیر کمونیزم در ایران» نوشته تیمور بختیار که کتاب ضـعیف و سراسـر جعـل مـی‌باشـد بواسطه تشابه اسمی، در بیشتر موارد از طرف بعضی از نویسندگان و خوانندگان اشتباه می‌شود.

زیبائی در زمان دستگیری مرتضی کیوان به او گفته بود: « ...مرا نمی‌شناسید؟ من سرگرد زیبائی معروفم که پاهای وارطان را با دست خودم قطع کردم ...».(محمد حسین خسروه پناه، سازمان افسران حزب توده ایران از درون. (تهران: پیام امروز، ۱۳۸۰)، ص ۱۲۱).

۲۹ . میرجعفر پیشه‌وری(جوادزاده خلخالی):سئچیلمیش اثرلری،بکوشش احمد امین زاده،تقی موسوی و حسین جدی،روزنامه آذربایجان.۱۹۶۵.ص۶.

30. ƏKRƏM RƏHiMLi (BiJE).MÜBARiZƏ BURULĞANLARINDA KEÇƏN ÖMÜR:SEYİD CƏFƏR PİŞƏVƏRİ..S.17.

۳۱ . آژیر،سرگذشت من،سال اول شماره۲۵،۹۱آذر۱۳۲۲.

•• کاوه بیات، همان کتاب، ص ۱۶۰.

•• - Azerbaycan sovet Ensiklopedaiysi, baki, 1983, 7.cil. S. 542.

34. ƏKRƏM RƏHiMLi (BiJE).MÜBARiZƏ BURULĞANLARINDA KEÇƏN ÖMÜR:SEYİD CƏFƏR PİŞƏVƏRİ...S,18.

•• نجفقلی پسیان و خسرو معتضد، در عصر دو پهلوی (تهران: نشر ثالث، ۱۳۸۰) ص ۳۶۸.

۳۶ . آژیر،سرگذشت من،سال اول شماره۲۵،۹۱آذر۱۳۲۲

•• رحیم رئیس نیا، آخرین سنگر آزادی ... (تهران: شیرازه، ۱۳۷۷)، صص ۱۷ ـ ۱۶.

•• آژیر، شماره ۹۱، ۱۳۲۲/۹/۱۵.

•• Taghi šahin, Iran kommunist Partiyasinin yaranmasi, baki 1963, s.148.

40. ƏKRƏM RƏHiMLi (BiJE).MÜBARiZƏ BURULĞANLARINDA KEÇƏN ÖMÜR:SEYİD CƏFƏR PİŞƏVƏRİ(Həyatı və ictimai-siyasi fəaliyyəti).NURLAR.2009-BAKI..s.21

•• Taghi šahin, ... , s.148.

•• سیدجعفر پیشه‌وری، آژیر، شماره ۵۵، ۱۳۲۲/۵/۲۷.

•• همان.

•• رحیم رئیس‌نیا، همان کتاب، ص ۲۰.

•• همان، ص ۲۲.

•• سیدجعفر پیشه‌وری، آژیر، شماره ۵۷، ۱۳۲۲/۵/۲۷.

•• رحیم رئیس‌نیا، همان کتاب، ص ۲۲.

•• حسین آبادیان، رسول‌زاده، فرقه دمکرات و تحولات معاصر ایران (تهران: موسسه مطالعات تاریخ معاصر ایران، ۱۳۷۶)، ص ۲۲.

•• همان، ص ۲۳.

•• ژرژلنچافسکی، همان کتاب، ص ۳۱.

•• حزب مساوات از لحاظ ایدئولوژی زاده ملی‌گرایی و طرفدار مرام ترک‌گرایی بود. نام کاملتر آن « تورک عدم مرکزیت مساوات فرقه سی» بوده ... و از لحاظ نظریه‌های جامعه‌شناسی، پایبند پوپولاریسم بوده، منش رادیکال دموکرات داشت (محمدامین رسول‌زاده، جمهوری آذربایجان: چگونگی شکل گیری و وضعیت کنونی آن، ترجمه تقی سلامزاده (تهران: شیرازه، ۱۳۸۰)، صص ۷۲ ـ ۷۱.

•• ـ اسماعیل زیاد خان‌اف که تقریباً در همین زمان به عنوان نماینده جمهوری آذربایجان به ایران فرستاده می‌شود در مورد تغییر نام آذربایجان در مصاحبه با روزنامه ایران، چنین می‌گوید: «پرسش شد: آیا چه سابقه‌ای برای این وجود دارد که قسمت اوّل را آذربایجان نام نهادند. در حالی که تا حال آذربایجان جز به ایالات ایران اطلاق نمی‌شد ...؟

جواباً اظهار داشتند: از نقطه نظر تاریخی چون که بادکوبه در قدیم معبد آتش پرستان بوده و کلمه آذر از آن مشتق است به این علت این نامه را برای مملکت جدید التأسیس خود اختیار کردیم.

مجدداً پرسیده شد: بر فرض این‌که بادکوبه معبد آتش پرستان بوده باشد و علاقه به این کلمه داشته چه اصراری دارند که کلمه آذربایجان را انتخاب کنند در حالی که می‌توانستند آذرستان بنامند ... . آقای اسماعیل‌خان در جواب گفتند این بد حرفی نیست و در آینده باید در این زمینه صحبت کرد ...». (روزنامه ایران، ۱۲ فروردین ۱۲۹۸، شماره ۴۱۱).

•• ملک زادهٔ هیربُدی، سرگذشت حیرانگیر، (تهران: [بی‌نا]، ۱۳۲۸) صص ۴۳ ـ ۳۹. به نقل از: آذربایجان در موج خیر تاریخ، نگاهی به مباحث ملیون ایرانی و جراید باکو در تغییر نام اران به آذربایجان، ۱۲۹۸ ـ ۱۲۹۶

شمسی، با مقدمه کاوه بیات. (تهران: شیرازه، ۱۳۷۹)، ص۹۱۰. همچنین برای اطلاع بیشتر از تغییر نـام آران بـه آذربایجان بنگرید به: عنایت الله رضا، آذربایجان و اران، (تهران: ایران زمین، ۱۳۶۰).

•• ـ بنگرید به: نصرت الدوله، مجموعه‌ی مکاتبات، اسناد ... صص ۱۷۰ ـ ۱۶۹.

•• ـ بنگرید به: اسناد محرمانه وزارت امور خارجه بریتانیا جلد اول، ص ۱۹۵، سند شماره ۱۴۴.

•• باقر عاملی، خاطرات سیاسی محمد ساعد مراغه‌ای (تهران: نشر نامک، ۱۳۷۳) ص ۵۰.

•• خاطرات ژنرال دنسترویل: سرکوبگر جنگل، ترجمه حسین انصاری، با مقدمه علی دهباشـی، (تهـران: کتاب فرزان، ۱۳۶۱) ص ۷.

•• دنیس رایت نقش انگلیس در ایران ترجمه فرامرزی، (تهران: فرخی، ۱۳۶۱، صص ۴ ـ ۲۷۳.

•• ژرژلنچافسکی، غرب و شوروی در ایران سی سال قدرت، ص ۳۳. در مورد شخصیت منفـی ژنـرال دنسترویل همین بس که به قضاوتی که او از شخصیت و مرام میرزاکوچک‌خان کرده اشـاره کنـیم او در مـورد آرمانهای وطن پرستانه میرزاکوچک‌خان در خاطراتش می‌نویسد: «... پروگرام او حاوی همان افکار و اصول و مرامهای مبتذل و غیر قابل تحمل می‌باشد منجمله: آزادی، مساوات، اخوت، ایران مال ایرانیـان اسـت، دور بـاد خارجی! تصریح سایر موارد پروگرام فائده ندارد و همان اندازه که دروغ و کذب محض است بهمان نسبت هم زیاد می‌باشد. (خاطرات ژنرال دنسترویل، ص ۴۱).

•• بنگرید به: هراچیاکوچار، کمون باکو (بیست و شش کمیسر)، ترجمه احمد نوری زاده، (تهران: پیـک ایران، ۱۳۶۰)، ص ۱۴۹.

•• . ق. علییف او و دیگران ... ، تاریخ آذربایجان، ترجمه نصرالله الحقی بیات (تبریز: ارگ، ۱۳۶۰)، ج دوم، ص ۶۹.

•• . همان کتاب، صص ۷۵ ـ ۷۴.

•• حسین آبادیان، همان کتاب، صص ۲۵ ـ ۲۴.

•• آژیر، ۱۳۲۲/۵/۲۷، شماره ۵۵.

•• عبدالصمد کامبخش، نظری به جنبش کارگری در ایران، (تهران: گلبرگ، [بی‌تا]) ص ۱۴۱.

•• سیدجعفر پیشه‌وری، آژیر، ۱۳۲۲/۵/۲۷، شماره ۵۵.

•• عبدالصمد کامبخش، همان کتاب، ص ۱۴۲.

•• Taghi Šahin, Iran kommunist Partiyasinin yaranmasi, baki 1963, s.127.

.. Taghi šahin, Iran kommunist Partiyasinin yaranmasi, baki 1963, s.114 - 115.

.. سیدجعفر پیشه‌وری، آژیر، ۱۳۲۲/۵/۳۰، شماره ۵۶.

.. سیدجعفر پیشه‌وری، آژیر، ۱۳۲۲/۵/۱۵، شماره ۹۱.

72. VÜQAR MİKAYIL OĞLU ƏHMƏD.MİR CƏFƏR PİŞƏVƏRİNİN HƏYATI,MÜHİTİ VƏ YARADICILIĞI.B A K I – 2004.s.20

و بنگرید به: میرجعفر پیشه¬وری(جوادزاده خلخالی):سئچیلمیش اثرلری،بکوشش احمد امین زاده،تقی موسوی و حسین جدی،روزنامه آذربایجان.۱۹۶۵.ص۷

.. منشور گرگانی بدون ذکر سند و منبع موثقی، در مورد ارتقاء سریع پیشه‌وری در حزب عدالت (= کمونیست) می‌نویسد که پیشه‌وری در جوانی به خاطر وضع نامساعد مالی در خانه دو برادر، بنام‌های عباسقلی و عباسعلی که از توانگران و ثرتمندان باکو بودند با سمت خانه شاگرد زندگی می‌کرد پس از انقلاب بلشویک و اشغال باکو، این دو برادر که از مخالفین کمونیسم بودند در خانهٔ امنی پنهان شدند ولی میرجعفر جوادزاده که از مخفیگاه آن دو با خبر بود به خاطر ایدئولوژی حزبی خود محل اختفای آن دو را به فرمانده بلشویکها، اطلاع داد در نتیجه دو برادر دستگیر و بعد از محاکمه صحرایی تیر باران شدند.(ع. منشور گرگانی، سیاست شوروی در ایران. (تهران: [بی‌تا] ۱۹۴۸) ص ۴۳.

اتهام فوق به پیشه‌وری صحیح بنظر نمی‌رسد، علل سردبیری پیشه‌وری در روزنامه حریت، همچنین عضویتش در کمیته مرکزی حزب، ممکن است بدلایل زیر باشد: اولاً پیشه‌وری در بین کارگران بیشماری که در مراحل اولیه حزب عدالت جذب آن شدند فردی تحصیلکرده و معلم مدرسه و نویسنده بود و تا این مرحله مقالات متعددی از او به چاپ رسیده بود، همچنین حزب عدالت در این مرحله، حزب تازه تأسیسی بود و هنوز عمر چندانی از تأسیس آن نگذشته بود.

.. رحیم رئیس‌نیا، همان کتاب، ص ۲۸.

.. محمدعلی منشور گرگانی، سیاست دولت شوروی در ایران، ص ۴۲.

.. محمد ساعد مراغه‌ای، همان کتاب، ص ۶۰.

.. سیدجعفر پیشه‌وری، تاریخچه حزب عدالت، (تهران: علم، ۱۳۵۹)، صص ۴۶ ـ ۴۴. همچنین بنگرید به: آژیر، ۱۳۲۲/۸/۱۳.

** بنگرید به: سلام‌الله جاوید، گوشه‌ای از خاطرات، ج۳، ص ۲۱، اسداله غفارزاده در ۱۸۸۵ در اردبیل به دنیا آمد و در سال ۱۹۰۳ به باکو رفت. او در حمل روزنامهٔ ایسکرای لنین که توسط حزب سوسیال دموکرات کارگری روسیه در اروپا انتشار می‌یافته، از طریق ترکیه و ایران به باکو مستقیماً شرکت داشت عضو حزب سوسیال دموکرات کارگری روسیه بود. بعد از شکست انقلاب نخست روسیه، غفارزاده در شدیدترین شرایط تزاری، به زعم پیگردهای مأموران تزاری از یک سو و جاسوسان کنسول ایران از سوی دیگر، همچنان به فعالیت‌های خود در بین کارگران قفقاز ادامه می‌داد و در انقلاب ۱۹۱۱ ـ ۱۹۰۵ ایران نیز مشارکت داشت و در تبدیلِ کارگران ایرانی به یک تشکل منسجم تحت عنوان حزب عدالت، نقشی وافر داشت او در نویسندگی نیز چیره دست بوده و در زمان مرگش در سال ۱۹۱۸ در رشت، صدر حزب عدالت بود. برای اطلاع بیشتر از زندگی غفارزاده بنگرید به منابع زیر:

ـ اسناد تاریخی جنبش کارگری، ج ۱، ص ۱۶.

Taghi šahin, Iran kommunist Partiyasinin yaranmasi, baki 1963, s. 122 - 123

** Taghi šahin, Iran kommunist Partiyasinin yaranmasi, baki 1963, s.156.

80.ƏKRƏM RƏHiMLi (BiJE).MÜBARiZƏ BURULĞANLARINDA KEÇƏN ÖMÜR:SEYİD CƏFƏR PİŞƏVƏRİ(Həyatı və ictimai-siyasi fəaliyyəti).NURLAR.2009-BAKI..s.24.

** محمدعلی منشور گرگانی، همان کتاب، ص ۴۳.

** اسناد تاریخی جنبش کارگری، ج۴، ص ۹۹. به نوشته سلطانزاده « کارگران ایرانی در باکو پس از انقلاب فوریه [۱۹۱۷] رشد یافته، نفوذ آن در میان توده‌های کارگری افزایش پیدا کرد. در عین حال کار بزرگی در خود ایران انجام می‌گرفت، و اغلب بهترین کارگران برای تبلیغ و سازماندهی بدانجا فرستاده می‌شدند. بسیاری از آنان هم اکنون در زندانهای تهران، قزوین و دیگر شهرها زندانی‌اند. بسیاری را انگلیسی‌ها یا به هندوستان تبعید کرده یا براحتی تیرباران کرده‌اند. سال گذشته در رشت یکی از بهترین رهبران ما، رفیق غفارزاده، الهام دهنده و سازمان دهنده بزرگ حزب کمونیست ایران را تیر باران کردند. دو ماه پیش بهنگام اشغال اردبیل از طرف گروه انقلابیون ایران، هفده نفر از رفقای فعال ما از زندان آزاد شدند. چند تن از اینان بیش از یک سال در زندان بسر می بردند. هیچ نمایش بزرگ کارگری در باکو نبوده است که حزب ما در آن شرکت نکرده باشد. در سخت‌ترین روزهای ارتجاع، حزب کمونیست ایران بیش از ۶۰۰۰ عضو در سازمانهای مخفی خود داشت دو ماه پیش ما نام‌نویسی در ارتش سرخ ایران را آغاز کردیم. تعداد داوطلبین آنقدر کثیر بود که ما ناچار نام‌نویسی را متوقف ساختیم، زیرا از نظر فنی این امکان را نداشتیم که همه داوطلبین را به اندازه کافی آماده سازیم. (اسناد تاریخی جنبش کارگری، ج۴، ص ۴۹).

** علی شمیده، آزادلیق قهرمانی، (تبریز: نشر دالغا، ۱۹۷۴/۱۳۵۰). صص ۸۶ ـ ۸۵.

** حقیقت، خرداد ۱۳۰۱، شماره ۹۶، به نقل از: آخرین سنگر آزادی، ص ۳۲۹.

** رضا آذری شهرضایی، هیئت فوق‌العاده قفقازیه، (تهران: وزارت امور خارجه، ۱۳۷۹)، صص ۳۸ ـ ۲۵. اعضای هیئت اعزامی ایران به قفقاز در مجموع چهارده نفر بودند که علاوه بر سیدضیاءالدین، آقایان حاج موسی خان مفخم الملک به عنوان نماینده؛ باقر کاظمی مهذب الدوله به عنوان منشی از وزارت امور خارجه؛ یوسف مشار، نماینده وزارت داخله؛ رضا فهیمی نماینده وزارت معارف؛ رحیم ارجمند، نمایندهٔ وزارت پست و تلگراف؛ کلنل کاظم خان سیاح، نماینده ژاندارمری؛ ترجمه السلطان از وزارت مالیه؛ محمد جعفر میرزا، نمایندهٔ وزارت فواید عامه و غلامرضاخان مفاخر الملک را شامل می‌شد.

** ـ مجله آینده، فروردین، اردیبهشت، ۱۳۷۶، سال چهارم، شماره ۲و۱.

** لنچافسکی، همان کتاب، ص ۳۹.

** دیوان عارف قزوینی، ص ۱۴۷.

** ملک الشعراء بهار، تاریخ مختصر احزاب سیاسی، ج ۱، ۲۷.

** معجز شبستری، آثار منتخب، (باکو: ۱۹۵۴)، ص ۱۵۷.

** محمدامین رسول‌زاده، همان کتاب، صص ۹۶ ـ ۹۵.

** همان، ص ۱۰۴.

93 .Akif Aşırlı. Nərimanovun Kremldə qətli.Bakı, "Nurlan", 2006. S.15-19.

. ** Akif Aşırlı. Nərimanovun Kremldə qətli.Bakı, "Nurlan", 2006. S.15-19.
همچنین برای نامه بنگرید به:مجله وارلیق، زمستان ۱۳۶۸، شماره ۷۵ ـ ۷۴، سال یازدهم، ص ۵۰.

[95] Akif Aşırlı. Nərimanovun Kremldə qətli.Bakı, "Nurlan", 2006. S.8

** حریت، ۱۲ ژانویه ۱۹۲۰، شماره ۲۴، به نقل از، آخرین سنگر آزادی ... .

** سیدحسن تقی‌زاده، زندگی طوفانی: خاطرات سیدحسن تقی زاده، ص ۳۵۴. مجله وارلیق، فرجام رسول‌زاده را چنین توصیف می‌کند: «رسول‌زاده پس از ده ماه زندگی در خفا توسط نیروهای بلشویک در داغستان دستگیر و جهت محاکمه به باکو آورده می‌شود و در زندان ویژه زیر زمینی تحت بازپرسی قرار می‌گیرد دراین زمان استالین که زمانی همرزم مبارزاتی وی بوده و بوسیله او از مرگ رهایی یافته بود از ماجرای وی باخبر شده و در دادگاهی که برای رسول‌زاده تشکیل شده بود حاضر و او را از اعدام حتمی رهانده و همراه

خود به مسکو می‌برد رسول‌زاده در مسکو به همراه عباسقلی کاظم زاده دوست دیرین خود در اتاقی تحت نظر زندگی می‌کند و از راه تدریس زبان فارسی در انستیتو شرقیات مسکو امرار معاش می‌نمایند». (مهندس حسین علمی «محمدامین رسول‌زاده، بنیان گذار جمهوری آذربایجان»، وارلیـق، زمسـتان ۱۳۷۲، شـماره ۴ ـ ۹۱ سـال پانزدهم، ص۱۲.)

** حریت، ۲۲ آوریل ۱۹۲۰ به نقل از: رحیم رئیس‌نیا، آخرین سنگر آزادی، صص ۵ـ ۳۴.

** . کاوه بیات، آذربایجان در موج خیز تاریخ، ص ۱۴.

*** حریت، ۸ مارس ۱۹۲۰، شماره ۵۴، به نقل از: رحیم رئیس‌نیا، همان کتاب، صص ۳۰ ـ ۲۹.

*** زاخاریان از مسؤولین شعبه تعلیمات حزب توده در سالهای ۱۳۲۰ ش. بود.

*** به نقل از، اسناد تاریخی جنبش کارگری و سوسیال دموکراسی و کمونیستی ایران، ج۱، ص ۳۳۸.

*** ملک الشعراء بهار، تاریخ مختصر احزاب سیاسی، ج۱، ص۴۲.

*** روزنامه ایران، ۲۰ شعبان ۱۳۳۸.

*** ملک الشعراء بهار، همان کتاب. صص ۴۴ ـ ۴۳.

*** هوشنگ صباحی، سیاست انگلیس و پادشاهی رضا شاه، ترجمه پروانه ستاره، (تهـران: نشـر گفتـار، ۱۳۷۹)، ص ۱۱۶. در خصوص اعتراض ایران، ملک الشعراء بهار می‌نویسد: «دولت بعد از واقعه انزلـی توسـط نصرهٔ الدوله که هنوز با شاه (احمد شاه) در پاریس اقامت داشت اعتراض شدید و شکایت مفصلی به جامعهٔ ملل فرستاد ... روز ۷ شعبان از چچرین، کمیسر خارجه ساویت، تلگرافی در جواب تلگراف ماه قبل دولت واصل شد و در آن تلگراف گفته بود که: همان قسم که در ۱۹۱۸ به وزیر مختار ایران گفته‌ایم حاضریم با دولت ایران باب مودت مفتوح سازیم، و هم در روز ۱۰ همین ماه تلگراف مفصلتری از کمیساریای خارجه «چچرین» بدولت [ایران] رسید و از دریاسالار دولت ساویت تقریباً عذر خواسته و گفته که این احترام برای استرداد قوای خصم بوده است و گرنه ما متوجه دولت ایران بوده و قبلاً در ۲۶ ژوئن ۱۹۱۹ نیز بوسیله تروتسکی کمیساریای خارجه عهدنامه ۱۸ ماده بدولت ایران پیشنهاد کرده‌ایم و اکنون هم بر سر آن پیمان ایستاده‌ایم» (ملـک الشـعراء بهـار، همان کتاب، ج۱، صص ۴۵ ـ ۴۴.

*** به نقل از: خسرو معتضد، تاریخ پنجاه و هفت ساله ایران در عصر پهلوی (تهران: علمی، ۱۳۷۹) ص ۱۱۶.

... ابراهیم فخرائی، سردار جنگل (تهران: علمی، ۱۳۵۰) صص ۴ ـ ۲۴۱. شایان ذکر است که نویسنده محترم سردار جنگل در اشاره به دولت «جمهوری شوروی سوسیالیستی ایران» کلمه سوسیالیستی را حذف کرده است.

... بنگرید به: ابراهیم فخرائی، همان کتاب، صص ۵۰ ـ ۲۴۹.

... محمد صدر هاشمی، «تاریخ جراید مجلات ایران» (اصفهان: کمال، ۱۳۶۳)، ج۲، ص ۱۷۲.

... اسناد تاریخی جنبش کارگری، سوسیال دمکراسی و کمونیستی ایران، ج۱، ص ۸۴

... هوشنگ صباحی، «سیاست انگلیس و پادشاهی رضا شاه، ص ۱۲۲.

... همان کتاب.

... مویسی پرسیتس، بلشویکها و نهضت جنگل، ترجمه حمید احمدی، (تهران: شیرازه، ۱۳۷۹)، ص ۲۵ ـ ۲۴.

... منشور گرگانی، سیاست دولت شوروی در ایران، نقل از: مجله «فروغ»، (چاپ رشت)، مه ۱۹۲۸، ص ۷۱.

... مویسی پرسیتس، همان کتاب، ص ۳۲.

... Taghi šahin, Iran kommunist Partiyasinin yaranmasi, baki 1963, s.156 - 159.

... ق. علییف و دیگران ...، تاریخ آذربایجان، ص ۸۸.

... آژیر، ۱۵ مرداد ۱۳۲۲، شماره ۹۸.

... Taghi šahin, Iran kommunist Partiyasinin yaranmasi, baki 1963, s.162.

... همان.

... اسناد تارخی جنبش کارگری، سوسیال دمکراسی و کمونیستی ایران. ج ۱، ص ۸۲.

... سپهر ذبیح، تاریخ جنبش کمونیستی در ایران، ترجمه محمد رفیعی مهر آبادی (تهران: عطائی، ۱۳۶۴)، ص ۶۰.

... سپهر ذبیح، همان کتاب، صص ۱ ـ ۵۰، نقل از: روزنامه ستاره ایران، ۲۳ فوریه ۱۹۲۳.

... آژیر، ۲۲/۹/۱۵، شماره ۶۱.

•••. رحیم رئیس‌نیا، همان کتاب، ص ۳۱ ـ۳۰.

•••. سپهر ذبیح، همان کتاب، ص ۴۵.

128. ƏKRƏM RƏHiMLi (BiJE).MÜBARiZƏ BURULĞANLARINDA KEÇƏN ÖMÜR:SEYİD CƏFƏR PİŞƏVƏRİ(Həyatı və ictimai-siyasi fəaliyyəti).NURLAR.2009-BAKI..s.26-7

•••. میرجعفر پیشه‌وری(جوادزاده خلخالی):سئچیلمیش اثرلری،بکوشش احمد امین زاده،تقی موسوی و حسین جدی،روزنامه آذربایجان.۱۹۶۵.ص۹. و

-RƏHiMLi (BiJE).MÜBARiZƏ.BURULĞANLARINDA KEÇƏN ÖMÜR:SEYİD CƏFƏR PİŞƏVƏRİ(Həyatı və ictimai-siyasi fəaliyyəti).NURLAR.2009-BAKI.S.28 .

•••. دایرهٔ المعارف آذربایجان نیز همین اشتباه را تکرار کرده بنگرید:

- Azarbaycan sovet Ensiklopedaisysi, Baki, 1983. 7.cil. s. 542.

•••. رحیم رئیس‌نیا، آخرین سنگر آزادی، ص ۳۶.

•••. علی شمیده، آزاد لیق قهرمانی، (تبریز: نشر دالغا، ۱۳۵۰ ' ۱۹۷۲)، صص ۶ ـ ۸۵.

•••. گریگور یقیکیان، شوروی و جنبش جنگل؛ به کوشش برزویه دهگان، (تهران: زرین، ۱۳۶۳)، ص۴۹۹.

•••. گریگور یقیلکیان، شوروی و جنبش جنگل: یادداشت‌های یک شاهد عینی، ص ۱۱۰.

•••. همان، ص ۴۸۱.

•••. ابراهیم فخرائی، همان کتاب، ص ۲۴۳.

•••. مویسی پرسیتس، همان کتاب، ص ۴۴.

•••. سردار جنگل، همان کتاب، ص ۶۹ ـ ۲۶۷.

•••. Taghi šahin, Iran kommunist Partiyasinin yaranmasi, baki 1963, s.192

شایان ذکر است که در بعضی منابع، تعداد شرکت کنندگان کنگره با اختلاف اندکی ذکر گردیده: رحیم رئیس نیا تعداد نمایندگان شرکت کننده را ۷۱ نفر ذکر می‌کند بنگرید به: (آخرین سنگر آزادی، ص ۴۲). کتاب «کمونیزم در ایران» آن را ۴۸ نفر ذکر می‌کند: (علی زیبائی، ص ۱۳۱). علی شمیده تعداد نمایندگان شرکت کننده را ۵۰ نفر ذکر می‌کند: (آزادلیق قهرمانی، ص ۸۷). همچنین سلطانزاده تاریخ تشکیل این کنگره را ۲۳ ژوئیه ۱۹۲۰ ذکر می‌کند او می‌نویسد: «... نخستین کنگره حزب کمونیست ایران در ۲۳ ژوئیه با شرکت ۴۸ نفر که در بین آنان نمایندگان کمونیست‌های ایرانی مقیم ترکستان و قفقاز حضور داشتند. نمایندگان بطور عمده از بین

کارگران و دهقانان بودند نقش روشنفکران در کنگره برجسته نبود. (سلطانزاده، اسناد تاریخی جنبش، ج۴، صص ۵۵ ـ ۵۴).

... علی شمیده، آزادلیق قهرمانی، ص ۸۷.

... Taghi šahin, Iran kommunist Partiyasinin yaranmasi, baki 1963, s.193 - 4.

... کمینترن وخاور. بلیوبسکی و ... ویراستار ر. اولیانوفسکی، ترجمه جلال علوی‌نیا، (تهران: نشر بین الملل، ۱۳۶۰) ص ۱۳۳.

... Taghi šahin, Iran kommunist Partiyasinin yaranmasi, baki 1963, s.196.

... همان، ص ۱۹۵.

... همان، ص ۱۹۶.

... علی زیبائی، کمونیزم در ایران، ص ۲ ـ ۱۳۱.

... Taghi šahin, Iran kommunist Partiyasinin yaranmasi, baki 1963, s.96

... رضا روستا، مجله دنیا، سال سوم، شماره ۴.

... خسرو شاکری، اسناد تاریخی جنبش کارگری، سوسیال دموکراسی و کمونیستی ایران، ج۴، صص ۵۵ ـ ۵۴.

... آژیر، ۱۳۲۲/۵/۱۵، شماره ۹۱.

... روزنامه جنگل ارگان رسمی جنگلی‌ها بوده که پس تشکیل هیئت اتحاد اسلام به ریاست میرزاکوچک‌خان جنگلی، به مدت چند سال منتشر می‌شده ولی پس از رفتن میرزا و کودتای احسان الله خان، انتشار آن متوقف گشته و روزنامه انقلاب سرخ؛ ارگان اداره سیاسی ارتش سرخ ایران و هم چنین بعد از آن، روزنامه کامونیست، انتشار خود را آغاز کرده، مدیریت روزنامه جنگل بعهده میرزامحمد انشائی بوده و قدر مسلم این‌که روزنامه جنگل تا اوائل ذیقعده ۱۳۳۸ قمری به انتشار خود ادامه داده است.(محمد صدر هاشمی، تاریخ جراید و مجلات ایران، اصفهان: کمال، ۱۳۶۳، ج۲، ص ۲ ـ ۱۷۱).

... بلشویکها و نهضت جنگل، ص ۵۰:۵۱.

... محمدعلی گیلک، تاریخ انقلاب جنگل (به روایت شاهدان عینی)، (رشت: نشر گیلکان، ۱۳۷۱)، صص ۳۰۹ ـ ۳۰۸.

... ابراهیم فخرائی، ص ۲۶۹.

... همان، صص ۷۲ ـ ۲۶۹.

... محمدعلی گیلک، همان کتاب، ص ۳۲۱.

[157] . کریم کشاورز، «خاطراتی از سیدجعفر پیشه‌وری»، بخارا، مهر۱۳۷۷، شماره ۲، ص ۲۷۴.

... محمد صدر هاشمی، همان کتاب، ص ۳۰۰.

... گوئل کهن، تاریخ سانسور در مطبوعات ایران، (تهران: آگاه، ۱۳۶۲)، جلد ۲، ص ۷۴۲.

... گریگور یقیکیان، شوروی و جنبش جنگل: یادداشت‌های یک شاهد عینی، صص ۱۶۳ ـ ۱۶۲.

... همان کتاب، ص ۱۶۰.

... روزنامه کامونیست، ۱۸ ذیقعده، ۱۳۳۸ / ۱۳ مرداد ۱۲۹۹.

... ، این امرنامه‌ها(به نقل از:گریگور یقیکیان، همان کتاب، صص ۱۶۶ ـ ۱۶۳.)در این جا آورده می‌شود:

امر نامه

کسانی که در این تفسیر دو سه روزه اسبهای نظیمه و اثاثیه سایر ادارات جزو کمیسر داخله را بـه غـارت برده‌اند، اعم از نظامی و غیر نظامی باید به انقضای (۲۴) بیست و چهار ساعت از انتشار ایـن اخطـار بـه اداره نظمیه تحویل داده قبض دریافت دارند. در صورت تخلف و مسامحه شدیداً مجازات خواهند شد.

۱۸ذیقعده ۱۳۳۸ کمیسر داخله: جوادزاده

امرنامه

عموم زحمتکشان و دهقانان را مسبوق می‌داریم:

از طرف کمیته شورای انقلاب آزادی ایران به دوایر رسمی امر شده که به هیچوجه از بابت نواقل میراسـی جدید، جریمه و سایر لوازمات مشبومه را از شماها نگیرند تا به راحتی مشغول زندگانی بشوید.

احسان‌الله‌خان ـ خالوقربان ـ رضا خواجوی ـ علی‌خان زاده ـ آقازاده بهرام ـ جوادزاده.

۱۸ ذیقعده ۱۳۳۸

امر نامه

تمام افراد نظمیه از این تاریخ به هیچ اسم و رسم حق اخذ دیناری به عنوان جریمه ندارد.

مرتکبین با جزاهای معینه در نتیجه استنطاق کمیته انقلابی معاقبت خواهند شد.

۱۸ ذیقعده ۱۳۳۸ کمیسر داخله: جوادزاده

*** به نقل از: گریگور یقیکیان، شوروی و جنبش جنگل، صص ۸ـ ۵۲۷.

*** سپهر ذبیح، همان کتاب، ص ۴ ـ ۶۳.

*** روزنامه ایران، ۲۸ ژوئن ۱۹۲۰. به نقل از: سپهر ذبیح، تاریخ جنبش کمونیستی، ص ۶۵

*** مویسی پرسیتس، بلشویکها و نهضت جنگل، ترجمه حمید احمدی، ص ۵۵.

*** محمدعلی گیلک، همان کتاب، ص ۳۷۸.

*** همان، صص ۹۰ ـ ۳۷۹.

*** همان، ص ۳۹۳.

*** مویسی پرسیتس، همان کتاب، صص ۷۱ ـ ۶۹.

*** «خاطرات رفیق سیروس بهرام»، دنیا، دوره دوم سال چهاردهم، سال ۱۳۵۲، شماره ۱و۲.

*** همان.

*** همان.

*** علی شمیده، آزاد لیق قهرمانی، ص ۹۲.

*** علی زیبائی، ص ۴۵. لنچافسکی در کتاب خود «روسیه و غرب در ایران» نمایندگان ۳۲ کشور را به شکل زیر آورده: ۲۳۵ نفر از ترکیه، ۱۰۳ نفر از ایران، ۱۷۵ نفر ارمنی و ۴۴ زن. رحیم رئیس نیا تعداد ایرانیان شرکت کننده را ۲۰۲ نفر ذکر کرده: (آخرین سنگر آزادی)، ص ۴۵.

*** برای سخنان او بنگرید به: روزنامه حقیقت ۶ اکتبر ۱۹۱۱.

*** کاظم شاهرخی (امیرزاده)، آزاده گمنام، ص ۹۵.

*** دنیا، دوره دوم، سال چهارم، شماره دوم، ۱۳۵۲.

*** کمونیست، شماره ۷۸، اکتبر ۱۹۲۰/ ۲۵ مهر ۱۲۹۹.

*** آخرین سنگر آزادی، ص۴۶.

*** اسناد تاریخی جنبش کارگری سوسیال دموکراسی و کمونیستی ایران، انتشارات مزدک، ج۱، ص ۷۸.

*** بنگرید به: اسناد تاریخی جنبش کارگری جلد۴، ص ۵، پاورقی.

*** دنیا، سال ۳، شماره ۴.

*** اسناد جنبش کارگری، ج۴، ص ۷.

*** روزنامه ایزو ستیا، ۶ نوابر ۱۹۲۱، به نقل از: تاریخ جنبش کمونیستی در ایران، صص ۷۲ ـ ۷۱.

*** مجموعه آثار لنین؛ ترجمه محمد پور هرمزان (تهران: [بی‌جا]، ۱۳۵۸؟). ص ۷۷۸.

*** خسرو شاکر، تزهای سلطانزاده، به نقل از: اسناد تاریخی جنبش کارگری و سوسیال دموکراسی و کمونیستی ایران، ج۶، ص ۱۰۹.

*** بابک احمدی، مارکس و سیاست مدرن، (تهران: نشر مرکز، ۱۳۷۹) ص ۷۰۰.

*** مارکس و سیاست مدرن، ص ۷۰۴.

*** کارل مارکس، فریدریش انگلس، مانیفست حزب کمونیست، (مسکو: اداره نشریات بزبانهای خارجی، ۱۹۱۵). صص ۳۲ ـ ۳۱.

*** آندره پی‌تر، مارکس و مارکسیسم، ترجمه شجاع‌الدین ضیائیان. (تهران: دانشگاه تهران، صص ۱۲۰ ـ ۱۱۸.

*** دو بینش در حزب کمونیست ایران، ص ۴۱ ـ ۴۰.

*** علی زیبائی، کمونیزم در ایران، ص ۱۳۵.

*** دنیا، دوره دوم ، سال چهارم. شماره اوّل، ۱۳۵۲.

*** رحیم رئیس نیا، حیدر عمواوغلی در گذر از طوفانها، (تهران: دنیا، ۱۳۶۰)، صص ۳۳۵ ـ ۳۳۴. و ابراهیم فخرائی، سردار جنگل، (تهران: جاویدان، ۱۳۵۴)، صص ۷ ـ ۳۲۶. و رحیم‌زاده ملک، چکیده انقلاب: حیدرخان عمواوغلی، (تهران: دنیا، ۱۳۵۲)، ص ۲۴۵.

*** بلشویکها و نهضت جنگل، ص ۷۷.

••• بهرام نوازنی، عهد نامهٔ مودت ایران و شوروی، با مقدمه هرمیداس باوند، (تهران: نشر همراه، ۱۳۶۹)، صص ۱۲ ـ ۱۱.

••• همان، ص ۱۴.

••• حاتم قادری، پژوهشی در روابط ایران و روسیه شوروی یا قرارداد ۱۹۲۱، (تهران: [بی‌نا] ۱۳۵۹)، ص۹.

••• کارل راداک، سیاست خارجی دولت شوروی، مسکو، ۱۹۲۳، ص ۷۴. به نقل از: تاریخ جنبش کمونیستی در ایران ص۷۶.

••• فصلنامه گفتگو، شماره ۴۲، ص ۱۲۸.

••• احسان طبری، ایران در دو سده واپسین، (تهران: حزب توده، ۱۳۶۰)، ص۲۷۰.

••• عباس خلیلی، مدیر روزنامه اقدام (روزنامه‌ای که انتشار آن از ۱۲۹۹ شروع شده وحدود ۳۰ سال منتشر شد) حیدر عمواوغلی و تأثیر مرگ او را در بین مردم پایتخت چنین توصیف می‌کند:

«مردی قوی با قدی متوسط لباسی نظامی یا شبیه نظامی می‌پوشید، کلاه پوستی لزگی بر سر داشت در مقدمه آزادیخواهان طهران بلکه سراسر ایران به شمار می‌رفت. حیدر عمواوغلی در طهران تسلط روحی غریبی داشت او چندین زبان می‌دانست ترکی که زبان مادری او بود. فارسی نیز برای او زبان اصلی و اهلی بود. روسی و فرانسه خوب می‌دانست به آلمانی هم تکلم می‌کرد ... در آن زمان [کشته شدن حیدر عمواوغلی] نویسنده در طهران بود قتل حیدرخان عمواوغلی برای اغلب آزادی‌خواهان یک حادثه ماتم خیز و غم انگیز بود. بسیاری از مردم متأسف و متأثر بوده و آن قتل را ضایعه جبران ناپذیر می‌دانستند به حدی که نزد دکتری مشغول معالجه بودم او را در حال گریه و عزاداری دیدم و از جمود من تعجب می‌کرد که چرا نباید متأثر و محزون باشم. قرار بود در همان روز سران کمیته در همه جا کشته شوند ولی بعضی دچار شدند و جمعی پا به فرار برداشتند. (به اهتمام محمد گلبن، در آئینه تاریخ: خاطرات سیاسی عباس خلیلی، مدیر روزنامه اقدام (تهران: انوشه، ۱۳۸۰)، صص ۱۲۰ ـ ۱۱۸

••• محمدعلی منشور، سیاست دولت شوروی در ایران، (تهران: ۱۹۴۸)، ص۹۵.

••• عبدالله مستوفی، شرح زندگانی من، (تهران، زوار، ۱۳۷۷)، ج۳، ص ۳۶۴.

کوچک‌خان در گدوگ یا بندر طالش دچار سرمای سخت شده شخصی از اهل طالش که ساعت نام داشت او را شناخت سر او را برید و به قصد گرفتن جایزه سر بریده را نیز قوای دولت برد، خالوقربان نمک به حرام

داوطلب شد که آن سر را به طهران حمل کند ولی از هر طرف سرزنش و تقبیح شد و بالاخره آن سر در حسن آباد دفن شد، تن آن مرحوم هم در محل هلاک دفن شده بود. (خاطرات عباس خلیلی، ص۱۲۳).

... «... از آنجائیکه ما یعنی دولت شوروی در این موقع نه تنها عملیات انقلابی را بی‌فایده، بلکه مضر می‌دانیم این است که فرم سیاستمان را تغییر و طریق دیگری اتخاذ کرده‌ایم هر چند از زمان عقد قرارداد ما با ایران، که سیاستمان را به روشنی نشان میدهد ... پیشرفت‌هائی در سیاستمان محسوس است که نفوذ معنوی انگلیسی‌ها در شمال بلکه تا اندازه در جنوب متزلزل شده است ...». ابراهیم فخرائی، سردار جنگل، صص ۱۱ـ ۳۱۰.

208. ӘKRӘM RӘHiMLi (BiJE).MÜBARiZӘ BURULĞANLARINDA KEÇӘN ÖMÜR:SEYİD CӘFӘR PİŞӘVӘRİ(Həyatı və ictimai-siyasi fəaliyyəti).NURLAR.2009-BAKI.s.33-34.

... سیروس غنی، ترجمه حسن کامشاد، ایران بر آمدن رضاخان بر افتادن قاجار و نقش انگلیسی‌ها، (تهران: نیلوفر، ۱۳۷۷)، ص ۱۷۱.

... همان، صص ۲۲۵ ـ ۲۲۴.

... مجله نامه فرنگستان، ش ۱ برلین، به نقل از: حمید احمدی، تاریخچه فرقه جمهوری انقلابی ایران و گروه ارانی، (تهران: نشر آینه، ۱۳۷۰)، ص ۱۰.

... . به عنوان مثال می‌توان به علمای بزرگی چون آیت الله اصفهانی، و علامه نایینی اشاره کرد. اگر چه علامه نایینی به مانند حاج ملا علی کنی از واژه «آزادی» به «کلمه قبیحه» تعبیر نمی‌کرد، بلکه از آن به عنوان «اصل مبارک حریت» نام می‌برد و در کتاب معروف خود «تنبیه الامة و تنزیه الملة» آن را «اعظم مواهب الهیه» برمی‌شمرد، امّا باید توجه داشت که علامه نایینی پس از انقلاب مشروطه و ناکامی‌های حاصل از آن، از آراء اولیه قبل از انقلاب مشروطه خود فاصله گرفته و از نظریات قبلی دلسرد شده بود. بنگرید به مقدمه مرحوم سیدمحمود طالقانی در کتاب زیر: محمدحسین نایینی، تنبیه الامة و تنزیه الملة یا حکومت از نظر اسلام، با مقدمه و توضیحات سیدمحمود طالقانی (تهران: انتشار، ۱۳۵۸).

... سیروس غنی، ایران بر آمدن رضاخان برافتادن قاجار. ص ۲۲۳.

... حسین مکی، تاریخ بیست ساله ایران، ج۱، ص۱۴۵.

... در این گیرو دار و بی تکلیفی، مرحوم سیدحسن مدرس بخیال کودتا می‌افتد. سالار جنگ یکی از پسران بانوی عظمی در ورامین مقداری تفنگ راه انداخته و عده‌ای تفنگچی دور خود جمع کرد و قرار بود از

اصفهان نیز عده‌ای از الوار مسلح آمده به مشارالیه ملحق شوند و بقراری که می‌گفتند قصد کودتا و گرفتن طهران را داشتند.

مرحوم مدرس به خود من بعدها می‌گفت: در آن اوقات «رضاخان» نزد من آمد و گفت من چندی پیش با وثوق الدوله هم صحبت کردم و او به من توجهی نکرد، حاضرم با شما کار کنم و همدست شویم و به این اوضاع خراب خاتمه دهیم چه میترسم ایران بلشویک شود. (ملک الشعراء بهار، تاریخ مختصر احزاب سیاسی، ج۱، ص ۶۱. و همچنین: حسین مکی، تاریخ بیست ساله ایران، ج۱، ص۱۴۶.)

••• احمد کسروی، زندگانی من، (تهران: نشرو پخش کتاب، ۲۵۳۵)، ص ۱۸۶. عبدالله بهرامی در مورد وضعیت روحی مردم، در خاطرات خود می‌نویسد: «... دولت دیگر به تمام معنی وجود نداشت خود ملت هم در اثر سوء سیاست این چند ساله بکلی مضمحل و از زندگانی مأیوس گردیده بود. تمام جد و جهد عده‌ای از روشنفکران و زمام داران امور معطوف بر این شده بود که هر چه زوردتر از این خوان یغما برای خود قسمتی بدست آورد و زندگانی خویش و بستگان خود را برای آتیه تأمین سازند. اعتماد از میان رجال برخاسته و هر یک بنظر سوء ظن بدیگری می‌نگریست. عدهٔ از دموکراتها و آزادیخواهان قدیمی سعی می‌کردند که باین وضعیت خاتمه داده و مملکت را از این منجلاب خلاص سازند. متأسفانه درهای امید از هر طرف بسته شده و افق سیاست مملکت بقدری تاریک و غمگین شده بود که تلاش‌های آن‌ها بجائی منتهی نمی‌گشت ... ».

••• محمد تقی بهار، تاریخ مختصر احزاب سیاسی ایران، (تهران: شرکت سهامی، ۱۳۵۷)، ج۱، صص ح - ط.

••• همان، ص ی.

••• خاطرات و سفر نامه ژنرال آیرونساید: به ضمیمه اسناد و مکاتبات سیاسی وزارت خارجه انگلستان، ترجمه بهروز قزوینی، (تهران: نشر آینه، ۱۳۶۳). صص ۲ ـ ۵۱.

••• همان، ص۴۷.

••• ملک الشعراء بهار می‌نویسد: «سه روز به کودتا مانده روزی مستر اسمارت انگلیسی مستشار سفارت نزد من آمدو پس از آنکه شرحی در وخامت اوضاع صحبت کرده از من پرسید که: بعقیده تو چه حکومتی در ایران ضرورت دارد؟ گفته شد: حکومت مقتدر و توانائیکه از عمر و زید اندیشه نکند و اصلاحاترا از ریشه شروع کند ... و بزرگتر از هر کاری بفکر امنیت و تجارت و امور اقتصادی باشد ... . (ملک الشعراء بهار، همان کتاب، ج۱، ص۹۱).

••• سیروس غنی، ایران بر آمدن رضاخان، ص۱۷۶.

حقیقت، شماره ۷۸، ۲۲ اردیبهشت ۱۳۰۱ به نقل از: آخرین سنگر آزادی، ص۲۴۲.

انگلیسی‌ها در اوّل، فیروز را در نظر گرفته بودند: بنگرید به: دولت آبادی، حیات یحیی، ج۴، صص ۲۲۶ ـ ۲۲۳

سیدضیاءالدین بعدها در مصاحبه با صدرالدین الهی در ذکر خاطرات خود از آن دوران می‌گوید: « کاظم خان به رضاخان گفته بود، هر کاری می‌کنیم از احمد شاه دستور گرفته‌ایم. گفتم: حالا سرنوشت ایران دست شماست ... به همدیگر تعهد بدهیم که به همدیگر خیانت نکنیم قرآن را از جیب خود در آوردم و قسم خوردیم ... صد نفر به کهریزک قم فرستادم تا اگر احمد شاه خواست فرار کند او را دستگیر کنند ...(رادیو لندن، سیدضیاءالدین طباطبایی در مصاحبه با صدرالدین الهی؛ دسامبر ۲۰۰۱).

ملک الشعراء بهار، همان کتاب، ج۱، ص ۹ ـ ۸۸. سیدضیاءالدین طباطبایی در مصاحبه با صدرالدین الهی، در خاطراتش می‌گوید: «درشت‌ها را مثل فرمانفرما، عین الدوله ... به قزاقخانه بردند و بقیه را به خانه‌هایی که اجازه گرفته بودند بردند (رادیو لندن، دسامبر ۲۰۰۱).

همان کتاب، ص ۹۵.

سیروس غنی، ایران برآمدن رضاخان، ص ۲۰۵.

یک سند وزارت خارجه انگلستان نشان می‌دهد که مستر نورمان، سفیر وقت بریتانیا در ایران به وزیر خارجه آن کشور گزارش می‌دهد که روز قبل، سیدضیاء به نزد وی رفته اظهار داشته بود که الغای قرارداد ۱۹۱۹ صرفاً اقدامیست ظاهری ولی متن این قرارداد در «عمل» به مورد اجرا گذاشته خواهد شد. وی [سیدضیاء] گفت به منظور پرهیز از خصومت شوروی، حائز کمال اهمیت خواهد بود که ماهیت انگلوفیل و ضد بلشویکی دولت جدید در حال حاضر تا حد ممکن مستتر بماند (اسناد تاریخی ، ج۴، ص ۲۷).

ایران، برآمدن رضاخان، ص ۲۱۵.

سیروس غنی، ایران برآمدن رضاخان، ص ۱۷۲.

محمدعلی (همایون) کاتوزیان، اقتصاد سیاسی ایران از مشروطیت تا پایان سلسله پهلوی؛ ترجمه محمد رضا نفیسی و کامبیز عزیزی، (تهران: نشر مرکز، ۱۳۷۲)، ص ۱۲۳.

محمد تقی بهار، ص۹۴.

عارف قزوینی شاعر ملی ایران، تدوین سیدهادی حائری، (تهران: سازمان انتشارات جاوید، ۱۳۶۴)، ص ۳۳.

*** یرواند آبراهامیان، ایران بین دو انقلاب، ترجمه احمد گل محمدی و محمد ابراهیم فتـاحی، (تهـران: نشرنی، ۱۳۷۹)، ص ۱۴۹.

*** ملک الشعرای بهار، تاریخ سیاسی ایران، ص ی.

*** عبدالله مستوفی، شرح زندگانی من؛ تاریخ اجتماعی و اداری دوره قاجاریه (تهران: زواره، ۱۳۴۳، ج۳)، صص ۵ ـ ۵۸۴.

*** برای اطلاع از چگونگی ترور میرزاده عشقی بنگریـد بـه: کلیـات مصـور میـرزاده عشـقی، تـدوین سیدهادی حائری «کورش» (تهران: جاوید، ۱۳۷۵)، صص ۲۶ ـ ۲۵. برای اطلاع از مخالفت‌های میرزاده عشقی از جمهوری خواهی رضاخان بنگرید به: همان منبع صفحات ۲۹۰ ـ ۱۶۹. برای کاریکاتور میرزاده عشقی بنگرید به همان منبع ص ۵۵۰.

*** عبدالله مستوفی، ص ۵۸۵.

*** همان، ص ۵۸۷.

*** تاریخ مختصر احزاب سیاسی ایران، ج۲، ص۳۸.

*** عبدالله مستوفی، ص ۵۹۸.

*** تاریخ مختصر احزاب سیاسی ایران، ج۲، ص ۴۸.

*** برای اطلاع بیشتر بنگرید به: تاریخ مختصر احزاب سیاسی ایران، ج۲، ص ۶۲، همچنین:حسین مکی، تاریخ بیست سالهٔ ایران، ج۳. در مورد تلگرافهای ساختگی که از طرف عمال رضاخان به نام مردم در حمایت از جمهوی‌خواهان به مجلس و پایتخت سـرازیر مـی‌شـد پـس از شکسـت جمهـوری‌خـواهی رضـاخان، حـاج میرزاعلینقی پدر رضا گنجه‌ای (بابا شمل) به شوخی گفته بود: این تنها موردی بود که مردم قیام کردند و وقتی که نشد خوشحال شدند

*** علت آخرین سفر احمد شاه به اروپا را در یازدهم آبان ۱۳۰۲، نشانه ترس و بزدلی شاه جـوان و در واقع فرار از ایران برای حفظ پولهای هنگفت‌اش می‌دانند و در غیبت او رضاخان نهایت استفاده را برای انقراض سلسله قاجاریه بکار گرفت.

اقلیت کوچکی که در مجلس پنجم به رهبری مدرس بوجود آمده بود می‌کوشید تا از طریق ترغیب احمـد شاه برای بازگشت به ایران، جلوی سلطه طلبی رضاخان را بگیرند به همین خاطر آنان با گزینش محمد حسـن میرزا نایب السلطنه و تأیید مدرس، رحیم زاده صفوی را برای این مأموریت می‌فرستند او در ۲۵ آذر ۱۳۰۳ از

راه باکو و قفقاز و ترکیه، وارد پاریس می‌شود و چندین بار، با احمد شاه ملاقات می‌کند رحیم زاده صفوی در خاطرات خود می‌نویسد:

«در یک روز نزدیک غروب غفلتاً با شاه مصادف شدم و پس از عرض احترام، کناری ایستادم که ایشان بگذرند. اعلیحضرت با لطفی مخصوص مرا نزد خود خوانده و فرمود: صفوی، می‌بینی اینها دنیا را به چه خوشی می‌گذرانند؟. عرض کردم: بله قربان، واقعاً اگر در این دنیا بتوان بهشتی بوجود آورد، آن بهشت همین است که اینجا بوجود آوردند. شاه فرمود: حال تو چه می‌گوئی؟ می‌گوئی از اینجا یکسر برویم پشتکوه، با لرها سرو کله بزنیم؟ فتنه و خونریزی راه بیندازیم؟! خوب حالا تو مشغول تفریحت باش تا ببینیم ...

شاه بدین صورت مرا مرخص فرموده و ردّ شد و من مثل کسی که پایش در گل و عقلش زایل شده باشد، مدتی در همان جا کنار دریا به تارمیهای آهنی تکیه کرده و در اندیشه ماندم که ببین تفاوت راه از کجاست تا به کجا!!» (بهمن دهگان، خاطرات رحیم زاده صفوی: اسرار سقوط احمد شاه، (تهران: فردوسی، ۱۳۶۲)، ص ۹۵).

*** برای اطلاع از نامه مدرس به شیخ خزئل بنگرید به: عبدالله مستوفی، شرح زندگانی من: تاریخ اجتماعی و اداری دوره قاجاریه، ج۳، ص ۶۳۹.

*** حیات یحیی ، ج۴، ص۳۸۲.

*** ماده واحده را علی‌اکبر داور تهیه کرده بود در مورد نقش او بنگرید به: باقر عاقلی، داور و عدلیه (تهران: علمی، ۱۳۶۹)، ص ۷۱.

*** بعدها سیدمحمد تدین، نایب رئیس اوّل آنروز مجلس در محاکمه خود در سال ۱۳۲۶ در دیوان عالی تمیز، در مورد ماده واحده ضمن تحریف واقعیت و برای تقلیل سهم خود در به سلطنت رساندن رضاخان، چنین می نویسد: «غروب روز جمعه ۸ آبان ماه ۱۳۰۴ بود، بنده در شمیران بودم، دیدم تلفن کردند حضرت اشرف می‌فرمایند به شهر بیائید که شما را ملاقات کنم. آمدم بشهر، رفتم منزل اوّل خدمتشان رسیدم، فرمودند در زیر زمین داور مشغول کارهائی است، بروید به او کمک کنید. رفتم زیر زمین، دیدم داور نشسته پشت میزی و وکلاء ورقه‌ای را امضاء می‌کنند و داور به پیشخدمت می‌گوید به منزل بقیه وکلاء هم تلفن کنید بیایند. بعد از آنکه وکلاء رفتند و اطاق خلوت شد، داور آمد پیش من ماده واحده را نشان داده گفت این وکلاء این نامه را امضاء کرده‌اند شما هم اگر موافقت دارید امضاء کنید من دیدم اینطور نوشته بود:

مجلس شورای ملی بنام سعادت ملت ایران انقراض سلطنت قاجاریه را اعلام نموده و حکومت موقتی را به شخص آقای رضاخان پهلوی واگذار می‌نماید.

فردا آمدم مجلس دیدم رئیس نیست چون نایب رئیس بودم ناچار ریاست را بر عهده گرفتم دیدم ماده واحده را با ۸۰ امضاء آورده‌اند و گفتند موافقت کنید. گفتم در صورتی که اصلاح کنید موافقت می‌کنم. با این ترتیب حکومت مطلقه و بضرر مملکت می‌شود ... » (باقر عاقلی، داور و عدلیه، ص ۷۲ ـ ۷۱).

*** حیات یحیی، ص۳۸۴.

*** علی مدرسی، مدرس، (تهران: بنیاد تاریخ انقلاب اسلامی ۱۳۶۶)، ج۱، ص ۹۳.

*** ایرج افشار، زندگی طوفانی: خاطرات سیدحسن تقی زاده، (تهران: علمی، ۱۳۷۲، ص ۲۰۰ ـ ۱۹۹.

*** روزنامه ایران، شماره ۱۹۴۳، ۱۰ آبان ۱۳۰۴.

*** محمد تقی بهار، ج۲، ص ۳۶۵.

*** محمدعلی همایون کاتوزیان، دولت و جامعه در ایران: انقراض قاجار و استقرار پهلوی، ترجمه حسن افشار (تهران: مرکز، ۱۳۷۹، ص ۳۹۷). همچنین نگاه کنید به: حسین مکی، تاریخ بیست ساله، ج ۳. و عبدالله مستوفی، شرح زندگانی من، ج۳، صص ۶۷۱ ـ ۶۷۰.

*** به نقل از: «بر آمدنِ رضا شاه؛ به قلم یک شاهد فرانسوی»، مجله اندیشه جامعه، شماره ۱۸، ۱۷.

*** اسناد تاریخی جنبش کارگری سوسیال دمکراسی. ج۴، ص۲۶.

*** برای اطلاع از متن نامه روتشتین به کوچک‌خان و برعکس بنگرید به: غلامحسین میرزاصالح، جنبش میرزاکوچک‌خان بنابر گزارشهای سفارت انگلیس (تهران: نشر ماه، ۱۳۶۹)، صص ۴۶ ـ ۳۸ .

*** تهران، بایگانی وزارت امور خارجه پوشه ۱۵، پرونده‌ی ۳، دوم فوریه ۱۹۲۲ / ۲۹ اسفند ۱۳۰۰. به نقل از: تورج اتابکی، «از رفیق سرخ تا دشمن خلق، کارنامه و زمان احسان الله خان دوستدار در سرزمین شوراها»، مجله گفتگو، مهر ۱۳۸۰.

*** تورج اتابکی، همان منبع.

*** دانشگاه «کوتو» (ک. او. ت. و) حروف اختصاری مدرسه‌ای است که ترجمه آن «دانشگاه کمونیستی زحمتکشان شرق» است. کوتو در این زمان به منظور تربیت کادر زبده تأسیس شد همچنان که مذکور افتاد همزمان با چرخش سیاسی شوروی بوجود آمد: «این مؤسسه در آوریل ۱۹۲۱ بنا به دستور کمیته مرکزی حزب کمونیست روسیه برای آموزش کارگران جمهوری شرقی شوروی تأسیس شد در آغاز تحت سرپرستی کمیسریای آموزش قرار داشت ولی اکتبر همان سال تحت نظر کمیساریای امور ملیتها قرار گرفت. در این مؤسسه رشته‌هایی چون امور حزبی و سیاسی، فعالیت‌های کارگری و اتحادیه‌ها، اقتصاد و مدیریت و حقوق

توسط افرادی چون لوناچارسکی، کراسین و پوکرووسکی تدریس می‌شد. کوتو برای مدتی تحت سرپرستی یکی از عوامل استالین در کمیسریای امور ملیتها قرار داشت، پس از او نیز شومیاتسکی امور آن را بر عهده گرفت. در سال ۱۹۲۳ دوره تدریس آن سه ساله شد. وظیفه اصلی آن تربیت کادرهای حرفه‌ای کمونیست برای فعالیت در کشورهای شرقی بود. (یوسف افتخاری، ص۲۲، پاورقی).

... یوسف افتخاری، خاطرات ... صص ۲۴ ـ ۲۱.

... به نقل از کتاب: آثار سلطانزاده (۲)، ص ۸۱

... مجله وارلیق، زمستان ۱۳۶۸، شماره ۷۵ ۷۴، سال یازدهم، ص ۵۰.

265. Görkəmli ictimai-siyasi xadim, böyük ədib: Nəriman Nərimanov.Bakı, «NURLAR».Nəşriyyat-Poliqrafiya Mərkəzi, 2010,s.11

266. Görkəmli ictimai-siyasi xadim, böyük ədib: Nəriman Nərimanov.Bakı, «NURLAR».Nəşriyyat-Poliqrafiya Mərkəzi, 2010,s.12

... حبیب لاجودری، اتحادیه‌های کارگری و خودکامگی در ایران، ترجمه ضیاء صدقی، (تهران: نشر نو، ۱۳۷۹)، ص

... کاتوزیان درکتاب «اقتصاد سیاسی ایران» می‌نویسد: « روتشتین و شومیاتسکی، کارداران روسی در تهران در خلال سالهای ۱۳۰۰ / ۱۹۲۱ و ۱۳۰۴ / ۱۹۲۵، هر دو رضاخان را رهبر یک جنبش انقلابی «بورژوا دموکراتیک» می‌دانستند و مخالفان او را مجموعه ای از ارتجاعیان «فئودال» یا «نیمه فئودال» و مذهبی قلمداد می‌کردند. مقالات متعددی در نشریات گوناگون شوروی رضاخان را به همین گونه توصیف کردند فی المثل، مقاله‌ای در نووی وستک ۱۳۰۳ / ۱۹۲۴ او را همچون «رهبر جنبش ملی انقلابی ایران که توانسته است استقلال ایران را تأمین کند» معرفی کرد. در مصاحبه‌ای در مهر ۱۳۰۳ / اکتبر ۱۹۲۴، شومیاتسکی رضاخان و اطرافیانش را «طرفداران تمرکز و پیشرفت بورژوا دموکراتیک و ناسیونالیست‌هایی» خواند که با مخالفت «فئودال‌ها» که از سوی «انگلیس» حمایت می‌شدند، روبرو بودند ... حتی در اواخر ۱۳۰۴، یعنی پس از آنکه رضاخان سلسله قاجار را سرنگون و سلسله پهلوی را تأسیس کرده بود، نگرش روس‌ها نسبت به او تغییرچندانی نکرد...».

وقتی رضاخان با حمایت [یا رضایت] سرپرسی کاکس در (۱۹۲۴/۱۳۰۳) شیخ خزئل را سرنگون کرد مقامات مسکو آن را جزئی از برنامه‌های ضد انگلیسی رضاخان تلقی کردند و شومیاتسکی وزیر مختار شوروی در ایران اقدامات شیخ خزئل را در واقع جزئی از یک توطئه انگلیسی برای بسیج «فئودالها» بر ضد رضاخان تلقی کرد (محمدعلی همایون کاتوزیان، اقتصاد سیاسی ایران: از مشروطیت تا پایان سلسه پهلوی، ص ۱۴۲).

*** دنیا، سال ۹ شماره ۴.

*** دولت و جامعه در ایران، ص ۳۷۳.

*** روزنامه ایزوستیا، شماره ۱۶ دسامبر ۱۹۲۵ ، به نقل از: اسناد تاریخی، ج۴، ص ۲۰ ـ ۱۹.

*** علی زیبائی، کمونیزم درایران، ص ۱۷۲.

*** مجله اندیشه جامعه، شماره ۱۸و۱۷. ص ۴۴.

*** «روابط شوروی و ایران در پنج سال» مجله «قوی و استوک» شرق جدید، ج۴، صفحه ۲۱۸، به نقل از: علی زیبائی، کمونیزم در ایران، ص ۱۷۱.

*** در ۱۹۲۳ یوسف افتخاری وقتی وارد دانشگاه «کوتو» شد در خاطرات خود می‌نویسد که برای تحقیق در مورد من: «مرا پیش شخصی به اسم کیتاکاروفسکی فرستادند که در مورد ایران هم مقالاتی به اسم «ایراندوست» می‌نوشت و از جمهوری‌های روسیه و رئیس شعبهٔ شرق بین الملل سوم بود ... (یوسف افتخاری، ص۲۲).

*** به نقل از اسناد تاریخی جنبش کارگری، ج۴، ص ۲۹.

*** دنیا، سال ۳، شماره ۱، و همچنین اسناد تاریخی جنبش کارگری، ج۱، ص ۱۳۵.

*** بنگرید به نوشته: مشهدی کاویان در: مجله دنیا (شماره ۴، سال سوم)، و همچنین اسناد تاریخی جنبش کارگری، ج۱، صص ۲۴ ـ ۲۳.

*** عبدالصمد کامبخش، نظری به جنبش کارگری در ایران، ص ۳۹.

*** اسناد تاریخی جنبش کارگری، ج۴، ص ۲۰.

*** آواتیس، سلطانزاده (تهران: نشر جمهوریت، بی‌تا)، ص ۱۴۸.

*** اسناد تاریخی جنبش کارگری، ج۴، ص ۹۶ ـ ۹۵.

*** . سلطانزاده، اقتصاد و مسائل انقلاب ملی در کشورهای ... ، ۱۹۲۲، صص ۱۵۷ ـ ۱۵۶.

*** مجله خاور انقلابی شماره ۳ صفحات ۹۰ ، ۸۹ به به نقل از: اسناد تاریخی، ج۴، ص ۱۶.

*** اردشیر آوانسیان، «خاطراتی از حزب کمونیست ایران»، مجله دنیا سال سوم، شماره ۱.

*** نادری، دنیا، سال ۱۱، شماره ۳، ص ۵۳.

*** ویلم فلور، اتحادیه‌های کارگری، ترجمه ابوالقاسم سری (تهران: توس، ۱۳۷۱)، ص ۳۶.

*** همان، ص ۳۷.

*** احسان طبری، ایران در دو سره واپسین، ص ۲۷۳.

*** ویلم فلور، اتحادیه‌های کارگری و قانون کار در ایران، ص۲۶.

*** حقیقت، شماره ۹۰، خرداد ۱۳۰۱، به نقل از: آخرین سنگر آزادی، ص۳۰۰.

*** روزنامه‌های زیر از سلیمان میرزا، رهبر حزب سوسیالیست پشتیبانی می‌کردند و از سفارت روسیه در تهران کمک مالی می‌گرفتند: پیکار (محمد وثوق همایون)، ماهانه ۱۲۵ تومان؛ کار (ابوالفضل لسانی)، ماهانه ۱۵۰ تومان؛ کوشش (شکرالله سفری) ماهانه ۱۰۰ تومان؛ بهارستان (نوبخت) ماهانه ۱۰۰ تومان؛ شفق سرخ (علی دشتی) ماهانه ۲۰۰ تومان. (به نقل از اتحادیه‌های کارگری، ص ۹۰).

*** ابوالقاسم لاهوتی، زندگانی من، (بی‌جا، بی‌تا)، صص ۲۷ ـ ۲۶. این کتاب در سال ۱۳۳۲ منتشر شده و بارها نیز تجدید چاپ شد. «این کتاب توسط علی جواهر کلام یکی از روزنامه نگاران توانای آن دوره جعل شد و توسط شبکه «بدامن» که توسط عناصر سیا، برای مقابله با تبلیغات کمونیستی در ایران تأسیس شده بود. «از سال ۱۳۲۸ ـ ۱۳۲۷ خط سیاسی ـ تبلیغاتی ویژه‌ای را آمریکا در ایران آغاز کرده بود. یک سلسله برنامه با نام رمز «بدامن» در آن سالها به اجرا درآمده بود. در ردیف برنامه‌های انتشاراتی ـ تبلیغاتی به عنوان نمونه می‌توان از انتشار اتوبیوگرافی جعلی‌ای به نام ابوالقاسم لاهوتی نام برد که مبلغ یک میلیون دلار هزینه آن شده بود. توضیحات مفصلی از جانب بخشی از مأمورین «سیا» در زمینه‌های متفاوت سیاسی ـ تبلیغاتی در آن سالهای ابراز شده». (گاز یوروسکی. مارک. ج، کودتای ۲۸ مرداد ۱۳۳۲، ترجمه فارسی، نجاتی سال ۱۹۷۸ صص ۲۸ ـ ۲۷» به نقل از کتاب تاریخچه فرقه جمهوری انقلابی ایران و گروه ارانی، ص ۱۵۴ و همچنین برای اطلاع بیشتر بنگرید به احمد اشرف، توهم توطئه، فصلنامه فرهنگی و اجتماعی گفتگو، شماره ۸ تابستان ۱۳۷۴، «در دوران جنگ سرد دولت‌های آمریکا و انگلستان برای جلوگیری از روی آوردن مردم به حزب کمونیست ایران، هزینه انتشار کتاب‌های ضد کمونیستی به زبان فارسی را که بیشتر از زبانهای دیگر ترجمه می‌شد می‌پرداختند طبق این اسناد، دولت انگلستان به طور محرمانه هزینه کتابهایی مانند ترجمه داستان «دکتر ژیواگو» اثر «بوریس پاسترناک» و دولت آمریکا هزینه کتابهائی چون ترجمه «توتالیتاریسم» تالیف «دنیس هیلی»، «آینده روسیه» تالیف «لئونارد شاپیرو» و بیش از ۱۳۰ کتاب دیگر را پرداخت کرده‌اند. (مجله گزارش، شهریور ۱۳۸۰، شماره ۱۲۶، ص ۷۳).

*** کاوه بیات، فعالیت‌های کمونیستی در دوره رضا شاه، ص ۱۱۹.

*** سلام‌الله جاوید، ایران سوسیال دمکرات عدالت فرقه‌سی حقینده، خاطره لریم، (تهران: ۱۳۵۹)، ص ۳۷، به نقل از: آخرین سنگر آزادی، ص ۲.

[...] آژیر، شماره ۹۱، مورخه ۲۲/۹/۱۵.

[...] خسرو معتضد، نجفقلی پسیان، در عصر دو پلهوی، ص ۲۶۹.

[۲۹۸] . برگرفته از خاطرات صغری خانم خواهر پیشه وری.

ƏKRƏM RƏHiMLi (BiJE).MÜBARiZƏ BURULĞANLARINDA KEÇƏN ÖMÜR:SEYİD CƏFƏR PİŞƏVƏRİ(Həyatı və ictimai-siyasi fəaliyyəti).NURLAR.2009-BAKI.s.42.

[...] اسناد جنبش کارگری، ج۱، ص ۱۶۸.

[...] ویلم فلور، اتحادیه‌های کارگری و قانون کار در ایران ۱۹۴۱ ـ ۱۹۰۰، ترجمه ابوالقاسم سری. (تهران: توس، ۱۳۷۱)، ص ۳۴.

[...] از آنجا که به اصل «خاطرات حسین امید» دسترسی نداشتیم تنها به همین مقدار از نوشته‌های او در مورد جوادزاده بسنده کردیم که با منابع دیگر مطابقت می‌کند. حسین امید در ادامه خاطرات خود در مورد پیشه‌وری می‌نویسد: «... از اصول عملی کمونیزم به جهاتی که در پیش گفته شد، اطلاعات ارزنده نداشت، ولی بیش از اسماعیل وارد و مومن بود. از علوم جدیده بهره کافی نداشت. علاوه بر زبان مادریش، سواد ترکی [؟!] و روسی و فارسی در حدود خواندن و نوشتن داشت و قلمش روان و گیرا [بود] ولی مقالاتی که برای درج در روزنامه حقیقت می‌نوشت و بعضی به منظور تصحیح به من ارائه می‌شد، از اغلاط املایی مصون نبود. به مادیات علاقه نشان نمی‌داد. چندی که به روسیه رفت و تحصیل روزنامه نگاری نمود، به نظرم جنبه حلاوت و شیوایی نویسندگی را از دست داد واین مطلب را از مقایسه مقالات روزنامه حقیقت با روزنامه آژیر که بعد از شهریور ۱۳۲۰ و دیدن دورهٔ روزنامه‌نگاری منتشر نمود، می‌توان درک کرد. شاید هم من در تشخیص قاصر و کج سلیقه باشم ولی یقین دارم دست بردن در طبیعت همیشه نتایج خوب نمی‌دهد.

پیشه‌وری در حوزه‌ها شرکت می‌کرد و به میزان زیادی نسبت به اسماعیل و امثال آن علاقمندی نشان می‌داد و با خواهر زن یکی از دوستانی که در حزب و مورد احترام بود، ازدواج کرد و رفته‌رفته در قلوب برای خود جا باز کرد و در باطن برای رهبری حزب با آنکه افراد به رهبری کسی تن در نمی‌دادند، با اسماعیل در مقام رقابت برآمد. رقابت خفیه آنها از این لحاظ بود که در حزب نفوذ بیشتری پیدا کرده و در پیشگاه مقامات خارجی جلوه دهند که هر یک به تنهایی پرچمدار حزب [بوده] و دوام و پیشرفت حزب بسته به وجود آنهاست و اعضاء حزب که دل خوشی از اسماعیل نداشتند، از وجود رقابت بین این دو نفر باطناً خوشوقت و به موقع خود

استفاده کردند. (خاطرات حسین امید، به نقل از: خسرو معتضد، تاریخ پنجاه و هفت ساله ایران در عصر پهلوی، خسرو معتضد (تهران: علمی، ۱۳۷۹)،ص۲۰۲ـ ۲۰۱.).

*** سلام‌الله جاوید، ایران سوسیال دمکرات فرقه سی حقینده خاطره لریم، (تهران: ۱۳۵۹)، ص ۶۵.

*** عبدالصمد کامبخش، نظری به جنبش کارگری در ایران، (تهران: گلبرگ، بی‌تا)، ص ۲۹.

*** اردشیر آوانسیان، صفحه‌ای چند از جنبش کارگری و کمونیستی ایران در دوره رضا شاه، (تهران: حزب توده، ۱۳۵۸)، ص ۱۱.

*** رحیم رئیس‌نیا، همان کتاب، ص ۱۳.

*** روزنامه حقیقت، شماره ۴۳، ۲۱ اسفند ۱۳۰۰. روزنامه حقیقت، شماره ۴۷، ۲۶ اسفند ۱۳۰۰. روزنامه حقیقت، شماره ۶۸، ۸ اردیبهشت ۱۳۰۰.

*** روزنامه حقیقت، شماره ۷۶، ۱۳۰۱. به نقل از: آخرین سنگر آزادی، ص ۲۳۴.

*** روزنامه حقیقت، شماره ۷۷، اردیبهشت ۱۳۰۱. به نقل از: آخرین سنگر آزادی ص ۲۳۹.

*** روزنامه حقیقت، شماره ۷۸، اردیبهشت ۱۳۰۱. به نقل از: آخرین سنگر آزادی صص۲ ـ ۲۴۰.

*** نصر الله سیف پور کاظمی، آئینه عبرت، ج۱، صص۳ ـ ۲۳۲.

*** همان، ص۲۳۹.

***. روزنامه حقیقت، «حکومت مرکزی و اختیارات محلی، شماره ۹۳، خرداد ۱۳۰۱.

***. همان کتاب.

***. همان کتاب.

*** عبدالصمد کامبخش، شمه‌ای درباره تاریخ جنبش کارگری ایران، (تهران: حزب توده ایران، ۱۳۵۸)، صص۳۲ ـ ۲۹.

*** ویلم فلور می‌نویسد: «در این زمان بعد از توقیف حقیقت روزنامه کار جانشین آن شد همچنین می‌توان به روزنامه اقدام، ستاره سرخ، توفان، سیاست، شاهین، شفق سرخ، و غیره اشاره کرد که از سفارت شوروی کمک مالی دریافت می‌کردند. حزب کمونیست روزنامه پیکار را در رشت، نصیحت را در قزوین، صدای شرق را در مشهد، فریاد کارگران را در تبریز، و انقلاب سرخ را در تهران انتشار می‌داد. (ویلم فلور، اتحادیه‌های کارگری و قانون کار در ایران، ص ۹۰).

*** فعالیت‌های کمونیستی، ص ۱۱۹.

••• همان، ص ۱۴۳.

••• همان، ص ۱۲۲.

••• احسان طبری، ایران در دو سدهٔ واپسین، (تهران: حزب توده ایران، ۱۳۶۰)، صص۴ ـ ۲۷۳.

••• علی زیبایی، کمونیزم در ایران، صص ۱۷۶ ـ ۱۷۵.

••• عبدالصمد کامبخش، شمه‌ای در باره تاریخ جنبش کارگری، ص۳۳.

••• مجله دنیا، شماره ۴، سال اوّل.

••• شمه‌ای درباره تاریخ جنبش کارگری در ایران، صص۳۵ ـ ۳۴.

••• همان.

••• مجله ستاره سرخ، شماره ۴۰۳، خرداد و تیرماه ۱۳۰۸.

••• مجله دنیا، شماره ۴، سال اوّل. به نقل از اسناد تاریخی جنبش کارگری، ج۱، ص ۱۰۲.

••• اسناد تاریخی جنبش کارگری، ج۱، صص۱۱۱ ـ ۱۱۲.

••• اسناد تاریخی جنبش کارگری، ج۱، صص۲۰ ـ ۱۱۹.

••• علیرضا اسماعیلی، اسنادی از مطبوعات و احزاب دوره رضا شاه، ص ۱۹۱.

••• جمشید بهنام، برلنی‌ها، ص ۷۶.

••• کتاب جمعه، شماره ۴ سال اوّل، شهریور ماه ۱۳۵۸، ص ۳۶،

••• تاریخ احزاب سیاسی، ص ۹.

••• حسین فرزانه، پرونده پنجاه و سه نفر، (تهران: نگاه، ۱۳۷۲)، صص۷ ـ ۲۳۶.

••• حمید احمدی، تاریخچه فرقه جمهوری انقلاب ایران و گروه ارانی، (تهران: نشر آتیه، ۱۳۷۹)، صص ۱۳ ـ ۱۲.

••• کتاب جمعه شماره ۳۱، ۲۸ فرودین ۱۳۵۸.

••• ایرج اسکندری، خاطرات ایرج اسکندری، (تهران: موسسه مطالعات و پژوهشهای سیاسی، ۱۳۷۲)، ص ۵۱.

••• در بخش‌هایی از «بیان حق» اعلامیه فرقه جمهوری انقلابی ایران که در سال ۱۳۰۶ / ۱۹۲۷ در اروپا تدوین شده در مورد رضاشاه چنین آمده است: «... امپریالیسم انگلیس از آنجائی که نارضایتی ملت ایران را از

حکومت طبقاتی اشرافی بخوبی حس کرده بود لذا برای اجرای مقاصد خود و فریب ملت ایران در جستجوی یک «مرد ملی» برآمد که از یک طرف دست نشانده خود و از طرف دیگر ظاهراً طرف اطمینان ملت باشد. در حوت ۱۲۹۹ رضاخان آن «مرد ملی» به همراهی صاحبمنصبان انگلیس مظفر و منصور وارد طهران شد و حس خود نمائی و حرص بر غارتگری، جهالت محض، این‌ها خصال این «مرد ملی» بودند که امپریالیزم انگلیس برای ملت ایران به عنوان تحفه تهیه کرده بود ... رضاخان از قبیل سرکوبی اسماعیل آقا و خزعل ... . و تشکیل قشون که به قیمت خون توده زحمت کش ایران تمام می‌شد باعث فریب توده تاجر و کاسب و منورالفکر شده مانع از این بود که این توده پی به حقیقت رژیم امروزه ایران ببرد. ولی این عملیات که مایه فریب طبقه بورژوازی شده بود در نظر دهاقین ایران یکسان بود برای دهاقین ایران که در مقابل غارتگری ملاکین و اشراف دارای هیچ حقوقی نیستند هیچ فرقی بین حسین کاشی و فلان امیر لشگر نیست. بر عکس اگر آن راهزنان دیروزی از روی اعتقادات مذهبی دارای رحم و مروتی بودند این راهزنان امروزی این یکی را هم ندارند ... صرف نظر از یک مشت کلاش و روزنامه‌نویس کاسه لیس بر هیچ ایرانی شبهه نیست که این رژیم امروزی از آزادی و استقلال حقیقی ایران هیچ باقی نگذاشته ... حکومت امروزه ایران بر روی دو اساس رشوه و چپاول که در حقیقت جزء لاینفک این حکومت محسوب می‌شوند استوار گردیده ... از شخص رضاخان گرفته تا سایر مأمورین دولتی تمام همّشان مصروف گرفتن رشوه و فشار بر توده دهاقین و کسبه است البته کاری را که خود رضاخان می‌کند چرا سایر امراء لشکر نکند و کاری را که امراء لشکر می کنند چرا سایر صاحب منصب‌ها و مستخدمین جزء نکنند. از همین جهت است که ما حکومت امروزه ایران را حکومت رشوه، حکومت چپاول می‌نامیم. در تاریخ سلطنت استبدادی قاجاریه در ایران نام ظل السلطان از حیث بی‌رحمی و شقاوت، و غارتگری معروف و فراموش نشدنی است. ولی آیا ثروتی که رضاخان فقط در نتیجه پنج سال حکومت در ایران بدست آورده بیش از ده برابر ثروتی که ظل السلطان در نتیجه سی سال حکومت در ایران تحصیل کرده بود نیست؟ این قصرها و پارک‌ها این املاک مازندران، کرمانشاهان، اطراف تهران، و این سرمایه ذخیره شده و دریای تمول و ثروت در عرض پنج سال از کجا جمع شده است؟ ... . (فرقه جمهوری انقلابی ایران و فرقه انقلابی ایران: اسنادی چند: ۱۳۰۷ ـ ۱۳۰۵ / به پژوهش و ویرایش خسرو شاکری)، پادزهر، ۱۹۹۶) صص ۲۶ ـ ۲۵.

••• حمید احمدی، تاریخچه فرقه جمهوری انقلابی ایران و گروه ارانی، صص ۱۸ ـ ۱۷. در روزنامه «ستاره سرخ» ارگان کمیته مرکزی، از این فرقه چنین انتقاد می‌کند: «... پس از تشکیل حکومت سلطنتی پهلوی از میان تمام ناراضی‌های طبقات منور الفکر و نمایندگان بورژوازی و بورژوازی کوچک یک دسته مرفهی نسبتاً محکم‌تر و با پرنسیب‌تر در تحت تقاضای بورژوازی صنعتی و طبقات بورژوازی کوچک در اروپا به دور «فرقه جمهوری انقلابی ایران» جمع شده و شروع به پروپاگاند بر علیه رژیم پهلوی کردند. مشکل است به این موسسه

اسم حزب داد زیرا از دایره عده‌ای محصلین و منور الفکر خارج نشده و هیچ ارتباطی به هیچ یک از توده طبقات ایران ندارد معروفترین سندی که از آن جمعیت داریم اعلامیه آن فرقه است که به اسم «بیان حق» در یک مجموعه چهل ورقی در اروپا و ایران منتشر گردیده ... ما برای سرکوبی دشمنان داخلی و خارجی، برای ایران آزاد مبارزه می‌کنیم. در سراسر این بیانیه ذکر نشده منافع کارگران و دهاقین چیست و چگونه این جمعیت از آن دفاع خواهد کرد؟ مبارزه این جمعیت فقط برای استقرار جمهوری ملی است. و بیشتر جمهوری دموکراسی بورژوازی ... . (مجله آینده، سال ششم، مهر و آبان ۱۳۵۹).

*** ستاره سرخ، شماره ۸ ـ ۷، فروردین و اردیبهشت ۱۳۰۹.

*** به نقل از: تاریخچه فرقه جمهوری انقلابی ایران، صص ۱۵ ـ ۱۴.

*** کتاب جمعه، سال اوّل ، شماره ۳، پنج‌شنبه ۱۸ مرداد ماه ۱۳۵۸ پاورقی ص ۱۴۶.

*** همان، شماره ۳، مرداد ۱۳۵۸.

*** ستاره سرخ، شماره ۲و۱، فروردین ۱۳۰۸.خسرو شاکری نیز در مقاله «دو سند از حزب کمونیست ایران، برخورد با بورژوازی» اشاره می‌کند که در زمان انتخابات مجلس هفتم در تابستان ۱۳۰۷، اعلامیه‌ای به امضای کمیته مرکزی فرقه [حزب] کمونیست ایران نشر یافت که بعد از مدتی اعلامیه دیگری در ردّ اعلامیه اوّل منتشر شد که حکایت از دو طرز تفکر در درون کمیته مرکزی حزب کمونیست ایران بود.

در اعلامیه اوّل تحت عنوان «آنچه ما از مجلس هفتم متوقعیم» چنین آمده است: «اگر چه در هیچ یک از کشورهای جهان پارلمانتاریسم نیازهای اساسی طبقه کارگری را تضمین نمی کند. اگر چه در رژیم کنونی ایران ... زارعین و کارگران و کسبه هرگز نتوانسته‌اند نمایندگان خود را به مجلس بفرستند، با این همه، با علاقه به امر استفاده از وکالت پارلمانی، ما آمادگی خود را برای شرکت در انتخابات اعلام می‌کنیم.

وظیفه هر کارگر، هر زارع و هر کسی که شرکت در امر انتخابات این مجلس خواهان عدالت باشد این است که نمایندگان طبقه خود، یعنی مدافعین واقعی حقوق پرولتاریا را انتخاب کرده علیه انتخاب آنهایی که دشمن آزادی و منافع توده زحمتکش هستند مبارزه کند ... (منبع: بولتن مطبوعاتی خاورمیانه، ژوئن ـ ژوئیه ۱۹۲۸، به نقل از: کتاب جمعه، سال اوّل پنجشنبه ۱۸ مرداد، ۱۳۵۸، شماره ۳ ص ۱۴۳).

در جواب اعلامیه اوّل، اعلامیه‌ای تحت عنوان «نامهٔ سرگشاده کمیته مرکزی حزب کمونیست ایران» چنین آمده است:

«رفقای عزیز:

کمیته مرکزی توجه شما را به نکات زیر جلب می‌کند:

به هنگام انتخابات مجلس [هفتم] کمیته مرکزی اعلامیهٔ «آن چه ما از مجلس هفتم متوقعیم!» را منتشر کرد. در این اعلامیه، در میان انتظارات مهم انقلابی ناظر به منافع کارگران ایران، نکاتی وجود داشت که منحصراً منعکس کنندهٔ منافع بورژوازی نوپای ایران است کمیته مرکزی این اعلامیه را مورد بررسی دقیق قراد داد و بدین نتیجه رسید که پخش سندی این چنین سخت فرصت طلبانه و اشتباه آمیز است. این‌که مرتجعانه ترین مجلس که تاکنون وجود داشته و در زیر فشار مشت انگلیس و رضاشاه انتخاب شده است بتواند سرموئی مجری اقدامات مترقیانه باشد، تصوری بسیار ساده لوحانه است ... .

کمیته مرکزی نمی‌بایست شعارهایی می‌داد که با منافع واقعی توده‌های زحمتکش ایران ارتباطی ندارد. بورژوازی خود قادر است از منافعش که ربطی به منافع توده‌های زحمتکش ایران ندارد به دفاع برخیزد. بورژوازی از منافع خود دفاع می کند.

مادامی که اقدامات بورژوازی لیبرال سرشتی انقلابی داشته باشد، مادامی که این بورژوازی علیه رژیم ارتجاعی پهلوی و انگلستان مبارزه کند، حزب کمونیست ایران به همکاری با وی آماده است. در عین حال کمیته مرکزی به اعضای حزب و نیز به همهٔ کارگران یاد آور می‌شود که در برهه تعیین هنگامی که دهقانان، اسلحه به دست، تصاحب زمین‌های مالکان را آغاز می‌کنند، هنگامی که کارگران و صنعتگران کوچک به ویران کردن لانه‌های ارتجاع پهلوی برخیزد؛ درست در آن هنگام، بورژوازی که امروز خواهان آزادی است با ارتجاع سیاه [پهلوی] متحد خواهد شد و بی‌رحمانه علیه توده‌های انقلابی به مبارزه برخواهد خواست. حزب کمونیست ایران هرگز نباید این نکته را در اقدامات و فعالیت‌های روزمره خود از نظر دور دارد. (ستاره سرخ، ۲ ـ ۱، فرودین ' اردیبهشت ۱۳۰۸ [۱۹۲۹] به نقل از: کتاب جمعه، سال اوّل پنج‌شنبه ۱۸ مرداد، ۱۳۵۸ شماره ۳، صص ۱۴۶ ـ ۱۴۵.)

••• اردشیر آوانسیان، «سازمان حزب کمونیست ایران در خراسان، از خاطرات اردشیر آوانسیان، مجله دنیا، شماره سوم، سال ششم، همچنین بنگرید به: اسناد تاریخی جنبش کارگری سوسیال دموکراسی، ج۱، صص ۱۵۷ ـ ۱۵۶.

••• اردشیر آوانسیان، «خاطراتی درباره فعالیت سازمان حزب کمونیست ایران». مجله دنیا، شماره ۴، سال هشتم.

••• مجله «ستاره سرخ» شماره ۸ و ۷، فرودین ۱۳۰۹، به نقل از: حمید احمدی ، تاریخچه فرقه جمهوری انقلابی ایران و گروه ارانی، صص ۱۷۸ـ ۱۷۷.

••• روزنامه «پیکار»، شماره ۸ برلین ۱۰، تیرماه ۱۳۱۰، به نقل از: حمید احمدی، تاریخچه فرقه جمهوری انقلابی ایران، ص ۴۷.

*** «پیکار»، شماره ۹، برلین، ۲۳ تیر ۱۳۱۰، به نقل از: تاریخچه فرقه جمهوری انقلابی، ص ۱۸۰.

*** حمید احمدی، تاریخچه فرقه جمهوری انقلابی ایران و گروه ارانی ... ص ۲۵.

*** همان، صص ۳۳ ـ ۲۸.

*** حسین فرزانه، پرونده پنجاه سه نفر،صص ۸ ـ ۲۳۶.

*** برای نقد نظر نویسنده کتاب «تاریخچه فرقه جمهوری انقلابی ایران و گروه ارانی» به دو مقاله زیر بنگرید:

انور خامه‌ای، «ارانی و گروه ۵۳ نفری». مجله «اندیشه جامعه»، شماره ۲۳ ص ۸۴ ـ ۷۸.

محمد حسین خسرو پناه «سوسیال دموکرات یا کمونیست؟» مجله جهان کتاب، سال ششم، شماره ۲و۱، صص ۳۳ ـ ۳۱. دکتر ارانی در بازجویی‌هایش در مورد ارتباطش با دهزاد و لادبن اسفندیاری، بعد از آمدنش به ایران می‌نویسد:

«در اروپا یکی از محصلین ایرانی موسوم به مرتضی علوی جزء فرقه کومونیست بود ... موقعیکه من از برلن به ایران می‌آمدم او هنوز در برلن بود نظر به سابقه آشنائی که با من داشت به من گفت ... با من در مکاتبه باش و اگر اشخاصی معرفی کردم نترس با آنها ملاقات کن. من با علوی مکاتبه زیادی نکردم ولی عبدالحسین حسابی دهزاد که در آن موقع در اصفهان معلم بود (گویا سال ۱۳۱۰ باشد) بامن در تهران میل ملاقات کرد و من میدانم که این ملاقات به دستور علوی بود من با دهزاد سه جلسه ملاقات کردم ... بعد دهزاد رفت و من زن او را که وقتی با خود او دیده بودم در کوچه دیدم از دهزاد پرسیدم جواب داد به مسکو رفته است ... من احساس کردم که تا آن موقع یک فرقه در تهران بود، و دهزاد و شخص دیگری به اسم لادبن اسفندیاری، که او هم یکدفعه با من ملاقات کرد رهبر این جریان بوده‌اند ولی همان مواقع که این اشخاص بنده را به جهت تبلیغ دنبال کرده بودند مصادف با کشف قضیه آنها از طرف پلیس شده هر دو فرار کردند ... در سال ۱۳۱۳ صغری خانم، زن دهزاد یک دفعه نزد من آمد و اظهار کرد یکی از رفقای دهزاد میل ملاقات با من دارد. این شخص از من دیدن کرد. و خود را به اسم امیری [اسم مستعار کامران] نزد من معرفی کرد و پنج یا چهار جلسه از من ملاقات کرد. تمام مذاکرات او با من راجع به این بود که مجله دنیا را که من منتشر می‌کنم به نفع آنها منتشر کنم. (حسین فرزانه، پرونده پنجاه و سه نفر، (تهران: نگاه ۱۳۷۲)، صص۲ ـ ۲۳۱.

*** حسین فرزانه، ص ۷۱.

*** همان، ص ۷۵.

*** همان، ص ۲۴۰.

*** همان، صص ۷۶ ـ ۷۵.

*** همان، ص ۷۶.

*** تورج اتابکی، «از رفیق سرخ، تا دشمن خلق»، مجله گفتگو، مهر ۱۳۸۰.

*** خاطرات آقا بکف، ترجمه حسین ابوترابیان، (تهران: پیام، ۱۳۵۷)، صص ۵ ـ ۴.

*** کتاب یاد شده جز کتابهای مشکوک بوده و هنوز اظهار نظر قطعی در مورد آن نشده که آیا واقعاً جز خاطرات نامبرده بوده یا به مانند خاطرات ابوالقاسم لاهوتی، جعلی بوده است ...

آقابکف آنچنانکه از خاطرات‌اش بر می‌آید مدت دو سال و دو دوره از دوران خدمت خود را در ایران سپری کرده بار اوّل آن از ۱۹۲۶ تا ۱۹۲۷ به عنوان «بازرس کل نمایندگی تجاری شوروی در ایران» و در بار دوم از ۱۹۲۷ تا ۱۹۲۸ به عنوان وابسته سفارت شوروی در تهران حضور داشته ولی در هر دو سال، شغل اصلی او به ترتیب نمایندگی «گ. پ. ئو» و ریاست کل «گ. پ. ئو» در ایران بوده است.(حسین ابو ترابیان، خاطرات آقا بکف، ... ص۳).

*** خاطرات یوسف افتخاری صص ۵۴ ـ ۵۱.

***. سند شماره ۱۳۳

استعلام تشکیلات کل نظیمه مملکتی از وزارت دربار در خصوص درخواست مدرسهٔ شوروی مبنی بر صدور تذکره برای سیموتیان و سیدجعفر پیشه‌وری جهت مسافرت به مسکو به منظور تکمیل زبان روسی خود.

[شیر و خورشید]

وزارت دربار پهلوی

تاریخ خروج: ۲۶ خرداد ماه ۱۳۰۹ نمره کتاب: ۱۴۲۴

اسم پاکنویس کننده: سیدحسن محرمانه

وزارت جلیله امور خارجه

با ارسال سواد مراسله ادارهٔ تشکیلات کل نظمیه مملکتی نظر خود را نسبت به مدلول آن اشعار فرمایید متمین هستم نظریهٔ خود را زودتر مرقوم بفرمایید زیرا که در نظمیه مراتب به عرض خاکپای مبارک نیز رسیده است و باید جواب داده شود.

امضای پیش نویس: لطفعلی قویم تیمورتاش

سند شماره ۱۳۳/۱

وزارت داخله

[شیر و خورشید]

تشکیلات کل نظمه مملکتی

اداره اطلاعات به تاریخ ۱۳۰۹/۳/۲۱

محرمانه ـ مستقیم نمره: ۶۷۰/۱۶۵

مقام منیع وزارت جلیله دربار پهلوی دامت شوکته

مدرسه شوروی شرحی به نظمیه نوشته که چون مدرسه احتیاج به اصول علم و تعلیم و تربیت و تکمیل زبان روسی دارد ناچار است چند نفر از معلمین خود را به مسکو روانه نماید و تقاضا نموده به سیموتیان و جعفر خان پیشه‌ور[ی] تذکره عبور داده شود به مسکو عزیمت نمایند. نظر به این‌که مسافرت این قبیل اشخاص که سوابق دارند و همیشه اعمال و رفتار آنها مراقبت می‌شده به مسکو خالی از سوء نیتی نبوده و در مدت اقامت در روسیه برای تبلیغات کمونیستی و پاره‌ای مقاصد سوء تربیت شده مراجعه می‌نمایند. چنانچه در سنه ۱۳۰۷ ابوالقاسم خان اسدی معلم مدرسهٔ مذکور به روسیه عزیمت و بر طبق مرقومه وزارت جلیله امور خارجه مشارالیه از آنجا با اخذ دستوراتی به ایران مراجعت نموده است. اینک مراتب [را] معروض داشت تا به هر طور امر و مقرر فرمایید اقدام شود.

رئیس کل تشکیلات نظمیه مملکتی

سرتیپ

[امضاء: محمد صادق کوپال]

[حاشیه پایین، به خط تیمورتاش] محرمانه از وزارت خارجه کسب نظر شود

سند شماره ۱۳۳/۲

[شیر و خورشید]

وزارت امور خارجه

ادارهٔ جماهیر شوروی

به تاریخ: ۱۳۰۹/۳/۲۷

محرمانه است

وزارت جلیله دربار پهلوی

مرقومه محترمه نمره ۱۴۲۴ مورخه ۲۶ خرداد ماه متضمن سواد مراسله اداره تشکیلات کل نظمیه مملکتی شرف وصول بخشید. با شرحی که اداره مزبور نوشته وزارت امور خارجه هم صدور تذکره را برای آنها مناسب نمی‌داند.

[حاشیه پایین، اوّل:] سابقه [امضاء: محمدعلی فروغی]

[حاشیه پایین، دوم، به خط تیمورتاش] ابلاغ شود. [مهر:] وزارت امور خارجه

سند شماره ۱۳۳/۳

[شیر و خورشید]

وزارت دربار پهلوی

تاریخ خروج: ۱۳۰۹/۶/۲۹

نمره کتاب: ۱۴۹۱

محرمانه ریاست محترم اداره کل تشکیلات نظمیه مملکتی

در جواب مراسله نمره «۶۷۰/۱۶۵» زحمت می‌دهد به ملاحظاتی که اشعار فرموده‌اید صدور تذکره و جواز برای مسافرت سیموتیان و جعفر خان پیشه‌ور[ی] به مسکو اقتضاء ندارد. وزارت جلیله امور خارجه نیز با نظریه جناب عالی موافقت کرده است.

وزیر دربار پهلوی

[امضای پیش‌نویس: لطفعلی قویم]

اسناد فوق از کتاب زیر آورده شد: [اسنادی از مطبوعات و احزاب دوره رضاشاه، تهیه و تنظیم معاونت خدمات مدیریت و اطلاع رسانی دفتر رئیس جمهور؛ شورای نظارت میر حسین موسوی، هادی خانیکی و احمد مسجد جامعی ... به کوشش علیرضا اسماعیلی، (تهران: وزارت فرهنگ وارشاد اسلامی؛ سازمان چاپ و انتشارات، ۱۳۸۰)، صص۳۱۵ ـ ۳۱۲.

بخش دوم: **دوران زندان؛ سالهاي خاكستري**

۱ـ دستگیری و بازداشت

صدای جوان از اتاق تمشیت بلند شد. آشناترین صـدای زندان بود.
شلاق فرود می‌آمد، با صـدای شَـرَق و جـوان بلنـد جیـغ می‌زد.
با هر صدا یک جیغ می‌زد. لحظه‌ای همه ساکت می‌شدند.
انگار جهان درد و شکنجه نابود و ناپدید می‌شد،
و بعد صدای شَرَق می‌آمد به دنبالش صدای جیغ.
از صدای سقوط شـلاق مـی‌فهمیـد کـه بـه پـای جـوان می‌خورد.
دیگر در این کار تبحر داشت.
صدای هر زجر و شکنجه‌ای را به آسانی می‌شناخت
در ذهنش تعداد ضربات کابل را می‌شمرد ...

آوار کشتگان*

روز ششم دی مـاه ۱۳۰۹ بـرای او روز تـاریخی بـود و هرگـز در عمـرش آن روز را فراموش نکرد در آن روز هوا سرد بود و زمین یخ بسته و برف در حـال باریـدن بـود کوههای شمیران مانند تخم مرغ سفید شده بود. پس از صرف نهار مختصر، پیشه‌وری به همراه دوستش محمد انزابی، کسی که بعداً در زندان رضاخان خواهد مرد، از خانـه بیرون آمدند هنوز چند قدمی بر نداشته از همدیگر جدا شدند امّا اندکی بعـد، جـوانی ناشناس با لباسی بدریخت و عصا بدست به پیشه‌وری نزدیک می‌شود:

ـ آقا اسم فامیل شما فلانی نیست؟

ـ چرا هست. فرمایشی داشتید؟!

ـ آقا بنده شخصاً عرض نداشتم، مرا فرستاده‌اند از شما خـواهش کـنم بـرای چنـد دقیقه به اداره اطلاعات تشریف بیاورید یک سؤال مختصری می‌خواهند از شما بکنند.

این چند دقیقه و یک سؤال مختصر برای سیدجعفر پیشه‌وری ۱۰ سال بطول انجامید و ۱۰ سال از بهترین سالهای زندگی او را در زندان تلف کرد.

برجسته‌ترین منبع، در مورد وضعیت سالهای زندان سیدجعفر پیشه‌وری، کتاب «یادداشت‌های زندان» نوشته خود اوست، پیشه‌وری، خاطرات یازده ساله زندان خود را نخست در «روزنامه داد» با عنوان «از زندان تا کاشان» با امضای مستعار سیمرغ منتشر کرد و ادامه‌اش را در «هفته نامه ناهید» به چاپ رساند و در خلال سالهای ۲۳ ـ ۱۳۲۰ یادداشت‌های فوق را دوباره در روزنامه آژیر منتشر کرد، این یادداشت‌ها در ۱۳۵۸ تحت عنوان «یادداشت‌های زندان» از طرف نشر پسیان منتشر شد یادداشت‌ها هر چند ناقص می‌باشند و بیانگر تمامی دوران یازده ساله زندان او و تمام شخصیتهای درون زندان نمی‌گردند امّا این یادداشت‌ها در نوع خود، بهترین منبع در مورد وضعیت زندان رضاشاه می‌باشد، در این کتاب، ما با نویسنده‌ای روبرو هستیم که بدور از هر گونه تعصب و خشک اندیشی، «با قلمی آکنده از انسان دوستی و حساسیت، تجربهٔ زندان خود را باز می‌گوید» هر چند نویسنده در مقدمه کتاب، آن را یک تألیف نمی‌داندو می‌نویسد: «یادداشتها مرتب نیستند. سرگذشت هم نمی‌توانم بگویم ... هر چه باشد محصول دماغ خسته و فرسوده یک زندانی ده ساله است»* امّا انسان بعد از خواندن چند صفحه از آن، چنان مجذوب قلم موثر و لحن آن می‌گردد که تا پایان، آدم را به دنبال خود می‌کشد، آنچه جای تأمل است این که پیشه‌وری در این یادداشت‌ها به غیر از چند صفحه اوّل آن، ابداً از خودش صحبت نمی‌کند و حتی به غیر از دکتر ارانی، از هم مسلکان خودش نیز اصلاً سخنی نمی‌گوید.* و بیشتر از شخصیت‌هایی [چه مثبت و چه منفی] که به دست جلادان در زندان کشته شده‌اند نام می‌برد. خودش در مورد علت آن چنین می‌نویسد: «اصولاً اسم مردم زنده را که مرور زمان آنها را از میدان سیاست بدر برده است نباید بر سر زبانها انداخت وانگهی این اشخاص هنوز هم آخرین حرف خود را نزده و معلوم نیست امروز چکار می‌کنند و فردا چه سیاستی پیش خواهند گرفت. ولی اسامی آنهائی که امروز در حال حیات نیستند یا در سیاست

روز، دخالتی ندارند به عقیده من بی انصافی است که با سکوت بگذرد». در سر آغاز کتاب «یادداشت‌های زندان» درمورد دیکتاتوری رضاخان چنین می‌نویسد:

«... برای جلوگیری از هر پیش آمدی توانائی خود را بکار برده اشخاص مظنون را از جلوی پای خود برمیداشت. این افراد طبعاً ایجاد کنندهٔ سوء ظن بوده، احساس میکرد که با از بین بردن یک دشمن متنفذ برای خود صدها دشمن متنفذ دیگر می‌تراشید متملقین لاشخور که باخلاقش پی‌برده بودند این آتش را دامن میزدند. با توسعهٔ سوء ظن دایره خون ریزیها وسیع‌تر می‌شد و با اشکال گوناگون ظاهر می‌گردید و مانند حریق بزرگی، خشک و تر هر چه در معرض آن واقع می‌شد همه را می‌سوزاند محو و نابود می‌کرد. کم و بیش مردم از کارهای مخوف او اطلاع داشتند، ولی البته ما در زندان یازده، سال تمام دم چک واقع شده بودیم. اغلب بیدادگری‌ها جلوی چشم ما اجراء می‌گردید. ما در زندان مرکزی بسر می‌بردیم. هر کس از بزرگ و کوچک آنجا می‌آمد هر اتفاق سوئی که در خارج پیش می‌آمد بفوریت اثرش در آنجا پدیدار می‌گشت. اغلب قربانی ها را برای تهیه مقدمات آنجا می‌آوردند. در واقع ما در اطاق انتظار اعدامیها منزل کرده بودیم. نصرت الدوله، تیمورتاش، فرخی، بختیاری‌ها، ملاکین مازندران، خوانین چاه کوتاهی، اکراد، الوار، دسته جات و افراد احزاب سیاسی، همه از جلوی ما دفیله داده ردّ می‌شدند. داستان قصر غم انگیز و وحشتناک ولی خواندنی است ... .»

در سند ۸ وزارت داخله، در تاریخ ۱۳ بهمن ۱۳۰۹ در مورد دستگیری پیشه‌وری چنین آمده‌است:

یوسف افتخاری و رحیم همداد که پس از آموزشهای لازم در مسکو جهت ایجاد تشکیلات کارگری به خوزستان اعزام شده و در ماجرای اعتصاب ۱۳۰۸ کارگران صنعت نفت دستگیر و به تهران اعزام می‌شوند آنها اقرار می‌کنند در خانه محمد انزابی اقامت کرده و تعلیماتی از علی شرقی در پیشرفت مرام کمونیستی و سازماندهی اتحادیه کارگران و اعتصاب آنها دریافت داشته و به خوزستان رفته‌اند. مأمورین، علی

شرقی را دستگیر می‌کنند و پی می‌برند که شخص مورد نظر همان علی شرقی نبوده بلکه شخص دیگری بوده ولی به او مشکوک می‌شوند و در تفتیش او یک چک صد تومانی پیدا می‌کنند که از پیشه‌وری دریافت داشته او قبلاً در کتابفروشی پیشه‌وری کار می‌کرده و از طرف پیشه‌وری به سمت نمایندگی از طرف کارگران ایران به روسیه فرستاده ... .•

پیشه‌وری در جواب مستنطق می‌گوید که مبلغ صد تومان را به عنوان قرض به علی شرقی داده و در راپورت مأمورین اطلاعات به تاریخ بهمن ماه ۱۳۰۹ چنین آمده:

... چنین استناد می‌شود که هنوز هم میرجعفر [پیشه‌وری] رابط تأدیه وجه از طرف کمونیست‌ها به اشخاص است، چنانچه صد تومان به علی شرقی و چهل تومان به دکتر جاوید بدون سند و مدرک به عنوان قرض داده در حالی که استطاعت او اجازه چنین اقدامی را به مشارالیه نمی دهد...•

مأمورین چنین استنباط می‌کنند که در ۱۳۰۹ سه نفر از کارگران بنامهای علی شرقی، حجازی و شعبان کاوه در کنگره اتحادیه‌های کارگری شرکت کرده‌اند و چک یادشده را پیشه‌وری به این خاطر به علی شرقی داده بود.• در مورد چگونگی دستگیری پیشه‌وری، یوسف افتخاری در خاطراتش می‌نویسد:

... گرفتاری پیشه‌وری، دکتر جاوید و اعضای کمیته مرکزی حزب کمونیست اینطوری می‌شود که حسین شرقی در یک کنگره یا جلسه‌ای در اتحاد جماهیر شوروی علیه رضاشاه نطق می‌کند. از طرف رضاشاه و رؤسای شهربانی به هتلها دستور می‌دهند که اگر شرقی نام در هتلها منزل بکند به شهربانی اطلاع بدهند. اتفاقاً علی شرقی با یک چمدان کتاب از شوروی آمده و در مهمان خانه اقتصاد تهران منزل کرده بود، رییس مهمان خانه اقتصاد به شهربانی اطلاع می‌دهد که شرقی نام در این جا منزل کرده است. از شهربانی سراغ شرقی می‌روند تفتیش می‌کنند کتابها را پیدا می‌کنند. علاوه بر آن یک حواله پول هم پیدا می‌کنند. این حواله پولی را به پیشه‌وری و دکتر جاوید داده بودند. شرقی همان شب

> اعتراف می کند که بله آنها این چک را به من داده‌اند ... فوراً دکتر جاوید و پیشه‌وری را می گیرند. آنها در تهران بودند و تشکیلات از همین جا کشف میشود بعد در اردبیل و تبریز و جاهای دیگر از روی اعترافات آنها کسانی را دستگیر می کنند.•

در نخستین بازپرسی و استنطاقی که در همان روز دستگیری یعنی ۶ دی ماه ۱۳۰۹ از او به عمل می‌آید بیشتر سؤال‌های بازجویی در مورد همان چک ۱۰۰ تومانی است که او به علی شرقی داده و همچنین ۵۰ تومان پول به شعبان کاوه [از کارگران صنعت نفت خوزستان] داده تا به روسیه روند سؤالها بیشتر در خصوص و علت دادن این مبلغ و ارتباط با شخص نامبرده است بازجوئی‌های پیشه‌وری نشان می‌دهد که او ضعفی از خود نشان نداده و هیچ کس را لو نداده بلکه عمداً سعی می‌کند سر نخی به دست بازپرس ندهد و بیشتر به طفره می‌رود و به انکار اتهامات می‌پردازد و به بیشتر سؤالات، جواب منفی می‌دهد. بعدها در مورد علت انکار اتهاماتش در «یادداشت‌های زندان» می‌نویسد:

> من خیال می کردم که ممکن است پرونده وقتی مورد بررسی قرار بگیرد با یک کلمه است که جرم ثابت یا ردّ می شود مثل کلمه (نه یا آری) در صورتیکه این یک تصور باطلی بود آخر حتی در محکمه و دادرسی هم پرونده‌ها مورد بررسی قرار نگرفت فقط از روی گزارش فروزش [بازپرس] حکم صادر شده ... .•

مبلغ صد تومان چک را او به علی شرقی داده بود تا به روسیه برود، ولی او در جواب بازپرس می‌گوید که مبلغ فوق را به عنوان قرض به او داده است، و در یادداشت‌های زندان اصلاً به مبلغ و چک فوق الذکر اشاره نمی کند:

> بازپرسی، سر آشنائی من و علی شرقی بود. فروزش می‌خواست او را آدم کش (تروریست) معرفی کند مرا محرک او قرار بدهد بدینوسیله وسائل اعدام هر دوی ما را فراهم بیاورد شرقی یک هفته پیش از من گرفتار شده بود فروزش مدعی بود که او جرم خود را گردن گرفته. گفتم با وجود این گفته‌های او را قبول دارم مواجهم بکنید این مواجهه

بطور بسیار مضحکی بعمل آمد. معلوم شد که گرفتاری هر دوی ما روی یک سوء تفاهم بسیار ساده‌ای است.**

در حالی که اسناد بازجوئی خلاف نوشته او را می‌رساند، او در «یادداشت‌های ...» سعی می‌کند بعضی از مطالب را کتمان کند و هرگز به ۱۰۰ تومان چک اشاره نمی‌کند. همچنین، او هرگز حاضر نشد با علی شرقی روبرو شود زیرا اقرار علی شرقی را قبول نداشت به همین خاطر چنین مواجهه‌ای هرگز پیش نیامد تا شکل مضحکی بخود گرفته باشد، او تنها در بازپرسی بعدی با شعبان کاوه مواجه شد واظهارات او را هم انکار کرد:

بازپرس: به چه وسیله با او آشنائی پیدا کردی؟

شعبان: پارسال نزدیک محرم بود من رفتم منزل علی شرقی در مهمانخانه گاراژ اقتصاد بالای بام اطاق بنده نشستیم در اطاق علی (شرقی) ایشان آمدند با ما و علی صحبت داشته که شما می‌روید با علی به روسیه و فردا وسیله حرکت خودتان را فراهم بیاورید. پنجاه تومان به من داد برای خرجی راه و به علی هم پول داد و رفتند دیگر ایشان را ندیدم.

بازپرس: میرجعفر پیشه‌وری، اظهارات شعبان را شنیدید چه می‌فرمائید؟

پیشه‌وری: بلی شنیدم، اولاً اظهارات ایشان دروغ است، بر این که من ایشان را هیچ وقت به غیر از محبس جای دیگر ندیدم.

بازپرس: اگر علی شرقی هم مثل شعبان تصدیق به مطالب فوق در حضور خودتان نمود قبول دارید؟

پیشه‌وری: نخیر.**

وزارت داخله، تشکیلات کل نظمیه مملکتی، موضوع راپرت، ۶ دی ماه ۱۳۰۹ راپرت. در تعقیب راپورت معروضه قبل راجع به علی شرقی و داشتن یک طغرا چک ۱۰۰ تومان به نام میرجعفر پیشه‌وری معلم مدرسه شوروی که اظهار می‌داشت از بابت طلب خود از مشارالیه دریافت داشته است حسب‌الامر میرجعفر پیشه‌وری اینک احضار و در تحقیقات ابتدائی اظهار می‌دارد علی شرقی وجه مزبور را از من قرض خواست. این اختلاف گوئی راجع به وجه به خوبی محقق می‌دارد که وجه مزبور

جهت مصرف خاص بوده است. زیرا طرفین نسبت به وجه دروغ می‌گویند با این وصف شدیداً هر دو نفر مورد سوء ظن واقع می‌گردند. در صورتی که امر و اجازه می‌فرمایند میرجعفر توقیف [و] نوشتجاتش تفتیش [گردد] و پس از یک رشته تحقیقات عمیق‌تری نتایج حاصله را ثانیاً به عرض برساند.**

و به دنبال این، دستور تفتیش خانه پیشه‌وری صادر می‌گردد.

۲ ـ تفتیش منزل

صحنه روبرو شدن او با پسر ۶ ساله اش (داریوش) در فردای روز دستگیری، به همراه دو پلیس که به قصد تفتیش خانه‌اش آورده می‌شود دلخراش است او در این زمینه می‌نویسد:

... داریوش (پسر پیشه‌وری که ۶ سال بیش نداشت) را سخت نگران و متوحش دیدم گاهی بصورت من، گاهی هم همراهانم را می‌نگریست ... بازرسی دو ساعت بیشتر طول کشید. همه جا را دیدند، هر سوراخی را مکرر در مکرر جستجو کردند، هر چه دلشان آمد چندین بار معاینه نموده با کمال بی‌قیدی روی زمین می‌انداختند ... او هیچ حرف نمی‌زد دیگر مانند همیشه پرگوئی نمی‌کرد، به شکستن و ریختن اسباب بازی‌های محبوبش اعتراض نمی‌نمود. بازرس‌ها می‌گفتند بما دستور داده‌اند هر چه کتاب غیر فارسی دارید با خود ببریم، من مقصودشان را فهمیدم مأمورین اداره اطلاعات رضاخان زبان خارجی نمی دانستند بنابراین هر چه کتاب غیر فارسی داشتم همه را جمع کردند.

غیر از بچه ۶ ساله و دایه پیر در خانه کس دیگری نبود. خواستم برای آخرین بار با بچه‌ام سر یک میز نشسته باشم، گفتم ننه چای آورد. بچه کمی جرأت پیدا کرده خم شده باصدای بسیار آهسته علت غیبت مادرش را به من اطلاع داد ... .

از شدت تأثر من و بچه هیچکدام هیچ چیزی نتوانستیم بخوریم. ناچار پس از صرف یک فنجان چای با کمال تأثر از کنار میز برخاستیم. هنگام خداحافظی چشمان بچه پر از اشک بود، ولی برای این که مرا بیشتر متأثر نکرده باشد از گریه خودداری

نمود، و نیز جمله معمولیش را که همیشه هنگام رفتن سفارش کرده می‌گفت: «باباجان زود برگرد» بزبان نیاورد. احساس کرده بود که در زندگانیش دوره بسیار غمناک وحزن آوری شروع شده پدرش از دستش رفته است ... .

کتابها را داخل درشکه ریخته به اداره اطلاعات آوردیم بازپرس با کمال بی‌صبری منتظر بود ... از رفتارش دریافتم که زبان خارجی نمی‌داند. فقط می‌خواهد از عکس‌ها و تابلوها چیزی درک کند. اتفاقاً از میان یکی از کتابهایم کتابچه بسیار کوچکی بزبان فارسی بیرون آمد که یکی از رساله‌های بسیار سطحی تولستوی بود با عنوان «به یکدیگر نیکی کنید» به ترجمه سیدعبدالرحیم خلخالی. چون روی این کتاب کوچک [،] اسم تولستوی دیده می‌شد موجب سوءظن پلیس واقع گردید ... پیش خود گفتم شکر [،] که زبان خارجی نمی‌داند و الا با کتاب «منشاء انسانِ داروین»، مجلات انسیکلوپدی روسی و سایر کتب تاریخی و فلسفی چه معامله می‌کرد؟ ...

رسیدگی کتابها به من فهماند که در کجا هستم و با چه نوع اشخاصی سرو کار دارم. اتهّام سیاسی که به من و امثال من نسبت می‌دهند باید رسیدگی نموده سرنوشتمان را تعیین نمایند ... . علت ده سال بلاتکلیفی من و یارانم غیر از جهالت و نادانی فروزش‌ها (بازپرس) چیز دیگری نبود!».**

به دنبال تفتیش خانه او، استنطاق و بازپرسی دوباره آغاز می‌شود. در استنطاقِ اوّل که در بهمن ۱۳۰۹، صورت گرفت، او در مورد تاریخچه زندگانی خود به مستنطق (فروزش) چنین می‌گوید:

> تا سن ۱۲ سالگی در خلخال بودم بعد بواسطه شلوغی که آن موقع در خلخال از طرف ایل شاهسون وجود داشت خانه ما را غارت کردند. به همراه پدر و مادر برای روسیه مسافرت کردیم بنده آنجا بواسطه هم ولایتی ما که معلم بود در بادکوبه داخل مدرسه شدم و هم در مدرسه مستخدم بودم بعد از اتمام کردن مدرسه ابتدائی داخل دارالمعلمین شدم دوره دارالمعلمین را هم تمام کردم در زمان تزار داخل دو مدرسه شدم یک مدرسه اتحاد ایرانی معلم زبان فارسی و ترکی و شرعیات در کلاسهای ابتدائی و در مدرسه بلدیه باکو نمره ۹ ابتدائی معلم زبان ترکی

و سایر دروس بودم و هنگام بروز [انقلاب] کمونیستی معلم مدارس فوق بودم بعد در موقعی که گیلان انقلاب شد بنده هم آمدم درگیلان [،] دو ماه داخل انقلاب بودم در قسمت دسته احسان الله‌خان.**

امّا پس از شکست جنبش جنگل، وقتی پیشه‌وری وارد ایران می‌شود دیگر به گیلان بر نمی‌گردد بلکه مستقیماً به تهران می‌آید از آنجا که فعالیت این دورهٔ او مصادف با انقراض سلسله قاجاریه و آغاز سلسله پهلوی است به همین خاطر او تقریباً تمام فعالیت‌های سیاسی و حزبی مربوط به این دوره را منکر می‌شود:

گفتم ... بهتر است بروم ایران زندگانی کنم چون گیلان شلوغ بود و دستجات مختلفی بودند بنده هم نمی‌خواستم دوباره داخل در کارهای گیلان بشوم، از راه خراسان [به] تهران آمدم دو سه ماه بیکار بودم بعد در ادارهٔ روزنامه حقیقت به سمت مترجمی و نویسندگی داخل شدم بعد از توقیف روزنامه دو سه ماه بیکار بودم مجبور شدم به بادکوبه بروم و در آنجا به شغل معلمی مشغول ... در سال ۱۹۲۲ زنم را هم خواستم به بادکوبه که تحصیل قابلگی بکند تا ۱۹۲۷ آنجا بودیم.**

پیشه‌وری در استنطاق ۷ به تاریخ ۹ بهمن ۱۳۰۹، چنین می‌گوید:

بنده در تمام دستجات که مخالف با دولت قاجار بودند شرکت کردم چون موقعی که در بادکوبه بودم از جریانات سیاسی کاملاً خود را کنار کشیدم و هم چنین درموقع تغییر رژیم از طرف اعلیحضرت همایونی به تمام مقصرین سیاسی عفو عمومی عطا شده بود بنابراین بنده خود را کاملاً از گناهانی که شاید اغلب اشتباه باشد ... مبری و معفّو می‌دانم و لازم هم نمی دانم که شما گناهان متصوره گذشته بنده را از من سؤال بفرمائید.**

در استنطاق ۱۴ اسفند ماه ۱۳۰۹، او می‌گوید قبل از روی کار آمدن حکومت رضاخان در دوره قاجاریه، عضو حزب کمونیست بوده ولی بعداً در ۱۳۰۳ (قبل از تاجگذاری رضاخان) از آن روی برگردانده و علت آن را با زیرکی خاص، چنین بیان می‌کند:

... اولاً بنده اطلاعات صحیح کاملی در آن موقع از عقیده کمونیستی نداشتم، در طول مدت این هفت هشت سال [از ۳ـ۱۳۰۲ به بعد] مطالعات زیادی در اطراف این عقیده کردم، به من ثابت شده که این فکر در ایران بسیار بسیار زود است، چون که در ایران قوای کارگری که اساس کمونیست است تقریباً وجود ندارد و تصور هم نمی‌کنم، صد سال دیگر هم همچه قوائی موجود شود که اکثریت ملت را تشکیل بدهند، بنابراین فکر کمونیستی برای یک نفر ایرانی مالیخولیا و موهوم است. دلیل دویم این است، مدت سه چهار سال اخیر که در بادکوبه بودم نظریات اغلب عناصر قفقازی را نسبت به ایرانی‌ها مشاهده کردم که بر خلاف ادعاهای کمونیستی باز ایرانی‌ها را تحقیر می‌کردند، در صورتی که اکثریت کارگرها در بادکوبه ایرانی بود. [به] منورالفکرها [و] ایرانی کارهای مهم را نمی دادند. این هم سبب شد که بنده نسبت به عقیده آنها سرد شده دلیل سوم این است که از ایران خبرهای امید بخش بعد از تغییر سلطنت قاجاریه می‌رسید که آن خبرها امیدواری برای بنده، برای ترقی ایران تولید می‌کرد درهنگام توقف در بادکوبه، دلیل چهارم این‌که چون دارای عائله و زندگانی شده بودم میل داشتیم به راحتی به ایران آمده در ایران زندگانی بکنم، به این جهات خودمان را از تمام مؤسسات حزبی کنار کشیده و وسائل مسافرت به ایران را تهیه نمودم».[**]

امّا راپرت مأمور رضاخان در، مورخه ۱۳۰۹/۱/۲۲ نشان می‌دهد که دقیقاً او را از قبل زیر نظر داشته و از فعالیت‌های او مطلع بودند:

... چندی در روزنامه حقیقت که مدیرش دهگان بوده مقالات کمونیستی می‌نوشته به روسیه می‌رود در بادکوبه مدیر روز نامه اکینچی (زارع) شده و از طرف دولت ساوات (روسیه) برای تشکیل جمعیت کمونیستی به ایران آمده. در تهران کتابخانه [کتابفروشی] بنام فروردین تأسیس کرده به قصد این که جمعیتی تشکیل [و] مرام کمونیستی را تبلغ نماید، به واسطه مواظبت و مراقبت عمال پلیس موفق به این مقصود نگردیده، ناچار کتابخانه را ترک [و] در مدرسه شوروی داخل ...[**]

در این کتابفروشی او سه نفر همکار داشته که علی شرقی یکی از آنها بوده و فروش کتابها به عهده او بوده است. به دنبال تلاش‌ها و شکایت‌های پی‌گیر معصومه خانم، همسر پیشه‌وری جهت استخلاص شوهرش؛ از طرف وزارت دربار از تشکیلات نظمیه، استعلامی درباره وضعیت پیشه‌وری به عمل می‌آید در جواب استعلام چنین آمده:

وزارت داخله، تشکیلات کل نظمیه مملکتی، سواد مینوت صادره به وزارت دربار پهلوی، ۱۳۳۰ / ۲۷۵۵

«عطف مرقومه محترم نامه ۲۲۰۰ / ۱/۲۸ /۱۰ راجع به استعلام از علت توقیف میرجعفر پیشه‌وری معروض می‌دارد مشارالیه سابقاً داخل در یک رشته جریان کمونیستی بوده ولی اخیراً بنا به اظهار خودش و تحقیقاتی که از مطلعین شده که یکی از آنها فریدون‌خان عضو وزارت خارجه است مشارالیه جزو حزب کمونیست نیست، نظر به این که از وجود مشارالیه می‌توان استفاده نمود در صورتی که امر و مقرر فرمایند مرخص و به طور خُفیّه اعمالش تحت مراقبت قرار داده شود چنانچه وجودش مورد استفاده واقع گردید و حقیقتاً معلوم شد که از حزب خارج شده است فبها و الاّ اگر مبادرت به اعمال سوء گذشته خود نمود مجدداً دستگیر و توقیف گردد بسته به نظر مبارک است.

وزارت داخله، تشکیلات کل نظمیه مملکتی، سواد مراسلهٔ وزارت دربار پهلوی، نمرهٔ ۸۰۱ ، مورخه ۱۰/۲/۲۳ محرمانه. بعدالعنوان مدلول مراسله نمره ۷۵۵/۳۳۰، ۱۰/۲/۹ در خصوص میرجعفر پیشه‌وری به عرض خاکپای مبارک رسید اجازه مرحمت فرمودند به طریقی که در ضمن مراسله فوق الذکر از طرف آن اداره محترم پیشنهاد شده است رفتار [،] و مشارالیه را مستخلص فرمایید.

وزیر دربار پهلوی امضاء

دستخط رئیس کل شهربانی. نظریه راپرت کنید، سواد مطابق اصل است.»

امّا اندکی بعد به خاطر مدارک جدیدی که نظمیه در مورد ارتباط او با مسکو و فعالیت‌های دیگرش بدست می‌آورد از ترخیص او امتناع می‌کنند:

[۴/۴]

وزارت داخله، تشکیلات کل نظمیه مملکتی، سواد مینوت صادره به وزارت دربار پهلوی، نمرهٔ ۶۲۰، مورخه ۱۰/۳/۲ محرمانه، مستقیم. بعدالعنوان. عطف به مرقوم محترم نمرهٔ ۸۰۱ راجع به میرجعفر پیشه‌وری معروض می‌دارد نظر به این که اخیراً مدارک و دلائلی مبنی بر علیه او بدست آمده و می‌رساند که مشارالیه عامل مهّم روابط بین مسکو و طهران بوده و دو نفر را در چند ماه قبل برای حضور در کنگره از طهران با دادن مخارج راه به روسیه فرستاده است، لذا برای تکمیل تحقیقات و روشن نمودن چگونگی قضیه فعلاً نمی‌شود مرخص نمود.**

در تلگراف تضرع آمیزی که زوجه پیشه‌وری در تاریخ [شهریور ماه؟] ۱۳۱۰ به دفتر مخصوص شاهنشاهی ارسال می‌دارد چنین آمده:

وزارت داخله، تشکیلات کل نظمیه مملکتی، سواد تلگراف زوجهٔ پیشه‌وری مرجوعه از دفتر مخصوص شاهنشاهی

به آستان مقدس بندگان اعلیحضرت اقدس همایون شاهنشاهی پهلوی ارواحنا فداه. ۹ ماه است میرجعفر پیشه‌وری شوهر کمینه در نظمیه توقیف و تاکنون تکلیف او را معلوم ننموده‌اند کمینه و یک نفر طفل مشارالیه که وسیله معاشمان حقوق روزانه او بود، دچار کمال ذلّت و بدبختی شده‌ایم به هر مقامی مراجعه می‌کنم جواب صریحی نمی‌دهند اکنون لاعلاج به آن آخرین ملجاء و پناهگاه مظلومین متوسل و استدعای عاجزانه دارد اوامر ملوکانه در رفع بدبختی یک خانواده ایرانی شرف صدور یابد. معصومه.

[۱/۵]

وزارت داخله، تشکیلات کل نظمیه مملکتی، سواد مرقومه دفتر مخصوص شاهنشاهی، نمرهٔ ۵۳۶۲، مورخ ۱۰/۶/۶ بعد العنوان. معصومه نام عیال میرجعفر پیشه‌وری از طهران در استدعای استخلاص شوهرش

از حبس تلگرافی به خاکپای مبارک ملوکانه ارواحنا فداه تقدیم کرده است، عیناً ارسال می‌گردد. معلوم فرمائید علت حبس شوهرش چه بوده که مراتب به عرض خاکپای مبارک برسد. رئیس دفتر مخصوص شاهنشاهی. محل امضاء

دستخط بندگان حضرت اجل اگر جواب داده شده است نوشته شود به نمرهٔ ــ رجوع کنید اگر اطلاعات بیشتری تحصیل شده که راپرت نکرده‌اید، راپرت شود.

[۲/۵]

وزارت داخله، تشکیلات کل نظمیه مملکتی، سواد مینوت صادره به دفتر مخصوص شاهنشاهی، نمرهٔ ۱۴/۲۲۴۹، مورخه ۱۰/۶/۱۴ بعد العنوان. عطف به مرقومهٔ محترم نمره ۵۳۶۲ متضمن تلگراف معصومه نام عیال میرجعفر پیشه‌وری معروض می‌دارد، مشارالیه یکی از کارکنان مهم اشتراکی است که مدتها در بادکوبه در پیشرفت مرام مزبور ساعی بوده، نام فامیل او پرویز و جوادزاده است. برای این که تشخیص داده نشود با تغییر سجل [،] چندی است به طهران آمده و مشغول تشکیل کمیته گروه، رابط بین مسکو و طهران بوده، چنانچه در چند ماه قبل دو نفر کارگران را به عنوان نمایندگی برای حضور در کنگره کارگران با دادن مخارج گزاف به روسیه فرستاده و وجوهی که از طرف فرقه کمونیستی روسیه برای توسعه در طهران به مصرف می‌رسید، به وسیلهٔ مشارالیه پرداخته می‌شده است.** محل امضاء

بدین ترتیب کم‌کم با گذشت زمان، اطلاعات نظمیه در خصوص سوابق پیشه‌وری تکمیل می‌شود و جالب این که نامه‌های التماس‌آمیز بعدی را که معصومه‌خانم برای آزادی شوهرش به رضاشاه می‌نویسد، تشکیلات کل نظمیه مملکتی، علت توقیف او را به همان نمره فوق الذکر ارجاع می‌دهد و بعد از مسجل شدن هویت پیشه‌وری و فعالیت‌های او، به خانمش اخطار می‌گردد که از تکرار عرایض خوداری نماید:

عطف به مرقومه محترمه نامه ۷۹۹۸ متضمن تلگراف معصومه‌خانم زوجه میرجعفر پیشه‌وری معروض می‌دارد که علت توقیف او ضمن نمره

۲۲۴۹/۱۴ ـ ۱۰/۶/۱۴ به عرض رسیده به ضعیفه مزبور هم اخطار شد که از تکرار عرایض خودداری نماید.»[**]

لازم به ذکر است که پدر معصومه‌خانم از ماموران مورد اعتماد شاه بود به همین دلیل او توانست نامه‌هایی جهت استخلاص شوهرش بنویسد و بدست رضاشاه برساند.همچنان که جریان بازجوئی نشان می‌دهد با گذشت زمان، نظمیه رضاخان به کلیه سوابق مبارزاتی او پی می‌برد و اگر توقیف و زندانی شدن او ۱۰ سال به طول انجامید به واسطه همین دستیابی نظمیه به سوابق مبارزاتی و اسناد مربوط به آن است به طوری که کم‌کم و حتی عضویت او در کمیته مرکزی نیز برای نظمیه رضاخان آشکار می‌گردد. راپرت‌هایی که جاسوسان به نظمیه می‌دهند حتی به شیطنت‌های غیر سیاسی او نیز پی‌برده می‌شود به عنوان مثال در یکی از راپورت‌ها چنین آمده است:

وزارت داخله، تشکیلات کل نظمیه مملکتی، سواد از راپرت قونسولگری بادکوبه، مورخه ۱۳/۲/۲۹

از قرار اطلاع حاصله جوادزاده خلخالی و دو نفر دیگر کریم‌اف و حسن‌اف ترک زبان که بواسطه عملیات و تشبثات مخفیانه از طرف مأمورین تأمینات تعقیب و فعلاً در مرکز محبوس می‌باشند. با تحقیقاتی که در هویت و سابقه اعمال آنها به عمل آمده مشارالیهم کاملاً از کارکنان و عمال شوروی بوده‌اند، به طوری که همه نوع مساعدت و کمک مادی و معنوی از طرف مقامات مربوطه شوروی درباره آنان می‌شده و مخصوصاً در یک فقره از عملیات متجاوزانه آنها نسبت به یک دختری در ناحیه حضرت عبدالعظیم که نزدیک بود علنی و موجبات گرفتاری آنان فراهم گردد، معادل چهارصد تومان برای اسکات کسان دختر مشارالیها وجه از اعتبار مخصوصی که برای تبلیغات داده‌اند برداشت کرده‌اند و این مسئله از طهران عوامل دیگر به اینجا راپرت داده‌اند و این اطلاعی است که از مجرای صحیح تحصیل گردیده و لزوماً عرض می‌کند که سلام‌الله خلخالی نیز که به کاشان تبعید شده از عمال مسلم اینها ولی در موقع ارتکاب به عمل متجاوزانه نسبت به عصمت دختر مشارالیها شرکت نداشته است. ژنرال قونسول، مرزبان».[**]

وزارت داخله، تشکیلات کل نظمیه مملکتی، سواد راپرت شهربانی تبریز، نمرهٔ ۷۶، مورخه ۱۲/۳/۱۵ محرمانه. بعدالعنوان. محترماً خاطر مبارک را مستخضر می‌دارد به قراری که رهبر ثانی [از اعضای شبکه کمونیستی تبریز] و زینال سرباززاده** راپرت می‌دهند جوادزاده نامی که گویا فعلاً در طهران و در خیابان لاله‌زار کتابخانه دارد چندین سال قبل در روسیه اقامت داشته و وظایف مهمی را در فرقه بالشویکی روسیه عهده دار و عضو فرقه بوده که در سال ۱۹۲۸ از طرف نماینده فرقه بالشویکی ایران به مسکو احضار و در کنفرانس عمومی به عضویت کمیته مرکزی فرقه بالشویکی ایران تعیین و در سال مزبور به ایران مراجعت و عضویت کمیته مرکزی فرقه بالشویکی ایران را عهده دار بوده و دو نفر برادر مشارالیه هم در همان سال برای اجرای پاره‌ای عملیات در داخله ایران با وظایف مختلفه به ایران اعزام شده‌اند.** محل امضاء

۳ ـ وضعیت زندان رضاخان

نگاه سرد و زمخت زندانبان‌ها، بوی زننده و متعفن سلول‌ها، چراغ بادی دودزده، میز و صندلی شکسته، دیوارهای کثیف، سقف بلند اطاق نمره ۵ که اسمش را چاه وارونه گذاشته بودند با ارتفاع ۱۰ متری که به یک سیاهچال تمام عیار می‌ماند این همه توصیفی است که پیشه‌وری از زندان می‌کند:

توقف گاه نمره ۲ بیست و یک اطاق، به همین اندازه هم مستراح داشت که همه با هم مربوط بودند. راه آب همه این مستراح‌ها از اطاق نمره ۵ ردّ می‌شد. مستراح عمومی هم به همین اطاق وصل بود . تعفن این همه مستراح با بوی نمناک خود، هوای اتاق را کاملاً مسموم می‌کرد. به طوری که گاهی از ناچاری به مستراح دویده می‌خواستم بواسطه سوراخ پشت بام آن تجدید تنفس کرده باشم. گاهی هم دهنم را به سوراخ در چسبانده با زحمت زیاد از بیرون هوا می‌گرفتم. از همه بدتر سوسکها، موشها و پشه خاکی‌های جسور که حتی در چله زمستان هم دست بردار نبودند.

زندان با انسان نبرد می‌کند. اگر شخص توانست روحیه خود را قوی نگهدارد زندان روز به روز ضعیف‌تر می‌شود زندانی با زجر و مشقت انس گرفته و به گرسنگی و بدبختی عادت می‌کند ولی اگر محیط زندان به انسان غالب شود شخص خود را با اندیشه‌های بیمناک تسلیم نماید ناچار از پا درآمده از بین می‌رود اشخاصی که در زندان نبوده‌اند شاید بزحمت بتوانند معنی گفتار یک زندانی قدیمی را درک کنند ...**

تمامی کمونیست‌های پیش‌کسوت مانند آرداشس آوانسیان، یوسف افتخاری، رحیم همداد، عباس گاندی، ابوالقاسم اسدی، نیکروزی، عاصمی، مسنن که تقریباً همزمان با پیشه‌وری وضعیت وحشتناک زندان را تحمل کرده‌اند اذعان دارند که وضعیت زندانیان در این سیاه‌چالهای مخوف، بیشتر شبیه محکومین به مرگ بود زندان قصر** بدترین زندان خودکامه بود و می‌توان گفت که «باستیل» ایران به شمار می‌رفت به طوری که هر کس، گذرش بدان می‌افتاد دیگر بیرون آمدنش مشکل بود بسیاری از کسانی که گذرشان بدانجا افتاد در شرایط بد زندان مردند و کسانی که از آنجا زنده بیرون آمدند، تنها بعد از سقوط خودکامه توانستند آزاد شوند.

تعدادی از قربانیانی که پیشه‌وری در زندان، مرگ آنان را به چشم دیده و به شکلی زیبا به تصویر کشیده می‌توان به افرادی چون سیدمحمد تنها، محمد دادی زاده انزابی، سرهنگ فولادی و هایم اشاره کرد که در زیر فشار وحشتناک زندان، از پای درآمدند. در مورد مرگ دوستش، محمد انزابی که تقریباً همزمان دستگیر شده بودند می‌نویسد:

این قربانی جوان در یک خانواده بسیار بی‌چیزی بدنیا آمده از طفولیت به رنج و سختی عادت کرده بود. برای تأمین زندگانی مادر پیر و خواهر و برادران کوچک خود شب و روز کار می‌کرد، آموزگار بود ... آخرِ دومین سالِ توقیفمان ناگهانی مریض شد. استفراغ می‌کرد. دل درد سخت و طاقت فرسا در چند ساعت او را از پا درآورده بستریش نموده بود.

پس از کوشش زیاد اجازه گرفته نزدش رفتم، رنگش زرد و گونه‌هایش لاغر شده بود، ولی در سیمایش وحشت و اضطرابی دیده نمی‌شد با

ورود من متبسم شده گفت: خوب شد آمدی، من حالم مثل این که بد است، می‌گویند آپاندیست باز شده چرک کرده است. ...

اوایل دوره زندان از بیماران خودمان پرستاری می‌کردیم. دکتر هم مانند خودمان زندانی بود. آن روزها این اجازه را می‌دادند. طبیب‌های زندانی اجازه داشتند مرضای زندانی را معالجه کنند. بعد این کوچکترین وسیله نیز از دست رفت. بیماران بدست برازنده‌ها و احمدی‌ها و دکتر خسرو خاورها، که خود از جلادان و دوستاقبانان قدیم خشن‌تر، بد رفتارتر، و مرده خورتر بودند، افتادند هر کس دندان طلائی یا یکدست لباس درست حسابی داشت به سختی می‌توانست جان سالم بدر ببرد ... چند دقیقه بعد از ملاقات من [،] ببهانه عمل [،] مریض را از زندان بیرون برده جسد بیروحش را به مریضخانه شهربانی تحویل دادند ... مادر پیرش که خبر فوت فرزندش را شنیده بود، مانند شیر که بچه‌اش را ربوده باشند، میغرید. از مرگ و توهین نمی‌ترسید، (بچه‌ام را کشتند یا جسدش را به من بدهید با مزارش را) تحقیر می‌کرد، نفرین و سرزنش می‌نمود ... بالاخره دو دست لباس کهنه دستش داده راه انداختند.**

نجفقلی پسیان در خاطرات خود، وضعیت زندان و همچنین چگونگی کشتن خانبابا اسعد بختیاری را چنین توضیح می‌دهد:

«اگرچه شرح وقایع زندان قصر یا بعبارت بهتر دخمه مرگ از وظیفه نگارنده خارج است، ولی بیان پایان عمر خانبابا اسعد، این بختیاری شجاع و آزاده که با فریادهای ناله مانندش، زندان را میلرزاند لازم است ... دیگر پاسبانها از هجوم بردن بر این مرد خسته شده بودند، خود او نیز گویا علاقه‌ای به فردای خود نداشت و بهمان ترتیب که نوشتیم، این راد مرد بختیاری، مانند برادران و اجدادش، در راه مبارزه با پهلوی جان باخت! ... .

هدف تشریح وضع سیاه چالی که زندان نام داشت نیست، بلکه اشاره به موقعیت محیطی است که در آن صدها هزاران نفر تحصیلکرده، افسر و دانشجو و استاد زندانی بودند. واگذاری حکومت از پادشاهی به

فرزندش در شهریور ۱۳۲۰ و بعبارت دیگر تداوم رژیم پهلوی مانع از آن گردید که ملت ایران آنطور که باید و شاید به اسرار پرونده‌های جنایات و تعداد بازداشت شدگان در آن وادی خاموش پی‌برد و معلوم شود رویهم رفته چند نفر بازداشت گردید، و چه تعدادی از آنها در این خانه مرگ زیر شکنجه یا از گرسنگی و بیماری تلف شده‌اند.**

دوستاقبانان نظمیه رضاشاه می‌خواستند آنان را با مرگ تدریجی از بین ببرند. همچنان که افراد بی‌شماری اعم از سیاسی و غیر سیاسی هرگز زنده از آنجا بیرون نیامدند و سرانجام از درب علیم الدوله [دری که مردگان زندانی را از آنجا خارج می‌کردند] بیرون برده شدند:

«نظمیه رضاخان سازمان خطرناکی بود، هنوز ماجرای اکبر سلاّخ که جرم محمود قاتل را زیر شکنجه گردن گرفته بود تازگی داشت. جای داغ و درفش‌های حاج محمد باقر گلپایگانی را در اثنای محاکمه، با چشم خود دیده و اعتراف بیست و چند قتل موهوم او را شنیده بودم. کشتارهای شبانه باغشاه که اغراق آمیز می‌نمود ولی حقیقت داشت. اعدام‌های دسته‌جمعی آذربایجان و خراسان، مفقود شدن عده بی‌شماری از مردان سیاسی را افسانه نمی‌پنداشتم. مرگ رقت‌آور دوست نزدیکم حجازی را فراموش نکرده بودم. سه روز پیش فرخی یزدی گفته بود که می‌خواهد از این مملکت بیرون برود افسوس که این آرزو را بگور برد و با فجیع‌ترین طرزی کشته شد حتی مزارش نیز معلوم نیست کجاست ... آنها و هزاران حبس و تبعید و اعدام دیگر با خاطره‌های مخوف زیادی که از مطالعهٔ یادداشت‌های زندانیان ادواری مختلف در یادم مانده بود دست بدست هم داده مرا متوحش می‌نمود ... .»**

«متهمین در محکمه حق مداخله و حرف زدن نداشتند، فقط می‌توانستند آخرین دفاع خود را کتباً بریاست محکمه تقدیم کنند و این نوشته‌ها هرگز خوانده نشد. رئیس محکمه گفته بود امر فرمانده کل قوا [رضاشاه] قانون شکن است ... اعلان حکم محکمه شدید و خرد کننده بود. ۴۰ نفر اعدام مابقی ۳ تا ۱۵ سال حبس محکوم شدند دو نفر از اعدامها

باشنیدن حکم اعدام موازنه عقلی را از دست داده دیوانه شدند و بعضی دیگر از حال طبیعی خارج شدند ...».**

از دیدن چنین صحنه‌هایی او به شدت می‌ترسید و در میان جاسوسان موذی که در زندان چون ملخ تکثیر شده بود از ترس، کمتر سخن می‌گفت، خویشتن را به کنج سلولش می‌چسباند و ساعت‌ها بی‌آنکه سخنی گفته باشد به فکر فرو می‌رفت و به امید زنده بیرون آمدن از زندان، گوشه‌گیری پیشه کرده بود تا مستمسکی به دست جاسوسان ندهد: «یک نفر از پلیس‌های مخفیِ خودشان را زندانی نموده دستور داده بودند، از من غفلت نکند این مرد عجیبی بود. قامت بلند، اندام لاغر، چهره زرد، دندانهای کرم خورده و صورت زننده داشت روزه می‌گرفت نماز می‌خواند. من روز اوّل او را شناخته بودم ... می‌گفتند دسته آقای موسوی** را سال ۱۳۹۴ همین مرد عجیب گیر انداخته، کم مانده بود به اعدام بکشاند».** در مورد اعتصاب غذایش می‌نویسد:

یک روز بهانه بسیار ساده‌ای مرا سخت عصبانی نمود. رئیس زندان می‌دانست که من بگوشه نشینی و تنهائی علاقه شدید پیدا کرده‌ام برای آزار و سربه‌سر گذاشتن من دستور داد دو نفر اشخاص ناجور را به اطاقم آورده بدینواسطه ناراحت کرده باشند. اطاق کوچک و خفه کننده بود من طپش قلب داشتم ناچار بودم حتی شبهای زمستان پنجره اطاق را باز بگذارم بلکه بتوانم نفس بکشم. سه نفری کردن اطاق مانند حکم قتلم بود. ناچار اعتراض کردم عوض جواب رختخوابم را توی کریدرها ریختند. نزد رئیس رفتم مطالب را شرح دادم. معلوم شد که در اثر گزارشات مخالفینم از دستم سخت عصبانی است گفت حتماً باید سه نفری زندگی کنی، برگشته ترک غذا کرده گفتم تا تکلیفم معلوم نشود غذا نخواهم خورد.

دو سه نفر دیگر هم بر خلاف میل و اصرار جدی و مخالفت خودم به من ملحق شدند. با شدیدترین طرزی ترک غذا را هشت روز تمام ادامه دادیم رئیس و معاون ... هر وعده و وعید که دادند ردّ کردیم. نهایت

روز نهم در حق ما تدبیر جدی بکار بردند. روز هشتم بسیار ضعیف و ناتوان شده بودیم. عادتاً گرسنگی تا روز سوم سخت است نمی‌دانم انسان تا اندازه عادت می‌کند یا چه علت طبیعی دارد که پس از سه روز معده دیگر زیاد آزار نمی‌دهد درد و مالش ندارد. مثل این که تمام اعضاء هاضمه گرفته و بی‌حس می‌شود. من غیر از آب سرد چیز دیگر نمی‌خوردم ... . روز هفتم سخت در زحمت بودم، گلویم خشک می‌شد. توانائی حرکت و حرف زدن نداشتم افکار و اندیشه‌های مخوف وحشتناکی به مغزم تاخته، روحم را خسته می‌نمود. عصبانی می‌شدم، می‌غلطیدم، بعد ضعف غلبه می‌کرد، بی‌هوش می‌افتادم.
پزشک زندان به همراه مأمورین با غلاظ و شداد و (جک) ماشین و بند و بساط مخصوص خود وارد گردید. به پزشکیار کتباً دستور داده بود با زور دهنم را باز کرده غذا خوردم بدهند ... .
فرمان پزشک اجرا شد: هشت نفر پاسبان دور من ریخته دست‌هایم را محکم گرفته مرا مانند گوسفندی قربانی روی تختخواب انداختند. تقلا و کوششم بجائی نرسید. ماشین را روی دندانهایم گذاشته فشار دادند یکی از دندانهایم شکست و چند جای دهنم زخم شد. چون لوله را خشک به گلویم فرو برده بودند کم مانده بود نفسم قطع شود. یک لیوان درست از دهنم خون آمد، بیهوش روی تخت افتادم در صورتیکه تصمیم داشتم ترک غذا را ادامه دهم ... .**

معمولاً کسانی که دست به اعتصاب غذا می‌زدند بعد از گذشت چند روز مسؤولین زندان آنان را به انحاء مختلف وادار به ترک اعتصاب غذا می‌کردند، به زور به آنان شیر و نوشیدنی‌های دیگر تنقیه می‌کردند اکثراً مأمور این کار دو نفر یکی آژدان یزدی و دیگری برازنده بهیار بیمارستان زندان و دستیار پزشک احمدی، بودند.

زندان محک خوبی برای شناخت آدم‌ها است تمام پرده‌های فریب و رفتارهای مزورانه به کنار می‌رود و در تنهایی و سکوت در حالی که از طرف همه ترک و طرد شده شخصیت حقیقی و واقعی هر کس آشکار می‌گردد. پیشه‌وری بسیاری از شاهزاده‌ها و خان‌ها را نام می‌برد که قبل از اعدام از ترس، دیوانه شده بودند. توصیفی

که او از ضعف و زبونی تیمورتاش به دست می‌دهد بسی عبرت انگیر است، همان تیمورتاش وزیر دربار که در قساوت و بی‌رحمی شهره آفاق شده بود و هم او بود که دکتر حشمت، نزدیک‌ترین یار میرزاکوچک‌خان را به بالای دار فرستاده بود. امّا سرانجام وقتی مغضوب رضاشاه شد در زندان چنان از خود ضعف نشان می‌دهد که ترحم زندانیان دیگر را بر می‌انگیزد: «آقای وزیر دربار پهلوی از همان روز اوّل زبون، بیچاره و حقیر شده بود از صدای جغد می‌ترسید. می‌گفت این جغد بالاخره سر مرا خواهد خورد ... هر چیز را به ضرر خود حساب می‌کرد، و از هر پیش‌آمد کوچکی متوحش می‌شد. همان چند روز اولی پیر و شکسته و فرسوده شده بود. روی صندلی خود نشسته دائماً گریه می‌کرد.»

امّا پیشه‌وری در «یادداشت‌های زندان» از دکتر ارانی و علیمردان‌خان بختیاری و دیگران که مردانه با مرگ روبرو شدند، ستایش به عمل می‌آورد:

> میان خوانین بختیاری اوّل علیمردان‌خان بعد هم خانباباخان اسعد مورد تحسین زندانیان واقع گردیده بودند ... .
>
> صبح مطابق معمول نزد علیمردان‌خان بودم، تازه بساط چائی و وافور را مهیا کرده بودیم، عمادی در را زده وارد گردید، سلام کرد و دم در ایستاد قیافه‌اش گرفته بنظر می‌آمد ... علیمردان‌خان با تعجب پرسید: چرا نمی‌فرمائید؟ عمادی سرش را پائین انداخته گفت: متأسفانه نمی‌توانم، می‌خواستم بفرمائید بیرون تشریف بیاورید تا مطلب محرمانه‌ای که داشتم خدمتتان عرض کنم، علیمردان‌خان خندیده گفت مقصودتان را فهمیدم این دیگر خجالت و دم در ایستادن لازم ندارد بفرمائید بنشینید، تا کارهایم را کرده و مهمان را راه انداخته بعضی یادگاها دارم که باید پشتشان نوشته شود البته با خاتمه اینها می‌رویم چیز مهمی نیست ... .
>
> مرد محکوم به اعدام مثل این که هیچ اتفاق مهمی نیفتاده باشد اسباب و اثاثیه که می‌بایستی به اشخاص داده شود همه را با کمال آرامش جمع‌آوری کرد و پشت کتابهایش را به اسم هر کسی که می‌خواست یادگاری

بدهد نوشت. مطابق عادت روزانه با کمال خرسندی ناشتای خود را صرف کرده بهترین لباسهای خود را پوشیده عصایش را برداشته، گفت بفرمائید.من حاضرم.

من و عمادی برخاستیم. علیمردان‌خان بدون تعارف جلو افتاد. ما پشت سرش از در اطاق بیرون آمدیم. او در مریضخانه زندان نگاهداری می‌شد. لذا از اولین اشخاص که خدا حافظی کرد زندانیان بیمار بود ... از راه کریدر یک گذشت به زیر هشت اوّل رسیدیم. در آنجا با کمال تأثر برای همیشه از هم خداحافظی کردیم من با دل پر از حسرت و تأثر به کریدر خودمان برگشتم او همراه عمادی بیرون رفت. شنیدم در راه از مشاهده گریه کردن چند نفر از همراهانش که برای اعدام می‌بردند خشمناک شده گفته بود این ننه من غریبم‌ها را کنار بگذارید با گریه و زاری آبرویمان را نبرید اگر ما هم موفق می‌شدیم همین معامله را با آنها می‌کردیم. می گفتند بعد از تیر خوردن کلاه پهلوی خود را مچاله کرده و دور انداخته بود. تمام زندانیان از قتل این مرد رشید متأثر شده و گریه می‌کردند». **

در مورد مرگِ هایم، مدیر روزنامه‌ی اتحاد و نمایندهٔ اقلیت کلیمی در دورهٔ پنجم قانون گزاری می‌نویسد:

هایم هفت سال در زندان بود و استقامت کرد ... پس از هفت سال زجر و مشقت اعدامش کردند. تصادفاً مرا در توقیفگاه نمره‌ی ۲ سابق، در سیاه‌چالی که پیش از اتمام ساختمان زندان قصر [،] هایم در آن زندگی می‌کرد، جای داده بودند، جملات زیر که او با ناخن در دیوار سیاه چال کنده بود، هنوز هم در جلوی چشمم مجسم است:

«ایران، ای مام عزیز، تو هرگز روی سعادت نخواهی دید زیرا فرزندان تو فاسد و پست شده‌اند»

سه نوع شکنجه وجود داشت که ابتدایی بودند و هنوز شکنجه‌های مدرنی که بعدها از طرف ساواک بکار گرفته شد در دوره رضاشاه وجود نداشت شکنجه‌ها بیشتر در مواردی اعمال می‌شد که زندانی اطلاعاتی را می‌خواست کتمان کند و مأمورین فکر

می‌کردند در صورت آزار و اذیت، آنها را افشاء خوهد کرد. بعدها پیشه‌وری در روزنامه آژیر در خصوص سالهای زندان چنین می‌نویسد:

... هشت سال تمام در قصر [زندان] به غیر از ما زندانی سیاسی نبود هدف ماشین آدمکشی رضاخان با آن طنطنه و دبدبه‌هایش فقط و فقط ما چند نفر بودیم می‌خواستند ما را به مرگ تدریجی معدوم کنند. بهترین رفقای خود را از دست دادیم، خودمان از حیث جسمانی از پای در آمدیم ولی روحمان قوی بود، نبرد را همچنان ادامه دادیم، بالاخره بعد از هشت سال «پنجاه سه نفر» را نزد ما آوردند ... وقتی که ۵۳ نفر را به زندان آوردند البته همه ما زندانیان قدیمی متأثر و متأسف بودیم ولی یک خوشحالی عظیم هم داشتیم و آن مشاهده زنده شدن زحمات ما بود. من می‌دیدم نسل جوان خوب پیش می‌آید. جامعه ایران نمرده و افکاری که تخم آن را در آن مزرعه کاشته بودیم از بین نرفته است.**

۴ـ ورود گروه ۵۳ نفر

این افراد ناهمگون که بعداً به ۵۳ نفر معروف شدند بیشترشان در روزهای ۲۰ و ۲۱ اردیبهشت ۱۳۱۶ به دام افتادند و هنوز اردیبهشت ماه تمام نشده بود که فهرست دستگیری آنها تکمیل شد. تعدادی از این افراد، عضو رسمی حزب کمونیست بودند و تعدادی دوره آزمایشی را می‌گذراندند امّا بیشترشان هوادار حزب بودند واطلاع چندانی از مبانی مارکسیسم نداشتند و شاید تنها چند شماره از مجله دنیا را مطالعه کرده بودند. چگونگی به دام افتادن آنها به این ترتیب بود: محمد شورشیان، پیک سازمان برای ارتباط با بین الملل سوم به شمار می‌رفت او در واقع یک «مرزشکن» بود و بصورت غیر قانونی افراد را به خاک شوروی انتقال می‌داد.** او را در اهواز دستگیر می‌کنند و بنا به خواسته خودش او را به تهران انتقال می‌دهند تا افرادی را که می‌شناسد از نزدیک به مأمورین اطلاع دهد و در تاریخ ۱۳۱۶/۲/۱۶ از طرف تهران از اداره سیاسی شهربانی اهواز خواسته می‌شود که او را به تهران انتقال دهند.** او پس از انتقال به تهران در [۱۸؟] اردیبهشت ۱۳۱۶ و بدنبال بازجویی‌ها، حاضر به همکاری

می‌شود و اسامی و آدرس دکتر ارانی و دکتر بهرامی و ضیاء الموتی را به مأموران می‌دهد. دکتر ارانی در بازجویی‌های خود در مورد همکاری شورشیان با مأموران رضاشاه، می‌نویسد: «برای انجام عمل خدمت گذاری [با این که] حتی اسم مرا هم نمی‌دانست ... مأموران شهربانی را به درب خانه من آورده است» پلیس همان شب این ۳ نفر را دستگیر می‌کند امّا عبدالصمد کامبخش یکی از اعضای برجسته این گروه، هنوز دستگیر نشده بود هر چند او به واسطه داشتن سابقه زندان، در ۷ اردیبهشت به عنوان مطلع در خصوص دکتر رادمنش و پرونده رشتی‌ها به اداره سیاسی احضار می‌شود امّا تاریخ دستگیری او در ۲۰ اردیبهشت ۱۳۱۶ صورت می‌گیرد. پس از دستگیری کامبخش، تقریباً بوسیله اطلاعاتی که او در اختیار اداره سیاسی شهربانی قرار میدهد اکثر افراد پنجاه و سه نفر دستگیر می‌شوند. به طوری که به نوشته دکترا ارانی، کامبخش پس از دستگیری در تاریخ ۲۰ /۱۳۱۶/۲ «به عنوان استنطاق، کتابی ... برای اداره سیاسی تالیف می‌نماید و در آن اسامی زیاد از جمله اسامی عده‌ای را که به عنوان معلم و یا شاگرد به جهت استفاده تدریسی از من گرفته بود، به عنوان اعضاء یک تشکیلات ... تعیین می‌نماید» امّا کامبخش بدلیل حفظ آبروی خود و اداره سیاسی برای تخریب شخصیت دکتر ارانی چنان عمل می‌کنند که به «افراد پنجاه و سه نفر [چنین] تلقین می‌کند که این سه نفر، در اساس ارانی، لو دهنده آنها بوده‌اند».**

به همین خاطر، قبل از روشن شدن قضیه و بازخوانی پرونده‌ها، بسیاری از اعضای ۵۳ نفر فکر می‌کردند که ارانی آنها را لو داده است و در زندان رفتار خوبی با او نداشته حتی به او فحاشی می‌کردند.

به این ترتیب، دکتر ارانی از یک طرف شکنجه‌های ددمنشانه جسمی زندانبانان رژیم را تحمل می‌کرد و از طرف دیگر شکنجه‌های روحی دوستان و یاران خود را. به طوری که تا مرحله پرونده خوانی یعنی تا گذراندن نیمی از دوران زندان، تنها افراد معدودی از جمله ایرج اسکندری، بزرگ علوی و خلیل ملکی با او ارتباط برقرار می‌کردند. بسیاری دیگر، او را خائن قلمداد می‌کردند. ملکی در خاطرات خود می‌نویسد: «از آنجا که من از هواداران پرو پا قرص ارانی بودم و به این مناسبت گفته

شده بود «ملکی را ولش کنید، او همشهری بازی می‌کند، او و ارانی هر دو ترک هستند و ملکی ترک بازی در می‌آورد».** گروه ۵۳ نفر که در واقع نسل جدید و جوانی از جنبش چپ بودند پس از قلع و قمع کامل حزب کمونیست ایران و اعضای قدیمی آن ظهور کرده بودند. آنها مورد انتقاد پیشه‌وری و بعضی از افراد پیشکسوتی بودند که سالیان زیادی از عمر خود را در مبارزه و کشمکش گذرانده و آبدیده شده بودند. پیشه‌وری آنان را فاقد تجربه و فاقد پیشینه مبارزاتی می‌دانست و با آنان رفتاری متکبرانه داشت و چنین انتقادی از طرف او، حتی بعد از آزادی از زندان نیز ادامه داشت:

... اینها تحصیل کرده و کتاب خوانده بودند ولی تجربه ما را نداشتند و در نبرد و مبارزه سیاسی، پخته و ورزیده نبودند.**

گروه ۵۳ نفر اوّل در زندان موقت فلکه بودند ولی تقریباً بعد از گذشت یکسال، در اواسط تابستان ۱۳۱۷ به زندان قصر منتقل شدند و برای نخستین بار با کمونیست‌های قدیمی روبرو شدند.

کمونیست‌های قدیمی مانند پیشه‌وری، آرداشس آوانسیان، یوسف افتخاری، رحیم همداد، علی امید ... را در بند هفت جای داده بودند و این بند، در واقع جمع اضداد بود دو گروه متضاد و مخالف هم یعنی آوانسیان و یوسف افتخاری و هوادارانش قرار داشت، در حالی که پیشه‌وری تقریباً تنها بود و از طرف هر دو گروه طرد شده بود و او را بیشتر به تحریک آوانسیان، خائن و جاسوس شهربانی می‌نامیدند امّا همچنان که پرونده و اسناد بازجوئی پیشه‌وری نشان می‌دهد او به کلی از این اتهام مبرا بوده و در طول بازجوئیهای خود، نه تنها کوچکترین همکاری را با بازجوها نکرده بلکه به مانند یک زندانی سیاسی پخته عمل کرد و علت این‌که مدت زندان او ده سال به طول انجامید خود نشانگر عدم همکاری او با مأموران بوده و اگر بر عکس بعضی از جوانان پرشور گروه ۵۳ نفری، قوانین زندان را کمتر زیر پا می‌گذاشت این خود نشانگر دور اندیشی او بود و تنها این دوراندیشی او بود که توانست زنده از آن دخمه بیرون آید. ولی وجداناً نمی‌توان گفت عمل ناشایستی از او سر زده است، نه با پلیس سروسری

داشت و نه حرکت خلاف اخلاقی انجام می‌داد. شاید گناه اصلی او این بود که شخصیت مستقل خود را حفظ کرده بود و با زندانیانی که بحق یا ناحق متهم به جاسوسی برای پلیس و تحریم شده بودند گفتگو می‌کرد و این تحریم «مقدس» را ندیده می‌گرفت. من (انورخامه‌ای) شخصاً در مدت یکسال (سال آخر زندان او) که با او در یک بند میزیستم و معاشرت داشتم هیچگونه ترس و ملاحظه کاری از او ندیدم. خود را کمونیست می‌دانست و به سوابق کمونیستی خود افتخار می‌کرد. حتی هنگامی‌که من و ملکی و علوی از او خواهش کردیم تاریخچه‌ی حزب کمونیست ایران را برای ما شرح دهد با طیب خاطر پذیرفت و در چند جلسه به تفصیل خاطرات خود را از باکو، حزب عدالت، انقلاب گیلان، کنگره ملل شرق، فعالیت در خراسان و تهران، مسافرتهایی که به مسکو کرده بود و شرکت در کمینترن و غیره را تا آغاز همکاری حزب با رضاخان شرح داد که برای ما بسیار آموزنده بود. بعدها قسمتی از این خاطرات را خیلی خلاصه‌تر و با حذف بسیاری از اسامی و حوادث در روزنامه آژیر منتشر ساخت. متاسفانه بعلت پایان حبس و مرخص شدن او از زندان این خاطرات ناقص ماند و ما از شنیدن و شناختن بخشهای مهمی از آن بویژه نقش حزب در به سلطنت رسیدن رضاخان، کنگره ارومیه و جریان متلاشی شدن حزب محروم ماندیم و بعدها هم هیچگاه پیشه‌وری فرصت نیافت این قسمت از خاطرات خود را تدوین کند. احسان طبری در خاطرات خود می‌نویسد:

> در ایام توقف در زندان، پیشه‌وری از جانب زندانیان کمونیست و مقدم بر همه اردشیر و رضا روستا مورد توهین و فشار قرار می‌گرفت درباره او با القاب توهین آمیزی سخن می‌گفتند و ا و را حتی «میکرب» می‌خواندند ... .**

بندهای زندان از نظر وضعیت فشار مانند هم نبودند مثلاً بند ۷ که پیشه‌وری در آن زندانی بود وضعیت بهتری داشت در مقایسه با وضعیت وحشتناک بند ۲ که افرادی مانند ارانی، بهرامی، کامبخش، ملکی، بقراطی، صادق‌پور، پژوه، فرجامی، رسائی، قدوه، گرگانی، رضوی، خلیل انقلاب ... مدتی را در آن بسر برده بودند.

خلیل ملکی در خاطرات سیاسی خود، کریدور پنج را چنین توصیف می‌کند:

«کریدور پنج در حقیقت گودال اجتماع یا درهٔ سقوطی بود که انسان همه ارزشهای خود را در آن جا از دست می‌داد و به پایین‌ترین پله‌های سقوط و انحطاط می‌افتاد حتی دزدها و متهمین عادی را آنجا می‌بردند آنجا، به خیال زندانبانان، جای پست‌ترین و بی‌سرو پاترین و بی‌پدر و مادرها بود. مخلوطی از قاتل و چاقوکش و جیب بر و غیره و غیره که کس و کاری نداشتند و بدون ملاقاتی بودند و آنجا در عین حال قبرستان فراموشی بود. بارها اتفاق افتاد که کسی را با بلندگو، برای آزادی، صدا کردند و جوابی بر نخواست و بعد معلوم شد که او از درِ علیم الدوله مرخص شده است ... در این کریدور پنج، برای راحتی کردن گردن کلفت‌ها عده ای از جوانان کم سن و سال را نیز نگاه می‌داشتند ... .»**

«نوانخانه‌ای را مجسم کنید که در آن قریب هزار تن محکوم بی‌حقوق و حیثیتی که سالها بدنشان آب به خود ندیده بود چون کرم در خود می‌لولیدند، به همین جهت نیز انتقال به بند پنجم یکی از بزرگترین تنبیهات انضباطی بود که مقامات زندان، زندانیان سیاسی را به آن تهدید می‌کردند. وقتی مرا (ملکی) به بند پنجم انداختند، در میان ابری از گردو غبار محشر کبری را به چشم دیدم. اصلاً جائی برای حرکت نبود و من در همان نزدیکی‌های درِ زندان حیرتزده ایستادم. کسانی که دور و بر من بودند به نگاهی دریافتند که من از قماش آنان نیستم، و بی سر و صدا به من خیره شدند. کم‌کم سکوت در سراسر محبس پیچید و فضا را پر کرد. جمعیت با فاصله کمی در برابر من نیم دایره‌ای زد و زندانیان برای دیدن من از سرو کول یکدیگر بالا می‌رفتند. ناگهان یکی از آنان به جلو پرید و گفت: آقای بازرس، حسن یک قران مرا دزدیده است!

من بی معطلی فریاد زدم: او یک قران تو را دزدیده است، ولی مقامات زندان همه جیره و تمامی حقوق شما را می‌دزدند ...».**

بدین ترتیب خلیل ملکی در اندک مدتی، بند پنج را که جانی‌ترین و بزهکارترین افراد در آن می‌لولیدند تبدیل به متینگ سیاسی کرد هر چند جزای آن در زندان

رضاشاه ممکن بود اعدام را به دنبال داشته باشد. مأمورین، بلافاصله بعد از ده پانزده دقیقه او را از بند پنج بیرون کشیدند. انور خامه‌ای در خاطرات خود می‌نویسد:

... بند ۷ وضعیت بهتری داشت علاوه بر پیشه‌وری افراد متشخصی چون دکتر بهرامی، دکتر یزدی، اسکندری، علوی، دکتر رادمنش، ملکی، نراقی بودند که پیشه‌وری بواسطه همین وضعیت رفاهی به این عده ۷ نفری لقب «گروه بورژوا» داده بود که با هم غذا می‌خوردند و از خارج انواع و سایل رفاهی و خوراکی برایشان می‌آوردند از خانه برای آنها غذا و انواع وسایل رفاهی می‌آوردند و ملافه‌هایشان را مرتباً تمیز می‌کردند رب دوشامبر می‌پوشیدند دندان‌هایشان را با خمیر دندان فرنگی مسواک می‌زدند و دکتر یزدی و علوی هر روز صبح با آب سرد استحمام می‌کردند با صرف پولی گزاف و قبول خطر هر روز روزنامه وارد زندان می‌کردند گذشته از روزنامه اطلاعات که مرتباً وارد زندان می‌شد بعضی از مجلات آلمانی، فرانسه، انگلیس نیز بدست این گروه می‌رسید.**

علاوه بر افراد فوق عتیقه‌چی، مهدی لاله و جهانشاهلو نیز در این بند بودند و وضع بهتری داشتند. انور خامه‌ای در ادامه می‌نویسد:

هنگامی که ۵۳ نفر به زندان قصر منتقل شدند، با سه گروه از زندانیان قدیمی روبرو بودند: آرداشس، یوسف و پیشه‌وری. از آن سه نفر پیشه‌وری نه فعالیت داشت و نه دسته‌ای. چند نفری از زندانیان قدیمی با او رفت و آمد داشتند ولی دیگران یعنی هم طرفداران آرداشس و هم هواداران یوسف او را تحریم کرده بودند بنابراین پیشه‌وری برای ۵۳ نفر مسئله‌ای نبود عملاً او را ندیده گرفتند. اضافه کنم که پیشه‌وری همیشه در بند ۷ بود و در آنجا سردمداران ۵۳ نفر نخست ایرج اسکندری، دکتر رادمنش، دکتر یزدی و علوی بودند و پس از دادگاه دکتر بهرامی و ملکی نیز به آن بند منتقل شدند و به آنها پیوستند. از بین اینها ملکی و علوی با پیشه‌وری معاشرت داشتند ولی دیگران به او اهمیت نمی‌دادند، همین امر باعث کینه پیشه‌وری نسبت باین عده شد که آنها را «بورژواها» می‌نامید. ضمناً چون کامبخش هیچگاه در بند ۷ نبود از اینرو تماس

مستقیمی با پیشه‌وری نداشت. این جریان باعث شد که بعدها هنگام گسترش فعالیت حزب توده، پیشه‌وری به جانبداری از کامبخش و مخالفت با «بورژواها» بر خاست.**

بزرگ علوی عضو زندانیان ۵۳ نفر، که در زندان با پیشه‌وری حشر و نشر داشت در مورد ارتباطش با پیشه‌وری در خلال سالهای زندانی شدنش می‌گوید که او مشوق من در «نوشتن» بود:

... کسی که مرا تشویق به نوشتن می‌کرد، پیشه‌وری بود. پیشه‌وری در سلول مقابل من بوده من با او دوست شده بودم. پیشه‌وری گاهی به من می‌گفت: چه چیز تازه نوشته‌ای، چرا نمی‌آیی برای من بخوانی؟ وقتی می‌گفتم، تازه چیزی ننوشتم، او می‌گفت: عیب ندارد، همان چیزی را که الآن در مخیله‌ات هست، بیا برای من بگو و این خود کمکی است، برای این که تو بتوانی آنها را آسان‌تر بنویسی.**

بسیاری از زندانیان ۵۳ نفر در خاطرات خود ذکر کرده‌اند که در رقابت بین اردشیر آوانسیان و یوسف افتخاری، هر کدام سعی می‌کردند جوانان تازه وارد ۵۳ نفر را به سوی خود جذب کنند و آنان را از برقراری ارتباط با طرف مقابل برحذر دارند. اردشیر آوانسیان، یوسف افتخاری و طرفداران او را تروتسکیت می‌نامید، یوسف افتخاری نیز گروه مقابل را متهم به طرفداری از استالین خودکامه می‌کرد. در این میان «پیشه‌وری یک چیز دیگری بود. او نه با این گروه و نه با آن گروه خوب بود و متقابلاً این دو گروه هم با او بد بودند و به پیشه‌وری ایراد اپورتونیستی می‌گرفتند. ولی پیشه‌وری معلوماتش بیشتر از اینها بود. ما که با او می‌نشستیم و صحبت می‌کردیم، از تاریخ حزب کمونیست شوروی و غیره برای ما شرح می‌داد که خیلی جالب بود. ما شب نشسته و به بیانات پیشه‌وری گوش می‌دادیم. اردشیر [آوانسیان] و اینها [یوسف افتخاری] از آن راضی نبودند».** نجفقلی پسیان که از دوره زندان با پیشه‌وری آشنا بوده در مورد او می‌نویسد:

عبدالقدیر آزاد، پیشه‌وری و من را ، به اتهام‌های مختلف گرفته بودند و سن ما متفاوت بود من جوان و آنها سالخورده و پا به سن بودند امّا در

زندان با آنها جوشیدم و بیشتر به خاطر سوابق خانوادگی پدرم ژنرال حمزه پسیان و نیز سابقه نام نیک کلنل محمدتقی‌خان مرا به محفل خود راه می‌دادند و برایم احترام قائل بودند ... در زندان توافق و دوستی بین پیشه‌وری و آزاد با دسته پنجاه و سه نفری‌ها (گروه منتخب به ارانی) وجود نداشت و حتی این دو نفر از آن عده بد هم می‌گفتند ... پیشه‌وری چون خود را در مسلک کمونیزم با معمّرتر، با سابقه‌تر و در زندان قدیمی‌تر و به روسی‌ها نزدیک‌تر می‌دانست، آنها را قبول نداشت، پیشه‌وری تنها با دو سه نفر قفقازی صحبت می‌کرد و گاهی هم نظافتچی‌ها و مأمورین زندان را به قول خودش تبلیغ می‌نمود.»

امّا این که پیشه‌وری چرا از شوروی دفاع می‌کرد و نسبت به آن وفادار بود و وفادار ماند؟ به نظر انور خامه‌ای، علت‌اش این بود که فکر می‌کرد راه دیگری برای او باقی نمانده است و اگر آینده‌ای برای او باشد در سایه حمایت شوروی خواهد بود و بس. او یقین داشت با سوابقی که دارد هرگز امپریالیسم انگلیس و امپریالیستهای دیگر و حکومت و هیئت حاکمه‌ی ایران که وابسته به آنهاست به او روی خوش نشان نخواهند داد و تا این وضع باقی است جای او یا در زندان است یا تبعید و یا بدتر از آن.»

۵ ـ دوران محاکمه

پیشه‌وری در مورد محاکمه زندانیان می‌نویسد:

«... امّا ناگهان حادثه‌ی غیر منتظره‌ای روی داد. بدین سان که دولت تصمیم گرفت پرونده ۵۳ نفر را بدادگاه دادگستری بفرستد تا آن زمان سابقه نداشت که پرونده کمونیست‌ها را بدادگاه بفرستد معمولاً هر دسته‌ای را که می‌گرفتند عده‌ای که جرمشان کم بود با گرفتن تعهد آزاد می‌کردند یا به تبعید می‌فرستادند و بقیه را در زندان نگاه می‌داشتند در حقیقت فرستادن به زندان قصر حکم زندان دائمی را داشت.»

برای اولین بار، بزرگ علوی در خاطرات خود می‌نویسد که متین دفتری و علی اصغر حکمت، سبب شدند که این پرونده به دیوان حرب فرستاده نشود، و گرنه بسیاری از آنها به عنوان جاسوس، به اعدام محکوم می‌شدند.**

به نظر انور خامه‌ای، رژیم با این محاکمه می‌خواست از یک طرف: رضایت خاطر بیشتر آلمان را فراهم سازد زیرا با آلمان هیتلری، روابط نزدیکی برقرار کرده بود و از سوی دیگر می‌خواست با محاکمه و محکومیت کمونیست‌ها، شرکت خود را در جنبش ضد کمونیستی که در جهان گسترش یافته بود، نشان دهد، این بود که ۵۳ نفر را به دادگاه فرستاد.**

بالاخره بعد از هشت سال تحمل زندان، مراحل بازجویی و محاکمه پیشه‌وری در ۷/۳ / ۱۳۱۷ آغاز می‌شود و در ۱۳۱۹/۳/۱ پایان می‌یابد او اکنون ۴۷ سال دارد و در اثر تحمل سالهای متمادی زندان پیر و شکسته شده بعضی از مطالبی که هشت سال پیش در اداره سیاسی، از زبان او جاری شده بود فراموش کرده مخصوصاً اسامی و آدرس‌ها و تاریخ‌ها را به اشتباه ذکر می‌کند. امّا بسیاری از موارد اتهامی را، باز هم انکار و کتمان می‌کند حتی نوشتن مقالات در روزنامه حقیقت و عضویت در حزب کمونیست را نیز منکر می‌شود و می‌گوید که در شرایط غیر طبیعی به موارد فوق اعتراف کرده.

وزارت عدلیه برگه بازجویی و صورت مجلس میرجعفر، صفحه ۱، تاریخ؛ روز ۱۳۱۷/۷/۳۰ بازجو: شما قبلاً به اسم جوادزاده هم معروف نبودید؟

پیشه‌وری: بلی بدواً به جوادزاده مشهور بودم که بعد که خواستم سجل بگیرم گفتند که این نام فامیلی را دیگران گرفته‌اند، من یک نام فامیل دیگر انتخاب کردم که پرویز بوده است. از قضا سجل پرویز گم شد و خواستم المثنی بگیرم در ادارهٔ سجل گفتند که این اسم را قبل از شما گرفته‌اند. بعد سجل پیشه‌وری را انتخاب کردم و شما می‌توانید این مراتب را از اداره ثبت احوال تحقیق نمایید.**

بازجو: به طوری که ادارهٔ سیاسی گزارش داده است جناب عالی در انقلاب گیلان مداخله داشته و مقالات کمونیستی در روزنامهٔ حقیقت منتشر می‌کردید، صحیح است یا خیر؟

پیشه‌وری: صحیح نیست، اصلاً بنده در انقلاب ایران مداخله نداشتم و مدت خیلی کمی در طهران در یک روزنامه که به نام حقیقت منتشر می‌شده مستخدم بوده‌ام ولی مقاله هرگز نمی‌نوشتم برای این که آن موقع بنده سواد فارسی‌ام به اندازه‌ای نبود که بتوانم مقاله بنویسم و آنجا در دفتر کار می‌کردم.**

جرم او عضویت و فعالیت در فرقه اشتراکی (کمونیست) است و طبق قانون مصوب خرداد ۱۳۱۰ او را محاکمه می‌کنند، بر طبق این قانون، دادگاه می‌تواند اعضاء فرقه مزبور را از ۳ الی ۱۰ سال زندان محکوم کند. هر چند پیشه‌وری قبل از تصویب این قانون، دستگیر شده بود و نمی‌بایستی طبق این قانون محاکمه شود.** در ۱۹/۱/۲۷ دادگاه به دادیاری عدالت‌پور تشکیل می‌شود، پیشه‌وری، حسین شهیدی را به عنوان وکیل خود انتخاب کرده، پرسشهای دادگاه در خصوص عضویت او در فرقه اشتراکی، تبلیغ مرام کمونیسم و علت تعویض فامیلی خود و ارتباطش با علی شرقی و شعبان کاوه بود. آخرین دفاع پیشه‌وری در دادگاه چنین است:

«بنده ده سال است متوالیاً تحقیق کنید ببینید کوچکترین آثاری از من نسبت به این اتهامات در اینجا هست و بروز کرده یا نه، دهسال بنده قبل از وضع قانون عقیده و مرام داشته‌ام و بعد از وضع مقررات آن قانون [،] را به من ابلاغ کند و من در نتیجه ادامه زندانی شده‌ام به طوری که می‌بینید تمام قوای جوانی را از دست داده‌ام و مدافعات خود را به همین جا خاتمه داده تقاضای صدور حکم عادلانه دارم».**

و رأی دادگاه چنین است:

در خصوص دعوی دادستان شهرستان تهران بر جعفر پیشه‌وری، آموزگار، پسر جواد، ۴۷ ساله، اهل خلخال آذربایجان، با سواد، دارای عیال و اولاد، مسلمان، تبعهٔ ایران، بازداشته از ششم دی ماه ۳۰۹، به

اتهام قبول عضویت فرقه اشتراکی و تبلیغ مرام که پس از دستگیری متهم و یک سلسله بازجویی‌های مشارالیه و دیگران به وسیلهٔ مأمورین سیاسی و شهربانی و تکمیل آن از طرف بازپرس دادگستری و صدور قرار بزهکاری وی، دادیار به شرح ادعانامه شماره ۲۰ ـ ۹ ـ ۱۸ کیفر متهم را طبق مواد ۱ و ۵ قانون کیفر مقدمین بر علیه امینت و استقلال کشور با رعایت ماده ۲ الحاقی به آئین دادرسی کیفری از دادگاه جنائی مرکز درخواست با اعمال و اجراء تشریفات دادگاه نامبرده در جلسه ۱۹/۱/۳۱ متشکل از اشخاص مفصله: آقای احمد عاصم، آقای دکتر حسن سمیعی، آقای محمدعلی آشتیانی، با حضور آقای عدالت پور دادیار استان و شخص متهم و آقای حسین شهیدی وکیل او و رسیدگی و پس از شنیدن اظهارات متهم و عقیده دادیار که بر ثابت دانستن بزهکاری متهم و استحقاق او به کیفر طبق مواد مورد استناد بوده و شنیدن اظهارات و مدافعات وکیل و آخرین بیانات خود او و ختم دادرسی و رایزنی به اتفاق چنین رأی می‌دهد.

از ملاحظه گزارشهای تدوینی از طرف مأمورین سیاسی و شهربانی پیوست برگهای بازجوئی شده از متهم متضمن اعترافات صریح و تلویحی مشارالیه به قبول عضویت و تبلیغ مرام اشتراکی و علاقه مفرط وی به مرام مزبور و از توجه به اظهارات شعبان کاوه و دیگر هم مسلکان متهم و نحوه و طرز بیانات او مرحله مؤید به اوضاع و احوال و نشانیهای موجوده بزهکاری متهم چه از جهت قبول عضویت و چه از حیث تبلیغ مرام اشتراکی در نظر دادگاه ثابت و با ملاحظه علاقه مفرط متهم به مرام و مسلک اشتراکی و عدم احراز خروج او از عضویت فرقه و مستمر تشخیص شدن گناه مزبور ایراد متهم در قسمت تاریخ دستگیری او و وضع و اجرای قانون در این مقام فاقد تأثیر و با انطباق اعمال انتسابی به مواد مورد استناد مشارالیه در آن حدود سزاوار کیفر بوده و از جهت تبلیغ مرام متهم توصیف شده، به سه سال حبس تأدیبی و از جهت قبول عضویت به ده سال حبس مجرد محکوم می‌باشد و

موافق مقررات کیفر اشد دربارهٔ او قابل اجرا است. ایام بازداشتگی محکوم علیه هم که در مقدمه رأی اشعار شده است مدت محکومیت او بایست موضوع گروه و این دادنامه قابل استدعای فرجام است. احمد عاصم

رأی دادگاه به طرز مقرر اعلام شد. ۱۹/۲/۱ محمدعلی آشتیانی

مهر دیوان عالی جنائی ـ ۱۳۰۷ ـ»**

پیشه‌وری در «یادداشت‌های زندان» می‌نویسد:

«این قانون [۱۳۱۰] ظاهراً بر علیه ترویج مرام اشتراکی و اقدام بر علیه امنیت کشور بود، ولی طوری کشدار نوشته شده بود که هر تشکیلات را می‌شد به یاری آن تعقیب نمود و هر فردی را از سه تا ده سال محکوم کرد، ما با شنیدن این قانون هم متاثر و هم خوشوقت شدیم متأثر شدیم برای این که آزادی اجتماعات که یکی از ارکان مهم ممالک دموکراسی و مشروطه است از بین می‌رفت. خوشوقت بودیم برای این که مطابق این قانون ما را می‌بایستی مرخص بکنند زیرا در آن تصریح شده بود که عطف به ماسبق نمی‌شود و باید از اوایل تیر ۱۳۱۰ به موقع عمل و اجرا درآید من دیماه ۱۳۰۹ گرفتار شده بودم ... با وجود این ما را با همین قانون سیاه محاکمه کردند، ولی بعد از نه سال بلاتکلیفی»**

بدین ترتیب او بعد از تحمل ده سال زندان، در سال ۱۳۱۹، به مدت سه سال به کاشان تبعید می‌گردد سلام‌اله جاوید که قبل از او به کاشان تبعید شده بود در این ارتباط در خاطرات خود می‌نویسد که«سیدجعفر پیشه‌وری، ممی نونکرانی(دهقان)و دوستان دیگری که می‌شناختم آنان را پس از سالها زندان، به کاشان تبعید کردند از دیدن آنها خیلی خوشحال شدم در اینجا هم ما را می‌پایند[۶۰] پیشه‌وری در این زمینه - می‌نویسد:

... در سال ۱۳۱۹ پس از بازداشت دهساله خود از زندان مستقیماً به کاشان تبعید کردند. این تبعید برای من سخت‌تر از زندان بود ولی هرگز روح من مایوس نشد. تنها در یک حیاط خرابه مکانم دادند. قدغن کردند با هیچکس حرف نزنم، حتی دختر ده سالهٔ یکی از رفقای تبعیدیم

را هم اجازه ندادند با من سلام و علیک بکند. نهایت ما را با بیست و دو نفر دیگر دوباره زندان فرستاد.
فقط بیست روز بعد از قضیه شهریور [اشتغال متفقین در ۱۳۲۰] توانستم رهائی یافته خود را به تهران برسانم ... .**

۶ـ دستگیری و اعدام کمونیستهای ایرانی در دوره استالین

"چهره ی واقعی هر رژیمی را از زندانهایش می توان شناخت."
آلکسی توکویل در انقلاب فرانسه و رژیم پیشین

بسیاری از رهبران حزب کمونیست ایران که در داخل ایران مانده بودند و توسط پلیس رضاشاه دستگیر شده و به زندانهای طویل المدت محکوم شدند، هر چند آنها در بدترین وضعیت بسر می‌بردند، امّا سرانجام بعد از سقوط خودکامه تقریباًهمگی آنها زنده بیرون آمدند امّا آن تعداد از رهبران برجسته حزب که در خارج از ایران بوده و در شوروی بسر می‌بردند تقریباًهمگی آنها در تصفیه‌های خونین استالینی در دهه ۱۹۳۰ جان باختند. در بین ۶۵ حزب کمونیست عضو کمینترن، از آنجا که بسیاری از رهبران دو حزب کمونیست ایران و لهستان در شوروی اقامت داشتند به همین، خاطر در دهه ۱۹۳۰ تقریباً تمامی رهبران خود را در تصفیه‌های استالینی از دست دادند. پس می‌توان گفت که تنها، آن تعداد از رهبران حزب کمونیست ایران، از مرگ نجات یافتند که در حوالی سالهای ۱۳۱۰ در ایران، دستگیر و زندانی شده بودند امّا رهبران برجسته‌ای چون سلطانزاده، کریم نیک‌بین، حسین شرقی، آقا بابا یوسف زاده، بهرام آقایف، مرتضی علوی عبدالحسین حسابی (دهزاد) و حتی احسان‌الله‌خان، در شوروی بدست عمال استالین سر به نیست شدند آنها همگی با اتهامات پوشالی چون: تروتسکیت، جاسوسی برای امپریالیسم غرب و ترور استالین و مقامات بالای دیگر، روانه دادگاهها می‌شدند جالب این که همان اتهامات ساختگی را در زندان قصر رضاخان، امثال اردشیر آوانسیان و دوستان او به یوسف افتخاری و گروه او و به پیشه‌وری می‌زدند که به مانند او فکر نمی‌کردند و از جنایات استالین انتقاد می‌کردند.**

هنوز سولژنیتسین کتابهای «یک روز از زندگی ایوان دسونویچ» و «به زمامداران شوروی» را ننوشته بود و پاسترناک و آنا آخماتوا و دانیل هاوسیانوسکی و دیگران، پرده تزویری که استالین برروی جنایات خود کشیده بود ندریده بودند. امّا گاهگاهی، وقتی قطراتی از آن پلشتی‌ها از پشت دیوار آهنین، به بیرون نشت می‌کرد، کسی باور نمی‌کرد که در «مدینه فاضله» چنان وضعیتی حکمفرما باشد و تنها افراد نادر و استثنایی را به شک و دو دلی وا می‌داشت، در مقابل، اکثریت آن را به تبلیغات ساختگی رسانه‌های امپریالیستی برای بی‌اعتبار کردن «سرزمین شوراها» نسبت می‌دادند. امّا اندکی بعد که پرده‌ها فرو افتاد جهانیان شاهد جامعه‌ای چنان خفقان‌زده شدند، که به مراتب، بدتر از نظام خشنی بود که امثال جرج ارول در رمان «۱۹۸۴» و ترانسوا تروفو در فیلم «فارنهایت ۴۵۱» به تصویر کشیده بودند. چخوف سالها قبل از آن، در برخوردهایش با نخستین ناشران چپ‌گرا، چنین هشدار داده بود:

> بزودی روسیه در زیر بیرق آموزش و پرورش و هنر و اندیشه‌ای که به بند کشیده شده است زیر فرمان و هدایت وزغ‌ها و سوسمارانی قرار خواهد گرفت که حتی اسپانیا در عصر انگیزیسیون (تفتیش عقاید) نیز نظیر آن را شاهد نبوده است. حوصله کنید، خواهید دید. تنگی و حقارت روح، ادعاهای بزرگ، خود بزرگ بینی‌های بیش از حد، فقدان تام و تمام هر گونه وجدانی ادبی و اجتماعی، عواملی خواهد بود که کار را به پایان خواهند برد ... و حال و هوا و جوی چنان خفه کننده پدید خواهند آورد که تمام انسان‌های سالم را به تهوع خواهد انداخت.**

اعدام‌ها و تصفیه‌ها، تنها منحصر به دگراندیشان و دانشمندان نبود بلکه دوستان و مشاوران نزدیک لنین را نیز در برمی‌گرفت. کسانی مانند زینوویف و کامنف، بوخارین، رادک، ریکف، تومسکی و صد ها نمونه دیگر که در انقلاب اکتبر ۱۹۱۷ مشارکت داشتند همگی از بین رفتند، و کم‌کم نوبت به سرکوب نویسندگان رسید. مردانی مانند تولیدگر، ماندلشتام، مایرهولد، بابل، پیل نیاک، یاشویلی، ... همگی سربه نیست شدند، بسیاری مجبور به سکوت شده و یا خودکشی کردند و دیگران به اجبار، ستایشگر دستگاه گشته و در مقابل آن کرنش کردند.

نویسنده کتاب «روشنفکران و عالیجنابان خاکستری» که به بعضی از اسناد بازجویی‌های سری و اعترافات گرفته شده در زیر شکنجهِ نویسندگان و شاعران نگونبخت دسترسی داشته در کتاب خود اشاره می‌کند، که چگونه محکومان پس از شکنجه‌های طولانی، به جرائم ساختگی اعتراف می‌کردند و از جلادان خود تقاضای اعدام می‌کردند، او در مقدمه کتابش می‌نویسد:

> اگر جبارانی چون ایوان مخوف تنها خواهان افسر زفاف و پادشاهی بودند، استالین مخوف‌تر از او حد و مرزی برای آمال خویش نمی شناخت. اگر ایوان مخوف دستگاه چاپ را به روسیه آورد، استالین آن را بر سر ملت خویش کوبید و خُرد کرد. زمانی که روسیه به «جامعهٔ بزرگ صنعتی سوسیالیسم» مبدل شد و یک پایش در کرهٔ ماه بود، نویسندگانش حق استفاده از ماشین فتوکپی را نداشتند ...»**

امّا چگونگی فرجام دردناک رهبران طراز اوّل حزب کمونیست ایران که بدست عمال استالین سر به نیست شده‌اند، سالیان مدیدی همچنان در پرده ابهام مانده و هم اکنون نیز منبع منسجمی در مورد آن وجود ندارد، یکی از علتهای در پرده ماندن چگونگی مرگ آنها در طی سالهای گذشته، همانا تلاشهای آشکار و نهان سردمداران حزب توده در داخل ایران برای پوشاندن ابعاد جنایات استالین بوده است. نویسندگان و مورخین حزب توده در طی سالیان متمادی کوشیده‌اند، قربانیان دستگاه رضاخان مانند ارانی، حجازی، انزابی، علی شرقی، سیدمحمد تنها، پور رحمتی، غلامحسین نجار، یرواند یغیکیان ... را به کرات با آب و تاب شرح دهند، امّا در مواجهه با رهبران برجسته حزب کمونیست ایران که بدست عمال استالین، سر به نیست شده‌اند نه تنها سکوت اختیار کرده بلکه کوشیده‌اند پرده ساتری نیز بر سرنوشت دردناک آنها کشیده، حتی در مواردی به تبعیت از مورخین و نویسندگان مزدور استالین، از زدن تهمت‌های ناجوانمردانه نیز به قربانیان، خود داری نکرده‌اند.

اردشیر آوانسیان در خاطرات خود می‌نویسد که وقتی کنگره بیستم حزب کمونیست شوروی روش پرستش شخصیت استالین را محکوم کرد، حزب تودهٔ ایران نامه‌ای به حزب کمونیست شوروی که خروشف در رأس آن بود نوشت و تقاضا کرد

به پروندهٔ کمونسیت‌های ایرانی که در دوره استالین محاکمه و محکوم شده‌اند، دوباره رسیدگی شود تقاضای حزب پذیرفته می‌شود و دو نفر از حزب توده ایران یعنی، اردشیر آوانسیان و رضا روستا را برای این کار، به شوروی می‌فرستند. سرانجام دادگاه نظامی، محکومین ایرانی را تبرئه می‌کند و «به برخی از محکومین و فامیل آنان که آشنا بودیم خبر تبرئه آنان را دادیم. به آن فامیل‌هایی که پیدا کردیم کمک پولی معینی وسیله حزب توده می‌شد و اگر خانه هم نداشتند و وضعشان خوب نبود هم کمک مالی و هم کمک بهبود مسکن به آنها می‌شد ... .»[**] جالب این که اردشیر آوانسیان بعد از فروپاشی اتحاد شوروی به این مطلب اشاره می‌کند و تا قبل از آن در هیچکدام از نوشته‌هایش به آن اشاره نکرده بود.

سلطانزاده به عنوان یکی از رهبران برجسته حزب کمونیست ایران، در نخستین موج تصفیه‌های استالینی دستگیر و کشته می‌شود به طوری که دیگر از سال ۱۹۳۱ به بعد، تقریباً اثری از او دیده نمی‌شود. او به احتمالِ قریب به یقین در ۱۹۳۱ با جرائم ساختگی چون «تروتسکیست» یا «جاسوس امپریالیستهای انگلیسی، آلمانی و ...» تیرباران می‌گردد. دایرهٔ المعارف تاریخ شوروی، تاریخ اعدام او را ۱۶ ژوئن ۱۹۳۸ (۲۶ خرداد ۱۳۱۷) ذکر می‌کند.[**] او در ۱۲۸۶ش / ۱۸۸۹ م، در مراغه در یک خانواده ارمنی چشم به جهان گشود و پس از گذراندن دوران کودکی، در ۱۳ سالگی به منظور ادامه تحصیل به روسیه تزاری (لنینگراد) رفت. در سال ۱۹۱۲ حزب سوسیال دمکرات کارگری روسیه (گروه بلشویک) پیوست و از فعالین مهم آن حزب به شمار می‌رفت. دایرهٔ المعارف تاریخ شوروی از او به عنوان یکی از شرکت کنندگان فعال انقلاب اکتبر روسیه نام می‌برد. در کنگره دوم بین‌الملل کمونیست به عضویت کابک (کمیته اجرایی بین‌الملل کمونیست) انتخاب گردید. و تا کنگره سوم، این سمت را حفظ کرد این سالها اوج فعالیتهای سلطانزاده بود او در این سالها با رهبران برجسته بین‌الملل کمونیست چون لنین، بوخارین، تروتسکی، زینوویف، روزمر، کوولچ، رادک، وارکا و غیره همکاری نزدیک داشت و سرانجام در نخستین موج تصفیه‌های استالینی تیرباران

می‌گردد. پس از مرگش، از او نیز بـه ماننـد بسـیاری از روشـنفکران معـدومِ دسـتگاه استالینی، از طرف کنگره بیستم حزب کمونیست شوروی، اعاده حیثیت شد.[۶۷]

خسرو شاکری، اتهام چپ روی از سوی نویسندگان حزب تـوده ماننـد آوانسـیان، رضا روستا، کامبخش، ... نسبت به سلطانزاده را تقلیدی از حملات مـورخین رسـمی استالینی چون خانم ایوانووآ می‌داند که بعـد از مغضـوب واقـع شـدن سـلطانزاده، بـه ناگهان بر علیه او شروع شد و حملات فوق بر علیه سلطانزاده را «آلوده به کینه استالین علیه همه کمونیست‌هائی که سیطره استالین را نپذیرفتند» می‌داند. [••]

موج اصلی دستگیری، کشتار و اخراج ایرانیانی که در آذربایجان شـوروی زنـدگی می‌کردند در ۱۳۱۷ / ۱۹۳۸ شروع گردید مقامات شوروی بـا شـعار «یکدسـت کـردن قومی هر جمهوری» بدان اقدام کردند. با تصویب لایحه‌ای، مـوجی از دسـتگیری‌هـا و اخراج ایرانیان مقیم آذربایجان شوروی شروع شد، آمار دقیقی از تعداد دستگیری‌هـا و اخراج شدگان و همچنین، کسانی که بعداً در اردوگاههای اجباری کشته شدند وجـود ندارد، امّا بر اساس مندرجات یک پرونده، تنهـا در عـرض یـک روز (۲۲ اردیبهشـت ۱۳۱۷ / ۱۲ مه ۱۹۳۸) ۱۴۱۲۱ نفر به ایران بازگردانده شـده و تعـداد ۸۹۷۹ ایرانـی در آذربایجان شوروی دستگیر و روانه زندان شده‌اند. همچنان کـه از اسـناد کمینتـرن بـر می‌آید در یک گزارش به میرجعفر بـاقروف، دبیـر اوّل حـزب کمونیسـت آذربایجـان، پلیس ان. ک. و. د (N. K. V. D) اتهامات ساختگی ایرانیان دستگیر شده را بـه شـرح زیر اعلام می‌دارد:

> ۶۴ نفر از عمـال سـازمان اطلاعـاتی بریتانیـا: ۶۶ نفـر از عمـال مختلـف سازمان اطلاعاتی ایـران: ۳ نفـر از عمـال سـازمان‌هـای خرابکـار و ضـد انقلابی: ۴۰ نفر از عمال مساواتی‌هـای آذربایجـان و داشناکسـیوتیون: ۶۰ نفر از عمال مستقل سرویس‌های مخفی مختلف ایرانی: سرانجام ۷۷ نفـر از ایرانیانی کـه بـه عضـویت سـازمان‌هـای ضـد بلشـویکی، خرابکـار و فاشیست خارجی در آمده بودند [••]

جالب این که دستگیر شدگان اکثراً یا جزو کمونیست‌ها و انقلابیون ایرانی بـوده و یا جزو کارگران حوزه نفتی، راه آهن و غیـره ... بودنـد. نخسـتین گـروه از قربانیـان،

عبارت از: علی‌اکبرزاده، حمدالله حسن‌زاده، ملا بابا هاشم‌زاده و اکبر نصیب‌زاده بودند که به «کمونیست‌های چپ» مرتبط به سلطانزاده معروف بودند و در ۱۳۱۴ / ۱۹۳۵ بازداشت شده و بلافاصله به جوخه اعدام سپرده شده بودند، دومین گروه از «کمونیست‌های چپ» که در تیر ۱۳۱۵ / ژوئیه ۱۹۳۶ گرفتار آمده و دستگیر شدند عبارت بودند از: بهرام آقایف، عضو کمیته مرکزی حزب کمونیست ایران و همراهانش؛ نعمت بصیر و برادران دیگر بهرام آقایف یعنی عمران و محرم بودند برادر چهارم، کامران آقایف به واسطه اختلال حواس بخشوده شد. اتهام آنان نیز به مانند اتهامات ساختگی هزاران محکوم به مرگ عبارت بود از: «آوانتوریست» «تروتسکیت» و «فعالیت‌های ضد شوروی».** امّا پایان دردناک مرتضی علوی یکی از رهبران برجستهٔ «حزب کمونیست ایران» از زبان خواهرش نجمی علوی، چنین است:

> مرتضی علوی [برادر بزرگ علوی] بعد از آن که به مسکو آمد در جلسات کمینترن به اتفاق سلطانزاده و داراب که از روشنفکران بنام بودند در جهت مبارزه با حکومت رضاشاه و سرسپردگی او به انگلیسی‌ها اعتراضات شدیدی به تصمیمات کمینترن داشتند و در جلسات کمینترن بر سر عقاید خود جنجال‌ها به پا کردند. به همین جهت او را از مسکو به اداره نشریات تاجیکستان فرستادند تا به ترجمه کتابهای آلمانی به فارسی بپردازد و در امور سیاسی مداخله نکند ... مرتضی علوی را به جرم اهانت به «اعلیحضرت» [رضاشاه] بعد از محاکمه از برلن تبعید کرده بودند و او ۲۲ ساعت بعد از محاکمه با اجبار از برلن به وین رفت. در آنجا در مجله ستاره سرخ چند شماره پیکار را به صورت فتوکپی منتشر کرد. از وین به چکسلواکی رفت و آواره و دربدر شد. در ۱۹۳۳ با روی کار آمدن هیتلر و حزب فاشیست به اجبار به اتحاد شوروی مسافرت کرد و تا سال ۱۹۳۷ با درگیریها و مشکلات بسیار در مسکو ماند. سرانجام بر اثر پافشاری‌اش در مخالفت با حکومت رضاشاه و مبارزه علیه انگلیسی‌ها بدست عوامل سازمان امنیت شوروی بازداشت و به اردوگاه ترکمنستان فرستاده شد. در همین

اردو گاه در ۸ جولای ۱۹۴۲ بعد از یک عمر مبارزه و دربدری چشم از جهان فرو بست». **

نجمی علوی در مورد سالهای پایانی عمر مرتضی علوی، می‌نویسد:

مرتضی علوی در مدتی کمتر از یکسال در اتریش و مدت کوتاهی در چکسلواکی اقامت داشت ... پس از آن علوی از چکسلواکی به شوروی پناهنده می‌شود وی در بین سالهای ۱۳۱۲ ـ ۱۳۱۵ دائماً تحت فشار قرار داشت و در شوروی به محل‌های متفاوت فرستاده می‌شد، تا این که در سال ۱۳۱۶ در تاجیکستان زندانی گردید. مرتضی علوی را بعد از مدتی به زندان ترکستان منتقل کردند و در ژوئیه ۱۹۴۱ در زندان جان باخت. **

در کنار محاکمه و اعدام کمونیست‌های ایرانی همچون سلطانزاده، رضایف، زارع، لادبن اسفندیاری و مرتضی علوی در مسکو، و آسیای مرکزی، می‌توان به نخستین گروه از انقلابیون غیر کمونیست ایرانی، چون احسان‌الله‌خان دوستدار، آشوری، جعفر کنگاوری، رضا شازاده وعلی حسین‌زاده اشاره کرد که در سال ۱۹۳۹ جلوی جوخه اعدام قرار گرفتند، مرد شاخص این گروه، احسان‌الله‌خان در ۲۴ آذر / ۱۵ دسامبر ۱۹۳۷ در باکو دستگیر شد و با اتهامات ساختگی متعدد زیر شکنجه‌های سخت و ددمنشانه قرار گرفت، او برای نجات جان خود نامه‌های متعددی خطاب به میکویان، یژوف (رئیس ان. ک. و. د) و استالین نوشت امّا همه نامه‌ها بی‌پاسخ ماند و سرانجام در حالی که سخت بیمار بود در ۱۹ اسفند ۱۳۱۷ / ۱۰ مارس ۱۹۳۹ در مقابل میز محاکمه قرار گرفت محاکمه‌ای که بیش از ۲۰ دقیقه طول نکشید و پس از محکوم شدن، در صبح همان روز ۱۹ اسفند ۱۳۱۷ / ۱۰ مارس ۱۹۳۹ در مسکو به جوخهٔ اعدام سپرده شد. **

کریم نیک‌بین، یکی دیگر از رهبران حزب کمونیست ایران بود که در سال ۱۳۱۷ / ۱۹۳۹ به توسط عمال استالین سر به نیست شد، فرنگیس نیک‌بین همسر دبیر کل حزب کمونیست ایران پس از آزادی از اردوگاه [بعد از مرگ استالین] به باکو بازگشت و توانست تبرئه نامه‌ی شوهرش را دریافت نماید ... او همیشه به خودش لعنت می‌فرستاد و می‌گفت باعث اعدام شوهرم من شدم. بانو نیک‌بین گفت:

پس از بازداشت همسرم من به بریا که در آن هنگام به ریاستِ ک. گ. ب. رسیده بود، نوشتم و درخواست نمودم که مرا بپذیرد و فکر می‌کردم با آشنایی که با من و نیک‌بین داشت و بارها در باکو و تفلیس به دیدار یکدیگر رفته بودیم، می‌تواند به آزاد شدنِ شوهرم کمک نماید. یک سال بعد از مسکو نامه‌ای دریافت نمودم که طی آن به من وعده ملاقات با بریا تعیین شده بود. من در روز و ساعت تعیین شده به دفتر وی مراجعه کردم ... با خود فکر می‌کردم او به خاطر نان و نمکی که با هم خورده بودیم مرا دوستانه خواهد پذیرفت امّا چنین نشد و او خودش را به نا آشنایی زد و با ورق زدن پرونده‌ای گفت: این پرونده اون ایرانی خائنی است که بازداشت شده است. شما ایرانی‌ها یادتان رفته که پادشاه‌تان آقامحمدخان قاجار چقدر از گرجی‌ها را هنگام اشغال گرجستان گشت ... از شما ایرانیها کمونیست در نمی آید ... به وی گفتم آغامحمدخان قاجار چه ارتباطی با شوهرم که دبیر کل کمیته مرکزی حزب کمونیست ایران است، دارد ... و من مطمئن‌ام که شوهرم بی‌گناه است ... او با خشونت پرونده را بست و گفت: من دیگر بیشتر از این وقت ندارم ... خواهم گفت به پرونده شوهرت رسیدگی نمایند و نتیجه را به شما خبر خواهیم داد ... پس از گذشت یک سال یعنی در سال ۱۹۴۰ پیرو نامه‌ای به من اطلاع دادند که شوهرم را اعدام کرده‌اند ... و همیشه [فرنگیس نیک‌بین] تکرار می‌کرد که اگر من به دیدار بریا ... نمی‌رفتم شاید شوهرم زنده از اردوگاه بر می‌گشت ... با آغاز جنگ جهانی دوم در سپتامبر ۱۹۳۹ استالین دستور می‌دهد که هزینه‌ی زندان‌ها و اردوگاه‌های کار اجباری پایین آورده شود. یکی از راه‌هایی که بریا برگزیده بود، رسیدگی مجدد به پرونده‌ها و اعدام زندانیانِ سرشناس بود. در این کشت و کشتار دو حزب کمونیست لهستان وایران همه رهبران شان را از دست می‌دهند.**

بدین ترتیب در خلال سالهای ۱۹۳۹، ۱۹۳۸، ۱۹۳۷ حزب کمونسیت ایران تقریباً تمامی رهبران برجسته خود را از دست داد در حالی که در همین سالها، کثیری از آنان

با اتهامات مضحک و پوشالی در مسکو محاکمه و تیرباران می‌شدند در داخل ایران در زندان رضاخان نیز تقی ارانی، دانشمند جوان و متفکر برجسته، با مرگ دست و پنجه نرم می‌کرد، او در زیر شدیدترین شکنجه‌های دوستاقبانانش، خم به ابرو نیاورد و در دادگاه با دفاعیات عالمانه‌اش، شگفتی همگان را بر انگیخت او در دادگاه ضمن اشاره به وضعیت وخیم و مرگباری که برایش بوجود آورده بودند می‌گوید:

> مرا با تصمیم عامدانه برای کشتن بکلی عریان کرده در یک سلول مجرد مرطوب اتاق ۲۸ دالان سوم زندان موقت که فرش پرحشرات آن را هم جمع کرده بودند مدت چهار ماه انداختند. چون معلوم شد که من شب‌ها کفش‌های خود را زیر سر می‌گذارم و ممکن است بتوانم با وجود سختی و رطوبت زمین قدری بخوابم. آنها را هم گرفتند، رسیدن غذا و پول را هم قدغن کرده ، آن را دزدیدند. رطوبت این اتاق به حدی است که تا کمر دیوار آن قارچ می‌روید ... . میخ کردن پنجره اتاق مجرد من با شهادت نجار و طبیب زندان، به قصد منع ورود هوا و اعدام تدریجی نیز جزو این شکنجه‌هاست ...[**]

بعد از اتمام محاکمه، دکتر ارانی به ۱۰ سال زندان محکوم گردید امّا او را در ۱۴ بهمن ۱۳۱۸ در زندان، از بین بردند. سیدجعفر پیشه‌وری، بعدها در روزنامه آژیر ضمن اشاره به خاطرات خود از دوران زندان، وضعیت روحی زندانیان را پس از شنیدن خبر مرگ ارانی، اینچنین به تصویر می‌کشد که بی‌شباهت به مرگ سقراط و تألم شاگردانش نمی‌باشد:

> در کریدر هفت [،] دیگر از خنده‌های بلند و شوخیهای مشغول کننده اثری نبود. زندانیان سیاسی کتاب و نوشت افزار قاچاق را زمین گذاشته به هیچیک از مشغله‌های روزانه نمی‌پرداختند. سکوت مرگبار تمام کریدرها، همهٔ حجره‌ها را فرا گرفته بود.
>
> سرهای پرشور پائین و قلبهای پر از آتش [،] محزون و گرفته بود. هیچکس نمی‌خواست از دیگری چیزی بپرسد یا نگرانی خود را برای

نزدیکترین رفقای خود به زبان بیاورد و یا اندیشه هیجان آمیز خود را تحقیق نماید زیرا می‌ترسید که شایعه صحیح باشد.
حتی آن روز کسی به فکر حیاط و هوا خوری هم نیفتاده بود. در کریدر هم قدم نمی‌زدند.
حتی سردار رشید کردستانی که عادتاً یک ساعت هم نمی‌توانست از بیرون آمدن غفلت بکند آن روز دیده نمی‌شد.
گریه نمی‌کردند ولی دلهای شکسته از کینه و حس انتقام مملو شده بود ... تا یک ساعت به ظهر هیچکس به فکر غذا و نظافت نبود زیرا بغض گلوها را گرفته فشار می‌داد.
بالاخره نزدیک ظهر مردی [دکتر یزدی؟] که روزها دیگر [،] صدای رعد آسای خنده‌اش تمام زندان را بلرزه در می‌آورد در هشت، پشت نرده‌های آهنینِ در[،] پدیدار شد. چشمانش را پائین دوخته جلو می‌آمد، عبای مشکی را به خود پیچیده تو آن مچاله شده بود.
دیگر مانند هر روز با قدمهای کوتاه و چابک راه نمی‌رفت، خیلی جدی ولی زیاده از حد تصور محزون به نظر می‌آمد. این حالت به او وقار مخصوص داده بود. موهای سرش مثل این که در عرض یکی دو ساعت خیلی سفیدتر شده بود.
دکتر [یزدی] از در وارد شد. چیزی نمی‌خواست، یک چند اشاره هم نکرد ولی ساکنین کریدر آنچه را که نمی‌خواستند باور کنند فهمیده، ناچار باور کردند. هیچکس جلو نیامد. حتی خود دکتر به اطاق خود رفت و در راه با کسی حرف نزد. پس از یک دقیقه[،] تفصیل قتل در تمام زندان منتشر گردید دکتر ارانی را با اطاقی که چندی پیش مریض تیفوسی در آن منزل داشت برده بودند. دکتر که هیچ گونه وسایل مبارزه با مرض را همراه نداشت به زودی مریض شده از آنجا به مریضخانهٔ زندان منتقل گردید با وجود اصرار اقوام و دوستانش اجازه نداده بودند برای او از خانه غذا و دوا حتی میوه بیاورند. بعد در چهل درجه تب، آمپول کنین تزریق نموده کارش را یکسره کرده بودند. یک ساعت [بعد]

دیگر در تمام کریدرها [،] مجالس سوگواری سری تشکیل شد. من مجلس سوگواری زندان خیلی دیده بودم ولی مجلس سوگواری دکتر ارانی به هیچیک از آنها شباهت نداشت ...»**

پدر او سالها پیش مرده بود و تنها یک خواهر و مادری پیر داشت وقتی مادر پیر، جنازه فرزندش را از بیمارستان زندان تحویل گرفت عمال رضاخان با فرزند چنان کرده بودند که چهره‌اش، برای مادر پیر قابل تشخیص نبود!**

۷ـ سقوط خودکامه

در یک جمع بندی کوتاه، حکومت رضاشاه را می‌توان آمیزه‌ای از خودکامگی، شبه مدرنیسم و ناسیونالیسم دانست.

انقلاب مشروطیت هر چند بنیانهای نظم سنتی پیشین را در هم ریخت. امّا بواسطه نقصان زیر ساخت‌های اجتماعی و اقتصادی، نتوانست نظم جدیدی مبتنی بر اندیشه آزادی و دموکراسی و مقولات مدرن بنیان نهد در نتیجه، به محض این که نظم سنتی از هم فرو پاشید هرج و مرج و ناامنی‌های اقتصادی و اجتماعی بر جامعه حاکم شد. در این اوضاع، گرایش به حکومت مرکزی مقتدر که بتواند نظم را برقرار ساخته، ناامنی‌های اجتماعی را ریشه کن سازد جذابیت خاصی در بین گروههای مختلف اجتماعی داشت، در واقع فکر آزادی و دمکراسی و قانون که از شعارهای اصلی مشروطیت بود، کم‌کم در قبال فکر ایجاد امنیت و حفظ استقلال، رنگ باخت. در اوضاعی که «ایران، خسته از همه افت و خیزها تشنه امنیت»** بود و چشمها به افق دوخته شده بود تا آن «بازوی نیرومند برای سرکوبی گردنکشان این مملکت و نجات رعایا»** ظهور کند. رضاخان در عین حال که در رسیدن به قدرت، تقریباً پشتیبانی تمامی گروهها را به دنبال خود داشت امّا به محض این که قدرت مطلقه خود را استوار ساخت به قلع و قمع مخالفین و حتی کسانیکه در تسلط او بر قدرت حامی‌اش بودند پرداخت.

او با هوشمندی و زیرکی خاص که داشت به نقش عمیق مذهب در جامعه ایران واقف بود به همین خاطر در آغاز کار با تظاهر به مذهب و برگزاری مجالس تعزیه،

توانست حمایت بسیاری از رهبران مذهبی را جلب کند امّا پس از به قدرت رسیدن، بزودی اختلافش با علما آشکار گشت، بخصوص بعد از سفرش به ترکیه و مشاهده اقدامات آتاتورک، در اندیشه او بزودی مذهب و تشیع، به عاملی بازدارنده و مانع پیشرفت بدل گشت.

نخستین رویارویی‌اش با علما، در نخستین روز فروردین ۱۳۰۶ که مصادف با روزی از ماه رمضان بود در قم آغاز شد. همسر او که طبق سنت دیرینه، به همراه چند نفر از همراهانش برای گذراندن ساعت تحویل سال نو به قم رفته بود، وقتی در صحن مطهر، بواسطه عدم رعایت حجاب اسلامی از سوی ملکه و بعضی از همراهانش، با پرخاش فردی معمم روبرو شدند، رضاخان با شنیدن آن، خود را به قم رسانید و با عصا و لگد به کتک زدن چند تن از طلاب پرداخت، این مشکل با دور اندیشی حاج شیخ عبدالکریم حائری یزدی ـ مرجع تقلید ـ حل گشت امّا هنوز آتش زیر خاکستر از بین نرفته بود.**

در دی ماه ۱۳۰۶ با اجرای قانون نظام وظیفه، اختلاف طرفین شدت یافت، علمایی از اصفهان به رهبری حاج نورالله اصفهانی رهسپار قم گردیدند امّا این اختلاف نیز با کناره‌گیری حاج شیخ عبدالکریم حائری و با رفتن مخبرالسلطنه هدایت، تیمورتاش و امام جمعه تهران به قم حل گردید. هشت سال بعد [۱۳۱۴] وقتی رضاشاه تصمیم به تغییر لباس و تحمیل کلاه شاپو گرفت مردم مذهبی به نشانه اعتراض در مسجد گوهرشاد مشهد اجتماع کردند، این بار دیگر رضاشاه، احتیاجی به واسطه برای حل اختلاف نداشت زیرا نظمیه‌ای پر قدرت در اختیار داشت به همین خاطر، عکس‌العملش به شدت تند و خشن بود، او دستور داد اجتماع کنندگان را سرکوب نمایند، در نتیجه شماری را قتل عام و تعدادی نیز دستگیر گردید و محمدولی اسدی، پدر داماد فروغی که نیابت تولیت حرم امام رضا (ع) را داشت به جرم تحریک مردم دستگیر و در دادگاهی ساختگی به اعدام محکوم شد به طوری که پادرمیانی محمدعلی فروغی، نخست‌وزیر نیز نه تنها سودی در پی نداشت بلکه منجر به طرد خودش از جانب رضاشاه شد.**

امّا از همه اینها بی‌رحمانه‌تر «کشف حجاب» و فروکشیدن اجباری چادر از سر زنان، در دی ماه ۱۳۱۴ بود، مأموران شهربانی، هر زن چادر به سر را که در ملاء عام می‌دیدند به زور متوسل می‌شدند. به طوری که این برخوردهای خشن، باعث می‌شد زنان پا به سن گذاشته در خانه‌های خود محبوس شوند و برای مصون ماندن از تعرض مأموران، بیرون نیایند، و برای مسأله حمام، مردان در بعضی از مناطق کشور مادران، زنان، خواهران و دختران خود را در گونی گذاشته به حمام‌های عمومی می‌بردند!. البته طبقه روحانیت در قبال نوگرائی و مدرنیسم رضاشاه استراتژی واحدی نداشتند، بخشی از آنان خویشتن را با این اصلاحات منطبق کردند و رضاشاه نیز در تبلیغات خود، آنان را «روحانیت واقعی» و «مترقی» قلمداد می‌کرد امّا در مقابل، آن بخش از روحانیت که مخالف اصلاحات او بودند واپسگرا و مرتجع می‌دانست. رضاشاه در سخنرانی‌های متعدد خود سعی می‌کرد که نشان دهد اسلام[واقعی] و پیامبر اکرم (ص) منافی با تمدن جدید نیست به عنوان مثال، رضاشاه در سخنرانی خود که به مناسبت مراسم عید غدیرخم در سال ۱۳۱۰ ایراد شده، گفت که امروز اگر شارع مقدس السلام نیز حضور داشت حتماً بر مطابقت دین و تمدن امروز تأکید می‌فرمود.**

به کوشش علی‌اکبر داور، وزیر عدلیه در ۱۳۰۷، اصلاح نظام قضایی کشور با قانون جدیدی، شروع گردید که بر طبق آن، برای استخدام قضات، شرایط جدیدی در نظر گرفته می‌شد.** در همان سال قانون تأسیس دفاتر ثبت اسناد و املاک وضع گردید و در ۱۳۱۰ بر اساس مصوبه مجلس، حق طلاق و ازدواج نیز جزو اختیارات وزارت عدلیه درآمده، که تمام ازدواجها و طلاقها می‌بایستی در دفاتر ثبت ازدواج و طلاق وزارت عدلیه وارد می‌شدند. سالهای ۱۳۱۸ و ۱۳۱۹ را در واقع می‌توان سالهای پایان تسلط علما بر نظام قضائی ایران شمرد، در ۱۳۱۸ مجلس با اصلاح ماده ۱۴۴ قانون اساسی مصوب ۱۲۹۰، دادگاههای شرع را کنار گذاشت، و «آیین دادرسی مدنی» و «آیین جزا» جایگزین آن گشت. از طرفی، مجلس در ۱۳۱۳ لایحه‌ای را تصویب کرد که بر اساس آن، اموال بی‌صاحب و موقوفات عمومی، تحت نظارت مستقیم اداره اوقاف در وزارت معارف در می‌آمد. در آمدهای آن، به امور خیریه مانند ساختن

مدارس، بیمارستانها، مرمت ابنیه تاریخی و غیره اختصاص می‌یافت. در واقع با این قانون، ضربه شدیدی بر قدرت اقتصادی علما وارد شد.

در مجلس نیز، به میزانی که به اواخر رژیم رضاشاه، نزدیکتر می‌شویم به همان میزان، از تعداد القاب مذهبی نمایندگان، مانند «شیخ» «آیت الله» و «سید» کاسته می‌شود و بر تعداد نمایندگانی با عناوین دانشگاهی مانند «مهندس» و «دکتر» افزوده می‌شود. به عنوان مثال در حالی که ۴۰٪ وکلای مجلس ششم را روحانیون و سادات تشکیل می‌داد در مجلس هفتم، تعداد آنها به ۳۰٪ رسید و در مجلس یازدهم یعنی در ۱۳۱۴ حتی یک روحانی برجسته در مجلس به چشم نمی‌خورد، بطوری که تعداد کل روحانی موجود در مجلس شورای ملی در بین سالهای ۱۳۱۷ ـ ۱۳۰۷ تنها ۴۸ نفر بوده‌اند.**

از اقدامات برجسته رضاخان، ایجاد نیروی قدرتمند نظامی و تشکیل قشون متحدالشکل، اعزام محصلین نظامی به اروپا، انتشار مجله «قشون»، تأسیس کارخانه‌های اسلحه‌سازی، هواپیمائی، تأسیس نیروی دریایی و شروع سربازگیری، پس از تصویب لایحه نظام وظیفه اجباری را می‌توان نام برد، امّا بوجود آوردن ارتش ثابت و مدرن و ژاندارمری حلقه بگوش شاه که بالاترین بودجه را بخود اختصاص داشت تنها به ابزاری در دستش بدل شده بود که برای سرکوبی هر نوع صدای مخالفی به کار می‌گرفت و در کنار آن، اداره آگاهی که از شنیدن نام آن، مو برتن آدمها راست می‌شد و کارش خبرچینی و کشف شبکه‌های مثلاً جاسوسی بود. رضاشاه، نظمیه را بعد از بیرون کشیدن از دست سوئدیها، ریاست آن را به دست دژخیمی چون محمدخان درگاهی سپرد، همان کسی که کشتن میرزاده عشقی را بدو نسبت داده‌اند، همچنین دستگیری نصرت الدوله فیروز را که بعداً کشته می‌شود. از امیران برجسته دیگر، می‌توان سرلشکر صادق کوپال، سرتیپ زاهدی، و سرلشکر محمدحسین‌خان آیرم و رکن‌الدین مختاری را نام برد که این دو آخری در ایجاد فضای خفقان و افشاندن رعب و وحشت و پاپوش دوزی و صحنه سازی و اخاذی نقشی وافر داشتند.

از اقدامات دیگر او می‌توان به تمرکز اداری و ایجاد دیوان سالاری اشاره کرد، تقسیمات کشوری جدید با یازده استان و چهل و نه شهرستان بوجود آمد امّا تبعیض آشکار نه تنها در حوزه فرهنگی، (از جمله امحاء زبانهای غیر فارسی) به شدت ادامه داشت. بلکه در حوزه اقتصادی نیز، گویی تمامی استانها در خدمت تهران و یکی دو استان دیگر بود. به طوری که آذربایجان، دستخوش چنان تبعیضی گردید که بر خلاف تاریخ پیشینه‌اش که در شمار تواناترین و مولدترین استان کشور بعد از پایتخت به شمار می‌رفت امّا در پایان حکومت او، از استان دوم کشور به استان چهارم و پنجم مبدل شده بود.

از اقدامات دیگر رضاشاه، می‌توان به تغییر و تحول نظام آموزشی ایران اشاره کرد در کنار افزایش گسترده مدارس و دبیرستانها، اعم از دخترانه و پسرانه و افزایش سریع تعداد دانش آموزان، می‌توان به اقدامات دولت در زمینه اعزام محصلین به اروپا را ذکر کرد که تا سال ۱۳۱۵ رقم آن از ۱۵۰۰ نفر گذشته بود، همچنین تأسیس دانشگاه تهران، در اسفند ۱۳۱۴ را می‌توان ذکر کرد.**

در حالی که آن جنبه سطحی و پوسته مدرنیسم پیش می‌رفت و پل‌های راه آهن و کارخانه‌های متعدد بوجود می‌آمدند امّا در حوزه تفکر و اندیشه، جامعه بواسطه خفقان موجود روبه تحجر می‌رفت. نمایندگان مجلس و وزراء همه به توسط او و مامورانش در تهران و شهرهای دیگر گلچین می‌شدند و تنها نقشی که داشتند تصویب فرامین او و ریختن آنها در قالب قانون بود. نویسنده‌ای برجسته، سه تفاوت عمده بین استبداد نوین او با حکومت‌های استبدادی پیشین در ایران، بر شمرده.** امّا می‌توان گفت که تمامی مستبدین در هر زمان و مکانی که ظهور بکنند، دارای خصوصیات مشترک ویژه‌ای هستند که فرجام دردناک و مشترک آنان را، به هم پیوند می‌دهد، این خصوصیات، همانا کشتن آزادی و ارادهٔ مردمان و بوجود آوردن بندگانی که تنها به کرنش و تملق عادت کنند و در نتیجه تنزل شأن آدمی در حد شئ وارگی و دخالت ایادی حاکم به منزله چشم و گوش او در جزئی‌ترین و شخصی‌ترین زوایای زندگی مردمان و بی‌پاسخگو بودن به هیچ مقامی و نهادی را می‌توان نام برد.

به خاطر همین، جای تعجب نیست در فرهنگستانی که برای پالایش زبان فارسی از لغات بیگانه [ترکی و عربی] تأسیس کرده بود، هر جانشینی برای واژه مورد نظر، قبل از تصویب فرهنگستان، باید به تأیید شاه می‌رسید!. امّا برخورد بی‌رحمانه و خشن او با مطبوعات موجود، قابل تأمل است او تقریباً تمامی مطبوعات مستقل را از بین برد، عشقی را مأموران او کشتند و مدیر جریده ستاره را خودش کتک زد، ملک الشعراء را چیزی نمانده به قتل رساند و فرخی یزدی، مدیر توفان را در زندان به قتل رسانید ضدیت او با مطبوعات به حدی رسید که حتی مطبوعات خارج از کشور نیز، برایش قابل تحمل نبود می‌توان به نمونه‌هائی چون، توقیف پیکار در آلمان و همچنین عکس العمل شدید او در قبال یک مجله کاریکاتور و طنز نویس فرانسوی را نام برد.

او تقریباً تمام مخالفان و کسانی که به مانند او فکر نمی‌کردند، سرکوب کرد. بخشی از آنان، سیاست را بوسیده کنار گذاشتند و به گوشه انزوا خزیدند. بخشی دیگر کشته شدند و کثیری دیگر سالهای مدید زندان را به جان خریدند. سرانجام وقتی متفقین آمدند، او تقریباً تنهای تنها بود، تمام مردان استخواندار را به حاشیه رانده و یا در گوشهٔ زندان جای داده بود، افرادی که در دور و بر او بودند تنها تملق‌هایی را تکرار می‌کردند که او انتظار و رضایت داشت، به همین خاطر، کم‌کم از واقعیت‌های موجود جامعه، بریده شد و به دهلیز اوهام و پندارهای خود خزید و به بیماری سوء ظن (بیماری رایج تمامی خودکامه‌ها) گرفتار شد، کم‌کم آن دایره مخالفان [نه بالفعل بلکه بالقوه] به حدی گسترش یافت که مردان خودی را نیز به کام خود کشید همان افرادی که به روزگاری، به مدد آنان به قدرت رسیده و خودکامگی خود را استورا ساخته بود افرادی مانند: عبدالله‌خان امیرطهماسب، نصرت‌الدوله، سردار اسعد بختیاری، محمدولی‌خان اسدی، میرزاحسین‌خان دادگر، محمدعلی فروغی، عبدالحسین تیمورتاش، علی‌اکبر داور که پایه‌های دیکتاتوری او را مستحکم ساخته بودند سرانجام مغضوب واقع شده و بدست او کشته یا طرد شدند. بخصوص داور و تیمورتاش که نقش برجسته‌ای را در به قدرت رساندن او بازی کردند و در واقع معماران فکری او در امر نوسازی و نوگرائی بودند هر دو سرانجام از بین رفتند. تیمورتاش قبل از کشته

شدن به فرخ گفته بود: در این رژیم همه محکوم به نیستی هستیم زیرا این مـرد شـرط دوستی و خدمت و وفاداری را نمی‌داند و همین که می‌توانست کسی را از میان بردارد با کمال بی‌رحمی و شقاوت او را نابود می‌سازد.** بـه نوشـته تقـی‌زاده، در وقتـی کـه تیمورتاش، مغضوب رضاشاه واقع شد داور می‌خواست شفاعت دوستش [تیمورتاش] را بکند رضاشاه «نگاهی بهش کرد و گفت این گوشـهایت را بـاز کـن والاّ معـدومت می‌کنم. رضاشاه تکیه کلام «معدوم» داشت ...»**

و سرانجام این که، او از دوران نوجوانی یک قزاق و نظامی بار آمده بود و چون به قدرت رسید، کوشید که ایران را نیز به یک پادگان نظامی مبدل کند: همـهٔ افـراد یـک رنگ، یک شکل و یک اندیشه و فاقد تنوع و تعدد آراء. همچنان که ایران در سـالهای حکومت او بخصوص از ۱۳۱۰ به بعد یکدست، ساکت و خاموش گشته بود به ماننـد خاموشی یک گورستان. نمی‌توان منکر شد که او بـا توانـایی و هوشـمندی و زیرکـی خاصی که داشت، توانست چهره سنتی ایران را عوض کند، امّا به میزانی که عرابه شبه مدرنیسم او به جلو رانده می‌شد انبـوهی از اجسـاد در زیـر چرخهـای آن لـه و لـورد می‌شدند!.

رضاشاه در دهه دوم حکومت خود، به آلمان نزدیـک شـد، بخصـوص در آخـرین سالهای حکومتش، این گرایش شدیدتر گشت، از ۱۳۱۵ به بعد، با هر کارخانـه‌ای کـه در ایران تأسیس می‌شد کثیری از کارشناسان و متخصصین آلمانی وارد ایران می‌شدند. در سال ۱۳۱۶ به پیمان ضد شوروی سعد آباد پیوست، هـر چنـد انگلسـتان، هنـوز از جای پای محکمی چون شرکت نفت ایران و انگلیس و بانک شاهی بر خوردار بود امّا در سالهای آخر حکومت خودکامه، آلمانی‌ها در زمینـه سیاسـی، اقتصـادی و تجـارت خارجی، نقش اوّل را بازی می‌کردند به طوری که احداث راه آهـن سراسـری، ایجـاد فرودگاهها و کارخانه های صنعتی و اسـلحه‌سـازی و ... بدسـت آلمـانی‌هـا صـورت گرفت.

بهانه حمله متفقین به ایران، هر چنـد در ظـاهر وجـود تعـداد زیـادی از نیروهـای آلمانی در ایران اعلام شده، امّا آنها اهداف مهمتری داشتند که وصول به آنهـا، مسـتلزم

اشغال ایران بود. وقتی در فروردین ۱۳۲۰ ستون پنجم آلمان‌ها در ارتش عراق، به رهبری رشید عالی گیلانی دست به کودتا زدند این نگرانی برای دولت‌های شوروی و انگلستان بوجود آمد که ممکن است در ایران نیز به کمک نیروهای آلمان و طرفداران آنها، کودتائی به نفع آلمان شکل بگیرد. بنابراین، پاک کردن ایران از وجود آلمانی‌ها، برای هر دو قدرت انگلیس و شوروی، امری حیاتی بود. آنها وقتی این مسأله را با دولت ایران در میان گذاشتند، در اوّل با عدم همکاری و حتی مخالفت رضاشاه مواجه شدند امّا هر چند خودکامه در ماههای آخر سلطنتش کمی نرم شد و حتی به اخراج گروهی از آلمانی‌ها در ایران رضایت داد ولی به دنبال پیشروی آلمانی‌ها در خاک شوروی و محاصره لنینگراد در مرداد ماه ۱۳۲۰ باعث شد که دولت‌های فوق بیش از پیش توجه خود را به ایران به عنوان پل پیروزی، معطوف سازند. هدف آنان از هجوم به ایران، پیدا کردن راهی برای کمک رسانی به شوروی، تصرف چاههای نفت جنوب برای جلوگیری از انهدام آنها توسط نیروهای نازی و همچنین اخراج عمال و کارشناسان آلمانی از ایران بود و علت اشغال ایران در واقع به هدف «کمک به روسیه که فقط باکنترل ارتباطیه ایران و حفاظت وسایل مزبور توسط ارتش متفقین و برقراری یک سرویس ضد جاسوسی نیرومندی که قادر به متوقف ساختن فعالیت‌های عمال آلمان باشد صورت گرفت».**

در تلگراف وزیر خارجه به سفارت ایران در لندن در تاریخ ۹ شهریور ۱۳۱۸ راجع به اعلام بی‌طرفی ایران در جنگ جهانی آمده است: «در این موقع که جنگ در گرفته، دولت ایران تصمیم نمود، بی‌طرف مانده و بی طرفی خود را محفوظ دارد. مراتب به سفارت خانه‌ها در تهران اعلام شد. در آنجا تصمیم دولت ایران را به اطلاع برسانید».**

هر چند ایران بی‌طرفی خود را در جنگ اعلام کرده بود امّا برای همگان روشن بود که رضاشاه چشم امید به پیروزی آلمان دوخته بود.

در گزارشی که از محمد ساعد، سفیر ایران در مسکو به دفتر مخصوص رضا شاه، ارسال شده ساعد از زبان سفیر ترکیه نوشته بود که اولیای ترکیه یقین کرده‌اند و

اطمینان کامل دارند که فتح و ظفر بالاخره نصیب انگلیسی‌ها خواهد بود امّا در پاسخ رئیس دفتر رضاشاه به ساعد، آمده است «بر حسب فرمان مبارک تذکراتی ابلاغ می‌نماید شخصی که (سفیر ترکیه) به دیدن جنابعالی آمده واطلاع داده است؛ به این قبیل اشخاص و اظهارات او اغفال نشوید زیرا بنظر می‌آید حرفهای انگیخته به تبلیغات بیش نیست اگر قضایا روشن شود از اینجا به جنابعالی دستور لازم داده می‌شود.»

او مانند خودکامه‌های دیگر تاریخ، چنان در دهلیز مرگ‌زای نخوت و تکبّر فروغلطیده بود که از دریافت معادلات سیاسی و واقعیات عینی به کلی عاجر مانده بود او با توقیف تقریباً تمامی مطبوعات مستقل، که به منزله چشم وگوش جامعه عمل می‌کنند خویشتن را از هشدارها و انتقادهای مطبوعات محروم ساخت و در اواخر حکومتش، تقریباً تمام شخصیتهای زبده و خردمند به حاشیه رانده شده و در اطراف او تنها گروهی متملق و مذبذب حلقه زده بودند که با چاپلوسی‌های خود، ذهن خودکامه را پر از لاطائلات کردند. از اینرو، سقوط او نه تنها برای خودش، بلکه برای گروههای مختلف اجتماعی نیز توأم با شگفتی بود.

حوالی ساعت ۴ صبح سوم شهریور ۱۳۲۰، «اسمیرنوف» سفیر شوروی و «بولارد» سفیر انگلیس، طی یادداشتی، علی منصور، نخست‌وزیر وقت را از حمله نیروهای خود به ایران، آگاه ساختند، نخست‌وزیر، اندکی بعد به کاخ سعدآباد رفت تا خودکامه را از جریان ماوقع آگاه سازد. در یادداشت آنان چنین آمده بود:

> چون دولت ایران در انجام درخواست‌های فوری و مهم دو کشور همسایه که در یادداشت‌های مورخه‌های ۲۸ تیر و ۲۵ مرداد سال ۱۳۲۰ بطور مبسوط و واضح به آنها اشاره شده بود، سهل انگاری کرد و سیاست مهمی در این موقع باریک و خطرناک پیش نگرفت ... و در بیرون کردن عمال آلمانی هیچ گونه اقدامی نکرد به این سبب دولت‌های شوروی و انگلیس خود را ناگزیر دیدند به نیروهای مسلح خود دستور دهند که از مرزهای ایران عبور کنند و اینک با کمال تأسف به آقای نخست‌وزیر اطلاع می‌دهیم که واحدهای شوروی و انگلیس طبق دستور ستادهای مربوطه وارد خاک ایران شده و مشغول پیشروی هستند.»

ورود قوای شوروی به ایران با استناد به قرارداد۱۹۲۱ ایران و شوروی صورت می-گرفت چرا که«ماده ششم» قرارداد، بـه شوروی اجازه دارند «که هر گاه ممالک ثـالثی بخواهند به وسیله دخالت مسلحه سیاست غاصبانه را در خاک ایران مجری دارنـد یـا خاک ایران را مرکز حملات نظامی بر ضد روسیه قرار دهند ... دولـت شـوروی حـق خواهد داشت قشون خود را به خاک ایران وارد نماید ...دولت شوروی روسیه متعهـد است که پس از رفع خطر بلادرنگ قشون خود را از حدود ایران خارج نماید».

سپیده دم روز سوم شهریور، هنوز سپری نشده بودکه نیروهای دو کشور شـوروی، از شمال و شرق و نیروهای انگلیسی، از جنوب و غـرب، بصـورت زمینـی، هـوایی و دریایی، حمله خود را به ایران آغاز کردند. نیروهای شوروی، یـک سـتونش از طریـق جلفا به تبریز سرازیر شد و بعد از گذشتن از میانه و زنجان به طرف تهـران پیشـروی کرد، و ستون دیگر که از باکو حرکت کرده بود از مـرز آسـتارا گذشـت و وارد بنـدر انزلی و رشت گردید و ستونهای دیگر، نواحی گرگان، بیرجنـد و سـرخس را اشـغال کردند به طوری که تقریباً شهرهای شمال از تبریز تا مشهد به اشغال نیروهای شوروی در آمد. نیروهای انگلیسی نیز از طریق قصر شیرین، ضمن اشغال نفت شهر، وارد کرند غرب و اسلام آباد شده باختران را اشغال کردند و به دنبال آن، آبادان، بندر خرمشهر و ... به تصرف نیروهای انگلیسی درآمد در این زدوخوردهـا، از قـوای ایرانـی ۱۰۶نفـر کشته شده و ۳۲۰نفر نیز اسیر شدند از روسها نیز ۶نفر کشته ۱۸ نفر زخمی و ۹ نفر نیز در حین عبور از رود ارس غرق شدند اما تلفات هواپیماهای روسی زیاد بود ۱۰هواپی روسی سقوط کردند اما سقوط آنها ارتباطی به جنگ نداشت بلکه بر اثر مستی خلبانان و عدم آشنایی با شرایط جوی بوده است[۹۳].

در فردای ورود نیروهای اشغالگر، دولت علی منصور استعفا کرد و به درخواسـت رضاشاه، محمدعلی فروغی که قبلاً مغضوب او واقع شده بود مأمور تشکیل کابینه شد. فرزند فروغی در خاطرات خود می‌نویسد:

حدود ساعت ۹ بامداد تلفن منزل به صدا درآمد، طبق معمول گوشی را برداشتم مخاطب صدای مرا شناخت و گفت: محسن‌خان شما هستید؟ متوجه شدم طرف مکالمه کسی جز نصرالله انتظام رئیس تشریفات دربار نیست. بین خانواده ما و فامیل انتظام از قدیم دوستی داشت انتظام گفت به بابا بگویید بعد از ظهر ساعت چهار، در قصر سعدآباد شرفیاب شوند، احضار شده‌اند.**

به دنبال نخست‌وزیری فروغی، دولت وی تصمیم خود مبنی بر ترک مقاومت و هر گونه همکاری با دول اشغالگر را اعلام کرد و هنوز ششم شهریور از راه نرسیده بود که ارتش ۱۵۰ هزار نفری رضاشاه که بیش از یک‌سوم بودجه کشور را به خود اختصاص داده بود از هم پاشیده وایران به سه منطقه تقسیم گردیده بود:

الف: منطقه شمالی در اشغال روسها.

ب: منطقه غربی و جنوبی در اختیار انگلیسی‌ها و تعدادی از سربازان آمریکایی.

ج: تهران در اختیار دولت ایران.

رضاشاه به محض این که شنید نیروهای متفقین در هشتم شهریور ۱۳۲۰، در حال حرکت بسوی تهران هستند، فوراً از تهران، عازم اصفهان شد. فردای همان روز، با تلاش محمدعلی فروغی و با وعده وعید سفارت انگلستان مبنی بر حفظ سلطنت و انتقال آن به پسرش، به تهران بازگشت، قبل از ورود نیروهای متفقین به تهران، او در ۲۵ شهریور از سلطنت کناره‌گرفت و در استعفانامه‌اش، که توسط محمدعلی فروغی قرائت شد علت استعفا، کهولت سنی و ناتوانی او و لزوم انتقال قدرت به یک نیروی جوانتر یاد شده بود. او با تمام ریگها و الماسهایش،سرانجام در نهایت خفت و خواری از ایران رفت و در جزیره موریس در تنهایی درگذشت امّا شش سال بعد، ماجرای ساختن گور او، به یک طرح ملی شباهت داشت.**

این نشان می‌داد که در تار و پود ذهن و اندیشه ایرانی، خوی دیکتاتوری از بین نرفته بود تا بازگردد و یک بار دیگر نشان داد که مبارزه با خودکامه‌ها و از بین

بردنشان آسان است، امّا مبارزه با خوی خودکامگی، و محو آن مشکل، طولانی و بسی پیچیده است.

پانویس‌ها

---

* رضا براهنی، آواز کشتگان، (تهران: نشر نو،۱۳۶۲)، ص۳۶۲.

* سیدجعفر پیشه‌وری، یادداشت‌های زندان، (تهران: نشر پسان، [۱۳۵۸])صص ۹ ـ ۸ در معرفی کتاب فوق، مطالبی در مجله کتاب جمعه درج شده بنگرید به: کتاب جمعه سال اوّل ۲۹ آذر ماه ۱۳۵۸، شماره ۱۹، «در اطاق انتظار اعدامی‌ها» نوشته [علی پاکدامن؟ علی همدانی؟] ص ۱۲۶. همچنین بنگرید به: کتاب جمعه، سال اوّل ۲۸ آذر ماه ۱۳۵۸، شماره ۱۸، «کتابهای تازه» ص ۱۵۵).

* شایان ذکر است که در یادداشت‌های مربوط به دوران زندان، پیشه‌وری در روزنامه آژیر مقاله‌ای تحت عنوان «سوگواری دکتر ارانی» نوشته است، امّا به دلایل نا معلومی، این مقاله زیبا، در این کتاب از سوی ناشر نیامده است، ما کل این مقاله را در پایان این فصل آورده‌ایم: بنگرید به صص ۲۲۵ _ ۲۲۶ همین کتاب.

* سیدجعفر پیشه‌وری ... ص ۸.

* فعالیت‌های کمونیستی در دوره رضاشاه ۱۰ _ ۱۳۰۰ بکوشش کاوه بیات، (تهران: انتشارات مرکز اسناد ملی ایران)، ۱۳۷۰، ص ۱۲۹.

* همان، ص ۱۳۰

* خاطرات دوران سپری شده (خاطرات و اسناد یوسف افتخاری ۱۲۹۹ تا ۱۳۲۹ به کوشش کاوه بیات، مجید تفرشی (تهران: فردوسی، ۱۳۷۰)، ص ۵۰.

* همان.

* یادداشت‌های زندان، ص ۱۴ ـ ۱۳.

** همان، ص ۱۳.

** فعالیت‌های کمونیستی در دوره رضا شاه، صص ۱۳۶ ـ ۱۳۵.

** همان ص ۱۱۶.

** یادداشت‌های زندان، صص ۲۶ ـ ۲۳.

همین بی‌سوادی مأموران رضاخان باعث شده بود آنها در تفتیش خانه خلیل ملکی نیز وقتی به کتاب کاپیتال (سرمایه) که یکی از مهمترین و جنجالی‌ترین کتابهای مارکس بوده بر می‌خورند آن را به عنوان جزو کتب بی‌ضرر کنار می‌گذارند: « موقع بازداشت شدن وقتی مأموران شهربانی در مدت چند ساعت اطاق مرا بازرسی می‌کردند هر یک از کتابهای کتابخانه‌ام را برداشته و به شکل و شمایل آن نگاه می‌کردند، هر کدام را مشکوک تشخیص می دادند بر می‌داشتند (برای ضبط در پروندهٔ جرم) و هر کدام را بی‌ضرر تشخیص می دادند. روی میز کارم می گذاردند. برداشتن هر کتاب و بازکردن آن با دلهرهٔ من توأم بود. دیدم که کتاب مارکس را برداشتند. با آنکه عکس مارکس بر پشت جلد بود، مأمور مربوطه آن را ضمن کتابهای بی‌ضرر انداخت. بعد که دقت کردم کتاب شیمی را چون عنوان آن با مرکب سرخ چاپ شده بود مضر تشخیص داد و توقیف کرد! آنها حتی حروف لاتین را نمی‌شناختند و تنها ملاک آنها رنگ سرخ و سیاه بود.» (خاطرات ملکی، صص ۱۰ ـ ۳۰۹).

•• فعالیتهای کمونیستی ... . ص ۱۱۹.

•• فعالیت‌های کمونیستی، ص ۱۱۹

•• همان، ص ۱۲۴.

•• همان، ص ۱۳۴.

•• همان، ص ۱۴۳.

•• همان، صص۵ ـ ۱۴۴.

•• همان، ص ۱۴۵.

•• همان، صص ۱۴۷ ـ ۱۴۵.

•• همان، ص ۱۴۸

•• همان صص۱۵۲ ـ ۱۵۱.

•• زین العابدین مشهور به زینال سرباززاده از اعضاء شبکه کمونیستی تبریز بود.

•• فعالیت‌های کمونیستی، ص ۱۵۲.

•• یادداشت‌های زندان، صص ۱۸ ـ ۱۷.

•• قصر قاجار از آثار فتحعلی شاه قاجاری بود در دوره رضاخان اندکی آن را مرمت کرده و در آن ۱۲ هزار نفر زندانی اعم از سیاسی، اشرار و دزدها و ... جای داده بودند.

•• سیدجعفر پیشه‌وری، یادداشت‌های زندان، صص ۹۲ ـ ۹۰.

** نجفقلی پسیان، «چگونه در زندان زندانی را زنده بگور می‌کردند»، مجله خاطرات، شماره ۲، صص ۷۱ ـ ۷۰. همچنین برای اطلاع بیشتر از وضعیت زندان بنگرید به: فتح‌الدین فتاحی «خاطراتی از زندان ...» مجله، خاطرات، شماره ۲، صص ۸۹ ـ ۸۸.

** یادداشت‌های زندان، ص ۱۱.

** همان، ص ۳۷.

** سیدابوالقاسم موسوی از جمله ایرانیانی بوده که قبل از انقلاب ۱۹۱۷ به روسیه رفته و در آنجا در فعالیت‌های کمونیستی ایرانیان مقیم باکو شرکت می‌کند او بعداً به ایران مراجعت می‌کند و یکی از سران حزب در آذربایجان می‌گردد و در مبارزه با دیکتاتوری رضاخان در ۱۳۰۴ دستگیر می‌شود او چند سال قبل از انقلاب در ایران درگذشت.

** یادداشت‌های زندان، صص ۴۰ ـ ۳۹.

** همان، صص ۸۳ ـ ۷۹ .

** همان، صص ۵۰ ـ ۴۸.

** آژیر. مورخه ۱۵ مرداد ۱۳۲۲، شماره ۹۱.

** ایرج اسکندی در خاطراتش به انتقال صغری دهزاد، (زنِ عبدالحسین دهزاد)، توسط شورشیان اشاره می‌کند. (ایرج اسکندری، ص ۹۰).

** حسین فرزانه، پرونده پنجاه و سه نفر، ص ۱۵۲.

** همان، ص ۲۰.

** خلیل ملکی، خاطرات سیاسی، ص ۲۸۳. همچنین در مورد رفتار افراد ۵۳ نفر در این دوره با دکتر ارانی بنگرید به: ایرج اسکندری، صص ۸۸ ـ ۸۶ نصرت‌الله جهانشاهلو، ما و بیگانگان، تهران: نشر ورجاوند، ۱۳۸۰، ص ۵۷ ـ ۵۶.

** آژیر، ۳۰ مهر ۷ آباد ۱۳۲۳.

** احسان طبری، کژراهه، ص ۶۷.

** خاطرات سیاسی خلیل ملکی، ص ۲۵۷.

** همان، ص ۳۲.

•• انور خامه‌ای، پنجاه و سه نفر، ص ۲۲۶.

•• همان، ص ۱۹۰.

•• خاطرات بزرگ علوی، حمید احمدی (تهران: دنیای کتاب، ۱۳۷۷)، ص ۳ ـ ۲۳۲.

•• ایرج اسکندری، ص ۱۱۳. و همچنین بنگرید به: نصرت‌الله جهانشاهلو افشار. ص ۱۰۳.

•• نجفقلی پسیان و خسرو معتضد، در عصر دو پهلوی، صص ۸ ـ ۲۶۷.

•• انور خامه ای، پنجاه و سه نفر، ص ۱۸۹.

•• سیدجعفر پیشه‌وری، ص ۱۱.

•• بزرگ علوی، خاطرات بزرگ علوی، حمید احمدی، ص ۱۵۰.

•• انور خامه ای، همان کتاب، ص ۱۴۴.

•• فعالیت‌های کمونیستی، ص ۱۶۲.

•• یادداشت‌های زندان، ص ۱۶۲.

•• متن قانون ۱۳۱۰ شمس که در خرداد ۱۳۱۰ شمسی به تصویب مجلس شورای ملی رسید:

«مبحث اوّل در جنحه و جنایت بر ضد امنیت خارجی مملکت»

ماده ۱: «مرتکبین هر یک از جرمهای ذیل به حبس مجرد از ۳ تا ۱۰ سال محکوم خواهند شد.»

«۱ ـ هر کس در ایران به هر مرام یا به هر عنوان دسته یا جمعیت یا شعبهٔ جمعیتی تشکیل دهد و یـا اداره نماید».

«که مرام یا رویه آن ضدیت با سلطنت مشروطه ایران و یا رویه یا مرام آن اشتراکی است و یا عضو»

«دسته یا جمعیت یا شعبهٔ‌جمعیتی شود که با یکی از مرام یا رویه‌های مزبور در ایران تشکیل شده باشد»

«۲ـ هر ایرانی که عضو دسته یا جمعیت یا شعبه جمعیتی باشد که مرام یـا رویـه آن ضـدیت بـا سـلطنت مشروطه ایران »

«یا مرام یا رویه آن اشتراکی است اگر چه آن دسته یا جمعیت یا شعبه در خارج ایران تشکیل شده باشد». (علی زیبایی، کمونیزم در ایران، ث ۱۹۲۳).

•• فعالیت‌های کمونیستی، ص ۱۷۳.

•• فعالیت‌های کمونیستی در صص ۴ ـ ۱۷۳.

•• سیدجعفر پیشه وری، یادداشت‌های زندان، صص ۶۴ ـ ۶۳.

[60] . ƏKRƏM RƏHiMLi (BiJE).MÜBARiZƏ BURULĞANLARINDA KEÇƏN ÖMÜR:SEYİD CƏFƏR PİŞƏVƏRİ(Həyatı və ictimai-siyasi fəaliyyəti).NURLAR.2009-BAKI.s.46

•• آژیر، شماره ۹۱ ـ ۱۵ مرداد ۱۳۲۲.

•• خلیل ملکی در خاطراتش می‌نویسد: «روزی به مناسبت «اعترافاتی» که رهبران تصفیه شده در دوره استالین می‌کردند من از داداش‌زاده پرسیدم این «اعترافات» در شوروی چگونه قابل توضیح است؟ این مسأله که برای من این همه بغرنج بود و هست، برای او خیلی ساده و روشن بود. او می‌گفت این نتیجه فشار افکار عمومی است: وقتی توده های مردم و تمام اطرافیان یک دانشمند بزرگ یا سیاستمداران که در معرض اتهام قرار گرفته است پیوسته و لاینقطع عمل او را خیانت‌آمیز تلقی می‌کنند، دوستان و رفقای او که عمری با او همکاسه و هم پیاله بودند نیز چنین فکر می‌کنند و حتی زن و بچهٔ او هم خود او را محکوم می‌دانند، او چگونه می‌تواند در مقابل خبر افواهی شایع مقاومت کند؟ او فرد ضعیفی است در برابر جامعهٔ بزرگ وحزب بزرگتر. عقل و هوش و فکر انفرادی او در برابر عظمت افکار عمومی هیچ و پوچ و صفر است. خلاصه داداش‌زاده نوعی از افکار عمومی حرف می‌زد که یک نفر مرید از مراد خودش! و یا درویشی که فناء فی الله است از خدای خودش! داداش‌زاده و امثال که در آن محیطها زندگی کرده بودند و در آن گونه محیط محو و نابود می‌شدند یعنی جزئی از آن محیط گردیده و خود را فراموش می‌کردند، این استعداد را پیدا کرده بودند که در کشور دوری از آن محیط و حتی در زندان قصر در زیر فشار آن افکار عمومی که در ذهن خود مجسم می‌ساختند قرار بگیرند و خود جزئی از آن محیط شوند و حتی آن محیط را مانند امواجی به دیگران نیز انتقال دهند و یا مانند مرض واگیر دیگران را نیز بدان مبتلا سازند که حکم افکار عمومی و محیط حاکم شوروی را تلقین کند.

این واقعیت که مادر زندان، محکوم شدن انقلابیونی از نوع تروتسکی و زینوویف و کامنف را بدون چون و چرا می‌پذیرفتیم و حتی حاضر می‌شدیم به این مناسبت اشخاص و کسانی را که با ارزش فوق‌العاده اجتماعی که جلو چشم ما حی و حاضر بودند مانند یوسف و رحیم و امیر تکفیر کرده و آنها را از عمال زندان وارتجاع و امپریالیسم معرفی کنیم تنها و تنها به مناسبت پیدا شدن چنان محیطی و تسلیم و محو شدن در آن محیط قابل توضیح است ... »، (خاطرات خلیل ملکی، ص ۲ _ ۳۲۱).

•• استالین، رابرت کانکوست؛ ترجمه مهدی سمسار، (تهران: نقش جهان، ۱۳۷۶).

•• ویتالی شنتالینسکی، روشنفکران و عالیجنابان خاکستری، ترجمه علامحسین میرزاصالح، (تهران: مازیار، ۱۳۷۹) جلد اوّل صص ۹ ـ ۸.

[••] اردشیر آوانسیان، خاطرات سیاسی، به کوشش علی دهباشی (تهران: شهاب، سخن،۱۳۷۸)، صص ۳۴ ـ ۳۳.

[••] خسرو شاکری، مقاله «پیرامون شخصیت ناشناخته یک کوشنده انترناسیونالیست ایرانی» مندرج در کتاب اسناد تاریخی جنبش کارگری، سوسیال دموکراسی و کمونیستی ایران ... ج ۳، صص ۱۱ ـ ۲.

[۶۷]. تلخیصی از مقاله «پیرامون شخصیت ناشناخته یک کوشنده انترناسیونالیست ایرانی» نوشته خسرو شاکری، مندرج در کتاب: اسناد تاریخی جنبش کارگری، سوسیال دمکراسی و کمونیستی ایران ... ج۳، صص ۱۱ – ۲.

[••] خسرو شاکری، ... ص ۱۵.

[••] اسناد کمینترن، پلیس مخفی، به نقل از: تورج اتابکی. «از رفیق سرخ تا دشمن خلق ...» مجله گفتگو، مهر ۱۳۸۰. ص ۱۶۰.

[••] همان، ص ۱۶۱.

[••] نجمی علوی، سرگذشت مرتضی علوی، صص ۲۱ ـ ۲۰، به نقل از: ملی گرایان و افسانه و دموکراسی، بهزاد کاظمی. (لندن: دسامبر ۱۹۹۹)، ص ۱۰۰.

[••] حمید احمدی، تاریخچه فرقه جمهوری انقلابی ایران و گروه ارانی ... ص ۳۲.

[••] تورج اتابکی، ص ۱۶۲.

[••] به نقل از: بهزاد کاظمی، ص ۱۰۰ ـ ۹۹.

[••] متن دفاعیات دکتر ارانی در دادگاه.

[••] سیدجعفر پیشه‌وری، «از خاطرات زندانیان: خبر قتل دکتر ارانی،» آژیر، سال اوّل، شماره هشتم، هشتم خرداد ۱۳۲۲. در مورد چگونگی مرگ ارانی بنگرید به: محمد گلبن، یوسف شریفی، محاکمه محاکمه گران (تهران: نشر نقره، ۱۳۶۳)، ص ۲۳۳ ۲۱۶.

[••] خاطرات بزرگ علوی، ص ۲۰۶.

[••] ملک الشعراء بهار، تاریخ مختصر احزاب سیاسی در ایران، ص ی.

[••] احمد کسروی، زندگانی من، (تهران: نشر و پخش کتاب، ص ۱۸۶).

•• حتی مرحوم حاج شیخ عبدالکریم حائری بعدها نیز ضمن حمایت از فعالیت عـام المنفعـه حکومـت وقت در سخنرانی کوتاه خود در ۱۳۱۰ که به مناسبت افتتاح بیمارستان عمومی در قم برگزار شـده بـود چنـین گفت: « چون من همیشه دعا گوی اعلیحضرت همایونی هستم، در این جا هم من ایشان را دعا می‌کنم، در واقع وجود این نوع مؤسسات در کشور مرهون مساعی پادشاه اسلام پناه اعلیحضرت پهلوی است که باعـث ایجـاد نظم و امنیت در کشور شده است و به خاطر همین امنیت است که من می‌توانم فرائض دینی خود را انجام بدهم و در این شهر تدریس کنم. من امید دارم همه ایرانی‌ها چه در امور خیریه، چه در امورات اقتصـادی و چـه در انجام دیگر امورات کشوری به ایشان تأسی کنند و همه باهم متحد شوند ...» (روزنامه اطلاعت ۲۱ فـروردین ۱۳۱۰ شمسی)

•• محمدعلی فروغی، سیاستمدار، ادیب و فلسفه خوان از یهودیـان اصـفهان بـود او در سـال ۱۳۰۴ در تاجگذاری رضاشاه و برگزاری آیین تاجگذاری و جلوس رسمی وی بر اریکـه قـدرت در تخـت مرمـر کـاخ گلستان، همتی وافر داشت. فروغی در ۲۶ شهریور ۱۳۱۲ تشکیل کابینه داد و همو او بود که رضاخان را بـرای سفر به ترکیه تشویق کرد ... امّا به دنبال حادثه خونین مسجد گوهر شاد وکشته شدن محمد ولی اسدی که پدر داماد فروغی و تولیت آستان قدس رضوی بود، گویند که در بازرسی خانه اسدی، نامه‌ای در زم رضاشاه یافتند که محمدعلی فروغی به اسدی نوشته بود و در آن نامه، این بیت شعر آمده بود:

در کف شیرِ نرِ خونخواره‌یی　　　غیر تسلیم و رضا کوچاره‌یی؟

رضاشاه از دیدن این نامه، کینه فروغی را بدل گرفت و او را خانه نشین کرد.

•• سالنامه اطلاعات، حوادث مهم یک ربع قرن، ص ۲۰۱.

•• روزنامه اطلاعت، ۱۵ فروردین ۱۳۰۷.

•• زهرا شجیعی، نمانیدگان مجلس شورای ملی در بیست و یک دوره قانونگذاری، (تهران: ۱۳۳۴)، ص ۱۷۶.

•• راهنمای دانشگاه تهران، (تهران: ۱۳۱۷)، ص ۵۵.

•• محمدعلی همایون کاتوزیان، دولت و جامعه در ایران، صص ۴۲۲ ـ ۴۲۰.

•• نصر الله سیف پور فاطمی، گزند روزگار، (تهران: شیرازه، ۱۳۷۹)، ص ۱۰۴.

•• تقی‌زاده، زندگی توفانی، ص ۲۳۲. در مورد چگونگی مرگ تیمورتاش بنگریـد بـه: صـعود و سـقوط تیمورتاش: به حکایت اسناد محرمانه وزارت خارجه انگلیس، با مقدمه و توضیحات محمد جواد شیخ الاسلامی،

(تهران: توس، ۱۳۷۸)، بخش هفتم. در مورد چگونگی خودکشی داور بنگرید بـه: بـاقر عـاملی، داور و عدلیـه، (تهران: علمی، ۱۳۶۹)، صص ۳۷۰ ـ ۳۵۱.

•• سرریدربولارد، [وزیر مختار انگلیس]، به نقل از روزنامه ایران مورخه ۲۷ دی ماه ۱۳۷۹.

•• محمد ترکمان، اسناد نقض بی‌طرفی ایران، (تهران: کویر، ۱۳۷۰)، ص ۸۰.

•• همان، ص ۷۱.

•• روزنامه ایران مورخه ۱۳۲۰/۷/۴ شماره ۶۶۸۲.

[93]. Həsənli C.P.Güney: Azərbaycan:Tehran-Bakı-Moskva arasında (1939-1945)Bakı, "Diplomat" nəşriyyatı, 1998,,s.48

•• باقر عاقلی، ذکاء الملک فروغی، شهریور ۱۳۲۰، ص ۵۸.

•• نجفقلی پسیان، «ماجرای نصب سنگ گور رضا شاه»، مجله دو دنیا، شماره ۴.

بخش سوم: **دوران اصلاح طلبي؛ حضور در فرقه دمکرات آذربايجان**

۱ ـ پیشه‌وری و تأسیس حزب توده

پیشه‌وری در ۲۳ شهریور ۱۳۲۰از تبعید کاشان به خانواده‌اش می‌پیوندد تنها درآمد خانواده از طریق خیاطی معصومه‌خانم بود او به کمک احمد اسدی که از شهریور ۱۳۲۰ رئیس اداره تعاونی شده بود در آن اداره استخدام می‌شود این اداره، در تهران، در اوایل خیابان فردوسی و روبروی همانجایی بود که بعدها کلوپ شورای متحده شد.[۱]

بین اسدی و پیشه‌وری رابطه دوستی وجود داشت و از دوره گیلان همدیگر را می‌شناختند. بزرگ علوی نیز در خاطراتش اشاره می‌کند که بعد از ظهور فرقه دمکرات آذربایجان، اسدی او را تشویق می‌کرده مقاله‌ای تاییدآمیز از شورویها و فرقه دمکرات آذربایجان بنویسد.[۲]

پیشه‌وری بیست روز بعد از قضیه شهریور، از کاشان به تهران بازگشت و در جلسه‌ای که با تلاشِ ایرج اسکندری به منظور تأسیس حزب توده در خانه سلیمان میرزا تشکیل شد حضورِ فعال داشت، ولی عضو حزب نشد.[۳] پیشه‌وری خودش بعدها که کاندیدای مجلس شده بود در روزنامه آژیر در مورد جلسه تأسیس حزب توده، چنین نوشت: «... ما وقتی که از زندان بیرون آمدیم در خانهٔ سلیمان میرزا (که صلاحیت آن را داشت) تا ما را بپذیرد پذیرفته شدیم ...».[۴]

هنوز تعدادی از زندانیان ۵۳ نفر و برخی از کمونیست‌های قدیمی در زندان بودند، و آنها، تنها به دنبال اعتراضی که دشتی و میرزاابوالقاسم نراقی در مجلس کردند و بعد از تصویب قانونی در مجلس، که بر طبق آن، هر کسی که به دلیل قانون ۱۳۱۰ و یا توهین به مقامات عالیه دولتی یا پخش شب نامه و غیره دستگیر شده بود مورد بخشودگی واقع می‌شد، آزاد شدند.

در جلسه مؤسسان، سلیمان میرزا به اتفاق آراء، به سمت صدر حزب انتخاب شد و هیاتی موقتی، مرکب از: پیشه‌وری، ایرج اسکندری، سلیمان میرزا، رضا روستا، عبدالقدیر آزاد با رأی مخفی انتخاب شدند تا مقدمات تشکیل حزب را فراهم نمایند، و از بین پنج نفر یاد شده، پیشه‌وری و ایرج اسکندری و عبدالقدیر آزاد، برای تهیه طرح اساسنامه حزب، تعیین شدند. عبدالقدیر آزاد به دلیل گرایش به آلمان، بر سر مسئله فاشیسم و مبارزه با آن، اختلاف پیدا کرد و کناره گرفت. «طرح اساسنامه حزب» را پیشه‌وری تهیه کرد، طرح مرامنامه را با کمک ایرج اسکندری تدوین کردند و در آن چند نکته اساسی گنجاندند که همان پنج اصلی است که بعداً در برنامه اوّل حزب منعکس شده: مبارزه بر ضد دیکتاتوری، ضد استعمار، مبارزه در راه استقلال کشور، دموکراسی و آزادی‌های دمکراتیک و صلح و از این قبیل.[5] همچنان که از مرامنامه حزب و حضور افراد با گرایش مختلف در آن بر می‌آید حزب در این مرحله، بیشتر ویژگی‌های یک جبهه دموکراتیک را داشت که می‌خواست به شکل قانونی فعالیت کند. گرچه به نوشته بعضی از منابع، این امر به توصیه و تحمیل «رفقای شوروی» صورت گرفته بود.[۶]

امّا نباید شرایط جامعه ایران و اوضاع شوروی را، که در آن زمان درگیر جنگ جهانی بود نادیده گرفت، به عنوان مثال، در ایران، هنوز قانون اساسی ۱۳۱۰، که هر گونه «مرام اشتراکی» را ممنوع می‌کرد به قوت خود باقی بود. همچنین تبلیغات دوره رضاشاه «بین مردم نگرش خصمانه‌ای به سوسیالیسم، کمونیسم و اتحاد شوروی ایجاد کرده بود» از طرفی علاقه به جذب «اصلاح طلبان، رادیکالها و انقلابیون مترقی»؛ و درک این واقعیت بود که طبقه کارگر صنعتی، هنوز بخش کوچکی از کل جمعیت را تشکیل می‌داد.[۷]

روش تشکیلاتی حزب در ظاهر، مبتنی بر رعایت قانون اساسی کشور و تأکید بر استقلال و تمامیت ارضی و برقراری رژیم دموکراسی بود و اعضای آن بیشتر مارکسیست بودند تا کمونیست. و در ظاهر، روشهای تند انقلابی برای بدست گرفتن قدرت و اشتراکی کردن اموال خصوصی را مطرح نمی‌نمودند. روزنامه رهبر، ارگان

حزب توده در این زمان در مقاله‌ای تحت عنوان «آیا حزب توده کمونیست هست؟» چنین نوشت:

«نسبت کمونیستی به حزب توده ایران، نسبتی که دستهٔ سیدضیاء می‌کوشند به ما وارد سازند و بدان وسیله سعی دارند سرمایه داران و تجار ایرانی را از ما بترسانند نسبتی است غلط و دور از حقیقت. حزب توده ایران حزبی است مشروطه خواه و طرفدار قانون اساسی، چرا؟ زیرا ما معتقدیم که افکار کمونیسم و سوسیالیزم زاییده شرایط اجتماعی خاصی است که در ایران وجود ندارد و اگر روزی حزب کمونیست در ایران بوجود آید آن حزب قطعاً حزب توده نخواهد بود».[۸]

وقتی افراد تندرویی چون اردشیر آوانسیان و بعضی از جوانان ۵۳ نفر که در غیاب آنان، تشکیل حزب صورت گرفته بود باخبر شدند در اوایل از شرکت در آن، خودداری کردند. امّا وقتی از «تأسیس سازمان انقلابی مخفی در درون حزب» با خبر شدند که حزب توده تنها، سرپوشی بر این سازمان هست، کم‌کم وارد آن شدند. اعضای این سازمان مخفی مرکب از پنج نفر: رضا روستا، رادمنش، ایرج اسکندری، دکتر یزدی و اردشیر آوانسیان بودند. برای هماهنگی با شوروی، آوانسیان موظّف شد با کمینترن راجع به سازمان مخفی درون حزب توده، تماس بگیرد و تعیین تکلیف شود بعد از مدتی، نامه‌ای از کمینترن با امضای گئورگی دیمیتریف، رئیس کمینترن رسید که ضمن قبول سازمان، شعارهای اصلی سازمان را تعیین کرده بود:

۱ـ همه نیروها علیه فاشیسم . ۲ـ دفاع از زحمت‌کشان و متشکل نمودن آنها. ۳ـ مبارزه برای دمکراسی در ایران. ۴ـ دفاع از شوروی و عمومیت دادن به وجهه و محبوبیت شوروی در ایران.[۹]

حزب توده پس از تدوین برنامه موقت، کار سازماندهی را آغاز کرد و حوزه‌هایی را در بعضی از شهرهای بزرگ از جمله تبریز، مشهد و شهرهای شمالی کشور بوجود آورد. حزب، روزنامه «سیاست» را که متعلق به عباس اسکندری بود به عنوان ارگان خود برگزید و کمی بعد نیز به کمک مصطفی فاتح (کارمند شرکت نفت)، مجوز روزنامه «مردم» گرفته شد که بعداً به «نامه مردم» تغییر نام داد، این روزنامه همچنان که

از هیأت تحریریه آن بر می‌آمد یک روزنامه ضد فاشیستی و مورد حمایت هر دو کشور شوروی و انگلیس بود.[۱۰]

همچنین حزب، اقدام به تأسیس حوزه‌های حزبی در تهران و شهرستان‌ها کرد و توانست اولین کنفرانس ایالتی خود را در ۱۷ مهر ماه ۱۳۲۱ برگزار کند این کنفرانس که در روز جمعه در خانه جمشید کشاورز برگزار شد یک روز طول کشید و در آن ۸۷ نفر شرکت داشتند.[۱۱] کنفرانس، کمیته مرکزی سابق را منحل ساخت و بجای آن کمیته ایالتی تهران، مرکب از ۱۵ نفر را انتخاب کرد که مأموریت داشتند حزب را تا تشکیل کنگره اوّل، رهبری کنند.

حضور پیشه‌وری در کمیته مرکزی ۱۵ نفری، دقیقاً مشخص نیست، ولی به احتمال زیاد، او جزو کمیته مرکزی موقت نبوده است.[۱۲] در کنفرانس ایالتی حتی افراد غیر کمونیستی چون دکتر مظفر بقائی، مهندس احمد رضوی، جبار باغچه‌بان و چند نفر دیگر به چشم می‌خوردند. جبار باغچه‌بان، عضو حزب نبود و وقتی در کنفرانس، در ضمن نطقی به روسیه حمله کرد، مورد اعتراض شدید اطرافیان قرار گرفت.[۱۳]

این کنفرانس، مرامنامه موقت حزب را که براساس مرکزیت دموکراتیک در حزب استوار بود به تصویب رساند و نظام و سلسله مراتب در سازمان حزب به شکل زیر پیاده شد: در پایین‌ترین سطح آن، حوزه‌های حزبی قرار داشت و در رأس آن، کمیته‌های محلی بودند که سالانه توسط کنفرانس نمایندگان، تعیین شده و به عنوان ارگان اجرایی حزب در شهر یا محل، فعالیت می‌کردند، سپس کمیته‌های منطقه‌ای برگزیده می‌شدند و تابع کنفرانس‌ها بودند، بالاخره نوبت به کنگره می‌رسید که ارگان عالیه حزب به شمار می‌آمد و اعضای آن، بایستی از طرف کنفرانس‌های منطقه‌ای انتخاب می‌شدند. کنگره مسؤول انتخاب اعضای کمیته مرکزی و سایر ارگان‌های حزب بود و در کار تعیین تعداد و اعضای آنها، اختیار کامل داشت.[۱۴] همچنین قرار شد نسبت به تشکیل سازمان‌های ویژه برای جوانان و زنان و تشکیل اتحادیه‌های کارگری اقدام کند. روزنامه رهبر نیز به عنوان ارگان حزب برگزیده شد.[۱۵]

بیشتر فعالیت‌های حزب توده در سال اول تشکیل آن، صرف تشکیل سازمان و ایجاد حوزه‌های حزبی در شهرهای شمالی کشور گردید شهرهایی مانند تبریز، زنجان، اردبیل، مراغه، ماکو، رضائیه، خوی، مرند، سمنان، شاهرود، دامغان، قزوین، مازندران و گیلان که همگی تحت اشغال روسها بودند ولی در بدو امر، تعداد اعضای حزب از سه هزار نفر تجاوز نمی‌کرد.[۱۶]

۲ ـ انتشار «آژیر»

در خواست امتیاز روزنامه آژیر توسط پیشه‌وری، پس از تصویب لایحه‌ای در مجلس شورای ملی، امکانپذیر شد که از سوی دکتر علی‌اکبر سیاسی، وزیر فرهنگ وقت به مجلس ارائه شد. این لایحه که در دی ماه ۱۳۲۱ با قید دو فوریت و در سه ماده و یک تبصره به مجلس ارائه شده بود به موجب آن: امتیاز کلیهٔ روزنامه‌ها و مجلات و ماهنامه‌ها لغو می‌گردید و صاحبان مطبوعات، موظف می‌شدند طبق قانون جدید امتیاز بگیرند. این قانون در جلسه سوم دی ماه ۱۳۲۱ توسط مجلس به تصویب رسید و پس از تصویب آن، بعضی از مدیران و صاحبان روزنامه‌ها و نشریات با مراجعه به وزارت فرهنگ، دوباره درخواست امتیاز کردند.[۱۷]

طبق اسناد مربوط به روزنامه آژیر، مجوز انتشار این روزنامه در جلسه مورخ ۱۳۲۲/۱/۱۶ بنام سیدجعفر پیشه‌وری صادر می‌شود و اولین شماره آن در ۱۳۲۲/۳/۲ منتشر می‌شود. به نوشته کتاب «مطبوعات ایران از شهریور ۱۳۲۰ تا ۱۳۲۶» آژیر ابتدا ارگان گروه «کاوه» بوده ولی بعداً به حزب توده وابسته شده و به مطبوعات جبهه آزادی پیوسته.[۱۸]

دکتر ارسنجانی می‌نویسد: پیشه‌وری وقتی روزنامه آژیر را منتشر می‌کرد: «من در آپارتمان روزنامه «داریا» دو اتاق باو واگذار کردم».[۱۹] و محل روزنامه در خیابان لاله‌زار، پاساژ بهار بوده.[۲۰] پیشه‌وری در معرفی روزنامه آژیر می‌نویسد:

> اینک نه ماه [؟] است که با تشویق و کمک و همکاری دوستان و همقدمان دیرین خود به تأسیس روزنامه آژیر موفق شده‌ایم آژیر یک روزنامه مستقلی است ولی روزنامه مستقلی که روی پرنسیپ و اساسهای

جمعیتی پیش می‌رود که مقصود اصلی و اساسی سی سال به این طرف با همکاری آزادیخواهان حقیقی کشور هدف خود قرار داده‌ایم تعقیب می‌کند.[••]

کریم کشاورز و فریدون ابراهیمی از همکاران نزدیک پیشه‌وری در روزنامه بودند، ابراهیمی اندکی بعد، به همراه پیشه‌وری به آذربایجان رفت و در دوره حاکمیت فرقه دمکرات، دادستان فرقه شده و پس از ورود ارتش مرکزی به تبریز، اعدام گردید. کریم کشاورز از دوستان نزدیک پیشه‌وری و جزو علاقمندان پیشه‌وری بود، او در حوالی سال ۱۹۲۰ / ۱۳۹۹ در گیلان، عضو کمیته ایالتی حزب کمونیست و مترجم کنسولگری شوروی بود که در دستگیری‌های ۱۹۲۰ کریم کشاورز نیز دستگیر شد و بعد از مدتی، زندانی و به کرمانشاه تبعید گردید او بعد از ورود متفقین به ایران در ۱۳۲۰ و تشکیل حزب توده، عضو حزب نشد و تنها به همکاری با روزنامه آژیر پرداخت، که بیشتر، داستانهایی از نویسندگان روسی ترجمه و در روزنامه درج می‌کرد. کشاورز در خاطرات خود از آن دوران، چنین می‌نویسد:

... روزنامه آژیر در مطبعه داد ـ یعنی روزنامهٔ دیگری که تحت مدیریت و سردبیری عمیدی نوری انتشار می‌یافت ـ چاپ می‌شد ... . روزنامه متن‌اش توسط پیشه‌وری و من تهیه می‌شد و دو نفر مصحح روزنامه داد به نام الموتی و مافی که جوان و محصل بودند درازای حقوق بسیار کمی روزنامه را غلط گیری می‌کردند. من با پیشه‌وری هم هر یک تا دیری از شب در مطبعه بودیم و روزنامه را به اصطلاح امروزی ـ روزنامهٔ چاپ شدهٔ آخر ـ یعنی غلط‌گیری آخر را تأیید می‌نمودیم....[••]

کشاورز، در مورد مهارت پیشه‌وری در نوشتن سر مقاله‌های روزنامه آژیر، می‌نویسد: «او خیلی باهوش، خیلی درست و با انصاف بود ... در رشته‌های گوناگون نویسندگی بسیار با استعداد بود ... من ... سابقه روزنامه‌نویسی داشتم ولی از پیشه‌وری ... خیلی آموختم. در روزنامه نوشتن، مقاله نوشتن، تنظیم اخبار و غیره....[۲۳]
نجفقلی پسیان در مورد آژیر می‌نویسد:

«با این‌که او حاوی خاطرات و بعضی مطالب جالب بود، ولی اغلب افراد برای دیدار خود وی و گفتگو با او از گذشته‌ها می‌آمدند نه روزنامه و مطالبش. او در حد خود شخصیتی مهم بود که عضویت بعضی از کمیته‌های احزاب عدالت و کمونیست و ... را در گذشته داشت. دو موضوع مهمی که از پیشه‌وری سؤال می‌کردند و او با ناراحتی و بلکه با نفرت از آن می‌گذشت، چگونگی قتل حیدر عمواوغلی مبارز معروف و آزادیخواه به توسط میرزاکوچک‌خان در پسی‌خان رشت بود».

روزنامه آژیر در مقایسه با روزنامه‌های تندرو آن زمان، روشی نسبتاً معتدل و میانه‌رو داشت، هر چند فروش زیادی نداشت ولی در مقایسه با روزنامه‌های دیگر آن دوره، روزنامه وزینی بود علت پایین بودن فروش روزنامهٔ آژیر این بود که: از یک طرف، مخالفت حزب توده را بر انگیخته بود و از طرفی، یک روزنامه طرفدار حکومتی نیز نبود، به همین خاطر همیشه مورد حمله وابستگان به دربار و راستی‌ها بود. کریم کشاورز در این مورد می‌نویسد:

ما در آژیر، واقعاً بالنسبه، یک روش معتدل داشتیم. بلند پروازی نمی‌کردیم حتی المقدور. از چپ‌رویها احتراز می‌کردیم. از هیاهویی که بعضی جوانان راه انداخته بودند به دور بودیم. باری در بسیاری از محافل روزنامهٔ آژیر را روزنامهٔ عاقلی می‌دانستند. فروش این روزنامه زیاد نبود. علتش هم این بود که به گمانم یک اتحادیه یا چیزی نظیر این از روزنامه فروشان تشکیل شده بود ـ یا وجود داشت ـ که رئیس آن ـ که نامش را از یاد برده‌ام ـ مطیع صرف عباس مسعودی و شهربانی بود، مطیع صرف اطلاعات بود و هر روزنامه‌ای را که او می‌گفت فروشش را بالامی‌برد و در معرض فروش قرار می‌داد و به شعبه‌های مختلف تقسیم می‌کرد و در معرض دید می‌گذاشت و هر روزنامه‌ای را که او ـ یعنی مسعودی ـ با آن مخالف بود به اصطلاح توی سرش می‌زد، ما ـ یعنی روزنامهٔ آژیر ـ در عین حال تا حدی با مخالفت حزب توده هم مواجه بودیم، نه این‌که کمیته مرکزی یا مقامات بالای حزب توده علناً با ما

مخالفت کنند ـ ولی افراد ضدیت می‌کردند و این موضوع حتی در زمان مطرح شدن اعتبار نامهٔ پیشه‌وری در مجلس ـ هم ـ سر زبانها افتاد.**

آژیر در اوّل بصورت روزانه منتشر می‌شد، امّا اندکی بعد، به سه شماره در هفته، تقلیل پیدا کرد به احتمال قوی این امر، به خاطر فقر و تنگدستی پیشه‌وری بوده است. سالهای مدید مبارزه و زندان و تبعید، هرگز نگذاشت او به خانواده و زندگی فردی‌اش، نظم و سرو سامانی حداقل بدهد، به همین خاطر، زندگیش تقریباً در فقر و فاقه گذشت. تا آخر عمر هیچ چیز نداشت. حتی خانه کوچکی که درضلع جنوب شرقی میدان ولیعصر امروزی داشت در واقع زمین آن را، زمانی که پیشه‌وری در زندان بود توسط مهندس شقاقی، از صرفه جویی‌های خانمش که خیاطی می‌کرد تهیه شده بود و بعداً دو یا سه اتاق در یک طبقه آن ساخته شد.

هیچ کاری را به سرانجام نرسانید با این‌که در رشته‌های گوناگون نویسندگی استعداد داشت امّا مرد «نیمه کاره گذاشتن» کارها بود هیچ کار ادبی را تمام نکرد. یادداشت‌های زندان او که در روزنامه آژیر می‌نوشت و بعداً به صورت کتاب چاپ شد، نمی‌توان یک کتاب کامل به حساب آورد تاریخچه حزب عدالت هم همینطور و مقالات راجع به پنجاه و سه نفر نیز همین وضع را داشت.[۲۵] جریان فرقه دمکرات و مبارزه نیمه تمامش نیز، این فهرست را کامل کرد و حتی مرگ نابهنگامش و چگونگی آن که بهت همگان را برانگیخت، امّا اینهمه را نمی‌توان منفک از زندگی پر کشمکش و دردناک او دانست. هرگز در فکر مال و منال و تدارک یک زندگی مرفه نیفتاد، به همین خاطر، همیشه ابلیس فقر و اضطراب بر زندگیش سایه افکنده بود، در حالی که به یاد داریم او پیش از این، در چه مسندهای بالایی، قرار گرفته بود خودش در زمان انتشار روزنامه آژیر، در مورد امکانات مالی‌اش چنین می‌نویسد:

> ما در ظرف این یکسال کوشش کردیم حد اعلای فایده ممکن را با وسائل ناچیز خود به خوانندگان برسانیم آری وسایل ما حقیر بود ـ پول نداشتیم کاغذ نداشتیم. با ما مخالفت می‌شد ـ مبارزه می‌شد. دسته کوچک «آژیر» و روزنامه ما به نظر بعضی‌ها عیب بزرگی داشت. ما می‌خواستیم مستقل بمانیم قائم بالذات باشیم ... اگر ما عزت نفس ـ

استقلال رأی ـ عقیده شخصی نداشته باشیم ـ اگر قائم بالـذات نباشـیم ـ هیچ چیز نداریم ـ هیچ چیز نیستم. به اتکای این اصـل بـود کـه مـا فقـر واسـتقلال را تـرجیح داده و مـی‌دهـیم. قـدری بـه خودمـان فشـار وارد می‌آوریم ـ کمی بیشتر کار می‌کنیم. در ادارهٔ روزنامه با میز شکسـته و در زندگی با قوت لایموت و در صحایف روزنامه با قطع کوچک و حـروف ریز و بعضی نواقص دیگر می‌سازیم. در عوض کلام حق را چنانچه بایـد و شاید نشر می‌دهیم و عقیده خود را می‌گوئیم ... . ••

یکی از موارد مهم زندگی سیاسی او در این دوره، نـوع برخـورد و رابطـه‌اش بـا حزب توده است در حالی کـه او نیـز بـه ماننـد اعضـای حـزب تـوده، از طرفـداران سرسخت شوروی هست، امّا رابطه‌اش با حزب توده، به صورت مسالمت آمیز و مبتنی بر همکاری نیست او در عین حال که در مجلس موسسین حـزب، حضـور داشـت و حتی مرامنامه آن را خودش نوشته بود امّا بزودی از آن فاصله گرفت و بیشتر خـودش را پیشکسوت و سرد و گرم چشیده و پخته مـی‌دانسـت و اعضـای حـزب را جوانـان فکلی و تازه به دوران رسیده قلمداد می‌کرد که باید به او به عنوان لیدر رجوع بکنند.[۲۷] حضور اردشیر آوانسیان در حزب را باید یکی از علت‌های کنـاره گیـری او از حـزب توده ذکر کرد، اختلاف شدیدی که با او از دوره زندان داشت نه تنهـا بعـد از تشـکیل حزب توده از بین نرفت بلکه ردّ اعتبارنامـه‌اش در مجلـس چهـاردهم و اخـراجش از کنگره اوّل حزب توده را نیز باید از پیامدهای این اختلاف دانست.[۲۸]

در حالی که حزب توده تلاش می‌کرد تا اختلافـات دیـرینِ بـین اصـلاح طلبـان و رادیکالها را در درون خود، از میان بردارد، پیشه‌وری در روزنامه آژیر، بدون ذکر نـام، اقدام به نوشتن خاطراتی تحت عنـوان «خـاطرات کمونیسـت کهنـه کـاری» کـرد کـه دموکراتهای سالهای ۱۳۰۰ ـ ۱۲۹۶ را راست گرا، ارتجاعی و خرده بورژوا مـی‌نامیـد، هنگامی که حزب توده اعلام کرد در راه ایجاد جنبش کارگری، تـلاش خواهـد کـرد، پیشه‌وری در رشته مقالاتی تحت عنوان «حزب حقیقی چیست؟» به سازمانهای موجود حزب حمله برد. پیشه‌وری معتقد بود هرگونه تلاشهای حزبی بـرای نماینـدگی طبقـه کارگری در ایران موجود، محکوم به شکست اسـت.[۲۹] زیـرا فقـدان صـنعت و کـارگر

صنعتی آنچنان که در کشورهای صنعتی وجود دارد در ایران باعث شده که طبقه‌ای بنام پرولتر بوجود نیاید:

... در ایران طبقات هنوز خیلی از هم دور نشده‌اند. مخصوصاً طبقات پایین مثل کارگر، دهقان، کسبه، و پیشه‌وران در بسیاری از موارد با هم منافع مشترک دارند. بنابراین، در ایران زمینه‌ای برای تشکیل یک حزب، به معنای دقیق کلمه طبقاتی، وجود ندارد ... .**

امّا بعد از ردّ اعتبارنامه‌اش از مجلس چهاردهم، بواسطه عدم همکاری بعضی از نمایندگان حزب توده، و اندکی بعد، اخراجش از حزب توده در اولین کنگره حزب، این اختلاف، به اوج رسید و تقریباً در همین زمان بود که وقتی کتاب «پنجاه و سه نفر» بزرگ علوی منتشر شد پیشه‌وری آن را به باد انتقاد گرفت. زیرا این کتاب در بستر و شرایط ویژه‌ای نوشته شده بود که حزب توده دوران رشد و گسترش خود را در شهرهای مختلف می‌گذراند و کتاب ۵۳ نفر بزرگ علوی، سراسر در ستایش از این گروه بود و می‌کوشید از ۵۳ نفر قهرمانانی بی‌بدیل بسازد. پیشه‌وری، نقدی تند براین کتاب نوشت و ۵۳ نفر را جوانانی، فاقد تجربه مبارزاتی دانست که فقط چند عنوان کتاب خوانده و مجله‌ای را منتشر کرده‌اند:

... اصلاً پنجاه و سه نفر به غیر از کتاب خواندن و انتشار مجله دنیا شاید مداخله در اعتصاب محصلین قبل از زندان [،] کار سیاسی صورت نداده تظاهراتی نداشته‌اند ... اگر چه میان زندانیان قدیم عناصر سست و حتی خائن یافت شده بود با وجود این قدیمیها نسبت به پنجاه و سه نفر مخصوصاً در استنطاق اولیه [،] محکمتر و جدی‌تر بودند.**

۳ ـ حضور در جبهه آزادی مطبوعات

تشکیل جبهه آزادی یکی از درخشانترین اقدامات مطبوعات برای مبارزه با خودکامگی و مبارزه با تحدید مطبوعات از سوی دربار و سایر گروههای ضد دمکراسی بوده است. هر چند به علت ناهمگونی افراد و تضاد گرایشهای تشکیل دهندگان آن، چند صباحی بیش دوام نیاورد و بزودی از هم پاشید. تشکیل این جبهه در مرداد ماه ۱۳۲۲

از سوی تعدادی روزنامه نویس برجسته در تهران شکل گرفت. و چهارده روزنامه و مجله در پایه‌ریزی آن شرکت داشتند. پیشه‌وری که از کوشندگان اصلی این جبهه بود بعدها در مورد تشکیل «جبهه آزاد مطبوعات» در آژیر چنین نوشت:

> روزنامه آژیر هم از آغاز تشکیل «جبهه آزادی» عضو وفادار آن بود. زیرا ما اتحاد و ائتلاف تمام عناصر ترقی طلب و آزادی خواه را شرط اوّل پیروزی در نبرد با خطر روز افزون اعادهٔ استبداد و زورگوئی و فعال مایشائی می‌دانیم. ما در مبارزه‌ای که جبهه آزادی با مسعودی و کمپانی کرد شرکت کردیم. شرکت ما در این مبارزه نیز فقط از نظر اصول و ضرورت نبرد با دوروئی بود و هیچ منظور و غرض شخصی و یا اجرای منویات دیگران در بین نبود.**

جبهه آزادی در عین مبارزه با دیکتاتوری و طرفداری از آزادی مطبوعات، متحد مهم حزب توده در مبارزات انتخاباتی مجلس چهاردهم بود، امّا همچنان که خواهیم دید طرفداری بی‌چون و چرای حزب توده و پیشه‌وری از سیاستهای روسیه در موقع ورود هیأت کافتارادزه به تهران، باعث شکاف عمیق و در نتیجه فروپاشی جبهه گردید.

جبهه آزادی پس از تشکیل، در اولین قطعنامه‌ای که در مرداد ۱۳۲۲ در تهران صادر کرد، فشرده نظریات سیاسی خود را بصورت زیر اعلام کرد:

۱. مبارزه شدید با هر نوع انحراف از اصول قانون اساسی و حکومت ملی که از هر شخص یا هر مقامی ناشی گردد.
۲. قطع ایادی عمال استبداد و ارتجاع از دستگاه اجتماعی.
۳. مجاهده در برانداختن اصول و تشکیلات دورهٔ دیکتاتوری و به دست آوردن مشروطیت حقیقی .
۴. مجاهده در تمرکز قوای ملی و وحدت عناصر آزادیخواه برای تقویت جبهه آزادی.

به امضای: عزت پور، آزادگان ـ جعفر پیشه‌وری ، آژیر ـ حسین فاطمی، باختر ـ محمد طباطبائی، تجدد ایران ـ پازارگاد، خورشید ایران ـ عمیدی نوری، داد ـ فتاحی، دماوند ـ ایرج اسکندری، رهبرـ احمد ملکی، ستاره ـ صادق سرمد، صدای ایران ـ

شاهنده، فرمان ـ دکتر رادمنش، مردم ـ فروزش، نجات ایران ـ محیط طباطبایی، مجله محیط.[۳۳]

ملک الشعراء بهار به عنوان یکی از مدافعین «جبهه آزادی»، در سخنرانی خود در جلسه‌ای در کلوپ حزب توده، از همه خواست که اختلافات شخصی و مرامی خود را کنار بگذارند و در مقابل «گرگهای درنده‌ای که سالها از گوشت و چربی این مردم تغذیه کرده‌اند آرام نگرفته و به خواب نرفته‌اند» متحد و یکپارچه باشند و اگر شکافی بین جبهه اتفاق بیفتد «نیروهای ارتجاعی» نه بر سوسیالیست‌ها رحم خواهند کرد و نه بر دمکراتها. امّا اندکی بعد، این پیشگویی تلخ بهار بوقوع پیوست و جبهه آزادی هر چند با وجود مخالفتهای روزنامه اطلاعات و کوشش‌های دربار برای قلع و قمع آن، توانست به اقدامات مثبتی از جمله ایجاد: سدی در برابر دخالتهای بی‌رویه دربار و کمک به انتخاب کاندیداهای خود در انتخابات مجلس چهاردهم دست زند امّا بزودی با سیاست غلط حزب توده و در کنار آن روزنامه آژیر از هم پاشیده شد:

> علت آن این بود که شبی در دفتر روزنامه باختر تصمیم گرفته شد که علیه دخالت‌های بی‌رویه انگلیسی‌ها در جنوب و شورویها در شمال اعلامیه‌های منتشر کنند. مدیران روزنامه‌های توده و رفقایشان با قسمت اوّل اعلامیه موافقت کرده ولی با قسمت دوم که نام شورویها را ذکر می‌کرد جداً مخالفت کردند و در نتیجه این جلسه و جلسه دیگری که باز موضوع دخالت بی‌رویه متفقین در کار انتخابات و دولت مطرح بود اعضای حزب توده مجدداً از ذکر دخالت‌های مأمورین شوروی خودداری کردند. مدیران روزنامه‌های باختر، خورشید ایران، محیط، تجدد، داد، صدای ایران و دماوند از عضویت جبهه استعفا دادند. دیگران هم بجز جراید وابسته به حزب توده در جلسه‌های بعد پای خود را کنار کشیده و با کمال تأسف یک گروه موثر و مؤمن از میان رفت و به قول ملک الشعراء باز آن کرم آدمخوار به سراغ ما آمد و نگذاشت که مشتی افراد با ایمان و مطلع و صمیمی باهم کارکرده و دست ردّ به سینه دشمنان داخلی و خارجی بزنند.**

۴ ـ حضور در حزب دمکرات

ورود پیشه‌وری به همراه بعضی از دوستان معدودش از جمله سلام‌الله جاوید به حزب دمکرات و کناره‌گیری‌اش از آن، که مقارن با این دوران است باز علت کناره‌گیری‌اش بواسطه حمایت و تأکید بر اعطای امتیاز نفت به روس‌هاست. حزب دمکرات که در تابستان ۱۳۲۳ مرکب از افرادی چون نصرالله جهانگیر، حاج رضا ملکی، مهندس ناصح ناطق، اسماعیل یکانی، اسماعیل امیرخیزی، دکتر حسن عظیما، عبدالله فرامرزی، شاهزاده مجید فیروز، میرزاعلی‌اکبر ساعت ساز، عبدالرحیم نبهی، محمدعلی فرنودی، غلامرضا آزاد، حسین جودت، در تهران شکل گرفته بود، در واقع احیای دوباره حزب دموکراتِ صدر مشروطه بود که در دوره اول مجلس شورای ملّی در ۱۳۲۸ قمری به تشویق ناصر الملک نایب السلطنه تأسیس شده بود. شکل گیری دوباره حزب دمکرات مصادف با شروع اختلافات پیشه‌وری با حزب توده و کناره‌گیریش (اخراجش) از آن حزب بود. پیشه‌وری بعد از ردّ شدن اعتبارنامه‌اش، حزب توده را به باد انتقاد گرفته بود و فراکسیون پارلمانی حزب توده را متهم می‌کرد که در ردّ شدن اعتبارنامه‌اش از مجلس چهاردهم مقصر بوده و به اندازه کافی از اعتبارنامه‌اش در مجلس دفاع نکرده‌اند. وقتی پیشه‌وری با رهبران حزب دمکرات، جهت عضویت تماس گرفت تقاضای عضویت پیشه‌وری حتی در کمیته ایالتی حزب دموکرات پذیرفته شد و اندکی بعد، بعضی از دوستان معدودش نیز وارد حزب شدند. در پاییز ۱۳۲۳ وقتی اعطای امتیاز نفت شمال به شوروی مطرح شد. اکثریت حزب دمکرات با اعطای امتیاز نفت مخالفت کردند امّا پیشه‌وری و گروه اقلیت او موافق اعطای امتیاز بودند و حتی در کمیته مرکزی تأکید نمودند متینگی از سوی حزب دمکرات برای حمایت از اعطای نفت شمال به روسها برگزار شود وقتی کمیته مرکزی حزب با این پیشنهاد مخالفت کرد پیشه‌وری و همفکرانش با قهر، از حزب دموکرات جدا شدند. حسین جودت در این زمینه می‌نویسد:

> جعفر پیشه‌وری که در حزب توده بود و روزنامهٔ «آژیر» را منتشر می‌ساخت با عده‌ای از هم فکران خود از حزب توده متعرضاً خارج شده

بود و حزب عامیون که از آزادیخواهان ایران و وطن پرستان با ایمان بودند چون انشعابی در حزب توده دیدند و جعفر پیشه‌وری را مخالف حزب توده یافتند او و رفقایش امثال سلام‌الله جاوید را در حزب خود پذیرفتند و پیشه‌وری را بعضویت کمیته قبول نمودند.

هنگامی که توده‌ای‌ها بنفع کافتارادزه سینه می‌زدند و داد و فریاد راه انداخته بودند جعفر جوادزادهٔ پیشه‌وری در حزب عامیون پیشنهاد می‌داد که این حزب یعنی عامیون نیز حرکتی کند و با تظاهراتی اظهار وجود نماید و کافتارادزه را تقویت [کند].

این پیشنهاد در حزب عامیون طرفداری نداشت زیرا که همگی اعضاء این حزب با واگذاری امتیاز نفت شمال به روس‌ها مخالف بودند. کمیته به پیشه‌وری نیز جواب ردّ داد. چون جعفر پیشه‌وری در اصرار خود توفیق نیافت با گفتن این عبارت که (هر جا عقل زیاد است کار نمی‌شود کرد) از عضویت کمیتهٔ عامیون استعفا کرد و بیرون رفت و بفاصلهٔ یکماه سر از تبریز بیرون آورد.**

۵ـ مجلس چهاردهم

انتخابات مجلس چهاردهم که در آخر خرداد ۱۳۲۲ در زمان نخست‌وزیری سهیلی آغاز شد «طولانی‌ترین، رقابتی‌ترین و بنابر این با اهمیت‌ترین انتخابات در ایران معاصر بود».[۳۶] زیرا شمشیر داموکلس دیکتاتوری از بالای سر آن برداشته شده بود و قدرت نه در دست یک منبع بلکه به چهار منبع پراکنده شده بود.

مجلس چهاردهم را به واسطه مخالفت‌ها و چالش‌های فراکسیونها و قیل و قالهای درون آن، که از صدر مشروطه تا آن دوران بی‌سابقه بود ناب‌ترین مجلس ذکر کرده‌اند. در این انتخابات ۸۰۰ نفر کاندیدا بر سر ۱۳۶ کرسی نمایندگی به رقابت پرداختند.

در یک طرف، دربار و دولت قرار داشت که با دخالت‌های غیر قانونی خود، می‌کوشیدند از ورود نمایندگان مخالف، ممانعت بعمل آورند.[۳۷] از طرفی، سفارت انگلیس به کنسولگری‌های خود در مناطق تحت نفوذ جنوب، دستور داده بود که به

تقویت افراد طرفدار انگلستان بپردازند. آنها در انتخابات نائین، کرمان، بوشهر، خوزستان، کرمانشاه و اصفهان به وسیله تدین (وزیر کشور) و مأمورین کنسولگریها دخالت کردند، تقی فدا کار به کمک آنها بود که از صندوق انتخابات اصفهان بیرون آمد.[۳۸] از طرفی، شورویها با استفاده از نفوذ خود، بخصوص در شهرهای شمالی به تقویت نامزدهای طرفدار خود پرداختند. ایرج اسکندری در خاطراتش می‌نویسد که در تهران، ماکسیموف (سفیر شوروی) از سران حزب توده خواسته بود که در انتخابات با افراد مترقی (طرفدار شوری) ائتلاف کرده و تعداد کاندیداهای حزب توده محدود باشد. در تبریز نیز، کنسولگری شوروی، هم از کاندیداهای حزب توده و هم از افراد غیر حزبی، که با شوروی روابط تجاری داشتند حمایت می‌کرد. احتمالاً حزب توده، تحت فشار روسها، پیشه‌وری را در فهرست اسامی نامزدهای خود گنجانده بود.[۳۹]

در تبریز برای کسب نه کرسی مجلس، ۱۲ نفر نامزد شده بود که از بین آنها، سه نفری که پیشه‌وری، رهبری آن را بدست داشت توسط حزب توده و اتحادیه‌های کارگری پشتیبانی می‌شدند با آغاز انتخابات، استاندار آذربایجان، (سرلشکر مقدم)، زمین داران هواخواه خود را به عضویت شورای نظارت بر انتخابات درآورده و همه صندوقهای رأی را از دسترس توده‌های فقیر دور کرد به پلیس دستور داد تا رأس ساعت شش یعنی ساعت تعطیل کارخانه‌ها و بازگشت کارگران از کارخانه‌ها حوزه‌های رأی‌گیری را تعطیل کند، واکنش دیر هنگام مقامات شوروی، وادار ساختن مقدم به کناره‌گیری و استفاده از کامیونهای ارتش شوروی برای انتقال کارگران به حوزه‌های رأی گیری بود. در گزارش وزارت خارجه انگلیس آمده است «در مشهد، کنسول شوروی خیلی دیر جنبید و هیچ نامزدی از حزب توده در انتخابات پیروز نشد اکنون به نظر می‌رسد روسها می‌کوشند تا فرصت از دست رفته را در آذربایجان جبران کنند.[۴۰] در نتیجه انتخابات، از بین نه نفر نماینده منتخب به ترتیب، حاج خویی و سیدجعفر پیشه‌وری بیشترین آراء را کسب کردند.[۴۱]

هنگامیکه انتخابات به پایان رسید چهره مجلس از هر حیث با دوره‌های گذشته متفاوت بود مجلس به هفت جناح یا فراکسیون تقسیم شده بود: اتحاد ملی سلطنت

طلبان ۳۰ نماینده داشت که ۱۳ نفر از آنها در دوره‌های مجلس رضاشاه، سابقه نمایندگی داشتند؛ فراکسیون محافظه کار و طرفدار انگلستان یا میهن پرستان، ۲۶ نماینده داشته که برجسته‌ترین فرد آن، سیدضیاءالدین بود؛ فراکسیون دموکرات طرفدار ایلات و متحد میهن پرستان با ۱۱ نماینده به رهبری خان‌های بختیاری، فراکسیونِ لیبرالِ ضد دربار شامل آزادی خواهان مناطق تحت اشغال شوروی با ۲۰ نماینده، که طرفدار روابط نزدیک با شوروی بودند؛ فراکسیون مستقل با ۱۵ نماینده، که خود را مستقل از شاه و زمینداران در داخل و بریتانیا و شوروی در خارج می‌دانست؛ منفردها شامل ۱۶ نماینده و بالاخره فراکسیون حزب توده که شامل هشت نفر بود.[۴۲]

۴۰ درصد از نمایندگان در مجالس پیشین حضور داشتند و بقیه ۶۰ درصد، برای نخستین بار وارد مجلس می‌شدند. مجلس به دو گروه اقلیت و اکثریت تقسیم شده و رهبری اقلیت، بدست دکتر مصدق بود.

۶ ـ پیشه‌وری و مجلس چهاردهم

پیشه‌وری کاندیدای جبهه آزادی و حزب توده از تبریز بود. او در روزنامه آژیر در مورد نامزدی خود در مجلس چهاردهم می‌نویسد:

> من طوریکه مکرر نوشته‌ام هرگز خودم داوطلب مقامی نشده‌ام و تمام مقامات اجتماعی در نزد ما مقصد نیست، واسطه است ... امروز در اثر فشار اغلب رفقای نزدیک خود این وظیفه ملی را که حزب توده صلاح دیده است افتخار آن را به من بدهد، به عهده گرفتم و می‌روم در آذربایجان در آنجا که مشعل آزادی روشن شده و ایران را با نور مشروطیت منور کرده است خود را کاندید بکنم. این بزرگترین افتخار من است اگر حزب توده و رفقای آزادیخواه آذربایجان بتوانند تصمیم کمیته مرکزی حزب توده را عملی کرده مرا به مجلس بفرستند. من در خود آنقدر صمیمیت و ایمان سراغ دارم که بتوانم شهرت بلند آذربایجان را لکه دار نکنم ... دیگران مجلس ونمایندگی را جور دیگر می‌دانند. در نظر ما آنجا یک فرونت دیگری بیش نیست. در آنجا هم مبارزه و نبرد و

جانبازی در انتظار ما است. اگر ما بخواهیم به آنجا خود را برسانیم مانند یک سرباز که یک سنگر تازه دیگر را اشغال کرده باشد افتخار خواهیم کرد ولی آن سنگر مال ما نیست. برای خودمان آن را نمی‌خواهیم بگیریم. آن مال جمعیت است، مال ملت است ... برای اجرای تصمیم کمیته مرکزی حزب توده به آذربایجان می‌رویم و در آنجا با تمام قوای خود سعی خواهیم کرد پیشنهاد حزب توده و آرزوی رفقای خود را عملی کرده انتخاب بشویم.**

سیف پور فاطمی، نماینده نجف آباد در مجلس چهاردهم که در جلسه هفتگی جبهه آزادی با پیشه‌وری آشنا شده بود در خاطرات خود می‌نویسد:

«... زندگی ساده، قیافه آشنا ولی تا اندازه‌ای عصبانی، بیانات دوستانه و شرح صدماتی که کشیده بود مرا مجذوب او ساخت و به تدریج یک نوع دوستی و هماهنگی بین ما پیدا شد و اغلب روزها پس از اتمام کارش در مغازه نزدیک اداره باختر برای صحبت و صرف چای سری به ما می‌زد. در آن موقع پیشه‌وری بسیار تنگدست و زندگانیش سخت بود و معاشش از ماهی شصت تومان حقوقی که از مغازه یکی از خویشانش به دست می‌آورد اداره می‌شد ... چند روز پس از آن که من از نجف آباد انتخاب شدم. پیشه‌وری به روزنامه باختر آمده به من شادباش و دست مریزاد گفته و در ضمن از من دو خواهش کرد؛ یکی این‌که او را نزد سرتیپ سطوتی رئیس کل ژاندارمری که از دوستان بسیار نزدیک اصفهان بود برده توصیه‌ای برای امنیه آذربایجان برای او بگیرم و دیگری آنکه با شاهزاده رکن‌الدین میرزای احمدی پیشکار سابق فارس که با من دوست بود صحبت کرده و برای او نامه معرفی و توصیه به برادرش که فرماندار تبریز بود بگیرم. من هر دو خواهش او را اجابت کرده و وی را نزد سرتیپ سطوتی و شاهزاده احمدی بردم و هر دو نامه معرفی و سفارش پیشه‌وری را بدست او دادند و روانه تبریز شد و بعدها از من تشکر کرد و اظهار داشت نامه‌ها خیلی مؤثر شد و هر دو در کارش کمک و یاری کردند.**

اردشیر آوانسیان که در این زمان از سوی حزب توده در کمیته ایالتی آذربایجان فعالیت می‌کرد با لحنی متکبرانه در مورد پیشه‌وری می‌نویسد:

> پیشه‌وری قبل از حرکت از تهران خیال می‌کرد که من مخالف انتخاب او باشم [بنابراین] از چند نفر نامه سفارش آورده بود، از آن جمله از سلیمان میرزا و دکتر یزدی. آنها خواهش کرده بودند که من نسبت به پیشه‌وری لطف و مهربانی نشان داده و به او کمک کنم. از قراری که بعدها رفقای کمیته مرکزی در تهران گفتند او به رفقای حزب توده قول داده بود که اولاً دوباره وارد حزب شود، ثانیاً وارد فراکسیون حزب توده شود ... روزی در بحبوحه انتخابات که هنوز کاندیداها رسماً اعلان نشده بودند ناگهان درِ اتاق حزبی که در آن کار می‌کردم زده شد. به ترکی گفتم «بویروز» یعنی بفرمایید دیدم پیشه‌وری وارد شد امّا با هول و نگرانی زیاد.
>
> معلوم بود زندگی، او را وادار کرده بود سری به من بزند. همان آن، پیش خود فکر کردم که نباید دچار احساسات شوم و باید به او کمک کنم تا به سمت وکیل انتخاب شود. فکر کردم وجود چنین شخصی می‌تواند در مجلس مفید واقع شود و حتی لحظه‌ای هم به گذشته فکر نکردم. فوری از جا برخاسته به استقبال او رفتم. از او پذیرایی گرمی کردم. تا او خجالت نکشد و بیش از این خود را ناراحت حس نکند.[**]

سپهر ذبیح بدون ذکر منبع خاصی می‌نویسد که «بر سر انتخاب پیشه‌وری بین علی سهیلی نخست‌وزیر وقت و رهبران اکثریت مجلس اختلاف نظر وجود داشت به طوری که معروف بود علی سهیلی برای جلب نظر روس‌ها کمک کرده بود تا پیشه‌وری از تبریز انتخاب شود».[۴۶] پیشه‌وری توانست بعد از حاج رحیم خویی، از تبریز بیشترین آراء (۱۵۷۸۰ رأی) را کسب کند او پس از بازگشت به تهران، در سلسله مقالاتی در روزنامه آژیر به تشریح وضعیت دردناک توده فقیر و پایینِ آذربایجان، که در طول فعالیت‌های انتخاباتی از نزدیک مشاهده کرده بود پرداخت او در مقاله‌ای تحت عنوان «ما چه می‌گوئیم ـ ملت چه می‌خواهد؟» چنین می‌نویسد:

«شش ماه مبارزه انتخاباتی خواهی نخواهی مرا به درون جامعه کشانید. کاشانهٔ اربابان، کلبه دهقانان، منزل کارگران، به همه جا رفته، با تمام طبقات مردم تبریز آشنائی بهم زدم ... حقایق تلخ و ناگوار بود ولی من از دیدن، شناختن و فهیمدن آن بیم نداشتم، وهم و خیال و تصورات واهی را سعی می‌کردم کنار بگذارم، ملت خود را طوری که هست بشناسم ... . نتیجه برایم تأسف آور و ناگوار بود ... ناچار اعتراف می‌کنم ماها که مدعی هدایت و رهبری جامعه هستیم آن را به خوبی نشناخته به احتیاجات و آمال و آرزوهای او پی نبرده‌ایم، اصلاً مطبوعات هم مانند دولت ومجلس با ملت رابطه صحیحی ندارد ... من در دهات آذربایجان راجع به موضوع دخالت در سیاست و شرکت در تعیین سرنوشت کشور با دهاتیها خیلی حرف زدم ... از شخصی که چشمش را باز کرده از کدخدا، از ژاندارم، از دهدار، از تحصیلدار مالیه، از مأمور نظام وظیفه گرفته تا کارمند عالی رتبه دولت همیشه ظلم و جور و تعدی زور و فشار دیده است، انتظار دیگری نمی‌شد داشته باشیم.»

در مقاله‌ای دیگر تحت عنوان «از ره آورد مسافرت تبریز ..» می‌نویسد:

«... جلسات متینگها و اجتماعات رواج کامل داشت ... من در گفتار خود تقاضا کردم خود کارگران نظریه خود را بگویند و ما را به احتیاجات خود آشنا بکنند. نطق کارگران جوان با حرارت و جدی بود: یکی از فشار و سختی معیشت، دیگری از بیرحمی صاحب کاران، آن یکی از قانون کار و بیمه اجتماعی، خلاصه هر کدام یکی از احتیاجات صنف خود را به زبان آورده ... در [این] میان پیرمرد افسرده‌ای از جای خود برخاست، مجلس ساکت بود، اجازه گرفت سخن آغاز گردد. لکه‌های درشتی که روی پالتوی کهنه این ناطق پیر دیده می‌شد. نشان می‌داد که به سخت‌ترین کارهای شیمیایی کارخانهٔ چرم سازی اشتغال دارد. پسر بچهٔ ۱۲ ساله‌ای پهلویش قرار گرفته بود. می‌گفتند این پسر اوست و در یکی از کارخانه‌های نساجی کار می‌کند. تأثر مرد شدید بود. با وجود این از عهده بیان افکار خود بر می‌آمد، با زبان ساده کارگری

حرفهای معنی دار می‌زد: رفقا ... امروز در اثر هر پیش آمدی باشد ما ظاهراً آزاد هستیم، می‌توانیم دور هم جمع شده حرف‌های خود را بزنیم ... ولی گول نخورید. من از این آزادی‌ها خیلی دیده‌ام، ما آمدیم زیر بیرق ستارخان قیام کردیم چند نفر بیشتر نبودیم حتی مرحوم سالار هم سازش کرده بود، از طرف مستبدین نمایندگانی پیش سردار ملی آمده گفتند شما ده نفر بیشتر نیستید، بیخود مردم را به کشتن ندهید هر چه می‌خواهید هر شغل و مقامی را که در خور خود می‌دانید به شما می‌دهیم ... یک بیرقی هم برای شما فرستاده بشود و شما تحت حمایت قرار بگیرید. ما تنمان می‌لرزید آتش کینه درونمان را می‌سوزاند اگر تمام مردم عالم، با تمام قوای مسلح خود به روی ما حمله می‌کردند محو و نابود کردن آنها در نظر ما از آب خوردن سهلتر بود. سردارمان که خود زیر آن احساسات بود ایلچی را با کمال احترام پذیرفت، ولی جوابش قطعی و کوتاه بود، گفت: همین بیرقی که اینجا بلند شده است، بیرق آزادی است، هفتاد و دو ملت دنیا باید زیر این بیرق پناهنده شوند. ما تسلیم نمی‌شویم بروید هر چه از دستتان بر می‌آید مضایقه نکنید. ما جان گرفتیم، حمله کردیم، خون ریختیم، یونجه خوردیم، مشروطه و آزادی گرفتیم، ولی طول نکشید ارتجاع در لباس دیگر، در زیر عنوان دیگر، سر در آورد. سردارمان را کشتند، خودمان را با ترکهٔ چوب سنجد آنقدر کوبیدند که ناخن‌هایمان ریخت. ناچار شدیم برای مدتی طولانی وطن خود را ترک بکنیم ... من نخواستم شما را بدبین و مأیوس بکنم ... ولی غفلت نکنید، فراموش ننمائید، که اگر این بار ارتجاع غلبه کند، اگر این دفعه نیز استبداد پیشی بگیرد از آزادی و آزادیخواهی ریشه‌ای در روی زمین نخواهد ماند، مرد در حالی که اشک از چشمانش سرازیر بود دست فرزند خود را گرفته از سالون خارج گردید حضار همگی گریه کرده بودند.**

۷ ـ ردّ اعتبارنامه پیشه‌وری

مجلس چهاردهم در ۶ اسفند ۱۳۲۲ گشایش یافت ولی در ۲۶ اسفند، رسماً کار خود را با بررسی اعتبارنامه نمایندگان آغاز کرد از مجموع ۱۳۶ نماینده انتخاب شده، تنها دو نماینده اوّل و دوم تبریز بواسطه ردّ شدن اعتبارنامه‌شان، نتوانستند به مجلس راه پیدا کنند.

بررسی اعتبارنامه حاج‌رحیم خویی، نماینده اوّل تبریز در جلسه مورخه ۱۲ تیر ۱۳۲۳ مجلس مطرح شد و پس از مخالفت شریعت‌زاده، نماینده بابل رأی‌گیری شد، تعداد نمایندگان حاضر ۹۹ نفر بودند و نتیجه رای گیری مخفی، ۴۸ مهره سفید (موافق) و ۴۸ مهره سیاه (مخالف) و سه نفر نیز رأی ممتنع داده بودند در نتیجه اعتبارنامه مورد تصویب واقع نشد.[۴۹] ده روز پس از آن یعنی در ۲۲ تیر ماه ۱۳۲۳ جلسه مجلس، برای بررسی اعتبارنامه پیشه‌وری تشکیل گردید. پیشه‌وری ۱۶۰۰۰رای از حوزه تبریز آورده بود شریعت‌زاده نماینده بابل با اعتبارنامه پیشه‌وری نیز مخالفت کرد و بر فشار و دخالت روس‌ها در انتخابات تبریز تأکید داشت، امّا میرصالح مظفرزاده، نماینده رشت که از یاران نزدیک میرزاکوچک‌خان بود به دفاع همه جانبه از اعتبارنامه پیشه‌وری پرداخت.[۵۰] چند نفر از متولیان مجلس از قبیل دکتر طاهری و امیرنصرت اسکندری، ثقة الاسلامی، سرتیپ‌زاده، که هر سه از وکلای تبریز بودند و همچنین امیرتیمور کلالی، علی اقبال از خراسان، دشتی، جمال امامی و چند نفر دیگر دور هم جمع شده و تصمیم گرفتند که بدون سر و صدا کار اعتبارنامه پیشه‌روی را تمام بکنند. شریعت‌زاده مأمور اجرای این نقشه بود و برای آنکه به مجلس وصله مخالفت با شوروی نچسبانند نام وکیل اوّل تبریز، حاج‌رحیم خوئی را هم اضافه کردند و اعتبارنامه هر دو را ردّ کردند.[51] امیرتیمور کلالی در مورد ردّ اعتبارنامه پیشه‌وری در مجلس چهاردهم در خاطراتش می‌گوید:

> روزی که [اعتبارنامه] پیشه‌وری ردّ شد، مجلس را بنده اداره می‌کردم، من نایب رئیس مجلس بودم، با عدم تصویب بنده، ردّ شد و گفتم، «تصویب نشد».

هم دکتر طاهری [محمدهادی]، هم یک عده‌ی زیادی بودند که [مخالفت] کردند، همان روزی که اعتبارنامه‌ی پیشه‌وری در تحت ریاست بنده ردّ شد، خوب، البته اینها رأی دادند، قبلاً هم اینها با من مذاکره کرده بودند که شما اعلام رأی مخفی بکنید من هم اعلام رأی مخفی کردم. اکثریت هم [اعتبارنامه پیشه‌وری را] ردش کردند. رأی نگرفتند ... .**

پیشه‌وری که در این زمان تا حدودی از فراکسیون حزب توده فاصله گرفته بود کم‌کم نگرانیهای مبنی بر ردّ اعتبارنامه‌اش احساس می‌شد، دوستان نزدیکش، عمیدی نوری و لسانی در تکاپو بودند و از دوستان خود در مجلس می‌خواستند که به اعتبارنامه پیشه‌وری رأی موافق بدهند، در روز اخذ رأی، پیشه‌وری از داخل جلسه علنی خارج شده و رفته در لژمطبوعات نشسته و به دوستان مطبوعاتیش گفته بود که : اینجا بهتر است اگر اعتبارنامه من ردّ شد باز هم جای من در لژ مطبوعات است.[۵۳]

تعداد نمایندگان حاضر در جلسه اعتبارنامه پیشه‌وری را ۱۰۰ نفر ذکر کرده‌اند. ایرج اسکندری در خاطرات خود می‌نویسد که او به اتفاق ۸ نفر فراکسیون حزب توده به اعتبارنامه پیشه‌وری رأی مثبت داده‌اند و به خاطر این‌که نصف مجلس، رأیشان مثبت و نصف‌شان منفی بود:

«بر سر آن با علی دشتی بر سر مسئله نظامنامه‌ای بحث‌مان درگرفت. نظر من این بود که یک بار دیگر بایستی رأی گیری شود ولی آنها مخالف بودند. در نظامنامه داخلی مجلس قید گردیده بود که تصویب طرح اعتبارنامه نمایندگان با اکثریت تصویب شده تلقی می‌شود. در مورد اعتبارنامه پیشه‌وری چون نصف به علاوه یک طرح آن را تصویب نکرد، بنظر اکثریت مجلس، اعتبارنامه ردّ شده تلقی شده بود این استدلال مخالفین و بخصوص دشتی بود. من استدلال عکس آن را می‌کردم. نظر من آن بود که طرح اعتبارنامه مستلزم تصویب نصف به علاوه یک حاضران در جلسه است. حالا این رأی تحصیل نگردیده و تا تأمین نشده

می شود رأی گرفت تا نصف به علاوه یک حاصل شود. ایـن اسـتدلال را قبول نکردند [به] این ترتیب، اعتبارنامه پیشه‌وری ردّ شد و رفت.[۵۴]

از تعداد ۱۰۰ رأیی که برای اعتبارنامه پیشه‌وری به صـندوق ریختـه شـده بـود در تعداد آراء موافق اعتبارنامه او، اختلاف نظر وجود دارد در حالی کـه کتـاب «سیاسـت موازنه منفی در مجلس چهاردهم» به عنوان یکی از مستندترین کتاب در زمینه مجلـس چهاردهم، تعداد آراء مبنی بر ردّ اعتبارنامه پیشه‌وری را ۴۸ مهره سیاه ذکر می‌کند،[۵۵] در مقابل، بعضی منابع نه چندان دقیق [در این مورد] تعداد آراء مخالف و موافق را ۵۰ به ۵۰ ذکر کرده‌اند.[۵۶] امّا به احتمال قریب به یقین از یکصد رأیی که به صـندوق ریختـه شده بود ۴۷ رأی در تأیید اعتبارنامه پیشه‌وری و پنجاه رأی در ردّ آن بود.[۵۷]

از اشتباهات دیگری که در مورد اعتبارنامه پیشه‌وری، بعضاً بدون ذکر منبع، تکـرار شده: «اعتراض دکتر مصدق بـه ردّ اعتبارنامـه پیشـه‌وری بواسـطه مسـاوی بـودن آراء مخالف وموافق است، در حالی که اعتبارنامه پیشه‌وری با رأی اکثریت ردّ شده بـود و دلیلی نداشت که دکتر مصدق چنین اعتراضی بکند، دکتر مصـدق اعتـراض‌اش بـه ردّ اعتبارنامه حاج رحیم خوئی بود، که ده روز قبل از مطرح شدن اعتبارنامـه پیشـه‌وری، با رأی ۴۸ نفر موافق و ۴۸ نفر مخالف از سوی مجلس ردّ شده بود. بنابراین بر خلاف نوشته بعضی از منابع، اعتبارنامه پیشه‌وری که با رأی اکثریـت (هـر چنـد ضـعیف) ردّ شده بود اعتراض دکتر مصدق موردی نداشت.[۵۸]

در جلسه مورخه ۱۲ تیر ماه ۱۳۲۳ مجلس، که تعداد نمایندگان حاضر ۹۹ نفر بـود اعتبارنامه حاج‌رحیم خوئی با ۴۸ مهره سیاه (مخالف) و ۴۸ مهره سفید (موافق) و سـه نفر ممتنع مواجه شد و اکثریت اعلام کردند اعتبارنامه تصویب نشده ولی عقیده دکتـر مصدق بر خلاف اکثریت بود و آن را بلاتکلیف می‌دانست و معتقد بود که مجدداً باید مورد رأی واقع شود.[۵۹] نطق دکتر مصدق در این زمینه در روزنامه «اطلاعات» به تاریخ ۱۵ تیر ماه ۱۳۲۳ یعنی یک هفته مانده به بررسی و رأی‌گیری اعتبارنامه پیشه‌وری درج شده است.[۶۰] مگر این‌که فرض بگیریم دکتر مصدق، هم به ردّ اعتبارنامـه حـاج‌رحـیم

خوئی و هم ده روز بعد از آن به ردّ اعتبارنامه پیشه‌وری چنین اعتراضی را کرده است! که فرض غلطی است.

پیشه‌وری پس از ردّ اعتبارنامه‌اش، ناسزا گویان در حالی که می‌گفت: «این مرتجعین از من انتقام گرفته‌اند»، از لژ مطبوعات خارج شد، دوستان مطبوعاتی‌اش می‌خواستند به او دلداری دهند، در جواب گفت: «که من به این سادگیها دست بردار نیستم خیلی زود حساب این مرتجعین مارکدار را خواهم رسید».[۶۱]

به نوشته تقریباً اکثر اعضای بلند مرتبه حزب توده، از بین اعضای فراکسیون حزب توده در مجلس، تنها اردشیر آوانسیان به اعتبارنامه پیشه‌وری رأی مخالف داده بود.[۶۲] امّا آوانسیان در خاطرات خود، واقعیت را چنین تحریف می‌کند:

> با این‌که ما در مجلس کوشش کردیم اعتبارنامه او تأیید شود ولی نتیجه اخذ آراء مساوی بود یعنی نصف حاضرین در جلسه او را تأیید و نصف دیگر او را ردّ کرده بودند.[••]

روزنامه‌های متمایل و وابسته به چپ به این عمل مجلس حمله کرده و آن را، کاری زشت و ناپسند شمردند، روزنامه داد درباره ردّ اعتبارنامه پیشه‌وری چنین نوشت:

> «بدون این‌که در صلاحیت پیشه‌وری بحثی بعمل آید و معلوم شود این شخص که در دوره حکومت ظلم و سراسر تعدی رضاشاه بیش از ده سال در زندان بسر برده و حتی باو نگفته‌اند چرا در حبس هستی؟ این کسی که حتی پرونده‌ای هم نداشت که برایش حکم محکومیت صادر نمایند. این کسی که فعلاً از مال دنیا دستش تهی و فقط متکی به سوابق آزادیخواهی خودش می‌باشد چه اشکالی در کارش هست که نسبت به اعتبارنامه او مخالفت می‌شود؟ اگر نسبت به جریان انتخابات تبریز اشکالی بود چرا اعتبارنامه ثقة الاسلامی ـ اسکندری و چند تن دیگر تصویب شد؟ اگر شخصیت پیشه‌وری مورد اعتراض بود کدامیک از مخالفین در جلسه علنی در این خصوص مختصر اظهاری نمودند که ذهن سایرین روشن شده باشد ... .[۶۴]

ردّ اعتبارنامه‌اش از سوی مجلس، برای پیشه‌وری تکان دهنده و بسیار تلخ و ناگوار بود، شاید همین تصمیم سخیف مجلس، به عنوان یکی از عوامل اصلی بود که از پیشه‌وری به عنوان یک چهره دمکرات و طرفدار اصول مشروطیت و امیدوار به اصلاحات، شخصیتی تلخ و ناامیدی ساخت تا بعداً به غرقاب حوادث تلخ آذربایجان بیفتد. لحن گزنده و خشمناک او را بعد از ردّ اعتبارنامه‌اش از سوی مجلس، می‌توان در سر مقاله‌ای که فردای آن روز، در آژیر نوشت مشاهده کرد:

> ما افتخار می‌کنیم که نمایندگان زور، پول و نیرنگ و تزویر ما را از خود ندانستند و بر علیه ما مهره سیاه دادند ... شانزده هزار رأی مردم پاک و بی‌غل و غش تبریز را با پنجاه رأی مغرضانه از بین می‌برند. این بزرگترین قدمی است که مرتجعین از روی بی‌شعوری بر علیه خود و به نفع ما بر می‌دارند ... ما با نیروی توانای اتحاد عناصر آزادی خواه ملی و روزنامه‌های متین و میهن پرست کاخ ظلم و زور و استبداد و خیانت و دورویی را بر انداخته، جای آن بیرق مشروطیت حقیقی و آزادی واقعی ملت ایران را مستقر خواهیم نمود. ما بیدی نیستیم که از این بادها بلرزیم ... .[••]

ردّ اعتبارنامه پیشه‌وری را یکی از اشتباهات مهم مجلس چهاردهم بر شمرده‌اند حتی بعضی از نویسندگان آن را شرم آور خوانده‌اند: «از ننگین‌ترین یادگارهای این مجلس یکی تصویب اعتبارنامه‌ی «سیدضیاءالدین» مزدور سر سپرده انگلستان، وکیل یزد بود و دیگری ردّ اعتبارنامه‌ی «میرجعفر پیشه‌وری و خوئی» نمایندگان تبریز که با اعتراض پر خشم ولی بی‌اثر مردم تبریز مواجه گشت».[۶۶] ردّ اعتبارنامه پیشه‌وری چنان غیرمنطقی و ظالمانه بوده که حتی کسروی که از مخالفان سرسخت پیشه‌وری بوده بر آن اعتراض کرد کسروی در این مورد می‌نویسد:

> از مجلس کارهایی سر زد که جز غرض‌ورزی معنایی نداشت اعتبارنامه پیشه‌وری را چرا نپذیرفتند؟ !.. علتش چه بود؟ ... اگر می‌گویند : پیشه‌وری هوادار شوروی بود، هوادار شوروی دیگران هم بودند، پس چرا تنها این را

بکنار زدند ؟!.. اگر می‌گویند : انتخابش طبیعی نبود، اولا من آنچه شنیده‌ام انتخاب پیشه‌وری از تبریز طبیعی بوده است . ثانیًا کسانی‌که انتخابشان طبیعی نبود در مجلس بسیار بودند . فلان مرد که یک عمر در تهران زیسته در اینجا هرچه تلاش کرد بجایی نرسید، و از فلان گوشه آذربایجان، از شهری که ده نفر او را نمی‌شناختند، وکیل درآمد . پس چرا او را رد نکرده‌اند؟...آیا اینها جز دیکتاتوری معنایی دارد؟!..[۶۷]

امّا با همه این اشتباهات در مجموع باید گفت که مجلس چهاردهم در مقایسه با دوره‌های قبل و بعد از آن، کارنامه درخشانی از خود به جای گذاشت.

۸ ـ رشد اتحادیه‌های کارگری

اولین کنگره حزب در ۱۰ مرداد ۱۳۲۳ در کلوپ جدید حزب، واقع در خیابان فردوسی و با شرکت ۱۶۸ نفر از اعضاء فعال حزب افتتاح شد. تشکیل این کنگره مقارن با رشد بی‌سابقه حزب در شهرهای مختلف، بخصوص در شهرهای شمالی کشور هست که در اشغال نیروهای شوروی قرار داشتند. به طوری که در زمان انتخابات مجلس چهاردهم، حزب توده تنها در استانهای شمال کشور در ۲۱ شهر، دارای بیش از ۲۰/۰۰۰ نفر جمعیت و در ۹ شهر از ۱۷ شهر دارای ۱۰ تا ۲۰ هزار نفر جمعیت، شعبه داشت. رونق و گسترش حزب در مناطق شمالی به تاریخِ پر فراز و نشیب گیلان و آذربایجان، وجود کارخانه‌های تازه تأسیس در تهران و مازندران و پشتیبانی شوروی مربوط می‌شود.[۶۸]

اما بیشترین موفقیت حزب در قبضه کردن اتحادیه‌های کارگری و بدست گرفتن رهبری آن بود، نخستین اتحادیه کارگری پس از شهریور ۲۰ به همت یوسف افتخاری و دوستانش تشکیل گردید و روزنامه‌ای تحت عنوان «گیتی» که بنام خلیل انقلاب گرفته شده بود ارگان اتحادیه به شمار می‌رفت حزب توده که تحمل چنین اتحادیه‌هایی را نداشت در اول سعی کرد از طریق رضا روستا، یوسف افتخاری را به طرف خود جذب کند ولی بعد از عدم موفقیتشان، فشار را با توسل به مقامات شوروی به اوج رساندند، در اوّل پاییز ۱۳۲۳ اتحادیهٔ کارگران در تبریز علناً توسط

عمال حزب توده به رهبری محمد بی‌ریا (رئیس تشکیلات کارگری حزب توده در تبریز) اشغال و غارت شد.[۶۹]

در واقع علت اصلی دشمنی حزب توده با اتحادیه‌های کارگری که بدست یوسف افتخاری در آذربایجان به وجود آمده بود، به خاطر تشویق اتحادیه‌ها به اعتصاب از سوی یوسف افتخاری و دوستانش بود چرا که در این موقع، اعتصابات کارگری در این مناطق، مغایر با منافع شوروی بود، اردشیر آوانسیان در این مورد می‌نویسد:

> یوسف افتخاری و گروه او از زندان بیرون آمدند ... این گروه در تهران روزنامه‌ای دایر کرد به نام «گیتی» که مسؤول آن خلیل انقلاب بود ... اینان توانسته بودند اتحادیه کارگران نسبتاً قوی در تبریز بوجود آورند و در تهران، پل سفید و زنجان نیز اتحادیه کارگری ضعیفی به وجود آورده بودند ... همین گروه (یعنی افتخاری) در چندین محل اعتصاب راه انداختند و ما رفتیم و این اعتصابات را خاموش کردیم. از آن جمله در کارخانه پشمینه تبریز که برای جبهه جنگ پارچه برای پالتوی سربازان شوروی تهیه می‌کرد و هم چنین در راه آهن پل سفید و چند جای دیگر. ما به کارگرها حالی می‌کردیم که در مؤسسه‌ای که برای جبهه کار می‌کنند اعتصاب گناه است. چرا که بدین وسیله به جبهه شوروی زیان می‌رسانند ...[۷۰]

فشار به افتخاری و همفکرانش از سوی حزب توده به حدی رسید که سرانجام در بیستم اسفند ۱۳۲۴، یوسف افتخاری در روز روشن توسط عوامل حزب توده در تهران ربوده شد و به زندان شخصی رضا روستا منتقل شد! جالب آن است که این زندان به مراتب بدتر از زندان رضاشاه بود و کوچکترین امکان زیستی برای اسرا در آن فراهم نبود، یوسف افتخاری پس از اعتراض برخی از اعضای حزب و مقامات دولتی بر اثر درج این خبر در جراید، بعد از چند روز آزاد شد.[۷۱]

اردشیر آوانسیان ضمن تحریف واقعیت، در مورد از میدان بدر کردن یوسف افتخاری و تجزیه تشکیلات او (اتحادیه کارگران و برزگران) می‌نویسد:

کار به جایی رسید که دیگر تمام کارگران تحت رهبری حزب توده آمدند. دیگر رقیبی با حزب توده در میدان نبود، خلیل انقلاب آذر و یوسف افتخاری کم‌کم رانده شدند، و وحدت تمامی کارگران تحت رهبری حزب توده عملی شد.»

نفوذ حزب توده آنقدر زیاد شد که حتی اتحادیه حقیر افتخاری در تهران، به اتفاق چند اتحادیه کوچک دیگر از آن جمله اتحادیه شهابی هم به اتحادیه ما ملحق شدند. در روز الحاق، کارگران اتحادیه افتخاری درست و حسابی افتخاری را کتک زدند. علت آن بود که آنها فهمیده بودند که یوسف خائن و جاسوس است ... .»

بدین ترتیب بعد از بیرون انداختن یوسف افتخاری و بدست گرفتن رهبری اتحادیه‌ها در آذربایجان، قدرت آوانسیان به حدی می‌رسد که حتی دادور، استاندار آذربایجان از دست کارهای افراطی و بی‌منطق محمد بی‌ریا، صدر اتحادیه کارگران، بدو شکایت می‌برد.[۷۴]

با ادغام اتحادیه‌های کارگری «شورای متحدهٔ مرکزی کارگران و زحمتکشان» بوجود آمد و رضا روستا مسؤول آن گردید به طوری که شورا با ۶۰ اتحادیه وابسته، حدود صد هزار عضو و یک روزنامه، آغاز به کار کرد. حزب توده در این زمان به نوشته سفیر انگلیس، به تنها حزب قدرتمند کشور مبدل شده بود.[۷۵] و برای اولین بار در مجلس دارای فراکسیونی مرکب از ۸ نفر بود که دارای همبستگی و انضباط بی‌سابقه بود و نمایندگان حزب توده از جانبداری متشکل‌ترین حزب در تاریخ معاصر ایران بر خوردار بودند.[۷۶]

۹ ـ اولین کنگره حزب توده ایران و اخراج پیشه‌وری

همزمان با این موفقیتها، نخستین کنگره حزب در تهران در ۱۰ مرداد ۱۳۲۳ با شرکت ۱۶۸ نفر که نمایندهٔ بیش از ۲۵۰۰۰ عضو حزبی بودند برای تحکیم سازمان حزب تشکیل گردید. حضور بیشترین تعداد نماینده یعنی ۴۴ نفر از آذربایجان، در مقایسه با مناطق دیگر کشور، نشانگر رشد بیشتر حزب در این منطفه در مقایسه با نواحی دیگر

کشور است. چگونگی برگزاری کنگره و کمّ و کیف آن در منابع متعددی به کرات آمده است و در اینجا نیازی به پرداختن آن نمی‌باشد.[۷۷] امّا یکی از مسائل مبهم کنگره، ردّ اعتبارنامه پیشه‌وری و اخراج او از حزب توده می‌باشد. بسیاری از منابع، علت اخراج پیشه‌وری را مقاله‌ای ستایش آمیز ذکر می‌کنند که او پس از مرگ رضاشاه در خصوص وی نوشته است. در اینجا لازم هست به این مسئله بیشتر پرداخته شود.[۷۸]

در واقع علت اخراج پیشه‌وری از حزب، نه بواسطه مقاله مورد نظر در روزنامه آژیر، بلکه بواسطه اختلاف شدید او با حزب توده در این زمان بوده و اخراج و ردّ اعتبارنامه‌اش نیز در اولین کنگره حزب توده، بواسطه تلاشهای اردشیر آوانسیان بوده است. اعتبارنامه او در کنگره اوّل حزب بوسیله «کمیسیون بررسی اعتبارنامه‌ها» ردّ شد که اردشیر آوانسیان در این کمیسیون، بازیگر اصلی بود. اندکی قبل از این نیز، وقتی پیشه‌وری مقاله «حزب حقیقی چیست؟» را نوشت، اردشیر آوانسیان در مقاله‌ای با اسم مستعار «آهنین»، او را جزو فتنه انگیزانی قلمداد کرد که یک روز شعارهای چپ گرایانه و روز بعد شعارهای راست گرایانه سر می‌دهند.[۷۹] آوانسیان در مورد پیشه‌وری پس از ردّ اعتبارنامه‌اش از سوی مجلس چهاردهم می‌نویسد:

> پیشه‌وری ... روز[ی] آمد به اتاق فراکسیون حزب توده و موضوع را با من در میان گذاشت. دیگر بیچاره شده بود و می‌خواست از در دیگر وارد بشود. گفت: «اردشیر من می‌خواهم وارد حزب شوم.» من پیشنهاد او را تأیید کردم و گفتم بیا و درخواستی بنام کمیته مرکزی بنویس که می‌خواهی باز به عضویت حزب توده درآیی. این درخواست را نوشت و به من داد. درخواست را گذاشتم توی جیبم و گفتم که در اولین نشست کمیته مرکزی آن را مطرح خواهم کرد. ضمناً او میل داشت در کنگره حزبی [کنگره اوّل حزب توده] شرکت کند. با وجود این‌که تقاضای او کمی بی‌مورد بود، باز من خواستم که آنچه از دستم می‌آید کوتاهی نکنم تا شاید این آدم اصلاح شده و مفید واقع گردد. دیدم انتخابات نمایندگان کنگره حزبی در همه جا به عمل آمده و فقط انتخابات شهر شاهپور باقی مانده است. گفتم خوب یک کاری ممکن است انجام داد،

سپس فی المجلس تلگرافی به رفقای شهر شاهپور مخابره و خواهش کردم پیشه‌وری را برای کنگره انتخاب کنند ... . فوری جواب تلگرافی از [شهر] شاهپور رسید که او برای کنگره حزبی انتخاب شده است.**

ادعاهای آوانسیان از بیخ و بن نادرست است تناقض گفته‌های او وقتی آشکار می‌شود که در ادامه می‌نویسد:

موقعی که رضاشاه درگذشت او در روزنامه خود «آژیر» مقاله‌ای نوشت که رضاشاه را نابغه نام نهاد. این تملقی بود به محمدرضاشاه تا شاه نیز از او خوشش آمد [آید] و با او مخالف نباشد تا به این ترتیب بلکه کار تصویب اعتبارنامه او [در مجلس چهاردهم] عملی شود».**

اشتباه آوانسیان در اینجاست که در زمان بررسی اعتبارنامه‌ها و ردّ اعتبارنامه پیشه‌وری که از سوی مجلس چهاردهم در تاریخ ۲۲ تیر ماه ۱۳۲۳، صورت گرفت، هنوز رضاشاه در قید حیات بود و رضاشاه دو هفته بعد یعنی در ۵ مرداد ۱۳۲۳ درگذشت! آوانسیان در ادامه خاطرات‌اش در مورد اخراج پیشه‌وری از حزب توده می‌نویسد:

قبل از افتتاح کنگره، رفقا هر روز در حیاط قبلی کلوپ حزب توده جمع شده و درباره مسایل کنگره و حزبی صحبت و مذاکره می‌کردند. بعد از ظهر همان روزی که [پیشه‌وری] سر مقاله را نوشت در همان حیاط جمع بودیم. در این جلسه به پیشه‌وری اعتراض کرده و گفتند ما چنین آدمی را به کنگره راه نخواهیم داد. همه با عصبانیت و سر و صدا نمایندگی او را در کنگره ردّ کردند. عصبانیت و مخالفت و عکس‌العمل رفقا خیلی شدید بود. همه از دست او ناراحت بودند و می‌گفتند که این چه نوع انقلابی است که «رضاشاه را نابغه می‌خواند؟» بعد پیشه‌وری رفقا را دیده و گریه کرده بود، امّا دیگر فایده نداشت».**

آوانسیان به نقش خودش که بازیگر اصلی اخراج پیشه‌وری از حزب توده و ردّ اعتبارنامه‌اش از سوی کنگره اوّل بوده اشاره‌ای نمی‌کند در حالی که بنابه نوشته اکثر رهبران حزب که در آنجا حضور داشتند، آوانسیان با اصرار خود، نقش اصلی را در

اخراج پیشه‌وری از حزب بازی کرده بود. خلیل ملکی علت ردّ اعتبارنامه پیشه‌وری در کنگره حزب توده را تحریکات پشت پرده آرداشس آوانسیان می‌داند و می گوید «من در حضور نوشین [عبدالحسین] به آرداشس [آوانسیان] گفتم شما که نمی خواهید با پیشه‌وری همکاری کنید پس با چه کسی قصد همکاری دارید؟».[۸۳]

در واقع مقاله پیشه‌وری در مورد مرگ رضاشاه، بهانه‌ای بیش نبود ایرج اسکندری در خاطراتش می‌نویسد:

> «اسکندری: پیشه‌وری هم انتخاب شده بود. آنوقت از یکی از این واحدها کمیته‌ای تشکیل داده بودند به عنوان کمیسیون به اصطلاح اعتبارنامه‌ها. این کمیسیون اعتبارنامه پیشه‌وری را ردّ کرد.
>
> آذرنوش: علت بریدن پیشه‌وری از حزب توده ایران همین است؟
>
> اسکندری: بله! بله! کاملاً همین است. یعنی. البته، در این فاصله پیشه‌وری قدری از حزب بریده و رفته بود، ولی توانسته بود در یکی از حوزه‌ها انتخاب [شود] و به کنگره بیاید.
>
> امیرخسروی: او روزنامه آژیر را در می‌آورد. گویا [در آن] مقاله‌ای راجع به مرگ رضاشاه نوشته و [از او] تعریف کرده بود.
>
> اسکندری: راجع به رضاشاه نوشته بود. بله! همانطوره. گویا تعریف نیست. مقاله خیلی خوبی نوشته بود.
>
> آذرنوش: علت ردّ اعتبارنامه همین است؟
>
> اسکندری: بله! بله! بهانه‌ای است».[۸۴]

برای روشن شدن قضیه، کل نوشته پیشه‌وری عینا در اینجا آورده می‌شود او در روزنامه آژیر چنین نوشته بود «روزنامه‌های تهران خبر داده‌اند که رضاشاه پهلوی در اثر یک نوع مرض جلدی روز چهارشنبه چهارم مرداد ساعت ۹صبح۱۳۲۲در یوهانسبورگ فوت نموده است.ما قضاوت اعمال نیک و بد و افکار زشت و زیبای این مرد مرموز فوق العاده را بقلم موشکاف و بیطرف مورخین واگذار کرده اعلیحضرت شاه را بمناسبت این حادثه اندوهناک تسلیت می‌گوئیم.انجمن نویسندگان آژیر»[۸۵]

پیشه‌وری وقتی بخاطر این تسلیت، مورد انتقاد واقع می‌شود در شماره بعدی آژیر، در

مقاله‌ای با عنوان«ما و شاه سابق»ضمن انتقاد شدید از رضاشاه و اعمال او می‌نویسد که تسلیت پدر بر فرزند نه تنها گناه نیست بلکه کار خوبی هم هست[۸۶]. لازم به ذکر است که محمدرضاشاه نیز در آن زمان همان محمدرضاشاه بعد از کودتای ۲۸ مرداد نبود و هنوز سرمست از قدرت نگشته بود، بلکه جوانی بود درگیر «تدبیر منزل»! کریم کشاورز، دوست و همکار نزدیک پیشه‌وری در روزنامه آژیر در این مورد می‌نویسد:

«روزنامه آژیر نه تنها مورد حمله مرتجعین بود بلکه حزب توده ـ بعضی افراد مهم آن نیز ـ با آن مخالفت می‌کردند یکی از چیزهایی که باز از مسموعات است ولی خیلی در آن زمان شایع بود ـ این بود که پیشه‌وری به مناسبت مرگ رضاخان مقاله‌ای در آژیر نوشته بود و یاد دارم که یکی از جملات آن مقاله این بود که راجع به رضاخان نوشته بود : «این شخص فوق‌العاده مرموز» ــ تکرار می‌کنم «این شخص فوق‌العاده مرموز». می‌گفتند که در مطبعه شخصی از افراد توده (این را هم نمی‌توانم ضمانت کنم) به دستور مرحوم نوشین بین «فوق‌العاده» و مرموز» یک واو گذاشت و جمله شد «این شخص فوق‌العاده و مرموز» بعد روزنامهٔ حزب توده گویا به پیشه‌روی حمله کرد که او رضاخان را «شخصی فوق‌العاده» نامیده.»**

۱۰ ـ امتیاز نفت شمال ایران و موضع‌گیری روزنامه «آژیر»

در مدتی که نیروهای نظامی شوروی در منطقه شمال ایران حضور داشتند، دوایر دولتی و علمی شوروی، اقدام به اکتشاف و شناسایی ذخایر نفتی در این مناطق می‌کردند در گزارش‌های آنان، به وجود حوزه‌های نفتی غنی در گرگان، مازندران و گیلان اشاره شده است. بررسی ناتالیا یگوروا، از اسناد شوروی نشان می‌دهد که چهره اصلی‌ای که در پس تلاش کرملین، برای کسب امتیاز نفت شمال قرار داشت لاورنتی بریا، معاونت صدر شورای کمیساریاهای خلق بود هر چند قبل از این نیز در کنفرانس تهران (نوامبر ۱۹۴۳) که بین استالین، روزولت و چرچیل منعقد شد استالین قضیه استخراج و توزیع نفت خاورمیانه را پس از جنگ، پیش کشیده بود ولی روزولت و چرچیل آن را به

وقت دیگری موکول کرده بودند، امّا اقدامات متحدین غربی و شرکتهای نفتی امریکائی و انگلیسی در ایران، باعث شتاب و توجه بیشتر سران کرملین به مسئله نفت ایران شد.

در ۲۵ مرداد ۱۳۲۳، بریا گزارش تحلیلی شورای کمیسارهای خلق در مورد ذخایر و تولیدات نفتی و همچنین خط مشی‌های نفت امریکا و بریتانیا را امضاء کرده برای استالین و مولوتف ارسال داشت که در آن، به تلاشهای امریکا و انگلیس برای دستیابی به حوزه‌های نفتی ایران اشاره شده بود و در پایان پیشنهاد کرده بود که در مذاکره با ایران، جهت کسب امتیاز نفت در شمال ایران، اقدامی فعالانه صورت گیرد.[۸۸]

اندکی پس از کنفرانس تهران، نماینده کمپانی نفت شل وارد تهران شد و واگذاری امتیاز نفت قسمت جنوب شرقی ایران را درخواست کرد و چند ماه بعد نیز (اوایل سال ۱۹۴۴) نماینده‌ای از شرکت نفت سینکلر و نماینده دیگری از طرف شرکت نفت استاندارد واکوم به تهران آمده تقاضای امتیاز نفت نواحی شرقی و جنوب شرقی را کرده و با دولت ایران وارد مذاکره شدند.[۸۹]

مذاکرات دولت ساعد با شرکت‌های فوق در اوّل، بصورت پنهانی صورت می‌گرفت امّا این مسئله وقتی در ۱۹ مرداد ماه ۱۳۲۳ برای اولین بار در مجلس مطرح شد مخالفتهای نمایندگان را برانگیخت، طوسی، نماینده بجنورد به نخست‌وزیر تذکر داد که می‌بایستی از آغاز مذاکرات، مجلس را در جریان مذاکرات می‌گذاشت. و در همان جلسه، دکتر رادمنش، نماینده لاهیجان و عضو فراکسیون حزب توده، سخنانی بر ضد و اگذاری امتیاز نفت به بیگانگان بیان کرد. بخشی از سخنان او چنین بود:

> از چندی به اینطرف همه آقایان مطلع هستند که در جراید داخلی هم خواندیم ... بنده با رفقایم با دادن امتیاز بدولت‌های خارجی بطور کلی مخالفیم. همانطور که ملت ایران توانست راه آهن را خودش احداث کند من یقین دارم که با کمک مردم و سرمایهٔ داخلی ما می‌توانیم تمام منابع ثروت این مملکت را استخراج کنیم.**

امّا هنوز مسؤولین حزب توده نمی‌دانستند که رفقای شوروی آنها نیز همین درخواست را در سر می‌پرورانند به همین خاطر، وقتی یک ماه بعد از نطق فوق،

سرگئی کافتارادزه، معاون وزارت خارجه شوروی در راس هیاتی در ۲۰ شهریور ۱۳۲۳ وارد تهران شد و تقاضای امتیاز نفت در مناطق شمالی ایران را مطرح ساخت و با مخالفت دولت ساعد روبرو شد در اثر فشار شوروی، به ناگهان رویه سران حزب توده در قبال واگذاری امتیاز نفت ۱۸۰ درجه چرخش پیدا کرد.

برای توضیح در خصوص مسئله فوق، ساعد (نخست‌وزیر) در مجلس حاضر شد و در جلسه ۲۷ مهر ماه ۱۳۲۳، چنین گفت:

> در روزهای اخیر دراطراف موضوع نفت چیزهایی نوشته و گفتگوهایی هست که لازم می‌دانم توضیحاتی بدهم ... از چند ماه پیش موضوع نفت ایران توجه محافل ذیعلاقه ایران و نمایندگان مجلس شورای ملی را جلب و در جراید و مجامع در اطراف آن بحث‌ها نموده‌اند. و در همین مجلس اظهارات آتشین نمایندگان و نصایح مصلحین بر این بود که دولت به هیچوجه نباید ذخایر نفت را به عنوان امتیاز به اجانب بدهد و بلکه این ذخایر و این منابع ثروت را برای تحکیم بنیان ثروت ملی و توسعه امور اقتصادی برای آینده حفظ و برای استفاده از این منابع سرمایه ملی را جلب نماید ... در خاطر دارم چه در موقع جواب سؤال، چه در موقع بحث در اطراف برنامه دولت نظر عموم نمایندگان بلا استثناء به امتیاز نفت منفی بوده و در چهره‌های باز و بی‌آلایش نمایندگان آثار نگرانی هویدا بود که مبادا در این موقع جنگ و ستیزه دولتی در سر کار باشد که بدون مراجعه به رأی مجلس و استجازه از این مقام مقدس در مقابل شرکتها و دولت‌ها تعهدی کرده و یا وعدهٔ اعطای امتیازی داده باشد و برای من یقین حاصل بود که اگر به یکی از شرکتها حتی وعدهٔ شفاهی داده بودم و یا در مذاکرات با نمایندگان سیاسی دول ذیعلاقه راجع به اعطای امتیاز تعهدی داشتم با مخالفت شدید آقایان نمایندگان مواجه می‌شدم ... .[**]

پس از نطق ساعد و جواب ردی که به پیشنهاد نمایندگان شوروی داد، کافتارادزه، معاون کمیساریای ملی امور خارجه شوروی، کنفرانسی مطبوعاتی در دوم آبان ۱۳۲۳

در سفارت شوروی با حضور عده‌ای از نمایندگان مطبوعات پایتخت تشکیل داد و در آن به دولت ساعد شدیداً حمله کرد. بخشی از مطالب کنفرانس مطبوعاتی فوق که در روزنامه آژیر درج گردید چنین است:

... دولت اتحاد جماهیر شوروی در نظر دارد امتیاز نواحی آذربایجان شمالی و گیلان و مازندران و قسمتی از ناحیه سمنان و چند ناحیه از خراسان شمالی (شمال قوچان) را تحصیل نماید. پس از فاصله زمان معلومی که برای انجام اکتشافات ضروری زمین شناسی کافی باشد ناحیه امتیاز به طور قطعی تعیین، و به قسمتی که در آن حدود منابع نفتی و امکان بهره‌برداری صنعتی آنها ثابت شود، محدود خواهد بود ... .

امّا ایران ... از بهره‌برداری منابع نفت خیز خود منافع زیاد اقتصادی دریافت خواهد نمود. کمیسیون دولت شوروی انتظار خود را مبنی بر این که پیشنهاد دولت اتحاد جماهیر شوروی قبول شده و دولت ایران نمایندگان خود را برای مذاکرات راجع به عقد قرار داد بدون این که کار را به آتیه موکول سازد، تعیین خواهد نمود کاملاً به مورد می‌دانست. باید متذکر گردید که جناب آقای نخست‌وزیر در مذاکرات خود با اینجانب نه تنها حسن تلقی کامل و وارد بودن در موضوع را اظهار نمودند بلکه وعده داده بود که برای حل مثبت کمک و مساعدت نمایند.

ولی چنان که معلوم است تضمینی مبنی بر این که مطالعه واگذاری امتیاز را به دولت شوروی تا پایان جنگ موکول سازد اتخاذ نموده که در حقیقت ردّ پیشنهاد می‌باشد.

این جانب باید صراحتاً و به طور آشکار اظهار نمایم که تصمیم فوق در محافل شوروی کاملاً به طور «منفی» تلقی گردید. افکار عمومی شوروی بر این عقیده است که دولت جناب آقای ساعد به وسیله اتخاذ چنین رویه‌ای در باب دولت شوروی در راه تیرگی مناسبات بین دو کشور قرار گرفته است.

دولت جناب آقای ساعد به نفع تصمیم اتخاذی خود هیچ دلیل قانع کننده‌ای نیاورده در صورتی که دلایل محکمی علیه تصمیم فوق وجود

دارد که به مصالح مهم حیاتی، اقتصادی و سیاسی ایران مربوط می‌باشد. می‌گویند که دولت حناب آقای ساعد انتظار دارد بعد از پایان جنگ با شرایط بهتری امتیاز را واگذار نماید امّا دولت مذبور چه دلایلی را می‌تواند برای ثابت نمودن صحت نظریه خود بیاورد؟! ...[••]

به دنبال کنفرانس مطبوعاتی کافتارادزه، بایکوت دولت ساعد در دستور کار عمال شوروی قرار گرفت مطبوعات طرفدار شوروی، حملات شدیدی بر علیه دولت ساعد آغاز کردند، روزنامه «رهبر» وابسته به حزب توده، در مورد اعطای امتیاز به بیگانگان در سر مقاله‌اش، چنین نوشت:

... ما با امتیازاتی که به منظور استثمار ملت باشد و مبنای استوار نفوذ شوم بیگانگان قرار گیرد مخالفت خود را به عنوان اولین وظیفه هر ایرانی و هر ایرانخواهی اعلام می‌داریم ... این ایده‌آل ماست که کلیه عملیات اقتصادی واستخراج منابع مهم ثروت ایران با سرمایه‌های ایرانی و به دست ایرانی انجام داده شود. ولی ببینیم که با این اوضاع و با این هیئت حاکمه تا چه اندازه می‌توان این ایده‌آل را به منصهٔ وقوع نشانید ... از این جهت نمی‌توان بطور کلی با اصل امتیازات مخالفت داشت بلکه صحبت در شرایط و اوضاع و احوال آنهاست ...[••]

سیدجعفر پیشه‌وری نیز در روزنامه آژیر در دفاع از منافع شوروی و واگذاری امتیاز نفت شمال به آن کشور، در حرکتی همسو با روزنامه‌های وابسته به حزب توده، ضمن حمله به دولت ساعد، چنین نوشت: «عمل واقع شده این است که کابینه ساعد با شرکت متولیان مجلس داشتند روی منابع نفت ایران بند و بست‌های تاریک و مظنون می‌کردند. ورود کافتارادزه پرده از روی کار برداشت ... فهمیدند این دلالی به سادگی سر نخواهد گرفت بنابراین سخن خود را عوض کردند و گفتند اصلاً دولت ایران میل ندارد هنگام جنگ به موضوع نفت دست بزند.»[۹۴]

امّا «ناسیونالیستهای روسی در ایران» تنها به حمله‌های مطبوعاتی بسنده نکردند و اندکی بعد، از طرف حزب توده با شرکت «شورای متحده کارگران» متینگ‌هایی در پایتخت و شهرهای زیر نفوذ خود مانند آذربایجان، گیلان، مازندران و کردستان به راه

انداختند، در متینگ سیاری که در تهران در ۵ آبان ۱۳۲۳ یعنی سه روز بعد از کنفرانس مطبوعاتی «کافتارادزه» به راه انداختند متینگ از جلوی باشگاه حزب توده بـه حرکـت درآمد و در حالی که نظامیان شوروی نیز حضور داشته و امنیت تظاهر کنندگان را بـر عهده داشتند بطرف مجلس شورای ملی حرکت کردند. شعار آنها دو چیز بود:

«ساعد باید ساقط گردد»، «امتیاز نفت به دولت شوروی داده شود»

در تاریخ ملت‌ها، کمتر مشاهده شده است که در آن کسانی، اینچنین برقربانی کردن منافع ملی خود در پای مصالح بیگانگان، پای فشرده باشند! اوج این تظاهرات در ۸آبان در شهرهای مختلف تهران،ارومیه،مشهد،قزوین،تبریز،اردبیل و سراب رخ داد تظاهرات در زیر حمایت نظامیان شوروی، خشم و نفرت مردم را برانگیخت. جلال آل احمد که در بین تظاهر کنندگان و جزو انتظامات این نمایش بود بعدها در کتاب خود نوشت که «وقتی حضور نظامیان شوروی را در خیابانها دیدم کـه امنیـت تظـاهرات را بـر عهـده داشتند شرمنده شدم و بازو بند خـود را بـاز کـرده و از صـف خـارج شـدم و گریـه کردم».[۹۵]

در تظاهرات تبریز مربوط به واگذاری نفت به شوروی،محمد بی‌ریـا در سـخنرانی خود اعلام کرد که:

«اگر حکومت مرکزی به خواسته های مردم تن ندهد در تبریز مردانـی کـه بتواننـد لیاقت تشکیل حکومتی مستقل از تهران داشته باشند کم نیستند.. »

حسن‌اف در گزارش خود به بـاقروف از تلاشـهای ایـادی شـوروی در شـهرهای مختلف برای تشکیل چنین تظاهراتی گزارش می‌دهد[۹۶].

اندکی بعد، وقتی دکتر محمد مصدق در هفتم آبان ماه ۱۳۲۳ نطق مفصل و معروف خود مبنی بر عدم واگذاری امتیاز به بیگانه را ایراد کرد[۹۷] و با تشویق و کـف زدنهـای پر شور نمایندگان مجلس مواجه شـد روزنامـه آژیـر در مقالـه‌ای بـا امضـای مسـتعار «رشتی» چنین نوشت:[۹۸]

«... پریروز در مجلس صحنه تئاتر شده بود. نمایندگان کف می‌زدند بعـد از نطق آقای دکتر مصدق آقایان گلـه داری و دکتـر طـاهری و سـیدکاظم

یزدی وکاظمی و امامی وغیره دستها را رنج داده و به شدت کف می‌زدند، در همان حین حکایتی به خاطرم آمد. بیل که یکی از زعمای سیوسیالیزم آلمان بود همیشه به دوستان خود می‌گفت مرتجعین در رایشتاک گفته‌های مرا بر سبیل اتفاق تصدیق می‌کنند من از خود می‌پرسم ای پیره بیل باز چه گلی به آب دادی که مورد تحسین این آدمخوارها قرار گرفتی ... ما درباره نطق آقای دکتر مصدق عرض دیگر نداریم و این را هم که گفتیم بر سبیل مزاح بود ...» **

در مقابل، روزنامه‌هایی که وابسته به حزب توده و طرفدار شوروی نبودند ضمن انتقاد از روزنامه‌های وابسته به چپ، به سیاست‌های شوروی حمله می‌کردند، شدیدترین حملات به حزب توده از جانب روزنامه‌های وابسته به سیدضیاءالدین طباطبائی و روزنامه باختر (متعلق به سیف‌پور فاطمی) و مرد امروز (متعلق به محمد مسعود) و ستاره (متعلق به احمد ملکی) بود. مرحوم دکتر فاطمی در انتقاد از حزب توده و طرفداران شوروی چنین نوشت:

... آقایان! کاری نکنید که مردم را از خود برانید و همفکران و دوستان را مظنون نمائید. هر کسی با شما در جریانات حساس موافقت نکرد کافر حربی نیست، فاشیست هم نخواهد شد، به عقاید پاک احترام بگذارید ... این رفتار شما برای ملت و مملکت خطر بسیار دارد از تعقیب این رویه منصرف شوید ... . ***

پیشه‌وری هر چند با فاطمی، مدیر مسؤول روزنامه باختر رابطه دوستی داشت امّا در جریانات نفت، وقتی باختر مقاله فوق را که در آن به شوروی و دکتر کشاورز حمله کرده بود نوشت پیشه‌وری در آژیر، مقاله‌ای با عنوان «شما غلط می‌روید» پاسخ تندی به حسین فاطمی داد. پیشه‌وری در بخشی از نوشته‌اش، اشاره می‌کند که بعد از شهریور ۱۳۲۰ سه عامل دست بدست هم داده و روزنامه باختر را صد در صد به دامن ارتجاع پرتاب نموده و این عوامل را در «نمایندگی برادرش سیف پور فاطمی، تماس نزدیک با سیدضیاءالدین و مساعدتهای ساعد و میلسپو به روزنامه باختر» ذکر می‌کند.[۱۰۱]

وقتی دکتر مصدق در نطق هفتم آبان ماه خود، اتخـاذ سیاسـت «موازنـه منفـی» را مطرح ساخت و بر اساس آن، از عدم واگذاری امتیاز نفت به هر دو کشور انگلـیس و شوروی دفاع کرد، وابستگان به حزب توده بر سیاست «موازنه مثبت» پای فشردند و از واگذری امتیاز نفت به هر دو کشـور، حمایـت کردنـد. در حـالی‌کـه بقـول کسـروی، مصدق با این اقدام می‌کوشید از نفوذ بیگانگان بکاهد اما پیشه‌وری و حزب توده مـی-کوشـیدند بـر نفـوذ بیگانگـان بیفزاینـد[۱۰۲]. احسـان طبـری در روزنامـه «مـردم بـرای روشنفکران» ضمن مخالفت با سیاست «موازنه منفی» و ذکـر «منطقـه نفـوذ» و حـریم امنیت شوروی» نوشت:

... به همان ترتیب که ما برای انگلستان در ایران منافعی قائلیم و بر علیه آن صحبت نمی‌کنیم باید معترف باشیم که دولت شـوروی هـم از لحـاظ امنیت خود در ایران منافع جدی دارد ...

در اثر فشار و حملات حزب توده و دولت شوروی، ساعد (نخست‌وزیـر وقـت)، مجبور به استعفاء گردید و سهام السلطنه بیات به نخست‌وزیری رسـید. در حـالی کـه کافتارادزه هنوز در تهران بود و انتظار داشت که با استعفای ساعد و آمدن نخست‌وزیر بعدی، موفق به اخذ امتیاز نفت گردد.

دکتر مصدق در یازدهم آذر ماه در ضمن نطقی، طرحـی را بـا قیـد دو فوریـت در مجلس به تصویت رساند و با این عمل امید هیأت کافتارادزه را به یـأس مبـدل کـرد. طرح فوق در مجلس، هر چند با مخالفت بعضـی از اعضـای فراکسـیون حـزب تـوده مانند‌دکتر رادمنش، اسکندری و دکتر کشاورز روبرو شد امّا بـزودی بـا رأی اکثریـت مجلس به تصویب رسید بر اساس این طرح، هیچ دولتی نمی‌توانست راجع بـه امتیـاز نفت، مذاکره و قراردادی را امضاء کند. دکتر مصدق در پایان نطق خود، از نماینـدگان مجلس خواست که قبل از متفرق شدن، طرح زیر را تصویب کنند و بدنیا ثابـت کننـد که مجلس ایران خیر خواه ایران است:

از نظر حفظ مصالح مملکت امضاء کنندگان طرح قانونی ذیل را تقـدیم و تصویب آن را با دو فوریت درخواست می‌نمائیم:

ماده اوّل: هیچ نخست‌وزیر، وزیر و اشخاصی که کفالت از مقام آنها و یا معاونت می‌کنند نمی‌توانند راجع به امتیاز نفت با هیچ یک از نمایندگان رسمی و غیر رسمی دول مجاور و یا نمایندگان شرکتهای نفت و هر کس غیر از اینها مذاکراتی که اثر قانونی دارد بکند یا این‌که قراردادی امضاء نماید.

ماده دوم: نخست‌وزیر و وزیران می‌توانند برای فروش نفت و طرزی که دولت ایران نفت خود را استخراج و اداره می‌کند مذاکره نمایند و از جریان مذاکرات باید مجلس شورای ملی را مستحضر نمایند.

ماده سوم: متخلفین از مواد فوق به حبس مجرد از سه تا هشت سال و انفصال دائمی از خدمات دولتی محکوم خواهد شد.

ماده چهارم: تعقیب متخلفین از طرف دادستان دیوان کشور محتاج به این نیست که مجلس شورای ملی آنها را تعقیب نموده باشد و اجازه دهد. دادستان مزبور وظیفه‌دار است که متخلفین از این قانون را بر طبق قانون محاکمه‌ی وزراء مصوب ۱۶ و ۲۰ تیر ماه ۱۳۰۷ تعقیب نماید.***

یک روز بعد از تصویب طرح دکتر مصدق که با استقبال بسیاری از محافل سیاسی مواجه شد و تنها طرفداران شوروی و حزب توده مخالف آن بودند، غلامحسین رحیمیان، نماینده قوچان، طرحی را با قید دو فوریت به مجلس ارائه داد که در آن، لغو امتیاز نفت جنوب را خواستار بود. این امتیاز در دوره استبداد به شرکت دارسی (انگلیسی) واگذار شده بود و در دوره دیکتاتوری نیز تمدید گشته بود. ماده واحده رحیمیان چنین بود:

«ماده واحده ـ مجلس شورای ملی ایران امتیاز نفت جنوب را که در دوره استبداد به شرکت دارسی واگذار شده و در موقع دیکتاتوری آن را نیز تمدید و تجدید نموده‌اند بموجب این قانون الغاء می‌نماید».[۱۰۵]

پس از قرائت طرح فوق، رحیمیان از دکتر مصدق که مخالف هر گونه واگذاری امتیاز نفت بود، خواست که به عنوان اولین فردی باشد که طرح فوق را امضاء می‌نماید ولی دکتر مصدق مخالفت کرد و گفت که نمی‌توان قرارداد را بصورت یک طرفه فسخ

کرد و بعد از مخالفت دکتر مصدق، اکثر نمایندگان از امضاء طرح رحیمیان امتناع کردند و تنها اعضای فراکسیون حزب توده، طرح فوق را امضاء کردند.

۱۱ ـ جدال قلمی پیشه‌وری با دکتر محمد مصدق

به دنبال امتناع دکتر مصدق از امضای طرح رحیمیان، روزنامه‌های طرفدار شوروی مانند: داد، رهبر[۱۰۶] و آژیر، حملات خود را به دکتر مصدق تشدید کردند پیشه‌وری در روزنامه آژیر، تحت عنوان «آقای دکتر مصدق و رحیمیان کدام راست می‌گفتند» چنین نوشت:

... شما (دکتر مصدق) باملاک و دارائی خود بیشتر از منافع ملت علاقه دارید، شما از بزرگترین ملاکین این کشور می‌باشید، اغلب لوایح تقدیمی شما روی حفظ منافع طبقه ملاکین بوده است، شما از آزادی ملت می‌ترسید شما از دوستی دولت اتحاد جماهیر شوروی بیمناک می‌باشید، شما اگر واقعاً ملت پرست هستید واقعاً می‌خواهید فداکاری کنید بفرمائید این گوی و این میدان نبرد را از این جا آغاز بکنید امتیاز دارسی را لغو نمائید ... شما از امضاء نکردن لایحه تقدیمی رحیمیان بزرگترین ضربت را بنفوذ و وجهه ملی خود وارد آوردید. ...

در مقابلِ حملات روزنامه‌های طرفدار شوروی، دکتر مصدق، طی نطق مهمی که در جلسه ۲۸ آذر ۱۳۲۳ در مجلس ایراد کرد، برای رفع سوء تفاهمات پیش آمده و پاسخ به ایرادات پیشه‌وری، چنین گفت:

هر کس در این روز و در این مملکت بخواهد بوطن خود خدمت کند و هر کس که بخواهد منافع این جامعه را حفظ کند از دو طرف مورد خطاب است. یک وقت روزنامه‌های دست راست بمن دشنام می‌دادند و روزنامه‌های دست چپ بشهادت اوراق خود مرا تحسین می‌نمودند امروز برای پیشنهادی که من بمجلس نموده‌ام اولی‌ها ساکتند و دویمی‌ها انتقاد می‌نمایند و هر کدام می‌خواهند که من هر چه می‌گویم بمنافع آنها باشد!!

من روز یازدهم آذر چه گفته‌ام، من در آن روز چه کرده‌ام، من مگر از راه راست منحرف و یا از خدا بی‌خبر شده‌ام که تا این درجه مورد عذابم !!

من فقط یک حرف گفته‌ام او این است که دادن امتیاز بر خلاف مصالح ایران است من از «آژانس تاس» گله ندارم که چرا به بعضی از سخن چینی‌ها اهمیت می‌دهد و آن‌ها را منعکس می‌نماید - بدیهی است مخبرینی که از او پول می‌گیرند باید اخباری را تحویل نمایند.

من از بعضی از جرائد که از انصاف خارج می‌شوند و از بعضی از جرائد که مصالح ملی را با مصالح مرامی مخلوط می‌کنند سؤال می‌نمایم که در دوره زندگی، من چه وقت تحت نفوذ واقع شده‌ام ...

من اگر اهل ایمان و عقیده نبودم ۲۰ سال با دولت دیکتاتوری جدال نمی‌نمودم، من با آن دولت جنگیدم؛ زندان رفتم و تحت نظارت درآمدم من وقتی آزاد شدم که دولت شوری در صحنه سیاست این مملکت دخالت کرد - پس دلیل ندارد که من با یک سیاست موافقت کنم و با سیاست دولت شوروی مخالفت نمایم ... .

چنانکه من در گذشته دیده‌ام که اگر اتحاد جماهیر شوروی از سیاست بین‌المللی ما غایب شود برای ما در هوای آزاد هم تنفس دشوار است.

من متاسفم که بعد از سقوط دیکتاتوری بجای این‌که سیاسیون این مملکت از تجارب گذشته عبرت بگیرند و به آزادی خواهان صدر مشروطیت تاسی کنند و از یک سیاست بتمام معنا ایرانی پیروی نمایند و بجای این‌که نطق و قلم یعنی دو نعمتی را که در سایه مشروطیت تحصیل شده در راه دفاع از مصالح ایران بکار برند و رشد ملی ما را بجهانیان ثابت نمایند به جهاتی که از بیان آن شرم دارم عده‌ای شمال و عده‌ای جنوب را قبله حاجت خود ساخته‌اند و جار و جنجالی در این کشور راه انداخته‌اند که هستی ما را تهدید می‌نماید ...

در این ایام بعضی از عناصر از زبان و قلم خود مطلبی جاری می‌کنند که ۲۰ سال قبل یک ایرانی جرئت تفوه بآن نداشت - من چه گفته‌ام و کدام

ذنب لایغفر را نموده‌ام که باید هدف این تیرهای زهراگین شوم، من اگر قربانی شوم اهمیت ندارد جانم فدای ایران باد ...

آن‌هائی که مرا به عنوان ملاّکی مخالف دولت شوروی قلمداد می‌کنند خوبست بحساب املاکی که چهل سال است دست من و مال خانواده من است رسیدگی کنند و بدانند که من برای جلب نفع آنجا زارع نبوده‌ام، من برای فرار از دیکتاتور آنجا ساکن شده‌ام من در آنجا خادم مردمان بیچاره بوده‌ام ولی خادمی که سطح زندگیش با مخدوم خیلی فرق داشت ...

زندگی من از خانه‌ای که بروابط فرهنگی شوروی اجاره داده‌ام و چند مستغل دیگر اداره می‌شود، من آنچه تصور می‌نمودم که از زندگی متوسط اضافه دارم سالهاست وقف بیمارستان نموده‌ام و آنجا را مجاناً و بلا عوض اداره می‌کنم. من از زندگی متوسط تجاوز ننموده و از تجمل بیزارم و بچیزهائی که زائد از مایحتاج زندگی است عادت ندارم ...

آقای پیشه‌وری[،] پیشنهاد من به مجلس از نظر مخالفت با رژیم نبود و از نظر وطن پرستی است ـ اگر دنیا وطن همگی است پس این جنگها و آدم کشیها برای چی است؟! و اگر هر ملتی برای خود وطنی دارد پس چراغی که بخانه رواست به مسجد حرام است ...

از روزنامه‌هائیکه می‌گویند من به شرکت نفت انگلیس و ایران خدمت کرده‌ام سؤال می‌کنم که از عمل منفی من [سیاست موازنه منفی] آن شرکت چه نفعی برده است؟! من پیشنهاد نمودم که امتیاز داده نشود و قسمتی از سرزمین تحت نفوذ مملکت دیگر نیاید ـ ما خودمان نفت استخراج کنیم و آن را با خریدار معامله نمائیم کسی می‌تواند بگوید که این پیشنهاد در منافع ایران نیست و بر خلاف مصالح ایران؟

در جواب آنهائیکه اعتراض می‌کنند چرا طرح قانونی الغای قرارداد نفت جنوب را امضاء نکرده‌ام عرض می‌نمایم که تصویبات مجلس بر دو قسم است: ایقاع و عقد. قسمت مهم تصویبات مجلس ایقاعات است.

این قبیل قوانین چون طرفی ندارد همانطور که مجلس آنها را وضع می‌کند بر حسب مقتضیات می‌تواند آنها را فسخ نماید قسمت دیگر عقد است که مربوط به اسنادی است که اصل ۲۴ قانون اساسی تعیین می‌کند.

عهده‌نامه‌ها و مقاوله‌نامه‌ها اعطای امتیازات انحصار تجارتی و صنعتی و فلاحت و غیره که اسناد مزبور وقتی ارزش قانونی دارند و معتبرند که مجلس قراردادی را که دولت فضولتاً امضاء می‌کند تصویب نمایند و نظر به این‌که هر قرار دادی دو طرف دارد و به ایجاب و قبول طرفین منعقد می‌شود. لذا طرفین [اگر] رضایت به الغاء ندهند قرارداد ملغا نمی‌شود ... مجلس نمی‌تواند قانونی را که برای ارزش و اعتبار عقود بین‌المللی و قراردادها تصویب می‌کند، بدون مطالعه و فکر و به دست آوردن راهی قانونی الغاء نماید ...»[۱۰۸]

در آن روزها، روزنامه‌های متعددی نطق طولانی دکتر مصدق را مورد تجزیه تحلیل قرار دادند در اینجا از بین آنها، به سر مقاله طولانی سیدجعفر پیشه‌وری در روزنامه آژیر اشاره می‌کنیم که در مورخ ۳ دی ماه ۱۳۲۳ نوشته شده، از آنجا که در نوشته پیشه‌وری مطالب قابل تأمل و مهمی وجود دارد مخصوصاً برای پی بردن به اندیشه و تفکر پیشه‌وری در این سالها، حائز اهمیت هست از اینرو، کل سر مقاله پیشه‌وری را بدون کم و کاست در اینجا می‌آوریم تا به ارزیابی نطق دکتر مصدق و سرمقاله پیشه‌وری بپردازیم:

در پیرامون خطابه آقای دکتر مصدق ـ دعوت باتحاد

چنانکه من در گذشته دیده‌ام تردید ندارم که اگر اتحاد جماهیر شوروی از صحنه سیاست بین‌المللی ما غایب شود برای ما در هوای آزاد هم تنفس دشوار است.

«از خطابه آقای دکتر مصدق»

آقای دکتر مصدق از این‌که در میان ملت ایران مبارزه و مناقشه شدید مشاهده می‌شود. متأسف هستند و می‌ترسند دامنه این مناقشه بجدال و بقول خودشان به برادر کشی بکشد بنابراین میل دارند سیاسیون این دوره به آزادیخواهان صدر مشروطیت تأسی کنند و از سیاست بتمام معنا ایران پیروی نمایند ـ این نظریه کاملاً صحیح است، اگر هر ایرانی

بخواهد غیر این بکند خائن است، هدف اشخاص با ایمان البته باید حفظ آزادی و استقلال میهن خود باشد و این هدف روی «سیاست کاملاً ایرانی» تعقیب شود.

در این هیچگونه جای بحث و ایراد نیست و نمی‌تواند باشد ولی مناقشه و جدالی که در جامعه پیدا شده پر بی‌اساس نمیباشد مبارزینی که مشاهده می‌شوند همه روی منافع خصوصی و استفاده‌های آنی مادی بر ضد یکدیگر بر نخاسته‌اند ـ ما دلمان می‌خواست آقای دکتر ـ مصدق در علل پیدایش دسته بندی‌ها قدری تعمق می‌کردند ـ مطلب باین سادگی هم نیست مناقشه و مباحثه باین بزرگی روی منافع انفرادی چند روز نامه‌نویس پیش نمیاید، علتهای این را در خود جامعه باید جستجو کرد ـ خود آقای مصدق بدون این‌که قصد آن را داشته باشند در همین خطابه اخیر خود به یکی از علل بزرگ آن کشمکش شدید اشاره کرده‌اند؛ منتها در قسمت دیگر خطابه آن را فراموش کرده نتوانسته‌اند رشته کلام را به نتیجه مثبت مربوط بکنند ـ آقای دکتر در همین خطابه گفته‌اند: «وقتی از تحت نظارت و تبعید آزاد شدم که دولت شوروی در صحنه سیاست این مملکت دخالت کرد» ـ آقای دکتر مصدق ریشه تمام مناقشات زیر این عبارت ساده شما است «پیدایش سیاست شوروی تنها شما را از تحت نظارت شدید مأمورین شهربانی نجات نداد بلکه اکثریت ملت ایران بواسطه این سیاست جان گرفت، بیدار شد و وسیله پیدا کرد که در سیاست کشور مداخله نماید» اگر شما توانستید از طرف ساکنین پایتخت «وکیل اوّل» انتخاب بشوید قطعاً روی این پایه و این اساس بوده‌است، مردم بیغرض ایران درست مطابق عقیده و سلیقه شما معتقد شده‌اند که «اگر اتحاد جماهیر شوروی از صحنه سیاست بین‌المللی غائب شود برای آنها در هوای آزاد هم تنفس دشوار خواهد بود» برای این‌که ملاحظه بفرمائید عده بیشماری «شمال» را قبله حاجت خود شناخته‌اند از گفتن و نوشتن این هم عار ندارند ـ آقای دکتر مادام که شما خودتان می‌دانید سیاست اتحاد جماهیر شوروی نباشد زندگی برای اکثریت ایرانیان حرام

و غیر ممکن خواهد بود برای چه به تمایلی که مردم نسبت بدوستی اتحاد جماهیر شوروی ابراز می‌کنند اظهار عدم اعتماد و بدبینی فرموده آن را جارو جنجال می‌شمارید.

نه آقای دکتر، مبارزه‌ای که ما بین عناصر ارتجاعی و آزادی طلب در گرفته است جار و جنجال بیهوده نیست؛ آن را چند نفر میهن فروش و خائن یا احمق «اوتوپیست» راه نینداخته‌اند عده‌ای می‌کوشند تا بتوانند در هوای آزاد تنفس بکنند، برای این تنفس دوستی اتحاد جماهیر شوروی را مانند شما لازم دانسته از آن با کمال سربلندی جانبداری می‌کنند - عده دیگر مخالف این را لازم دارند، اینها خیال می‌کنند با پیدایش سیاست شوروی از آقائی و مطلق‌العنانی و زورگوئی آنها ممکن است جلوگیری بشود - برای این: بر علیه دسته اولی که خودتان هم دانسته یا ندانسته ناچارید با آنها باشید نبرد می‌کنند، این یک پیش آمد طبیعی است، حد وسط ندارد - شما نمیتوانید یک سیاست ثالثی ایجاد بکنید زیرا سیاستی که تا بحال بطور انحصاری در کشور ما تسلط داشته است بشما اجازه نخواهد داد نفس بکشید و بتوانید از جای خود تکان بخورید - مجاهدین صدر مشروطیت هم غیر از این سیاستی نداشتند، آنها نیز برای حفظ آزادی از سیاست خارجی استفاده کرده و با مساعدت دولتی که سیاست آن روزی با مقاصد و آرزوهای آنها جور می‌آمد بر دشمن داخلی و خارجی خود فائق آمده اصول مشروطیت را روی کار آوردند - شما خودتان در یکی از خطابه‌های خود صریحاً اعتراف کرده فرمودید: «وقتی سفارت انگلیس قبله حاجت یا مسجد ایرانیان آزادیخواه بوده است» امروز هم ممکن نیست بتوانید زیر این حقیقت‌زده بگوئید ملت ایران و آزادیخواهان صدر مشروطیت بتنهائی باستناد توانائی داخلی خود بود که باستبداد غلبه کرده پرچم آزادی را باهتزار در آوردند - آقای دکتر دنیا پیش می‌رود و جامعه تغییر پیدا می‌کند، جمعیتها، دولت‌ها نیز مانند اشخاص و اشیاء تغییر ماهیت می‌دهند، تاکتیک و روش و سیاستها هم قطعاً باید دائماً در تحول و تغییر باشند پریروز سیاست دولت تزاری

روس مانع تنفس و آزادی ملت ایران بوده لذا با کمک دولت مشروطه انگلیس مجاهدین صدر مشروطیت بر علیه او مبارزه کرده خود را نجات دادند امروز بنا باعتراف صریح خودتان اگر سیاست دولت اتحاد جماهیر شوروی نباشد همه ماها از آزادی محروم خواهیم شد. بنابراین اگر آزادی خواهان امروز طرفدار این سیاست نجات دهنده و آزادی بخش باشند چه گناه عظیمی مرتکب شده‌اند؟! چرا باید مقام آزادی‌خواهی آنها در نظر شما از مقام آزادی‌خواهان صدر مشروطیت پائین‌تر باشد؟! آیا شما واقعاً معتقد هستید که می توانید جلو این مناقشات را بگیرید؟ یعنی کاری بکنید که گرگ و گوسفند باهم زیر یکبام زندگی نمایند؟

آقای دکتر این کار بعید به نظر می‌آید امروز را با دوره صدر مشروطیت هم نمی‌شود مقایسه کرد در صدر مشروطیت زمام امور دست عناصر ضعیف‌تر و عقب‌مانده‌تر بود زمامداران کنونی ایران مردمان زرنگ و ناقلائی هستند با معلومات عصر مجهز شده‌اند، منافع طبقاتی خود را بخوبی تشخیص داده از روی نقشه و برنامه متینی دارند از مقام و موقعیت خود مدافعه می‌کنند ـ سیاست خارجی هم متأسفانه کاملاً بیطرف نیست، شما بما بفرمائید اسلحه خود را زمین گذاشته تسلیم بشویم، خودتان از همه بهتر می‌دانید که ما بغیر از قلم و زبان و اتحاد و یگانگی صاحب چیزی نیستیم همه چیز مملکت دست آنهاست: میزنند، می چاپند، خرد می‌کنند، پیش می‌روند و بما می‌گویند حق اعتراض هم ندارید ـ باید گوشتان کر، چشمتان کور و زبانتان لال باشد ـ نه بینید، آقای دکتر، اتحادی که شما تبلیغ می‌کنید آیا باین وصف یک خیال محال و یک «اوتوپی» بی پروپایه‌ای نیست؟ کی و کجا دیده شده است مظلوم با ظالم، صاحب خانه با دزد، ستمدیده با بیدادگر، حاکم با محکوم، غنی با فقیر، راهزن با مسافر تواند اتحاد بکند ـ از این اتحاد آیا می‌توانید بما اطمینان بدهید فقط اقویا استفاده نخواهند کرد؟ بدین وسیله حلقه زنجیر اسارت و بردگی ما را محکم‌تر نخواهند نمود؟ آقای دکتر مصدق شما سر یک دو راهی بزرگ قرار گرفته‌اید، راه سوم وجود ندارد یا باید با

ملت، با مردم، با توده و با آزادی خواهان باشید و بدون تردید از سیاستی که آزادی و استقلال میهن ما را دربر دارد پیروی بکنید، یا باید به مرتجعین و دشمنان آزادی و آنهائی که برای گرداندن دوره زورگویی مبارزه می‌کنند ملحق بشوید حد وسط و شرط و قید امکان پذیر نیست، کوسه و ریش پهن هم نمیشود. ما قبول داریم که شما زندگانی لوکس و اشرافانه‌ای ندارید، ما میدانیم که شما در دوره دیکتاتوری زحمت بسیار کشیده و محرومیت‌های فراوان دیده‌اید، ما اطمینان داریم که شما مرد باوجدان و پاک نیتی هستید، املاک خودتان را بلاعوض باختیار بیمارستان گذاشته‌اید و می‌کوشید بطور انفرادی هم باشد زندگانی بیچارگان را تسهیل نمائید ـ با وجود این فراموش نفرمائید که عالم بشریت بیشتر از «گراف لئون تولستوی» که مزارع خود را میان دهقانان تقسیم کرده بود و در زندگانی روزمره آنها دخالت کرده و در بنای کلبه و حتی در ساختن تنور شخصاً و عملاً بآنها کمک می‌کرد مدیون «ولادیمیرایلیچ اولیانف لنین» است که تعالیم عالی او در عالم اساس آزادی و مساوات اجتماعی را عملاً بنا نهاده یکصد و چند ملیون زارع روس را از قید و بند اسارت و بردگی نجات بخشیده است آقای دکتر، نجات ایران در »آزادی« است، اگر آزادی نباشد استقلال و میهن و همه محکوم به زوال است، اینرا من و شما اقلاً باید دانسته باشیم، شما خیال می‌کنید اگر همین آزادی پوشالی نبود می‌توانستید از تریبون مجلس دو کلمه حرف بزنید؟ من و شما و امثال ما همه زنده بودیم که امتیاز دارسی را با آن افتضاح آقای تقی‌زاده به مجلس آورد و نمایندگان با احسنت و سلام و صلوات آن را تمدید نموده دو دستی تقدیم کمپانی نفت جنوب کردند!! آقای دکتر از اجتماع نترسید، از احزابی که روی پرنسیب و مرام تشکیل شده‌اند بیم نداشته باشید، خودسر و مطلق‌العنانی و بند و بست زیر جلگی خطرناک است، مردمان بی‌عقیده و بی مسلک و بی هدف را باید بپائید رشد ملی را اشخاص منفرد نمی‌توانند بعالمیان ثابت بکنند امروز دنیا را سازمان‌ها و احزاب اداره می‌کنند اشخاص

متزلزل، بی‌هدف و مردد اسباب مسخره است مردم دنیا امروز بدو تیپ و دو دسته بزرگ تقسیم شده‌اند ما هم باید حساب کار خود را کرده دوستان و دشمنان خود را بشناسیم، روی منافع و مصالح کشور خود بیکی از آنها ملحق شویم چاره دیگر نیست ـ هر کس می‌گوید: «ایرانی تنها بدون در نظر گرفتن سیاست بین‌المللی می‌تواند بهدف و آرمان ملی خود برسد.» احمق است یا خائن. امیدوارم آقای دکتر مصدق از هر دو طایفه دور باشند و در تحت تأثیر حرفهای آنها نروند از ملت چیزهائی نخواهند که دادن آن امکان پذیر نیست.***

از بررسی سخنرانی دکتر مصدق و مقاله پیشه‌وری می‌توان گفت که هر دوی آنها (هم دکتر مصدق و هم پیشه‌وری) از استبداد و خودکامگی نفرت دارند و هر دو در دوره خودکامه، زجرها کشیده و تا آستانه کشته شدن نیز رفته‌اند، هر دو خواستار ایرانی آزاد و آباد هستند و معتقدند که کشور ایران، بدون در نظر گرفتن سیاست بین‌المللی، نمی‌تواند به هدفهای مورد نظر خود برسد. امّا اختلافشان در آنجاست که دکتر مصدق معتقد است: سیاستهای کشورهای خارجی در قبال ایران، همیشه مرتبط با منافع آنهاست و همچنان که منافع آنها تغییر می‌کند سیاست و دیپلماسی آنها نیز در قبال ایران، تغییر می‌کند از اینرو، همکاری با سیاستهای یکی از طرفین خارجی بصورت مستمر و دائمی، امکان پذیر نیست و چه بسا در شرایط پیش آمده جدید، ممکن است متضاد با منافع ایران باشد. از اینرو تأکید می‌کند که رجال وطن پرست و احزاب سیاسی، همیشه باید استقلال و شخصیت خود را حفظ کنند و موافقت و مخالفت‌شان نه همیشگی و ثابت بلکه مبتنی بر سیاست متغیر کشورهای بیگانه باشد، پیشه‌وری نیز هر چند در مقاله خود به این مسئله اشاره می‌کند امّا متأسفانه در عمل کمتر به چشم می‌خورد، مرام و ایدئولوژی دگم، در پیشه‌وری این ذهنیت دگم را بوجود آورده که گوئی انگلیس، همیشه شر مطلق است و شوروی، همیشه خیر مطلق. و از اینرو راه سومی وجود ندارد!

امروز ما از آن دوران و سرنوشت بعدی پیشه‌وری، به اندازه کافی فاصله گرفته‌ایم و با توجه به تجاربی که گذشت زمان در اختیار ما نهاده، می‌توانیم در پرتو حوادث

تلخ پیش آمده بعدی، قضاوت کنیم که تحلیل پیشه‌وری، مبتنی بر واقعیت نبوده است. مارکس زمانی در نقد فویر باخ، ایدئولوژی را حجاب واقعیت دانسته بود که به منزله پرده ساتری در پیش چشم آدمیان، نه تنها آنان را از شناخت واقعیتها، باز می‌دارد بلکه آنان را وامیدارد که حقایق را وارونه ببینند.[۱۱۰]

تنها در پرتو این پرستش دگم است که ایدئولوژی، بجای آنکه دوبالی برای تعالی آدمی باشد متاسفانه، دوبال آدمی را نیز از او سلب می‌کند! و به ابزاری برای کج فهمی و شناخت وارونه مبدل می‌گردد، وقتی واقعیت‌ها، مرام ذهنی را نفی می‌کند بجای آنکه در فکر تصحیح ذهنیات برآیند به عبث می‌کوشند واقعیتها را عوض کنند تا مطابق با توهمات ذهنی باشند!

هیأت شوروی به ریاست کافتارادزه در ۱۷ آذر ۱۳۲۳ ایران را ترک کرد در حالی که طوفانهای سهمگین در راه بود و این بار آذربایجان که هنوز، زخمهایش از استبداد رضاشاه التیام نیافته بود نقطه اتکاء و معامله برای امتیاز نفت قرار می‌گیرد و با تلخ‌ترین حادثه دوران معاصر خود، روبرو می‌شود.

۱۲ـ پیشه‌وری در آستانه حرکت به سوی آذربایجان

تأکید بر انتخاب انجمن‌های ایالتی و ولایتی که در ماده ۲ بیانیه ۱۲ شهریور ۱۳۲۳ به عنوان پلاتفورم تشکیل فرقه دمکرات، از آن سخن رفته حدود ۲۵ سال پیش نیز پیشه‌وری در مقاله «حکومت مرکزی و اختیارات ملی» در روزنامه حقیقت بر آن تأکید کرده بود. هر چند این مسئله در سال اوّل انتشار روزنامه آژیر، به عنوان یکی از موضوعات اصلی، دلمشغولی پیشه‌وری نبود، ولی پس از ردّ اعتبارنامه‌اش از مجلس چهاردهم و مأیوس شدنش از ورود به مجلس، دوباره بعد از ۲۵ سال در روزنامه آژیر به آن می‌پردازد. یک ارزیابی کلی از موضوعات و مطالب مندرج در روزنامه آژیر، می‌تواند به تبیین نظرات پیشه‌وری نسبت به امور داخلی و خارجی ایران، در این دوره از زندگیش کمک کند و بهترین منبع، اشاره به مقاله مورخه ۴ خرداد ۱۳۲۳ می‌باشد که

به مناسبت انتشار دومین سال روزنامه آژیر نوشته شده: پیشه‌وری در این مقاله، با عنوان «یکسال مبارزه ـ چه کردیم و چه نوشتیم» به ارزیابی کارنامه یکساله روزنامه آژیر می‌پردازد و خلاصه ارزیابی او چنین است:

رئوس مطالبی را که در صفحات آژیر طرح نمودیم فهرست‌وار از نظر خوانندگان می‌گذرانیم و قضاوت را به عهدهٔ خود آنان حوالت می‌کنیم:

در تمام مدت این یک سال، در مقالات خود بر علیه قرطاس بازی اداری که گردش چرخ امور کشور را کند کرده است و بر ضد ارتشاء و اختلاس مبارزه کردیم دلایل زنده آوردیم، تخلسین بزرگ را معرفی کردیم، کسانی را که با اشاعهٔ مرگ و ناخوشی و بدبختی کاخ و ثروت و جلال و دستگاه بهم زده و هنوز هم بر دوش ملت سوارند شناساندیم و محاکمه آنان و استرداد اموال دزدی شده را طلب کردیم ... .

در طی ۱۴۷ شماره روزنامه آژیر، فقط ۳ سرمقاله در مباحث خارجی نوشتیم و حتی در آن سه هم، قضایا را با اوضاع کشور خودمان قیاس کردیم و نتیجه گرفتیم. ۱۴۴ سرمقاله وقف اوضاع داخلی و مسائل مهمهٔ روز بود. در یک دموکراسی پارلمانی، وظیفه یک روزنامه نظیر آژیر تنقید اعمال دولت و نقاط ضعف دستگاه حکومت است ... .

ما بر علیه آنانی که پریروز مردم را غارت کرده و دیروز سنگ وطن خواهی و آزادی طلبی به سینه و امروز «منجی» و «قاعد» می‌خواهند نوشتیم و نبرد کردیم. ماسک دوروئی را از چهره کریه منظر آنان برداشتیم ... .

زارعین ایران قوهٔ تولیدیه اساسی کشور را تشکیل می‌دهند و وضع زندگیشان از تمام طبقات، طاقت‌فرساتر است مرگ و زندگیشان در اغلب نقاط وابسته به اراده اربابان است. ما اصلاح اوضاع آنان را تقاضا کردیم ... برای آزادی و دموکراسی و به نام ایران جهادی اعلام کردیم. همه را به شرکت در آن جنگ مقدس دعوت کردیم.

رسیدگی به حساب‌های گذشته را طلبیدیم. باز هم این تقاضای خود را تکرار می‌کنیم، به حساب ثروت‌های هنگفتی که توسط مأمورین دولت و یا در نتیجه مواضعه با آنان گرد آمده است باید رسیدگی شود ... .

از اولین شماره‌های آژیر بر علیه ملوک الطوایفی و برله اصول مرکزیت دولت با حفظ امتیازات و احتیاجات محلی مبازه کردیم. هم از آغاز روزنامه گفتیم که ترمیم اشتباهات و ستمگریهای گذشته و جبران بی‌عدالتی‌هائی که نسبت به ایلات شده است مستلزم استقرار مجدد روش ملوک الطوایفی نیست و نباید باشد.

در مقالاتی که در تحت عنوان ایلات و ارتش نوشتیم سیاست غلط دوره رضاخانی را نسبت به ایلات [،] تجزیه و تنقید کرده و لزوم تقویت یک ارتش ملی را که از تمامی ناپاکی‌ها تصفیه شده باشد بر استقرار نظم و حفظ آزادی و استقلال کشور متذکر شدیم ... .

مبارزه ما بر علیه سیدضیاءالدین طباطبائی در آژیر با مقاله‌ای که در ۲۳ خرداد تحت عنوان «رل کهنه سیدضیاء» منتشر کردیم آغاز گشت.

از آن روز ما این مظهر دیکتاتوری و قلدری و خائن نمره ۱ را که رایحه عفن و زورگوئی و استبداد از هر سو بیاید بدان سو متوجه می‌شود رها نکردیم ... تاریخچه قرارداد منحوس ۱۹۱۹ را که سیدضیاء مدافع آن و حامی آن بود از منبع بیطرفی به دست آورده و منتشر کردیم.

داستان دیکتاتوری و سقوط او را نوشتیم این نبرد هنوز ادامه دارد ... .

آژیر اولین روزنامه‌ای بود که لزوم ایجاد روابط فرهنگی بسیطی را با همسایگان در طی سرمقالهٔ قریب یک سال پیش متذکر شد. خوشوقتیم که این فکر امروز عملی شده و امروز انجمن‌هائی برای حفظ و توسعه این مناسبات با شوروی و انگلیس و آمریکا تشکیل و به فعالیت پرداخته‌اند ... ما برای نقشی که آذربایجان و گیلان در آزادی و ترقی ایران بازی کرده و می‌کند و خواهد کرد اهمیت خاص را قائلیم وهمواره در صفحات روزنامه خود در این باب نوشته و امید داریم در آینده بیش از پیش به این نکتهٔ مهم توجه کنیم.

روزنامه آژیر هم از آغاز تشکیل «جبهه آزادی» عضو وفادار آن بود. زیرا ما اتحاد و ائتلاف تمام عناصر ترقی طلب و آزادی خواه را شرط اوّل پیروزی در نبرد با خطر روز افزون اعادهٔ استبداد و زورگوئی و فعال مایشائی می‌دانیم ... .

ما در عین مخالفت شدید به لوایح مرتجعانه کابینه‌ها همیشه از اقدامات نادری که آن‌ها به نفع و صلاح ملت کرده و یا در آتیه بکنند پشتیبانی کرده و خواهیم کرد ... ما با دشنام و فحاشی مخالفیم. این را در طی مقالات متعددی متذکر شدیم. درعین حال با چاپلوسی و تملق هم میانه نداریم. صحایف آژیر شاهد این مدعای ما می‌باشد... . در مسائل جاریه نیز همیشه بدون ترس عقیده خود را گفتیم من باب مثال قتل مرحوم صولت‌السلطنه که منصور و تدین مقصر آن می‌باشند ذکر می‌کنیم. ما به این جنایت اعتراض کردیم متأسفانه تحقیقی در این باره به عمل نیامد.

آژیر تنها روزنامه بود که جسارت کرده و از لحن مخالفی که عموم جراید نسبت به مجلس سیزدهم داشتند قدری منحرف شده و پس از پایان آن دوره ذکری هم از «محامد آن مرحوم» کرد و کارهای خوبی را که کرده بود متذکر شد.

ما راجع به ضرورت تغییر قانون انتخابات نیز نوشتیم ـ لزوم مراعات «قاعده بازی» و بخصوص قانون اساسی را متذکر شدیم این مقالات ما چنانکه همه می‌دانند در عالم مطبوعات بی‌تأثیر نبود. مقالاتی که دربارهٔ رهبر و رهبری نوشته و با عقاید آنارشیستی بعضی‌ها به مبارزه بر خاستیم تأثیر به سزائی داد. باری پروگرام خودمان را در طی مقالهٔ «مجلس چهاردهم مفتوح شد ما ایران را چگونه می‌خواهیم» طرح کردیم. این پروگرام را در دو جمله می‌توان خلاصه کرد: استقلال ایران و تأمین ترقی و آزادی و دموکراسی.

راجع به کارگران ـ ما قانون کار و بیمه اجتماعی را هدف خود قرار داده و اتحاد جنبش صنفی ایران را که باید برای این دو هدف نزدیک مبارزه کنند تبریک گفتیم. معتقدیم که نهضت صنفی ایران از تمام عناصری که

باعث اختلال و برهم زدن وحدت آن می‌گردند باید پاک شده و متحد و نیرومند شود.

مبارزه روزمره که در صحایف روزنامه و در خارج برای متحد کردن تمام نیروهای پراکنده طرفدار آزادی و دموکراسی کرده و می‌کنیم، واضح‌تر از آن است که نیازمند یادآوری باشد ... .***

یکی از مقالات قابل تأمل و مرتبط با تفکر پیشه‌وری در زمان قرار گرفتن در رأس فرقه دمکرات، مقاله کریم کشاورز تحت عنوان «انجمن‌های ایالتی و ولایتی برنده‌ترین سلاح مبارزه با افکار تجزیه طلبی» است که پس از ردّ اعتبارنامه پیشه‌وری از سوی مجلس چهاردهم، در آژیر نوشته شده است. نویسنده پس از ذکر «تحریکات خائنانه بر علیه استقلال و تمامیت ارضی کشور و عقب‌ماندگیهای موجود و راههای جلوگیری از تجزیه طلبی»، اجرای قانون اساسی، و برقراری عدالت و سهیم کردن ملیت‌های مختلف در اداره و نظارت در امور محلی را مورد تأکید قرار می‌دهد. در بخشی ازمقاله چنین می‌نویسد:

... اجرای قانون اساسی، اجرای عدل و نصفت ـ حکمفرما کردن قانون، نشر فرهنگ و معرفت، بهبود بخشیدن اوضاع مادی مردم و سهیم کردن ایشان در ادارهٔ و نظارت امور محلی ـ اینها وسایلی هستند که با به کاربردن آن نه تنها از نشر افکار تجزیه طلبی سید [ضیاءالدین طباطبائی] و شرکاء می‌توان جلوگیری کرد بلکه با اجرا و مراعات مرتب و متداوم آن می‌توان ایرانی مستقل ولایتجزی و آزاد و نیرومند و دمکرات بنا نمود.

... دیروز یکی از دوستان می‌گفت خواستم معنی میهن و دفاع از آن را برای کودک هفت ساله‌ام شرح دهم. به وی گفتم: این خانه ما را اگر دزد بخواهد آتش بزند و یا خراب کند آیا نباید از آن دفاع کنیم و نگذاریم. کودک پاسخ داد ما که صاحب خانه نیستیم. یادت رفت دیروز ارباب آمده بود که اگر اجاره زیاد نکنید بیرونتان می‌کنم. گور پدرش کرده، به ما چه که نگذاریم دزد خانه را آتش نزند.

این استدلال ساده را بعضی از زمامداران و سران قوم و نمایندگان پارلمان ما نمی‌فهمند. از مردم نمی‌توان انتظار داشت که به یک جهنم غیر قابل زندگی که هیچ حق و علاقه در آن جز جان کندن و مردن ندارند دلبستگی داشته باشند ...

از مطلب دور افتادیم - گرچه زیادهم دور نرفتیم - روشن فکران ترقی طلب و آزادیخواهان و بازرگانان وطن پرستی را که در شهرها متمرکزند، باید در ادارهٔ امور کشور دخالت داد. مجلس را مالکین بزرگ تیول خود کرده‌اند. عناصر دموکرات خلق باید راه دیگری برای ابراز عقیده پیدا کنند. انجمن‌های ایالتی و ولایتی وقتی که به خوبی انتخاب شود، یکی از وسایلی است که این منظور را تأمین و در عین حال بواسطهٔ توسیع اختیاران محلی، و نظارت دادن اهل محل در ادارهٔ امور، سلاح طرفداران افکار تجزیه‌طلبی را از کفشان می‌رباید، و مبارزه‌ای را که متاسفانه باید با عوامل فقر و عقب ماندگی کشور یعنی ملوک الطوایفی از سر گرفته شود تسهیل می‌نماید. امیدواریم در این باب باز فرصت یافته و صحبت کنیم. در هر حال این زمینه‌ایست که تمام شیفتگان ترقی و آزادی می‌توانند در آن تشریک مساعی نمایند."...

همچنان که از مطالب آژیر بر می‌آید و بخشهایی از آن ذکر گردید بنظر می‌رسد که پیشه‌وری به قانون اساسی و اتخاذ سیاست اصلاح طلبانه و امیدهایی که بعد از تحمل سالهای زندان و فروپاشی خودکامه در او بوجود آمده بود، پس از ردّ اعتبارنامه‌اش و بازگشت عناصر غیرملی و دخیل در ایجاد حکومت خودکامه رضاخان و حوادث پیش آمده بعدی، امیدهای او را برای اصلاحات، به کلی از بین برده و او را بسوی حرکت‌های تند و رادیکال سوق داده است. انگار در این جامعه هیچ چیز تغییر نیافته و تنها رضاشاه از این سیستم برداشته شده و خود سیستم به همان سیاق سابق پابرجاست.آنان در واقع مصداق بارز سخن تالیران(وزیر امور خارجه فرانسه) خطاب به اشراف فراری بودند که بعد از تبعید ناپلئون و بازگشت موقت سلطنت به فرانسه،

دوباره بازگشته و خواهان امتیازات قبل از انقلاب بودند تـالیران در مـورد آنـان گفتـه بود:آنان نه تنها چیزی نیاموخته‌اند بلکه هم چیز را هم فراموش کرده اند!.

«اولیگارشها» دوباره باز می‌گشتند و امورات کشور را بدست می‌گرفتند. کسـروی سالها پیش در مورد آنان گفته بـود: «اینـان دسـته بزرگـی هسـتند و ریشـه نیرومنـدی میدارند و همه بهم بسته‌اند تنها وزیـران نیسـتند هـر کـدام پیـروان و بسـتگان بسـیار می‌دارند که این است در استبداد می‌بودند، در مشروطه می‌بودند، در زمان محمـدعلی میرزا می‌بودند در زمان ... می‌بودند و در دوره دمکراسی هم هستند. اگـر ریشـه‌شـان نکنیم همیشه خواهد بود ...».[۱۱۳] و درِ مجلس چهاردهم برای ورود منفورترین چهره‌ها باز بود گوئی، تنها پیشه‌وری شایستگی ورود به آن را نداشت. امّا ضربه نهایی وقتی به او وارد شد که روزنامـه‌اش نیـز، بـه خـاطر مقالـه‌ای کـه او در شـماره ۳۱۴، مورخـه ۱۳۲۴/۶/۱ نوشته بود از طرف فرمانداری نظامی تهران توقیف گشـت.[۱۱۴] و تقریبـاً، ده روز پس از توقیف آژیر هست کـه او در تبریـز، در ۱۲ شـهریور بـا انتشـار بیانیـه‌ای، تأسیس فرقه دمکرات آذربایجان را رسماً اعلام می‌کند.

منابع زیادی به اشتباه نوشته‌اند که اگر مجلس چهاردهم اعتبارنامه پیشـه‌وری را ردّ نکرده بود حوادث آذربایجان و فرقه دمکرات پیش نمی‌آمد و افرادی که به اعتبارنامـه پیشه‌وری در مجلس رأی منفی داده بودند پس از ظهور فرقه دمکرات آذربایجان اعلام کردند که ردّ اعتبارنامه پیشه‌وری کاری اشتباه بوده.

پیشه‌وری هر چند اگر به مجلس چهاردهم وارد می‌شد به لحـاظ شخصـی انتظـار می‌رفت که در رأس جریانات آذربایجان قرار نگیرد امّا نبایـد از نطـر دور داشـت کـه جریان فرقه دموکرات و حوادث آذربایجان، علل دیگری داشـت و اگـر پیشـه‌وری در رأس آن قرار نمی‌گرفت صدها نفر دیگر وجود داشت که حاضر می‌شدند همان نقشی را بازی کنند که پیشه‌وری بازی کرد! همچنـان کـه قبـل از پیشـه‌وری روسـها، بـرای رهبری حوادث آذربایجان، بسراغ افراد متعددی رفته بودند بنظر خلیل ملکی، شورویها قبل از این‌که به سراغ پیشه‌وری بروند به دنبال ابوالقاسم موسوی که بـیش از ده سـال

زندان کشیده بود رفته، از او خواسته بودند به آذربایجان برود و رهبری نهضت را بدست گیرد:

... موسوی که آدم با پرنسیپ و تابع اصول بود گفته بود: قبول، به شرط این‌که شما سیاست دولت بی‌طرف مساعد (و نه دولت فرمانده) را بازی کنید. مأموران دولت شوروی به او گفتند «تو ناسیونال کمونیست هستی».***

یوسف افتخاری نیز در خاطرات خود، در این زمینه می‌نویسد:

پیشه‌وری را از قدیم و ایام زندان می‌شناختم ولی پس از حوادث شهریور بیست دیگر او را ندیده بودم این‌که آنروز به دفتر روزنامه‌اش در خیابان فردوسی رفتم. به او گفتم آقای پیشه‌وری دنبال من آمدند که در یک نقطه‌ای یک شورشی برپا کنیم و من آن شخص را نشناختم، امّا می‌گفتند که بیا استالین تضمین کرده است. من برای شرکت در سندیکای جهانی عازم پاریس هستم و حتماً دنبال شما و رفقای دیگرتان که می‌شناسم خواهند آمد. دیدید که در گیلان وقتی که پشت آدم را خالی می‌کنند، نتیجه‌اش شکست است. ما درجایی می‌توانیم دست به اسلحه ببریم که اقلاً شصت درصد مردم پشت سر ما باشند. پیشه‌وری گفت آقای افتخاری یعنی من اینقدر ناشی هستم، یعنی این سن و سال را بیخود گذرانده‌ام و این موها را بیخود سفید کرده‌ام حالا می‌آیم و یک چنین اشتباهی می‌کنم؟ اتفاقاً تا به پاریس رسیدیم، روزنامه‌ها نوشتند که پیشه‌وری به آذربایجان رفته و تشکیلاتی درست کرده است.***

اما همچنان‌که خواهیم دید در اسناد روسی مربوط به فرقه دمکرات آذربایجان مطلبی در مورد ادعای افتخاری و مراجعه روسها به کسانی غیر از پیشه‌وری برای بدست گرفتن رهبری فرقه دیده نمی‌شود در ۲۴بهمن ۱۳۲۳حسن حسن‌اف رئیس گروه کارکنان سیاسی آذربایجان شوروی گزارش مهمی در ۶۷صفحه به باقروف می‌فرستد در این گزارش قید شده که هرچند در تبریز افراد شرافتمند برای رهبری حزب و کار در اتحادیه‌ها و ادارات وجود دارند اما تعداد آنها کافی نیستند لذا بهتر است از

آذربایجانی‌های دمکرات در تهران استفاده کـرده آنهـا را بـه تبریـز آورد و سـیدجعفر پیشه‌وری مدیر روزنامه آژیر یکی از این آدمها ذکر میکند[۱۱۷]

باقروف، رئیس جمهوری آذربایجان شوروی گرداننده اصلی فرقه دمکرات بود امّا دستور تشکیل فرقه دموکرات آذربایجان از جانب رهبری عالی حزب یعنی از شـخص استالین صادر شده است.[۱۱۸] بخصوص بیاد بیاوریم که در نظام‌های خودکامه، هیچکدام از افراد بلند مرتبه از استقلال رأی برخوردار نیستند و تصمیم گیرنـده اصـلی شـخص خودکامه است.

متاسفانه در ایران بخاطر فقدان منابع در مورد میرجعفـر بـاقروف، بـه نقـش او در حوادث آذربایجان کمتر پرداخته شده در حالیکه به نظر اینجانب در حوادث مربوط به آذربایجان در دهه ۲۰ او نقش اول داشته و بازیگر اصلی بوده است و در اثر تلاشهای چهارساله او بوده که توجه استالین به سمت آذربایجان ایران و سـرانجام شـکل‌گیـری فرقه دمکرات شده است.

در آن زمان، رهبران شوروی فکر می‌کردند که انگلستان کم‌کم جای آلمان را مـی-گیرد و ایران پس از اتمام جنگ جهانی بزودی تحت نفوذ انگلستان قرار خواهد گرفت و همین مسئله روسها را از منابع نفتی موصل، کرکوک و عربستان دور خواهد ساخت بنابراین آنان در مقابل یک انتخاب قرار داشتند: نفوذ در بین ترکها یا کردهای ایران. در رهبری اتحاد جماهیر شوروی افراد زیادی وجود داشت که بـرای جلـوگیری از نفـوذ انگلستان،استفاده از کردها را به عنوان شریک استراتژیکی پیشنهاد می‌کردند و از آنجـا که حقوق کردها در ایران به طور گسترده‌ای سرکوب می‌شد لذا سیاسـت نزدیکـی بـه کردها و استفاده از آنها به عنوان اهرم فشار بـر علیـه تهـران را تاکیـد مـی‌کردنـد امـا میرجعفر باقروف با استفاده از روابط نزدیکی که با لاورنتی بریا داشت بـه کمـک او و ولادِیمِیر دکانوزوف معاون کمِیسـارِیاِی خلـق در امـور خارجـه ،توانسـت اسـتالین را متقاعد کند که این سیاست بیهوده است و توجه اسـتالین را بسـوی آذربایجـان ایـران معطوف سازد.

در ۹سپتامبر ۲۸/۱۹۴۱شهریور۱۳۲۰استالین در تلگرامی به باقروف او را برای گفتگوی یک روزه به مسکو فراخواند در این گفتگو باقروف پیشنهادات خود را مطرح ساخت بر اساس پیشنهادات باقروف، باید عزیز علی‌اف دبیر کمیته مرکزی در راس گروههایی عازم آذربایجان ایران می‌شد استالین این پیشنهاد باقراف را قبول کرد[۱۱۹].

اما تا روانه شدن «گروه عزیز علی‌ف» به تبریز، خود باقروف بلافاصله مخفیانه از طریق نخجوان به تبریز می‌آید خودش در مورد این سفرش که همیشه مخفی مانده بوده می‌نویسد:

«...در تبریز به هفت هشت جوان برخوردم خواستم با آنها گفنگو کنم اما وقتی ماشین را نگهداشتم آنها فرار کردند با صدای بلند به زبان ترکی به آنها گفتم به نزد من بیایند وقتی دیدند ترکی صحبت میکنم بلافاصله به پیش من آمدند...» باقروف آنها را برادر خود خطاب کرده ضمن نشان دادن نقشه آذربایجان بزرگ، خطاب به آنها می‌گوید که حتی تهران نیز مال آذربایجان است![۱۲۰]

گروههای مختلفی که برای اعزام به تبریز در نظر گرفته شد شامل تعدادی کارشناسان اقتصادی ،کشاورزی،حقوقدانان و افراد فرهنگی بودند محمد کریم‌اوغلی به عنوان ریاست تیمها منصوب شد روسای گروههای زیرمجموعه هم شامل: سلیمان رحیم‌اف رئیس گروه تبلیغات، محب‌علی امیر ارسلان اف رئیس امور اداری و اقتصادی،آقاسلیم آتاکیشی‌اف رئیس عملیات خاص،مصطفی قلی‌اف امور بهداشتی و پزشکی و میرزا ابراهیموف سردبیر روزنامه نظامی که باید بزبان آذربایجانی چاپ می-شد همچینین در مسکو مقرر شده بود که از گروه عزیزاف هرچه زودتر ۵۰۰نفر عازم آذربایجان ایران گردند و در طی دو الی سه ماه این تعداد افراد به دو الی سه هزار نفر افزایش یابد.[۱۲۱]

در ۱۶سپتامبر بر طبق تصمیم فرمانده شورای جنگی و اردوی قفقاز، کمیسر سرهنگ عزیز علی‌اف عازم تبریز شده و به عضویت شورای نظامی ارتش ۴۷ انتخاب می‌شود اندکی بعد میرجعفر باقروف اطلاعات لازم را در خصوص اوضاع آذربایجان

ایران از گروه علی‌اف دریافت کرده به استالین می‌فرستد و این کار تا پایان سال ۱۹۴۱ادامه پیدا می‌کند.اما طولی نمی‌کشد که بین گروه علی‌اف و سفیر روسیه اسمیرنوف اختلافات آغاز می‌شود سفیر روسیه اسمیرنوف نامه‌ای به مسکو نوشته و عزیز علی‌اف را به قومگرایی متهم می‌کند اما باقروف به دفاع از علی‌اف می‌پردازد[۱۲۲].

پس از انتخابات مجلس چهاردهم سران شوروی کمکهای اقتصادی و فرهنگی به شهرهای آذربایجان را آغاز کرد که افزایش نشریات به زبان ترکی، بکارگیری افراد محلی در دوایر اداری و کنسولگری‌های شوروی، تاسیس موسسه انتشاراتی به همراه ابزارآلات چاپ به منظور انتشار آثار نویسندگان و شعرای آذربایجان، اعزام گروههای هنری و تئاتر به تبریز، براه انداختن یک مدرسه ده کلاسه در تبریز به زبان ترکی و رایگان که معلمان آن از آذربایجان شوروی باید می‌آمدند ایجاد یک مرکز کشاورزی به منظور کمک به کشاورزان آذربایجان ایران، تاسیس کارخانه جوراب بافی و تریکوبافی برای اشتغال افراد بیکار در تبریز و...می‌توان اشاره کرد.[۱۲۳]

وقتی در تاریخ ۲۲فروردین۱۳۲۳روزنامه «راه وطن»اولین شماره خود را با ۴۰۰۰تیراژ در تبریز متنشر شد عزیز علی‌اف در گزارش ۲۴اکتبر۱۹۴۱به باقروف می-نویسد: در مدارس دروس به زبان فارسی است آذربایجانی‌ها دوست دارند به زبان خودشان تحصیل کنند به همین خاطر انتشار مجله راه وطن«وطن یولوندا» به زبان ترکی باعث خوشحالی مردم شده است.[۱۲۴]

روزنامه راه وطن(وطن یولوندا) ارتباط نزدیکی با شاعر محمد بی‌ریا برقرار کرده و مسئولین آن از دیدار چهار ساعته با سیدجعفر پیشه‌وری در دفتر روزنامه در ۲۸شهریور۱۳۲۳در تبریز خبر می‌دهند در این زمان اعتبارنامه پیشه‌وری در مجلس رد شده و او به تبریز آمده بود. در می ۱۹۴۴حسن شاهگلدیف از تبریز در مورد محمد بی‌ریا خطاب به باقروف می‌نویسد: «او به من خیلی نزدیک است و هر روز با من دیدار می‌کند و از من می‌خواهد که به خاطر خدمات پدرانه‌ای که در حقشان انجام داده‌ایی سلام‌های آتشین‌اش را به شما برسانم[۱۲۵]»

اما ارتباطات علنی و همه روزه بی‌ریا با شاه گلدیان‌اف مدیر روزنامه راه وطن باعث تکدر خاطر استاندار آذربایجان گردیده به همین خاطر مقامات شوروی به مدیر روزنامه تذکر دادند که از حرکات افراطی ممانعت کرده و باید از شاعری چون محمد بی‌ریا که در نزد مردم محبوب است به نحواحسن استفاده کند.[۱۲۶]

در ۳۰ اردیبهشت نیز دولت شوروی تصمیم گرفت خانه فرهنگی تحت عنوان شعبه انجمن روابط فرهنگی شوروی در تبریز افتتاح کند و اجرای این برنامه را به عهده دکازونف و باقروف گذاشته شد در بهار همین سال نیز ۶۲۰ متخصص در حوزه‌های مختلف از شوروی وارد آذربایجان ایران شدند.[۱۲۷]

عزیز علی‌اف به باکو بازگشته و بلافاصله با سفارش باقروف از سوی استالین به عنوان دبیر اول کمیته حزب داغستان می‌گردد اما در ۱۳۲۳/۱۹۴۴وجود دو عامل باعث عطف توجه بیشتر سران مسکو به آذربایجان ایران می‌گردد: اولین عامل اینکه سران مسکو اطلاع پیدا می‌کنند که شکست آلمان در جنگ حتمی است و دومین عامل اینکه وجود منابع غنی نفت در ایران به رقابت اصلی بین کشورهای قدرتمند بدل می‌گردد در آن زمان ایران تحت تاثیر دو قدرت انگلیس و آمریکا قرار داشت و نیاز روسیه نیز به نفت افزایش یافته بود در چنین شرایطی، بنابراین توجه استالین به نفت ایران اجتناب‌ناپذیر می‌گردد البته در این میان، میرجعفر باقروف نیز اهداف و سیاست‌های خاص خود یعنی تسلط بر آذربایجان ایران را پیش می‌برد او با دفاع از ترکهای ایران ابتدا به دنبال کسب خودمختاری سپس اتحاد بین دو آذربایجان فکر می‌کرد[۱۲۸].

در نامه مهمی که باقروف با عنوان «برخی مسائل مهم در ارتباط با آذربایجان جنوبی»در ۱۴ سپتامبر ۱۹۴۴/ ۲۳ شهریور ۱۳۲۳به استالین می‌نویسد برای اولین بار ذکر می‌کند که در آذربایجان باید تشکیلات دمکراتیک برپا گردد در واقع می‌توان آن را در حکم گام اولیه برای تشکیل فرقه دمکرات به حساب آورد. باقروف در این نامه طولانی به کارهای و فعالیتها صورت گرفته در آذربایجان ایران از سوی عوامل روسی اشاره می‌کند و پس از تشریح فعالیتهایی چون، راه اندازی مجله راه وطن و دست اندرکاران آن، ارائه کنسرتهای رایگان در بین مردم در شهرهای مختلف ایران توسط

یک گروه۴۴نفری و فعالیتهای اقتصادی و تبلیغاتی مانند تاسیس فرستنده رادیو، افتتاح بیمارستان در تبریز، خانه فرهنگ، ایجاد کارخانه جوراب‌بافی و تریکوبافی، تاسیس مدرسه متوسطه در تبریز... که از سوی باکو صورت گرفته می‌نویسد:

«من لازم می‌دانم به یک مسئله دیگر اشاره کنم حزب توده در آذربایجان جنوبی جزو تشکیلات خوب به شمار می‌رود اما در راس آن یک ارمنی بنام اردشیر آوانسیان قرار دارد اگرچه گفته شده که این رفیق آدم صادق و جزو رهبران خوب به شمار می-رود اما این باعث می‌شود که این حزب در بین مردم آذربایجان از اعتبار بیفتد و مردم آذربایجان از این حزب فاصله بگیرند.

از این نتیجه گرفته میشود که متاسفانه در ایران ما علیرغم اینکه تشکیلات زیادی داریم اما هنوز هم تشکیلاتی که بتوانند خط ما را پیش برده و اهداف ما را بوسیله اشخاص با نفوذ تحقق بخشند وجود ندارد...»

باقروف پس از تشریح فعالیتها مذکور پیشنهادهای زیر را ارائه میکند:

۱. باید قاطعانه عمل شود تا اعتبارنامه نمایندگان آذربایجان در مجلس قطعی گردد.

۲. در آینده‌ای نزدیک باید تدابیر لازم اندیشیده شود تا عناصر فتنه‌کار که دشمن اتحاد جماهیر شوروی هستند از مسندهای مدیریتی و رهبری برداشته شوند.

۳. باید نفوذ حزب توده را از طریق آذربایجانی تقویت کرده و تدابیری اندیشیده شود تا تاثیر و احترام آن در بین روشنفکران، کارگران روستاییان افزایش یابد.

۴. باید تدابیری اندیشیده شود تا جلوی عوامل ماجراجو که از طرف دولت ایران تحریک می‌شوند تا در آذربایجان جنوبی دست به فعالیتهایی بر ضد ما بزنند گرفته شود.

۵. دستورات لازم به فرماندهی قشون روسی در ایران وهمچنین به دیپلماتهای ما در ایران داده شود تا جلوی هرگونه تجاوز و غارتهای مسلحانه‌ایی که از سوی سران طوایف کرد به آذربایجان ایران صورت می‌گیرد بگیرند.

۶. در وحله اول باید از افراد با نفوذ اهالی بهره گرفته و بر اقدامات جاسوسی افزوده شود.

۷.	با نهایت احتیاط باید در بین روستاییان کار کرد.»[۱۲۹]

در ۲۴بهمن ۱۳۲۳حسن حسن‌اف رئیس گروه کارکنان سیاسی آذربایجان شوروی گزارش مهمی در ۶۷صفحه به باقروف می‌فرستد او در گزارش خود ضمن یادآوری شرایط مناسب فعلی برای تجزیه آذربایجان می‌نویسد که اکنون دولت ایران در آستانه سقوط قرار گرفته و احساسات استقلال طلبانه در بین مردم آذربایجان بر علیه تسلط فارس‌ها زنده است لذا باید هرچه زودتر وارد عمل شد شرایط بین‌المللی نیز مستعد این مسئله است و همزمان با شکست هیتلر اینکار باید عملی گردد و متفقین در مقابل کار انجام شده‌ایی قرار گیرند لذا برای رهبری کارها پیشنهاد می‌کند که ژنرال آتاکیشی-یف از قزوین دفترش را به تهران منتقل کند همچنین در این گزارش قید شده که هرچند در تبریز افراد شرافتمند برای رهبری حزب و کار در اتحادیه‌ها و ادارات وجود دارند اما تعداد آنها کافی نیستند لذا بهتر است از آذربایجانی‌های دمکرات در تهران استفاده کرده آنها را به تبریز آورد و سیدجعفر پیشه‌وری مدیر روزنامه آژیر را به عنوان یکی از این آدمها ذکر می‌کند.[۱۳۰] در واقع در این نامه برای اولین بار اسم پیشه‌وری برای انتخاب رهبری حزب مطرح می‌شود.بدلایل متعددی، پیشه‌وری انتخاب مناسبی بود، زیرا اگرچه وی از کمونیست‌های قدیمی بود ولی در آذربایجان بیشتر به عنوان یک روزنامه‌نگار آزادی‌خواه و مردمی شهرت داشت که به رغم دستیابی به یک پیروزی چشمگیر در انتخابات مجلس چهاردهم یعنی ۱۶۰۰۰رای، می‌توانست به یکی از قهرمانان جدید آذربایجان تبدیل شود، به اندازهء کافی از حزب توده فاصله داشت که بتواند یک حزب جدید را بنیان گذارد.کار تماس با افراد صاحب نفوذی که می‌توانستند در برپایی چنین حرکتی مؤثر واقع شوند بر عهده پیشه‌وری گذاشته شد و او در عرض چند روز موفق شد تعدادی از چهره‌های سیاسی توده‌ای و غیر توده‌ای آذربایجان را به تأسیس یک حزب«واقعا دموکرات»جدید که می‌بایست به منافع مردم خدمت کند،جلب کند[۱۳۱].

در ماه سپتامبر فرقه دمکرات شروع به کمک گرفتن از باکو در زمینه های مختلف کرد و افرادی چون الف.کریم‌اف، ح.حسن‌اف، ح.ابراهیموف و الف.آتاکیشی‌اف برای سازماندهی امور آذربایجان با سفارش‌های ویژه از باکو به تبریز اعزام می‌شوند.[۱۳۲]

در۶ ژوئیه۱۵/۱۹۴۵تیر۱۳۲۴دفتر سیاسی حزب کمونیست شوروی-احتمالا بعد از مشورت با میرجعفر باقروف که در آن هنگام در مسکو بود یا در حضور وی، قطعنامه‌ای را به تصویب رساند که در آن از باقروف خواسته شده بود«برای سازماندهی یک جنبش جدایی‌طلب در آذربایجان جنوبی و دیگر استان‌های شمالی ایران» اقداماتی را به عمل آورد مقرر شد که از طریق متقاعد ساختن کردها به برپایی یک حرکت خودمختاری‌طلب، در میان کردهای شمال ایران نیز اقدامات مشابهی صورت گیرد[۱۳۳].در تیرماه ۱۳۲۴باقروف پس از بازگشت از مسکو برخی از افراد مهم آذربایجان مانند کامبخش، پادگان، شبستری و پیشه‌وری را دور خود جمع کرده و در این جمع پیشه‌وری به دلیل محبوبیت‌اش در بین مردم، به عنوان رهبری فرقه دمکرات جدیدالتاسیس را انتخاب می‌شود[۱۳۴].

از این زمان شبکه‌های پراکندهء مقامات آذربایجان شوروی در تبریز تحت هیئت سه گانهء ذیل انسجامی تشکیلاتی یافت؛آتاکیشی‌اف معاون کمیساریای امنیت دولتی[جمهوری آذربایجان شوروی]،حسنوف دبیر سوم کمیته مرکزی حزب کمونیست[آذربایجان شوروی]و میرزا ابراهیموف، شاعر و کمیسار ارشاد و آموزش[جمهوری آذربایجان شوروی].هیئت ناظر بر این گروه سه نفره که در باکو مستقر بود عبارت بودند از باقروف، یعقوب‌اف(کمیسر امنیت دولتی امیلیانوف) و برخی اوقات نیز ماسلنیکوف(فرمانده ناحیه نظامی ماوراء قفقاز).در مورد تصمیمات مهّم،نه گروه سه گانه مستقر در تبریز و نه گروه باقروف در باکو هیچ کدام بدون تأیید مسکو مجاز به اتخاذ تصمیم نبودند و در مسکو نیز استالین، بریا، مالنکوف و مولوتوف دائما از جریان تحولات جاری در ایران مطلع می‌شدند[۱۳۵].

در جمعه ۲۲ تیر ۱۳۲۴باقروف در تلگرامی از مالکنف دبیر کمیته مرکزی درخواست‌هایی می‌کند که تشکیل فرقه دمکرات آذربایجان و اعزام پیشه‌وری و کامبخش به باکو برای مذاکره جزو این خواسته‌هاست.[۱۳۶]

ابراهیم نوروزاف که از سوی کا، گ، ب. در پوشش خبرنگار نظامی در شهریور ماه ۱۳۲۰ به همراه ارتش سرخ به ایران فرستاده شده بود در خاطرات خود در مورد انتخاب پیشه‌وری به رهبری فرقه دمکرات می‌نویسد:

> پیشه‌وری با رهبری فرقه دموکرات موافق نبود در سال ۱۳۲۳ در جلفای شوروی در داخل قطار ملاقاتی بین میرجعفر باقروف و سیدجعفر پیشه‌وری صورت گرفت. در آنجا بود که باقروف رهبری فرقه دمکرات آذربایجان ایران را به پیشه‌وری پیشنهاد نمود امّا او موافقت نمی‌کرد. میرجعفر باقروف خطاب به پیشه‌وری گفت: دیگر از تاریخچه حزب عدالت نوشتن کافی است تا فرصت هست با ما همگام شو. پیشه‌وری در پاسخ به باقروف می‌گوید این روسها که امروز به منظور پیشبرد اهداف سیاسی‌شان ما را به بازی می‌گیرند آدمهای مورد اطمینان نیستند آنها در صورت لزوم به ما کمکی نمی‌کنند و ما را در میدان مبارزه تنها می‌گذارند محبت روسها به محبت میمون شباهت دارد که هنگام غرق شدن در آب پا روی بچه‌اش می‌گذارد من آنها را خوب می‌شناسم سرانجام پس از گفتگوی زیاد پیشه روی با اطمینان به میرجعفر باقروف به اعتبار خدمت به ملت ایران با پیشنهاد آنها موافقت کرد.***

نقشه تشکیل فرقه دمکرات از چند ماه پیش کشیده شده بود و احتمالاً، پیشه‌وری در اواسط مرداد ماه، روزنامه آژیر را به دوستانش کریم کشاورز و فریدون ابراهیمی در تهران سپرده و به تبریز رفته است. کتاب «شهریورین اون ایکسی [۱۲ شهریور]» می‌نویسد پیشه‌وری در اوایل شهریور، روزنامه آژیر را در تهران به دوستانش سپرد و به تبریز آمد. بعضی از نویسندگان دیگر، تاریخ آمدن او را به تبریز، دوم شهریور ذکر کرده‌اند، در حالی که این تاریخ درست نیست زیرا اگر پیشه‌وری در اوایل شهریور و یا دوم شهریور به تبریز آمده باشد نمی‌تواند روزنامه آژیر را به دوستانش (کشاورز و

ابراهیمی) بسپارد روزنامه آژیر در این تاریخ (۳ شهریور ۱۳۲۴) توقیف شده بود، پس تاریخ آمدن او به تبریز، اواسط مرداد باید باشد امّا این زمان، مصادف با تلاش برای تهیه مقدمات تشکیل فرقه بوده و پیشه‌وری به احتمال زیاد، دوباره به تهران برگشته ولی پس از توقیف نشریه آژیر برای همیشه از تهران خارج شده.[۱۳۸] اسماعیل شمس از فعالان سیاسی تبریز و از دوستان نزدیک پیشه‌وری و سردبیر روزنامه آذربایجان، در مارس۲۰۰۵ در این زمینه می‌گوید:

> با روشنفکران و فعالان تبریز نشسته مشورت کردیم تصمیم گرفتیم پیشه‌وری را به تبریز دعوت کنیم نامه‌ای نوشته من، ولایی و چاووشی نامه را به نزد پیشه‌وری در دفتر روزنامه آژیر بردیم وقتی نامه را دید با اشتیاق آن را قبول کرده گفت «شیر مادرم سکینه حرام باد» آنگاه آژیر را به همکارانش سپرده و سفارش‌های لازم را در این خصوص به آنها داد ما بعد از ظهر همان روز به تبریز بازگشته و آقای پیشه-وری نیز فردای آن روز بدون سرو صدا به تبریز آمد[۱۳۹]

در تبریز پیشه‌وری و شبستری پس از مذاکرات زیاد تصمیم می‌گیرند که صادق پادگان، مسؤول وقت حزب توده در تبریز را بسوی خود جلب نمایند، پادگان پس از اطلاع از جریان تشکیل فرقه دمکرات، آن را قبول می‌کند و بعد از سه روز مذاکره، تصمیم می‌گیرند پس از اعلام فرقه دموکرات از طرف پیشه‌وری و شبستری، پادگان نیز با سران حزب توده صحبت کرده و زمینه ادغام دو حزب را فراهم نمایند در ۲۵ اوت/۳ شهریور گروه سه نفرهء پیشه‌وری، پادگان و شبستری برای تدوین پیش‌نویس برنامه و نظامنامهء فرقه و نحوهء اعلان آن با میرجعفر باقروف و دستیارانش آتاکشی‌اف و یعقوب‌اف ملاقات کردند.کارهای مقدماتی و بیانیه فرقه دمکرات تکمیل شده و پس از تایید و تصحیح در باکو ، برای تایید نهایی به مسکو فرستاده شد.

پس از آن، پیشه‌وری بیانیه ۱۲شهریور که شامل ۱۲ ماده بود به دو زبان آذری و فارسی می‌نویسد و قرار می‌گذارند تا بعد از امضاءِ تعدادی از آزادیخواهان، در روز ۱۲ شهریور منتشر کنند.

در اول صبح ۱۲شهریور مردم تبریز شاهد اعلامیه‌ایی با امضای ۸۰نفر از افراد تجار، سیاستمدار، روشنفکر، روحانیان ...به زبان آذری بر دیوارها بودند که از آنها می-خواست به صفوف فرقه بپیوندند.

به نظر می‌رسد در این زمان برخی از افراد امضای خود را پس گرفته باشند چرا که در متنی که به تهران و وزرای خارجه فرستاده شده تنها ۴۸امضا داشته است به هر حال، پس از امضای ۴۸ نفر، متن آن را به وزرای خارجه امریکا، انگلیس، شوروی، فرانسه، چین و همچنین بخصور محمدرضا پهلوی و رئیس مجلس شورای ملی فرستادند. کتاب «شهریورین اون ایکیسی» در مورد جمع آوری امضاءها و انصراف پس گرفتن امضا توسط برخی از افراد می‌نویسد:

> جمع آوری امضاء کار مشکلی بود. با وجود این رهبرانی که در صدد تشکیل فرقه بودند ناامید نگردیده، به آزادی‌خواهانی که می‌شناختند مراجعه کردند، و بیانیه را خوانده مقاصد خود را به آنان بیان داشتند. همچنان که گفته شد آغاز کار سخت اقدام خطرناک بود به همین جهت بعضیها حتی از انتشار اعلامیه متوحش شده، پس گرفتن امضاهای خود را خواستار گردیدند. لکن تصمیم رهبران خلل ناپذیر بود. لذا بیانیه با ۴۸ امضاء در تاریخ ۱۲ شهریور ماه انتشار یافت. ...

روز ۱۴شهریور اولین شماره روزنامه آذربایجان در تبریز منتشر شد و در آن این تیتر از پیشه‌وری به چشم می‌خورد: «**حزب ما آغاز به کار کرد**».

به دنبال انتشار بیانیه، تعدادی از مخالفین فرقه، در تبریز و شهرهای اطراف آن کوشیدند تا امضاهایی را در مخالفت با بیانیه فوق، جمع آوری کنند و در همین راستا، با کوششهای جمال مدرس (قاضی دادگستری)، ستوان یکم نوازش و ستوان یکم ناصری (اهل مرند) تلگرافی با امضای حدود ششصد نفر که بیشتر امضاء کنندگان، از بازاریان و تجار بودند آن را به دست رحیم ذهتاب‌فرد در تهران رساندند و ذهتاب‌فرد آن را بدست سیدضیاءالدین داد.

> «سید ... گفتند: حالا این تلگراف را، در میدان سپه به تلگرافخانه برده و به صمد عیسی بگلو کارمند تلگرافخانه بدهید و بگوئید فوری مخابره

کنند. تلگراف مخابره شد. سید دستور داد متن تلگراف به صورت فوق‌العاده در ضمیمهٔ همه جراید وابسته به حزب [جمعیت نجات آذربایجان] چاپ و توزیع گردد» ... متن تلگراف در ضمیمه روزنامه‌ها در تاریخ روز یکشنبه ۲۲ مهر ماه ۱۳۲۳ در دهها هزار نسخه چاپ و فردای آن روز با پیک مخصوص به آذربایجان فرستاده شد.

سید •ضیاءالدین• دستور داد تا دستگاه پیشه‌وری به خود نیامده است و تصمیمی در این مورد گرفته نشده است در صورت امکان از سایر شهرستان‌ها نیز چنین تلگرافاتی تهیه و ارسال گردد.***

پیشه‌وری در روزنامه آذربایجان، به امضاء کنندگان تلگراف و دست‌اندرکار اصلی آن (سیدضیاءالدین) سخت حمله کرد، او در ۲۵ مهر، در روزنامه آذربایجان چنین نوشت:

بگذار بخوانند و بفهمند امضاء کنندگان تلگراف بی‌آنکه معنای آن را درک کنند چشمهایشان را باز کنند تا ببینند بدست چه کسی به تور افتاده‌اند.

تقریباً یک ماه به این ور فقهی که جزو ایادی جدی و رسمی و فعال دستگاه سیدضیاءالدین می‌باشد برای ایجاد فتنه و فساد در آذربایجان با اعتبار و امکاناتی از تهران به تبریز می‌آید و با پولهای آورده شده با وعده وعید از بین دلالان بازار، چند نفر را با خود همراه می‌سازد او با کمک گرفتن از سیدضیاء و بعضی از اشخاص مرموز که به مقامات مرموز وابسته‌اند شروع بکار کرده. آدمهای خائن و دو رو نیز آن آتش را شعله‌ورتر کرده، و در نهایت تلگراف سراسر تهمت و افترا و توهین آمیز و نفاق افکن بین مردم را در گوشه‌های تاریک کاروانسراها با حقه‌بازی امضاء کرده و مخابره گردیده ... .

در بین بعضی از امضاء کنندگان، آدمهایی به چشم می‌خورد که در اسناد هر دو طرف مشارکت داشته‌اند. یک آدمی که با رضا و رغبت خود، اعلامیه‌ی مبتنی بر درخواست انجمن ایالتی و ولایتی را امضاء می‌کند اگر بر شرافت خود علاقمند می‌بود بعداً برخلاف آن تظاهر نمی‌کرد.

علاوه بر این، در بین امضاء کنندگان، اشخاص جانی و قاتل نیز به چشم می‌خورد. صادق مجتهدی بدست خود، سه نفر را بـه قتـل رسـانده و نـه نفر را شدیداً مجروح کرده ... همچنان که در شماره قبل روزنامـه گفتـیم ما به شخصیت اشخاص کـاری نـداریم، امّـا اشخاصـی وجـود دارد: کـه شناساندن آنهابه مردم لازم است.

اگر اهل بازار، فقهی را می‌شناختند، قطعاً در تور او نمی‌افتادند ... .***

۱۳ ـ خط مشی حزب توده در قبال فرقه دمکرات آذربایجان

آبراهامیان در مورد ظهور فرقه می‌نویسد: «ایران شاهد پدیدهٔ نـادر وجـود همزمـان دو حزب کمونیست طرفدار شوروی بوده است». بر این جمله می‌توان افزود کـه در ایـن مقطع، فرقه دمکرات برای سران کرملین در دستیابی به اهـداف اقتصـادی، از اولویـت زیادی برخوردار بود و حزب توده، با فشار مقامات شوروی، حاضـر بـه همکـاری بـا فرقه دمکرات شد.

سران حزب توده از ظهور فرقه دمکرات بی‌اطلاع بودند و الحاق تشکیلات حـزب توده آذربایجان به فرقه دمکرات، اعتراض بسیاری از آنان را برانگیخت. دکتر فریـدون کشاورز، عضو کمیته مرکزی حزب توده وقت در این زمینه می‌نویسد:

روز قبل از اعلام تشکیل فرقه دموکرات آذربایجان، کمیته مرکزی حـزب در منزل من جلسه داشت ... من در جلسه بودم که مرا صـدا کردنـد کـه پادگـان، دبیـر تشـکیلات ایـالتی حـزب در آذربایجـان از تبریـز آمـده و کارفوری دارد ... او در جلسه گفت: من از تبریز حالا رسـیده‌ام و فـوری باید برگردم من آمده‌ام به شما اطـلاع بـدهم کـه فـردا تمـام سـازمانهای حزب ما در آذربایجان، از حزب توده ایران جدا شده و با موافقت رفقای شوروی، به فرقه دموکرات آذربایجان، که تشکیل آن فـردا اعـلام خواهـد شد می‌پیوندد. کمیته مرکـزی، ایـرج اسـکندری را مـأمور کـرد کـه نامـه اعتراضی در این باره به حزب کمونیست شوروی بنویسد و او نیز نوشت ولی هیچ وقت جواب این نامه نرسید.***

ایرج اسکندری می‌نویسد:

... ما کاملاً در مقابل عمل انجام شده قرار گرفته بودیم و مخالف هم بودیم. ما اصلاً چنین چیزی را قبول نداشتیم و می‌گفتیم آخر چه معنائی دارد و تعجب می‌کردیم. خیال می‌کردیم پیشه‌وری خود سرانه و به ابتکار خود این کار را کرده. ولی بعداً دیدیم، کم‌کم رفقایی که ارتباط بیشتری با مراجع داشتند، آمده و گفتند که رفقا عقیده‌شان این است و قضیه‌ای است که مورد پشتیبانی است.***

در مورد نامه اعتراضی، که از سوی کمیته مرکزی حزب نوشته شد آوانسیان ضمن تأیید نامه، می‌نویسد: «هستهٔ معقول این نامه آن بود که تشکیل حزبی به نام فرقه دمکرات آذربایجان نادرست است».[۱۴۵] در بخشی از نامه انتقادی کمیته مرکزی حزب توده، به کمیته مرکزی حزب کمونیست شوروی چنین آمده بود:

اگر دشمنان اتحاد جماهیر شوروی می‌خواستند نقشه‌ای بر ضد آن طرح کنند، هیچ •برنامه‌ای] بهتر از آن که در حال حاضر در حال صورت گرفتن است نمی‌توانستند برپا کنند.***

ناتالیا یگووا، پژوهشگر ارشد آکادمی علوم روسیه که به بخشی از اسناد شوروی دسترسی داشته به نامه‌های اعتراضی اردشیر آوانسیان اشاره می‌کند که وی پس از ابراز نگرانی‌هایش به سفیر شوروی از بابت اقدام محرمانه و عجولانه‌ای که به تأسیس فرقه دموکرات آذربایجان منجر شد، چنین پاسخ گرفت: «البته از لحاظ تئوری حق با شماست. هر چه می‌گویید درست است. ولی وقت چندانی نداریم. زمان منتظر کسی نمی‌ماند». همچنین یکی از دبیران سفارت در مورد برنامه تأسیس فرقه دموکرات و ابزار تحقق این برنامه، اطلاعاتی در اختیار رهبران حزب توده قرار می‌دهد که در صورت به تعویق افتادن انتخابات سراسری، لازم می‌شد برای انتخاب نمایندگان مناطق شمالی، انتخابات جداگانه‌ای صورت گیرد. قرار بر آن بود که در صورت امتناع مقامات تهران از شناسائی رسمی این انتخابات، شمال تحت یک اقتدار دموکراتیک درآید، در این راه نیز از فرقه دموکرات آذربایجان استفاده می‌شد. همین کارمند سفارت، گزارش می‌کند که همه چیز باید در عرض شش ماه صورت پذیرد در غیر این صورت ما

می‌توانیم در حالی که آنها در مورد نظام دموکراتیک، آخرین تصمیم‌ها را اتخاذ می‌کنند، به بهانه‌های مختلف (برای خروج نیروها) اندکی صبر کنیم.[۱۴۷]

اما چنین اعتراض‌هایی که از سوی افراد حزب توده در مورد الحاق تشکیلات حزب توده به فرقه دمکرات صورت گرفت بی‌فایده بود چرا که تصمیم آن در شوروی گرفته شده بود در ۲۲تیر ۱۳۲۴باقروف در تلگرامی که به مالکنف دبیر کمیته مرکزی ارسال کرده در آن آمده است که سازمان‌های حزب توده باید به فرقه ملحق گردند[۱۴۸].

آبراهامیان، دلایل متعددی را بر می‌شمرد که باعث شدند اختلافات فرقه و حزب توده آشکار نگردد و در حد درون خانواده مطرح شود، شوروی‌ها پنهانی می‌کوشیدند تا از برخوردی آشکار جلوگیری نمایند از آنجا که هر دو [فرقه و حزب توده] وابستگیهای نزدیکی به اتحاد شوروی داشتند هیچ کدام حاضر نبودند این متحد را برنجانند.[۱۴۹]

اما امروزه از اسناد محرمانه شوروی چنین برمی‌آید که در اگوست ۱۹۴۵احد یعقوب‌اف سفیر شوروی در ایران به تبریز می‌آید و تنها ماموریت او از این سفر، الحاق شعبه آذربایجانی حزب توده به فرقه دمکرات آذربایجان بود و در ۱۵شهریور۱۳۲۴/۶سپتامبر ۱۹۴۵ میرجعفر باقروف در نامه‌ای محرمانه به استالین، اطلاع می‌دهد که «امروز پلنوم کمیته آذربایجان حزب توده برگزار می‌شود و شعبه آذربایجان حزب توده با فرقه دمکرات آذربایجان متحد خواهد شد[۱۵۰]»

به هر قبال مسئله فرقه دمکرات حزب توده در شرایط بغرنجی گرفتار آمده بود آنها از طرفی نمی‌توانستند با مسئله قومی و زبانی که فرقه تبلیغ می‌کرد همسویی نشان دهند زیرا مغضوب افکار عمومی و دولت قرار می‌گرفتند و از طرفی، نمی‌توانستند به مخالفت با فرقه برخیزند زیرا حمایت آشکار شوروی را به دنبال داشت. به همین خاطر، آنها در عین این‌که شعار فرقه مبنی بر مسئله قومی و زبانی را نادیده می‌گرفتند امّا از طرفی، انجام اصلاحات اجتماعی و اقتصادی و تشکیل انجمنهای ایالتی و ولایتی را در آذربایجان گوشزد می‌کردند و علت اصلی قیام فرقه دمکرات را مشکلات اقتصادی و سیاسی قلمداد می‌کردند که ریشه در فساد طبقه حاکم ایران داشت. دکتر

کشاورز در اوایل کارفرقه دموکرات، در مصاحبه با خبرنگاران، هرگونه رابطه بین حزب توده و فرقه دموکرات را ردّ کرد:

حزب توده ایران با فرقه دموکرات آذربایجان رابطه‌ای ندارد، کمیته ایالتی حزب توده در آذربایجان در حدود دو ماه قبل اعلامیه‌ای صادر کرده و انفصال خود را از حزب توده اعلام و به حزب دموکرات آذربایجان پیوست و البته یک فرد مطابق نظامنامه حزبی نمی‌تواند در دو حزب عضو باشد ... .***

امّا اندکی بعد «ظفر»، یکی از روزنامه‌های وابسته به حزب توده، ضمن حمایت از شعارهای فرقه دموکرات چنین نوشت:

آنچه اکثر به اصطلاح میهن پرستان ایران را آشفته می‌سازد، آرزوی به زبان مادری سخن گفتن ملت آذربایجان ... است ... به این میهن‌پرستان باید گفت که شناسائی زبان آذری به عنوان یک زبان رسمی، تمامیت ارضی ایران را تهدید نخواهد کرد وجود سه زبان رسمی در سوئیس، وحدت آن دولت را تضعیف نکرده است ولی اگر از پذیرفتن واقعیت و شناسایی وجود زبان آذری خودداری کنیم، اقلیت بزرگی را از خود رانده و بنابراین ایران را تضعیف خواهیم کرد. همهٔ ما از سرنوشت رژیم تزاری که سعی داشت. جمعیت غیر روس را روسی کند آگاهیم....***

۱۴ ـ مسئله زبان آذری و حکومت مرکزی

اختلاف کمونیست‌های آذربایجانی با کمیته مرکزی حزب توده در خصوص زبان آذری، تنها محدود به درون حزب نبود بلکه این مسئله در درون جامعه به شکلی گسترده وجود داشت و اختلاف موجود درون حزب توده، در واقع انعکاسی از اختلاف موجود درون جامعه بود.

مسئله زبان آذری و قوم گرایی در بین آذری‌های ایران در قبل از حکومت رضاشاه وجود نداشت این در واقع آتشی بود که در دوره رضاشاه بر افروخته شد و به عنوان عاملی داخلی، نقشی عمده داشت. شروع سیاست‌های همانند سازی در دوره رضاشاه

و سعی در از بین بردن تمایزات قومی، فرهنگی، اجتماعی، بصورت تحمیلی و فشار از بالا را می‌توان، بخش جدایی ناپذیر از شبه مدرنیسم رضاشاه دانست.

اکثر متفکران، هدف از سیاستهای همانندسازی را کاهش شکافهای فرهنگی و ساختاری، به منظور ایجاد جامعه‌ای متجانس و همگن دانسته‌اند که با از میان رفتن اختلافات نژادی و فرهنگی، جامعه بسوی عدالت اجتماعی سوق داده می‌شود و پدیده قومیت، به عنوان ملاک توزیع نابرابر ثروت و قدرت از میان برمی‌خیزد، امّا نتایج سیاستهای دوره رضاشاه مربوط به ایالات، نه تنها منطبق با این اهداف نبود بلکه خود، عاملی برای تبعیض و ستم ملی بدل گردید، به عنوان مثال تبریز که بقول قطران، تا بهشت خدای عزوجل، فقط نیم فرسنگ فاصله داشت.[۱۵۳] و به عنوان شهر دوم ایران به شمار می‌رفت در پایان عمر رژیم رضاشاه، به پنجمین و حتی در ردیف ششمین شهر ایران قرار داشت، همچنین باید این مسئله را در نظر گرفت که رضاشاه دشمن سرسخت کمونیستها بود و نباید از نظر دور داشت که نود درصد رهبران حزب کمونیست ایران را در زمان او و قبل از حکومت او، ترک‌ها تشکیل می‌دادند. اتخاذ سیاستهای رادیکال قومی از سوی حکومت او چیزی نبود جز فشردن و ذوب کردن تکثرات و تنوعات، در یک نظام تمامیت طلب؛ که از نتایج دردناک آن می‌توان به موارد زیر اشاره کرد:

- ظلم و ستم‌های مسؤولان اعزامی از مرکز به آذربایجان و عدم به کارگیری عناصر بومی در دوائر دولتی.
- ناآشنایی مسؤولان ادارات و دوائر آذربایجان به زبان آذری.
- مهجوریت زبان آذری در منطقه آذربایجان به واسطه فشارها و محدودیتهای ساختاری و ممانعت از تدریس آن در مدارس.
- استقرار نظام کهتری ـ مهتری و به کارگیری تحقیرهای افواهی و به حاشیه‌رانی‌های قانونی و غیر قانونی.
- ظلم و ستم مالکان و عدم انجام اصلاحات ارضی.

- عدم استقرار مختاریت محلی و انجمن‌های ایالتی و ولایتی بر اساس اصول قانون اساسی مشروطه و متمم آن. •••

در چنان فضای خفقان‌آور، هر چند جرئت ابراز مخالفت‌های آشکار، امکان‌پذیر نبود و عقده‌ها در دلها تلنبار می‌شد. امّا در چنان نظام‌هایی، وقتی مجالی برای بروز اعتراض پیش می‌آید و دولت مرکزی رو به ضعف می‌نهد ظهور حرکت‌های گریز از مرکز، اجتناب ناپذیر می‌گردد و چه بسا اگر، عاملی خارجی نیز در کار باشد تا سرحد تجزیه‌طلبی سوق داده می‌شود.

در واقع در دوره رضاخان، ظلم و ستم مسؤولان اعزامی از مرکز به آذربایجان به چنان حدی رسیده بود که حتی احمد کسروی که خود از سرسخت‌ترین مخالفان فرقه دمکرات بوده به محکوم کردن آن پرداخت او در کتاب«سرنوشت ایران چه خواهد شد؟» در این زمینه می‌نویسد:

یک چیز که مسلم است آنست که در این قضیه بدرفتاریهای کارکنان دولت در آذربایجان (در زمان رضاشاه) و بی‌اعتناییهای مرکز بشکایتهای مردم مؤثر افتاده . بخصوص نیشهای زبانی بسیاری از مأمورین، از قبیل مستوفی و نفیسی و خوانده‌اند و زبان ترکی را سرکوفتی «اولاد چنگیز» دیگران. اینها در آذربایجان نشسته و نان مردم را خورده و آنها را بآنها گردانیده‌اند. آقای عبدالله مستوفی در تهران بسیار می‌کوشد که خود را پاک و بری نشان دهد . ولی چنین نیست .

من یکی از گواهانم که آقای مستوفی آن مرد نویسنده اندرزگو بدرفتاری را با آذربایجانیان از اندازه گذرانید. این گفتگوها درباره جدایی آذربایجان از سال ۱۳۲۰ آغاز یافته . در آن سال من در آذربایجان بودم و می دیدم مردم چه دلی پر درد از بدیهای مستوفی و دیگران دارند. می دیدم که از رنجش مردم چه استفاده‌هایی کرده می‌شود.[۱۵۵]

در دوره قاجاری، چنین حرکت‌های پانیستی مشاهده نشده زیرا سیاست مرکزگرایی از سوی دولت مرکزی وجود نداشت.[۱۵۶] علیرضا نابدل، چریک آذری که در ۱۳۵۰ توسط رژیم اعدام گردید.[۱۵۷] در این زمینه می‌نویسد:

شوینستها روی این موضوع که مثلاً در هشتصد سال پیش آذربایجانی‌ها بزبان فارسی صحبت می‌کردند، پافشاری می‌کنند و بخیال خود به اثبات این مدعا بزرگترین دشواریهای عصر حاضر را حل کرده‌اند. تخیل آنها در مورد چگونگی جایگزینی زبان کنونی بجای زبان پیشین بسیار ابلهانه است. بنظر آنان مأموران حکومت صفوی بزور مردم را وادار بزبان ترکی کرده‌اند. و باین ترتیب در مدتی نسبتاً کوتاه زبان مردم عوض شده است. این مدعا در کشوری مطرح می‌شود که حتی امروز هم پای مأموران دولتی به بعضی از مناطق روستائی سالی یکبار هم نمی‌رسد. تازه وسایل ارتباطی و قدرت حکومتی امروز بر اساس این تخیل ابلهانه مقالات، داستانها و حتی نمایشنامه‌هائی هم نوشته شده است... .

ما در اینجا به طرح ماهیار نوائی (از ادبای دوران رضاشاه برای ریشه کن کردن زبان آذری) اشاره می‌کنیم. بنظر ایشان با وسایل عادی نمی‌توان زبان آذری را ریشه کن ساخت بلکه باید کودکستانها و پرورشگاههائی در نقاط کوهستانی دور از نقاط مسکونی بنا نمود و بچه‌های قنداقی را از پدر و مادرشان گرفت و برد آنجا تا با زبان فارسی تربیت شوند. دیکتاتوری رضاشاه بر اساس این فکر شوینستی ـ فاشیستی فشار فرهنگی و ملی وحشتناکی بر خلقهای ایران وارد کرد ... .***

همین فشارهای دوره رضاخان بود که پس از بوجود آمدن فضای نسبتاً آزاد بعد از ۱۳۲۰ اعتراضات متعددی در مطبوعات محلی و همچنین بعضی از مطبوعات مرکزی صورت می‌گیرد. به طوری که قبل از ظهور فرقه دمکرات، تکیه بر «مظلومیت زبانی» در اکثر مطبوعات آذربایجان دیده می‌شود، به عنوان مثال روزنامه آذربایجان در ۱۳۲۰ در این زمینه می‌نویسد:

سبب بدبختی آذربایجان چیست؟ علت اصلی، فقدان وحدت بین ملت آذری است. دیگران توانسته‌اند به خاطر تفرقه داخلی بخصوص بین سنی و شیعه، ارمنی و مسلمان، دهاتی و ایلیاتی، کرد و آذری ما را استثمار کنند و آلت دست قرار دهند. تنها زمانی خواهیم توانست حقوق خود را تأمین کنیم که این اختلافات را کنار بگذاریم و در برابر

استثمارگران تهران متحد شویم ... هدف اصلی ما حمایت از حقوق دمکراتیک مردم در استفاده از زبان مادری است.
وقت آن است که دولت قبول کند که آذربایجانی فارسی زبان نیست و نبوده است. زبان رسمی و مادری ما آذربایجانی است. ما هر چه در توان داریم برای ترویج زبان مادری خود در مدارس و ادارات دولتی انجام خواهیم داد. آنهایی که سعی می‌کردند زبان ما را نابود کنند، باید نظر خود را عوض کنند. ...

روزنامه آذربایجان، ارگان «جمعیت آذربایجان» بود که در مهر ۱۳۲۰ به همت افرادی چون اخگری، هلال ناصری، رحیمی، رزیان، چاووشی، شبستری و شمس در تبریز شکل گرفته بود، انعقاد انجمنهای ایالتی و ولایتی مصرح در قانون اساسی از تقاضاهای اولیه این جمعیت بود. اندکی پس از تأسیس جمعیت آذربایجان، «اتحادیه زحمتکشان آذربایجان» (آذربایجان زحمتکشلری تشکیلاتی) توسط افرادی چون پادگان، ولایی، قادری، علم دوست، میزانی، نان‌کرانی، هامبارسونیان و حاجی زاده بوجود آمد آنان نیز در اعلامیه چاپ شده اتحادیه، به ایجاد انجمنهای ایالتی و ولایتی در آذربایجان تأکید داشتند.[۱۶۰]

امّا به دنبال تشکیل حزب توده و گسترش سریع آن، بخصوص در شهرهای مختلف آذربایجان، اعتراضات موجود در زمینه زبان و نادیده گرفتن حقوق اقلیتها به درون جزب توده نیز کشیده شد، و در نخستین کنگره حزب توده آشکار گشت، یک نماینده آذری از گیلان، شکایت کرد که حزب، نارضایتی‌های عمیق استانها را دست کم گرفته است. نماینده‌ای از تبریز، اعتراض نمود که اولویت برای رهبران حزب، فقط تهران هست و به استانهای دیگر، مخصوصاً آذربایجان توجه نمی‌شود، هنگامی که غلام‌یحیی دانشیان، رئیس هیأت نمایندگی از سراب، اعلام کرد که «حزب باید کمتر سخن بگوید و بیشتر عمل کند» در واقع طرز فکر عمومی نمایندگان آذربایجان را بیان می‌کرد، سخنی که بعدها شعار اصلی در قیام فرقه دمکرات شد.[۱۶۱]

وقتی نخستین کنگره ایالتی حزب توده، با شرکت نزدیک به ۱۵۰ نماینده در ۲۱ دی ماه ۱۳۲۳ در تبریز برگزار گردید در طول کنگره، نمایندگان آذری، ضمن حمایت

شدید از زبان آذری، آرزو داشتند که این زبان، دومین زبان رسمی در آن ایالت گـردد بعدها حتی در کنفرانس دوم حزب توده که در مرداد ماه ۱۳۲۴ در تهران برگزار گردید احمد حسینی که نماینده میهمان از آذربایجان بود از سخن گفتن به زبان فارسی بـرای اعضای کنفرانس سرباز زد و رئیس کنفرانس، مجبور شد که از علی شمیده بـه عنـوان مترجم استفاده کند.[۱۶۲]

تأکید بر عنصر زبانی، بیشتر توسط آن گروه از مهاجران آذری ابراز می‌شد که چند سال قبل در اجرای سیاستهای قومی استالینی از آن کشور رانده شده و به ایـران آمـده بودند و اکثراً در شهرهای مختلف آذربایجان، به کارهای یـدی و مشـقت‌بـار مشـغول بودند. فقر و فلاکت از یک طرف و وجود اختلافات فرهنگی، بدلیل سالهای اقامت در اتحاد شوروی از طرف دیگر، موجب نارضایتی شـدید از حکومـت مرکـزی ایـران و جذب سریع آنها، به حزب توده شده بود و بسیاری از آنها، با زبان فارسی آشنا نبودند.

اندکی قبل از تشکیل فرقه دموکرات، وقتی کمیته مرکزی حزب در تهران، تصـمیم گرفت خلیل ملکی را با اختیارات تام به عنوان نماینده‌ای ویـژه، جهـت سـاماندهی و تصفیه و انجام بعضی اصلاحات در سازمان ایالتی، به آذربایجان بفرستد او در تبریز با مخالفت شدید گروههای مهاجر و افراد دیگـری قـرار گرفـت کـه مخـالف اقـدامات اصلاحگرانه او بودند. ملکی در خاطراتش در این زمینه می‌نویسد:

> اکثریت بزرگ اعضای حزب توده را در تبریز مهاجرها تشکیل مـی‌دادنـد و رفتـار آنـان نـوعی بـود کـه حتـی در مـواردی شـورویها نیـز ناراضـی می‌شدند زیرا رفتار آنان موجب جدائی بیشـتر حـزب از تـوده‌ی مـردم و طبقات محروم و دیگران می‌شد. امّا عده‌ای از افسران جوان اهل باکو یـا «آذربایجان شوروی» با این مهاجران تجزیه طلب قلباً موافـق و هماهنـگ بودند. از جمله‌ی شعارهای شوروی پرستانه که در متینگ‌ها ظاهر می‌شـد «آنادیلی» یعنی زبان مادری بود. آنان می‌خواستند زبان ترکی (در حقیقـت زبان باکو) در مدارس و ادارات زبـان رسـمی باشـد. ایـن متینگ‌هـا بـه تظاهراتی که مثلاً ممکن بود در باکو برپا شود بیشتر شباهت داشت تا بـه تظاهراتی که حزب توده مـثلاً در تهـران داشـت ... در کمیتـه شهرسـتان

تبریز دیدم که شش عکس استالین را با هم به دیوار نصب کرده‌اند. من پنج عکس را با دست خود کندم و گفتم این یکی باشد کافی است مشروط بر این‌که عکس خیابانی و ارانی و ستارخان و باقرخان و سایر انقلابیون ایرانی را نیز در پهلوی عکس استالین نصب نمایند متوجه شدم که در کارخانه‌ها عکس‌های متعددی از افسران و ژنرالهای شوروی بر دیوارها کوبیده شده. دستور دادم این عکس‌ها را فرود آوردند و در صورت لزوم عکس‌هائی از رهبران انقلابی نهضت مشروطه و نهضت توده جای آنها نصب شود.***

... گزارشهایی نیز بطور محرمانه از طرف مسؤلان واعضای کمیته و افراد شرافتمند حزبی، که اغلب از کارگران محلی بودند به من می‌رسید. مثلاً یکی از افراد برجسته کادر حزبی را معرفی کردند که به زور و تهدید اسلحه می‌رود و از کسبه به نام حزب پول می‌گیرد واو این کار را به نام این‌که پیش از انقلاب اکتبر، استالین نیز این کار را می‌کرد توجیه می‌کند ... این شخص به فراست دریافته بود که من موجب تصفیه شدن او از حزب خواهم شد. روزی در اطاق تنها علناً مرا تهدید به قتل کرد و من با حیله‌ای کسانی را به اطاق دعوت کردم. او تصفیه شد. امّا پس از روی کار آمدن پیشه‌وری و تشکیل شدن فرقه دمکرات، یکی از حساس ترین مشاغل انتظامی «کشور آذربایجان» و حزب به او واگذار شد.***

محمد بی‌ریا، شاعری که بعداً وزیر معارف پیشه‌وری شد به نوشته ملکی، در این زمان به عنوان رئیس شورای متحده و یکی از استالینیست‌های متعصبی بود که عکس بزرگی از استالین را در شورای متحده، بر بالای سرخود زده بود با تمام تلاشی که خلیل ملکی برای پائین آوردن عکس استالین انجام داد عاقبت موفق شد عکس را پایین بیاورد امّا عکس، در توی پنجره، مجاور میز بی‌ریا جا گرفت!

ملکی به کمک دکتر جودت و قیامی که از تهران آمده بودند، توانست به سازمان ایالتی حزب توده در تبریز، رنگ و روی ایرانی بدهد، اولین کاری که آنها انجام دادند انتخاب یک «کمیته تصفیه» بود که بزودی، دست به یک تصفیه جدی وعمیقی زد.

«کمیته تصفیه» افرادی که صلاحیت عضویت در حزب را نداشتند کنار گذاشت و تعدادی دیگر را، از عضویت حزب معلق ساخت که در صورت کوشش برای اصلاح خود، پس از مدتی معین، از نو در حزب پذیرفته می‌شدند. در متینگ‌ها، شعارهای نامعقول از میان برداشته شد و شعارهای سوسیالیستی، جای شعارهای نامطلوب مهاجران را گرفت این گونه اقدامات، باعث شد تعدادی از فرهنگیان و روشنفکران به حزب جذب شوند.

در قبال اقدامات اصلاحی ملکی، از جمله اخراج افراد خلافکار و شرور و پایین کشیدن عکسهای استالین، بزودی اقدامات مهاجرین بر علیه او شروع شد، آنها به ماکسیموف، سفیر وقت شوروی متوسل شدند و بدین ترتیب بزودی شرّ خلیل ملکی را از سر خود کوتاه کردند ملکی به تهران برگردانده شد و حتی از ورود به تبریز، قدغن گردید و جودت نیز به قزوین تبعید شد. امّا هنوز چند گامی برای تشکیل فرقه دمکرات و ادغام حزب توده آذربایجان به آن، باقی مانده بود که بایستی برداشته می‌شد؛ در همین راستا، افرادی چون علی امیرخیزی که مخالف ادغام بود و جزو سران حزب توده در تبریز به شمار می‌رفت. از کار برکنار شد و بجای او، صادق پادگان نصب گردید که موافق تشکیل فرقه و ادغام تشکیلات حزب توده، به فرقه بود. پیشه‌وری که در این موقع در تبریز حضور داشت در این تغییرات، نقش فعالی داشت او در واقع، با یک تیر دو نشان می‌زد از یک طرف شرایط برای روی کار آمدن فرقه فراهم می‌گشت و از طرفی، از بعضی از افراد حزب توده انتقام می‌گرفت که او را در طول سالهای مداوم، بایکوت کرده و پس از زندان، زمینه اخراجش را از حزب، فراهم کرده بودند.

گزارش خلیل ملکی، از اوضاع سازمان ایالتی حزب توده در آنروز آذربایجان، نشانگر بحران و فساد عمیق در داخل حزب در این خطه بود به گفته خلیل ملکی، آنجا که زیر بنای این سازمان و اغلب کادر رهبری آن را مهاجران (آمده از باکو) تشکیل می‌دادند بعدها که سازمان ایالتی حزب توده منحل، و به فرقه دمکرات ملحق گردید در واقع کلیه مسندهای حساس، بطور کامل به دست مهاجران افتاد و کسانی که

توسط خلیل ملکی تصفیه و از حزب، اخراج شده بودند بعداً در دوران تسلط فرقه، به مقامات عالی چون وزیر جنگ، رییس کل شهربانی، رییس کل نگهبانی، رییس دژبان، رییس کلانتریها و غیره ... منسوب شدند. ملکی در خاطرات‌اش می‌نویسدکه اغلب مهاجران حزبی وحتی محمد بی‌ریا، «از من ناراضی بودند که سخنرانیهای من به زبان فارسی انجام می‌گرفت» و به اصرار از او می‌خواستند که در سخنرانیها، به زبان آذری صحبت کند. ملکی در جواب آنها می‌نویسد:

> ... همانطور که من با زبان ترکی دشمنی ندارم، با زبان فارسی نیز دشمنی ندارم. ما هم ایرانی هستیم و تمام ادبیات و علوم را به طور غنی در زبان فارسی داریم. حتی در طاقچه‌ی اطاق هر دهاتی آذربایجان دیوان حافظ و سعدی مانند قرآن وجود دارد ... .

امّا مسئله قومیت و زبان آذری، تنها شعار مهاجران نبود بلکه در واقع دلمشغولی اکثر نویسندگان، بخصوص شاعران آذربایجانی بود که به زبان محلی شعر می‌گفتند. بنیانگذاران حزب توده و اتحادیه‌های کارگری وابسته به آن، بیشتر تمایل داشتند که شعارهایی چون: آموزش رایگان، تقلیل ساعات کار روزانه، برابری و حقوق زنان را مطرح کنند نه این‌که درگیر کشمکش‌های قومی و زبانی با حکومت مرکزی بشوند. امّا به میزانی که سران حزب توده، ابعاد قومی را نادیده گرفتند پیشه‌وری به بهترین نحو، از این شعارها استفاده کرد بطوری‌که ایجاد انجمنهای ایالتی و ولایتی واستفاده از زبان آذری در مدارس و ادارات استان، به شعارهای اصلی او در فرقه دمکرات بدل گردید. در حالی که قبل از این، بخصوص همچنان که از نوشته‌های اولیه او برمی‌آید او بیشتر یک کمونیست بود تا پان‌ترکیست. و قبل از این‌که به کمونیسم روی بیاورد در موقعی که در «آذربایجان جزء لاینفک ایران» قلم می‌زد در مقابل پان‌ترکیست‌های دو آتشه قفقازی، از خود بیشتر، یک چهره ناسیونالیست ایرانی ارائه می‌دهد. امّا پس از روی آوردن به کمونیسم و اندیشه انقلاب که متأثر از حال و هوای انقلاب اکتبر بود و به دنبال تجربیات حاصل از شکست جنبش جنگل، کم‌کم به یک چهره اصلاح طلب نزدیک می‌شود و خواستار اجرای قانون اساسی و ایجاد تحولات دموکراتیک می‌گردد.

امّا نباید از یاد برد که وقتی پیشه‌وری بر ایجاد انجمنهای ایالتی و ولایتی تأکید می‌کرد در واقع این تأکید، بیشتر از منظر لنینیستی بود نه متأثر از آموزه‌های انقلاب مشروطه ایران. و مفهوم تعیین سرنوشت و حق ملل مظلوم را بر اساس اندیشه لنین مطرح کرد و جالب این‌که تا زمان تشکیل فرقه دمکرات، کمتر مقاله‌ای از پیشه‌وری به چشم می‌خورد که بر زبان ترکی تأکید مستقیم کرده باشد. برخوردهای سخیف وغلط سیستم رضاشاهی و حال و هوای آذربایجان پس از شهریور ۱۳۲۰ تأثیری مستقیم بر پیشه‌وری گذاشت تا او از مسئله زبان، به عنوان مهمترین عامل و شعار برای جذب افراد استفاده کند در واقع ردّ اعتبارنامه‌اش از سوی مجلس چهاردهم، به ردّ از سوی تهران تلقی شد و محرومیت از مشارکت در ساخت قدرت سیاسی، منجر به دور شدن او از ایران گردید و در اندیشه او، تهران مترادف با «زندان قصر» شد. همین عوامل باعث شد تا او به آذربایجان باز گردد و بقول ملکی «این بار اعتبارنامهٔ خود را از مقامی تهیه کند که نه مجلس چهاردهم و نه حزب توده، قادر به ردّ اعتبارنامه او نگردد»[۱۶۶]

در مقاله‌ای که پیشه‌وری پس از دو روز از اعلام بیانیه دوازده شهریور، در روزنامه آذربایجان نوشت، در مقابل روشنفکران پایتخت مانند محمود افشار (سردبیر مجله آینده) و عباس اقبال، که زبان ترکی را تحمیلی از سوی «مغولهای وحشی» می‌دانستند موضع سختی گرفت. چنین نوشته‌ای، تا آن موقع در کارنامه قلمی او، کم سابقه و می‌توان گفت بی‌سابقه بود. این مقاله در «روزنامه آذربایجان» به مدیریت علی شبستری چاپ شده که دو روز پس از اعلام ظهور فرقه دموکرات، به عنوان ارگان فرقه برگزیده شده بود، پیشه‌روی در این روزنامه چنین می‌نویسد:

... آنهایی که به زبان ما توهین می‌کنند و مدعی هستند که این زبان بر ما تحمیل شده است، دشمنان قسم خوردهٔ ما هستند. درسده‌های گذشته، بیشتر دشمنان آذربایجان کوشیده‌اند تا زبان زیبای ما را خفه و خاموش سازند. خوشبختانه همه آنها شکست خورده و زبان ما زنده مانده است. روشنفکران تهران باید درک کنند که آذری، یک لهجهٔ گذرا نیست، بلکه زبانی خالص با ریشه‌های عمیق مردمی است. این زبان افزون بر

داستانها، حماسه‌ها و اشعار مردمی، آثار ادبی شعرا و نویسندگان با استعدادی را نیز در بر می‌گیرد ... .

او پس از اعلام موجودیت فرقه دموکرات، موضع فرقه را در قبال زبان ترکی، به عنوان زبان رسمی استان، غیر قابل مصالحه ذکر کرد. و تا آنجا پیش رفت که خواستار پالایش زبان ترکی از واژه‌های زبان فارسی و عربی شد.[۱۶۸] بیانیه ۱۲ شهریور فرقه دموکرات دارای برنامه‌های مترقی بود و همین، علتی برای جذب مردم در مراحل اولیه کار فرقه دمکرات بوده است. رئوس برنامه‌های فرقه در بیانیه عبارت بودند از:

خواستار اعطای مختاریت مدنی و آزادی داخلی با حفظ استقلال و تمامیت ایران، ایجاد انجمنهای ایالتی و ولایتی، تدریس زبان آذری در مدارس ابتدایی آذربایجان تا کلاس سوم و تدریس زبان فارسی فقط در کلاسهای بالاتر به نام زبان دولتی برابر با زبان آذربایجانی، تشکیل دارالفنون ملی، توسعه صنایع و کارخانه‌ها، مبارزه با بیکاری، توسعه تجارت وایجاد راههای تجاری و راههای ترانزیتی جهت کالاهای صادراتی، توجه به عمران و آبادی شهرهای آذربایجان، تأمین احتیاجات دهقانان و کشاورزان و حذف بعضی از مالیاتهای غیر قانونی، مبارزه با بیکاری بوسیله ایجاد کارخانه‌ها، توسعه تجارت و توسعه تشکیلات کشاورزی، افرایش کرسی‌های نمایندگان آذری از ۲۰ نفر به یک سوم نمایندگان مجلس شورای ملی، مصرف نیمی از مالیاتهای وصولی در آذربایجان ... .

بدون شک، استقبال زیادی که از طرف طبقات مختلف مردم در مراحل اولیه از فرقه شد بواسطه همین برنامه‌های اصلاح طلبانه بود و این مصادف با زمانی بود که فقر و بیکاری، در شهرهای مختلف آذربایجان بیداد می‌کرد. روزنامه آذربایجان، در مورد پیوستن طبقات مختلف مردم به فرقه، در سر مقاله‌اش نوشت:

... راه انتخابی ما روشن است. ما مبارزه طبقاتی را توصیه نمی‌کنیم. فرقه ما یک فرقه ملی است. به غیر از خائنان و آنان که مخالف قانون اساسی‌اند، هر آذربایجانی می‌تواند به فرقه بپیوندد. ...

پیشه‌وری پس از تشکیل فرقه دموکرات، در مقاله‌ای ضمن انتقاد از حزب توده که بصورت حزبی طبقاتی درآمده، می‌نویسد:

... در حزب توده، به جز کارگر و دهقان و برخی از روشنفکران طبقه پایین، به کسی اجازه ورود داده نمی‌شد. وظایف و شعارهای حزب را فقط منافع این طبقات و گروهها تعیین می‌کرد. به همین خاطر حزب توده در میان مردم به عنوان چپ خوانده می‌شد و اعضای این حزب شعارهای چپی به کار می‌بردند. امّا ما، برای تأمین آزادی ملی، دست کمک به سوی هم دراز می‌کنیم. از مالک تا رعیت، از کارگر تا سرمایه‌دار، همه باهم در راه ترقی و سعادت آذربایجان تلاش خواهیم کرد. ...

و در همین راستا، او قبلاً در مورد حزب در آژیر نوشته بود:

در ایران طبقات هنوز خیلی از هم دور نشده‌اند. مخصوصاً طبقات پایین مثل کارگر، دهقان، کسبه، و پیشه‌وران در بسیاری از موارد باهم منافع مشترک دارند. بنابراین، در ایران زمینه‌ای برای تشکیل یک حزب، به معنای دقیق کلمه طبقاتی، وجود ندارد. فعلاً در اینجا حزب یا احزابی می‌توانند پیشرفت کنند که حفظ منافع طبقات مشترک المنفعه‌ای را که نام بردیم، هدف خود قرار دهد. ...

میرتقی موسوی یکی از رهبران فرقه، در مورد اختلافات فرقه با حزب توده می‌نویسد:

فرقه دمکرات آذربایجان نام خود را با توجه به تاریخ سیاسی آذربایجان فرقه گذاشته بود و این واژه در بین مردم جذابیت بیشتری داشت و در کار تشکیلاتی یادآور دوران مشروطیت بود و در نتیجه تعداد زیادی از مردم به عضویت آن درآمدند. در رابطه با مسئله ملی، حزب و فرقه دو بینش جداگانه داشتند. حزب به وحدت ملی و توسعهٔ اقتصادی کشور از طریق همین وحدت اعتقاد داشت. ولی فرقه طرفدار خودمختاری محلی در مناطق مختلف کشور بود. و این مسئله در کنگره اول حزب از طرف نمایندگان آذربایجان به دفعات مطرح شده بود. ولی حزب این

خواسته‌ها را نادیده گرفت و تمایلی به آن نشان نداد و حتی برخی از اعضای قدیمی حزب تمایلی به آن نداشتند که در آذربایجان گروه دیگری دست به کار تأسیس فرقه باشند و آن را مغایر با مرامنامه حزب می‌دانستند و یادآور می‌شدند، «در برنامه حزب فقط استقلال و تمامیت ارضی ایران» به صورت روشن و صریح بیان شده است و هر حرکتی در مناطق مختلف کشور به آن ضرر می‌رساند. در این روند، حادثه دیگری پیش آمد و آن استفاده از نیروی نظامی در جهت دستیابی به اهداف سیاسی و اجتماعی بود. حزب توده در برنامهٔ خود به آن جای نداده بود، ولی با گذشت زمان و روند حوادث، فرقه دمکرات آذربایجان را مجبور کرده بود که دست به کار تشکیل نیروی مسلح بزند تا خود و مردم را از گزند دیگران حفظ کند. در نهایت باید گفت حزب و برنامه‌هایش معتدل بود و همچنان تمامیت ایران را در می‌گرفت و خواهان تشکیل دولتی با ماهیت دمکراتیک بود تا بتواند برخی از اصلاحات اجتماعی، سیاسی و اقتصادی را در ایران، به خصوص؛ اصلاحات ارضی و قوانین کارگری مترقی را به اجرا درآورد.

امّا خواست‌های فرقه متفاوت بود. مسئله ملی را مخصوصاً اجرای قانون انجمنهای ایالتی را در دستور روز قرار داده بود. زبان آذربایجانی را مثل زبان فارسی و دیگر زبانهای محلی به رسمیت می‌شناخت. خواسته‌های مشخصی را در رابطه با مصرف مالیات جمع‌آوری شده در آذربایجان مطرح می‌کرد؛ این فرقه در عمل رادیکال‌تر بود.[۱۷۲]

اندکی پس از بیانیه فرقه دموکرات، انجمن آذربایجان به رهبری شبستری (در ۱۴ شهریور) و اتحادیه‌های کارگری استان آذربایجان (شورای متحده) به رهبری محمد بی‌ریا (در ۱۶ شهریور) به فرقه پیوستند. فرقه دموکرات یک حزب نبود بلکه جبهه‌ای از احزاب مختلف بود، به خاطر همین، در نخستین اعلامیه معروف فرقه دمکرات، که در ۱۲ شهریور ۱۳۲۴ با امضاء ۳۱ نفر منتشر شد، در بین امضاء کنندگان، مالک، تاجر و افراد سرشناس نیز دیده می‌شد. بنظر پیشه‌وری، فقدان اختلاف طبقاتی، علت فقدان آگاهی طبقاتی است. او می‌نویسد:

در ممالک عقب‌مانده تعیین مقام افـراد، حتـی دسـته‌هـا و طبقـات بسـیار مشکل است. مثلاً در ایران خودمان هنوز طبقات به شکل کلاسیک که در دنیای مترقی مشاهده می‌شود تقریباً به نظر نمی‌آید.

میـان مـلاک و رعیـت دسـته انبـوهی از خـرده مـالکین وجـود دارد کـه، درجات متنوع میان این دو طبقه [را] پر کرده بلکه تا اندازه‌ای آنهـا را بـه هم بسته و مربوط نموده است. اغلب کارگران شهری ما هنوز پیشـه‌ورنـد و در کلبه خود با شاگردان در یک جا کار می‌کننـد. اغلـب سـرمایه‌داران صنعتی ما هنوز از تجارت، حتی ملاکی بر کنـار نیسـتند ... . در ممالـک غیر پیشرفته مثل ایران ... حزب بـه تمـام معنـی طبقـاتی نیسـت ممکـن نیست بوجود بیاد اگـر چنـین سـازمانی هـم باشـد قطعـاً بسـیار ضـعیف خواهد بود و روی این اصل است که بیشتر احزاب ممالک شـرقی جنبـه ملی و توده‌ای پیدا می‌کنند.***

چنین دیدگاهی به او کمک می‌کرد که از دایره محدود طبقاتی حـزب تـوده، فراتـر رود تا اشخاص متنفذ آذربایجان مانند مالکین، تجار، جذب فرقه دمکـرات گردنـد. او هر چند در اوّل، بر شعار آزادی و دموکراسی بـرای تمـامی ایـران تکیـه مـی‌کـرد امّـا می‌گفت: «هر کس مایل به استقرار قانون و نظم در سراسر کشور است، طبیعـی اسـت که باید گام نخست را با نظم دادن به خانه خود آغاز کند». چنین شعارهایی، علاوه بر این‌که بخش وسیعی از روشنفکران و شاعران آذربایجان را با فرقه همراه کرد در میـان مهاجران نیز محبوبیت زیادی داشتند. بسیاری از این مهاجرین، سالهای متمادی از عمر خود را در شوروی گذرانده و در سال ۱۳۱۶ در اجرای سیاسـت‌هـای اسـتالین یعنـی «بازگشت به وطن» به ایران برگردانده شده بودند، اولین گروه از آنها، ۷۰۰ نفر بودند و بعدها، دسته دسته وارد ایران شدند و در آذربایجان سـکنی گزیدنـد و پـس از ظهـور فرقه، جذب آن شدند. همچنین بسیاری از افسران فراری، که قبلاً از ایران به شـوروی فرار کرده بودند با شناسنامه‌های قلّابی و با اسامی ساختگی، توسط مقامات شـوروی، از طریق راه آهن باکو وارد جلفا شده و از آنجا به تبریز آمدند آنها برای سازماندهی و آموزش دادن فداییان فرقه دموکرات به شهرستانهای مهم آذربایجان فرستاده شـدند بـه

آنها تلقین کرده بودند که دولت اتحاد جماهیر شوروی و شخص رفیق استالین به شما کمک خواهد کرد تا بتوانید پس از آزاد ساختن آذربایجان جنوبی از نیروهای مسلح ایران، سراسر کشورتان را هم آزاد نموده و یک کشور دموکراتیک برپا سازید.[۱۷۴] آموزشهای آنان عبارت بود از: تفنگهای برنو، مسلسلهای سبک، نارنجکهای چکشی ... و سلاحهای دیگری که توسط روسها در بین مردم توزیع شده بود، بسیاری از این سلاحها، همان سلاحهایی بودند که سربازان روسی بعد از شهریور، از زرادخانه‌های ارتش ایران غارت کرده بودند.

۱۵ ـ نخستین کنگره فرقه دموکرات آذربایجان

روز بیست و دوم شهریور ماه، سران فرقه در منزل محمدتقی رفیعی گرد آمدند و کمیته تشکیلاتی موقت فرقه را مرکب از یازده نفر به ریاست پیشه‌وری و معاونت شبستری انتخاب کردند در این جلسه، بی‌ریا (رئیس اتحادیه‌های کارگری) رهبری فرقه دمکرات را پذیرفت و صادق پادگان و زین العابدین قیامی نیز، تصمیم کنفرانس ایالتی حزب توده مبنی بر، الحاق آن حزب به فرقه دمکرات را به استحضار رسانیدند و همچنین در این جلسه، تاریخ ۱۳۲۴/۷/۱۰ به عنوان روز تشکیل اولین کنگره فرقه دمکرات تعیین گردید. بدین ترتیب نخستین کنگره فرقه در ۱۰ مهر ماه با شرکت ۲۴۷ نفر، که از شهرهای مختلف و قصبات آذربایجان به تبریز آمده بودند تشکیل گردید شرکت کنندگان از طبقات مختلف اجتماعی بودند این کنگره به مدت سه روز ادامه پیدا کرد و کنگره اساسنامه‌ای را که مرکب از ۵۱ اصل بود به تصویب رساند. نورزواف در خاطرات خود در این مورد می‌نویسد:

> یک روز اواخر ساعات اداری من و نصرت را پیش باقروف بردند او گفت: شما باید به تبریز بروید و به همراه شما یک نفر از طرف کمیساریای امنیت دولتی خواهند آمد، باهم امانت را با خود می‌برید در تبریز به ژنرال آتاکیشی‌یف •رئیس ک. گ. به آذربایجان• تحویل دهید تأخیر نکنید فوراً حرکت نمائید ... حدس می‌زدم مأموریت ما به احتمال زیاد در ارتباط با تشکیل فرقه دموکرات آذربایجان ایران است زیرا پس

از ورود به تبریز و تسلیم چمدان به سلیم آتاکیشی یف بلافاصله اولین کنگره فرقه دموکرات در تبریز تشکیل شد و اساسنامه فرقه انتشار یافت و در آنجا بود که مطمئن شدم محتوای چمدان، متن اساسنامه فرقه بوده است که بلافاصله تکثیر شد و در شهر تبریز و سراسر آذربایجان پخش گردید.***

اساسنامه مصوب فرقه، اختلاف اندکی با بیانیه ۱۲ شهریور داشت به عنوان مثال می‌توان به ماده ۷ آن اشاره کرد که مربوط به شرایط سنی انتخاب کنندگان و انتخاب شوندگان مجلس بود همچنین کنگره علاوه بر تصویب اساسنامه، اقدام به تنظیم آیین نامه‌ای کرد که بر اساس آن، فرقه دمکرات آذربایجان دارای تشکیلاتی به نام کمیته مرکزی فرقه در شهر تبریز و به نام کمیته‌های ولایتی در تمام شهرستانها، مانند ارومیه، اردبیل، مراغه، سراب، خوی و غیره می‌شد. کمیته‌های ولایتی نیز، هر یک به چندین کمیته محلی تقسیم، و هر یک از کمیته‌ها نیز دارای چند حومه می‌شد که از پنج تا هفت عضو تشکیل شده و به عنوان پایین‌ترین رده سازمانی فرقه بود: در واقع سلسله مراتب سازمانی فرقه با سلسله مراتب حزب توده، تفاوت زیادی نداشت. در آخرین جلسه کنگره، نمایندگان کمیته مرکزی مرکب از ۴۱ نفر انتخاب شدند که پیشه‌وری در رأس آن قرار داشت.

قبل از این، درگیریهای پراکنده‌ای در شهرهای مختلف آذربایجان وجود داشت امّا با تشکیل گروه مسلح فدائیان، درگیری‌ها شکل منظم و منسجم به خود گرفت. در عرض این یک ماه، فرقه به تقویت و سازماندهی گروههای مسلح فداییان و همچنین جذب افراد جدید و آموزش نظامی در شهرهای مختلف آذربایجان پرداخت تا آماده برای تسخیر پادگانهای ارتش شود. برای این منظور در ۲۹ مهر ۱۳۲۴/ ۲۱ اکتبر ۱۹۴۵میرجعفر باقروف به اتفاق ژنرال ماسلنیکف فرمانده منطقه نظامی باکو نامه خیلی محرمانه‌ای به لاوروف بریا کمیسر امور داخلی روسیه نوشته و اقدامات صورت گرفته زیر را به اطلاع او می‌رسانند:

«۲۱تفر از ماموران اجرایی با تجربه کمیساریای امور داخله «ک.گ.ب» شوروی انتخاب شدند تا علیه افراد و سازمانهایی که مزاحم توسعه خودمختاری در

آذربایجان ایران هستند اقدام کنند این افراد باید از افراد محلی، گروههای پارتیزانی تشکیل دهند. برای کمک به آنان ۷۵نفر جنگجو از کارکنان فعال «کالخوزها»که مدتهاست با ارگانهای ویژه وزارت داخلی و «ک.گ.ب» مربوط هستند و در انجام اقدامات ویژه نظامی بارها بکار گرفته شده‌اند اختصاص یافته‌اند.

ماموران عملیات و جنگجویان در درجه اول به شهرهای تبریز، اردبیل، میانه و مراغه اعزام می‌شوند بعدا گروههای دیگری به مناطق دیگر اعزام خواهند شد. برای این افراد از پوشش معاونت فرمانداری نظامی که در شهرهای ایران مستقر هستند استفاده خواهد شد و جنگجویان نیز به عنوان اعضای عادی این فرمانداری‌ها معرفی خواهند شد...

آنها قبل از اینکه به ایران فرستاده شوند در باکو دوره‌های آمادگی سیاسی، نظامی و اجتماعی خواهند گذراند»

در آخر این نامه مشخصات افراد اعزامی به ایران آورده شده و نامه با درخواست هزینه نگهداری آنان در ایران به این صورت پایان می‌یابد«...از آنجا که آنها مدت زیادی در آذربایجان خواهند ماند لذا برای هزینه آنان خواهش می‌کنیم دستور دهید ۱۰۰۰۰۰ریال در تخصیص داده شود»[۱۷۶]

۱۶ ـ عکس‌العمل مجلس چهاردهم در قبال حوادث آذربایجان

به دنبال انتشار بیانیه فرقه و بعضی از حوادثی که در شهرهای آذربایجان رخ نمود. نمایندگان در مجلس شورای ملی در مقابل اخبارهای منتشره در موضع‌گیری خود، به دو دسته تقسیم شدند:

دسته اوّل شامل: مهندس پناهی، اسکندری، جمال امامی، افشار صادقی، دکتر مجتهدی، مقدم، سرتیپ‌زاده، بهادری، عدل، ثقه الاسلامی، فتوحی بودند که تشکیل دهندگان فرقه را مخالف قانون اساسی دانسته، تقاضای تعقیب و دستگیری آنها را می‌کردند.

دسته دوم شامل: فرمانفرمائیان، ابوالحسن صادقی، ایپکچیان، تیموری بودند که در چهارم مهرماه ۱۳۲۴ اعلامیه‌ای را منتشر کردند که در آن، از افتخارات آذربایجان و تلاشی که در راه استقلال و حریت ایران به خرج داده یاد کردند.[۱۷۷]

در جلسه پنجم مهر، مهندس پناهی نماینده تبریز، ضمن محکوم کردن فرقه دمکرات، آن را تأسف برانگیز خواند و فرقه دموکرات را دسته‌ای دانست دارای مقاصد شوم، که روح آذربایجانی از مقاصد آنان بی‌خبر است: «ملت ایران تشکیل آن حزب قلابی را با خونسردی تلقی نمود و با اطلاعاتی که از احساسات پاک و بی‌آلایش توده آذربایجان نسبت به میهن خود دارند کوچکترین تأثیر و اهمیت را برای این قبیل دستجات قائل نیست ....»[۱۷۸]

سیف‌پور فاطمی نیز در همین جلسه در ضمن نطقی، وقایع آذربایجان و شهرهای مختلف آن را متوجه حزب توده دانست و از دولت خواست، از خود قاطعیت نشان دهد.

آذربایجان در این زمان، فاقد استاندار بود و دولت صدر در ۲۰ شهریور، سیدمهدی فرخ، نماینده مجلس را به عنوان استاندار آذربایجان انتخاب کرد. انتخاب فرخ، که فردی تقریباً منفور آذربایجانیان بود خشم سران فرقه را بر انگیخت. پیشه‌وری در مقاله‌ای تحت عنوان «چرا فرخ به آذربایجان می‌آید؟» مخالفت شدید فرقه را با استانداری فرخ اعلام داشت. فرخ ضمن خودستائی، در خاطراتش در این مورد می‌نویسد:

> دولت صدر به شش تن از رجال ایران که واجد شرایط بودند پیشنهاد کرد که در آن موقعیت وخیم مسؤولیت اوضاع آذربایجان را به عهده گرفته و با سمت استاندار به طرف تبریز حرکت نمایند، امّا هیچکس جرئت نکرد این مأموریت خطرناک را قبول کند. بهتر است از همین جا بگویم که خود منهم جزو آن شش نفر بودم. ولی با آنکه من جرئت حرکت بطرف تبریز را داشتم، اوضاع مرکزی را چندان موافق و مسؤولین مرکز را چندان مصمم نمی‌دیدم ... اواسط جلسه بود که ناگهان جناب آقای «لقمان‌الملک» وزیر بهداری کابینه صدر که همیشه

مورد علاقه و احترام بنده بوده و هستند، بی اختیار دامن مرا گرفتند و گفتند:
آقای فرخ! امروز آذربایجان چشم امید به شما دوخته است آذربایجان در خطر است. خواهش می‌کنم این مسؤولیت را قبول بکنید! لحن این دوست ارجمند و بزرگوارم چنان بود که مرا بشدت منقلب و ناراحت ساخت. همه آن امتناعی که قبل از ورود به جلسه هیئت دولت در من وجود داشت ناگهان تبدیل به تسلیم و رضا شد ... .***

به دنبال سقوط دولت صدرالاشراف، مجلس، به نخست‌وزیری ابراهیم حکیمی رأی داد و دولت حکیمی، مرتضی‌قلی بیات را که فردی تقریباً معتدل بود در اوّل آذر به عنوان استاندار آذربایجان انتخاب کرد و فرخ قبل از حرکت به سوی تبریز، از سمت استانداری کنار رفته بود. پیشه‌روی در سر مقاله‌ای در آذربایجان چنین نوشت:

بیات می تواند به آذربایجان بیاید و حقایق امر را از نزدیک مشاهد کرده و دولت خواب آلود مرکزی را متوجه جریان انقلابی این استان بکند و غیر از این هم مأموریتی متوجه ایشان نبوده و نخواهد بود.

آمدن استاندار جدید با هواپیمای روسی به تبریز و مورد استقبال قرار گرفتنش از جانب پیشه‌وری، و جاوید و علی شبستری در فرودگاه، نشان می‌داد که سران فرقه نسبت به استاندار جدید زیاد بدبین نیستند.

حکیمی هر چند در طول نخست‌وزیری خود در مقایسه با صدر، معقول‌تر عمل کرد به عنوان مثال او به سفارت شوروی نزدیک شد و حتی برای مسافرت به مسکو، اعلام آمادگی کرد و با انتخاب بیات به عنوان استاندار، سعی در حل مسالمت آمیز بحران آذربایجان داشت امّا همچنان که خواهیم دید این مشکل، به اندازه‌ای بزرگ بود که حل آن، خارج از توان دولت حکیمی بود. پیشه‌وری در مقاله‌ای با عنوان «صدر سقوط کرد» صدرالاشراف، حکیمی و قوام‌السلطنه را، سرو ته یک کرباس خواند:

«حرف بر سر شخصیت رئیس‌الوزراها نیست در نظر ما صدر الاشراف، حکیم‌الملک و قوام‌السلطنه اساساً از یک سرچشمه آب می‌خورند، و منسوب به یک تیپ هستند. ما این سیماهای کهنه را خوب می‌شناسیم

اینها هیچ وقت در راه سعادت ملت ایران، به فکر برداشتن گامی مهم نبوده‌اند و در حیات هر تک‌تک آنها، لکه‌های بزرگ خون وجود دارد ... در ایران، زمانی یک حکومت ملی بوجود می‌آید که انجمنهای ایالتی و ولایتی شکل گرفته باشند و خلق نماینده‌های خود را برای مجلس انتخاب کند و در مدت قانونی مجلس را افتتاح نماید ... اکنون در ایران حکومت ملی وجود ندارد. مجلس شورا هم یک موسسه ملی نیست. ...

آمدن بیات مصادف با محاصره شهرهای مختلف آذربایجان مانند مراغه، میاندوآب، آذرشهر و تبریز توسط نیروهای فدائی بود. اندکی قبل از آن، پادگان میانه مورد حمله واقع شده و در ۲۴ آبان به دست فداییان فرقه سقوط کرده بود.رهبری فرقهء دموکرات،ماسلنیکوف فرماندهء منطقهء نظامی باکو و باقروف کار سازماندهی نیروهای نامنظم فدایی را آغاز کردند.۲۷تا اواخر نوامبر/اوایل آذر به تشکیل ۳۰ واحد نظامی موفق شدند که نیروی مشتمل بر ۳۰۰۰ نفر را شامل شد که به ۱۱۵۰۰قبضه تفنگ،۱۰۰۰ اسلحهء کمری،۴۰۰۰ مسلسل،۲۰۰۰ نارنجک و بیش از دو میلیون فشنگ مسلح بودند.

گروه‌های فدایی در۱۶ نوامبر۲۵آبان با کشتار«مرتجعین معروف»و«انتقام‌گیری»از ژاندارم‌های ایرانی به دلیل سال‌ها رفتار غیر دموکراتیک، کار خود را آغاز کردند.فرقه دموکرات برای جلوگیری از ارتباط مقامات محلی با تهران دستور داد که کلیهء خطوط تلگراف و تلفن تهران- تبریز، و همچنین مواصلات بین پادگان‌های نظامی مستقر در آذربایجان را قطع کنند[۱۸۱].

بیات در هفتم آذر ۱۳۲۴ به همراه، مبصر روشن، سرهنگ مصدقی و یاور نیکجو با یک هواپیمای «دوگلاس» روسی وارد تبریز شد. مسؤولین فرقه دمکرات برای مذاکره و گفتگو، از او خواستند به کمیته مرکزی فرقه بیاید ولی بیات کاخ استانداری را بعنوان محل گفتگو و مذاکره پیشنهاد کرد. سرانجام طرفین راضی شدند در روز جمعه ۱۶ آذرماه، در منزل ذکاء الدوله به گفتگو بنشینند.

مذاکرات بین نمایندگان هیأت ملی آذربایجان، مرکب از پیشه‌وری، شبستری، بی‌ریا و ابراهیمی با بیات و دولتشاهی، (نمایندگان حکومت مرکزی) در ساعت ۱۰ روز جمعه، به شرح زیر شروع شد:

ابتدا بیات از پیشه‌وری خواست در خواستهای ملت آذربایجان را ارائه دهد تا به اطلاع حکومت مرکزی رسانده شود. پیشه‌وری در جواب گفت: درخواستهای اساسی ما، طبق تصمیم کنگره ملی آذربایجان تعیین گردیده. بیات ضمن اشاره به اعلامیه در مورد کلمه «مختاریت» سؤال کرد و گفت: انسان از این کلمه وحشت می‌کند، خوب است یک چیز دیگری به جای آن گذاشته شود پیشه‌وری ضمن توضیح «مختاریت ملی» مثالهایی از طرز حکومت سویس و کشور آمریکا می‌آورد و می‌گوید: مختاریت ملی برای ملت آذربایجان حائز اهمیت است و ملیت ما، آداب و رسوم و طرز تفکر و شعائر ما، فرهنگ و مدنیت و زبان ما و بالاخره کلیه شعائر اقتصادی و طبیعی سرزمین ما به ما اجازه می‌دهد که ما نیز از مختاریت ملی بهره‌مند شویم مختاریت ملی، ضامن اجرای درخواستهای ملت آذربایجان است و برای این است که نهضت آزادیخواه کنونی ملت آذربایجان مانند دوره انقلاب مشروطیت با قیام خیابانی در نتیجه سیاست اغفال یا چرب زبانی حکومت مرکزی از بین نمی‌رود ... شبستری، رئیس هیأت ملی اظهار داشتند که از شهریور ۱۳۲۰ به این طرف، ملت آذربایجان بارها به حکومت مرکزی مراجعه کرده و اجرای مواد فراموش شده قانون اساسی را خواستار شده است ولی حکومت مرکزی هیچ وقت، توجهی به این خواستها نکرده، حالا ملت، شخصاً برای دفاع از حقوق خود، قیام کرده و با تشکیل مجلس ملی و حکومت ملی آذربایجان، می‌خواهد امور داخلی خود را مطابق اصول دمکراتیک اداره نماید ... .

دولتشاهی گفت که شما می‌توانید به وسیله همان انجمنهای ایالتی و ولایتی که در قانون اساسی مندرج است کارهای مأمورین دولت را کنترل نمایید.

پیشه‌وری در جواب گفت که بسیاری از مواد اصلی قانون اساسی در ۲۵ سال اخیر تغییر یافته، مثلاً رضاشاه، ماده مربوط به سلطنت خانواده قاجار را لغو و به جای آن، سلطنت خود راجایگزین کرد یا به موجب قانون اساسی، ملکه ایران باید ایرانی‌الاصل

باشد و حال آنکه ملکه کنونی، مصری است. و ماده قانون اساسی تغییر داده شده. در این مدت، اصول قانون اساسی لگدمال شده و چیزی از آن نمانده است. انجمن ایالتی هم مقدراتش بسته به تصمیمات دولت مرکزی است و در شرایط کنونی یک گارانتی قوی نمی تواند باشد که بتواند کارهای دولت را در ایالات کنترل نماید ولی مجلس مؤسسان آذربایجان، چنین صلاح دید که تشکیلات انجمن ایالتی را قدری توسعه داده و به آن صورت یک مجلس ملی بدهد که جلوی تجاوزات حکومت مرکزی را بگیرد و احتیاجات ملی را روی مقتضیات محلی رفع نماید.

بیات اظهار داشت که می‌خواهید مختاریت شما در چه حدود باشد؟

پیشه‌وری در جواب گفت: ما به هیچوجه در صدد تجزیه نیستیم، ما می‌خواهیم که در حدود سرحدات ایران و زیر پرچم ایران و زیر قوانین عمومی عادلانه ایران در کارهای داخلی خودمختار باشیم. پول ما همان پول ایران است. به مجلس شورای ملی نماینده خواهیم فرستاد و قسمتی از مالیات را برای مخارج عمومی مانند نگاه داشتن قشون یا نمایندگان سیاسی در خارجه و غیره به دولت مرکزی خواهیم پرداخت ولی ما می‌خواهیم حق داشته باشیم که با دست حکومت داخلی خودمان که در برابر مجلس ملی خودمان مسؤول خواهد بود. بقیه مالیات را برای پیشرفت امور فرهنگی و بهداشتی و اجتماعی و اقتصادی مصرف نماییم. بیات سئوال کرد، مثلاً چقدر مالیات می‌خواهید به مرکز بپردازید؟ پیشه‌وری گفت: تعیین مقدار آن مشکلی نیست، شما اساس درخواستهای ما را بپذیرید برای تعیین جزئیات می‌توانیم به راه حل برسیم، بیات با ردّ این پیشنهاد گفت: ابتدا بیائید در همین جزئیات موافقت حاصل نمائیم همینکه توافق نظر حاصل شد برای قسمتهای اساسی، اسمی پیدا خواهد شد. پیشه‌وری پرسید: اگر قانون اساسی تغییر پذیر است چرا پیشنهاد ما را عملی نمی‌کنید؟[۱۸۲] سرانجام این گفتگوها، بدلیل این‌که بیات گفت تصمیم گیری درباره آنها از وظایف مجلس است و او اختیاری ندارد به نتیجه ای نرسید.

مقاله‌ای که پیشه‌وری سه روز بعد، با عنوان «در خصوص مذاکرات انجام شده با نماینده دولت مرکزی» در روزنامه آذربایجان نوشت نقطه نظرات فرقه را در قبال استانداری بیات و عملکردهای دولت مرکزی نشان می‌دهد:

حکومت تهران موجود عجیبی است. از یک طرف برای حل مسئله، مأمور عالی رتبه‌ای به شهرمان روانه می‌سازد و با هیئت ملی ما، رسماً وارد مذاکره می‌شود از طرف دیگر، در مجلس و مطبوعات بر علیه حرکت ملی ما هیاهو برپا می‌کند دست کمک بسوی کشورهای بیگانه دراز می‌کند و با استمداد از بیگانگان، سعی در ایجاد اخلال در حاکمیت بر حق مردم می‌کند.

ما به آقای بیات، نماینده دولت مرکزی، به شکل روشن برنامه‌های خلل ناپذیر مجلس ملی مؤسسان که در سایه عزم و اراده ملت ما بوجود آمده و اعلامیه آن به اطلاع عموم رسیده، شرح دادیم و گفتیم: برای تأمین مختاریت ملی ما، با نماینده دولت مرکزی وارد مذاکره شده و می‌توانیم حدود ارتباطمان را با مرکز تعیین کنیم نخست، بدون قبول خواسته‌های اساسی، صحبت و مذاکره بی‌فایده است.

آقای بیات، شخصاً برحق ما اعتراف کرده و ضمن صحیح دانستن اصول فکری ما، نمی‌توانست در خصوص آن صحبتی شفاف و روشن بکند.

او بوسیله حرف می‌خواست که اصل مقصود ما را حذف کرده عنوان مختاریت ملی را از میان بردارد. قطعاً سخنان او، انعکاسی از ضمیر باطن‌اش نبود، بلکه به مانند یک آدم دست و پا بسته تلاش می‌کرد و سرانجام به جای اولش بازمی‌گشت. جهت اتلاف وقت، وارد جزئیات می‌شد.

بالاخره مذاکرات معین، بدون این‌که به نتیجه‌ای برسد خاتمه یافت و ثابت شد که در حقیقت امر دولت، آقای بیات را جهت حل اختلاف نفرستاده بلکه او را جهت تاریک کردن اختلاف، به آذربایجان اعزام کرده ...

•••

پیشه‌وری قبل از این نیز بیات را به عنوان فردی بی‌حال و سست عنصر نامیده بود.[۱۸۴]

۱۷ ـ کنگره خلق آذربایجان «مجلس مؤسسان»

از ۱۹ الی ۲۹ آبان، از طرف فرقه در شهرهای مختلف آذربایجان یک سلسله راه پیمایی‌هایی ترتیب داده شد که عمده‌ترین درخواستهای راه پیمایان، تشکیل انجمنهای ایالتی و ولایتی بود. در پایان این راه پیمایی‌ها، راهپیمایان اقدام به انتخاب اعضای هیأت‌هایی که بتوانند نمایندگی آنان را در مجمعی که قرار بود در اندک زمانی بعد، در تبریز برگزار شود وادار می‌شدند.[۱۸۵]

در ۲۹ آبانماه، کنگره بزرگ فرقه دموکرات در سالن شیر و خورشید شهر تبریز با شرکت ۷۲۴ نفر از نمایندگان که نمایندگی ۱۵۰/۰۰۰ آذربایجانی را داشتند به توسط حاج عظیم‌خان برادر ستارخان افتتاح گردید. در طول جلسات، تعدادی از نمایندگان تندور در سخنان خود، اعلام کردند که انجمنهای ایالتی و ولایتی چاره دردها نیست و مجلس ملی آذربایجان، افضل و لازم‌تر می‌باشد و سرانجام این گروه موفق شدند تشکیل مجلس ملی را به تصویب برسانند.[۱۸۶]

در جلسه دوم، پیشه‌وری در ضمن سخنرانی بلند خود گفت که خودمختاری آذربایجان را بدست آورده و مملکت خود را آباد و سعادتمند خواهیم ساخت و سایر ایالات از ما درس خواهند گرفت.[۱۸۷] در سومین نشست، الهامی یکی از نمایندگان با نفوذ کنگره چنین گفت:

> «کشور مشروطه از مجلس‌ها تشکیل می‌شود و پایه و اساس آن را مجلس مؤسسان بنا می‌نهد، انتخاب و تشکیل این کنگره ما که از طرف عموم مردم آذربایجان بوجود آمده، وظیفه مجلس مؤسسان را دارد. نمایندگان حاضر در این جمع باید به وظایف مهم و سنگین خود واقف باشند. من بطور خلاصه می‌گویم، ما در این کنگره تصمیماتی باید بگیریم که نسل‌های آینده از ما نفرت نکنند»

جودت، نماینده اردبیل گفت: «مردم آذربایجان راه برون رفت از بدبختی‌های خود را می‌داند و از این کنگره کار می‌خواهد و من با توجه به این می‌گویم زنده باد ایران و آذربایجان». خرمدل، نماینده کارخانه کبریت سازی گفت:

«تشکیل انجمن‌های ایالتی و ولایتی جدا شدن از مرکز نیست. ما به مجلس نماینده خواهیم فرستاد و با آن قطع رابطه نخواهیم کرد. ولی به نظر من انجمن ایالتی و ولایتی چاره دردهای ما نیست در پایان می‌گویم زنده باد مجلس ملی آذربایجان. ما باید مجلس خود را افتتاح کنیم.»

زمانی، نماینده هشترود گفت: «هلال ناصری نماینده دیگری می‌گوید: مجلس مؤسسان اساس مشروطیت ماست. این کنگره نیز مجلسی نظیر مجلس مؤسسان است. من پیشنهاد می‌کنم این مجلس مؤسسان مجلس ملی ما را تشکیل دهد.»

چشم آذر، یکی دیگر از نمایندگان گفت: برای تکمیل مختاریت آذربایجان، نیروهای مسلح ملی آذربایجان تشکیل شود.»

در روز پایانی، کنگره عملاً به مجلس مؤسسان برای تشکیل حکومت ملی تبدیل شد.[۱۸۸]

مجلس مؤسسان در پایان اجلاس خود، یک هیأتی مرکب از ۳۹ نفر به ریاست علی شبستری تعیین کرد این هیئت برگزاری انتخابات مجلس ملی را بعهده می‌گرفت که چند روز بعد قرار بود برگزار شود. مجلس مؤسسان پس از تصویب مطالبات خود، آن را به عنوان اعلامیه به محمدرضا پهلوی، مجلس شورای ملی و همچنین به وزیران خارجه مخابره کرد.[۱۸۹] قطنامه مجلس مؤسسان شامل موارد زیر بود:

۱. در حالی که در نتیجه فداکاری ملل بزرگ دموکراتیک سهمگین‌ترین نیروهای زورگوئی و برتری نژاد سرکوب شده است خلق آذربایجان بتمام معنی مانند یک ملت قیام کرده، می‌خواهد به نیروی خویش حق قانونی و طبیعی خود را بدست آورد.

۲. خلق ما برای جلوگیری از سوء تفاهم و تهمت‌ها در حالی که مقدرات خویش را بدست می‌گیرد جدا نشدن آذربایجان را از ایران اعلام کرده و حفظ روابط برادرانه ما با عموم خلق ایران را وظیفه خود می‌داند.

۳. کنگره ملی برای جلوگیری از افتراها و تهمت‌های دشمنان آزادی بصورت واضح و آشکار، انتشارات مربوط به جدا شدن آذربایجان از ایران را و یا الحاق او به مملکت دیگر را جداً تکذیب می‌کند.

۴. خلق آذربایجان نسبت باصول مشروطیت وفادار مانده برای اجرای اصل‌های دموکراتیک قانون اساسی جدیّت خواهد کرد.

۵. خلق آذربایجان با مراعات قوانین عمومی مشروطه بمنظور اداره امور داخلی خویش و تأمین خودمختاری ملی از قانون اساسی استفاده کرده تشکیلات انجمن ایالتی را کمی توسعه داده به آن نام مجلس ملی می‌دهد و در داخل ایران، بدون این‌که بتمامیت و استقلال ایران کوچکترین خللی وارد سازد حکومت ملی خود را بوجود می‌آورد.

۶. بموجب قطعنامه‌های صادره از طرف شرکت کنندگان در میتینگ‌های عظیم خلق، کنگره خلق آذربایجان مقرر می‌دارد که تحت رهبری فرقه دموکرات آذربایجان انتخابات مجلس ملی و انجمن‌های ولایتی و مجلس شورای ملی بفوریت آغاز شود.

۷. حاکمیت هر ملتی در تعیین سرنوشت خویش هنگامی امکان پذیر می‌باشد که آن ملت برای اداره کردن مرزوبوم خود، دارای قوانین اساسی باشد و ما خوب می‌دانیم که مرتجعین متمرکز در تهران بخلق ما این اختیار را نخواهند داد بلکه بمنظور تحمیل اراده خائنانه خویش از ایجاد موانع در راه ما فرو گذار نخواهند کرد بنا براین کنگره بزرگ خلق برای عملی ساختن آرزوها و مطالبات خویش قدم جدیدی برداشته خود را مجلس مؤسسان اعلام می‌دارد و برای این‌که خودمختاری ملی ما برپایه محکم قرار بگیرد مجلس ملی بوجود می‌آید.

۸. طبیعی است که بدون داشتن خودمختاری ملی، اقتصادی، فرهنگی، خودمختاری ملی حرف پوچ خواهد بود از این نظر، مجلس مؤسسان لازم می‌داند بی‌درنگ یک حکومت ملی بوجود آید و امور داخلی ما بوسیله این حکومت اداره شود.

۹. تا روزی که انتخاب مجلس ملی پایان یافته حکومت ملی رسمیت پیدا کند کنگره از بین نمایندگان خود، هیئتی مرکب از ۳۹ نفر بنام هیئت ملی انتخاب می‌کند و اجرای قرارهای صادره را باین هیئت موقت می‌سپارد.

۱۰. این هیئت ملی تا روز تشکیل مجلس ملی، امور ملی خلق آذربایجان را اداره خواهد کرد و بمحض تشکیل مجلس ملی، وظایف او خاتمه خواهد یافت.

۱۱. کنگره ملی به منظور تأمین انتخاباتی که در مرکز و شهرستانها آغاز می‌شود و بمنظور تأمین امنیت هیئت ملی به هیئت مذکور برای اتخاذ هرگونه تدابیری اختیارات وسیعی می‌دهد.

۱۲. کنگره ملی از مأمورینی که در رأس ادارات دولتی قرار دارند می‌خواهد تابع هیئت ملی شده و راهنمائی‌های او را اطاعت کنند و اخراج کسانی را که برخلاف این، رفتار کرده بخواهند خود را حاکم مطلق نشان دهند از ادارات دولتی لازم می‌داند.

۱۳. کنگره ملی تدریس اجباری زبان آذربایجانی را در کلیه مدارس به هیئت ملی می‌سپارد و مقرر می‌دارد کسانی را که مانع انجام این وظیفه ملی باشند دشمن خلق آذربایجان بحساب آورده و بمنظور جلوگیری از حرکات ارتجاعی و خائنانه آنها تدابیر جدی اتخاذ نماید.

۱۴. کنگره در فکر منحل ساختن تشکیلات پلیس و ژاندارمری و ارتش نیست. این سازمان‌ها با حفظ لباس رسمی و درجات، بانجام وظیفه خود ادامه می‌دهند. لیکن اگر از طرف اداره کنندگان آنها بر علیه خودمختاری ملی ما عملی سرزند به هیئت ملی اختیار داده می‌شود که به منظور جلوگیری از خیانتهای آنها تدابیر جدی اخذ کند.[***]

در ۴ آذر، انتخابات مجلس ملی شروع شد و رأی گیری به مدت پنج روز ادامه داشت این اولین انتخابات در تاریخ ایران بود که در آن، زنان برای اولین بار حق رأی و حق انتخاب شدن به نمایندگی را داشتند. بعضی از منابع، نام هشتاد نفر نماینده را ذکر کرده‌اند.[۱۹۱] پس از اتمام انتخابات، پیشه‌وری در اطلاعیه در «آذربایجان» چنین نوشت:

> آذربایجان تاریخ نوینی را شروع کرده، انتخابات موفقی که برای مجلس ملی برگزار گردید، سرانجام تأیید کرد که زمانِ بدست گرفتن قدرت فرارسیده است...

۱۸ ـ نگاهی به اوضاع شهرهای آذربایجان در آستانه انتخابات مجلس ملی

میانه: میانه اولین شهری بود که توسط فدائیان سقوط کرد در ۲۶ آبان ماه ۱۳۲۴ فدائیان، کنترل شهر را بدست گرفتند و از آن تاریخ ارتباط بین آذربایجان با تهران، از طریق میانه قطع شد و کلیه احتیاجات و تدارکات لشکر ۳ تبریز و تیپ ارومیه و تیپ اردبیل که از تهران بوسیله قطار به میانه حمل شده بود به تصرف فدائیان شبه نظامی فرقه درآمد.[۱۹۳] غلام‌یحیی دانشیان و عباسعلی پنبه‌ای، رهبری فدائیان را در سقوط شهر میانه به عهده داشتند. غلام‌یحیی دانشیان متولد سراب بوده که از نوجوانی به باکو رفته و جزو مهاجرانی بود که در بین سالهای ۳۸ ـ ۱۹۳۷ به ایران فرستاده شده بود او بعد از وقایع شهریور، مسؤول حزب توده در میانه بود. و پنبه‌ای اهل میانه، فردی بی‌سواد و شغل پینه‌دوزی داشت او جزو فعالین حزب توده بود که در دوران تسلط فرقه، به خاطر فعالیت‌هایش رئیس شهربانی آذربایجان می‌گردد.

درگیریهای آنان علاوه بر مأموران نظامی دولت مرکزی، با فئودالهایی چون میرزاعلی علوی و سیدداود ارشد الممالک و اسدالله سار مظفر و غیره بود که به خاطر حفظ موقعیت شخصی و روستاهای خود با حزب توده و فرقه دمکرات مبارزه می‌کردند و از طرف ستاد ارتش، تقویت می‌شدند.[۱۹۴] در گزارشهای محرمانه شهربانی ۲۴ آبان ۱۳۲۴ چنین آمده است:

وزارت کشور، رونوشت ژاندارمری کل، رونوشت اداره کل شهربانی، تلگراف حضوری به شرح زیر:

ساعت ۷ صبح امروز برای مخابره حضوری به تبریز چون سیم تبریز را قطع نموده بودند ناچار به طور مستقیم به مرکز مخابره می‌شود، برابر اطلاع حاصله در نتیجه اقدامات فرقه دموکرات شب گذشته عده زیادی از اهالی قراء و اطراف شهر در اونیک دو فرسخی میانه اجتماع و از قراری که مسافرین وارده تقریر می‌کنند، از مجتمعین در حد حدود پنجاه تن مسلح و اتومبیلها را بازرسی و در صورت مشاهده افسر و ژاندارم و سرباز آنها را خلع سلاح می‌نمایند ... منظور آنها از این اجتماع فقط خلع سلاح مأمورین اونیفرم می‌باشد و امروز نیز برابر آگهی منتشره ساعت ۲ بعد از ظهر فرقه سخنرانی خواهند نمود، احتمال می‌رود مجتمعین به منظور دخالت در امور و اغتشاش مسلحانه وارد شهر شوند.

دستور زیر به شهربانی میانه داده شده است:

شهربانی میانه ـ رونوشت بخشداری، رونوشت ژاندارمری، با تشریک مساعی انجام وظیفه و امنیت را در شهر حفظ نمایند قریباً جناب آقای بیات استاندار با قوای مکفی عازم، امنیت را برقرار خواهند نمود.***

امّا دو روز بعد، فداییان پس از تسلط بر شهر، مأمورین را خلع سلاح کرده و با قطع سیمهای تلگراف و تلفن، رابطه تهران را با آذربایجان قطع کردند. علت سقوط سریع میانه به خاطر این بود که در آنجا مأمورین نظامی زیادی وجود نداشت و تعداد آنها از یک دسته ژاندارم و تعداد اندکی پاسبان که مأمور راه آهن بودند تجاوز نمی‌کرد به همین خاطر غلام‌یحیی، مسؤول اتحادیه کارگران حزب توده میانه با تسلیح کارگران بوسیله سلاحهائی که کاپیتان نوروزاف، دژبان روسی شهر میانه در اختیارش گذاشته بود به آسانی و بدون این‌که با مانعی دشوار برخورد کند شهر میانه را از تصرف نیروهای دولتی خارج ساخت، تعدادی از پاسبانان، توسط گروهی از فدائیان مهاجر، بی‌رحمانه به قتل رسیدند.[۱۹۶]

زنجان: دکتر نصرت‌الله جهانشاهلو در آستانه ظهور فرقه دمکرات، مسؤول ایالتی حزب توده زنجان بود او در زمان رضاشاه دانشجوی رشته پزشکی بود که توسط دکترارانی با اندیشه مارکسیستی آشنا شده و جزو ۵۳ نفری بود که از طرف حکومت رضاشاه دستگیر شد او پس از آزادی از زندان، ابتدا به گروه یوسف افتخاری پیوسته و عضو تحریریه روزنامه «گیتی» که در تهران منتشر می‌شد می‌شود امّا بعداً به حزب توده پیوسته و از طرف حزب، برای فعالیت‌های حزبی به زنجان فرستاده می‌شود.

او بواسطه منسوب بودن به یک خانواده فئودال و سرشناس و همچنین به خاطر دایر کردن مطبی در زنجان برای معالجه مریضها، ارتباط گسترده‌ای را با مردم زنجان داشت.

بیشتر درگیریهای حزب توده در زنجان با خانها و ایادی ذوالفقاریها بود برجسته‌ترین فرد از بین خانهای زنجان، سلطان‌محمود ذالفقاری بود که از طریق تسلیح بعضی از دهقانان روستاهای خود، عملیات چریکی را بر علیه فرقه دمکرات رهبری می‌کرد.

رحیم ذهتاب‌فرد[۱۹۷] که از دشمنان سرسخت فرقه بود پس از ظهور فرقه دمکرات به تهران می‌رود و جزو اعوان و انصار سیدضیاءالدین می‌گردد بطوری که در تبریز به دم سیدضیاء ملقب شده بود او با توصیه‌های سیدضیاء و به کمک تیمسار ارفع، رئیس ستاد به اتفاق تعدادی از خانها و دارو دسته‌شان برعلیه فرقه دمکرات مبارزه می‌کرد ذهتاب‌فرد در خاطراتش از آن دوران می‌نویسد:

... شبها و روزها همراه مجاهدین و مبارزین غیرتمند آذربایجان و عشایر دلیر از این ده به آن ده و از این نقطه به آن نقطه در حرکت بودیم و گاهی نیز، در محلی با گروه ذالفقاری و یا سایر گروهها به هم می‌رسیدیم و خوشحالی هر دو گروه فزونی می‌یافت و من وقتی سیمای مردانه و رشید وقامت بلند سلطان‌محمود ذوالفقاری را غرق در سلاح و قطارهای فشنگ می‌دیدم و یا با قیافه و هیکل برازنده و گیرای تیمور بختیار با سبیل‌های قیطانی و سیمای همیشه بشاش مواجه می‌شدم در

دنیای خیال خود گویی با پهلوانان و سرداران تاریخ کهن این مرز و بوم و دلاوران شاهنامه فردوسی هم جلیسم.
گروه ذوالفقاری مهم‌ترین دسته چریک بر علیه پیشه‌وری بودند و دو افسر مربی سرهنگ بایندر و سرگرد تیمور بختیار با این گروه همکاری داشتند و بعد از مراجعت من به تهران گروه ما نیز به فرماندهی مرتضی رنجبر با ابواب‌جمعی سی نفری خود به ذوالفقاری پیوسته بود.***

دکتر جهانشاهلو، مسؤول کمیته ایالتی حزب توده زنجان در خاطرات خود می‌نویسد که در زمان الحاق تشکیلات حزب توده زنجان به فرقه دمکرات از طرف سرهنگ ولی‌اف، مأمور سازمان امنیت شوروی تحت فشار بوده است.[۱۹۹] او پس از مشورتهایی با کمیته مرکزی در تهران، با موافقت آنها زمینه الحاق کمیته ایالتی حزب در زنجان را به فرقه، فراهم می‌کند. به دنبال سقوط شهر میانه، حکومت مرکزی، پنهانی به تقویت نیروهای خود در زنجان می‌پردازد تا از طریق دستگیری سران اتحادیه‌های کارگری مانع شود تا زنجان به سرنوشت میانه دچار نشود.

در این میان، محمود ذالفقاری نیز با شتاب، تعداد تفنگداران خود را افزایش می‌دهد و همسو با نیروهای نظامی حکومت مرکزی بر علیه طرفداران فرقه وارد عمل می‌شود. جهانشاهلو در خاطرات خود می‌نویسد:

«در زنجان یک گروهان ژاندارمری بود که همه با تفنگ‌های برنو مسلح و بیشتر آنان دوره دیده و در زدوخورد با اشراف ورزیده و آزموده بودند ... شمار پاسبان‌های شهربانی گرچه کم نبود امّا ارزش سربازی نداشتند ... امّا تفنگ‌چیان ذوالفقاری، عده‌ای از تفنگ‌چیان ورزیده و جهان دیده بودند. امّا در برابر ما جز چند جنگ‌افزاری که من خود داشتم و چند تپانچه که تعدادی از اعضای فرقه دمکرات چون آقایان وزیری‌ها و کارگران راه آهن داشتند، کسی مسلح نبود. امّا آقای غلامحسین‌خان اصانلو و برادران و گماشتگان‌اش نه تنها جنگ افزار داشتند بلکه جنگ آزموده و دلیر بودند. از اینرو به آقای غلام حسین‌خان پیام فرستادم ... پس از دو روز ایشان به شهر آمدند و من به ایشان یادآور شدم که باید

آماده باشند که اگر برخوردی دست داد بتوانند با تفنگ‌چیان آقای ذوالفقاری برابری کنند.***

سرانجام با پیشدستی کارگران و عوامل فرقه، گروهان ژاندارمری را بدون زد و خورد قابل توجهی، وادار به تسلیم کردند و روسای اداراتی را که مخالف فرقه بودند دستگیر کرده، بر کلیه شهر مسلط شدند، گروه ذالفقاری نیز مجبور به فرار شد. حوالی ۱۰ آذر بود که زنجان تقریباً با کمترین تلفات، بدست فرقه دمکرات افتاد. پس از ۲۲ آذر ۱۳۲۴ و به دنبال تشکیل دولت به نخست‌وزیری پیشه‌وری، دکتر جهانشاهلو معاون پیشه‌وری می‌گردد و بجای او غلام‌یحیی دانشیان، رهبری فرقه دمکرات را در زنجان بدست می‌گیرد، اکثر منابع، چپاول اموال مردم و آزار و اذیت افراد و کشته شدن تعداد زیادی از مردم زنجان را به دوره حضور غلام‌یحیی و عواملش در زنجان نسبت می‌دهند.

مراغه: کمیته محلی حزب توده در مراغه، جز اولین شهر آذربایجان بود که در پنج‌شنبه ۱۷ اردیبهشت ۱۳۲۱ با کوشش داداش تقی‌زاده تشکیل شده بود، چهره برجسته حزب توده در مراغه، داداش‌تقی‌زاده بود که مبارزه بر علیه خانها و فئودالها می‌کرد داداش متولد یکی از روستاهای مراغه بود در جوانی به بندر انزلی رفته و بکار باربری مشغول بوده در آنجا به توسط آخوندزاده یکی از مسؤولین حزب کمونیست، عضو حزب می‌شود و پس از دیدن دوره «کوتو» در شوروی، دوباره به ایران باز می‌گردد و اندکی بعد توسط پلیس رضاشاه دستگیر و زندانی می‌شود پس از آزادی از زندان، از طرف حزب توده مشغول فعالیت‌های حزبی در مراغه می‌گردد او در مراغه سازمان جوانان را بوجود می‌آورد و در متینگی که به همت او در ۱۳۲۲ در میدان خان حمامی (میدان خواجه نصیر) مراغه برگزار می‌شود افراد زیادی از بازاریان، کارگران و تحصیلکرده‌ها و ارامنه در این متینگ شرکت می‌کنند. کم‌کم دامنه متینگها به روستاها نیز کشیده می‌شود و اولین متینگ روستائی را در بیل‌گاوا، یکی از دهات مراغه که متعلق به سر لشکر ظفرالدوله مقدم (استاندار قبلی تبریز) بود برگزار می‌کنند. در این متینگها آنان دهقانان را تشویق می‌کردند که در مقابل زورگوئی‌های اربابان ایستادگی

کنند و به حزب بپیوندند. اکثر ۵۳ نفـر در خـاطرات خـود از دوران زنـدان، داداش را فردی مؤمن، انسان دوست، پرشور، ولی ساده و کمونیستی متعصب ذکر کرده‌اند.[۲۰۱]

داداش می‌گفت: «در مراغه پنجاه هزار جمعیت دارد در بین آنها فقط یک نفـر [از] دیالکتیک ماتریالیسم اطلاع دارد و آن هم داداش است»![۲۰۲]

صفر قهرمانیان که بعد از شنیدن مبارزات داداش تقی‌زاده، بدو مـی‌پیونـدد قبـل از ظهور فرقه، به مبارزه با فئودالها پرداخته بود، او در شیشوان از توابع عجب‌شیر متولـد شد و به همراه تعدادی از دهقانان آن خطه به گروه داداش پیوست صـفرخان پـس از شکست فرقه دموکرات، دستگیر و به اتهام قتل سـرهنگ معین‌آزاد ابتـدا محکـوم بـه اعدام و سپس با یک درجه تخفیف، مجازاتش به زندان ابد تقلیل می‌یابـد او سـالهای متمادی در زندان می‌ماند و سرانجام پس از سقوط رژیم پهلوی، بعد از تحمل بیش از سی سال زندان، آزاد می‌شود و به عنوان طولانی‌ترین زندانی سیاسی معروف می‌گـردد او در مورد آشنائی‌اش با داداش در خاطراتش چنین می‌نویسد:

> ... آن زمان در مراغه شخصی بود به اسـم داداش تقـی‌زاده، از مهـاجرین بود که از باکو برگشته بود. این شخص نـه دفتـری داشـت و نـه اداره‌ای. تک و تنها با یک کیف در شهر و ده و این ور و آن ور مـی‌رفـت و مثـل درویش‌ها، تبلیغ می‌کرد. یـک روز خبـر آوردنـد کـه داداش تقـی‌زاده در میدان مسلم علناً علیه مالکین و دولت سخنرانی می‌کند. بـه فئـودال‌هـا و دولت فحـش مـی‌دهـد ... پـس مـا هـم بـا همـین انگیـزه، مخفیانـه بـا اسلحه‌هایمان به مراغه رفتیم و با داداش تقی‌زاده تماس گرفتیم گفتیم مـا می‌خواهیم عضو بشویم. او هم که از خدا می‌خواست. خیلـی خوشـحال شد ... او به ما گفت که بروید و یک کمیتـه محلـی درسـت کنیـد. او را برداشتیم و آوردیم ده خودمان در آن جا یـک سـخنرانی کـرد. چنـان بـا حرارت حرف می‌زد ک از دهنش آب می‌ریخـت خیلـی آدم بـا شـهامتی بود ... در فرقه میرزاربیع کبیـری هـم بـود. او از آن فئـودال‌هـای بـزرگ مراغه بود که ۷۰، ۸۰ تا ده داشت و همـه‌اش را فروختـه بـود و در دورۀ مشروطیت داده بود مردم خورده بودنـد. او طرفـدار مشـروطه بـود. یـک

دفعه‌هم ارومیه را خلع سلاح کرده بود. آن جا از طرف دولت به [او] لقب ربیع الدوله داده بودند. هم مالک بود و هم سید. فرماندار اردبیل بود. وقتی مردم دیدند کبیری آمد و به فرقه پیوست دیگر همهٔ مردم آمدند هیجده محال هشدری •هشترود• و اویار اولماغ همه آمدند. این‌ها کمیته تشکیل دادند. انتخابات کردند ده دوازه نفر هیئت اجرائی بود. این‌ها پخش شدند به دهات و شهرهای کوچک و کمیته های محلی درست کردند ۱۳۲۴ بود که یک ژنرال آتاچیف •آتاکیشی‌اف] رئیس کل نیروهای شوروی در ایران من وحیدر آفاقی و کبیری را خواست به تبریز. او گفت شما باید تعلیمات ببینید. به ما تعلیمات داد. مخفیانه به هر نفر از ما هم یک ده تیر داد و تعلیم داد که چه کارهایی بکنید. به ما طرح انقلابی داده و راهنمایی کرد کبیری دیگر به سن هشتاد سالگی رسید بود و ما همه کاره‌اش بودیم ... .

...

جهت شروع انقلاب ما را به تبریز خواستند ... یک جائی به خانیان هست که حالا پادگان عجب‌شیر شده در خانیان یک محلی معین کردیم که ماشین‌های پر از اسلحه بیایند آنجا. و ما آنها را تحویل بگیریم. ما هم از یک روز قبل از آنهایی که اعتماد داشتیم و سربازی کرده بودند، لیست گرفتیم که همان شب به محض رسیدن ماشین‌های اسلحه، همه را مسلح کنیم ... اوّل رفتند سراغ ژاندارم‌هایی که در بعضی خانه‌ها نشسته بودند و آنها را خلع سلاح کردند ... هر کس اسلحه ژاندارم را برای خودش بر می‌داشت. بچه‌ها سربازی کرده بودند و وارد بودند. فوراً تفنگ‌ها را تمیز کردند و آماده شدند و به فرماندهی دامادمان حیدرخان رفتیم و پادگان ژاندارمری را محاصره کردیم از ساعت ۷ صبح تا ۴ و ۵ بعد از ظهر ژاندارمها مقاومت کردند ... تسلیم شدند.

دستور آمد که آنها را بفرستند به «خوجه میر» •خوشه مهر•که ستاد ژنرال کبیری بود. ما هر چه ژاندارم گرفته بودیم فرستادیم آنجا. تفنگ‌هاشان را نگه داشتیم و خودشان را فرستادیم. برایمان دستور آمد که جاده‌ها را ببندید. ما جاده‌های بین تبریز و مراغه و مهاباد را بستیم. مالکین ما،

اغلب توی ده بودند. در کاخ‌های تابستانی‌شان، ما فوراً رفتیم و کاخ‌ها را محاصره کردیم. آنها مسلح بودند تفنگچی داشتند. همه‌شان را جمع کردیم ... و زندانی کردیم ... .»

کم‌کم فدایی‌ها شروع به محاصره مراغه، میاندوآب و آذرشهر می‌کنند که دست دولت بود سرهنگ معین آزاد که فرمانده لشکر مراغه بود برای کمک به ژاندارمری‌های خلع سلاح شده می‌رود ولی بدستور روس توسط دهقانان دستگیر می‌شود و بوسیله آنها کشته می‌شود.

او همه کاره لشکر مراغه بود، گزارش های مراغه را به تهران می‌داد. این گزارش‌ها را موقع دستگیری از ماشینش بیرون آوردند ... روسها مدارک جاسوسی از او گرفته بودند و مردم کشته بودند. مردم عصبانی، مردم خیلی‌ها را اعدام کردند. یکی هم همین بابا بود. من افسر بودم. فرمانده یک منطقه بودم رفتیم هفتاد تا مالک را با هزار کلک گرفتیم و آوردیم تبریز، دو تاشان را اعدام کردند یعنی علی اشرف‌خان و صمدخان افتخار و باقیشان را عفو دادند که بعداً آزاد شدند ... .»

گزارش صفرخان از چگونگی کشته شدن سرهنگ معین‌آزاد (شاید به علت فراموشی به خاطر گذشت بیش از پنج دهه از آن زمان)، دور از واقعیت است وقتل سرهنگ معین آزاد به همراه فرماندار شهر مراغه بصورت زیر بود:

روسها شبی یحیی سالاری، فرماندار مراغه را به همراه سرهنگ معین آزاد (دامپزشک و مسوول ایلخی مراغه)؛ سرگرد صفوت، رئیس نظام وظیفه و ستوانیکم فریدون آذرنور، فرمانده پادگان مراغه را برای مذاکره دعوت کردند نامه کوماندانت شورویها به زبان آذری بود و دعوت به مذاکره به منظور تأمین امنیت شهر ذکر شده بود از بین دعوت شدگان، فریدون آذرنور آن را نپذیرفت ولی فرماندار و معین آزاد پذیرفتند، سرگرد صفوت نیز همان موقع فرار کرد شب دعوت که اوّل آذر و یا به نوشته‌ای دوم آذر ۱۳۲۴ بود بعد از ساعت ۹ شب در موقع خروج فرماندار و معین آزاد از ساختمان کوماندانی و طی ۵۰۰ ـ ۴۰۰ متر با تیراندازی مسلسل دستی معاون کوماندانت، [که شخصی] ارمنی به نام سومباط بود، آن دو نفر را با سربازی که فانوس

به دست داشت به خاک افکندند، سرباز فوراً و فرماندار ساعت یک بعد از نیمه شب مردند. ولی معین آزاد زخمی شد که بعدها فرقه‌ای‌ها به طور ناجوانمردانه‌ای او را کشتند.[۲۰۶] صفرخان در ادامه خاطراتش می‌نویسد:

> ... من که مسؤول پخش اسلحه در دهات بودم، بابا دهاتی‌ها پارتی بازی می‌کردند که مسلح بشوند: «به ما هم اسلحه بده برویم جبهه» سر یک اسلحه دعوا می‌کردند. چرا؟ از ظلم مالک و ژاندارم و فئودال و شاه و دارو دسته‌اش، همه مسلح شده بودند ... .[۲۰۷]
>
> وقتی جعفر پیشه‌وری آمد تبریز و فرقه را تشکیل داد ما توده‌ای بودیم. عضو حزب توده بودیم. کارت داشتیم. مثل شناسنامه. این کارت‌ها را گرفتند یک کارت ترکی دادند. من خودم مسؤول یک حوزه بودم در عجب‌شیر. با چند نفر آن جا یک کمیته داشتیم.[۲۰۸]

با وجود این‌که در مراغه، فرمانداری، شهربانی و یک پادگان نظامی وجود داشت ولی رشد چشمگیر حزب توده در سایه پشتیبانی پادگان شوروی باعث گشته بود که حزب توده عملاً زمام امور شهر را بدست بگیرد نظامیان شوروی، پاسبانها و ژاندارمهایی را که برخلاف میل آنها رفتار می‌کردند بازداشت می‌کردند یک بار حتی کل پادگان لشکر را در مراغه بازداشت کردند.[۲۰۹]

> تمام این اتفاقات از طرف لشکر به ستاد ارتش گزارش می‌شد عاقبت از ستاد ارتش دستور رسید که یک ستون کامل از پادگان تبریز بفرماندهی یک افسر به مراغه اعزام دارند تا بخودسری‌ها خاتمه داده شود. ستون آماده و بطرف مراغه رهسپار گردید. امّا این ستون هنوز از شهر تبریز بیرون نرفته بود که کماندوان ارتش سرخ در شهر تبریز از حرکت ستون بجلو ممانعت بعمل آورده، ستون را به سربازخانه هدایت نمود.[۲۱۰]

سراب: شهر سراب جزء معدود شهرهایی بود که حزب توده هنوز نتوانسته بود در آن رخنه‌ای کند سرانجام بعد از تلاشهایی، حزب موفق شد کلوپی را در آنجا دایر کند و غلام‌یحیی دانشیان که خود اهل یکی از روستاهای سراب بود و در اردبیل بواسطه

فعالیت‌هایش، دستگیر و زندانی شده بود توسط اردشیر آوانسیان و دوستانش از زندان خلاص شد و به عنوان مسؤول حزب در سراب، شروع به فعالیت کرد.

فرقه دمکرات، اولین حمله مسلحانه به پادگان‌ها را از پادگان سراب آغاز کرد و بزودی این پادگان، بعلت کثرت مهاجمین از پای درآمد مهاجمین نفرات پادگان را بخانه‌های خود مرخص کردند ولی افسران را در نهایت شقاوت و برخلاف تمام موازین انسانی، تیرباران کردند، این اقدام ناجوانمردانه، مرکزنشینان را تازه از خواب بیدار کرد و از طرف ستاد ارتش ستونی مجهز، به قصد کمک از تهران به تبریز اعزام شد، امّا این ستون در عین مذاکرات قبلی با سفارت شوروی و جلب موافقت وابسته نظامی آن سفارت، از تهران حرکت کرده بود در شریف آباد قزوین در ۲۷ آبان توسط نیروهای شوروی، از پیشروی باز ایستاد. مطابق قرارداد میان دولت ایران و متفقین اشغالگر، دولت ایران حق نداشت به مناطقی که در اشغال آنان بود بدون موافقت آنان نیرو گسیل دارد. به همین خاطر این ستون پس از چند روز مذاکره مرکزیان با مقامات شوروی، بسوی تهران برگشت داده شد. دلایلی که دولت شوروی در توضیح مخالفت‌اش با اعزام قوای تقویتی ایران به آذربایجان آورده در یادداشت ۵ آذر کمیساریای امور خارجه شوروی به تهران منعکس است. در این یادداشت تأکید شده که اعزام هرگونه قوای تقویتی به شمال ایران امکان دارد به نا آرامی‌هایی منجر شود و باعث خونریزی گردد که در نتیجه دولت شوروی مجبور شود برای تأمین نظم و امنیت پادگانهایش، قوای اضافی به ایران بیاورد.[۲۱۱]

به نوشته سرلشکر درخشانی، این حادثه پیشه‌وری و یارانش را قوت قلب بسیاری بخشید و موجب شد که حمله سراب را در مشکین شهر و اهر و میاندوآب نیز تکرار کنند و به همان قرار سربازها را مرخص کرده ولی افسران را تیرباران کنند. در حمله مشکین شهر، دو نفر از افسران تیر باران شده را در کنار جاده مدفون و پاهای آنان را از خاک بیرون گذارده بودند. انگشت جنازه یک سروان را برای بدست آوردن انگشتری او بریده بودند.[۲۱۲]

«پایبوس» وابسته نظامی انگلیس در تهران همراه تیمسار ارفع رئیس ستاد ارتش ایران فعالانه بر ضد رویدادهای آذربایجان شرکت داشت. با توجه به اینکه به نیروی زمینی ایران اجازه نزدیک شدن به آذربایجان داده نشده بود تیمسار خسروانی فرمانده نیروی هوایی ایران پانزده فروند هواپیمای نظامی را برای انجام عملیات مبارزه با عوامل فرقه آماده کرد.قرار بود این هواپیماها ۸۰ بمب جنگی و ۱۰۰بمب معمولی در شهر تبریز فرو ریزند اما توده‌هایی که در نیروی هوایی ایران بودند از نقشه مطلع شده به روسها اطلاع دادند در نتیجه این نقشه کنار گذاشته شد.[۲۱۳]

هر چند در تسخیر پادگان‌ها و زد و خورد با مأموران دولتی، فداییان سهم عمده‌ای داشتند امّا در تسخیر مراکز نظامی، تنها مهاجرین ماجراجو و فداییان همه کاره نبودند بلکه افسران ارتش ایران که بیشتر آنان، عضو حزب توده بودند و از ارتش فرار کرده به فرقه دمکرات پیوسته بودند تسخیر مراکز نظامی را رهبری می‌کردند سعید وزیری، که در آن موقع به تشویق همشهری خود دکتر جهانشاهلو به فرقه دموکرات پیوسته بود در این مورد می‌نویسد:

> در تسخیر مراکز نظامی، افسران ارتش که از راههای مختلف خود را به آذربایجان رسانده بودند دخالت و فرماندهی اصلی را برعهده داشتند. مثلاً در ۲۳ آبان ماه سراب و میانه سقوط کرد و در آن کار، چند تن از افسران ارتش که از راه طوالش [تالش] و طارم و آستارا به آذربایجان رسیده بودند دخالت مؤثر داشتند و روز ۲۶ آبان ماه شهر عجب‌شیر به وسیله فدائیان و به فرماندهی یکی از افسران فراری ارتش به دست فرقه دموکرات افتاد، مشکین‌شهر از استان اردبیل در اواخر آبان ماه به اردبیل که دارای یک پادگان ارتشی بود به فرماندهی سروان قاضی اسداللهی و سروان یوسف مرتضوی سقوط کرد و بعداً با دخالت سرهنگ نوایی (یکی از افسران لشکر مشهد که در قیام افسران خراسان شرکت داشت)، افسرانی که مایل نبودند با فرقه همکاری کنند توانستند بدون درگیری از آذربایجان خارج شوند. لشکر رضائیه با مداخله سرهنگ آذر دست از مقاومت برداشته و تسلیم شد و شهر تبریز که مرکز سپاه آذربایجان به

فرماندهی سرتیپ درخشانی بود بر اثر مذاکره خود پیشه‌وری با فرمانده لشکر و کسب موافقت مرکز به دست فرقه افتاد.***

قیام افسران خراسان در ۲۵ مرداد ۱۳۲۴ اندکی قبل از ظهور فرقه دمکرات آذربایجان اتفاق افتاد در این قیام، تعدادی از افسران لشکر خراسان وابسته به حزب توده، با تعدادی سرباز از طریق خلع سلاح پادگانی در گنبد قابوس قیام کردند و سرانجام در درگیری با ژاندارمها، هفت نفر از آنان از جمله فرمانده‌شان، سرهنگ اسکندانی کشته شدند و بقیه متواری شده و اندکی بعد، به کمک کامبخش به همراه عده‌ای از افسران دیگر حزب توده که در ارتش شناسایی شده و در خطر بودند به آذربایجان شوروی فرستاده شدند.[۲۱۵]

از آنجا که این قیام بدون هماهنگی با حزب توده و شوروی بود و بصورت خود جوش و خودسرانه صورت گرفته بود با برخورد سرد شوروی مواجه شد و در نتیجه به خاک و خون کشیده شد و رهبر آن، سرهنگ اسکندانی به همراه تعدادی از افسران در منطقه اشغالی نیروهای شوروی و در برابر پادگان شوروی با گلوله‌های ژاندارم‌ها و پاسبان‌ها کشته شدند. زیرا شورویها در آن مقطع تاریخی، نقشه دیگری در سر داشتند که این قیام افسران ممکن بود آن نقشه را به هم بریزد. این نقشه، تشکیل فرقه دمکرات بود.[۲۱۶] به همین دلیل، وقتی در مقابل اعتراض یکی از آنان که به نیروهای شوروی گفته بود: ما قیام کرده‌ایم و شما ما را خارج می‌کنید مقامات شوروی گفته بودند شما را می‌بریم شش ماه بعد قیامی صورت خواهد گرفت و شما را باز می‌گردانیم.[۲۱۷]

ابوالحسن تفرشیان، یکی از افسران شرکت کننده در قیام خراسان در خاطرات‌اش می‌نویسد: هنوز ۲۱ آذر نرسیده بود، در اواخر آبان ماه، شورویها ما را به دو دسته تقسیم کردند و قبل از همه، خود سرهنگ آذر به اتفاق هفت نفر که همگی زبان آذربایجانی می‌دانستند عازم ایران (آذربایجان) شدند و دسته دوم ۲۲ نفر بود عازم ایران شدیم. آنها وظیفه داشتند هسته‌ی اولیه‌ی ارتش فرقه دمکرات را تشکیل دهند و در دهم دی ماه به تبریز رسیدند.[۲۱۸]

۱۹ ـ سقوط پادگان تبریز

نیروهای شوروی بیشترین توجه خود را بر پادگان‌ها و پاسگاههای لشکر داشتند سختگیری و فشارهای آنان به حدی رسیده بود که عبور یک نفر ژاندارم یا سرباز از پاسگاهی به پاسگاه دیگر، مستلزم داشتن جواز عبور از مقامات شوروی بود به طوری که خود سرتیپ درخشانی، فرمانده لشکر نیز بدون جواز عبور از ستاد شوروی، نمی‌توانست به محلی برود.[۲۱۹]

در ۸ دسامبر/۱۷آذر پیشه‌وری، شبستری و بی‌ریا برای تصمیم‌گیری در مورد شکل و اجزاء حکومت جدید با قولی‌یف و گروه سه گانهء منصوب باقروف در تبریز(آتاکیشی‌اف، حسنوف و ابراهیمف)دیدار کردند.روزهای ۱۸ و ۱۷ آذر به نیروهای فرقه دمکرات دستور داده شد که از شهرهای مختلف: مرند، میانه، مراغه، سراب به طرف شهر تبریز حرکت کنند:

> ... ما حدود هفت هشت روز سردرود بودیم. بعد دستور دادند که از طرف مارالان حمله ببرند به سربازخانه. سرتیپ درخشانی فرمانده لشکر تبریز بود ... بعد دستور دادند که مواظب باشید خرابکاری نشود منظم باشید. نباید یک نفر دهانش خون بیاید. مغازه‌ها باز بمانند ... .[***]

سرتیپ درخشانی در خاطراتش پس از حدود ۳۰ سال، چنین می‌نویسد:

> ما از هر حیث در محاصره فدائیان (لقبی که اخیراً به روستائیان مسلح داده شده بود) قرار گرفته بودیم ... شنیده شد روستائیان مسلح شده به مسلسل و تفنگ و نارنجک را برای حمله به تبریز آماده می‌کنند. البته جریان به مرکز گزارش داده شد. دستور رسید که لشکر باید تا آخرین نفس و آخرین قطره خون ایستادگی کند امّا باید طوری باشد که خونریزی نشود زیرا با وجود ارتش شوروی در آذربایجان دردسرهائی برای کشور بوجود خواهد آمد! این دستور همان قضیه کوسه و ریش پهن بود ... اکنون ارتش سرخ همه ما را در محاصره گرفته بود که مبادا دست از پا خطا کنیم. روز ۱۹ آذر ماه ۱۳۲۴ باخبر شدیم که باصطلاح فدائیان از محل‌های خود حرکت نموده‌اند. صبح روز بیستم آنها در

حوالی شهر دیده شدند. در پاسخ گزارشهای ما از اوضاع و احوال ... دستوری به این مضمون شرف صدور یافت: «با تمام افسران و سربازان و اسلحه و تجهیزات لشکر دفعتاً از سربازخانه بیرون بیائید و از دامنه شمالی کوه سهند رهسپار تهران گردید» ... وقتی غیر قابل اجرا بودن این دستور با دلائل کافی به ستاد ارتش گزارش داده شد همان دستورات قبلی تکرار شد (تا آخرین قطره خون ایستادگی کنید. امّا خونریزی نشود زیرا با وجود ارتش در آن منطقه خطرناک خواهد بود.).•••

در حالیکه فدائیان، از گوشه و کنار شهر وارد گردیده و کلانتریها و ادارات را عموماً اشغال کرده بودند آخرین ساعات دومین دیدار پیشه‌وری و رهبران فرقه با بیات، استاندار آذربایجان نیز در همان مکان دیدار اولی سپری می‌شد و سرانجام مذاکرات با شکست مواجه شد و استاندار تصمیم گرفت به تهران باز گردد:

روز پنجشنبه ۲۲ آذر نزدیکیهای ظهر آقای بیات توسط تلفن با من •درخشانی]•مذاکره نموده اطلاع دادند که تا ظهر به تهران پرواز خواهند نمود و تقاضا کردند برای ملاقات ایشان به استانداری بروم.

جواب دادم چون در اینموقع شهر در دست افراد مسلح حزب دمکرات است ممکن نمی‌شود ایشان هم خداحافظی نمودند ... .•••

سلام‌الله جاوید و صادق پادگان که به دستور کمیته مرکزی فرقه برای اصلاح کارها به جلفا رفته بودند رئیس شهربانی جلفا را دستگیر کرده به تبریز آوردند، در ۱۳۲۴/۹/۱۲ به کمیته مرکزی فرقه خبر رسیده بود که شهربانی جلفا و علمدار گرگر مقاومت می‌کنند و آنها برای فرو نشاندن آن اعزام شده بودند. به سلام‌الله جاوید و الهامی دستور داده شد به پادگان رفته، موضوع را با درخشانی حل کنند جاوید می‌نویسد: «با سرتیپ درخشانی مذاکره کردیم مشارالیه گفت با مرکز تماس گرفته‌ایم منتظر جواب هستیم. جواب در ساعت یک بعد از نصف شب رسید». سرتیپ درخشانی گفت مرکز موافقت کرده است جریان را به مرحوم پیشه‌وری اطلاع دادیم. و سرتیپ درخشانی را به اشتراک الهامی پیش پیشه‌وری فرستادیم تا موافقت نامه را امضاء کند».[۲۲۳]

امّا نوشته سرتیپ درخشانی با نوشته جاوید، اندکی تفاوت دارد درخشانی در خاطرات خود می‌نویسد:

اوایل شب بود. در حالی که من با سرهنگ شاهنده، معاون لشکر در اطاق بی‌سیم اوضاع و پیش‌آمدها را بمرکز گزارش می‌نمودیم خبر دادند دو نفر از طرف دولت پیشه‌وری برای ملاقات و مذاکرات آمده‌اند. دستور دادم آنها را به دفتر من ببرند. با سرهنگ شاهنده برای مذاکره با آنان رفتم و به سرهنگ ورهرام دستور دادم برای گرفتن دستورات پای بی‌سیم بماند.

نمایندگان عبارت بودند از دکتر جاوید [،] وزیر کشور و الهامی [،] وزیر دارائی. اظهارات آنها روی خاتمه دادن بمقاومت لشکر دور می‌زد.

تسلیم ژاندارمری و شهربانی را که طبق دستور استاندار عملی شده بود به رخ ما کشیدند ... به آنان تذکر دادم چنانچه به سربازخانه تعرض شود مطلقاً و بسختی دفاع خواهد شد و مسؤولیت هرگونه پیش آمدی بعهده لشکر نخواهد بود. نمایندگان ... مأیوس شدند و تقاضا کردند روز بعد دو نفر از وزرای آنها به عنوان گروی بسربازخانه آمده و من جهت مذاکره با پیشه‌وری به شهر بروم قبول کردم که بدون آنکه گروی هم گرفته شود برای ملاقات با پیشه‌وری بشهر بروم. نمایندگان از سربازخانه خارج شدند و جریان بستاد ارتش گزارش شده و دستورات لازم اخذ گردید ...

کمی بعد الهامی وارد سربازخانه شد و اظهار داشت که آمده است تا به اتفاق برای ملاقات و مذاکره نزد پیشه‌وری برویم ... با الهامی بطرف شهر حرکت نمودیم. از چند قدمی سربازخانه که گذاشتیم دستجات فدائیان در شهر دیده می‌شدند.

... در خانه‌ای که محل موقتی هیئت دولت آنان نامیده می‌شد به اطاقی وارد شدم که کبیری و عظیما در آنجا پشت میزی نشسته بودند. از آن اطاق به اطاق دیگری راهنمای شدم که پیشه‌وری در آنجا بودند. مذاکره بلافاصله شروع شد. بی‌ریا وزیر فرهنگ آنها چای و شیرینی می‌آورد.

اظهارات پیشه‌وری همانا اظهارات دو نفر نمایندگان شب قبل بود و اضافه کرد: برای ما این مسئله حل نشده که چرا آقای بیات که نماینده مختار دولت و مسؤول سیاست این منطقه بود موافقت کرده که از لحاظ جلوگیری از خونریزی و برادرکشی لشکر دست از مقاومت بردارد و با آنکه شما از تعداد و نفرات و وضعیت نیروی ما اطلاع دارید و می‌دانید که قوای اندک شما در برابر قوای ما به هیچوجه تاب مقاومت نداشته و شما صد فرسخ از مرکزی که بایستی کمک بگیرید دورید، در صورتیکه فداییان ما در چند قدمی سربازخانه‌های شما و منتظر اخذ فرمان حمله می‌باشند، ولی شما همینطور ایستادگی می‌کنید.

به او گفتم: موضوع بسیار روشن است. لشکر تابع مقامات عالیه نظامی است و وظایف بخصوصی دارد و نمی‌تواند بمحض موافقت استاندار از وظایف اولیه خود دست بکشد. وانگهی اساساً من نمی‌دانم شما چه می‌خواهید و چه می‌گوئید. فعلاً که شما در واقع تابع دولت مرکزی می‌باشید. بنا بگفته و برنامه خودتان در هر حال لشکر تابع مرکز خواهد بود.

مذاکرات روی همین زمینه جریان داشت. بالاخره پیشه‌وری اظهار داشت که بیش از این برای ادامه مذاکره حاضر نیست و اتمام حجت نمود که فقط تا دو ساعت بعد از ظهر می‌تواند تأمل کند، یا جنگ و یا همکاری. او اضافه کرد: بایستی بدانید چنانچه زدوخوردی شروع شود قسمت بزرگ شهر تبریز بدست اوباش و اراذل که در تمام شهرهای بزرگ وجود دارند غارت و پایمال خواهد شد. آیا مسؤولیت تاریخی این امر بعهده کیست؟ پاسخ دادم: معلوم است، بعهده محرک. مجدداً پیشه‌وری ساعت خود را نگاه کرده اظهار داشت: الان نیم ساعت بعد از ظهر است و تا ساعت دو و نیم منتظر جوابم به اتفاق الهامی بطرف سربازخانه حرکت کردم. او مرا رساند و مراجعت نمود.***

سر ساعت دو، پیشه‌وری تلفن کرد و جواب خواست. به او گفتم به طوری که قبلاً نیز بشما گفته شده چنانچه کسی به سربازخانه تعرض

کند بشدت دفاع خواهد شد، بعداً سرهنگ شاهنده را بشهر فرستادم تا با پیشه‌وری داخل مذاکره شود، شاید حمله قدری بتعویق بیفتد تا دستور صریح و قطعی از مرکز برسد. زیرا از ستاد ارتش اعلام گردیده بود که بایستی موضوع در هیئت وزیران مطرح و تصمیم مقتضی گرفته شود و اطلاع داده بودند که تا دو ساعت دیگر تصمیم هیئت وزیران را ابلاغ خواهند نمود.

پس از یکی دو ساعت، سرهنگ شاهنده به اتفاق آقای دولتشاهی پیشکار دارائی آذربایجان بسربازخانه آمدند. بقرار معلوم پیشه‌وری و همکارانش جمعی از رؤسای ادارات و متنفذین و محترمین شهر را در استانداری جمع و موضوع مقاومت لشکر را مطرح نموده و عواقب وخیم و مضرات زد و خورد را جهت آنان تشریح و از آنها تقاضا کرده بودند نزد فرمانده لشکر واسطه شوند تا دست از مقاومت کشیده باعث برادرکشی و اتلاف نفوس نشود. آقای محمدحسن دولتشاهی مراتب را مفصلاً به اطلاع من رساند. به ایشان نیز تذکر دادم که بشخصه در این مورد نمی‌توانم تصمیمی بگیرم و بایستی از مرکز دستور قطعی برسد و البته چنانچه آنها به سربازخانه تعرض کنند با مقاومت شدید برخورد خواهند کرد ... دولتشاهی بشهر مراجعت کرد ... .***

آیت الله میرزاعبدالله مجتهدی از علمای طراز اوّل تبریز در خاطرات خود می‌نویسد:

امروز پنج‌شنبه ۲۲ آذر، صبح بیات والی، سپهر روش فرماندار، با طیاره به طهران حرکت نموده است. آقای پیشه‌وری به عمارت عالی‌قاپو منتقل شده و این عمارت محل دولت آذربایجان شده است ... آقای حاجی میرزا باقر قاضی و آقای ثقة الاسلام، حتی آقای حاجی میرحسن خویی را که در محلهٔ ما پیشنماز است برده‌اند ... اصرار نموده‌اند که آقایان سازش ما بین سرتیپ درخشانی و دمکرات‌ها بدهند در آنجا [عالی‌قاپو، مقر پیشه‌وری] عده‌ای از رؤسای ادارات حاضر بوده‌اند ... .***

سرتیپ درخشانی در ادامه خاطراتش می‌نویسد:

اوایل شب بود ... برای آنکه افسران از جریان امر بی‌اطلاع نباشند دستور دادم کلیه افسران ارشد در دفتر کار من حاضر شوند. پس از حضور آنان وضعیت و جریان گزارشات اخیر و دستورات واصله و پیشنهادات دموکراتها را برای آنها کاملاً تشریح نموده و ... اظهار عقیده شد با اینحال بهتر است باز هم برای اغتنام فرصت با دموکراتها مذاکره جریان یابد.

بنابراین به پیشه‌وری تلفن شد نمایندگان خود را برای ادامه مذاکره بسربازخانه اعزام دارد ... پس از یکساعت پنبه‌ای نامی از طرف پیشه‌وری آمده و اظهار داشت که نامبرده تقاضا می‌کند برای ادامه مذاکره به استانداری بروم. با پنبه‌ای به استانداری رفتم. در تمام طول راه نفرات مسلح بسیاری دسته‌دسته ایستاده بودند و عابرین را شدیداً بازرسی می‌کردند. وسایل نقلیه به هیچوجه در شهر دیده نمی‌شد. ...

درب استانداری و داخل آن نفرات مسلح بسیاری با اسلحه‌های خود کار دیده می‌شدند. به داخل سالن استانداری که وارد شدم پیشه‌وری و شبستری و دکتر مهتاش آنجا بودند. پیشه‌وری، الهامی و دکتر جاوید را از خارج سالن خواسته و به آنها اظهار داشت که برای آنکه افسران نگران نباشند شماها به عنوان گروگان بسربازخانه بروید. آنان از اطاق خارج شدند.

مذاکرات بقرار سابق روی همان زمینه‌ها جریان یافت. پیشه‌وری تکرار نمود: با این قوائی که ما در شهر و اطراف موجود داریم و منتظر حمله هستند شما چنانچه با اخذ تصمیم به این غائله خاتمه ندهید ... مرتکب گناه بزرگی خواهید شد. جوابهای سابق را تکرار کردم.

در این اثنا یکنفر از خارج به سالن وارد شده و شبستری را با خود از سالن بخارج برد. شبستری بلافاصله با خوشحالی به سالن برگشته و گفت: اینهم فرمان مرکز دایر به ترک مقاومت، بازببینم آقای سرتیپ چه عذری خواهند آورد. پاکت را نزد پیشه‌وری برد.

نامبرده اظهار داشت: من عادت ندارم نامه مربوط به غیر را بخوانم. پاکت را که سرگشوده بود و معلوم بود که آن را در خارج خوانده‌اند و آخرین دستور بقرار زیر بود به من دادند:

تلگراف کشف بوسیله بی‌سیم ـ تبریز فرمانده لشکر مطابق اعلام نخست‌وزیر در جلسه چهارشنبه ۲۴/۹/۲۱ مجلس شورای ملی و دولت این قیام مسلحانه را که برخلاف قانون اساسی و بر علیه ملت ایران است. برسمیت نمی‌شناسد بنابراین اصولاً بایستی مقاومت شود شورائی از افسران خودتان تشکیل بدهید و متن بیانات آقای نخست‌وزیر را اظهار کنید اگر مطابق تشخیص شورا مقاومت غیر مقدور است خود شما و افسران به تهران حرکت نمائید. ۸/۵ عصر ۱۳۲۴/۹/۲۲ سر لشکر ارفع.

پیشه‌وری به دکتر مهتاش گفت: شما مشغول نوشتن صورت‌مجلس بشوید که به این موضوع بطرز آبرومندانه‌ای خاتمه داده شود، و اضافه نمود: خدا با مردم تبریز بود و مشیت الهی تعلق گرفته بود که امشب خون عده‌ای بیگناه ریخته نشود و خانواده‌های زیادی بدبخت نشوند. پیشه‌وری به دکتر مهتاش متن را دستور داد و دکتر مهتاش مشغول نوشتن شد.

... افسران شورا را تشکیل داده و با ترک مقاومت بشرط آنکه شرط شود افسرانی که می‌خواهند بهر نقطه کشور بروند از طرف حزب دمکرات سلامتی خود و خانواده‌شان تضمین شود موافقت نموده‌اند. ...

پیشه‌وری تقاضا نمود که دو نفر نماینده به سربازخانه اعزام دارند تا اسلحه‌ها را جمع آوری نموده و در اسلحه‌خانه‌ها بگذارند. با این تقاضا چون انحلال لشکر را تسریع می‌نمود موافقت نمودم. چون خواست غلام‌یحیی معروف را بفرستد با اعزام او که خاطره بسیاری در افکار افسران داشت مخالفت کردم. قرار شد کس دیگر را بفرستند... . ...

صفر قهرمانیان نیز در خاطرات خود، پایان سقوط لشکر را چنین توصیف می‌کند:

... خلاصه رسیدیم به سربازخانه، دیدیم که سربازخانه خالی است، امّا پر از اسلحه ... ما دو سه هزار نفر در سربازخانه بودیم. پیشه‌وری با

اسکورت رسید ... به ما گفت بروید طرف مارالان، دهی نزدیک تبریز. گفت بروید من عصر می‌آیم و سخنرانی می‌کنم. ما رفتیم. به این صورت که هر کس از هر راهی آمده بود باید از همان راه برود. حق نداشت داخل شهر بشود. ...

در مورد رسیدن دستور از مرکز برای تسلیم لشکر، اختلاف مهمی که در خاطرات سلام‌الله جاوید و سرتیپ درخشانی به چشم می‌خورد بعداً باعث شد که در مورد تسلیم لشکر توسط درخشانی، حدس‌ها و گمان‌هایی دامن زده شود که قبل از رسیدن دستور مرکز مبنی بر تسلیم پادگان، درخشانی خودسرانه اقدام به چنین کاری کرده است. و در تهران این شایعه قوت گرفت که در این مرحله، درخشانی با روسها جهت تسلیم لشکر، وارد معامله شده و حتی بعدها، بعضی از منابع، او را جاسوس شوروی خواندند، امّا هنوز هم شخصیت او در هاله‌ای از ابهام باقی مانده است. او پس از سقوط پادگان تبریز، در تهران محاکمه شد و بعد از مدتی، زندانی شدن و آزاد گردید ولی از ارتش کنار گذاشته شد، امّا بعدها در روزهای نزدیک به انقلاب ۵۷ نوع مرگ مرموز او پیش آمد، درخشانی در شب ۷ فروردین ماه ۱۳۵۷ توسط ساواک دستگیر و در همان شب، زیر شکنجه‌های ساواک کشته شد رژیم شاه در روزنامه‌ها اطلاع داد که او بواسطه پیری و کهولت سن، در جریان بازجوئیها در گذشته است.

در مورد عقد قرارداد با پیشه‌وری در ۲۲ آذر جهت تسلیم لشکر، که بعداً به عنوان یکی از اتهامات اصلی درخشانی در دادگاه عنوان شد خانواده‌اش وجود چنین قراردادی را انکار می‌کنند و از قول بازپرس ارتش (سرتیپ مظهری) در قرار بازپرس، اعلام می‌کنند که این قرارداد را هرگز نه کسی دیده و نه در دست داشته است فقط نوشته‌های روزنامه پیشه‌وری [آذربایجان] در صدور حکم دادگاه نظامی مورد استناد قرار گرفته است.[۲۳۱]

امّا بعدها با انتشار کتاب «کا. گ. ب. در ایران» نوشته ولادیمیر کوزیچکین، امید میرفت که نوری بر این اوراق تاریک تابانده شود ولی خانواده مرحوم درخشانی، ضمن انکار مطالب مربوط به درخشانی، آن را محصول دشمنی دیرینه انگلیسی‌ها با

سرتیپ درخشانی تلقی کردند. این کتاب، سالهای پایان زندگی درخشانی و نوع مرگ او را چنین معرفی می‌کند:

... باید گفت که همیشه محل ملاقات با «D» از خانه‌اش چندان دور نبود، چون مرد خیلی سالخورده‌ای ـ در حدود هشتاد سال ـ که چندان سلامت هم نبود. بوریس کابانف بیشتر با «D» کارکرده بود، ولی پس از اخراجش از ایران و فاصله‌ای که در میان افتاد، این روابط قطع گردید.

... ژنرال درخشانی طی جنگ جهانی دوم بوسیله جاسوسی شوروی به خدمت گرفته شده. تنها خدمتش به اتحاد شوروی در سال ۱۹۴۷ •صحیح‌اش ۱۹۴۵•• پادگان نظامی تبریز را بدون مقاومت به نیروهای فرقه دمکرات آذربایجان تسلیم نموده بود. در آن زمان بیش از پنجاه سال داشت.

کمی بعد با استفاده از مستمری بازنشسته شد و از آن پس در زمینه کارهای جاسوسی کاری انجام نداد، ولی کاگ ب همیشه به او سر میزد و مستمری بازنشستگی را که مادام العمر برقرار بود به او می‌پرداخت مستمری درخشانی هم قطع گردید. هر چند پول زیادی نبود، امّا قطع‌اش وضع مالی ژنرال سابق را خراب کرد، و با امید برقراری مجدد آن بود که به در سفارتخانهٔ ما آمده بود.

با آن که ابتدا فکر نمی‌کردیم پست دیدبانی ساواک متوجه کار درخشانی در دروازه سفارتخانه شده باشد ولی آنها او را دیده و دستگیر کرده بودند ... درخشانی محاکمه نشد. کمی پس از بازداشت، مطبوعات ایران گزارش دادند که ضمن بازجویی بر اثر سکته قبلی مرده است. ساواک پیر مرد را زیر شکنجه کشته بود ...•••

۲۰ ـ استقرار حکومت ملی آذربایجان

انتخابات تبریز در دوشنبه 12آذر ۱۳۲۴ به پایان رسید در این انتخابات پیشه‌وری ۲۳۵۰۰رای، بی‌ریا۲۲۳۳۳رای و طرفداران آنها مانند قیامی، پادگان، دکترجاوید، شبستری، الهامی، نیکجو، ماشین چی، عظیمی با آرا زیادی وارد مجلس شدند در این

انتخابات زنان مشارکت داشتند در ۲۱ آذر ماه ۱۳۲۴، مجلس ملی آذربایجان، اولین جلسه خود را در سالن سینما دیانای تبریز با نطق ریاست سنی مجلس، محمد تقی رفیعی (نظام الدوله) و با حضور ۷۵ نفر نماینده افتتاح کرد سپس نظامنامه مجلس توسط میررحیم ولائی قرائت و تصویب شد و بعد انتخاب هیئت رئیسه با رأی مخفی بشرح زیر بعمل آمد: حاج میرزا علی شبستری که در این زمان ۴۷ سال داشت به ریاست مجلس و سه نفر زیر به معاونت مجلس انتخاب شدند:

۱. صادق پادگان ۲. حسن جودت ۳. محمد تقی رفیعی (نظام الدوله) و دو نفر، میررحیم ولائی و محمد عظیما به عنوان منشی انتخاب شدند. و اعضاء هیئت رئیسه نیز عبارت از: ۱ـ مراد علی تیموری بیات. ۲ـ اصغر دیبائیان. ۳ـ صادق دیلمقانی، بودند.[۲۳۳] روزنامه «جودت» در مورد اولین جلسه مجلس ملی می‌نویسد:

> اولین جلسه مجلس ملی آذربایجان که در ساعت ۹/۳۰ صبح آذر سال ۱۳۲۴ تشکیل شد آقای شبستری را با ۶۹ رأی به ریاست مجلس آذربایجان انتخاب و آقایان پادگان، رفیعی و جودت با ۷۰، ۶۸، و ۶۳ رأی به معاونت مجلس آذربایجان انتخاب شدند.***

از مجموع کل نمایندگان، شانزده نفر کارگر، بیست و شش نفر کشاورز، بیست و چهار نفر روشنفکر (مشتمل بر آموزگار، روزنامه‌نگار، پزشک، مهندس و غیره) سیزده نفر کارمند اداری، دو نفر کارخانه‌دار، هفت نفر تاجر، یازده نفر مالک و دو نفر روحانی بودند.[۲۳۵] مجلس ملی تمایل اکثریت را به نخست‌وزیر سیدجعفر پیشه‌وری اعلام کرد و او را موظف نمود که در بعد از ظهر همان روز کابینه خود را به مجلس معرفی کند کابینه او که با آراء اکثریت تصویب شد عبارت بود از:

۱). باش وزیری (نخست‌وزیر) سیدجعفر پیشه‌وری. (تا انتخاب وزیر کار، این وزارتخانه بعهده خود پیشه‌وری گذاشته شد)

۲). داخله وزیری (وزیر کشور) دکتر سلام‌الله جاوید

۳). خلق قشونلاری وزیری (وزیر ارتش توده‌ای) جعفر کاویانی.

۴). فلاحت وزیری (وزیر کشاورزی) دکتر مهتاش.

۵). معارف وزیری (وزیر فرهنگ) محمد بی‌ریا.

۶). صحیه وزیری (وزیر بهداری) دکتر حسین اورنگی.

۷). مالیه وزیری (وزیر دارایی) غلامرضا الهامی.

۸). عدلیه وزیری (وزیر دادگستری) یوسف عظیما.

۹). یول، پست، تلگراف و تلفن وزیری (وزیر راه، پست و تلگراف) کبیری.

۱۰). تجارت و اقتصاد وزیری (وزیر بازرگانی و اقتصادی) رضا رسولی.

۱۱). وزیر کار تا تعیین وزیرش زیر سرپرستی نخست‌وزیر (پیشه‌وری) خواهد بود.

در ضمن فریدون ابراهیمی نیز به ریاست کل دادستانی آذربایجان گمارده شد. همچنین، دکتر جهانشاهلو در مقام معاون نخست‌وزیری قرار گرفت. و غلام‌یحیی دانشیان از سوی پیشه‌وری، سرکردگی فدائیان را بعهده گرفت و زین العابدین قیامی به ریاست دیوان تمیز انتخاب گردید و سیاست خارجی فرقه نیز به عهده وزیر امور خارجه ایران گذاشته شد بدین ترتیب به حکومت دوگانه در آذربایجان یعنی حکومت مرکزی و دمکراتها پایان داده شده و کل آذربایجان تحت اقتدار فرقه در آمد. از آنجا که سران فرقه تجربه کشورداری نداشتند از باکو خواسته شد برای اداره هر وزارتخانه یک نفر مشاور غیررسمی اعزام کنند اما چون اجازه مسکو لازم بود لذا باقروف در نامه‌ای در ۱۹ دسامبر درخواست دولت ملی آذربایجان را با استالین، مولوتف، بریا و مالکنف در میان گذاشت باقروف خودش این درخواست را لازم و ضروری دانست اما پیشنهاد کرد که افراد اعزام شده به عنوان مشاور باید هویت شوروی خود را بروز ندهند به این درخواست پاسخ مثبت داده شد.

در هنگام افتتاح مجلس، عده‌ای از نمایندگان سیاسی و روسای ادارات هم دعوت شده بودند، مانند پیشکار دارائی، رئیس کشاورزی و رؤسای دیگر و همچنین عده‌ای از تجار درجه اوّل آذربایجان و رئیس اطاق بازرگانی، دعوت فرقه را پذیرفته و در مراسم گشایش مجلس شرکت کرده بودند از نمایندگان خارجی وکنسولها، کنسول

آمریکا، انگلیس و ترکیه نیامده بودنده، امّا نماینده فرانسه، کنسول شوروری و نماینده خبرگزاری تاس و خبرنگاران روزنامه‌های آذربایجان حضور داشتند.

جهانگیر تفضّلی، مدیر روزنامه «ایران ما» که به همراه بزرگ علوی و شاهنده، مدیر روزنامه «فرمان» و فروزش در ۲۲ آذر ۱۳۲۴ به آذربایجان سفر کرده بود در خاطرات خود از آنروز چنین می‌نویسد:

> بعد از ظهر دوباره به محل کمیته فرقه دمکرات رفتیم و پیشه‌وری را در آنجا ملاقات نمودیم. من پیشه‌وری را در تهران چندین بار دیده بودم و برای مقالات و سبک پخته و متین نگارش او در روزنامه آژیر ارزش مخصوص قائل بودم و این ارزش را برای نوشته‌های او نه تنها من بلکه دشمنان و مخالفین شدید پیشه‌وری هم همیشه قائل بودند پیشه‌وری کمی نسبت به وقتی که در تهران بود چاق شده بود امّا در صورت و قیافه‌اش خستگی و فرسودگی غرور آمیزی مشاهده می‌شد، پیشه‌وری می‌گفت ۴۸ ساعت است که یک ساعت هم نتوانسته‌ام بخوابم، و علت این‌که زوردتر ما او را ندیده‌ایم این بوده است که در همان وقتی که ما وارد تبریز شدیم به اتفاق شبستری و یکی دو نفر از اعضاء حزب دموکرات به مشایعت استاندار •بیات]•رفته بودند.
>
> پیشه‌وری می‌خواست به مجلس برود و از ما خواست که همراه او به مجلس برویم طرز برخورد پیشه‌وری با ما همانطور بود که در تهران با لژمطبوعات هنگام تماشای مجلس تهران می‌بود. سابقه آشنایی همسفران من با پیشه‌وری خیلی بیش از منم بود زیرا فروزش و شاهنده از اعضای جبهه آزادی بودند پیشه‌وری هم در تهران صدر یا رئیس جبهه آزادی و همکار نزدیک آنها می‌بود و آقابزرگ علوی هم از زندان قصر با پیشه‌وری سابقه الفت و آشنایی داشت، با این همه پیشه‌وری محبت و مهربانی فراموش نشدنی نسبت به من و دو نفر از نویسندگان ایران ما که قبل از من بسوی زنجان و آذربایجان رهسپار شده بودند و دو ساعت بعد از من به تبریز رسیدند، مبذول می‌داشت، و من مهربانیها و احترام

محبت‌آمیز پیشه‌وری و سایر رهبران فرقه دموکرات را هرگز نمی‌توانم فراموش کنم.

عصر پنج‌شنبه همراه پیشه‌وری به مجلس رفتیم، روز دومی بود که مجلس تشکیل می‌شد و محل آن در سالن سینمای دیده‌بان بود آن روز قرار بود که نمایندگان سوگند یاد کنند، ابتدا حاج میرزا علی شبستری از تجار آذربایجان رئیس مجلس سوگندنامه‌ای قرائت کرد، که به کتاب آسمانی و شرافت خود سوگند می‌خورم. که برای تمامیت ارضی و استقلال ایران و اجرای مرام فرقه دموکرات فداکاری کنم و از مال و جان مضایقه ننمایم. نمایندگان هر یک در جلو میز رئیس ایستاده به زبان آذربایجانی سوگند می‌خوردند، حرارت و شراره‌های پر ایمانی که هنگام سوگند و فاداری به تمامیت ارضی واستقلال ایران و فداکاری در راه حفظ آنها از گفته‌های بعضی یا اغلب آنان نمایان بود، نشان می‌داد که آذربایجان چقدر به میهن محبوب و پر افتخار خود ایران دلبستگی دارد.

نمایندگان فرقه دموکرات تقریباً از عموم طبقات مردم آذربایجان می‌بودند، مثلاً حاج تقی‌وهاب زاده مالک و تاجر، نظام الدوله رفیعی مالک و از اشراف آذربایجان، آتش پاشا بیات ماکو از اشراف زادگان و نجبای ایران لیسانسیه حقوق که اخیراً شهردار تبریز شده و از جوانان محبوب و مورد توجه و علاقه هم میهنان آذربایجان و مراد تیمور پسر اقبال السلطنه ماکویی از معروفترین و متمولترین اشراف و خانواده‌های چهار صد ساله ایران می‌باشد نزدیک به یک ثلث نمایندگان مجلس محلی آذربایجان جوانان بین ۲۸ تا ۳۵ (نماینده مجلس محلی آذربایجان ایران از ۲۷ سال به بالا حق انتخاب شدن به نمایندگی دارد) ساله بودند که اغلب دکتر و لیسانسیه و روشنفکر بودند، بطوری که می‌توان گفت عده جوانان تحصیلکرده در مجلس محلی آذربایجان ما خیلی بیش از عده تحصیلکرده و روشنفکر مجلس شورای ملی تهران است مثلاً در هیئت دولت محلی آذربایجان که از میان نمایندگان مجلس انتخاب شده‌اند، وزیر کشور، وزیر کشاورزی و وزیر بهداری دکتر می‌باشند.

یوسف عظیما وزیر دادگستری از لیسانسیه‌های حقوق و دیگران نیز همه با سواد می‌باشند. قیامی که از نمایندگان تبریز است و از طرف مجلس که ریاست دیوان عالی تمیز آذربایجان انتخاب شده است نیز از رجال با سواد و درس‌خوان ایران می‌باشد.

در میان نمایندگان چند نفر کارگر و یکی دو نفر کارخانه‌دار مشهور و متمول آذربایجان هم دیده می‌شود. در یک شب مهمانی مراد تیمور پسر اقبال السلطنه ماکویی در سر میز شام نطق شیرینی به فارسی ایراد کرد و پس از معرفی خود و خانواده‌اش و عده‌ای دیگر از محترمین آذربایجان که به نمایندگی مجلس محلی آذربایجان ایران انتخاب شده بودند، گفت: مهمانان عزیز، بروید به تهران، بگویید: آیا ما ماجراجو، بی‌وطن، ناشناس، رجاله، مهاجر، متجاسر، ناشناس هستیم؟...

فرقه پس از بدست گرفتن قدرت، با اعدام چند نفر افراد شرور، به تثبیت اوضاع پرداخت و توانست امنیت را بزودی در کل آذربایجان چنان بر قرار کند که به نوشته منابع موثق، از ۱۳۲۰ تا آنروز بی‌سابقه بود. آیت الله میرزا عبدالله مجتهدی، از شاهدان عینی، بی‌طرف و منصف در خاطرات خود در این زمینه می‌نویسد:

«امنیت کامل برقرار است. در همان اعلامیه که خبر تسلیم (پادگان تبریز) درج شده بود، خبر اعدام یک نفر غارتگر (ظاهراً از فدایی‌ها) را هم نوشته بوده. این خبر ... کاملاً اثر خود را بخشیده بعد از حوادث یکماه اخیر که زندگانی عادی در شهر قدری مشکل شده بود، از روز شنبه یک حسن امنیت در شهر حکمفرما است که نظیر آن شاید از غایله شهریور ماه [۱۳۲۰] به این طرف دیده نشده بود ... این وقایع ... و نظایر آنها، خیلی اسباب امیدواری برای اهالی فراهم آورده است. اگر این رویه را هیئت جدید [دولت پیشه‌وری] ادامه بدهد، خیلی طرف محبت و علاقه مردم خواهد بود ...»

«بعد از ظهر پنج‌شنبه ۶ دی در جلو ادارهٔ شهربانی دو نفر را به دار آویختند نام این دو نفر گویا رحیم و اصلان است. جرم یکی از آنها بنابه آنچه بعضی‌ها نقل نمودند، به زور اسلحه تعدی به ناموس یک دختر

بوده است. آویخته شدن دو نفر مسلم است؛ امّا تیر باران نمودن دو نفر دیگر که یکی از آنها کاظم نام [قارنی یرتیخ] از اشرار چاقوکش معروف تبریز است، ... [او] از داشها و چاقوکش‌های تبریز است در تبریز یک عده داش و چاقوکش و اشرار هستند که بعد از غائله شهریور مخصوصاً طغیان نموده‌اند. اینها را نباید با افراد مهاجر که آنها هم بعد از غائله شهریور کم و بیش اسباب اذیت و آزار مردم می‌شوند، خلط نمود. چاقوکش‌ها غالباً اهل شهر هستند و غالباً در زورخانه ورزش می‌کنند و ملک سیاسی ندارند؛ امّا مهاجرها اهل دهات هستند ... و از طرف دولت ایران هم مورد اذیت و بدرفتاری واقع شدند. غالباً طرفدار نهضت توده و دمکرات هستند. اشخاص معتقد به ملک خود تا اندازه‌ای تربیت شده در میانشان فراوان است. از مهاجرین، آنهایی که شرارت و اذیت می‌کنند غالباً به واسطه بیکاری و گاهی هم از بابت انتقام جویی از بدرفتاری‌های دوره پهلوی است ...»[۲۳۷]

۲۱ ـ تیپ ارومیه، آخرین مقاومتهای ارتش

صفرخان در مورد تسخیر تیپ ارومیه در خاطراتش می‌نویسد:

ما در میاندوآب بودیم که دستور دادند برویم ارومیه، زیرا در آن جا سرتیپ زنگنه مقاومت می‌کرد همه جا را دموکرات‌ها گرفته بودند و او در آن جا مقاومت می‌کرد خیلی هم کشته داده بود و کشته بود. یک عده از طرفداران شاه هم با او همکاری می‌کردند. به افراد ما دستور دادند که بروید ارومیه و جریانش را خاتمه بدهید ... .[...]

به دنبال تسلیم لشکر تبریز و انتشار اخبار آن در ارومیه، مأمورین وفادار به حکومت مرکزی سعی می‌کردند از انتشار این خبر ممانعت کنند تا روحیه افراد وابسته به خود، تخریب نشود رؤسای ادارات در دفتر فرماندهی تیپ، (سرهنگ زنگنه) جمع شدند تا در مقابل حملات دمکرات‌ها چاره‌جویی کنند. علی دهقان، رئیس فرهنگ وقت ارومیه که در آن جمع حضور داشت در خاطرات خود می‌نویسد:

آن موقع نگارنده به عنوان رئیس فرهنگ استان چهارم در رضائیه انجام وظیفه میکردم ساعت هشت صبح اطلاع دادند روسای ادارات در دفتر استانداری حاضر شوند. وقتی من آنجا رفتم سرهنگ زنگنه با سرگرد بهاروند رئیس ستاد و سرهنگ نوربخش رئیس ژاندارمری حضور داشتند از رؤسای ادارات کشوری آقایان امیرقاسمی رئیس دارائی، آصف‌زاده رئیس دادگستری، رفیعی، دادستان، اسکندری رئیس آمار در جلسه حضور یافتند. ابتدا سرهنگ زنگنه بحاضرین خبر داد طبق اخباری که از تلگرافخانه می‌رسد سرتیپ درخشانی فرمانده لشکر تبریز تسلیم شده و دموکراتها ادارات تبریز را اشغال نموده‌اند ... .***

سرانجام فرماندهی تیپ به حاضرین اطلاع می‌دهد که در صورت حمله، تسلیم نشده و دست به مقاومت و دفاع خواهند زد. نجفقلی پسیان در این مورد می‌نویسد:

چون در جریان روزهای ۲۰ تا ۲۴ آذر متجاسرین نتوانسته بودند تیپ و ژاندارمری رضائیه را مجبور به تسلیم سازند متجاسرین ستون محمولی از فدائیان خود در منطقه تبریز و نقاط بین راه مانند مرند و خوی و شاهپور را تقریباً با دویست کامیون بفرمان سرهنگ فراری میلانیان به سمت رضائیه اعزام داشتند و چون در شب ۲۵ آذر مذاکرات شورویها و نماینده متجاسرین با فرمانده تیپ دایر به قبول تسلیم تیپ به نتیجه نرسیده بود، در ساعت ۹ صبح روز ۲۵ این ستون به شهر نزدیک شد ولی در مقابل تیراندازی و دفاع پاسگاههای نظامی و ژاندارمری متوقف گردید.***

فرمانده پادگان رضائیه ضمن انتشار بیانیه‌هایی هشدار داد که هر فرد مسلحی که دیده شود درجا هدف قرار خواهد گرفت. باقروف در برابر چنین مشکلاتی از عوامل خود را در تبریز خواست دستپاچه نشده و اجازه ندهند که شیوه‌های نظامی دست بالا را پیدا کنند آتاکیشی‌اف و حسنوف نیز برای قطع ارتباطات رضائیه با تهران و فراهم آوردن زمینهٔ خلع سلاح پادگان رضائیه بدانجا گسیل گشتند. باقروف اکیدا قدغن کرد که نباید در امور مربوط به ارتش واحدهای ارتش سرخ را درگیر

کنند. او آتاکیشی‌اف، حسنوف و ابراهیموف را به خاطر کوتاهی در آموزش واحدهای فدایی برای جلوگیری از«تانک‌های کوچک»ارتش ایران ملامت کرده و دستورالعمل‌های مسکو را برای آموزش گروه‌های فدایی به استفاده از بمب‌های بنزینی یادآور گردید.[۲۴۱]

فدائیان برای ورود به شهر، ضمن این‌که از حمایت نظامیان شوروی برخوردار بودند و از ماشینهای آنها برای انتقال افراد استفاده می‌کردند از حمایت کردها نیز درحمله به پاسگاهها برخوردار بودند. از روز ۲۲ آذر که تیپ در داخل شهر موضع دفاعی به خود گرفته و تیراندازی در شهر شروع شده بود وضعیت شهر از حالت عادی خارج شده و چهره جنگی به خود گرفته بود، تمام مغازه‌ها و بازار تعطیل شده و مردم عادی به خانه‌های خود پناه برده بودند و در شهر، آرایش جنگی و نظامی برقرار شده بود. سربازان و پاسبانان، قبلاً نقاط حساس شهر را اشغال کرده بودند. مرکز فرقه دموکرات آذربایجان در ارومیه، محل تجمع افراد وابسته به فرقه دمکرات بود و سرهنگ زنگنه و ستاد وی در سربازخانه خیابان شهر چائی مستقر شده بودند. در روزهای ۲۴ و ۲۵ و ۲۶ آذر اطراف سربازخانه، تقریباً بوسیله فدائیان محاصره شده و کسی نمی‌توانست از آنجا بیرون آید. کلانتریهای داخل شهر و محل پادگان‌ها نیز در تحت مراقبت شدید بود. چون پاسگاههای دروازه‌های شهر تقویت نمی‌شد، لذا ۲۶ آذر، اول شب تا صبح، دستجات مسلح فدائیان و دهاتیان مسلح، بتدریج وارد شهر می‌شدند. از صبح ۲۶ شهریور، لحظه‌ای صدای تیراندازی قطع نمی‌شد.[۲۴۲]

روز ۲۷ آذر، سرهنگ آذر از طرف فرقه دمکرات با سرهنگ زنگنه، فرمانده تیپ مذاکره می‌کنند و آذر پس از تشریح وضع و توضیح خطرات و عواقبی که در صورت ادامه مقاومت تیپ ممکن است در برداشته باشد، امریه‌ای را که بامضای فرمانده لشکر [درخشانی] رسیده و حاوی دستور تسلیم اسلحه بود بفرمانده تیپ تسلیم کرد بدنبال آن، از طرف فرمانده تیپ، تصمیم گرفته می‌شود سلاحها را از بین برده و افراد نظامی مرخص شوند.

تعدادی از افسران و سربازان، به فرقه دموکرات پیوستند و تعدادی از آنان با استفاده از تاریکی شب ۲۷ آذر، خود را از محل دور کردند. سرهنگ زنگنه و سرهنگ نوربخش، فرمانده ژاندارمری و سرگرد بهاروند، رئیس ستاد تیپ را به عنوان مقصرین اصلی کشتارهای چندروز اخیر، دستگیر و به مرند فرستادند و سرانجام در محاکمه‌ای که در تبریز صورت گرفت سرهنگ زنگنه به ۱۰ سال زندان محکوم گردید امّا شش ماه از زندانی شدن‌اش در تبریز نگذشته بود که با درخواست قوام از پیشه‌وری، آزاد شد و به تهران بازگشت. بدین ترتیب تقریباً یک هفته بعد از سقوط لشکر در تبریز، تیپ ارومیه نیز به سرنوشت آن گرفتار شد.

یوسف عظیما که اخیراً وزیر دادگستری دولت پیشه‌وری شده بود از طرف دولت، برای سرو سامان دادن به وضعیت بعد از جنگ شهر، به ارومیه فرستاده شد او فردی تحصیلکرده و جزو داوران دادگستری و اهل ارومیه، جزو خانواده‌های معروف این شهر بود. موقعی که او به ارومیه رسید شیرازه شهر از هم پاشیده و اوضاع، بسیار آشفته بود و بازار و دکان‌ها بسته شده بودند. او پس از ورود به شهر، اقداماتی را آغاز کرد تا اوضاع شهر را به روال عادی برگرداند. اولین اقدام او این بود که دستور داد بعد از ظهر روز ۲۸ آذر، رؤسای ادارات دولتی در استانداری جمع شوند تا نسبت به انتظامات شهر و بازکردن ادارات دولتی با مسؤولان ادارات مذاکره نماید. روسای ادارات، سر ساعت مقرر در استانداری حاضر شدند و عظیما، وزیر دادگستری پیشه‌وری ابتدا شرحی از وضع آذربایجان و حسن تشخیص سرتیپ درخشانی و تسلیم وی و تشکیل دولت پیشه‌وری و سوء سیاست سرهنگ زنگنه و اوضاع ناگوار ارومیه صحبت کرد و گفت که از فردا باید بازار و ادارات دولتی باز و کارها، جریان عادی داشته باشد.[۲۴۳]

۲۲ ـ قوام‌السلطنه در مسند نخست‌وزیری

پیمان سه گانه‌ای که بین سه کشور ایران، انگلیس و شوروی در بهمن ۱۳۲۰ بسته شد به شکل زیر بود: «پس از آنکه کلیه مخاصمه مابین دولت متحده با دولت آلمان و

شرکای آن به موجب یک یا چند قرارداد متارکه جنگ متوقف شد، دول متحده در مدتی که زیاده از شش ماه نباشد قوای خود را از خاک ایران بیرون خواهند برد و اگر پیمان صلح ما بین آن‌ها بسته شد ولو این‌که قبل از شش ماه بعد از متارکه باشد، بلافاصله قوای خود را بیرون خواهند برد ...»

دولت ایران، پیمان فوق را پس از تصویب مجلس شورای ملی، در تاریخ ۹ بهمن ۱۳۲۰ امضاء کرد. با توجه به تسلیم ژاپن در ۱۱ شهریور ۱۳۲۴ و پایان جنگ جهانی، نیروهای متفقین حداکثر شش ماه بعد از این تاریخ یعنی در ۱۱ اسفند ماه ۱۳۲۴ باید خاک ایران را تخلیه می‌کردند پس از خاتمه جنگ، دولت ایران در ۲۹ اردیبهشت ۱۳۲۴ طی سه نامه با مضمون زیر به دول سه گانه فرستاد. نامه‌ای که به وزارت امور خارجه شوروی نوشته شد به شرح زیر بود:

«جناب آقای میخائیل الکسویچ ماکسیموف سفیر کبیر دولت اتحاد جماهیر شوروی خبر تسلیم بلاشرط دولت آلمان و امضای ترک مخاصمه با آن دولت باعث خوشوقتی فوق‌العاده دولت شاهنشاهی و عموم ملت ایران گردید و دوستدار بار دیگر فرصت را غنیمت شمرده و تهنیت دولت و ملت ایران را نسبت به این موفقیت بزرگ به جنابعالی اظهار می‌دارم. ضمناً یاد آورد می‌شود که چون جنگ اروپا خاتمه یافته است و توقف نیروهای متفقین در خاک ایران بهیچ رو ضرورتی ندارد مقتضی است اقدام نمائید که نیروی آن دولت خاک ایران را تخلیه نماید، تا در نتیجه اوضاع ایران بحالت عادی برگردد. موقع را مغتنم شمرده احترامات فائقه را تجدید می‌نماید.[۲۴۴]

در ۱۸ خرداد ۱۳۲۴ دولت‌های امریکا و انگلیس، اعلامیه‌ای مبنی بر تخلیه ایران صادر کردند و در کنفرانسی که بعداً در اواخر مهرماه همان سال در شهر پوتسدام نزدیک برلین تشکیل شد موضوع تخلیه ایران نیز مورد مشورت و مذاکره بین سران متفق قرار گرفت و قرار بر این شد که قشون انگلیس و شوروی و امریکا، فوراً خاک ایران را تخلیه نمایند.

آنتونی ایدن، وزیر امور خارجه انگلستان در تاریخ ۹ خرداد ۱۳۲۴ طی یادداشتی به درخواست ایران مبنی بر تخلیه ایران پاسخ مثبت داد. انگلیس و آمریکا بتدریج

نیروهای خود را تا تاریخ تخلیه (یازده اسفند ۱۳۲۴) از ایران خارج کردند. امّا مقامات شوروی اعلام کردند که نیروهای شوروی، تنها بخشی از نواحی خراسان، شاهرود و سمنان را در تاریخ مقرر تخلیه خواهند کرد و در نواحی دیگر همچنان تا آرام شدن وضعیت منطقه باقی خواهند ماند.

حکیمی در مقابل حوادث آذربایجان، سیاست خاصی نداشت او گاهی به نعل و گاهی به میخ می‌زد در اوّل معتقد بود که برای از بین بردن بحران آذربایجان، باید به زور متوسل شد ولی بعداً در پی مذاکره با روسها بر آمد و تصمیم گرفت یک هیئت سه نفری که قوام‌السلطنه نیز یکی از اعضای این هیئت بود به مسکو اعزام دارد ولی دولت شوروی به آن روی خوشی نشان نداد و سرانجام، دولت حکیمی در اوّل بهمن ماه ۱۳۲۴ استعفاء داد.

قوام علی‌رغم مخالفان زیادی که داشت مستعدترین فرد برای احراز پست نخست‌وزیری در آن روزهای بحرانی بود. او با دربار، روابط خوبی نداشت و شاه از او متنفر بود دولتمردان انگلیسی نیز مخالف او بودند همچنین، در مجلس افراد متنفذی چون سیدضیاءالدین طباطبائی، علی دشتی، هادی طاهری که وابسته به انگلیس بودند همگی مخالف قوام بودند او افراد متعدد و ناهمگونی را بدور خودش جمع کرده بود، افرادی مانند مظفر فیروز که پدرش، نصرت الدوله توسط رضاشاه کشته شده بود به خاطر همین فیروز، دشمن خونی شاه و دربار بود؛ همچنین حسن ارسنجانی، مدیر روزنامه داریا که گرایش به چپ داشت بی‌آنکه وابستگی به حزب توده داشته باشد و عباس اسکندری، مدیر روزنامه سیاست که چپ گرا بود و سرانجام، جهانگیر تفضلی، مدیر روزنامه ایران ما، که ارتباطی نزدیک با قوام داشت.

در روز ششم بهمن ۱۳۲۴ جلسهٔ خصوصی مجلس شورای ملی با شرکت ۱۰۴ نماینده تشکیل و احمد قوام با ۵۲ رأی به عنوان نخست‌وزیر انتخاب گردید، شاه که مخالف نخست‌وزیری او بود به محض دیدن رئیس مجلس (سیدمحمد صادق طباطبائی) با تندی پرسیده بود «شما دیروز گفتید قوام اکثریت ندارد، او چگونه

اکثریت را بـه دسـت آورد؟ شـنیده‌ام خـود شـما هـم رأی بـه نخسـت‌وزیـری قـوام داده‌اید!...».[۲۴۵] کاتوزیان در مورد نخست‌وزیری قوام، در این دوره می‌نویسد:

در تاریخ ۷ بهمن ۱۳۲۴ دولت‌هـای ایـران یکـی پـس از دیگـری از حـل مسـئله آذربایجان عاجز مانده بودند. قوام سیاستمداری با تجربه بود و شخصیتی قوی داشـت و هم از لحاظ شخصی و هم از لحاظ سیاسی دشمن رضاشاه بود و به همهٔ این دلایل محمدرضاشاه جوان علاقه‌ای به او نداشت امّا او هنوز حاکم مطلق نبود و در هر حال اوضاع موجود راه حل دیگری برای وی باقی نگذارده بود.

استراتژی وی برای حل مسئله آذربایجان سه جزء اصلی داشت: کوشـش برای راضی کردن شوروی؛ وارد آوردن فشار برشوروی از طریـق امریکـا و سازمان ملل بـرای خـارج کـردن نیروهـایش از ایـران؛ یـافتن راه حـل بینابین راه حل حزب تـوده ایـران و دموکراتهـای آذربایجـان از طرفـی و گروههای محافظه کار از طرف دیگر.***

عباس مسعودی، مدیر روزنامه اطلاعات و نماینده مجلس که از مخالفین قوام بـود در مورد نخست‌وزیر قوام می‌نویسد:

به آقای حکیمی فشـار آوردنـد اسـتعفا بدهـد تـا کسـی کـه بـا روس‌هـا مناسبات حسنه دارد و قادر به حل مشکلات است روی کـار بیایـد. نظـر اقلیت *به رهبری دکتر مصدق**و توده‌ایهـا و جمعـی دیگـر از مجلسـیان این بود که آقای قوام‌السلطنه زمام امور را بدست بگیـرد. در همـین ایـام بود که مظفر فیروز هم توانسته بود خود را به شورویها نزدیـک سـاخته و برای قوام‌السلطنه تبلیغ نماید و تمام فشار مأمورین شوروی بـرای آوردن آقای قوام در این نقطه مرکزیت می‌یافت که شـکایت ایـران بـه سـازمان ملل ارجاع نگردد ...***

در تبریز، پیشه‌وری نسبت به انتخاب قوام خوشبین نبود او سالها پیش در روزنامـه حقیقت در مقاله‌ای تحت عنوان «ارتجاع بالای ارتجاع» قوام را مورد حملـه قـرار داده بود و پس از آن در روزنامه آژیر، قوام را چنین به تصویر کشیده بود:

«این پیرمرد جاه طلب در خفه کردن آزادی، تاریخ طولانی و شگفتی دارد و بطور تحقیق در دسته‌بندی، در خراب کردن عناصر آزادیخواه و اغفال مردان پاک ساده لوح، اعجوبه‌ی غریبی است. هرگز از رو نمی‌رود، یأس و ناامیدی به خود راه نمی‌دهد. از هر اسم و عنوان، از هر پیش آمدی به هر قیمتی باشد می‌خواهد استفاده کند. با این‌که مکرراً در عدم لیاقت خود امتحان پس داده است بارها جنبه‌ی ارتجاعی خود را ظاهر ساخته و از بازی‌های غلط مغرضانه و سماجت‌آمیز خود نتیجه معکوس به دست آورده است، هرگز حاضر نیست راحت بنشیند و بگذارد مردم از فرصتی که حوادث [و] پیش‌آمدها به دستشان داده است استفاده [کرده] پایه و اساس یک حکومت ملی و یک رژیم صحیحی را تهیه سازد.»[۲۴۸]

در جلسه ای که در دفتر سیاسی فرقه دمکرات برگزار شد پیشه‌وری گفته بود که قوام شخصی مرتجع است به حرفهای او نمی شود اطمینان کرد.[۲۴۹] اما همچنان که روند رویدادها بعداً نشان داد و از نامه استالین به پیشه‌وری بر می‌آید به نظر می‌رسد انتخاب قوام برای حل مسئله آذربایجان، مناسب‌ترین انتخاب بود.

در یادداشتی از سوی بخش خاورمیانه کمیساریای امور خارجه شوروی در معرفی قوام‌السلطنه چنین نوشته شده: «وی در حال حاضر موضعی منفی در قبال انگلیسی‌ها دارد. او خواهان تقویت روابط ایران و شوروی است.»[۲۵۰] در نامه‌ای که استالین اندکی بعد یعنی در (۱۹ اردیبهشت ۱۳۲۵) به پیشه‌وری نوشته، برای فهم نظر مسکو در مورد دولت قوام، بسی حائز اهمیت است استالین در این نامه می‌نویسد: «اکنون در ایران چه [وضعیتی] داریم؟ نزاعی جریان دارد بین دولت قوام و محافل انگلوفیل ایران که نماینده ارتجاعی‌ترین عناصر ایران هستند، قوام در گذشته هر اندازه که ارتجاعی بود [اینک] باید در دفاع از منافع شخصی کابینه‌اش هم که شده باشد، برخی اصلاحات دموکراتیک را مجری داشته و برای جلب حمایت از عناصر دمکراتیک ایران اقدام کند»

حسن ارسنجانی درمورد حمایت شوروی از(نخست‌وزیری) قوام‌السلطنه می‌نویسد: مسؤولین سفارت شوروی همه جا علناً از قوام‌السلطنه حمایت می‌کردند و مخالفت با زمامداری او را از طرف عمال سرشناس انگلیس برضد دولت شوروی تلقی

می‌نمودند.[۲۵۱] انور خامه‌ای، سلسله مقالاتی را بر ضد قوام‌السلطنه با امضاء مستعار «چوبین» می‌نوشت ولی به محض این‌که کمیته مرکزی حزب توده، گرایش شوروی به قوام‌السلطنه را دریافت ادامه مقالات، فوراً قطع گردید.

در ۲۵ دی ماه ۱۳۲۴ تقی‌زاده، وزیر مختار ایران در لندن به دستور حکیمی، نخست‌وزیر شکایت ایران از دولت شوروی را تسلیم سازمان ملل نموده بود امّا قوام بعد از انتخاب به نخست‌وزیری، اعتقادی به طرح شکایت ایران در شورای امنیت نداشت بلکه در کنار آن، معتقد بود باید باب مذاکرات مستقیم را با دولت شوروی باز کرد. از این رو به هیئت نمایندگی ایران دستور داد که فعلاً از تعقیب شکایت ایران خودداری نمایند و ضمن ملاقات با ویشینسکی، رئیس هیئت نمایندگی شوروی در سازمان ملل، برای مذاکرات مستقیم راه حلی جستجو کنند.[۲۵۲]

قوام به فراست دریافته بود که بحران آذربایجان، مشکلی است که باید در مسکو حل و فصل شود. وقتی مقامات شوروی از تصمیم قوام، مبنی بر اعزام هیئتی به شوروی برای مذاکره، اطلاع پیدا کردند، همچنان که انتظار می‌رفت بزودی از این تصمیم استقبال کردند. قوام قبل از حرکت به مسکو گامهای مهمی جهت کسب رضایت روسها برداشت او انتشار روزنامه رهبر ارگان حزب توده و روزنامه داد ارگان کمیته مرکزی اتحادیه کارگران را که ممنوع شده بود آزاد ساخت و باشگاه کمیته مرکزی حزب توده و کمیته اتحادیه کارگری را که توسط دولت قبل بسته شده بود باز کرد[۲۵۳].در بامداد روز ۲۹ بهمن، قوام به همراه هیئتی با یک هواپیمای ۲۷ نفره که از مسکو برای هیئت فرستاده شده بود در میان بدرقه گرم هیئت وزیران، نمایندگان مجلس و امرای ارتش، عازم مسکو شد.

در اینجا بهتر است تلگرافهای محرمانه‌ای که قوام از مسکو به ایران فرستاده و به تشریح روند مذاکرات پرداخته به لحاظ اهمیت‌شان، عیناً درج شود:

وزارت امور خارجه

اداره رمز

از مسکو (جناب آقای نخست‌وزیر) به تاریخ ۱۳۲۴/۱۲/۲ به نمره: ۲۳۴۶

روز دوشنبه ساعت هفت‌ونیم صبح وارد بادکوبه شدیم؛ در فرودگاه کمیسر خارجه دولت آذربایجان قفقاز و اعضاء سرکنسولی به استقبال آمده بودند و از هیئت اعزامی پذیرائی نمودند و قرار بود پس از نیم ساعت توقف به طرف مسکو رهسپار شویم. چون به وسیله بی‌سیم از مسکو اطلاع دادند [هوا] سخت طوفانی است، شب را در بادکوبه متوقف و از طرف کمیساریای خارجه پذیرائی کامل به عمل آمد. چنین به نظر می‌رسید چون ممکن است هواپیما شب به مسکو برسد، احترامات و تشریفاتی که در نظر گرفته بودند هنگام شب کامل جلوه‌گر نشود، کاملاً ما را در بادکوبه پذیرائی نمودند که هواپیما طوری وارد مسکو بشود که هوا کاملاً روشن و احترامات و تشریفات مجلل به خوبی آشکار باشد.

صبح سه‌شنبه سی‌ام بهمن ساعت هفت و نیم تهران، از فرودگاه بادکوبه در حالی که در سر درب میدان فرودگاه پرچم ایران در اهتزاز بود به مسکو حرکت کردیم و دو و نیم بعد از ظهر به ساعت مسکو وارد فرودگاه مسکو شدیم. در فرودگاه آقای مولوتف قائم مقام کمیسر ملی و کمیسر خارجه شخص آقای دکانوزف جانشین کمیسر خارجه رؤسای عالی‌رتبه مربوط کمیساریای خارجه سفرا و وزرای مختار مقیم مسکو آقای میکونف جانشین کمیسر تجارت و فرماندهٔ پادگان مسکو و اعضاء سفارت ایران حاضر شده بودند و گارد احترام نیز در میدان فرودگاه منتظر ورود بود. پس از پیاده شدن از هواپیما بلافاصله مولوتف شخصاً نزدیک آمد، خیر مقدم گفتند و رؤسای عالی‌رتبه کمیساریای خارجه، سفرا و وزرای مختار معرفی شده سپس فرمانده گارد احترام پیش آمد به نوبهٔ خود سر بالا تبریک ورود گفت. در این موقع سرود ملی ایران بعد از آن سرود شوروی زده شد و گارد احترام در مقابل هیئت اعزامی رژه رفت.

حقیقتاً نهایت محبت و احتراماتی را که مطابق اظهار عموم تاکنون نظیر آن کمتر معمول بوده نسبت به هیئت اعزامی ایران بجای آوردند.

در این موقع اینجانب در مقابل بلندگو از محبت و احترامات فوق‌العاده‌ای که چه در عرض راه و چه در ورود به مسکو به جای آورده بودند اظهار تشکر و امتنان نمودم.

اقامتگاه مخصوصی که سابقاً آقای چرچیل رئیس الوزرا، انگلستان و آقای بنش رئیس جمهوری چکسلواکی را در آن پذیرائی نموده بودند، برای بنده و محل بسیار مناسب دیگر جهت اعضاء هیئت اعزامی تخصیص دادند.

فوراً توسط دفتر مخصوص شاهنشاهی مراتب را به عرض رسانید و از طرف بنده از شاهنشاه استدعا شد چون جشن نیروی سرخ بیست و سوم فوریه مطابق با چهارم اسفند به عمل خواهد آمد امر فرمائید تلگراف تبریک را طوری مخابره فرمایند که به موقع برسد. صدور تلگراف مزبور را فوری به بنده اطلاع دهند. اوّل اسفند. قوام‌السلطنه.

وزارت امور خارجه

اداره رمز

از مسکو (جناب آقای نخست‌وزیر) به تاریخ ۱۳۲۴/۱۲/۹

خیلی خیلی محرمانه است آقای محجوبی در حضور جناب آقای همایونجاه استخراج نماید.

جناب آقای بیات

با تمام احترامات و محبت‌ها و پذیرائیهای گرمی که از من و همراهانم نموده و می‌نمایند حل مشکلات در نتیجهٔ رنجش و کدورتهای سابقه و نگرانیهایی که دارند به سهولتی که در تهران تصور می‌رفت میسر نیست. نتیجهٔ چهار جلسه ملاقات طولانی که با ژنرالیسم استالین و آقای مولوتف واقع شد این است که راجع به آذربایجان می‌گویند امر داخلی است و مربوط به خودتان است.

تخلیه ایران را هم در دوم مارس به بهانهٔ نگرانیهایی که طبق ماده ۶ معاهده ۱۹۲۱ دارند غیر عملی می‌دانند. امتیاز نفت را نیز جداً مطالبه می‌نمایند. البته پاسخها لازم، در ردّ اظهارات آنها داده شده است و در مقابل تقاضاها به هیچوجه موافقت نکرده‌ایم.

شب سه‌شنبه هفتم اسفند آقای مولوتف در نتیجه تقاضای مکرر من، سفیر کبیر خودشان را برای تعقیب و بهبودی روابط حضوراً به معرفی نمودند و ضمن مذاکرات حضوری تمام مسائل مجدداً عنوان و نسبت به امتیاز نفت فوق‌العاده جدیت داشتند مکرر توضیح داده شد که ... از مجلس گذشت و مرامنع مذاکرات می‌نمایند ورود در مذاکرات برای من غیر مقدور است. برای رفع محذور، حاضر شده‌اند از تقاضای امتیاز نفت صرفنظر کنند و به همان تشکیل شرکت مختلط ایران و شوروی که سابقاً آقای آهی سفیر کبیر ایران در تاریخ هشتم اسفند ماه ۱۳۲۳ بر حسب دستور دولت با آنها مذاکره کرده بودند و بعداً ردّ نموده بودند موافقت نمایند، لیکن اکثریت سهام شرکت را جهت خود مطالبه دارند.

در موضوع آذربایجان، به همان عناوین سابق که امری است داخلی، از ورود در مذاکره مصراً امتناع می‌نمودند لیکن در نتیجه جدیت اینجانب، برای کمک حاضر شدند تغییری در وضعیت فعلی آنجا داده شود و شاید در نتیجه مساعی بیشتری بتوانم سر و صورتی بهتر به این کار بدهم.

راجع به تخلیه ایران حاضر شده‌اند قسمتی از ارتش را در دوم مارس به خاک شوروی به عقب بکشند؛ قسمت دیگر را در بعضی از نواحی نگاه دارند و می‌گویند منتهای موافقت که می‌توانند بکنند همین است. اینجانب با حال کسالتی که دارم مذاکرات را تعقیب می‌کنم. لازم است مراتب را به عرض اعلیحضرت برسانید و غیر از خودتان و اعلیحضرت و آقای مؤتمن الملک احدی از مضمون این تلگراف مطلع نشوند تا باز نتیجه مذاکرات را اطلاع بدهم ۸ اسفند. نمره ۲۲ قوام‌السلطنه.

وزارت امور خارجه

از مسکو (جناب آقای نخست‌وزیر)، به تاریخ ۱۳۲۴/۱۲/۱۶

جناب آقای بیات

تلگراف ۲۰۲۲ واصل از بدو ورود در تمام ملاقاتها و مکاتبات، لزوم تخلیه ایران از قوای شوروی در کمال مساعدت معنوی شوروی را در تصفیه وضعیت فعلی آذربایجان به تأکید گفتم و نوشتم؛ در جواب با توسل به بهانه‌های بی‌اساس که حضوراً می‌گویم، درخواستهای مرا ردّ کردند. فردای دوم مارس کتباً و شفاهاً اعتراض کردم و مراتب را به کاردارهای سفارت آمریکا و انگلیس که در غیاب سفیرهایشان از من ملاقات کردند توضیح دادم. دیروز سه‌شنبه بنا بود به طرف تهران حرکت کنم ولی برحسب تمایل استالین به شام، قرار شد پنجشنبه حرکت نمایم. تفصیل را در تهران می‌گویم. صبح پنجشنبه ساعت هفت حرکت کرده و شب را در بادکوبه مانده جمعه هفده اسفند عازم تهران خواهم شد. نمره: ۲۹. پانزدهم اسفند. قوام‌السلطنه.

قوام در مدت ۱۷ روزی که در شوروی بود ۲ بار با استالین و ۴ بار با مولوتف ملاقات کرد.

اولین ملاقات قوام و استالین به تلخی پایان گرفت و پس از خداحافظی سردی از یکدیگر جدا شدند فردای آنروز، طبق دعوت مولوتف (کمیسر امور خارجه) قوام وهیئت همراهان به عمارت وزارت امور خارجه رفتند. در اولین برخورد قوام و مولوتف در این ضیافت، رئیس دولت ایران تأثر شدید خود را از ملاقات با استالین اظهار می‌دارد ولی مولوتف با لحن ملایمی می‌گوید که روابط ما با شما درست خواهد شد. روز شنبه ۴ اسفند ماه قوام و اعضای هیئت مجدداً با مولوتف ملاقات و مذاکره کردند. مولوتف در حالی که نقشه ایران را به دیوار نصب کرده بود با اشاره به نقشه ایران صحبت از نفت به میان آورد و سیاست ایران را سیاست یک جانبه و تبعیض‌آمیز نامید پس از توضیحات قوام و بعضی از اعضای هیئت، مولوتف تذکاریه‌ای بدین مضمون که به زبان روسی نوشته شده بود تسلیم قوام کرد:

بواسطه مشکلاتی که موجود است فعلاً نمی توانیم امر تخلیه را در تمام ایران عملی نمائیم ولی بعضی نقاط تخلیه خواهد شد و در باب آذربایجان ممکن است دولت آذربایجان با استثناء وزیر جنگ و وزیر امور خارجه تشکیل یابد و رئیس آنهم سمت استانداری از طرف دولت مرکزی داشته باشد و مراسلات با مرکز به فارسی جریان یابد.

در باب نفت هم دولت شوروی حاضر است از درخواست امتیاز صرف نظر کند و یک شرکت ایران ـ شوروی به نسبت پنجاه و یک سهم شوروی و چهل و نه سهم ایران تأسیس گردد.

قوام به این تذکاریه پاسخ داد که موضوع شرکت نفت از طرف هیئت ردّ نشده است منتهی چون به موجب قوانین ایران باید این قبیل شرکتها به تصویب مجلس برسد در صورتی که دولت شوروی قوای خود را از ایران فوراً خارج کند این عمل فرصتی خواهد بخشید که مقدمات مذکور در این امر در تهران فراهم گردد تا با توافق طرفین در شرایط شرکت مذبور مقاوله‌نامه برای تقدیم به مجلس تهیه شود.***

دوره مجلس شورای ملی رو به پایان بود قوام از فرصت استفاده کرد و در جلسه‌ای که به درخواست او بعد از جلسه اختتامیه مجلس، تشکیل شد گزارش مفصلی از سفر خود ارائه داد. بخشهای مهم گزارش او، بخصوص مذاکراتش در دیدار با استالین را در اینجا می‌آوریم:

در روز ۲۹ بهمن ماه ۱۳۲۴ به همراهی همکاران خود حرکت کرده و سه‌شنبه ۳۰ بهمن وارد کشور بزرگ همسایه شدیم.

در حین ورود به مسکو جناب مولوتف با هیئت کمیسرهای ملی و سفرای خارجه برای استقبال آمده بودند و ما را با کمال احترام و مهربانی پذیرفتند و گارد احترام مراسم تجلیل به عمل آورد و موزیک نظامی سلام شاهنشاهی و سلام شوروی را نواخت، بعد از رژه گارد احترام و تعارف با پیشوازکنندگان، اینجانب را در عمارتی که پیش از من آقایان چرچیل و ژنرال دوگل و بنش در آنجا اقامت نموده بودند، جا

دادند و قسمتی از مهمانخانهٔ عالی ناسیونال مسکو را در اختیار ما گذاشتند و تمام وسایل مهمان نوازی را برای ما فراهم آوردند.
فردای آن روز در باب تعیین وقت به همراهی هیئت اعزامی به دیدن جناب مولوتف در کاخ کرملین رفتیم و افراد هیئت به ایشان معرفی شدند و در مدت کوتاهی که در پیش ایشان بودیم، کلماتی مربوط به لزوم دوستی فیمابین صحبت شد و در موقع خداحافظی آقای مولوتف در باب تعیین وقت ملاقات با جناب ژنرالیسم استالین تذکر دادند و برای روز پنجشنبه دوم اسفند ماه ۱۳۲۴ تعیین وقت شد و در موعد مقرر در کاخ کرملین به دیدار استالین پیشوای بزرگ دولت اتحاد جماهیر شوروی سوسیالیستی نایل آمدم.
در این مجلس جناب مولوتف هم با یک مترجم حضور داشتند. پس از آنکه جناب ژنرالیسم استالین با کمال مهربانی از اینجانب راجع به جریان مسافرت هیئت اعزامی و خودم پرسش کردند. بلافاصله مذاکره آغاز شد و چنین گفتم:
من برای مباحثه حقوقی و استناد به معاهدات که هر یک به جای خود هست نیامده بلکه با یک نیت صادقانه و دوستانه آمده که از شما خواهش کنم مقدمه و شرط اصلی شروع روابط دوستی و حل مشکلات بین ایران و شوروی را که تخلیهٔ فوری ایران از نیروی شوروی است با یک اراده فراهم کنید و در باب مسئله اصلاح آذربایجان که با این وضع، خلاف قانون و حق حاکمیت ایران است کمک معنوی به ما ابراز دارید و اضافه کردم که ما در حل قضیه آذربایجان سیاست مخاصمت آمیزی نداریم و مردم آذربایجان را برادران خود می‌پنداریم و تا آنجا که با قوانین کشور متباینت نداشته باشد، حاضریم ارفاقهائی را از قبیل این‌که در تعیین برخی از رؤساء ادارات نظیر شهربانی و شهرداری حتی خود استاندار پیشنهاد انجمن ایالتی مورد توجه دولت مرکزی واقع گردد، بنمائیم و اصلاحات شوروی برای ترفیه حال مردم در آنجا و سایر ایالات کشور به جای آریم.

باید با کمال تأسف بگویم که این دو پیشنهاد، چنانکه منظور نظر من بود، جلب توجه ژنرالیسم استالین را ننموده و در جواب اظهار داشت: آنچه موضوع تخلیه است عجالتاً نمی‌توانیم تخلیه نمائیم و به موجب ماده ششم معاهده ۱۹۲۱ حق داریم قوایی را در ایران نگاهداریم. امّا در موضوع آذربایجان، یک امر داخلی است که ما مداخله نداریم ولی خودمختاری در آنجا چه ضرری دارد و مغایر با استقلال ایران نیست. اساساً ما نظر ارضی نسبت به ایران ندرایم.

بعد از این بیانات، ژنرالیسم [استالین] از مسئله نفت پرسش کرد؛ در جواب اظهار داشتم من در این باب به حکم قانون اساسی و قانونی که اخیراً از مجلس شورای ملی گذشته است نمی‌توانم وارد مذاکره بشوم زیرا مسؤول خواهم شد. مگر این‌که مجلس شورای ملی ایران قانون مزبور را الغا نماید.

آن گاه ژنرالیسم به کتابی که در برابرش بود گفت بعد از جنگ اوّل بین‌المللی، هیئت اعزامی ایران در پاریس تقاضاهایی بر ضد منافع شوروی کرد و نشان داد که سیاست دولت ایران در آن وقت نسبت به ما خصمانه بود. در جواب گفتم این عمل در نتیجه تشنجی بود که از اقدامات شدید دولت تزاری روسیه در ایران حاصل شده بود که از جملهٔ آن اقدامات، خونریزی و بدار آویختن آزادیخواهان من جمله ثقةالاسلام، روحانی بزرگ آزادیخواه ایران در روز مقدس عاشورا بود؛ [نمی‌تواند بعنوان] نمونهٔ سیاست اساسی ایران نسبت به شوروی ملحوظ گردد. چنانکه تا رژیم تزاری رفت و آزادیخواهان روسیه شوروی بر سر کار آمدند، دولت و ملت ایران فوراً دست دوستی به سوی دولت شوروی دراز کرد و آن دولت را پیش از دیگران شناخت و معاهده ۱۹۲۱، در تحت لوای لنین پیشوای بزرگ بین دو کشور منعقد گشت.

امّا آنچه راجع به ماده ششم این معاهده فرمودید حکم مادهٔ مزبور و مراسله متمم سفیر شوروی درایران در همان زمان، با کمال صراحت حق اقامت به قوای شوروی را موقعی می‌دهد که مرزهای دولت شوروی به

واسطه دولت ثالثی از طریق ایران مورد تهدید واقع شود و پس از اخطار دولت شوروی، دولت ایران باید از آن جلوگیری کند. درصورتی که در حال حاضر چنین تهدیدی وجود ندارد. مذاکرات به همین شکل جریان یافت ولی نتیجه‌ای گرفته نشد. در ضمن این مذاکرات، از لزوم تعیین سفیر کبیر شوروی در ایران نیز بحث گردید.

حاجتی نیست ذکر کنم با انتظاری که ملت ایران و تمام سران آزادیخواه کشور ما داشتند و با شوقی که خود من با وجود کسالتی که داشتم با همراهان به مسکو شتافته بودیم، این تا چه پایه تأثرآور بود.

فردای آن روز یعنی جمعه سوم اسفند (۲۲ فوریه) به موجب دعوت به عصرانه که از طرف جناب مولوتف برپا شده بود، به عمارت وزارت امور خارجه رفتیم. کمیسرهای ملی شوروی و سفرای خارجه نیز داشتند.

در اوّل ملاقات، تأثر خودم را از جریان مذاکره با ژنرالیسیم استالین به آقای مولوتف اظهار داشتم و ایشان با کمال ملایمت گفتند روابط ما درست خواهد شد و شرحی در این زمینه مذاکره کردند و بعد به مذاکره با مهمانان دیگر پرداختیم ... .

روز سه‌شنبه ۷ اسفند ۱۳۲۴ یک ملاقات سوم از جناب مولوتف و یک بار دیگر برای حل مشکلات فیمابین اهتمام کرده کمک ایشان را تقاضا نمودم.

ولی بدبختانه با کمال حسن نیت و مهربانی که داشتند، درعمل موافقت خاصی که به نتیجه برسد ابراز نگردید. آنگاه قصد عزمیت هیئت اعزامی را به ایران اطلاع داده بنا شد وقتی برای ملاقات تودیع از استالین تعیین گردد. ... گفتند در نظر است یک مهمانی به افتخار هیئت اعزامی ایران داده شود و خواهش کردند مسافرت به تأخیر افتد. اینجانب بنابه دعوت دوستانهٔ ایشان، قرار به تأخیر مسافرت داده و سه‌شنبه چهاردهم اسفند در معیت تمام اعضای هیئت اعزامی در مهمانی باشکوهی که در کاخ کرملین فراهم شده بود رفتم. سرِ شام آقای مولوتف به نام تمام افراد

هیئت نظامی صحبتهای بسیار گرم و دوستانه کردند. بخصوص اشارهٔ ژنرالیسم استالین به سلامتی اعلیحضرت همایونی صحبت نمودند و آرزوی دوستی وتفاهم بین دو کشور را اظهار داشتند.

اینجانب به نام هیئت اعزامی، تشکرات صمیمانه کردم و در ضمن چنین گفتم با این‌که آقای مولوتف این بیانات پر از مهر و محبت را فرمودند، افسوس در باب حل مشکلات مساعدت نشان ندادند ... .

بعد از صرف شام در تالار دیگر صحبتهای دوستانه بین اعضای هیئت و مقامات شوروی به عمل آمد و از آن جمله خود استالین بیانات بسیار دقیق و حکیمانه که نمونهٔ وسعت نظر و علّو افکار سیاسی ایشان بود در باب لزوم اصلاحات و رفورمها در ایران نمودند. در پاسخ ایشان اظهار داشتم تاکنون تأثیرات جنگ و تغییر آنی رژیم سابق و اختلال امور کشور به علت فقر و نظایر آن، مجال برای اصلاحات اساسی به دولت ایران نبخشیده و اکنون که دولت من مهیای رفورمهای اساسی و تأمین زندگی مرفه و عادلانه برای مردم ایران است، بواسطهٔ عدم مساعدت دولت شوروی با تخلیه نکردن ایران از نیروی خود و مشکلات دیگر، اصلاحات بسیار سخت و دشوار است و دولت شوروی با حسن نیت و یک اقدام می‌تواند مشکلات را از پیش راه بردارد و در این صورت البته اصلاحات اساسی در داخلهٔ ایران وقوع خواهد یافت و سیاست خارجهٔ ایران روی اصل موازنه و دوستی صادقانه با دولت شوروی خواهد بود.

ژنرالیسیم استالین این نظر اصلاحی دولت را تأیید و تصدیق کردند ولی راجع به تخلیهٔ ایران جواب مساعدی ندادند. با این سخنان ایشان را وداع گفتم.

جناب آقای مولوتف با رؤسای کمیساریای خارجه برای بدرقه در فرودگاه که به بیرقهای طرفین مزین بود حاضر بودند و گارد احترام با موزیک سلام را مانند روز ورود به عمل آورد و آخرین سخنان مولوتف این بود که گفتند: «امیدوارم روابط بین شوروی و ایران رفته‌رفته بهتر خواهد شد.»

و این جمله برای همهٔ ما بهترین بدرقه خواهد بود. زیرا آرزوی قلبی ما همان بوده و هست.***

سرانجام، قوام بعد سه هفته مذاکرات تند و سخت در روز یکشنبه ۱۹ اسفند ۱۳۲۴ به تهران برگشت در حالی که تا یازدهم اسفند ماه ۱۳۲۴ به موجب عهدنامهٔ سه جانبه ایران و شوروی وانگلستان، کلیه نیروهای انگلیسی خاک ایران را ترک کرده بودند ولی مسؤولین شوروی اعلام کردند که تنها از بخشی از نقاط ایران، نیروهای خود را خارج خواهند کرد و در سایر نقاط، نیروهای روسی باقی خواهند ماند. امّا هنوز سادچیکف، سفیر شوروی در تهران در حال مذاکره با قوام بود، که به ناگهان رادیو مسکو اعلام کرد نیروهای شوروی ظرف ۶ هفته، کلیه خاک ایران را تخلیه خواهند کرد. و این در حالی بود که شورای امنیت در نظر داشت بحران ایران را مطرح کند.

وقتی جلسه شورای امنیت در ۵ فروردین ۱۳۲۵ برگزار شد آندره گرومیکو گفت: دلیلی برای مطرح کردن قضیه ایران در شورای امنیت وجود ندارد زیرا طبق مذاکرات مستقیم بین ایران و شوروی، اختلاف موجود حل شده. امّا وزیر امور خارجه آمریکا و نماینده دولت انگلستان مخالفت خودشان را با نظر گرومیکر ابراز داشتند. علاء، نماینده ایران طی گزارشی گفت که دولت ایران هیچ گونه قراردادی محرمانه با دولت شوروی منعقد نکرده است وخواستار مطرح شدن قضیه در شورای امنیت شد، سرانجام در چهارمین جلسه شورای امنیت که بدون حضور نماینده شوروی برگزار شد قرار شد قضیه ایران تا ششم مه به تعویق افتد.

در روز هفدهم فروردین دولت، قوام اعلامیه‌ای را در باره مذاکرات و توافق با دولت شوروی به شرح ذیل در اختیار رادیو و روزنامه قرار داد:

مذاکراتی که از طرف نخست‌وزیر ایران در مسکو با اولیاء دولت اتحاد جماهیر شوروی سوسیالستی آغاز و در تهران پس از ورود سفیر کبیر شوروی ادامه یافت در تاریخ ۱۵ فروردین ۱۳۲۵ مطابق با چهار آوریل ۱۹۴۶ به نتیجه ذیل رسید و در کلیه مسائل موافقت کامل حاصل گردید:

۱. قسمت‌های ارتش سرخ از تاریخ ۲۴ مارس ۱۹۴۶ یعنی یکشنبه ۴ فروردین ۱۳۲۵ در ظرف یکماه و نیم تمام خاک ایران را تخلیه می‌نماید.
۲. قرارداد ایجاد شرکت مختلط نفت ایران و شوروی و شرایط آن از تاریخ ۱۴ مارس تا انقضای هفت ماه برای تصویب به مجلس پانزدهم پیشنهاد خواهد شد.
۳. راجع به آذربایجان چون امر داخلی ایران است ترتیب مسالمت آمیز برای اجرای اصلاحات بر طبق قوانین موجوده و با روح خیر خواهی نسبت به اهالی آذربایجان بین دولت و اهالی آذربایجان داده خواهد شد.»

به دنبال این اعلامیه، روز ۲۶ فروردین، حسین علاء، نماینده ایران در سازمان ملل طبق دستور قوام‌السلطنه، شکایت ایران را از شورای امنیت پس گرفت و در ۲۷ اردیبهشت ۱۳۲۵ هیئتی از طرف قوام‌السلطنه با موافقت روسیه، عازم آذربایجان گردید تا انجام کامل تخلیه ایران از ارتش سرخ را، به دولت قوام گزارش دهد. قوام، اعلامیه‌ای را در ۴ خرداد انتشار داد که از تخلیه کامل نیروهای شوروی خبر می‌داد.[۲۵۷]

۲۳ ـ چرا نیروهای شوروی خاک ایران را تخلیه کردند؟

چه عواملی باعث تخلیه ایران از قوای روسی و باعث دگرگونی سیاست اتحاد شوروی در قضیه آذربایجان گردید؟ در مورد علل تخلیه ایران از قوای روسی، نویسندگان و پژوهشگران به عوامل متعددی اشاره کرده‌اند که از مهمترین آنها می‌توان به اولتیماتوم هاری ترومن، رئیس جمهور وقت آمریکا به دولت شوروی یاد کرد. برای اولین بار، رئیس جمهور امریکا در کنفرانس مطبوعاتی مورخه ۴ اردیبهشت ۱۳۳۱ از آن یاد کرد و پس از آن، در خاطرات خود به نام «سالهای آزمایش و امید» دوباره به آن اشاره کرد، بسیاری از پژوهشگران، ضمن اشاره به این کنفرانس مطبوعاتی، بدون این‌که سند مربوط به اولتیماتوم را ارائه دهند، آن را تکرار کرده‌اند. نصرالله سیف‌پور فاطمی در خاطرات خود می‌نویسد:

> موقعی که من در دانشگاه پرینستون مشغول تألیف کتاب دیپلماسی نفت بودم با سابقه آشنائی که با ترومن رئیس جمهور سابق داشتم نامه‌ای به او نوشته و تقاضای وقت ملاقات کردم. فوراً با ارسال نامه ضمیمه قبول

کرد که من در شهر کانزاس سیتی با او ملاقات کنم. این جلسه بیش از دو ساعت طول کشید و من ... در ضمن صحبت، راجع به نقش آمریکا در بیرون کردن روس‌ها از ایران پرسیدم. ترومن اظهاراتی کرد که آن را همان گونه که در دیپلماسی نفت منعکس کردم نقل می‌کنم: در پوتسدام استالین در بیست و هشت موضوع با من قول و قرار گذارد و تمام آن را نقض کرد. رفتار او در ایران حقیقت مقصد و مقصود استالین را در دنیا روشن ساخت.

دنیائی که مدت پنج سال علیه زور و تجاوز و دیکتاتوری جنگیده و حاضر نبود که به زورگوئی شورویها تسلیم شود. حکومت آمریکا چندین یادداشت به شوروی تسلیم کرده و از آن‌ها خواست که مدلول قرارداد سه جانبه را به موقع اجرا گذارد متأسفانه کلیه این یادداشت‌ها و قطعنامه شورای امنیت ـ در تاریخ سی‌ام ژانویه ۱۹۴۶ ـ در روس‌ها اثر نداشت و آنچه البته به جائی نرسد فریاد است. از این رو آمریکا اولتیماتوم به استالین داد و صریحاً به او خاطر نشان ساخت که اگر کشور شوروی قشون خود را از آذربایجان که به تقلید کشورهای کمونیستی خود را جمهوری آذربایجان خوانده و سایر نقاط ایران خارج نکند ارتش آمریکا اینها را از ایران بیرون خواهد کرد امریکا در آن موقع قوای دریائی در خلیج فارس داشت و هنوز گروه زیادی از سربازان آمریکا در آن نواحی بودند. استالین که از ضعف کشورش در مقابل آمریکا و روحیه مصمم رئیس جمهور ترومن مستحضر بود فوراً سیاست خود را در ایران تغییر داد.

از رئیس جمهور سؤال شد آیا پیام شما به استالین یادداشت بود یا اولیتماتوم. ترومن جواب داد قطعاً پیام من جنبه التیماتوم داشت و حتی روز معینی که روس‌ها باید از ایران بروند ذکر شده بود...

ترومن بعلاوه اظهار داشت که علت عقب نشینی استالین این بود که من بمب اتم داشتم و او می‌دانست که من در استعمال آن برای جلوگیری از

مهاجم امتناع ندارم. عکس‌العمل استالین به پیام ترومن فوری و ناگهانی بود.***

نویسنده کتاب «اتحادیه‌های کارگری و خودکامگی در ایران» می‌نویسد: «به فهرست عواملی که به تخلیه ایران از نیروهای شوروی منجر گردید باید اولتیماتوم ترومن به استالین و فشاری را که شورای امنیت سازمان ملل وارد آورده افزود».[۲۵۹] همچنین مصطفی فاتح در کتاب «پنجاه سال نفت ایران» به اولتیماتوم ترومن در خصوص تخلیه ایران اشاره کرده است.[۲۶۰] تقریباً بسیاری از سران حزب توده از جمله: فریدون کشاورز در خاطرات خود «من متهم می‌کنم کمیته مرکزی حزب توده»،[۲۶۱] انور خامه‌ای در «فرصت بزرگ از دست رفته»،[۲۶۲] احسان طبری در «کژراهه»،[۲۶۳] خلیل ملکی و دیگران به نقش امریکا در فشار به شوروی برای تخلیه ایران اشاره کرده‌اند.

امّا نویسنده «آذربایجان در ایران معاصر» با دلایل محکمی، وجود چنین اولتیماتومی را ردّ می‌کند و آن را به عنوان وسیله‌ای تبلیغاتی از جانب ترومن، برای تصویب بودجه دفاعی توسط کنگره امریکا که در آن سالها در جریان بود ذکر می‌کند به طوری که سرانجام، مسؤولان بایگانی دولتی ایالات متحده، در یکی از مجلات اسناد روابط خارجی ایالات متحده، صریحاً اعلام داشتند: «هیچ سندی که حاکی از تسلیم اولتیماتومی به اتحاد شوروی باشد، در بایگانی دولتی و نیز در اسناد وزارت دفاع به دست نیامده است. از این گذشته، از کارمندان بلند پایه‌ای که در سال ۱۹۴۶ در دولت وقت ایالات متحده مسؤولیتی داشتند، کسی نتوانسته است فرستادن چنین اولتیماتومی را تأیید کند».[۲۶۴]

بعضی از منابع، پیام ترومن را پیامی شفاهی ذکر کرده‌اند که در فروردین ماه ۱۳۲۵ به طور شفاهی، بوسیلهٔ ژنرال والتر بیدل اسمیت، سفیر آمریکا در مسکو که به همین منظور به واشینگتن احضار شده بود برای استالین فرستاده و به همین جهت در اسناد رسمی آمریکا اثری از آن به دست نیامده است. به هر حال از منابع مختلف چنین بر می‌آید که سیاست آمریکا و فشار آن بر دولت شوروی بیشتر از طریق شورای امنیت

سازمان ملل بود و در تخلیه ایران از قوای روسی هر چند تأثیر داشت امّا تأکید زیاد بر آن، بدون در نظر گرفتن عوامل دیگر، اشتباه است.

ناتالیا یگوروا با دسترسی بر بخشی از اسناد شوروی، در مقاله »بحران آذربایجان از دیدگاه اسناد نویافته شوروی« در زمینه فراخوانی نیروهای شوروی از ایران معتقد است که تأثیر مواضع قاطع امریکا بر تخلیه ایران، فقط هنگامی می‌تواند مورد ارزیابی قرار گیرد که اسناد بیشتری از آرشیوهای وزارت خارجه شوروی در دسترس پژوهشگران قرار گیرد. «لااقل تا این مرحله از کار، برداشت نگارنده از مقدار اسنادی که در زمینه روابط ایران و شوروی پس از تشکیل کابینه قوام‌السلطنه در ۷ بهمن ۱۳۲۴ ملاحظه کرده، بر آن است که در این زمان، کابینه قوام‌السلطنه اهمیت تعیین کننده داشت تا فشار امریکایی‌ها در سازمان ملل.»[۲۶۵]

امّا این سؤال، همچنان بی‌پاسخ می‌ماند که اگر فشار آمریکا تأثیر چندانی در تخلیه ایران از قوای روسی نداشت پس عوامل اصلی تخلیه و حل بحران کدامند؟

برای پاسخ دادن به این سؤال، لازم هست اول، به دلایل بوجود آمدن فرقه دمکرات و حمایت بی‌دریغ دولت شوروی از آن بپردازیم که ارتباط تنگاتنگی با درخواست امتیاز نفت از سوی شوروی داشت و می‌دانیم که وقتی اختلاف دولت ایران با شوروی حل شد فرقه دمکرات نیز علی رغم تمام اصلاحات تقریباً مترقیانه‌اش، برچیده شد. انور خامه‌ای هدف از تشکیل فرقه دمکرات را تجزیه تدریجی آذربایجان از ایران و الحاق آن به شوروی ذکر می‌کند.

این نظر به دلایل متعددی، صحیح به نظر نمی‌رسد، درست است که باقروف، رئیس جمهور آذربایجان، از تجزیه آذربایجان ایران و الحاق آن به روسیه و از بوجود آمدن آذربایجان بزرگ و واحد» حمایت می‌کرد و در واقع رهبری اصلی فرقه دمکرات نیز، نه در دست سیدجعفر پیشه‌وری، بلکه در دست باقروف بود که از طریق ایادی خود در ایران مانند ژنرال اتاکیشی‌اف و سرهنگ قلی‌اف و بعضی از پان ترکیست‌هایی چون میرزا ابراهیموف، آن را کنترل می‌کرد حتی این پندار سخیف او را وادار کرد که در جریان حاکمیت فرقه دمکرات، طوماری با امضای دست‌نشانده‌های خود در ایران،

که بسیاری از آنان را مهاجران تشکیل می‌دادند (البته بنام مردم آذربایجان) بـه اسـتالین ارسال کنند و از او خواهش کنند که آذربایجان ایران را به شوروی ملحـق سـازد! امّـا همچنان که مهاجرین تندرو و تجزیه طلب را نمی‌توان متـرادف بـا کـل جریـان فرقـه دمکرات (که از طیف‌های مختلفی تشکیل شده بود) دانست باقروف و پندار شخصـی او را نیز، نمی‌توان به کل حاکمیت شوروی نسبت داد. خود انور خامه‌ای، بدرسـتی در خاطرات خود، نسبت به دوگانگی سیاست شوروی در قبال فرقـه دمکـرات و مسـئله آذربایجان اشاره می‌کند:

... در آن دوران سیاست دولت شوروی در ایران از دو منشأ مختلـف آب می‌خـورد. یکـی وزارت خارجـه و دسـتگاه مرکـزی دولـت شـوروی در مسکو و دیگری از حزب کمونیست و دولت آذربایجان شوروی در باکو. در مورد مسائل مهم از نظر سیاست جهانی تصمیم گیرنده اصـلی وزارت خارجه شوروی و مقامات مسکو بودند. امّا در تمام مسائل دیگر، منجمله روش و تشکیلات احزاب و سازمانهای وابسته به شوروی [ایران•ماننـد حزب توده، فرقه دمکرات، شورای متحده و ... دستگاه بـاکو و شخصـی میرجعفر باقروف تصمیم گیرنده اصلی بودند».•••

دکتر جهانشاهلو نیز در خاطرات خود، به دوگانگی سیاست شوروی در قبال فرقـه دمکرات اشاره می‌کند او ضمن جدا کردن گروههای متمایز در درون دسـتگاه رهبـری حزب بلشویک و دولت شوروی می‌نویسد:

۱ـ گروه بریا ـ باقراف که سر راست وابسته بـه اسـتالین بودنـد و بعـدها آشکار شد که استالین زیر تلقین پی‌گیر بریـا بـوده اسـت •در تشـکیلات فرقه دمکرات آذربایجان••

۲ـ گروه اصولی حزب کـه ویچسـلاو میخـائیلویچ مولوتـف در رأس آن بود، او مردی اندیشه‌منـد و متکـی بـه مبـانی حزبـی و پـای بنـد اصـول بین‌المللی بود، امّا ایـن گـروه هنگـامی نظرشـان در اسـتالین و دسـتگاه رهبری اثر داشت که همه‌ی راه‌های دیگر جز راه بین‌المللی بسته می‌شـد و گرنه بریا پس از استالین و باقراف پس از بریا یکه تـاز میـدان همـه‌ی

شوروی بودند به ویژه این‌که پلیس غدار روس بدون چون و چرا در دست آنان بود ... .***

جالب این‌که، در آستانه الحاق سازمانهای حزب توده آذربایجان به فرقه دمکرات، جهانشاهلو، مسؤول حزب توده در زنجان، ضمن اشاره به همین دوگانگی در سیاست شوروی، می‌نویسد:

اکنون موضوع مهمی را باید بازگو کنم که چگونه در دستگاه شوروی و با بودن استالین و جبروت او دوگانگی وجود داشت، از یک سو سرهنگ سازمان امنیت *ولی‌اف**تهدید می‌کرد که باید به فرقه‌ی دموکرات ملحق شویم و حتی رعایت ظاهر را هم نمی‌کرد و با کارگران ایران فرقه تشکیل می‌داد و از سوی دیگر کنسول شوروی می‌گفت دستور وزارت خارجه است که صلاح نیست دموکرات شوید بهتر است همان توده‌ای باقی بمانید. در آن هنگام من نتوانستم چگونگی آن را دریابم ...***

مطلب کاملاً روشن است سرهنگ ولی‌اف که از باقروف دستور می‌گرفت، تلاش می‌کرد تا حزب توده در آذربایجان به فرقه دمکرات به پیوندند امّا در همان زمان، کنسول شوروی به عنوان کارمند وزارت امور خارجه شوروی که از مولوتف وزیر امور خارجه شوروی دستور می‌گرفت با الحاق حزب توده زنجان به فرقه دمکرات مخالفت می‌کرد و اگر بعد از مسافرت قوام به مسکو، بحران آذربایجان حل گردید و منجر به تخلیه ایران از قوای شوروی گشت در واقع در این سفر، قوام با استالین و مولوتف به مذاکره نشست و باقروف و «پندار شخصی» او حضور نداشت و اختلاف اصلی بین طرفین، امتیاز نفت و تخلیه ایران بود که در واقع هر دو در پی حل و فصل آن بودند و به همین خاطر، فرقه دمکرات به عنوان امری فرعی و داخلی تلقی گردید و اگر فرقه دمکرات، برای کسب امتیاز بیشتر از جانب شوروی تقویت وحمایت شد دیگر بعد از به توافق رسیدن قوام با مولوتف و استالین، محملی بر بقای فرقه دمکرات وجود نداشت. در اینجا فقط عکس العمل باقروف و درخواست‌اش از استالین بر بقای فرقه دمکرات می‌ماند که با پرخاش استالین خاموشی گزید.[۲۶۹]

به هر حال، تا زمانی که اسناد دفتر سیاسی«پولیت پورو»باز نشده نمی توان در مورد علت خروج قوای شوروی از ایران را با قطعت بیان کرد اما از مجموع بحثها در این مورد می‌توان نتیجه گرفت که اولتیماتومی کتبی در کار نبوده است هر چند تاثیر فشارهای آمریکا برای خروج نیروهای شوروی انکارناپذیر میباشد.

پس از برگشتن قوام از شوروی، حسین علاء، رئیس هیأت نمایندگی ایران در سازمان ملل، دومین شکایت رسمی ایران را به شورای امنیت تسلیم کرد واین در حالی بود که در مقابل تأخیر تخلیه ایران از قوای روسی، به نوشته آندره گرومیکو، سفیر شوروی در سازمان ملل «موجی عظیم از احساسات ضد شوروی یکباره برانگیخته شد و مسئله در دستور شورای امنیت قرار گرفت، همان چیزی که واشینگتن و لندن خواستار آن بودند».[۲۷۰] در مقابل شکایت علاء، آندره گرومیکو اظهار داشت که این مسئله را تا ۲۱ فروردین ۱۳۲۵ به تعویق بیندازند زیرا مذاکراتی بین ایران و شوروی در جریان هست که ممکن است منجر به حل مسئله گردد. میرتقی موسوی می‌نویسد:

مولوتف وزیر امور خارجه شوروی، تحت فشار مقامات بین‌المللی بود و مقامات امریکا نیز در مورد آذربایجان به شوروی هشدار می‌دادند و حتی صحبت از استفاده از بمب اتمی و غیره را مطرح می‌کردند. مولوتف، این تهدیدات را جدی گرفت و به استالین گفت: شوروی در این شرایط، توانایی مقابله با آمریکا و دیگر متحدان آن را ندارد. ما گرفتار یک بحران بزرگ اقتصادی نیز هستیم. آذوقه برای مردم و مهمات کافی برای جنگ نداریم و استالین به این گفتار مولوتف توجه کافی مبذول داشت و حادثه را جدی تلقی می‌کرد. فقط به سادچیکف سفیر شوروی در ایران دستور داده شد که به تلاش خود در جهت مطرح کردن فرقه دمکرات آذربایجان ادامه دهد و زمینهٔ نوعی عقب نشینی مسالمت آمیز را فراهم آورد. ولی در عمل کارها این چنین پیش نرفت و مدتی بعد، برای درهم شکستن جنبش آذربایجان، ارتش دست به کار شد و حمله گسترده‌ای را تدارک دید».[۲۷۱]

از طرفی، نباید از نظر دور داشت که فشارهای بین‌المللی (بخصوص مواضع امریکا) در تعدیل خواسته‌های اولیه مسکو تأثیر زیادی داشته است، در نامه‌ی استالین

به پیشه‌وری نیز که همزمان، بعد از خروج قوای روسی از ایران (در ۱۹ اردیبهشت ۱۳۲۵) نوشته شده به چشم می‌خورد، استالین به مواردی اشاره می‌کند که خروج قوای شوروی و تخلیه ایران را ضروری ساخته بود:

... ولی ما دیگر بیش از این نمی توانستیم آن را در ایران نگه داریم، •و این نیز••بیشتر به دلیل آن که حضور نیروهای شوروی در ایران می‌توانست، •به••مبانی سیاست رهایی بخش ما در اروپا و آسیا لطمه بزند. انگلیسی‌ها و امریکایی‌ها به ما میگفتند اگر نیروهای شوروی می‌توانند در ایران بمانند پس چرا نیروهای انگلیس نمی‌توانند در مصر، سوریه، اندونزی و یونان و هم چنین نیروهای امریکایی در چین، ایسلند و دانمارک باقی بمانند از این روی تصمیم گرفتیم نیروهایمان را از ایران و چین فراخوانیم ... اکنون در ایران چه •وضعیتی• داریم؟ نزاعی جریان دارد بین قوام و محافل آنگلوفیل ایران که نمایندهٔ ارتجاعی‌ترین عناصر ایران هستند، قوام به هر اندازه که در گذشته ارتجاعی بود •اینک• باید در دفاع از منافع شخصی و منافع کابینه‌اش هم که شده باشد، برخی اصلاحات دموکراتیک را مجری داشته و برای جلب حمایت از میان عناصر دموکراتیک ایران اقدام کند. در این وضعیت تاکتیک‌های ما چه باید باشد؟ معتقدم که ما باید از این نزاع برای کسب امتیاز از قوام استفاده کنیم،از او حمایت کرده، آنگلوفیل‌ها را منزوی ساخته ... .

۲۴ ـ پیشه‌وری در تهران

در ۲۹ اسفند ۱۳۲۴ سادچیکف، سفیر جدید شوروی وارد تهران شد سفیر قبلی روسیه، به خاطر تیرگی روابط، از ایران فراخوانده شده بود. سادچیکف قبل از این، سفیر شوروی در بلگراد بود او بلافاصله مذاکرات خود را با قوام‌السلطنه شروع کرد ودر شانزدهم فروردین ۱۳۲۵ اعلامیهٔ مشترکی از سوی طرفین به شرح زیر صادر گردید:

مذاکراتی که از طرف نخست‌وزیر ایران در مسکو با اولیاء دولت اتحاد جماهیر شوروی سوسیالیستی آغاز و در تهران پس از ورود سفیر کبیر شوروی ادامه یافت در تاریخ پانزدهم فروردین۱۳۲۵ مطابق با چهارم آوریل ۱۹۴۶ به نتیجه ذیل رسید و در کلیه مسائل موافقت کامل حاصل گردید.

۱ـ ارتش سرخ از تاریخ ۲۴ مارس ۱۹۴۶ یعنی یکشنبه چهارم فروردین ۱۳۲۵ در ظرف یکماه و نیم، تمام خاک ایران را تخلیه می‌نمایند.

۲ـ قرارداد ایجاد شرکت مختلط نفت ایران و شوروی و شرایط آن از تاریخ ۲۴ مارس تا انقضاء مدت هفت ماه برای تصویب به مجلس پانزدهم پیشنهاد خواهد شد.

۳ـ راجع به آذربایجان چون امر داخلی ایران است، ترتیب مسالمت‌آمیزی برای اجرای اصلاحات بر طبق قوانین موجود، و با روح خیرخواهی نسبت به اهالی اذربایجان بین دولت و اهالی آذربایجان داده خواهد شد.

نخست‌وزیر دولت شاهنشاهی ایران ـ احمد قوام.

سفیر کبیر دولت اتحاد جماهیر شوروی سوسیالیستی ـ سادچیکف

همزمان با امضای موافقتنامه مربوط به تخلیه کامل ایران، قرار تشکیل شرکت مختلط نفت ایران و شوروی نیز به امضای طرفین رسید و دولت ایران شکایت خود را در ۲۶ فروردین ۱۳۲۵ از شورای امنیت پس گرفت. در ۸ فروردین ۱۳۲۵/ ۲۸ مارس ۱۹۴۶باقروف در جلفا با رهبران فرقه یعنی پیشه‌وری،شبستری و جاوید دیدار کرده به آنها یادآور شد که نیروهای شوروی ممکن است خاک ایران را تخلیه کنند باقروف یک روز بعد در ۹فروردین در نامه‌ایی که در زیر آن را نام او و ماسلنیکف آمده در مورد این جلسه به استالین چنین می‌نویسند:

«ما در ۲۸مارس با رهبران فرقه دمکرات پیشه‌وری،شبستری و دکترجاوید در جلفای شوروی دیدار کردیم.

طبق دستور شما شرایط جدید را برای آنها روشن کردیم و به آنها توصیه کردیم که برای حفظ وضعیت در آذربایجان در شرایط فعلی اصرار نکنند به آنها توصیه کردیم که

در مذاکراتشان با تهران، نامه‌ای که سفیر ما در ۲۸مارس به قوام‌السلطنه نوشته آنرا اساس مذاکرات خود قرار دهند.

اگر چه در ۱۴مارس نیز من با آنها صحبت کرده بودم اما پذیرش آخرین پیشنهادات ما برای آنها بسیار دشوار بود اما هر سه آنها گفتند که پیشنهادات ما را بدون قید و شرط قبول می‌کنند اما لازم می‌دانند که موارد زیر را به اطلاع ما برسانند:

حکومت فرقه دموکرات آذربایجان از زمان روی کار آمدنش وعده‌های زیادی به مردم داده و خیلی از آن وعده‌ها را نیز برای مردم بجای آورده اما الان دست کشیدن از آنها دشوار است.

آنها به قوام اعتمادی ندارند و خوب می‌دانند که تمامی وعده‌هایی که قوام حتی به صورت کتبی به مردم آذربایجان داده به تدریج با استناد به قانون اساسی زیر پا خواهد نهاد قانون اساسی ایران نیز نه بر اساس حقوق مردم بلکه براساس مدافعه از حکومت مرتجع مدون گشته است.

آنها از قوای مسلح حکومت مرکزی نمی‌ترسند اما یقین دارند که قوام با توسل بر قوای مرتجع فئودالها، تجار و روحانیون در آذربایجان جنگ داخلی به راه خواهند انداخت...آنها در شرایط سخت وضعیت مالی قرار دارند و جهت سازمان‌دهی قوای مسلح خود تقاضا کردند هرچه سریعتر:

۱.حداقل پنج ملیون تومان کمک مالی کرده.

۲.اختصاص یکصد دستگاه کامیون.

۳. برای خدمات مرزی و تشکیل قشون داخلی و سازماندهی قوایشان به مدت یک ماه ۲۰مستشار فرستاده شود.

۴. برای رفع احتیاجات قشون فرقه مقداری لوازم پزشکی فرستاده شود.

تامین موارد بالا ضرورت است و منتظر دستورات جنابعالی هستیم.»[۲۷۳]

خروج نیروهای ارتش سرخ در واقع، پایان ماه عسل حاکمیت فرقه دمکرات بود در آذربایجان و ایران، تقریباً همه از خبر تخلیه، خوشحال شدند و تنها طرفداران حزب توده و فرقه دمکرات از آن دلگیر بودند پیشه‌وری در یک سخنرانی اعلام کرد: «ما از بازگشت نیروهای ارتش سرخ همانند مرتجعین استقبال نمی‌کنیم ما با احترام و عزت آنها را بدرقه می‌کنیم. ارتجاع در جستجوی زمینه عرض اندام است که با

بازگشت ارتش سرخ مهیا خواهد شد. ما بطور آشکار می‌گوییم، با رفتن ارتش سرخ، ارتجاع امیدوار نباشد که بتواند آزادی بر آمده در آذربایجان را از بین خواهد برد...»

قوام پس از خاطر جمعی از سوی شوروی به مسئله آذربایجان پرداخت امّا برای جلب اطمینان روس ها و ترضیه خاطر آنان، به اقداماتی دست زد که به شدت خوشایند روسها و حزب توده و فرقه دموکرات بود، او شخصیتهایی چون: سیدضیاءالدین طباطبائی، علی دشتی، جمال امامی و سالار سعید سنندجی را که بشدت مخالف شوروی و حزب توده بودند توقیف نمود و محدودیتهائی که در زمان کابینه‌های پیشین بر فعالیت گروههای چپ وضع شده بود، لغو کرد و در قبال فرقه دمکرات آذربایجان جانب اعتدال و تساهل را پیش گرفت. او در اوایل اردیبهشت ماه، بیانیه‌ای را در مورد آذربایجان، منتشر ساخت که در آن، حاضر می‌شد بعضی از امتیازاتی که برای تحقق خواسته‌های اهالی در قانون اساسی منظور شده اعطا کند بر اساس این امتیازات، انجمن ایالتی آذربایجان می‌توانست به استثنای استاندار و فرماندهان ارتش و ژاندارمری، سایر مقامات محلی را خود انتخاب کند. این امتیازات به عنوان پایه و اساس مذاکرات، از طرف هیئت دولت، در دوم اردیبهشت به شرح زیر اتخاذ گردید:

به موجب اصول متمم قانون اساسی پیرامون انجمن‌های ایالتی و ولایتی در آذربایجان:

۱)ـ رؤسای کشاورزی، با بازرگانی و پیشه و هنر، حمل و نقل، فرهنگ، بهداری، شهربانی، دادگستری و دارایی به وسیله انجمنهای ایالتی و ولایتی انتخاب خواهند شد و مطابق مقررات احکام رسمی آنها از طرف دولت در تهران صادر خواهد شد.

۲)ـ تعیین استاندار با جلب نظر انجمن‌های ایالتی با دولت خواهد بود و نصب فرماندهان و قوای نظامی و ژاندارمری از طرف دولت به عمل خواهد آمد.

۳)ـ زبان رسمی آذربایجان، مانند سایر نواحی کشور، زبان فارسی می‌باشد و کارهای دفاتر در ادارات محل وکارهای دوائر دادگستری به

زبان فارسی و آذربایجانی صورت می گیرد، امّا تدریس در پنج کلاس ابتدایی در مدارس به زبان آذربایجانی خواهد بود.

۴)ـ هنگام تعیین عایدات مالیاتی و اعتبارات بودجه کشور، دولت درباره آذربایجان برنامه بهبود آبادی و عمران شهرها و اصلاح کارهای فرهنگی و بهداری وغیره را در نظر خواهد گرفت.

۵)ـ فعالیت سازمان های دموکراتیک در آذربایجان و اتحادیه‌ها و غیره مانند سایر نقاط کشور آزاد است.

۶)ـ نسبت به طرفداران و کارمندان حکومت خودمختار آذربایجان که در گذشته در نهضت دموکرات‌ها شرکت داشته‌اند تضییقات به عمل نخواهد آمد.

۷)ـ با افزایش عدهٔ نمایندگان آذربایجان به تناسب جمعیت حقیقی آن ایالت موافقت حاصل است و در بدو تشکیل دوره پانزدهم تقنینیّه پیشنهاد لازم در این باب به مجلس تقدیم خواهد شد که پس از تصویب، کسری عده برای همان دوره انتخاب شود.***

در قبال پیشنهادهای دولت قوام، فرقه دمکرات روی خوشی نشان نداد:

قانون اساسی مشروطه که چهل سال از تصویب آن می گذرد زیر نظر مقامات ارتجاعی تدوین یافته و با دنیای امروز مع الفارق است. قوانین باید با روح و اراده مردم همراه باشد اگر تهران می‌خواهد حسن نیت خود را اثبات نماید باید دست از سیاستهای کهنه خود بکشد ... .***

بالاخره در ۱۲فروردین ۱۳۲۵مولوتف تلفنی به باقروف اطلاع داد که پیشه‌وری را برای دیدار و مذاکره با نمایندگان حکومت ایران(بخوانید عقب نشینی) آماده کند در ۱۴ فروردین باقروف مسئله را تلفنی به پیشه‌وری اطلاع داد که دولت شوروی با حکومت ایران به توافق رسیده است.

ابراهیم‌اف و کریم‌اف دستورالعمل باقروف مبنی بر مذاکرات آینده سران فرقه با حکومت تهران که حاوی نظرات سران کرملین بود به نزد پیشه‌وری بردند وقتی آنان

دستورالعملها را قرائت می‌کردند پیشه‌وری به دقت گوش می‌کرد وقتی آنها را شنید گفت:

این فرمان، وقایع ۱۹۲۰گیلان را در پیش چشمانم مجسم می‌کند در آن هنگام نیز رفقای ما، انقلابیون را فریب دادند و ارتجاع به آرامی آنها را نابود ساخت و تحت تعقیب قرار داد و سرانجام انقلابیون به دیگر کشورها گریختند. اکنون نیز چنین می‌شود. دولت قوام شما را فریب می‌دهد بلافاصله به محض رفتن شما شروع به حسابرسی با تمام آنهایی که از شوروی آمده‌اند می‌نماید. سپس به حساب تمام دمکراتها و رهبران آنها می‌رسد و در این کار ارتجاع، بخشی از مالکین و خانها را فعالانه شرکت خواهند داد ...خانواده و بستگان فدائیان و دمکراتها را به محاکمه می‌کشد و چنان تصفیه حسابی خونینی می‌کند که تاریخ این خونریزی را برای همیشه به خاطر خواهد سپرد ارتش سرخ می‌رود و شما هم با آنها می‌روید و در چنین وضعی، ما را تنها می‌گذارید. برای ما بسیار سنگین است که در مقابل دولت قوام جاخالی کنیم و از اهداف و باورها خود بگذریم نه، من نمی‌توانم چنین کاری بکنم در آغاز جنبش دمکراتیک خودمان و زمان شکل دهی دولت ملی در مواردی به اقدامات شما تردید کردم و از خود پرسیدم آیا اینها تا آخر برای انجام این کار با ما خواهند بود؟ و اکنون اصلا شما را باور ندارم تکرار می‌کنم اصلا شما را باور ندارم...بعد از خروج ارتش سرخ، دولت شاه نه روزها و ماها، بلکه سالها، افراد را به شکل‌های دردناکی تحت تعقیب قرر خواهد داد به هر حال ما که باید بمیریم پس اجازه دهید شرافتمندانه بمیریم بگذارید تمام دنیا بداند که ملت آذربایجان از جمله حزب دمکرات و و دولت ملی آن از ترس نمرده‌اند بلکه در مبارزه‌ای سنگین و برای آزادی خود به دست دولت شاه کشته شدند. بنابراین ما از شما می‌خواهیم پس از خروج ارتش سرخ ایران به عنوان عدم دخالت در امور داخلی ایران کنار بمانید آنگاه ما از مردم روستاها و شهرها دعوت می‌کنیم به کمک فدایی‌ها و نیروهای مسلح خود از سرزمین آذربایجان در مقابل حمله دولت ارتجاعی شاه دفاع کنند و البته مردم غیور آذربایجان ما را یاری خواهند کرد به ما اجازه دهید نیروها خود را بسیج کنیم و با گروههای خود در اقصی نقاط ایران ارتباط برقرار کنیم به تهران برویم و دولت شاه را سرنگون و در ایران دولتی دمکرات حاکم نمائیم ...من

دولت قوام را بهتر از شما می‌شناسم اگر با او توافق کنیم او در فرصت مناسب تمام جنبش‌های دمکرات آذربایجان را نابود خواهد کرد و آنوقت نه تنها ملت آذربایجان بلکه دولت شوروی نیز بازنده خواهد شد..».[۲۷۶]

در ۱۶ فروردین گفتگویی بین پیشه‌وری،جاوید،پادگان و شبستری از یک طرف وابراهیم اف،حسن اف،آتاکیشی‌اف و کریم‌اف از طرف دیگر صورت گرفت که در آن سران فرقه بار دیگر به مقاومت در مقابل حکومت ایران پافشاری کردند و نمایندگان شوروی اصرار بر مذاکره با حکومت تهران و انعطاف در مقابل آن تاکید کردند[۲۷۷]. در ۱۸ فروردین نیز گفتگوی مهمی بین پیشه‌وری و باقروف در جلفای شوروی صورت گرفت که در آن بار دیگر باقروف از او خواست در مقابل درخواست‌های تهران کوتاه بیاید.

قوام‌السلطنه به درخواست سادچیکف و با وساطت مظفر فیروز، دولت فرقه‌ی دمکرات آذربایجان را برای گفتگو به تهران دعوت کرد. در اول اردیبهشت ماه فتحعلی ایپکچیان نماینده تبریز در مجلس شورا که میانه خوبی با فرقه دمکرات داشت به تبریز آمده مجموعه دیدارهایی با پیشه‌وری و سران فرقه انجام داده تا زمینه مذاکرات با تهران آماده گردد ایپکچیان نمایندگان پیشه‌وری را از توافق قوام با سادچیکف و اوضاع تهران آگاه ساخته بود به پیشه‌وری اطلاع داد که قوام السلطنه یک هیئت ۷نفری به رهبری مظفر فیروز تعیین کرده که خود ایپکچیان نیز جزو این هفت نفر می‌باشد.در تبریز پس از گفتگوها و رای زنی‌ها، تصمیم گرفته شد که در این سفر، صادق پادگان، دکتر جهانشاهلو، تقی شاهین، فریدون ابراهیمی، و محمدحسین‌خان سیف قاضی (برادرزاده قاضی محمد) و دیلمقانی، عضو مجلس آذربایجان، پیشه‌وری را در این سفر همراهی کنند و گروهی از فدائیان مسلح نیز به عنوان نگهبان هیئت انتخاب شدند. وقتی پیشه‌وری در فرودگاه تبریز عازم تهران بود در بدرقه‌اش قاضی محمد هم حضور داشت قاضی محمد به او می‌گوید هر تصمیمی که در مورد آذربایجان گرفتید در مورد مهاباد هم مختارید. قاضی محمد در گفتگویی خصوص که با کنسول آمریکا در تبریز داشته دوباره به این مطلب اشاره کرده در جواب کنسول که می‌پرسد قوام

نمایندگانی از سوی دولت برای مذاکره به تبریز فرستاده چرا برای گفتگو با شما نماینده نفرستاده؟ جواب می‌دهد که «ما انتظار هیچ نماینده‌ای از تهران نداریم و احتیاجی نیز به آن نداریم آذربایجانی‌ها و کردها یک خلق و یک خانواده هستند آذربایجانی‌ها از طرف ما اختیار تام دارند که خواه در مورد خودشان و خواه در مورد ما کردها هر گونه مصلحت دانستند می‌توانند صحبت کنند»

این گفتگو در تاریخ۵اردیبهشت۲۵/۱۳۲۵آوریل ۱۹۴۶در کنسولگری آمریکا در تبریز صورت گرفته و کل مفاد آن در ۲۷آوریل توسط جاسوسان شوروی کشف و در نامه‌ای از سوی میرجعفر باقروف به استالین فرستاده شده و به عنوان نمونه‌ای از گسترش فعالیتهای آمریکا تحت پوشش دیپلماسی پس از خروج قشون روسی ذکر گردیده است[۲۷۸] آنها با یک هواپیمای روسی در ۸ اردیبهشت ماه از تبریز، رهسپار تهران شدند.[۲۷۹]پیشه‌وری در فرودگاه تبریز به هنگام عزیمت به تهران گفت:

> ... آزادی کسب شده توسط نیروهای فداییان مسلح را هیچکس نمی‌تواند از ما بستاند، ما همان وقت هم می‌توانستیم به تهران حمله کرده حکومت ارتجاعی تهران را از بین ببریم تا تمام ایران آزاد شود. امّا شرایط بین‌المللی ایجاب می‌کرد که آذربایجان گذشت کند ... حکومت باید حکومت خلق باشد و خود خلق این حکومت را بوجود آورد. ما، یا تا آخرین نفر می‌جنگیم و یا تمام خلق‌های مظلوم ایران را آزاد می‌کنیم... .[۲۸۰]

انبوهی از مردم در فرودگاه تهران برای استقبال از هیئت پیشه‌وری جمع شده بودند تعدادی از آنان از چند روز قبل، از آذربایجان به تدریج به تهران آمده بودند.[۲۸۱] اعضای حزب توده و اتحادیه‌ی کارگران و سازمان جوانان حزب توده نیز، جزو پیشواز کنندگان بودند.

سرتیپ صفاری، رئیس شهربانی وقت به کمک نیروهایش سعی می‌کرد از نزدیک شدن مردم به هیأت آذربایجان، جلوگیری نماید. هیئت نمایندگان آذربایجان برای پذیرائی، رهسپار باغ جوادیه در شرق تهران شدند که متعلق به مهدی ارباب شیرازی ثروتمند معروف و وکیل بندر عباس بود. پیشه‌وری نمی‌خواست در یک عمارت دولتی

سکنی اختیار کند، بنابه اشاره قوام‌السلطنه، ارباب آن را در اختیار هیات اعزامی آذربایجان گذاشت.[۲۸۲] یک گروهان ژاندارم، باغ جوادیه را از بیرون مخافظت می‌کرد، از درون و بیرون ساختمان نیز، فدائیان فرقه دمکرات که مجهز به خودکارها بودند پاسداری می‌کردند.[۲۸۳]

گروههای مختلفی از مردم به دیدار هیئت نمایندگی آذربایجان می‌شتافتند مانند رهبران حزب توده، بعضی از دوستان روزنامه نگار پیشه‌وری و همچنین احزابی که اندکی قبل، با هم ائتلاف کرده بودند:

> در زمانی که نمایندگان فرقه دموکرات آذربایجان برای مذاکره با دولت قوام به تهران آمدند و از طرف احزاب موتلف (حزب توده ایران، حزب دموکرات ایران و حزب ایران) از آنها پذیرائی می‌شد و هر یک از این احزاب به افتخارشان میهمانی‌ها دادند، حزب ایران هم میهمانی برقرار کرد از نمایندگان فرقه و سران احزاب موتلف دعوت نمود (قوام‌السلطنه خودش نیامد) ...

عمیدی نوری، سردبیر روزنامه داد و دوست نزدیک پیشه‌وری در مورد دیدارش از هیئت نمایندگی آذربایجان، در باغ جوادیه می‌نویسد:

> در یکی از شبهائی که پیشه‌وری در باغ مصفای جوادیه آرمیده بود به ملاقات این دوست دیرینه که اولین برخورد من با او بیست و چهار سال پیش در اداره روزنامه حقیقت بود رفتم ... وارد اتاق پیشه‌وری دوست دیرینه و همکار روزنامه نویسم که با کمال سادگی تا سال گذشته در چاپخانه و روزنامه داد همیشه همدیگر را دیده و از بدبختی های کشور صحبت می‌کردیم شده دیدم هیچ تناسبی بین روح صاف و اخلاق متواضع و روحیه درویش منش او با این سالون مجلل، با فرشها و تابلوهای زیبا مشهود نیست.
>
> من آنجا پیشه‌وری، صادق پادگان، دکتر جهانشاهلو، فریدون ابراهیمی، دیلمقانی را آنشب دیدم و از صحبت‌های آنها در چند ساعتی که آنجا

> بودم استفاده کردم و در دل می‌گفتم چه خوبست به آذربایجان سفری کرده از نزدیک شاهد کارهای آنها باشم ...»

هیئت نمایندگی آذربایجان در تهران، دوبار با قوام‌السلطنه در کاخ نخست‌وزیری و دو بار با سادچیکف در سفارت شوروی و چند بار با مظفر فیروز در خانه‌ی ایشان و در جوادیه دیدار کردند. در اکثر این دیدارها، تنها پیشه‌وری بود ولی در دیدارهای پیشه‌وری با سادچیکف، جهانشاهلو و پادگان نیز شرکت داشتند. در دیدارهای مظفر فیروز با هیئت آذربایجان، همه اعضای هیئت شرکت می‌کردند. جهانشاهلو در خاطراتش می‌نویسد:

> نخستین دیدارمان با آقای قوام‌السلطنه جلوی در ورودی کاخ نخست‌وزیری «بود»... . دیدارمان با آقای قوام‌السلطنه دوستانه بود ... هنگامی که آقای پیشه‌وری با آب و تاب از خواست‌های مردم آذربایجان سخن می‌راند، آقای قوام‌السلطنه لبخند می‌زد و مقصودش این بود که این خواسته‌های شماست نه مردم آذربایجان. این دیدار با کمی امیدواری پایان یافت و دنباله‌ی گفتار به دیدار دیگر موکول شد، امّا آشکار بود که آقای قوام‌السلطنه به وقت گذرانی می‌پردازد ... روز پس از آن با آقای مظفر فیروز در خانه‌ی ایشان نزدیک بهجت‌آباد دیداری خصوصی داشتیم در این دیدار ایشان بسیار دوستانه و بی‌تکلف سخن می‌گفت و پی‌درپی سفارش‌های مقامات روسی و به ویژه آقای سادچیکف را بازگو می‌کرد ... اصرار داشت که نباید در مسائل پافشاری کنیم و باید هر چه می‌توانیم اگر چه کوچک باشد از دولت قوام‌السلطنه امتیاز بگیریم ....»

در واقع در اینجا نیز، پیشه‌وری و فرقه دمکرات آذربایجان در مقابل سیاست دوگانه و متضاد سران شوروی قرار گرفته بودند در حالی که عمال باقروف از باکو، مدام گوشزد می‌کردند که در خودمختاری آذربایجان و داشتن ارتش خودمختاری پافشاری کنند و تسلیم خواسته‌های دولت قوام‌السلطنه نشوند امّا در تهران، سادچیکف و همکارانش به دستور مولوتف آنها را به بستن قرارداد مسالمت آمیز به هر نحوی که

ممکن باشد تشویق می‌کردند. جهانشاهلو در مورد اصرار سادچیکف سفیر شوروی در تهران به پیشه‌وری (که در مقابل قوام‌السلطنه سرسختی نشان می‌داد) می‌نویسد:

پیشه‌وری در همه‌ی این دیدارها خشونت می‌کرد. شاید همان شب پس از دیدار نخست با آقای قوام‌السلطنه بود که سادچیکف ما را به سفارت شوروی برای گفتگو دعوت کرد. البته به ظاهر ما پنهانی به سفارت شوروی رفتیم ... امّا آشکار بود که ما زیر نظر اداره سیاسی تهران بودیم و چیزی از آنان پوشیده نبود در دیدار با آقای سادچیکف آقای پیشه‌وری و پادگان و من هر سه بودیم ... آقای سادچیکف آشکارا گفت که ارتش ما اکنون سرگرم تخلیه‌ی آذربایجان است، بی‌گمان وضع شما پس از این بسیار دشوار خواهد شد، از این رو باید در مذاکرات با آقای قوام‌السلطنه و دولت او حداقل مصونیتی برای خودتان دست و پا کنید. ما تا این جا به شما یاری کرده‌ایم و آقای قوام‌السلطنه را برای گفتگو با شما آماده ساخته‌ایم، شما باید نرمش بسیار از خود نشان دهید. امّا آقای پیشه‌وری همچنان لجاجت می‌کرد، تا حدی که سادچیکف ناچار بود گاهی چندین بار یک نظر را تکرار کند و از من و آقای پادگان یاری بخواهد. سرانجام خسته و کوفته نزدیک سه‌ی بعد از نیمه شب به جوادیه بازگشتیم.

فردای آن روز آقای مظفر فیروز نزد ما آمد و آنچه روز گذشته با آقای پیشه‌وری و من در میان گذاشته بود، سربسته در حضور همه‌ی همراهان بیان کرد ... سرانجام گفتگو در حضور جمع پایان یافت و آقای مظفر فیروز با من تنها گفتگو کرد. او به من گفت که سادچیکف آنچه دیشب با شما در میان گذاشته است به من گفت. او از آقای پیشه‌وری ناراضی است ... پس از رفتن ارتش شوروی، ارتش ایران به آذربایجان خواهد آمد از اینرو همه تلاش ما این است که یک عفو عمومی برای آذربایجان از مجلس بگذرانیم و به امضای شاه برسد ... دو روز پس از آن شب هنگام آقای سادچیکف ما را به سفارت دعوت کرد، آقای سادچیکف

تلگراف استالین را خطاب به پیشه‌وری بـه مـا داد ... آقـای سـادچیکف
تلگراف را پس گرفت و تنها برای خواندن در اختیار ما گذاشت ... .

این سند جالب و محرمانه که سالها از نظرها پنهان مانده بـود در سـالهای اخیـر از بایگانی خارج شده و پژوهشگران و تحلیل گران سیاسی توانستند به آن دسترسی پیـدا کنند، به خاطر مهم بودن آن، متن کامل نامه در پاورقی آورده می‌شود[۲۸۸]، شـایان ذکـر است که تاریخ ارسال این تلگراف، دقیقاً ۱۸ اردیبهشـت ۱۳۲۵ مـی‌باشـد بـه احتمـال قریب به یقین، این نامه پس از اطلاع از مقاومت پیشه‌وری در همکاری با قوام‌السلطنه و انتقادات آشکارش از رفقای روسی که اخیرا شدت یافته بود از سوی استالین خطاب به پیشه‌وری نوشته شده در حالیکه اختلافات فرقه دمکرات بـا دولـت مرکـزی ایـران مچنان باقی بود و مذاکرات به نتیجه نرسیده بود اختلافات پیشه‌وری با سران کـرملین نیز افزایش یافته بود استالین از تمام این این اختلافات و نارضایتی‌های پیشـه‌وری کـه در طول یک ماه اخیر در اکثر جلسات خود به وابستگان و عوامل شوروی ابراز داشته بود آگاه بود و به همین خاطر به پیشه‌وری نامه نوشت جهانشاهلو در خـاطرات خـود می‌نویسد که این نامه را در تهران سفیر روسیه برای خواندن در اختیار مـا گذاشـت و سپس پس گرفت جمیل حسنلی می‌نویسد که وقتی پیشه‌وری پس از به نتیجه نرسیدن مذاکراتش در تهران در۲۳ اردیبهشت به تبریز بازگشت کنسـولگری روسـیه در تبریـز نامه استالین را تسلیم پیشه‌وری کرد.[۲۸۹]

دکتر جهانشاهلو در ادامه خاطراتش می‌نویسد که پیشه‌وری پس از دیـدن تلگـراف استالین سخت ترسید و «به من و آقای پادگان گفت که از این پس جان ما در این جا در خطر است».[۲۹۰] امّا دیدار دوم پیشه‌وری با قوام‌السلطنه نشان می‌دهد کـه پیشـه‌وری همچنان در مقابل درخواستهای دولت قوام، سرسختی نشان داده و همین عدم نـرمش او باعث شد که در تهران با دولت قوام به توافق نرسند.

در طول مذاکرات، روزنامه‌ها و نشریات هر کدام موضع خود را در قبال مـذاکرات بیان می‌کردند محافل محافظه‌کار و نزدیک به دربار، از نتیجـه مـذاکرات و روش کـار قوام‌السلطنه بدبین بودند و حتی تصور می‌کردند که او سعی در خلـع شـاه از قـدرت

می‌باشد. در مقابل، روزنامه‌های آزادیخواه و احزاب مترقی، بـه نماینـدگان آذربایجـان توصیه می‌کردند که خود را در چهار چوب زبان و ملیت آذربایجانی محـدود نسـازند بلکه آزادی تمامی ملت ایران را در اولویت قرار دهند. روزنامه کیهان درمقاله‌ای تحت عنوان «اگر من جای پیشه‌وری بودم» چنین نوشت:

... اگر من بجای آقای پیشه‌وری بودم و در ملاقات خود با مقامات عالیه یا اصـلاً حـرف آذربایجـان را نمـی‌زدم و یـا آن را در درجـه دوم قـرار می‌دادم ... می‌گفتم همه جا ایران است و هر جای ایران که فرض کنیـد، خانه من و شهر من است ولی ایرانی که شما دارید این است ... آنچـه از جنایت، خیانت، دزدی، تقلب، دنائت، ظلم، غارت و ... از طبقـه حاکمـه نسبت به ملت ایران شده و می‌شود، در آن شرح می‌دادم بدبختیهای ملت ایـران، اسـارت او در دسـت دزدان داخلـی و اسـتعمارچیان خـارجی را یک‌یک می‌شمردم و بعد می‌پرسیدم که آیا شما حاضـر هسـتید کـه ایـن وضع را تغییر دهید یا خیر، آیا شما حاضرید ایـن گردنکشـان را کـه هـر یک در یک گوشه مملکت لوای سلطنت چنگیزی و تیموری افراشـته‌انـد وهیچ مرکزی را جز آن مرکزی که موجب اسارت این مملکـت و صـدها مملکت دیگر دنیا شده است، نمی شناسند، به زنجیر عـدل و داد بکشـید و حق ستمدیدگان و بیچارگانی کـه بـا بـدبختی بـه دنیـا مـی‌آینـد و بـا حسرت از آن بدر می‌روند از ایشان بگیرید یا خیر؟ ... . من این مبـارزه را شروع کرده‌ام برای تمام ایران کرده‌ام و چـون در آذربایجـان و سـایل کار فراهم‌تر بوده است. در آنجا نقشه خود را به مورد عمـل گذاشـته‌ام و وقتی دست از این مبارزه خواهم کشید که این نقشه در تمام ایـران اجـرا شود ...

در زمانی که پیشه‌وری در تهران بود روزنامه اطلاعات ایـن خبـر را درج کـرد: «از روزنامه آژیر رفع توقیف به عمل آمده است» قوام با این کار می‌خواست پیشـه‌وری را تحقیر کند که او روزنامه نویسـی بـیش نیسـت، وقتـی روزنامـه اطلاعـات را بدسـت پیشه‌وری دادند و او خبر آزادی روزنامه آژیر را دید با خنده تلخی به اطرافیانش گفت:

«قوام، روزنامه ما را آزاد کرد، ما هم ایران را آزاد خواهیم کـرد».[۲۹۲] در هنگـام اقامـت پیشه‌وری در تهران، اتفاق عجیبی افتاد: عباس شاهنده، مدیر روزنامه «فرمان» توانسـت مفتاح رمز پیشه‌وری را در وقتی که او در خواب بود از زیر سر او بدزدد، آنها بـزودی نسخه‌ای از آن تهیه کردند و دوباره مفتاح رمز را به جای اول خـود برگرداندنـد از آن ببعد، دیگر پیشه‌وری در چنگ آنان بود و کلیه تلگرافهای محرمانه‌ای که به آذربایجـان می‌فرستاد با خبر می‌شدند و نسخه‌ای از آن را در اختیار قوام می‌گذاشتند. در یکـی از تلگرافهای او، که به سران فرقه در آذربایجان ارسال کرده چنین آمده بود:

> ما در تهران امروز اینطور صحبت کردیم که فقط حاضریم بـا نماینـدگان ملت یعنی نمایندگان احـزاب ملـی وارد مـذاکره شـویم چـون دولـت را برسمیت نشناخته و نماینده افکار عمومی نمی‌دانیم، شما در رادیو همـین مطلب را گوشزد کرده و ضمناً به دوستان مـا هـم بگوئیـد کـه همینطـور کنند. ...

موارد مذاکره بین طرفین و نتایج آن در تهران، شامل بندهای زیر بود:

۱) ـ آذربایجان از «حکومت خودمختار ملی» صرف نظـر مـی‌کـرد و مجلـس ملـی آذربایجان به انجمن ایالتی و وزرای حکومت به رؤسای ادارات تبدیل می‌گردید.

۲) ـ در مورد زبان آذربایجانی ماده ۳ تصمیم هیئت وزیران پذیرفته شد.

۳) ـ دولت مرکزی جنبش آذربایجان را به عنوان نهضت دموکراتیک برای تقویت و تثبیت دموکراسی و اصول مشروطیت در ایران می‌شناخت.

۴) ـ هیئت نمایندگی آذربایجان، واحد ارضی آذربایجان را شامل استانهای ۳ و ۴ و خمسه می‌دانست. ولی دولت قوام معتقد بود که چـون طبـق تقسـیمات کشـوری خمسه جزو آذربایجان نیست لذا این امر باید به تصویب مجلس پانزدهم برسد.

۵) ـ دولت مرکزی تعیین استاندار را با جلب نظر انجمـن ایـالتی از وظـایف خـود می‌شمرد. حال آن که آذربایجان انتخاب استاندار را بـا پیشـنهاد انجمـن ایـالتی و تصویب دولت مرکزی خواستار بود.

۶) ـ به نظر دولت مرکزی فرماندهان قوای نظامی و ژاندارمری می‌بایست از طرف تهران تعیین شوند. ولی دراین مورد نیز نظر آذربایجان بر این بود که انتخاب فرماندهان نظامی و ژاندارمری باید با پیشنهاد انجمن ایالتی و تصویب تهران صورت گیرد.

۷) ـ آذربایجان تأیید و قبول تقسیم اراضی خالصه و املاک متعلق به دشمنان خلق آذربایجان را که در سراسر آن سرزمین به مرحلهٔ اجرا درآمده بود از دولت مرکزی طلب می‌کرد و پیشنهاد می‌نمود که این اقدام در تمام کشور انجام پذیرد. ولی دولت بر این نظر بود که تقسیم خالصجات دولتی و انتقال میان زارعین باید از طرف مجلس پانزدهم تنفیذ شود و از اختیارات دولت خارج است.

مذاکرات بین هیئت نمایندگی آذربایجان و دولت قوام‌السلطنه پس از ۱۵ روز به نتیجه نرسیده و هیئت نمایندگان آذربایجان روز دوشنبه ۱۳۲۵/۲/۲۳ به تبریز بازگشتند امّا مذاکرات قطع نگردید و قرار شد که بعداً کمیسیونی از تهران به تبریز رفته و راه حل مسائل مورد اختلاف را دنبال کنند."...

در پایان مذاکرات ۱۵ روزه با نمایندگان آذربایجان، اعلامیه‌ای از طرف قوام‌السلطنه برای اطلاع عموم صادر گردید:

عین متن اعلامیه نخست‌وزیر:

در این موقع که افکار عموی منتظر و متوجه جریان مذاکرات بین دولت ونمایندگان آذربایجان می‌باشد لازم می‌دانم نتیجه مذاکرات پانزده روز اخیر را باستحضار عامه رسانیده تا اذهان عمومی را بوسیله تشریح حقایق روشن سازم.

بر خود آقایان نمایندگان و اهالی آذربایجان که بتهران آمده‌اند پوشیده نیست که اینجانب با کمال حسن نیت و رویه مسالمت بمنظور حل مسائل مورد بحث مساعی لازم را مبذول داشته و کوشش نمودم که در حدود قوانین موضوعه مملکت تقاضاهای آقایان نمایندگی آذربایجان را تأمین نمایم. به طوری که پس از صدور ابلاغیه مورخه ۱۳۲۵/۲/۱ و

انتشار مواد هفتگانه دولت از طرف بعضی محافل مورد ایراد واقع شدم که تصور نمودند رویه اینجانب حتی از حدود قوانین موضوعه نیز تجاوز نموده است در نتیجه مذاکرات ۱۵ روزه اخیر با آنکه از حسن نیت آقایان نمایندگان آذربایجان اعتماد داشته و دارم متأسفم که بعضی از تقاضای آنان از حدود اختیارات قانونی و مواد هفتگانه دولت خارج بود و بدین جهت تا پیدا شدن راه حل جریان مذاکرات ناچار بتعویق افتاد و آقایان نمایندگان به تبریز مراجعت نمودند.

مواردی که تقاضاهای نمایندگان اهالی آذربایجان با اختیارات قانونی و مواد هفتگانه دولت مغایرت داشته بقرار ذیل می‌باشد:

۱ـ طبق ماده ۲ ابلاغیه مورخه ۱۳۲۵/۲/۱ مقرر شده بود که نصب فرماندهان قوای نظامی و ژاندارمری از طرف دولت بعمل آید و حال آنکه نمایندگان آذربایجان معتقد بودند که تعیین فرماندهان مزبور باید با پیشنهاد انجمن ایالتی و تصویب دولت صورت گیرد.

موضوع تقسیم اراضی خالصجات دولتی و انتقال میان زارعین که در تحولات اخیر آذربایجان صورت گرفته طبق قوانین موضوعه باید از طرف مجلس شورای ملی تنفیذ گردد و اتخاذ تصمیم راجع به آن از حدود اختیارات قانونی دولت خارج می‌باشد. موارد فوق و بعضی مسائل دیگر مورد بحث و مذاکره قرار گرفت و چون نسبت باکثر موارد مزبور می‌بایست از طرف مجلس شورای ملی تعیین تکلیف شود لذا بدون این‌که تصمیمی فعلاً اتخاذ گردد آقایان نمایندگان اهالی آذربایجان برای دادن گزارش وکسب تکلیف به تبریز مراجعت نمودند.

نظر به این‌که اینجانب با کمال حسن‌نیت و مسالمت مایل بحل مسائل مورد بحث می‌باشم بدیهی است برای ادامه مذاکره وحل این مشکل بوسیله اتخاذ تدابیر که با قوانین کشور مغایرت نداشته باشد حاضر خواهم بود وچون موافق مقررات قانون و با در نظر گرفتن تعهد دولت طبق موافقت نامه‌های متبادله با دولت اتحاد جماهیر شوروی راجع به نفت شمال که مجلس پانزدهم را درمدت ۷ ماه از تاریخ امضاء موافقت

نامه‌های مزبور تشکیل دهد باید هر چه زودتر انتخابات عمومی را در تمام کشور اعلام نمود.

انتظار دارم آقایان نمایندگان آذربایجان تسهیلات لازم را فراهم نمایند تا دولت طبق مقررات قانونی بتواند انتخابات عمومی را اعلام نموده و اهالی آذربایجان نمایندگان خود را آزادانه انتخاب و بمرکز اعزام دارند.

امیدوارم با حسن نیت و وطن‌پرستی که در نمایندگان اهالی آذربایجان احساس نموده‌ام موجباتی فراهم شود که نگرانی عمومی برطرف و با در نظر گفتن وظایف قانونی دولت مشکلات فعلی از هر جهت مرتفع گردد.

نخست‌وزیر

قوام السلط

پیشه‌وری پس از بازگشت به تبریز گفت: قوام‌السلطنه شخصاً حسن نیت دارند امّا محمدرضا پهلوی مخالفت می‌ورزد. او پس از ورود به تبریز، در تئاتر ملی، نطق مفصلی ایراد کرد و در این نطق ۴۵ دقیقه‌ای که از رادیوی تبریز نیز بخش شد گزارش کاملی از مسافرت هیئت نمایندگی به تهران ارائه داد.

روز ۱۹ اردیبهشت ماه ۱۳۲۵ تخلیه کامل ایران از نیروهای شوروی پایان یافت به همین منظور درجمعه ۲۷ اردیبهشت از طرف قوام‌السلطنه، هیأتی مرکب از سرهنگ علاء، ابوالحسن وزیری، عمیدی نوری، مدیر روزنامه داد و احمد ملکی، مدیر روزنامه ستاره با هواپیما عازم آذربایجان شدند تا انجام مراحل تخلیه توسط ارتش سرخ از نقاط مختلف آذربایجان را به دولت گزارش دهند.[۲۹۵] عمیدی نوری در این مورد می‌نویسد:«به پیشه‌وری گفتیم چنانکه قبلاً از تهران بشما اطلاع داده شد، از طرف نخست‌وزیر، مأموریت داریم برای مشاهده تخلیه ارتش سرخ از نقاط مختلف آذربایجان، در شهرهای این استان گردش نمائیم. پیشه‌وری خنده‌ای کرده و گفت هر کجا میل دارید بروید، ارتش سرخ همه جای آذربایجان را تخلیه کرده. این یک موضوعی است بسیار ساده و روشن، که احتیاجی به مشاهده ندارد ... ما سوار اتومبیل شده تصمیم گرفتیم مأموریت خود را با جدیت وسرعت انجام دهیم زیرا تا روز د وشنبه که جلسه شورای امنیت در امریکا تشکیل می‌شد و نتیجه مشاهدات ما اثر مهمی

در این کار داشت».[۲۹۶] هیئت مزبور پس از بررسی و تحقیقات لازم، گزارش نهائی خود از تخلیه کلیه نقاط آذربایجان توسط ارتش سرخ را به دولت ارائه کرد و قوام بر اساس گزارش مزبور در روز ۴ خرداد، اعلامیه‌ای را در خصوص تخلیه ایران انتشار داد.[۲۹۷]

میرجعفر باقروف که از اول طرفدار تجزیه آذربایجان از ایران و اتحاد دو آذربایجان بود و می‌دانست که پس از توافق استالین با قوام و خروج قشون روسی از ایران، اوضاع فرقه دمکرات آذربایجان به وخامت خواهد گرایید در نتیجه تا آخرین توان می-کوشید از آن ممانعت کند و او حتی پس از توافق نیز در نامه‌ها و گزارش‌های خود به استالین، گسترش فعالیت‌های بریتانیا و آمریکا در آذربایجان و کردستان را پیش کشیده و آن را محصول خروج قوای روسی از ایران ذکر کرده باقروف در نامه‌ای به استالین در ۲۳ اردیبهشت ۱۳/۱۳۲۵می۱۹۴۶ در همین زمینه می‌نویسد:

«خروج قوای ما از ایران واکنش‌های متفاوتی در بین مردم، عناصر ارتجاع و دوایر انگلستان بجای گذاشته روستائیان،کارگران،روشنفکران و تمامی فعالان دمکراسی خروج قوای ما از ایران را تاسف‌بار قلمداد می‌کنند آنها فکر می‌کنند که پس از خروج سربازان روسی،ارتجاع قوت گرفته با تمام قوا حمله خواهد کرد و این برای سرنوشت فرقه دمکرات آذربایجان زیان‌بار خواهد بود اما با اینحال باعث یاس و سردرگمی در میان رهبران دمکراسی نگردیده است فرقه دمکرات آذربایجان در پادگان‌هایی که در شهرهای مختلف آذربایجان قوای روسی مستقر بود جهت بدرقه آنها نمایش‌های وسیعی براه انداخته است.

تنها در خود تبریز برای بدرقه ارتش سرخ بیش از یکصد هزار نفر جمع شده بودند وقتی ماشینهای جنگی ما در پنجم می از خیابانهای مرکزی تبریز عبور می‌کرد زنان و مردان جمع شده به آنها نزدیک شده و دست تکان می‌دادند و با این جملات با آنان وداع می‌کردند چرا می‌روید و ما را تنها می‌گذارید؟ برایتان عمر طولانی آرزو می‌کنیم...

نمایندگان مجلس تهران به صورت غیررسمی می‌گویند آنچه تاکنون در آذربایجان توسط قفقازی‌ها اتفاق افتاده ویا مطالبات هیئت آذربایجانی‌ها

هیچوقت توسط قوام پذیرفته نشده و در آینده نزدیک حکومت پیشه‌وری توسط قوام نابود خواهد شد.

انگلیسی‌ها در این اواخر تمامی فعالیتهای حکومت فرقه دمکرات را دقیقا زیر نظر دارند و قوانین و احکام آن را پی‌گیری می‌کنند»[۲۹۸]

۲۵ ـ عزیمت هیئت سیاسی و نظامی به آذربایجان

قوام پس از خروج ارتش سرخ از ایران، در صبح روز سه شنبه ۲۱ خرداد، یک هیئت سیاسی و نظامی برای پی‌گیری ادامه مذاکراتی که در تهران ناتمام مانده بود، به آذربایحان فرستاد هیئت سیاسی به ریاست مظفر فیروز، معاون نخست‌وزیری و با عضویت ابوالحسن صادقی وعلی‌اکبر موسوی‌زاده و هیئت نظامی به ریاست سرتیپ عبدالله هدایت، معاون وزارت جنگ وسرهنگ محمدعلی علوی مقدم، آجودان وزارت جنگ وارد تبریز شدند.[۲۹۹]

مظفر فیروز در واقع، همه کاره این هیئت بود و به نظر می‌آمد که تیمسار هدایت عملاً چشم و گوش محمدرضاشاه در این گروه بوده. از سوی فرقه دمکرات آذربایجان، پیشه‌وری و سلام‌الله جاوید، دکتر جهانشاهلو و قاضی محمد، نماینده فرقه دمکرات کردستان در مذاکره شرکت داشتند. روز اوّل و دوم، مذاکرات به نتیجه نرسید امّا در روز سوم، فیروز متن موافقت نامه‌ای را تنظیم کرد که قرار بود، پس از تصویب نمایندگان دو طرف، برای تصویب نهایی، به مجلس شورای ملی و امضاء قوام‌السلطنه و شاه برسد. فیروز، قرارداد را بند بند می‌خواند و به گفتگو می‌گذاشت و نظر می‌خواست. تیمسار هدایت در همه‌ی موارد خاموش بود و اظهار نظری نمی‌کرد.[۳۰۰]

پس از مذاکرات مفصل، موافقت‌نامه‌ای در تاریخ ۲۳ خرداد، به امضای طرفین رسید که در واقع به عنوان توضیح و تکمیل موارد هفتگانه ابلاغیه هفت ماده‌ای نخست‌وزیر در مورخه دوم اردیبهشت ۱۳۲۵ بود. پس از نطق کوتاه پیشه‌وری از رادیو تبریز که به زبان ترکی بود مظفر فیروز همان شب، نطقی به زبان فارسی ایراد کرد، بخشهایی از نطق مظفر فیروز، معاون سیاسی نخست‌وزیر از رادیوی تبریز در ساعت ۲۱/۴۵ روز بیست و سوم خرداد ۱۳۲۵ ایراد گردید بشرح زیر بود:

هموطنان ـ امشب از شهر تبریز یعنی مهد ایران و مرکز جنبش‌های بزرگ آزایخواهانه برای شما هموطنان عزیز صحبت می کنم. به طوری که می‌دانید غفلت و سوء سیاست دولت‌های گذشته و خیانت‌های پی‌درپی نمایندگان تحمیلی مجلس و بی‌اعتنایی به اجرای قوانین اساسی و حقوق حقه مردم سبب شد که جمعی از فرزندان ستمدیده و غیور ایران به منظور دفاع از آزادی قیام نموده و تحولات اخیر آذربایجان را به وجود آورند، محتاج به تذکر نیست که عمل عناصر ارتجاعی نزدیک بود خاک پاک ایران را تبدیل به میدان جنگ خانگی و خونریزی نموده و این ممکلت و اهالی ستمدیدهٔ آن را بیش از پیش دچار بدبختی و ذلت بنماید. ... در تعقیب مذاکراتی که در تهران با نمایندگان آذربایجان به عمل آمده بود رئیس دولت این جانب را به اتفاق کمیسیونی به آذربایجان اعزام داشت که در تحت تعلیمات عالی‌ایشان به مذاکرات با نمایندگان آذربایجان ادامه داده تا مسائل فیمابین به نفع آزادی و وحدت ملی ایران حل و فصل گردد ... حسن و تدبیر و اراده قوی رئیس دولت و همچنین حسن نیت و وطن پرستی نمایندگان آذربایجان مخصوصاً آقای پیشه‌وری سبب شد که با حل این مشکل به نفع آزادی و وحدت ملی ایران آخرین امید عناصر ارتجاعی که قصد داشتند به وسیله خلط مبحث، موضوع آذربایجان را پیراهن عثمان کرده و با دعوت به مداخلات بیگانه ضربت به استقلال ایران وارد سازند، مبدل به یأس شود. در این موقع این نکته را نباید از نظر دور داشت کسانی که خواهان برادر کشی بوده و تا دیروز حل مسئله آذربایجان را با تبلیغات ارتجاعی به وسیلهٔ استعمال زور را منحصر به فرد می‌نمودند امروز در پیشگاه افکار عمومی و ملت ایران رسوا شده و ثابت و مسلم گردید که حسن نیت و اتخاذ تدابیر حسنه بهترین وسیله حل معضلات و مشکلات به شمار می‌رود.

... در خاتمه برای عموم هموطنان اعلام می‌دارم که علی رغم تبلیغات مسموم عناصر بدخواه ثابت شد که آذربایجان جز لاینفک ایران بوده و

همیشه خواهد بود و احدی قادر نیست فرزندان غیور و وطن پرست آذربایجان را از مادر وطن جدا نماید.

زنده باد ایران، پاینده باد عموم آزادیخواهان»

به دنبال آن، پیشه‌وری طبق توافقنامه، از نخست‌وزیری استعفا کرد و تنها به ریاست فرقه دمکرات بسنده کرد. مجلس ملی از پیشه‌وری خواست تا تصویب کامل موافقتنامه سر کار بماند و وزرای دیگر نیز قرار شد تا تصویب کامل موافقتنامه همچنان به کار خودشان ادامه دهند. پیشه‌وری در نطقی که بعد از موافقتنامه در آخرین جلسه مجلس ملی ایراد کرد ضمن بیان خلاصه‌ای از تاریخچه نهضت آذربایجان، در آخر نطق به توضیح توافقنامه پرداخت:

... در اوّل شروع نهضت ما ، بعضی از روزنامه‌های تهران نوشتند که «اگر تهران به مشکلات آذربایجان خوب رسیدگی می‌کرد و مسؤولین عادل بدانجا گسیل می‌داشت نهضت آذربایجان پیش نمی‌آمد» امّا این حقیقت مسئله نیست نهضت ما فقط از روی اراده و ایمان خلق بوجود آمده بود.

آذربایجانی‌ها برای خود، دارای زبان، آداب و رسوم و تاریخ و ملیت و خصوصیت منحصر بفردی هستند ... آذربایجانی در طول قرون زیستنِ توام با آزادی را طلب می‌کرد. خلق آذربایجان می‌خواست که در سرنوشت خود دخالت داشته باشد. ایران تنها در تهران خلاصه نمی‌شود. در سیاست تهران، کل ایران باید موثر باشد آذربایجان هر شکلی که می‌خواهد باشد خصوصیات خود را حفظ خواهد کرد در دهان بچه شش ساله آذربایجانی به زور نمی‌توان زبان بیگانه را گذاشت. دعوا بر سر نان و یا حاکم خوب نبود بلکه نهضت ملی به دلایل ژرفی به میدان آمده بود ...

میدانید که در اثر جنگ جهانی، حکومت استبدادی سرنگون شد ... امّا پس از رضاخان، هیچ تغییری ایجاد نشد فقط شکل استبداد عوض شد. در واقع بجای رضاخان افراد پست‌تر و حریص‌تری چون سهیلی‌ها، تدین‌ها، حکیمی‌ها، ساعدها، و صدرالاشراف‌ها نشانده شدند. بدین

ترتیب در ایران برای آزادی خلق، خطرات بزرگی حس می‌شد و ترس روز به روز افزایش می‌یافت. برای این‌که بعد از پایان جنگ، متفقین از ایران خارج می‌شد و تا زمانیکه آنها در ایران بودند مرتجعین، مجبور به حفظ ظاهر بودند نیروهای ارتجاعی که حکومت، پول و سلاح را در دست داشتند روزبه روز تقویت می‌شدند آنها در روستاها، روستائیان را اذیت می‌کردند روزنامه‌های آزادیخواه را توقیف و اتحادیه‌ها و تشکل‌های آزادیخواه را می‌بستند ... در نهایت ما دیدیم که با صحبت کردن نمی توان به نتیجه رسید باید در مقابل زور، با زور ایستاد به خاطر همین در ۱۲ شهریور با عدهٔ کمی، جسورانه گام به پیش نهادیم و به میدان آمدیم ... اگر بعد از این مرتجعین نیرو پیدا کنند و بخواهند یک ماده از توافقنامه امضاء شده را تغییر دهند باز هم برای مدافعه آن بپا خواهیم خواست. ما یکبار دیگر به زیر یوغ ارتجاع نخواهیم رفت ... اکنون ما نه تنها در مقطع ابتدایی بلکه در مقطع متوسطه و عالی نیز، حق تحصیل به زبان مادری را کسب کرده‌ایم ... .

موافقتنامه‌ای که تقدیم شما کردیم به این آسانی به دست نیامده بلکه هر مادهٔ آن، مکرر تجزیه و تحلیل شده است حکومت ملی آذربایجان خود را در مقابل خلق مسؤول دانسته و کار را سهل نگرفته و در حد توان خود، از حقوق خلق مدافعه کرده ... در مورد ضمانت اجرائی لازم هست گفته شود که اولاً این را بدانید که ما در شروع این کار، هیچ ضمانت اجرایی نداشتیم در آن زمان، ما هیچ ترسی به دل راه نداده و موفق به گرفتن آن شدیم اکنون هم برای نگهداری آن ایمان داریم همچنین اولین ضامن اجرای موافقتنامه، خلق ما و مجلس ماست ... و ضامن اجرای خلق ما و مجلس ما، فرقه ماست فرقه ما هیچ وقت اجازه نخواهد داد که آنچه تحصیل کرده‌ایم از دستمان بگیرند ... ضامن اجرای دیگر آزادی آذربایجان، مجلس شورای ملی آتی است به خاطر همین، ما باید نماینده‌هایی را انتخاب کنیم که طرفدار خلق باشند بدون شک به آن نیز نائل خواهیم شد ...

اکنون در برابر ما دو راه وجود دارد یا در مجلس، اکثریت را بدست آوریم و یا به نیروی خود، آنچه را که تحصیل کرده‌ایم حفظ کنیم ... این موافقتنامه در سایه مبارزه ما بدست آمده در این خصوص، در مبارزه تاریخی ما، صفحه جدیدی گشوده می‌شود. نهضت ما، آنچه را که بدست آورده در اینجا ثبت می‌کند و به دومین دوره مبارزه ما قدم می‌گذارد ... .

این توافقنامه، رضایت خاطر دمکراتها را فراهم کرد و پیشه‌وری توافق حاصله با تهران را «سرآغاز یک انقلاب تاریخی و جریان دگرگونیِ آذربایجان و کل ایران»[۳۰۳] دانست.

در تهران نیز توافقنامه با استقبال مواجه شد از نظر سندی، دموکراتها دستاورد قابل توجهی کسب کردند اگر چه مطابق این توافقنامه، مجلس محلی آذربایجان منحل می‌شد و پیشه‌وری می‌بایست عنوان نخست‌وزیری را ترک کند، امّا «انجمن ایالتی» جدید آذربایجان از اختیارات خودمختارانه گسترده‌ای بر خوردار می‌شد علاوه بر این، با اختصاص ۷۵ درصد از عواید آذربایجان به خود استان که تحت نظارت انجمن قرار می‌گرفت، عملاً استقلال اقتصادی نیز تأمین به نظر می‌آمد. در مورد کاربرد زبان آذربایجانی نیز قرار می‌شد که به هر دو زبان فارسی و ترکی در مدارس متوسطه و عالیه انجام شود.[۳۰۴]

امّا نگاهی گذرا به مفاد موافقتنامه، نشانگر این امر است که بعضی از بندهای آن (چه بسا مهمترین بندهای آن)، ابهام داشت و در واقع فاقد ضمانت اجرایی بودند و اجرای آنها را منوط و مشروط به تصویب دوره پانزدهم مجلس شورای ملی کرده بود. به عنوان مثال در ماده ۸ دولت مرکزی نسبت به اراضی که در نتیجه نهضت دموکراتیک آذربایجان، میان دهقانان تقسیم شده بود موافقت کرد و اجرای آن را بلامانع می‌دانست ولایحه مربوط به آن را در اولین فرصت برای تصویب مجلس شورای ملی پیشنهاد کرد ولی در مورد زمین‌های مالکانی که از طرف فرقه، در بین رعایا، تقسیم شده بود توافق شد خسارات حاصله از آن به مالکان پرداخت شود. همچنین از موارد بسیار مهم توافقنامه، که حیات و بقاء فرقه به آن بستگی داشت

مسئله نظامیان و فداییان فرقه دموکرات بود. براساس توافقنامه جدید، فداییان فرقه به ژاندارمری تبدیل می‌گشت و تعیین تکلیف قوای انتظامی نیز به کمیسیونی مرکب از نمایندگان دولت مرکزی و انجمن ایالتی آذربایجان محول می‌گشت. پیشه‌وری تنها به رهبری فرقه قناعت می‌کرد و وزارتخانه‌های آذربایجان با همان دستگاه و سازمان و کارکنان مانند پیش از ۲۱ آذر ماه ۱۳۲۴ به عنوان ادارات کل به کار می‌پرداختند.

بر اساس مذاکرات قرار شد وزارت کشور، استاندار را از میان چند نفری که انجمن ایالتی آذربایجان معرفی و پیشنهاد کند انتخاب کند از اینرو انجمن ایالتی، دکتر سلام‌الله جاوید، صادق پادگان و میررحیم ولائی را پیشنهاد کرد.[۳۰۵] نصرت‌الله جهانشاهلو در خاطرات‌اش می‌نویسد دست نشاندگان روس به دستور سرهنگ قلی‌اف می‌خواستند دکتر جاوید را به عنوان استاندار به قوام‌السلطنه پیشنهاد کنند امّا کمیته مرکزی فرقه می‌خواست دکتر جهانشاهلو را معرفی کند .[۳۰۶]که به نظر می‌رسد ادعای جهانشاهلو صحیح نباشد چون باقروف مخالف دکتر جاوید بود باقروف در نامه‌اش به استالین نسبت به ثبات شخصیت او در مقابل سرویس جاسوسی انگلستان شک کرده و صادق پادگان را ترجیح می‌داد نامه باقروف مربوطه به ۱۵اگوست۲۴/۱۹۴۶تیر۱۳۲۵است در این نامه باقروف خبر می‌دهد که «...بین رهبری فرقه پیشه‌وری و جاوید اختلاف افتاده و البته پیشه‌وری می‌خواهد از دست او راحت شود و او به تهران رود اما ما صادق پادگان را ترجیح می‌دهیم»[۳۰۷]

دولت قوام‌السلطنه و شاه، دکتر جاوید را به سمت استاندار آذربایجان پذیرفتند و ابلاغ و فرمان آن از طرف وزارت کشور صادر و به امضای شاه رسید. همچنین، طبق تصویب نامه هئیت وزیران، استانهای آذربایجان شرقی و غربی در هم ادغام شده یک استان به نام آذربایجان تأسیس گردید. همان روز مظفر فیروز، دکتر جاوید را به شاه معرفی کرد و شاه نیز یک میلیون ریال برای آب تبریز به جاوید داد. دولت مرکزی برای عمران و آبادی و اصلاحات شهرستانهای استان آذربایجان با تقاضای انجمن ایالتی موافقت کرد و مبلغ هشت میلیون ریال از طریق بانک ملی در اختیار انجمن قرار

داد. انجمن ولایتی زنجان نیز حمدالله ذکائی را برای فرمانداری زنجان معرفی نمود که حکم لازم صادر و ابلاغ گردید.[۳۰۸]

هیئت اعزامی دولت مرکزی به تهران بازگشت امّا در این بین، حل فصل مسائل نظامی همچنان باقی مانده و در تبریز به نتیجه ای نرسیده بود. تقاضای فرقه دمکرات مربوط به امور نظامی شامل موارد زیر بود:

۱) ـ به رسمیت شناختن افسران ارتش آذربایجان بشرح زیر:

۱۶۰ تن از افسران فراری ارتش مرکزی هر یک با دو درجه بالاتر از درجه‌ای که در ارتش شاهنشاهی داشتند.

۳۵۰ تن از مهاجرین که هر یک درجاتی زده بودند و ۴ نفر از آنان دارای رتبه سرتیپی بودند از جمله غلام‌یحیی، کبیری ، سیف قاضی و کاویان.

۳۰۰ تن از گروهبانان که آموزشگاه یا دانشکده تبریز را در مدت چند ماه طی کرده و ستوان ۲ شناخته شده بودند و من حیث المجموع ۸۱۰ تن افسر فرقه از طرف ارتش برسمیت شناخته شوند.

۲)ـ حکومت تهران بودجه کامل لشگر آذربایجان را طبق نظر حکومت آذربایجان بپذیرد و در سال، یکصد و پنجاه میلیون ریال اعتبار کامل آن قوا را بپردازد.

۳)ـ فرمانده لشگر و تیپ ها باید با نظر انجمن ایالتی آذربایجان بخدمت گمارده شوند و بجای دیگر اعزام نگردند.

۴)ـ در صورتیکه عملیاتی در ایران روی دهد، در صورت تصویب انجمن ایالتی ممکن است قوای آذربایجان در آن شرکت نماید.

۵)ـ افسران آذربایجان بهیچ جا منتقل نشوند و احدی از افسران ارتش هم بدون نظر انجمن ایالتی به آذربایجان منتقل نگردند.

برای حل مسائل یاد شده، هیئتی از تبریز به ریاست میرزا علی شبستری، رئیس انجمن ایالتی، دکتر سلام‌الله جاوید، استاندار آذربایجان، صادق پادگان، ژنرال پناهیان، رئیس ستاد قوای آذربایجان و سرهنگ مرتضوی در تاریخ ۳۰ مرداد ماه ۱۳۲۵ به تهران حرکت نمودند. اولین جلسه مذاکره، با حضور نخست‌وزیر و عضویت وزیر

جنگ، سپهبد امیر احمدی؛ رئیس ستاد ارتش، سرلشکر رزم آرا و معاون وزارت جنگ، سرلشکر عبدالله هدایت در منزل نخست‌وزیر تشکیل و پس از قرائت کلیه پیشنهادات، رئیس ستاد ارتش، سرلشکر رزم آرا اظهار داشت:

این پیشنهادها بنابر آنچه توجه و ملاحظه می‌شود، متضمن حکم قطعی انحلال ارتش ایران است. زیرا افسرانی که اسم برده شد، جز پناهیان که حاضر می‌باشد، عموماً افسرانی هستند که از ارتش ایران فرار و بر ضد حکومت مرکزی قیام کرده‌اند و تمام افسران از سوء اعمال و رفتار آنها با خبر می‌باشند. پذیرفتن چنین عناصری باسم افسر، بزرگترین لطمه را بارتش وارد خواهد ساخت.

از طرف دیگر، درجه دادن به بعضی اشخاص از لحاظ احتیاج و فنی بودن، بر خلاف مقررات ارتش است و به هیچوجه نمی‌توان آنها را با این درجات پذیرفت.

راجع به گروهبانانی که افسر شده و یا دانشکده افسری را دیده‌اند. بایستی دید اولاً حائز شرایط هستند یا خیر، بعداً هم باید امتحانات لازمه از آنها بشود و در غیر اینصورت به هیچوجه پذیرفتن این پیشنهادها برای ارتش ایران مقدور نیست و قبول چنین پیشنهادهایی بمنزله خیانت رسمی به کشور وتاریخ ایران خواهد بود.[***]

در مقابل، نمایندگان آذربایجان گفتند که نخست‌وزیر، نهضت آذربایجان را طبق بیانیه رسمی خود، نهضت دمکراتیک شناخته و این نهضت بدست افسران مورد بحث عملی شده است پس عمل آنها نیز مورد تأیید دولت می‌باشد و عنوان کردن این مطالب، دیگر موضوعیت ندارد. مظفر فیروز که نسبت به تقاضاهای نمایندگان آذربایجان پافشاری می‌کرد پیشنهاد نمود که اگر مقامات نظامی کشور تقاضاهای هیئت نمایندگی آذربایجان را قبول نمی‌کنند دولت با صدور تصویبنامه‌ای، درجه افسران را رسمیت دهد. قوام‌السلطنه از این پیشنهاد، هر چند ناراضی نبود ولی نمایندگان دموکراتها، خصوصاً ژنرال پناهیان که در تمام جلسات مذاکره حضور داشت این پیشنهاد را نپذیرفت زیرا می‌دانست که طبق اصول اساسی، اعطای درجات نظامی با صدور فرمان محمدرضاشاه امکانپذیر است و تصویبنامه دولت در این مورد ارزشی

ندارد. لذا متجاوز از ده جلسه در نخست‌وزیری و وزارت کار با حضور نمایندگان آذربایجان تشکیل گردید ولی موافقتی حاصل نشد.***

محمدرضا پهلوی در این مورد می‌نویسد: «او [قوام‌السلطنه] از من تقاضا داشت که با ارتقاء درجه افسران شورشی موافقت کنم و به هر یک از آنان دو درجه بدهم ... ولی من در جواب گفتم که: ترجیح می‌دهم دستم قطع شود و چنین فرمانی را امضاء نکنم».***

از مسائل دیگر در این برهه، می‌توان به اختلاف نگرش سران شوروی نسبت به شخصیت پیشه‌وری اشاره کرد که در اواخر عمر فرقه بیشتر شد که به نظر نویسنده این اختلاف در واقع بازتابی از اختلاف باقروف و اقمارش با سران مسکو و وزارت امور خارج مانند مولوتف و سادچیکف در مورد مسئله آذربایجان و نفت بوده است اما عوامل دیگری نیز مانند اردشیر آوانسیان و آن بخش از افراد حزب توده که از اول مخالف فرقه بودند در این امر دخالت داشتند آنان در تهران به تخریب شخصیت پیشه‌وری پرداخته و ذهنیات افراد سفارت شوروی و شخص سفیر را نسبت به او بدبین می‌کردند البته باقروف این امر را اتفاقی نمی‌دید او معتقد بود که برخی از افراد و کارکنان سفارت توسط دولتهای انگلیس و آمریکا خریداری شده‌اند باقروف و پیشه‌وری به همدیکر خیلی صمیمی و نزدیک بودند باقروف می‌گفت«...سفارت شوروی درباره او(پیشه‌وری)باید تغییر رویه دهد بنابراین او از قلی‌یف،آتاکیشی‌یف و ابراهیم‌اف خواست اسناد لازم را آماده نمایند تا هرچه زودتر به اطلاع مسکو برسد. اما باقروف به اشتباه فکر می‌کرد نظر منفی در باره پیشه‌وری از مسکو سرچشمه نگرفته و حاصل عملکرد خودسرانه در تهران است. روی این اصل او از افراد خود خواست تا واقعیت‌هایی علیه سادچیکف و کراسنیخ کنسول شوروی در تهران گردآوری نمایند او به هیچوجه حدس نمی‌زد که نظر منفی در مورد پیشه‌وری از رهبری مسکو و وزارت خارجه شوروی سرچشمه گرفته است. بنا به نوشته «مارک همیلتن لایتل» مسکو پیشه‌وری را باری اضافی می‌دانست و کار با او را فاقد ارزش.[٣١٢]

اما در این میان شخصیت خود پیشه‌وری نیز دخیل بود او در تمام عمر خود در عین حال که در جدال با حکومت مرکزی ایران به همراه بریتانیا و آمریکا به معاضدت و کمک رفقای روسی خود دلبسته بود اما آنی از انتقاد و چون و چرا باز نمی‌ایستاد و هرگز به مهره‌ای سرسپرده که آنان همیشه انتظار داشتند بدل نشد سران کرملین پس از توافق با دولت ایران بر سر نفت به کرات به پیشه‌وری دستور می‌دادند که دیگر در مقابل تهران کوتاه آمده و هیچگونه مقاومتی نکند اما پیشه‌وری به فرموده عمل نکرده همچنان مقاومت می‌کرد او در این زمان کوچکترین اعتمادی به حکومت مرکزی ایران نداشت و ماموران سری شوروی اطلاعاتی بدست آورده بودند که بر اساس آن، پیشه-وری خودمختاری در چارچوب ایران را بی فایده می‌دانست و خواهان ایجاد دولت ملی آذربایجان تحت نظر شوروی بود که البته بعدها با آذربایجان شوروی یکی می‌شد مسکو براینکه او را در کنترل خود نگهدارد پسرش داریوش را برای تحصیل به باکو فرستاد و نگهداری از او را به عمویش«میرخلیل جوادزاده» سپرد به عموی داریوش یک آپارتمانی ۳ اتاقه در باکو داده شد که یکی از اتاقها به داریوش اختصاص داشت[۳۱۳] اما اقداماتی مانند این تاثیری در رفتار پیشه‌وری ایجاد نکرد همچنان که اسناد نشان می‌دهد گروههای دیپلماسی شوروی سرپیچی‌های پیشه‌وری را به مقامات کرملین گزارش می‌دادند میرجعفر باقروف به دفاع و تبرئه پیشه‌وری پرداخته در نامه‌ای که در تاریخ جولای ۱۹۴۶/تیرماه ۱۳۲۵خطاب به استالین نوشته چنین گزارش می‌دهد:

> طبق دستور شما ما به گفتگوهای خود با فرقه دمکرات ادامه می‌دهیم رهبر فرقه دمکرات در مسائل مهم با ما مشورت کرده و ما تمام نوشته‌ها و صحبت‌های او را در ارتباط با تهران زیر نظر داریم پس از امضای توافق با تهران ما در بیانات او سخنی که حاکی از حمله به تهران یا ایهام داشته باشد نمی‌بینیم.
>
> علاوه بر این زیاد دیده شده که کارکنان کنسولگری چون زبانهای آذربایجانی و فارسی را خوب نمی‌دانند به کرات بر نوشته‌ها و سخنان پیشه‌وری ایراد گرفته اطلاعات غلط به وزارت امور خارجه ما می‌دهند در نتیجه این باعث می‌شود از او در مورد بیاناتش توضیح بخواهند همین مسئله باعث می‌شود تاثیر منفی بر روحیه پیشه‌وری و دوستانش بگذارد.

در همان زمان انگلیسی‌ها و دوستانشان، در آذربایجان فعالیت‌هایشان را بر علیه ما افزایش داده و با تمام قوا به صورت آشکار از عوامل خود که کاندیدای مجلس (پانزدهم)شده‌اند حمایت می‌کنند.

رفتار قوام نسبت به آذربایجان هم سرشار از تردید و بدگمانی است سفیر ما در تهران تلاش کرده بود قوام را برای دیدار با قاضی محمد رهبر کردها راضی کند اما قوام در تهران تلاش می‌کرده کردها را بر علیه آذربایجان تحریک کند او به قاضی محمد انواع و اقسام وعده می‌داده تا از آذربایجان متابعت نکند در چنین شرایطی لازم نیست پیشه‌وری رهبر دمکرات آذربایجان را که به نقد چشم‌انداز دمکراسی و اوضاع سخت آن می‌پردازد ممنوع کنیم[۳۱۴]».

در اواخر دسامبر/اوایل دی وقتی آرداشس آوانسیان از رهبران حزب توده که اینک از سوی سفارت شوروی در تهران به کار گرفته شده بود و لحظه‌ای را در ضدیت و دشمنی با پیشه‌وری از دست نمی‌داد در خلال دیداری از تبریز پیشه‌وری را به خاطر استفاده از زور جهت اخذ پول از تجار مورد شماتت قرار داد.هنگامی که کراسنیخ کنسول شوروی در تبریز از آونسیان حمایت کرد باقروف طی ارسال یادداشت خشم‌آلودی از مسکو تقاضا کرد که به مقامات دیپلمات دستور اکید شود که از دخالت در امور مالی و اقتصادی حکومت فرقه خودداری کنند[۳۱۵].

البته دفاع باقروف از پیشه‌وری در تمام دوران فرقه دمکرات حتی بعد از مرگ پیشه‌وری نیز ادامه داشت به عنوان مثال در ۱۹۵۰ در زمان خود استالین وقتی ایوانف در دفاع از پایان‌نامه خود به پیشه‌وری تاخت باقروف به شدت به آن اعتراض کرد این پایان‌نامه که تحت عنوان «حزب کمونیست ایران» در آکادمی علوم اجتماعی وابسته به کمیته مرکزی حزب کمومیست دفاع می‌شد ایوانف پیشه‌وری را دشمن خلق آذربایجان نامیده بود باقروف در نامه‌ای به مالنکف اعلام کرد که «دشمن نامیدن پیشه-وری خدمت بزرگی به ارتجاع است و حمله و تخطئه کردن شخصیت او از سوی افراد حزب توده صورت می‌گیرد...»[۳۱۶]

۲۶ ـ چرخش سیاسی قوام‌السلطنه

قوام‌السلطنه در اول، مخالف هرگونه تندروی و خشونت در قبال دمکرات بود و در واقع، کشتار و خشونتی که از سوی ارتش مرکزی در جریان سقوط فرقه دمکرات در آذربایجان صورت گرفت محصول سلسله اتفاقاتی چون حوادث ساختگی و تصنعی جنوب بود که او را به تغییر رویه وادار کرد.[۳۱۷]

در اوایل کار، حتی ائتلاف حزب ایران با حزب توده، با تشویق قوام صورت گرفته بود این ائتلاف، وقتی صورت گرفت که کوششهایی از طرف دولت، برای راندن قوای روسی از ایران و حل بحران آذربایجان، شروع شده بود. قوام‌السلطنه در مقام تدبیرهایی بود که با استمالت از توده‌ای‌ها، وارد کردن آنها به کابینه، مذاکره با پیشه‌وری و نمایندگان کردستان و بعد با خود دولت شوروی و جلب پشتیبانی مقامات بین‌المللی نسبت به ایران، وسیله خروج قوای شوروی را از ایران، فراهم کند و حادثه آذربایجان را فرو بنشاند، به همین خاطر، قوام برای ترضیه خاطر شوروی، حتی به اعضای برجسته حزب ایران سفارش می‌کرد به حزب توده و پیشه‌وری نزدیک شوند.[۳۱۸]

قوام در مرداد ۱۳۲۵ سه نفر از رهبران حزب توده را با سمت وزیر، وارد کابینه‌اش کرد؛ امری که تعجب بسیاری را برانگیخت امّا به احتمال قوی در انتخاب این سه نفر به پست وزارت؛ قوام با شاه هماهنگ بود بخصوص اگر در نظر بگیریم که همان کسانی از حزب توده به وزارت رسیدند که حسین فردوست، بصورت پنهانی، آنها[۳۱۹] را چندین بار در شب، بحضور محمدرضاشاه برده بود.[۳۲۰] در حزب توده، غیر از تعدادی جوانان دو آتشه و افراد معدودی چون آوانسیان، بیشتر افراد آن، به قوام نزدیک شده بودند و این نزدیکی، پس از درگذشت سلیمان میرزا نزدیکتر هم شده بود. اما در این زمان، رشته حوادثی به وقوع پیوست که باعث چرخش سیاسی قوام گشت و او بزودی کابینه خود را تغییر داد و هم الهیار صالح (از حزب ایران) و هم سه

نفر از وزیران توده‌ای را از کابینه‌اش کنار گذاشت و به دنبال آن، ائتلاف دو حزب مزبور نیز به هم خورد، اندکی بعد، مظفر فیروز نیز برکنار گردید و به عنوان سفیر کبیر ایران در مسکو منصوب شد. فیروز در خاطراتش می‌نویسد:

قوام‌السلطنه در دفتر نخست‌وزیری خواست که من چند دقیقه آنجا بروم و با من کار دارد وقتی وارد دفتر شدم و باهم نشستیم قوام‌السلطنه گفت: «من امروز صبح به دربار رفته بودم و راستش را بخواهید برای استعفاء، استعفانامه را که حاضر کرده بودم به شاه دادم و ایشان نپذیرفتند. و فرمودند: «... از شما می‌خواهم هر چه زودتر کابینه خود را تشکیل دهید و وزرای تازه را معرفی نمایید امروز روز برکناری نیست و بلافاصله هم حکمی برای نخست‌وزیری دوبارهٔ من تنظیم و شاه آن را توشیح کرد و من هم با اصراری که شاه در این مسئله به خرج داد حکم را گرفتم و باید به سرعت کابینه را تشکیل دهم و از شما هم تقاضایی دارم و آن این‌که هر چه زودتر به سمت سفیر کبیر ما به طرف مسکو حرکت نمایید. من جواب دادم که ترجیح می‌دهم در تهران بمانم فقط به حزب دموکرات ایران رسیدگی نمایم که از هم نپاشد و در قوت خود برای دوران انتخابات بر سر پا باشد و ناظر امور. قوام گفت: این مأموریت استدعای من از شماست و با قبول آن محبتی است که در حق من می‌نمایید زیرا با جریانات پریشان بعد از جنگ برقراری رابطهٔ سالم با همسایه فاتح بیش از هر وقت ضرورت دارد ... .[...]

چند ماه بعد، مظفر فیروز در مسکو وقتی از طریق رادیو، حمله قوای دولتی به آذربایجان را شنید تعجب کرد: «بی‌نهایت از یک جنگ داخلی وحشت دارم و دائم از خود می‌پرسم که چه عاملی قوام‌السلطنه را ۱۸۰ درجه در سیاست کشور و سعی در برقراری رابطه حسنه و دولتی با شوروی تغییر داده است و من تمام این مسائل را انتریک دولت انگلیس و اطاعت شاه از آنها می‌دانم ... ».[۳۲۲]

در اواسط شهریور ۱۳۲۵دولت مرکزی شروع به یک رشته عملیاتی بر علیه مواضع فرقه دمکرات کرد جاوید که اینک استاندار آذربایجان بود و در تهران بسر می‌برد به

پیشنهاد سادچیکف سفیر شوروی، در۳۱ شهریور با قوام دیدار کرد قوام با او بسردی برخورد کرد در همین روز گروههای مسلح در ده «کمرلی» بر مواضع افراد فرقه حمله کردند اگرچه با دادن ۴۰کشته مجبور به عقب‌نشینی شدند اما در جیب برخی از کشته شدگان کارت عضویت وابسته به حزب دمکرات قوام پیدا شد حالا دیگر مشخص می‌شد که اقدامات اخلالگرانه انگیسی‌ها در جنوب ایران نیز بدون شرکت قوام صورت نمی‌گیرد و این اقدامات به منظور به تعویق انداختن انتخابات مجلس پانزدهم صورت می‌گرفت که مسکو برای تصویب قرارداد نفت چشم به آن دوخته بود وقتی مسکو از طریق سادچیکف از قوام خواست تاریخ دقیق برگذاری انتخابات مجلس را اعلام نماید در جواب گفت که بدون فیصله یافتن قضیه آذربایجان، برگزاری انتخابات مجلس امکان‌پذیر نیست حالا دیگر قوام در مقابل فرقه دمکرات از مشت آهنین صحبت می‌کرد[۳۲۳] قوام تحت فشار شاه در ۲۷ مهر ۱۳۲۵دولت جدیدی تشکیل داد و وزرای توده‌ای را کنار گذاشت هیئت آذربایجانی پس دو ماه اتلاف وقت بدون نتیجه به تبریز بازگشتند.

پیشه‌وری در ۲۸مهر/۲۰اکتبر پس از بازگشت بی‌نتیجه هیئت آذربایجانی از تهران، به اتفاق این هیئت و غلام‌یحیی در نخجوان با باقروف دیدار کرده و در این دیدار در مورد وضعیت کلی آذربایجان گفتگو نمودند آنان بر تحکیم استحکامات نظامی و دفاعی تاکید نموده و خواستار سلاحهای سنگین شدند باقروف در نامه‌ای به استالین در همین زمینه می‌نویسد:

«من در ۲۰اکتبر در نخجوان با پیشه‌وری، معاون او صادق پادگان و فرمانده فدایی‌ها غلام‌یحیی دانشیان دیدار کردم.

آنان گزارشی از وضعیت ایران ارائه دادند آنان گفتند که از حکومت تهران که بازیچه انگلستان است انتظار هرگونه هجوم بر مواضع فرقه دمکرات را دارند در نتیجه انتظار کمک دارند.

از گفته‌های آنها چنین برمی‌آید که روحیه مردم در آذربایجان خوب است و نفوذ حکومت فرقه در بین مردم قوی است از اینکه زمین‌ها در بین رعایا تقسیم شده و ادامه دارد مردم بسیار امیدوار هستند قوای نظامی و پارتیزانها نیز کارهایشان

رو به پیشرفت است در ارتباط با کردها، آنها تاکنون کمکهای زیادی کرده‌اند اما اخیرا تهران علاوه بر اینکه هیچگونه کمک مادی به آذربایجان نکرده بلکه ۲۰میلیون تومان هم که قرار بوده به آنها بازگرداند برنگردانده است اما در چنین شرایطی آذربایجانی‌ها می‌توانند امورات خود را بگذرانند اما دیگر به کردها مخصوصا به کردهای عراق که زیاد محتاجند نمی‌توانند کمکی بکنند.

در چنین وضعیتی ارتش حکومت مرکزی در مرزهای آذربایجان در حال تمرکز و جمع شدن است گروههای دزد و تبهکار زیادی در تحت رهبری افسران و جاسوسان انگلیسی بر علیه فرقه بوجود آورده‌اند»

باقروف در پایان همین نامه که مهمترین قسمت آن هست از استالین برای فرقه سلاح درخواست می‌کند:

«اگر تهران بخواهد حمله نظامی بکند اهالی آذربایجان بدون چون و چرا به مقاومت خواهند پرداخت اما در چنین شرایطی باید به آنان پول، اسلحه و اتومبیل داده شود»[۳۲۴]

در ۳۰ مهر نیز پیشه‌وری فهرست مفصلی از ملزومات ارتش فرقه تهیه کرده به باکو فرستاد او در این گزارش پیش‌بینی کرده که حکومت تهران بوسیله ۴۰هزار نفر که مجهز به سلاح‌های سنگین و ۵۰ فروند هواپیما هستند در تدارک حمه هستند و در مورد قوای نظامی فرقه اشاره کرده که هنگ‌های فرقه ۱۵۲۰نفر، گروههای فدایی ۷۷۶۳ نفر هستند که امید می‌رود ۵۰۰۰نفر کرد به کمکشان بیاید پیشه‌وری در آخر به نیازهای تجهیزاتی ارتش فرقه اشاره کرده می‌نویسد۴۰۰۰تفنگ خودکار،۳۰۰مسلسل سبک،۳۰۸ مسلسل سنگین،۶۵خمپاره انداز، ۱۱۲عراده توپ،۵۰۰توپ ضد تانک ۴۰۰۰کامیون، ۶۸ضدهوایی و...نیاز دارد و البته ۲۰میلیون تومن پول نیز در کنار این کمکهای نظامی جهت مایحتاج ارگانهای دولتی فرقه درخواست کرده بود تا حملات تهران را بتواند دفع کند.[۳۲۵]

باقروف در۳ آبان طی نامه‌ای نیازهای مالی درخواستی پیشه‌وری را به استالین فرستاد اما در۲۳ آبان ۱۳۲۵مبلغ ۳۹۶۷۷۰۶روبل برای کارهای ایدئولوژیکی، فرهنگی و

تبلیغاتی اختصاص داه شده بدون اینکه کوچکترین هزینه‌ای برای کمکهای تسلیحاتی و هزینه نظامی به فرقه در نظر گرفته شود[٣٢٦]

در همان موقع که هیئت نمایندگی آذربایجان در تهران، مشغول اتلاف وقت بودند، خبرهای تلخی از جنوب به گوش می‌رسید: جنبشی علیه دولت مرکزی صورت گرفته خواستار همان امتیازاتی هستند که به آذربایجان داده شده است!. در حالی که این تنها واکنشی بر علیه فرقه دموکرات آذربایجان بود که از ناحیه مقامات خارجی و یا داخلی مملکت و شاید غیر مستقیم، خود قوام‌السلطنه درآن دست داشت، و «یا احتمالاً بوسیله عوامل ارتشی با موافقت شاه، اشاراتی به عشایر جنوب قشقایی‌ها، بویر احمدی‌ها و غیره شد که آنها هم تظاهراتی راه بیندازند و جمعیتی تشکیل بدهند و تقاضاهایی بکنند که یک نوع تهدیدی علیه فرقه دموکرات آذربایجان باشد».[٣٢٧] در حوادث تلخ جنوب، وزرات امور خارجه انگلیس از نزدیک دخالت داشت؛ نزدیکتر شدن قوام به حزب توده و اتحاد شوروی، خشم و ترس مقامات انگلیسی را از مدتها پیش برانگیخته بود به همین خاطر در فروردین ماه، آنها دست اندرکار تهیه طرحهایی بودند که اگر قوام، سیاست نزدیکی به حزب توده و دولت شوروی را ادامه می‌داد به اجرا گذاشته می‌شد. این طرحها عبارت بودند از: اعمال فشار به واسطه شرکت نفت، حمایت از نهضتهای ساختگی جنوب و اشغال نظامی خوزستان. انگلیسی‌ها، در تیر ماه، پایگاه خود را در بصره تقویت کردند، دو کشتی جنگی به آبادان فرستاده و مقدمات اعزام نیرو به خورستان را فراهم ساختند. در مهرماه ١٣٢٥ قوام در وضیعتی دشوار وخطرناک گرفتار آمده بود، و دو راه بیشتر نداشت یا می‌توانست به جناح چپ نزدیکتر شود، اتحادیه‌های کارگری را مسلح سازد و از روسها، کمک نظامی درخواست کند، امّا این اقدامات، موجب جنگ داخلی می‌شد و یا راه حل دوم او این بود که به جناح راست نزدیک شود، با قبایل و افسران ارتش سازش نماید و از حزب توده، دوری گزینند، قوام سرانجام راه دوم را برگزید.[٣٢٨]

قوام بزودی طرحهای بلند پروازانه و اصلاحاتی که حزب دموکرات، وعده می‌داد کنار گذاشت، وزرای توده‌ای را از کابینه‌اش اخراج کرد، مخالفین دست راستی چون

سیدضیاء، ارفع، طاهری و کاشانی را که به خاطر جلب نظر روسها زندانی کرده بود آزاد ساخت و چپ گرایان را از سمتهای دولتی و شورای عالی نظارت که قرار بود بر انتخابات پانزدهم نظارت کند، برکنار کرد و افراد ضد کمونیست تندرو را به استانداری‌های اصفهان، خوزستان، گیلان و مازندران منصوب کرد. این استانداران با کاربرد حکومت نظامی، دوازده روزنامه چپی را توقیف، دفتر مرکزی حزب توده را اشغال و بیش از ۳۴۰ میلیشیای حزبی را دستگیر کردند.[۳۲۹]

احمد مصدق، فرزند دکتر مصدق یکی از برجسته‌ترین رؤسای مؤسسات دولتی بود که از کار برکنار شد او به عنوان هوادار کارگران، رئیس بنگاه راه آهن دولتی بود که با سی و پنج هزار کارگر، پس از «شرکت نفت ایران و انگلیس» بزرگترین کارفرمای ایران بشمار می‌رفت پس از برکناری او، خسرو هدایت، که به اشرف پهلوی نزدیک بود بجای وی گماشته شد، در اثر اقدامات دیکتاتور منشانه هدایت، از سوی شورای متحده مرکزی اعلام شد که در ۲۱ آبان ماه در تهران، اعتصاب عمومی برپا خواهد شد شهربانی و فرمانداری نظامی تهران با توسل به شیوه‌های سرکوب، اعتصاب را شکستند و صد و سی تن از کارگران را دستگیر کردند.[۳۳۰]

در کنار توقیف نشریات چپ‌گرا و اشغال دفتر مرکزی حزب توده و سرکوب اتحادیه‌های کارگری، مقدمات حمله به زنجان و آذربایجان نیز فراهم می‌گشت و این در حالی بود که رهبران فرقه هنوز سرمست از توافقنامه، در این توهم شیرین بسر می‌بردند که در مجلس پانزدهم، اکثریت کرسی‌های نمایندگی را اشغال خواهند کرد و هئیت نمایندگی آن، سلام‌الله جاوید و علی شبستری در تهران به قرآن سوگند می‌خوردند که آذربایجان را از ایران جدا نکنند![۳۳۱]

۲۷ ـ ارزیابی کلی اصلاحات یکساله فرقه دموکرات آذربایجان

داوری و قضاوت در مورد کارنامه یکساله فرقه دمکرات آذربایجان، کاری بس مشکل است زیرا داوری‌های آلوده به حب و بغض و مطلق‌نگری در مورد فرقه دمکرات به قدری زیاد است که ارزیابی جوانب مثبت و منفی آن را مشکل می‌سازد. مطبوعات و

منابع دست راستیِ وابسته به دربار و سیدضیاء، یکسال تسلط فرقه دمکرات را سرشار از قتل و غارت و تجاوز به حقوق مردم ذکر می‌کنند که دمار از روزگار مردم آذربایجان در آوردند! در مقابل منابع چپ‌گرا و وابسته به حزب توده، حکومت یکساله فرقه دموکرات را «منشاء خدمات مهمی به خلق آذربایجان» ذکر می‌کنند که در تاریخ آذربایجان بی‌سابقه بوده است![۳۳۲]

به نظر ما این نظر درست است که اصلاحات و پیشرفتهایی که فرقه دمکرات در عرض یک سال و آن هم در شرایط جنگی انجام داد در تاریخ آذربایجان تا آن زمان بی‌سابقه بود اما کمکهای همه جانبه روسیه تقریبا در تمامی زمینه‌ها اعم از حمایتهای مادی و معنوی انکارناپذیر است چنین کمکهای گسترده به کمک شور و شوق مردمی که به تازگی از سیاستهای مبتی بر تبعیض و تمرکزگرایی شدید سیستم رضاشاهی رهایی یافته بودند دست به دست هم داده توانست چهره آذربایجان را عوض کند و آن را با مواهب دنیای مدرن آشنا سازد و تقریبا اکثر طبقات اجتماعی از آن مواهب بهرمند گشتند حتی برای اولین با یتیمان شهر تبریز نیز صاحب پدر و مادر شدند خانه-های پرورشگاهی بوجود آورده بچه‌های یتیم را در آنجا جمع کرده دولت فرقه، رسیدگی به وضعیت آنها را خودش به عهده گرفت.

برخی منابع بی‌طرف خارجی ذکر می‌کنند که میزان پیشرفتها و اصلاحاتی که فرقه در عرض یکسال انجام داده در طول بیست سال حکومت رضاشاه انجام نگرفته بود[۳۳۳] در اینجا می‌کوشیم از روی بعضی از منابعی که تقریباً بی‌طرف و منصفانه به این عملکردها پرداخته‌اند نظری بیفکنیم:

از میان برنامه‌های داخلی دولت فرقه، بازسازی صنعت و ایجاد کار برای همه بود. ظرف یک ماه، کارخانه پشمینه، پس از آنکه دولت فرقه دمکرات یک میلیون ریال بابت سفارش پارچه به کارخانه پیش پرداخت داد، از نو آغاز به کار کرد. کارخانهٔ چرم سازی ایران را عملاً دولت اداره می‌کرد، در اردیبهشت ماه، قانونی به تصویب رسید که وارد کردن فرآورده‌های صنعتی را که مشابه آنها در آذربایجان تولید می‌شد به آذربایجان ممنوع کرد به استثنای آن دسته از واردات ضروری که وزارت بازرگانی و

اقتصادی آذربایجان فهرست آنها را تعیین کرده بود. تمام کارکنان دولت موظف بودند که لباس ساخت آذربایجان، بپوشند. قانون کار آذربایجان که ابتکار دیگر دموکراتها بود، در ۲۲ اردیبهشت ۱۳۲۵ به تصویب رسید این قانون مقرر می‌داشت که در تمام تعطیلات رسمی و روزهایی که به دستور کارخانه دار، کار متوقف می‌شود دستمزد کارگران پرداخت گردد و هر گاه کارخانه‌ای به سبب اوضاعی که از کنترل کارخانه دار بیرون است تعطیل شود، کارگران نصف دستمزد را دریافت خواهند کرد. مرخصی سالانه از پانزده روز تا یک ماه برحسب نوع کاری که انجام می‌شود مقرر گردید. اصل حداقل دستمزد به رسمیت شناخته شد، اگر چه مقدار آن را، در آینده باید قانون تعیین می‌کرد، قانون کار، کار روزانه را هشت ساعت و در هفته چهل و هشت ساعت معین کرده بود. پرداخت اضافه کار، پنجاه درصد دستمزد تعیین شده بود. کارگران بیسواد، اجازه داشتند نیم ساعت زودتر، کار خود را ترک کنند تا در کلاسهای مبارزه با بیسوادی که روزانه یک ساعت تشکیل می‌شد حضور یابند. تمام قراردادهای کارگری پیشین نیز لغو گردید. اینها ویژگیهای اصلی قانون کار آذربایجان بود، ولی روشن نیست که قانون مزبور تا چه اندازه عملاً به اجرا درآمد.[۳۳۴]

خانم لوئیس فاوست نیز در اشاره به زمینه اصلاحات اقتصادی و اجتماعی می‌نویسد برای آسفالت جاده‌ها و تأسیس خطوط اتوبوسرانی؛ اصلاحات آموزشی، از جمله شروع «آموزش سیاسی» برای کارمندان دولت؛ و اصلاحات مالیاتی و تقسیم اراضی، برنامه‌هایی پیشنهاد شد. نویسنده به نقل از مجله داد که تمایل نزدیکی به پیشه‌وری داشت می‌نویسد: آذربایجان شاهد «یک بهبود مشخص بوده است. قیمتها کاهش یافته، قطارهای راه آهن حرکت می‌کنند و مردم راضی هستند».[۳۳۵] آبراهامیان در مورد اصلاحات اجتماعی فرقه دموکرات می‌نویسد:

> اصلاحات اجتماعی گسترده‌ای انجام داد. نخستین اصلاحات اراضی کشور را فرقه اجرا کرد، زمینهای دولتی در میان دهقانان تقسیم شد، املاک خصوصی زمین داران مخالف مصادره شد و در مورد زمین‌های دیگر، شش هفتم از محصول به نسق داران تخصیص یافت. در نتیجه

اقـدامات فرقـه، بـرای نخسـتین بـار در تـاریخ ایـران زنـان از حـق رأی برخوردار شدند، تنبیه بدنی ممنوع شد و درسطح محلی، شوراهایی بـرای نظارت بر کار بخشداران، شهرداران و ادارات دولتی انتخاب شد.

فرقه، همچنین یک قانون جامع کـار بـه تصـویب رسـاند؛ کوشـید تـا بـا گشودن فروشگاههای دولتی قیمتهای مواد غذایی را تثبیت کند؛ و مالیات بر مواد غذایی و دیگر کالاهای ضروری را به مالیات بر درآمـد سـودهای تجاری، ثروت حاصل از زمـین، درآمـدهای صـاحبان حِرَف و کالاهـای لـوکس تبـدیل کـرد. همچنـین، بـا آسـفالت کـردن خیابانهـا؛ گشـودن درمانگاهها و کلاسهای سـواد آمـوزی؛ تأسـیس دانشـگاه، یـک ایسـتگاه رادیویی و یک انتشاراتی؛ تغییر نـام خیابانهـا بـه سـتارخان، باقرخـان، و دیگر قهرمانان انقـلاب مشـروطه، چهـره تبریـز را دگرگـون کـرد. حتـی مخالفان فرقه هم به ناچار پذیرفتند که در عـرض یـک سـال، خـدمات و کارهایی بیشتر از دوران بیست سالهٔ رضاشاه انجام گرفته اسـت. کنسـول انگلیس درتبریز در گزارش خود می‌نویسد که اصلاحات اراضی، پشتیبان زیادی پیدا کرده است، سیاست‌های کار و اشتغال، میزان بیکاری را پایین آورده است، اصلاحات اداری میزان بهره‌وری را بالا برده است و در کـل، شمار چشمگیری از مردم پشتیبان این اصلاحات و تغییرات شده‌اند.***

جالب این‌که کنسول ایالات متحده در تبریز که از مخالفان سرسخت فرق بوده، در گزارشی که پس از سرنگونی حکومت فرقه دموکرات آذربایجان نوشته فرقه دموکرات را به خاطر دستیابی به نتایج عینی، تحسین کرده است:

آنان راهها و خیابانهای هموار ساختند ـ چیزهایی که مـردم مـی‌توانسـتند ببینند و چیزهاییکه دولت مرکزی سالها و سالها از انجام آنها سر بـاز زده بود. آنان بـر آمـوزش اصـرار ورزیدنـد و مـدارس را نوسـازی کردنـد و بدینسان نشانه دادند که واقعاً می‌خواهند کنترل خویش را •بر آذربایجان] ادامه دهند.***

شایان ذکر است که در کتاب ارزشمند خانم لمتون نیز، به حذف مالیـات سـرانه و سایر عوارض از سوی حکومت فرقه دمـوکرات اشـاره شـده.[۳۳۸] کنسـول انگلـیس در

تبریز، به عنوان یکی از مخالفین فرقه، درمورد اصلاحات دموکرات‌های آذربایجان می‌نویسد:

با یک سفر کوتاه •به آذربایجان••متوجه شدم که این حکومت محلی هوشیارتر، کارآمدتر و قویتر از حکومت پیشین فارسها ظاهر شده است. همچنین، فرصت یافتم تا با برخی از مقامات فرقهٔ دموکرات آشنا شوم. به نظر می‌رسد که آنان از قشر ماهر طبقه کارگر صنعتی هستند ... به طور کلی گر چه مقامات حزب دموکرات جذابیت برخی مقامات پیشین فارس را ندارد، زیرکی و تجربهٔ عملی زیاد آنها شگفتی آور است، آنها به امور محلی خود علاقه‌مندند و شک ندارم که از مدیران شهری که قبلاً از تهران فرستاده می‌شدند، بسیار تواناترند ... در پشت عبارت پردازی‌های تبلیغاتی و شعارهای آنان، وجود اشتیاق و میهن‌پرستی محلی راستین را احساس می‌کنم که شاید حتی بدون تشویق روسیه، در برابر هیچ تلاشی برای بازگرداندن اوضاع پیشین فروکش نکند.•••

امّا نباید فراموش کرد که بیشترین توجه فرقه دموکرات، به زبان ترکی و گسترش آن در ادارات دولتی و مطبوعات و همچنین مدارس بوده است. شایان ذکراست که «انجمن فرهنگی ایران و شوروی» که توسط روس‌ها در تبریز بوجود آمده بود در گسترش زبان آذری نقش زیادی داشت روس‌ها، زبان آذری را به عنوان یک زبان ادبی معرفی می‌کردند و دفتر تبلیغات شوروی در تبریز، کتابهایی را به صورت مجموعه آوازهای فولکوریک، داستان و شعر به زبان آذری چاپ می‌کرد و شب‌شعرهایی به زبان آذری ترتیب داده می‌شد و تأکید زیادی بر ترجمه کتابهای فارسی و اروپایی به زبان آذری می‌شد.[۳۴۰]

پس از ورود متفقین به ایران و کاهش قدرت مرکزی در آذربایجان، به مدت پنج سال از ۱۳۲۵ ـ ۱۳۲۰ بدلیل وجود آزادی نسبی در آذربایجان، روزنامه‌ها به زبان ترکی منتشر شدند و دیوانهای ترکی شاعران قدیمی به چاپ مجدد رسیدند و کتب ادبی جدیدی نوشته شد، پس از تسلط فرقه دموکرات، زبان ترکی به مانند زبان فارسی، زبان رسمی آذربایجان گردید.[۳۴۱]

افراد زیادی از شاعران و نویسندگان در روزنامه آذربایجان جمع شده بودند مانند حمزه فتحی خوشگنابی،اسماعیل شمس، فریدون ابراهیمی،محمد بی‌ریا ،علی فطرت،یحیی شیدا، بالاش آذراوغلو وغیره..

همچنان که اسامی میادین و خیابانها عوض می‌شد و اسامی قهرمانان محلی، جای اسامی قبلی را می‌گرفت نام فروشگاهها و کتیبه‌ها نیز به ترکی برگردانده می‌شد، شایان ذکر است که تعدادی از سران فرقه، بخصوص بعضی از سرکردگان مهاجر، که با زبان فارسی بیگانه بودند در اشاعه زبان ترکی، تندروی‌هایی به خرج دادند حتی بعضی از آنها، سخن گفتن به زبان فارسی را، ذنب‌لایغفر تلقی می‌کردند. همین، تندرویهای آنان، بسیاری از افسران حزب توده را که از تهران فرار کرده و به فرقه پیوسته بودند بشدت دلسرد کرد، متأسفانه این رفتار نابخردانه پس از مهاجرات به شوروی نیز وجود داشت.[۳۴۲]

در حالی که مسئله زبان ترکی، به مهمترین شعار پیشه‌وری و فرقه دموکرات بدل شده بود از طرفی، نباید فراموش کرد که همین تأکید بر مسئله زبان، در ذهن بسیاری از مردم ایران، بخصوص روشنفکران سیاسی در تهران، تجزیه و جدایی‌طلبی را تداعی می‌کرد تقریباً تمام روزنامه‌های طرفدار فرقه دمکرات در تهران که شعارهای اولیه فرقه مبنی بر، آزادی و دموکراسی را پاس می‌داشتند و به فال نیک می‌گرفتند امّا به زیاده روی در تأکید بر زبان ترکی معترض بودند. «ایران ما» در این زمینه می‌نویسد:

> احترام به زبان محلی آذربایجان، در نظر نویسندگان ما، به خوبی نمایان است، لیکن زبان محلی آذربایجان در نظر ما به هیچوجه زبان محلی هم میهنان آذربایجانی ما نمی‌تواند باشد، زیرا ما مردم آذربایجان را ملتی جدا از خود و سایر هم میهنانمان نمی‌پنداریم...

کاملاً بدیهی است که در تأکید بیش از حد بر زبان ترکی، جدا از احساس سمپاتی حاصل از اختناق دوره رضاخان، عوامل خارجی و تشویق افرادی چون باقروف و میرزا ابراهیموف نیز دخیل بودند.

تأسیس دانشگاه (دارالفنون) که در ۲۲ خرداد ۱۳۲۵ انجام شد اولین دانشگاهی بود که در یکی از شهرهای ایران، غیر از تهران تأسیس می‌شد و در سه رشتهٔ: طب، فلاحت و پداغوژی (که خودش شامل چهار رشته: زبان و ادبیات، تاریخ و جغرافیا، فیزیک و ریاضیات، شیمی و طبیعیات بود) خلاصه می‌شد. در سال اوّل در شعبه پداگوژی ۱۲۰ نفر و در رشته طب ۶۰ نفر و در رشته فلاحت نیز ۶۰ نفر دانشجو جذب می‌کرد از بین لیسانسیه‌ها، اصغر دیبائیان، معاون فنی دارالفنون؛ عطائی، معاون اداری و دکتر جهانشاهلو به عنوان رئیس آن انتخاب شدند، دارالفنون دارای لابراتوار و کتابخانه بود و در جشنی که به مناسبت افتتاح آن در ۲۲ خرداد تشکیل گردید اشاره شده بود که این، حرکتی کوچک است و در آینده تکمیل خواهد شد.[۳۴۴]

در زمینه نیروی نظامی فرقه دموکرات، ارتش شوروی تا زمانیکه در ایران بود کمک شایانی به سازماندهی و تجهیزات ارتش آذربایجان کرد در بحبوحه افتتاح مجلس ملی آذربایجان و تشکیل کابینه پیشه‌روی در آذر ماه ۱۳۲۴، افسرانی که بعد از شکست قیام خراسان به شوروی گریخته بودند با صلاحدید مقامات شوروی به آذربایجان بازگشتند و ارتش آذربایجان را به ریاست عبدالرضا آذر تشکیل دادند اداره نظام وظیفه نیز به ریاست سرگرد شفائی شروع به سربازگیری کرد و به کمک همین افسران، دانشکده افسری ایجاد شد و آموزش اداره ارتش را بر عهده گرفتند نیروهای مسلح آذربایجان، شکل‌های گوناگونی داشت افسران چهار نوع بودند:

گروه اوّل، گروههای شبه نظامی فرقه دموکرات (فداییان) که قبل از شکل‌گیری دولت فرقه دموکرات، قیام کرده و پادگان‌ها و پاسگاهها را خلع سلاح کرده بودند به عنوان افسران فدائی معروف شدند بی‌آنکه قبلاً دانشکده افسری و آموزش‌های فنی دیده باشند به این فدائیان که تعدادشان زیاد هم بود وحتی تعدادی از آنها بی‌سواد نیز بودند درجه افسری از سرهنگی تا ستوان سومی داده بودند این گروه از افسران که همهٔشان، ترک بودند بدلیل این‌که در قیام شرکت کرده بودند داشتن مشاغل و مناصب در ارتش آذربایجان را حق خودشان می‌دانستند ونسبت به افسران عضو سازمان نظامی

و غیر آذری، نظر خوشی نداشتند حتی گاهگاهی بین آنها و افسران فارسی، درگیری‌های لفظی و حتی فیزیکی رخ می‌داد.

همه فدائیان یکسان و همگون نبودند. بینش کاملاً متفاوتی داشتند اکثر آنها بی‌سواد بودند و داوطلبانه به فرقه پیوسته بودند اینان در مدت خدمت، یونیفورم به تن نداشتند. ولی بعد از تشکیل حکومت ملی به همه آنان مدال ۲۱ آذر داده شده و این کار در روحیه آنان تأثیر بسیار مثبتی گذاشت، این گروه دارای فرماندهان مهمی بودند که بر خلاف فدائیان، هدف مشخصی را تعقیب می‌کردند «فرماندهی فدائیان تبریز را جعفر کاویان؛ ارومیه را آزاد وطن؛ سراب، اردبیل، میانه و اطراف را غلام‌یحیی و مراغه و اطراف آن را نیز کبیری به عهده داشتند».[۳۴۵]

گروه دوم، افسران عضو سازمان نظامی و ابوابجمعی لشکر آذربایجان بودند اینها دانشکدهٔ افسری را در تهران گذرانیده و در رشته‌های خود تخصص داشتند.

گروه سوم، افسرانی بودند که از نظر تعداد، بیشتر از افسران دیگر بودند افرادی بودند که با مدرک تحصیلی ششم ابتدایی و سیکل یا اوّل دبیرستان که در آموزشگاه افسری تازه تأسیس فرقه نام نویسی کرده و پس از طی یک دوره فشرده دو ماهه با درجه‌های ستوان سومی و ستوان دومی فارغ التحصیل شده بودند و برای فرماندهی واحدهای کوچک تا حد گروهان برگزیده می‌شدند. به نوشته روزنامه آذربایجان، ثبت‌نام اولین دوره افسری در تاریخ ۱۳۲۴/۱۱/۱۵ شروع و بعد از دو ماه آموزش در سه‌شنبه ۳۱ اردیبهشت ۱۳۲۵ فارغ التحصیل شدند. تعداد این افسران فارغ التحصیل ۲۲۸ نفر بودند.

چهارمین گروه، افسران سیاسی بودند که از کمیسرهای سیاسی ارتش شوروی الگو برداری شده و عده آنها انگشت شمار بود. اداره اطلاعات و امنیت تحت عنوان «آختاریش» جزو اداره‌های مهمی بود که وظیفه‌اش، مقابله با مخالفان و جاسوسان بود، سروان توپخانه مراد رزم آور، رئیس و سروان جدی، معاون آختاریش بود. این اداره در مدتی کوتاه با تفتیش و خبرچینی توانسته بود بر امور مسلط شود.

عده کل افسران ارتش فرقه دموکرات و افسران فدائی ۸۱۰ نفر ذکر شده که از بین آنها:

۱ـ ژنرال ۶ نفر
۲ـ سرهنگ پیاده ۱ نفر
۳ـ سرهنگ پزشک ۲ نفر
۴ـ سرهنگ دوم صفی ۶ نفر
۵ـ سرهنگ دوم پزشک ۲ نفر
۶ـ سرگرد صفی ۲۲ نفر
۷ـ سرگرد پزشک ۳ نفر
۸ـ سروان ۵۸ نفر
۹ـ ستوان یکم ۴۱ نفر
۱۰ـ ستوان دوم ۱۱۵ نفر
۱۱ـ ستوان سوم ۴۶۷ نفر
۱۲ـ افسر فدائی ۸۷ نفر

در اردیبهشت ماه ۱۳۲۵ سرهنگ دوم عبدالرضا آذر که اینک ژنرال شده بود بـدلیل اختلاف با پیشه‌وری کنار گذاشـته شـد و بجـای او سـرهنگ پناهیـان [ژنـرال شـده] منصوب گردید. ژنرال آذر به باکو فرستاده شد و تنها پس از خروج نیروهای شـوروی از ایران، در ماههای آخر فرقه دموکرات به تبریز بازگشت و دوباره رئیس ستاد ارتـش «باش قرارگاه» گشت.

بر خلاف نیروی زمینی‌حکومت آذربایجان، نیروی هوایی‌اش ضعیف بود وحتی در اول، دارای یک واحد کوچک و محدود نیز در آذربایجان نبود چون ارتش شاهنشاهی در آذربایجان فاقد هواپیما بود، دولت خودمختار آذربایجـان نتوانسـت نیـروی هـوایی خود را تشکیل دهد، شورویها نیز به تشکیل آن رضـایت نمـی‌دادنـد. در اوایـل سـال ۱۳۲۵ با هماهنگی عبدالصمد کامبخش، مسؤول سازمان نظـامی حـزب تـوده، دو نفـر خلبان به نامهای مرتضی زربخت و علی جودی برای پیوستن به ارتش فرقه دموکرات با هواپیماهای خود، بسوی تبریـز پـرواز کردنـد در آن زمـان، سـر لشـکر خسـروانی، فرمانده نیروی هوایی، برای جلوگیری از پیوستن خلبانان به ارتش آذربایجان، دسـتور داده بود باک بنزین هواپیماها را تا نیمه پر کنند تا هواپیماها بـرای رسـیدن بـه تبریـز، سوخت کافی نداشته باشند. دو خلبان نامبرده در ۲۴ فـروردین ۱۳۲۵ از تهـران پـرواز کرده و بر روی زمین‌های تپه‌ماهور شمال غـرب زنجـان، اجبـاراً بـدلیل اتمـام بنـزین هواپیما فـرود آمدنـد و بوسـیله فـداییان فرقـه کـه از قبـل اطـلاع داشـتند بـه همـراه

هواپیماهایشان به تبریز منتقل شدند قبل از آن دو نفر در زمستان ۱۳۲۴ دو نفر دیگر بنامهای محمد سیف‌الدینی و جواد زرینه با دو فروند هواپیما در اسفندماه ۱۳۲۴ خود را به تبریز رسانده بودند. بعضی از این هواپیماها بدلیل فرود آمدن بر روی زمینهای ناهموار، دچار سانحه شده عملاً کنار گذاشته شده بودند.

در اردیبهشت ۱۳۲۵ چند نفر دیگر مانند عنایت‌الله رضا و شمس‌الدین بدیع تبریزی از افسران نیروی هوایی، همچنین ۳ نفر از خلبانان زبده دیگر ارتش ایران به نام‌های: ابوالقاسم حق پرست، ناظم پاشاناوی و نیکلا مار کاریان به ارتش آذربایجان پیوستند و بدین ترتیب نیروی هوایی آذربایجان سازماندهی شد سرهنگ دوم محمد باقر آگهی (فرمانده)، سروان مرتضی زربخت (معاون)، سروان شمس‌الدین بدیع تبریزی (مدیر فنی)، ستوان حق پرست (معلم خلبان)، سروان علی جودی، سروان عنایت‌الله رضا، ستوان یکم جواد زرینه، ستوان دوم ناظم پاشاناوی، ستوان دوم مار کاریان، ستوان نادر کاوه (افسران خلبان)، ستوان سوم اسکویی و ستوان سوم ماکویی (افسران فنی) بودند. این هواپیماها در جشن‌ها و رژه‌ها پرواز می‌کردند و با نمایش‌های هوایی آکروباسی و ریختن اعلامیه و دسته‌های گل با چترهای پرچم ایران به جشن‌ها و مراسم‌ها، رونق خاص می‌بخشیدند.

گروه فداییان اونیفورم مشخصی نداشتند و چون در قیام مسلحانه علیه نیروهای دولتی شرکت کرده بودند بیش از سایرین مورد توجه واقع شده و کلیه آنها دارای مدال ۲۱ آذر بودند این گروه در اوّل ، تحت فرمان کمیته‌ای تحت عنوان «کمیته فدائی» که به ریاست پیشه‌وری تشکیل شده بود رهبری می‌شد ولی بعدها، پیشه‌وری از مداخله در کار آنها خودداری کرد و برای رهبری آنها از سران فدائیان فرقه دموکرات به شرح زیر انتخاب شدند:

۱. از تبریز ژنرال جعفر کاویان
۲. از مراغه ژنرال ربیع کبیری
۳. از میانه و سراب غلام‌یحیی دانشیان
۴. از میاندوآب سرهنگ قلی صبحی

۵. از اسکو سرگرد یدالله کلانتری

۶. از رضائیه محمدتقی آزادوطن.

پس از مدتی، سازمان قشون ملی بنام قزلباش که مرکب از افراد وظیفه بود تشکیل گردید. علاوه بر اینها، فرقه دارای دبستان و دبیرستان نظام و همچنین دانشکده افسری و آموزشگاه شهربانی نیز بود آموزشگاهی نیز به نام (کورسیاسی) دایر شده و اشخاصی که سابقه مناسبت در حزب داشتند در آنجا پذیرفته می‌شدند. بطور کلی سازمان ادارات و دوایر ارتش فرقه بشکل زیر بود.[۳۴۶]

۱ـ وزارت قشون ملی. ۲ـ قشون ملی. ۳ـ اداره نظام وظیفه. ۴ـ دژبان شهر تبریز. ۵ـ مکتب حزبی افسری «دانشکده افسری». ۶ـ آموزشگاه گروهبانی. ۷ـ مکتب حزبی متوسطه «دبیرستان نظام». ۸ـ دبیرستان حزبی. ۹ـ گردان شماره ۸ نشاندار. ۱۰ـ گروهان پاسداری. ۱۱ـ گردان تصرفات. ۱۲ـ صحیه قشون. ۱۳ـ شعبه بیطاری. ۱۴ـ گردان باربری. ۱۵ـ گردان سوار. ۱۶ـ گروهان ارتباط و مخابرات. ۱۷ ـ قسمت هوایی. ۱۸ـ تیپ مراغه. ۱۹ـ تیپ رضائیه. ۲۰ـ گردان ۴ زنجان. ۲۱ـ گردان ۵ میانه. ۲۲ـ گردان ۷ اردبیل. ۲۳ـ هنگ توپخانه. ۲۴ـ گردان توپخانه. ۲۵ـ هفت آتشبار مستقل. ۲۶ـ ادارات خصوصی قشون.۲۷ـ باشگاه افسران. ۲۸ ـ ۴ یا ۵ گروهان پیاده بدون مسلسل. ۲۹ـ یک گردان سوار در تبریز.

به نوشته بعضی از منابع، در اواخر نخستین سال تأسیس حکومت آذربایجان، تعداد پرسنل قزلباش به ۱۸/۰۰۰ نفر و تعداد سربازان در دسته فدائیان به ۸/۰۰۰ نفر می‌رسید.[۳۴۷]

۲۸ ـ مشکلات دیرینه فرقه دموکرات

ما با دستهای بی‌صدای مردم از پا در آمدیم

کلیدر

هر چند در طول یکسال، فرقه دمکرات توانست اصلاحات زیای انجام دهد امّا مشکلات عمده‌ای در پیش رو داشت که چون چاه ویل، دهان گشاده بودند و عاقبت

نیز همین مشکلات، فرقه را فرو بلعید و قبل از ورود ارتش مرکزی، خود از درون متلاشی شد. بزرگترین مشکل فرقه دمکرات، نوع رابطه‌اش با حکومت شوروی بود. مسئله‌ای که تقریباً در تمام نوشته‌های طرفداران فرقه دمکرات مسکوت گذاشته شده و به نوعی از آن طفره رفته‌اند. رابطه‌ای که نه بر اساس دوستی و همکاری، بلکه تا حد سرسپردگی پیش رفت، هر چند در رأس فرقه و صفوف مختلف آن، شخصیتهای برجسته و ملی نیز حضور داشتند به عنوان مثال، پیشه‌وری هر چند از شیفتگان شوروی بود امّا تا حدودی شخصیت مستقلی داشت و مقاومتهای او در جریان مذاکرات‌اش در تهران در مقابل فشارهای مقامات شوروی و اعتراض‌اش نسبت به دیپلماسی شوروی، گواهی بر این ادعاست، امّا ما می‌دانیم که فرقه دمکرات تنها در پیشه‌وری خلاصه نمی‌شد بلکه جریانی بود که بزودی پس از شکل گیری‌اش به کمک روسها، از دست او خارج شد و در دست‌هایی قرار گرفت که قبل از این‌که مطیع دستورهای او باشند مطیع دستورهای «آنسوی مرزها» بودند. از طرفی، فکر ایجاد حکومتی مبتنی بر آزادی و عدالت در قطعه‌ای از خاک ایران به عنوان جزیره‌ای مجزا از حاکمیت ایران، تجربه‌ای بوده که به کرات در تاریخ معاصر ایران به شکست انجامیده است چرا که چنین حاکمیت ایدئالی به عنوان آرزوی بخش اعظم اقوام ایرانی باید رو به مرکز باشد و دوباره از تهران آغاز و به نواحی مختلف و سرحدات آن ساری و جاری گردد به همین خاطر است که قیامهایی چون جنبش جنگل، شیخ‌محمد خیابانی، محمدتقی‌خان پسیان، ماژور لاهوتی، هر چند همگی آنها در شروع کار، بدلیل نارضایتی‌های گسترده از مرکز، با شور و شوق مردمی همراه بودند امّا این شور و شوقها به منزله کفی بودند که اندکی بعد، بزودی می‌خوابیدند و جنبش «با دستهای بی‌صدای مردم» به پایان دردناک و محتوم خود می‌رسید به همین خاطر، شکست فرقه دمکرات آذربایجان محتوم بود در واقع، فرجام دردناک فرقه دمکرات آذربایجان در نهایت، به دو راه می‌توانست ختم شود یا توسط «خرس بزرگ» بلعیده می‌شد و یا به توسط قوای مرکزی ایران قتل‌عام می‌شد و دوباره سایه مخوف استبداد داخلی به کمک چیدن دارها و قتل‌عامهای وسیع گسترده می‌شد.

از طرفی، در خود شعارهای اصلی فرقه، پارادوکس عمیقی نهفته بود به عنوان مثال، در حالی که تاکید افراطی فرقه بر مسئله زبان و ملیت آذربایجان، می‌توانست برای جذب طیفی از مردم آذربایجان (بخصوص مهاجران) جذاب باشد در مقابل، در ذهن گروههای مختلف مردم، بخصوص بخش عظیمی از روشنفکران ایران، مترادف با تجزیه طلبی بود شعاری که پیشه‌وری درنوشته‌ها و نطق‌های مختلف خود بخصوص قبل از خروج نیروهای شوروی، بارها بدان اشاره کرده بود:

... مردم ما خلقی بزرگ و قهرمان است. این خلق به هیچوجه شباهتی به مردم تهران، اصفهان، و سایر نقاط ایران ندارد... ***

حکومت تهران باید بداند که بر سر دو راهی قرار گرفته است. آذربایجان راه خود را انتخاب نموده و بسوی آزادی و دموکراسی پیش خواهد رفت چنانچه تهران راه ارتجاع را انتخاب کند خدا حافظ، راه در پیش بدون آذربایجان به راه خود ادامه دهد، این است آخرین حرف ما. ***

... آذربایجان ترجیح می‌دهد بجای این‌که با بقیه ایران بشکل هندوستان اسیر درآید برای خود ایرلندی آزاد شود ... ***

آنها [مردم تهران و سایر نقاط ایران]• در روزنامه‌های خود می‌نویسند بگذار سران دموکرات بیایند و ما را نیز از اسارت نجات دهند امّا ما می گوئیم نه! شما خودتان، خودتان را نجات دهید، ما هم به شما کمک خواهیم کرد. امّا ما احتیاجی به شما نداریم، شما باید این را بدانید که اگر آزادی ملی ما را برسمیت نشناسید، ما بدون شما زندگی خواهیم کرد. ***

این سخنان، که بیشتر موجب ترضیه خاطر باقروف و اقمار او در باکو و تبریز بود تا رضایت خاطر اقشار مختلف مردم خود آذربایجان، موجب می‌گشت که نه تنها قسمت اعظم روشنفکران آزادیخواه و مخالف استبداد در پایتخت و شهرهای مختلف ایران، رنجیده خاطر شوند بلکه خود این تندروی‌ها به منزله عواملی بودند که از فئودالها و خانهای استثمارگر توده‌های دهقانی «وطن پرست» می‌ساخت و از دژخیمان رژیم پهلوی که برای برچیدن فرقه دموکرات و قتل‌عام مردم تحت عنوان فریبنده حفظ

«تمامیت ارضی» کشور به آذربایجان نزدیک می‌شدند ناجی وطن بسازد. مقاله روزنامه کیهان مورخه ۷ آذر ماه ۱۳۲۴ در این مورد تأمل برانگیز است:

دموکرات‌های آذربایجان بدانند که بدون مساعدت سایر آزادی خواهان کشور غیرممکن است که به یکی از آرمان‌های خود برسند و با این حرف‌ها، نه تنها آزادی‌خواهان ایران را از خود رم خواهد داد، بلکه اصلاً نهال آزادی را قبل از این‌که برگ و بالی بگیرد، خواهند کشت ... ما به حکومت نظامی راضی خواهیم شد و به تجزیه مملکت و انحلال ملیت خویش راضی نخواهیم گشت. مادامی که ایران باشد، فرصت برای همه چیز باقی است. اگرما بدان «دموکراسی، آزادی» نرسیدیم، فرزندان ما یا فرزندانِ فرزندانِ ما بدان خواهند رسید ولی اگر ایران نبود، هیچ چیز نخواهد بود. ...

تأکید بیش از حد بر این شعارها، فرقه دموکرات را نه تنها از آزادیخواهان سراسر ایران جدا کرد بلکه در درون خودِ نیروهای فرقه نیز باعث تفرقه گشت بسیاری از افسران فارسی زبان که از تهران و نقاط مختلف ایران برای پیوستن به جنبش آذربایجان، به آنجا رفته بودند وقتی به زبان فارسی صحبت می‌کردند توسط ژنرال کاویان وزیر جنگ حکومت فرقه بشدت تنبیه و توبیخ می‌شدند![۳۵۳] رفتار سخیفی که بعد از شکست فرقه دمکرات و در آن سوی مرزها نیز ادامه داشت.

سرانجام این افراط و زیاده روی بجایی رسید که گویی در بسیاری از ذهنهای آنان، سراسر تاریخ ایران کشمکش و مبارزه بین نژاد ترک و نژاد پارس بوده است! نبض اصلی این شعار (در واقع جنگ زرگری) در «انجمن شعرای» تبریز می‌تپید. شعار اصلی انجمن، آشکارا مبتنی بر پان‌ترکیسم بود بسیاری از آنان مانند علی توده، بالاش آذراوغلو، مدیله گلگون، حبیب ساحر پس از شکست فرقه دموکرات به آن سوی ارس گریختند. علیرضا نابدل، سالها پس از شکست فرقه دموکرات آذربایجان در ذکر اشتباهات فرقه می‌نویسد:

هنگامی که دیکتاتوری بیست ساله درهم شکست، آذربایجانی‌ها بیست سال بهره‌کشی استعماری و ستم ملی و فرهنگ رژیم تهران را تحمل کرده بودند.

امّا کاملاً ساده است که بفهمیم در آنزمان دیگر تضاد اصلی در این سرزمین رابطه فئودالها با دهقانان و بورژوازی بزرگ با پرولتاریا و زحمتکشان شهری بود و نه تضاد بین مردم و حکومت از رمق افتاده تهران که در منجلاب کشمکشهای داخلیش خفه می‌شد و در منطقه اشغال ارتش سرخ عملاً قدرتی نداشت. یک رهبری سیاسی و دموکراتیک و انقلابی در آن عصر تحت چه شعاری می‌بایست مردم این سرزمین را متحد کند؟ ... این رهبری می‌بایست بر علیه سیاست تفرقه گرائی رضاشاه قاطعانه مبارزه نموده و خلقهای سراسر ایران را گرد خود جمع کند. امّا فرقه دموکرات چه کرد؟ با جدا کردن سرنوشت آذربایجان از ایران - هر چند در حرف ادعایشان غیر از این بود - و طرح شعارهای ابلهانه‌ای که برای حل اساسی ترین مسائل به هیچوجه کافی نبود، از قبیل: «زبان برای ما مسئله حیاتی و مماتی است،» ...فریدون ابراهیمی دموکرات «چپ» پا را فراتر نهاد و در مقاله خود تحت عنوان «از تاریخ قدیم آذربایجان» ثابت کرد که اساساً تمدن مادها از پارسی‌ها غنی‌تر بوده است. بدین ترتیب ملیت به شعار اساسی و مرامی تبدیل شد، وقتی «آذربایجانی» همچون ملیت خاصی مشاهده می‌شود که گوئی سرنوشتش از سایر ایرانیان جداست و مشکل‌اش باید در غیاب آنان و جدا از آنان بدست فرقه «پرافتخار» حل شود ...

به عنوان مثال نویسنده برجسته‌ای چون صادق هدایت که در اوایل کار به مانند خیل کثیری از آزادیخواهان کشور، تصور می‌کرد اصلاحات عدالت‌خواهانه‌ای که در آذربایجان شروع شده به عنوان مدلی برای اصلاحات مشابه در سایر ولایات گسترش خواهد یافت، در این زمان (۱۳۲۵/۳/۱۷)، در نامه‌ای به دوستش، شهید نورائی چنین می‌نویسد:

دولت شوروی با آن همه ادعای انترنالیستی و آزادی خواهانه و با داشتن آن منابع و سابقه آن جنگ ضد فاشیستی درخشان نمی‌آید خودش را بدنام کند و آذربایجان ما را بخورد» ...

هدایت در این زمان، ضمن حضور در جلسات انجمن فرهنگی و دوستی ایران و شوروی (وکس) امیدهای زیادی به نهضت آذربایجان داشت امّا اندکی پس از شکست فرقه دمکرات آذربایجان، ضمن پرهیز از شرکت در جلسات انجمن و دوری جستن از حزب توده، در نامه‌ای در تاریخ ۱۳۲۵/۱۱/۱۵ با انزجار تمام خطاب به شهید نورائی می‌نویسد:

قضایا را آن طوری که شرح داده بودم متأسفانه راست است و در نتیجه هیچ گونه شک و شبهه‌ای باقی نمی‌ماند. ما با خودمان گمان می‌کردیم که قصاص قبل از جنایت نباید کرد و در دنیا تغییرات و تحولات رخ داده که ممکن است قضایای دوره میرزا کوچک‌خان و شومیاتسکی دوباره تکرار نشود از گند و کثافت چشم می‌پوشیدیم به امید این‌که تغیرات اساسی رخ خواهد داد و بارها با موجودات آزادیخواه مباحثه کرده بودم که اگر کفه منافع به طرف دیگر چربید چه می‌شود، آنها اطمینان می‌دادند و با ۱۹۹۹ دلیل ثابت می‌کردند که اینجا محور و مرکز ثقل و چشم و چراغ آزادیخواهان خاورمیانه است و چنین شکی جایز نیست. متأسفانه عروس تعریفی ... از آب درآمد و آنها را به کثیف‌ترین وضعی دم چک داد و مچ‌شان را باز کرد [...] همچنین من معتقدم که سران حزب توده هم کم و بیش از جریان مطلع بوده‌اند و تقریباً به دست آنها این جنغولک بازی درآمد ... من از همان روز به بعد دیگر در وُکس حاضر نشدم ... .

آنگاه با نفرت تمام از دست‌اندرکاران حزب توده می‌نویسد:

... اگر دانشمندی، روانشناسی بخواهد درباره زشتِ اشکال بی‌حیایی، بلاهت، حقارت، هرزگی، رذالت و خودگنده بینی مطالعه‌ایی جدی بکند باید بیاید و در این جا •ایران] مستقر شود تا محیرالعقول‌ترین پدیده‌ها را ثبت کند. خلاصه بازی بدی سرِ ما آوردند حق‌مان هم همین بود: همهٔ

این جنبش‌های سوسیالیست ـ لیبرالیست ـ مارکسیست ـ افیونی و ابن‌الوقتی به شکل اسفناکی شکست خوردند و سکه قلب توده‌ایسم از طرف آقا و اربابش در بازار بین‌المللی سیاسی ـ اقتصادی ـ کاپیتالیستی ـ به من چه مسلکی ـ موضوع بده بستان‌های تجارتی قرار گرفت! گاوها، خوک‌ها و جوجه‌ها خداحافظ! چه بهتر لااقل دیگر توهمی نمانده! همه چیز مثل روز روشن است ...

سران فرقه به خوبی دریافته بودند که با خروجی نیروهای شوروی از ایران، حکومت مرکزی بلافاصله به قلع‌وقمع فرقه دمکرات خواهد پرداخت و به هیچ شرطی غیر از نابودی آنان بسنده نخواهد کرد البته گذشت زمان نیز آنرا به اثبات رساند خود این مسئله باعث می‌شد که پیشه‌وری و دمکراتها، به طرف جدایی کامل از ایران به مانند مغولستان به عنوان تنها شرط بقای خود سوق داده شوند.

منتقدان پیشه‌وری، او را به تکیه بیشتر به شوروی متهم کرده‌اند اما در آن زمان به غیر از اتکا به روسها به کجا می‌توانست تکیه کند؟ اگر او به روس‌ها وابسته بود در مقابل حاکمیت تهران نیز به انگلستان و آمریکا تکیه داشت.

آغاز یک جنبش و نهضت با تکیه بر یک عامل خارجی حتی در اقصی نقاط جهان اکثرا کارنامه ناموفق داشته و علیرغم پیروزی‌های اولیه، فرجامش توام با شکست بوده است چرا که در اینجا سرنوشت و بند ناف نهضت به منافع ملی یک قدرت خارجی بسته می‌شود و منافع قدرت خارجی بسیار سیال و لغزنده است و هر لحظه می‌تواند تغییر یابد.

اما متاسفانه در آن اوضاع و احوال ایران، برای ایجاد هرگونه حرکت و تغییر در سرنوشت«سزیف‌وار» نیازمند رفتن به زیر چتر حمایت یک قدرت خارجی بود موفقیت هر حرکت و جنبش مستقلی بدون کمک یک قدرت خارجی تقریبا نزدیک به محال بود و در همسایگی شمال ایران، این قدرت، روسیه بود اما غافل از آنکه این امامزاده در طول دوران امام زاده‌گی‌اش، بجای اینکه شفا دهد همیشه کور می‌کرد!.

در مورد آرزوها، نیات و عملکردهای پیشه‌وری باید گفت که بسیار پیچیده، متغیر و سیال بوده‌اند اینکه برخی منابع، بدون در نظر گرفتن تحولات و حوادث پرتب و

تاب زندگی‌اش او را بلافاصله یک ایران دوست کامل و یا یک تجزیه‌طلب دائمی می-نامند به بی‌راهه می‌روند برخی از اینکه او مثلا در روزنامه «آذربایجان جز لاینفک ایران» قلم می‌زده و یا اینکه اسم تنها پسرش را داریوش گذاشته بوده برای همیشه مهر ایران دوستی و دوستدار تمامیت ارضی ایران بر کارنامه‌اش می‌زنند[۳۵۷]

در اینجا باید گفت که آنان بیست سال گذشت زمان در زندگی پیشه‌وری را نادیده می‌گیرند که گویی در اینهمه مدت، اهداف و شاکله فکری پیشه‌وری، ایستا و ثابت بوده است! در حالیکه ما می‌دانیم که اتفاقات بنیان‌کن و زیروزبر کننده‌ای چون شکست جنبش جنگل، تحمل ۱۰سال زندان رضاخان، رد اعتبارنامه‌اش از مجلس چهاردهم، کنارگذاشتن‌اش از حزب توده و در آخر ظهور فرقه دمکرات ...تاثیرات و تغییرات عظیمی بر اندیشه و عملکردهای پیشه‌وری بجا گذاشته‌اند.سراسر زندگی او سرشار از دوگانگی حتی چندگانگی بوده است وقتی در حزب عدالت در باکو بوده و به نهضت جنگل می پیوندد طرفدار دوآتشه انقلاب و کمونیزم بوده وقتی در زندان رضاشاه بوده پس از تاملات دوران زندان و آزادی از زندان در روزنامه آژیر در تهران قلم می‌زده در چارچوپ ایران و ایرانیت و دمکراسی برای ایران تلاش می‌کرده اما وقتی او را با وجود کسب ۱۶۰۰۰رای از حوزه تبریز، از ورود به مجلس چهاردهم محروم می‌کنند از ایران دورش می‌کنند و در اواخر حیات فرقه وقتی پی می‌برد که حکومت مرکزی تهران به واگذاری کوچکترین امتیاز حتی در حد انجمن ایالتی برای آذربایجان نیز راضی نشده و تنها در پی نابودی فرقه است، پیشه‌وری به کلی از ایران قطع امید کرده و تنها به تجزیه و جدایی کامل از ایران فکر می‌کند در نامه‌ی بسیار مهمی که به استالین نوشته شده علاوه بر نام پیشه‌وری نام افراد مختلفی چون پادگان، شبستری، دکتر جاوید، غلام دانشیان نیز پای آن دیده می‌شود آنان از استالین درخواست می‌کنند که بدون فوت وقت باید از ایران جدا شده و حکومتی مستقل تشکیل داده و یا به آذربایجان شوروی پیوست چراکه در نامه قید شده که حکومت تهران در صورتی که قادر باشد به هیچ چیز غیر از نابودی فرقه راضی نخواهد شد البته گذشت زمان، با لشکرکشی قوای حکومت مرکزی به آذربایجان برخلاف قراردادی که

هنوز امضاهای آن خشک نشده بود صحت این پیش‌بینی را آشکار ساخت. تاریخ نوشتن این نامه بسیار مهم است باید در نظر داشت که این نامه در ۱۷آذر۱۳۲۵تقریر شده یعنی قوای روسی خاک ایران را تخلیه کرده، بر اساس قرارداد با تهران، پیشه‌وری از حکومت آذربایجان کنار رفته مجلس آذربایجان به انجمن ایالتی تقلیل پیدا کرده و جاوید نیز با توفق شاه و قوام به استاندار آذربایجان منصوب شده اما اکنون بر خلاف توافق، ارتش مرکزی لشکرکشی خود را به آذربایجان آغاز کرده و با کشتار از زنجان گذشته به میانه رسیده و در حال حرکت به سمت تبریز است و در نتیجه، شهرهای آذربایجان در معرض یک کشتار و فاجعه قرار دارد.به عبارتی، پیشه‌وری و امضاکنندگان نامه اکنون در میان دو سنگ آسیاب گیر کرده‌اند در یک طرف حکومت مرکزی قرار داشت که چون سنگ خارا صلب بود به هیچ انعطافی تن نمی‌داد و بر طبق سنت تاریخی و همیشگی‌اش، تنها به نابودی و روفتن و شستن همه چیز با خون فکر می‌کرد و در طرف دیگر سران کرملین و سرزمین اتوپیا قرار داشت که اینک حاضر شده بودند کل هستی حکومت ملی آذربایجان و سرنوشت و امیدهای هزاران انسان را با نفت بشویند و به نفت بفروشند!.

در نتیجه در هوای گرگ و میش ۱۷آذر۱۳۲۵ رهبران فرقه دمکرات آذربایجان معروفترین نامه خودشان را بعنوان آخرین تلاش برای اخذ کمک مستقیم و فوری از شوروی خطاب به استالین و رهبران اتحاد شوروی نوشتند آنان، نامه را از طریق کراسنیخ سرکنسول اتحاد شوروی در تبریز بصورت محرمانه به استالین فرستادند در نامه قید شده بود که «خلق آذربایجان، رهبر آن فرقه دموکرات و سران فرقه دو انتظار از دولت شوروی دارند:

اولا مادام که مرزهایمان باز هستند و قدرت ملی‌مان پابرجاست مقدار کمی به ما سلاح داده شود. زیرا اگر کار به این روال پیش رود، این کار دیگر ممکن نخواهد شد. ما براحتی قادریم این سلاحها را چنان مخفیانه بدست قوای ملی برسانیم که نیروی مخالف از آن مطلع نشود. پس از شروع و شدت درگیری، انجام این کار بسیار سخت

خواهد بود. ما سلاح زیادی نمی‌خواهیم. منظور ما اندک مقداری است تا فدائیان ناگزیر نشوند با دست خالی جلوی دشمن بروند.

ثانیا حالا که قوام جنگ را شروع کرده و به ریختن خون برادران ما پرداخته است، اجازه داده شود ما نیز از هر سو او را در تنگنا قرار دهیم، تا از این طریق امکان قیام آزادیخواهان همه جای ایران را فراهم کرده، نهضت بزرگی در سراسر ایران آغاز نماییم و با سرنگون ساختن حکومت ارتجاعی تهران، حکومتی دموکراتیک بجای آن مستقر سازیم.

اگر این کار به صلاح نیست، بگذارید از تهران کاملا قطع رابطه کنیم و حکومت ملی خویش را بوجود آوریم. [مردم ما] به راه حل اخیر بیشتر تمایل دارد. سیاست شوروی هر کدام از این دو راه را که انتخاب کند، ما می توانیم آنرا شرافتمندانه اجرا کنیم و موفق گردیم[۳۵۸]»

البته سران مسکو به هیچکدام از گزینه‌هایی که در نامه آمده بود عمل نکردند.بطورکلی با مطالعه حیات یکساله فرقه دمکرات و اسناد روسیه مرتبط با آن نمی‌توان به ضرس قاطع تعیین کرد که هدف از بوجود آمدن آن،جدایی از ایران یا خودمختاری در چارچوب ایران بوده در این میان باقروف اگرچه در اندیشهء ایجاد یک آذربایجان بزرگ بود اما او در نظام دیکتاتوری استالین نمی‌توانست بدون در نظر گرفتن جوانب احتیاط در آن جهت عمل کند مخصوصا اگر در نظر بیاوریم که خود دیکتاتور بزرگ به امتیاز نفت می‌اندیشید نه به آذربایجان بزرگ. البته در این میان، آمال و خواسته‌های پیشه‌وری و رهبران فرقه نیز بشدت متغیر بودند و سلسله حوادث بوجود آمده در این مسئله تعیین کننده بودند اما در این شکی نیست که با خروج ارتش سرخ از ایران و احساس ترس در قبال دوام و بقای فرقه، اندیشه جدایی کامل از ایران تفوق پیدا می‌کند و با آغاز حملات ارتش مرکزی ایران به تنها راه بقا مبدل می‌گردد.

مسؤولین فرقه سعی می‌کردند در مورد مسائل مذهبی سیاست بی‌طرفی را در پیش گیرند و تا آنجا که ممکن بود مخالفت علما را بر علیه خود برنینگیزند بهترین منبع در این مورد اشاره به خاطرات آیت الله حاج میرزا عبدالله مجتهدی است:

دوشنبه ۱۰ دی

«... ظهر که مشغول خوردن ناهار بودم، کاغذی از آقای مجتهد آوردند که مرقوم داشته بودند که عصری آقای پیشه‌وری از آقای مجتهد پذیرایی خواهند نمود ... عصر رفتم منزل آقای مجتهد تا از جریان ملاقات ایشان با آقای پیشه‌وری کسب اطلاع نمایم. ایشان امروز ساعت ده با آقای حاجی میرزا باقر، آقای قاضی و حاجی میرزاعلی اصغرآقا، شیخ‌الاسلام در عمارت عالی‌قاپو از آقای پیشه‌وری دیدن نموده‌اند. مجلس به خوشی گذشته است. آقای باش وزیر خیلی احترام از آقایان نموده است. خواسته است دست آقای مجتهد را هم ببوسد، ایشان مانع شده‌اند. صحبت هم خیلی مؤدبانه بوده است ... مجلس با خوشی خاتمه پذیرفته است ... آقای ثقة‌الاسلام بنا بوده که بیایند، ولی تا آقایان آنجا بودند نیامده است. ممکن است بعداً خودش تنها رفته باشد. مجتهد، قاضی شیخ الاسلام، و ثقة‌السلام هیئت روحانی رسمی با دیدن نمودن این اشخاص از رئیس دولت جدید یک نوع رسمیت دادن به دولت جدید از نظر روحانیت است».[۳۵۹]

پنج‌شنبه ۴ بهمن

«... امروز که بیستم ماه صفر است، روز اربعین و چهلم شهادت حضرت سیدالشهداء علیه‌السلام است. ادارات دولتی و مدارس همه تعطیل است. بازار هم به طریق اولی تعطیل خواهد بود ...».[۳۶۰]

چهارشنبه ۱ اسفند ۱۳۲۴

«... امروز که مصادف با ۱۷ ربیع الاول است، روز عید میلاد حضرت رسول صلی الله علیه و آله است. ادارات دولتی و مدارس تعطیل است. در بازار از دیروز بیرق بر دکانها نصب نموده‌اند. ... آقای پیشه‌وری به مناسبت عید میلاد حضرت رسول الله صلی الله علیه و آله در عمارت عالی‌قاپو که فعلاً مقر ریاست وزرا است، از واردین پذیرایی می‌نموده‌اند ... واردین بعد از ورود با آقای نخست‌وزیر دست می‌داده‌اند. مجلس خیلی دموکراتیک بوده است ...».[۳۶۱]

امروز [پنج‌شنبه ۶ تیر]که مصادف با روز بعثت حضرت رسول (ص) است ادارات دولتی تعطیل است بازار و مغازه‌ها با بیدق مزین است. در عالی‌قاپو آقای دکتر مهتاش فرماندار جدید به مناسب عید مبعث از واردین پذیرایی می‌نمود. در مدرسه صادقیه که از مدارس طلبه علوم دینیه است، کتابخانه‌ای به نام کتابخانه علوم دینیه برای استفاده طلاب و سایر علاقمندان به دیانت تأسیس گردیده است، ... و در حضور جمعی از علما و طلاب مدارس افتتاح یافت».[۳۶۲]

اما با همه تساهل، فرقه دموکرات در جلب همکاری رهبران مذهبی و روحانیون موفق نشد. هر چند رهبران فرقه به آزادی اعمال مذهبی‌تاکید داشتند و به زنان حق استفاده مجدد از چادر، که از زمان رضاشاه ممنوع شده بود داده شد و در مدارس نیز دانش آموزان با سرود مذهبی در صبحگاه آموزش را شروع می‌کردند امّا چنین تساهل‌هائی برای جلب همکاری رهبران مذهبی در آذربایجان کافی نبود زیرا مخالفت علما و رهبران مذهبی دارای ریشه‌های عمیق ایدئولوژیکی و اقتصادی بود، علاوه بر این‌که با شروع اصلاحات فرقه دموکرات و تقسیم زمینهائی که فئودالهای آن به تهران فرار کرده بودند به پایگاه اقتصادی رهبران مذهبی لطماتی وارد آمد از سوی دیگر علما، فرقه دمکرات و دست اندکاران آن را به عنوان کسانی می‌نگریستند که کمونیست و اهل کفر هستند و از آنسوی مرزها رخنه کرده‌اند مخالفتهایی که رهبران مذهبی مانند سیدمحمد بهبهانی و حاج‌سیدمحمد امام جمعه با نهضت فرقه دموکرات ابراز داشتند نشان می‌داد که فرقه در ایجاد ارتباط و جلب همکاری علما ناکام مانده است. ثقه الاسلام که پدرش سالها قبل، بدست روس‌های تزاری به دار آویخته شده بود به فرقوی‌ها به دیده کافرانی می‌نگریست که باید قلع و قمع گردند، امّا در مراغه حاج میرزا حبیب آقا مجتهد، پا را از این نیز فراتر گذاشت و اعلام کرد که «این اشخاص کثیف دیوسیرت که بنام فرقه دموکرات از پشت کوه قاف دستور می‌گیرند و اکنون بر آذربایجان عزیز حکومت می‌کنند غارتگران و آدمکشان رذل و کلاش و اوباش و قلاش بی‌سر و پا و بی‌دینی هستند که منکر وجود خداوند بزرگ و عزوجل هستند و دین نمی‌شناسند و ناموس نمی‌فهمند تمام علماء بزرگ شیعه و مراجع تقلید، فرمان

جهاد علیه آنان داده‌اند این فرمان خداوند بزرگ است جهاد است و جانشینان پیغمبر اکرم (ص)، شما مردم شرافتمند مسلمان را بدان امر می‌دهد که وطن خود را از بی‌دینی و کفر نجات دهید ... گویند وقتی رعیتی، از او اجازه دخول در فرقه می‌کند به او در حضور اهالی مراغه می‌گوید که اگر وارد فرقه شوی مثل این است که با دختر خود در کعبه ... کرده باشی».[۳۶۳]

در خطه آذربایجان که در آن، مردم دارای احساسات شدید مذهبی بودند بدون شک مخالفت علما، بشدت از محبوبیت و مشروعیت فرقه دموکرات می‌کاست.

هر چند در اوایل ظهور فرقه، گروههای کثیری از مردم در آن مشارکت جستند امّا مشارکت آنان پیش از آنکه ناشی از حب فرقه باشد بغض آنان نسبت به حکومت مرکزی بود به همین خاطر، آنان نه تنها از فرقه دموکرات، بلکه هر صدای اعتراض و مخالفی بر علیه حکومت مرکزی بلند می‌شد بدورش جمع می‌شدند. امّا بدیهی است که چنین حمایت و پشتیبانی، امری زود گذر، موسمی و ناپایدار است و نیازمند پرورش طولانی توأم با رشد و ارتقاء فرهنگی است امری که فرقه در عمر کوتاه‌مدت خود که توأم با جنگ و گریز با نیروهای دولت مرکزی بود بدان نائل نگشت. البته فرقه به همین منظور دست به تبلیغات و فعالیت‌های مختلفی زد از جمله: اقدام به ایجاد رادیوئی بنام «صدای حکومت ملی آذربایجان» و انتشار روزنامه‌های متعددی که تعداد آنها به ۱۶ فقره می‌رسید، امّا این تلاش‌ها در وقتیکه اکثریت عظیمی از مردم، بخصوص جمعیت روستایی که از خواندن و نوشتن محروم بودند و در چنبره فقر فرهنگی و خرافات گرفتار بودند نمی‌توانست کافی باشد. دهقانانی که حتی در بعضی از مناطق، وقتی از طرف فرقه، زمینهای مالکان فراری بین آنها تقسیم می‌شده و به رایگان در اختیارشان گذاشته می‌شد امّا از پذیرفتن آن به عنوان «مال حرام» امتناع می‌کردند. در بعضی از روستاهای زنجان، مردمی که از فقر و گرسنگی می‌مردند وقتی انبار گندم اربابها توسط مأموران فرقه باز شد و در بین مردم گرسنه تقسیم گردید بعضی از مردم در عین احتیاج به گندم، آنها را به عنوان مال حرام و ترس از عذاب جهنم، دوباره به مأموران فرقه برگرداندند.[۳۶۴]

در این میان، وضعیت اقتصادی فرقه نیز امیدوار کننده نبود. قیمت کلیه اجناس در اواسط تیر ماه ۲۵ به دو برابر افزایش یافت، در نتیجه تسلط فرقه و قطع ارتباط با تهران، تجارت آذربایجان وضعیت اسفناکی به خود گرفت در واقع، عملاً هیچ گونه داد و ستدی بین آذربایجان و دیگر نقاط ایران امکان پذیر نبود. فرقه دموکرات با منع فروش مواد غذایی به خارج از محدوده استان، موجب کاهش انگیزه فروش گشت، تجار در صورتی می‌توانستند کالاهای خود را به خارج از استان بفرستند که کتباً متعهد می‌شدند عواید حاصله را به تبریز برگردانند همچنین با وضع عوارض بر تمام کالاهایی که وارد استان می‌شد، قدرت خرید نیز محدود شد سران فرقه به منظور کاستن از دشواریهای اقتصادی در پی انعقاد قرار دادهای اقتصادی با کشورهای خارجی افتادند امّا هیچ کشوری غیر از شوروی، تمایلی برای داد و ستد با فرقه نشان نداد.[۳۶۵] میرتقی موسوی از رهبران فرقه در این مورد می‌نویسد.

«... نیروهای شوروی خاک ایران را ترک کردند و آذربایجان نیز بعد از ۴ سال از نیروهای شوروی خالی شد. این تخلیه نتایج نظامی، اقتصادی و اجتماعی را به همراه داشت. حکومت ملی با مشکلات عدیده‌ای روبرو بود. تحریم اقتصادی به منافع بازار که تا دیروز از حکومت ملی حمایت می‌کرد ضربه وارد کرد.

غلامرضا الهامی وزیر دارایی با تمام تلاش و توان خود قادر نبود به اقتصاد ویران شده آذربایجان سروسامان دهد و اقتصاد بیمار توان اداره جنگ را در جبهه‌ها برای مدت طولانی نداشت از طرف دیگر نیز قوام سیاستمدار کهنه کار باب مذاکره را با فرقه باز کرده بود و باعث اتلاف وقت شد تا در فرصت مناسب ضربه نهایی را وارد سازد. در این میان مسلح کردن خوانین در مناطق مختلف آذربایجان آغاز شده بود. ذوالفقاریها در زنجان به نیروهای فرقه شبیخون می‌زدند و بیرحمانه بچه‌های فدائی را می‌کشتند».[۳۶۶]

بدلیل کمبود مالی، وضعیت صنایع نیز رو به وخامت گذاشت، صنایع محلی که بعلت قطع سفارش‌های جنگی شوروی، دچار مشکل شده بودند اندکی بعد محدودیت

داد و ستد نیز بدان اضافه گشت هنوز چند ماهی از استقرار فرقه نگذشته بود که مسؤولین فرقه دموکرات مجبور شدند حقوق کارگران تمام صنایع مهم را کاهش دهند و اندکی بعد تأمین نان، ذغال، و لباس مورد نیاز کارگران نیز قطع گردید. کنسول انگلیس در این مورد می‌نویسد:

> حکومت آذربایجان در رویارویی با مشکلات پایین آوردن هزینه زندگی و اداره کارخانه‌هایی که به دست گرفته است، به قطع کردن کمک هزینه کارگران کارخانه‌ها روی آورده است. در حالی که در رژیم پیشین هر کارگر کارخانه نان و ذغال چوب رایگان و همچنین دو دست لباس و یک جفت کفش در سال دریافت می‌کرد، اکنون فقط دستمزد و شاید در برخی موارد یک دست لباس کارگری به دستش می‌رسد. کارگران این وضعیت را نمی‌خواهند ... .[...]

در قسمت کشاورزی هر چند فرقه یه اقدامات مترقی دست زد امّا به دلایلی متعدد، نتیجه مطلوبی به بار نیامد زیرا اصلاحات در کوتاه مدت نمی‌توانست ثمر دهد، بلکه به دورانی با ثبات و بلند مدت نیازمند بود. تقسیم اراضی مصادره شده مالکین، که فرار کرده بودند و به عنوان دشمن فرقه قلمداد می‌شدند باعث قطعه قطعه شدن زمین‌ها گشت، به طوری که «اکثر رعایا بین ۱ الی ۵ هکتار زمین گرفتند» اکثر دهقانان که به ناگهان، صاحب زمین شده بودند. «از مدیریت زراعی تجربه چندانی نداشتند. بسیاری از آنها چنان فقیر بودند که حتی از عهدهٔ خرید بذر لازم بر نمی‌آمدند، چه رسد به وسایل کشت و زرع ... مالکین و دهقانان هر دو با مقررات جدید برداشت محصول، که آنها را ملزم می‌ساخت بخشی از محصول غلهٔ خویش را (۲۰ ٪ دهقانان و ۷۰٪ مالکین) به قیمتی معین، به دولت بفروشند. ناراضی بودند. بسیاری از دهقانان بر این باور بودند که صرفاً مالکی را از دست داده بودند تا مالک دیگری به جای او بنشینند».[۳۶۸]

از طرفی، برای ایجاد ارتشی قدرتمند به هزینه‌ای گزاف نیاز داشت بخاطر کمبود مالی، فرقه مجبور شد حقوق نظامیان را به منظور افزایش درآمدها و کاهش هزینه‌ها، کاهش دهد و جمع آوری مالیاتهای معوقه را از نو برقرار کند. مشمولانی که از طرف

فرقه به خدمت فرا خوانده می‌شدند حاضر به خدمت نبودند مردم اکثراً در خانه‌های خود جوانان را مخفی کرده و حاضر نبودند جوانان خود را به سربازی بفرستند. پس از خارج شدن ارتش سرخ از ایران، مردم «به بقای دولت اطمینان نداشتند. همچنین نبود امکانات و فقدان امکانات سربازی نیز مزید بر علت بود در اکثر خانه‌ها چند نفر خود را مخفی کرده‌اند تا به سربازی نروند ...».[۳۶۹]

پس از خروج ارتش سرخ از ایران و سازش قوام‌السلطنه با سران مسکو، کم‌کم ترس مخالفین از فرقه از بین رفته و علناً شروع به انتقاد از فرقه و ضعفهای آن می‌کردند ماجرای عروسی محمد بی‌ریا به عنوان نقطه ضعف حکومت ملی، نقل محافل شده بود فرقه مجبور شد قاطعیت نشان دهد و در نتیجه فراریان از خدمت را دستگیر و به جبهه‌ها اعزام می‌کرد و در ۱۸ اسفند ۱۳۲۴، «آخوندی بنام ملاموسی را که حکم جهاد علیه فرقه دمکرات داده بود به همراه سه نفر دیگر به دار آویختند».[۳۷۰] کنسول انگلیس، مشکلات حکومت تبریز را در اوایل مهر ماه یعنی تقریباً دو ماه قبل از سقوط آن، چنین خلاصه کرده:

> دموکراتها در همه جبهه‌ها دچار مشکل شده‌اند. وضعیت مالی آنها ناامید کننده است، فعالیت‌های کردها در ارومیه آنها را بلاتکلیف کرده است و اخلالگران ـ که به گفته دموکراتها توسط مقامات فارس تجهیز شده‌اند ـ با فدائیان اردبیل درگیر هستند. اجرای برنامه حکومت برای گردآوری غلات جهت نیازهای زمستانی با مقاومت زمین داران و کشاورزان روبرو شده و کسریهای مالیاتی، به خالی شدن خزانه‌های حکومت منجر شده است ... کمبود نان جدی‌تر شده است و حزب باید با مردمی درگیر شود که ۹۰ درصدشان یا مخالف هستند یا کاملاً بی‌طرف. خرید و فروش راکد است چرا که مردم پول خود را پنهان می‌کنند و یا برای اطمینان به تهران منتقل می‌سازند. ...

و این در حالی بود که کم‌کم حکومت مرکزی خود را آماده حمله می‌کرد و «آمریکاییان ارتش شاهنشاهی را به کامیونها، تانکها و سلاحهای سنگین مجهز کرده

بودند و روسها چیزی بیشتر از تفنگهای معمولی، سلاحهای دستی و سبک به حکومت تبریز نداده بودند».[۳۷۲]

۲۹ ـ پایان دردناک فرقه دمکرات آذربایجان

من گل جوانی‌ام را که بی‌خودی در ا جبـاری نگذرانـده‌ام
سینه جلـو گلولـه سـپر کـرده‌ام و در سـرمای گـرگ کـش
آذربایجان سینه خیز رفته‌ام ...
من برای شما دیوان سالاران که بتوانید در رختوابهایتـان
آسوده بخوابید کله کله آدم کشته‌ام ...

هیئت آذربایجانی مرکب از شبستری، دکتر سلام‌الله جاوید، صادق پادگان، ژنرال پناهیان، سرهنگ مرتضوی که در تاریخ ۳۰ مرداد ماه ۱۳۲۵ برای مذاکره به تهران رفته بودند بعد از دو ماه اتلاف وقت، به تبریز بازگشتند فرقه برای شنیدن گزارش آنان، نشست گسترده‌ای از فعالان حزب و با حضور اعضای کمیته مرکزی تشکیل داد جلسه فوق‌العاده اعضاء که در آن بیش از ۷۰۰ نفر شرکت داشتند با انتقاد از عملکردهای سلام‌الله جاوید و شبستری در طول اقامتشان در تهران پایان یافت.[۳۷۳]

نمایندگان آذربایجان در طی دو ماه اقامتشان در تهران، در مواردی به توافق شفاهی دست یافتند که یکی از موارد توافق، این بود:

> آذربایجان با قبول استدلال دولت مبنی بر این‌که ولایت خمسه از نظر تقسیمات کشوری جزو آذربایجان نیست، موافقت نمود که زنجان را تخلیه و به دولت مرکزی تحویل دهد مشروط بر این‌که ده روز پس از تحویل زنجان، بخشهای تکاب و سردشت به آذربایجان داده شود.[...]

هر چند این بند توافق نامه، با مخالفت شدید فداییان زنجان مواجه شد امّا انجمن ایالتی آذربایجان در تاریخ ۱۳۲۵/۸/۲۰ تخلیه خمسه از قشون ملی و تحویل آن به دولت مرکزی را تصویب کرد. سلام‌الله جاوید به همراه صدر قاضی، به زنجان رفتند تا این خبر ناگوار را به اهالی آنجا بدهند جاوید در خاطراتش می‌نویسد:

> من فرقه‌چی‌ها و کارمندان را علیهده جمع کرده نسبت به شرایط روز موضوع را شرح دادم، بعد از مذاکرات و مصاحبه زنجان لازم بود تا

آخرین سرحد آذربایجان رفته با فدائیان آنجا نیز ملاقات نمایم. آخرین سرحد کرسف بود که در مقابل قوای دولتی نگهبانی می‌کرد. با مرحوم سرهنگ مرتضوی ... براه افتادیم در راه اسم دهات را می‌پرسیدیم و مرحوم مرتضوی اسامی بعضی از دهات را ... تذکر می‌داد که با دستور غلام‌یحیی آنها را تخلیه کردیم و بعد از تخلیه، قوای ذوالفقاری آمدند آنجاها را غارت کردند. بعد از سقوط آذربایجان قوام در اعلامیه‌ی خود اسامی دهات را ذکر •کرده و• غارت آنجاها را به گردن فدائیان دمکرات انداخته بود. ...

فرقه بر این‌که بهانه‌ای بدست دولت مرکزی ندهد در موعد مقرر، زنجان را تخلیه کرد و صورت‌مجلس، بوسیله نمایندگان دو طرف سرهنگ مرتضوی و سرهنگ بواسحاقی، نماینده دولت مرکزی امضاء شد امّا در ۲۸ آبانماه با حبس یک فدائی و اعتراض فدائیان، درگیری شروع شده، تلگرافهای و تلفن‌های من •سلام‌الله جاوید• به سرهنگ تأثیری نکرد، هجوم قوای دولتی به شهر بی‌دفاع با خدعه شروع شد و زنجان به اصطلاح اشغال گردید. به محض ورود قشون و اوباش دسته ذوالفقاری‌ها قتل و غارت شروع شد و اولین قربانی، شیخ محمد آل اسحق مبارز و دشمن سرسخت ذوالفقاریهای غارتگر شد... .[۳۷۶]

در اوایل نوامبر آلن سفیر آمریکا به همراه دوخر کنسول آمریکا در تبریز در تهران با قوام دیدار کرده به او قول دادند که آمریکا از سیاست تمامیت ارضی ایران دفاع خواهد کرد قبل از آغاز حمله در کاخ شاه جلسه‌ای با شرکت شاه، نخست وزیر، وزیر دفاع و رئیس ستاد ارتش تشکیل گردید که در آن نقشه عملیات آذربایجان آماده شد و تصرف زنجان را به عنوان مرحله اول اقدامات فوق‌العاده برای آزادسازی آذربایجان و تمام مناطق شمالی در نظر گرفته شد.[۳۷۷]

پس از تصرف زنجان، شاه با هواپیما بدانجا رفته در فرودگاه با رزم‌آرا رئیس ستاد ارتش ملاقات و به فرماندهان نظامی دستود داد برای حمله به آذربایجان حرکت کنند در واقع حمله به زنجان مقدمهٔ حمله به آذربایجان بود قوام‌السلطنه در اعلامیهٔ اوّل آذر ۱۳۲۵ ذکر کرد که برای اجرای صحیح انتخابات مجلس پانزدهم، لازم هست از طرف

تهران قوای انتظامی به قدر کافی برای هر استان اعزام شود تا مراقب حفظ انتظامات باشند پس از صدور این اعلامیه، دکتر جاوید استاندار آذربایجان از نخست‌وزیر استعلام نمود که آیا دولت برای حفظ نظم انتخابات به آذربایجان نیز نیرو اعزام خواهد کرد؟ قوام ضمن تأیید اعزام قوا به آذربایجان، اعلام نمود که هدف، تنها رعایت قانون انتخابات و آزادی کامل برای انتخاب کنندگان هست.[۳۷۸]

وقتی انجمن ایالتی آذربایجان در تلگرافی به قوام‌السلطنه، نسبت به اعزام نیرو به آذربایجان اعتراض نمود قوام‌السلطنه اعلام کرد که موضوع اعزام قوا جزو مسؤولیت دولت است و انجمن ایالتی آذربایجان مجاز به دخالت در این موضوع نیست. پیشه‌وری پس از اطلاع از اعزام نیرو به آذربایجان، درمقاله تحت عنوان «کجا و برای چه می‌آیند؟» چنین نوشت:

> ... آقای قوام‌السلطنه فراموش نباید بکنید که آذربایجانیان برای ایجاد صلح و توافق‌نامه بدو التماس نکرده بود برعکس او خودش با توسل به واسطه‌های مختلف به ما مراجعه کرد و در زیر ماسک صلح و مسالمت، تصمیم به اغفال ما کرد و اکنون نیز چنین الم شنگه راه انداخته است.
>
> آذربایجانی نه زانو خم کرده بود و نه به التماس افتاده بود، این ننگ را آذربایجانی هیچ وقت تحمل نکرده و نخواهد کرد. او فقط برای این‌که برادر کشی نشود ... موافقتنامه ۲۳ خرداد را امضاء کرده بود ... اگر ما خودمان به دسته‌های فدائی و قزلباش دستور تخلیه زنجان را نمی‌دادیم آیا اراذل و اوباشی که ذوالفقاری و سایر مرتجعین تشکیل دادند می‌توانستند در زیر سایه و حمایت ارتش شاهنشاهی به غارت خانه‌های دموکراتها و قتل‌عامشان بپردازند. آقای قوام‌السلطنه که قبول کرده به آذربایجان حمله کند با مقاومت شدید فداییان و ارتش ملی ما مواجه خواهد شد. نیروهای مسلحی که به آذربایجان تجاوز نمایند فقط می‌توانند از روی اجساد مردان و زنانی که در راه دفاع از میهن، سلاح بدست گرفته‌اند، پیشروی کنند ... .[۳۷۹]

و در مقاله‌ای دیگر، تحت عنوان «حرف آخر» پیشه‌وری چنین نوشت:

«حکومت تهران بالاخره ماهیت خود را ظاهر کرد ... این بار ما حساب‌مان را یکباره، تمام خواهیم کرد و برای همیشه حساب‌مان با کسانیکه سالیان متمادی آزادی خلق‌های ایران را غصب کرده‌اند تصفیه خواهیم کرد بگذار هیئت حاکمه غاصب که خون خلق را آشامیده با دستهای خود قبر خویش را بکند اینبار تنها مسئله آزادی ملت آذربایجان مطرح نیست بلکه آزادی کل ایران هدف است ... ما یکبار دیگر حرف آخر خود را می‌زنیم: ما همه می‌میریم امّا آزادی مان را از دست نخواهیم داد ... مرگ هست بازگشت نیست.»

در حالی که اعزام ارتش به آذربایجان با واکنش شدید دموکراتها در تبریز همراه بود در تهران نیز، حزب توده ضمن هشدار، اعلام کرد که اعزام نیرو می‌تواند امنیت مرز جنوبی اتحاد شوروی را به مخاطره افکند و ممکن است سبب بازگشت ارتش سرخ به ایران گردد،[۳۸۱] از طرفی مظفر فیروز از مسکو به قوام هشدار داد که نتیجه اعزام نیرو به آذربایجان، خطرناک خواهد بود؛ سفیر شوروی نیز در تهران؛ با اعزام نیرو مخالفت کرده بود امّا در این زمان، روسها بیشتر دل در گرو مجلس پانزدهم داشتند که می‌بایستی پس از تشکیل آن، توافقنامه نفت را تصویب نماید، به همین خاطر مخالفتهای آنان نسبت به اعزام نیرو به آذربایجان، از حد محکومیت لفظی فراتر نرفت، روسها و چپ‌گرایان، از مدتها پیش، بارها از قوام خواسته بودند که به برگزاری انتخابات مجلس پانزدهم اقدام کند. کلاف سردرگمی شده بود موضوع تقاضای شوروی در مورد نفت بسته به مجلس پانزدهم بود و قوام ادعا می‌کرد که برای شروع انتخابات مجلس پانزدهم و ایجاد نظم و آرامش، قوای تأمینه باید به آذربایجان اعزام گردد، روس‌ها از لحظه انعقاد موافقتنامه با قوام‌السلطنه، رها کردن دموکراتها را آغاز کرده بودند و این مسئله‌ای نبودکه از دید دموکراتهای تبریز پنهان بماند.

وقتی تصمیم آغاز حمله به آذربایجان قطعی گردید پیشه‌وری، شبستری، جاوید و پادگان در ۱۰ آذر ۱۳۲۵نامه مفصلی به باکو ارسال کردند که حکایت از اوضاع بحرانی آذربایجان و درخواست کمک می‌کردند آنان در نامه نوشتند که« اکنون برای ما مساله مرگ و زندگی مطرح است آنها می‌خواهند ما را نابود کنند ما این را با چشمان باز

می‌بینیم حال که چنین است ما مرگ شرافتمندانه را ترجیح می‌دهیم درست است که سلاح کم داریم اما با تمام قوا از خود دفاع خواهیم کرد و اگر مجبور شویم به کوه زده جنگ پارتیزانی به راه می‌اندازیم تمام پیران، کودکان، جوانان و زنان ما نیز آماده مبارزه اند...»

آنان در نامه نوشته بودند که «با دستهای تقریبا خالی در مقابل ارتش تا دندان مسلح ایران قرار دارند در کل آذربایجان و کردستان تنها ۴توپ بدون گلوله و ۲خمپاره انداز بدون خمپاره وجود دارد و بشدت نیازمند سلاح هستیم چرا که در حال حاضر هیچ راهی غیر از مبارزه برای ما وجود ندارد...»

باقروف نامه رهبران آذربایجان را در ۱۱آذر به استالین فرستاد باقروف در نامه‌ای کوتاه از استالین خواهش کرد «از ماه می۳۷۵ افسر و کارآموزان از آذربایجان ایران در مدارس نظامی باکو و کیروف‌آباد در حال تحصیل هستند و دو دسته، گروهی متخصص تانک و گروهی متخصص توپ از قبل در منطقه نخجوان آماده شده آنها را به همراه سلاحها و خمپاره‌های غنیمت گرفته از ارتش آلمان به آذربایجان فرستاده شود[۳۸۲]» اما جواب سران مسکو در مقابل هرگونه کمک نظامی خاموشی بود و همچنان چشم انتظار حل مسالمت‌آمیز بحران توسط قوام‌السلطنه بودند به همین خاطر در جواب نامه، به سفیر خود در تهران دستور دادند که با قوام گفتگو کرده وعده‌هایش را یادآوری کند! گفتگوهای متعدد و در واقع بیهوده سفیر با قوام نتوانست قوام را از حمله به آذربایجان منصرف کند[۳۸۳].

قوام اعلام کرد که دموکراتهای آذربایجان اگر با خودداری از پذیرفتن نیروهای مسلح، این حق را از دولت سلب نمایند، اقتدار دولت مرکزی را علناً به مبارزه خوانده‌اند. در چنین حالتی، تصرف آذربایجان احتمالاً ضروری خواهد بود، و اگر روس‌ها در این امر مداخله نمایند ایران به شورای امنیت شکایت خواهد کرد.[۳۸۴]

در ۱۳آذر ارتش مرکزی حمله خود را بر آذربایجان آغاز کرد پس از آغاز حمله، هواپیماهای دولت به پرواز درآمده با ریختن برگه‌هایی از مردم خواستند برعلیه فرقه به

پاخیزند. میرجعفر باقروف یک روز پس از آغاز حمله در۱۴آذر ۱۳۲۵ به استالین چنین گزارش می‌دهد:

«اطلاعاتی که از تبریز گرفته شده تقدیم شما می‌گردد در ۴دسامبر ارتش ایـران از زنجان به طرف میانه حرکت خود را آغاز کردند چند ساعت درگیری بین فدایی‌هـا و ارتش بوجود آمد ارتش ایران از تانکها، توپهای صحرایی و مسلسلها استفاده می‌کنـد. در نتیجه درگیری‌ها، نیروهای فدایی روستای «رجین» و ایستگاه راهن را ترک کرده به منطقه دفاعی جدیدی منتقل شده‌اند.

غلام‌یحیی فرمانده فداییان میانه به پیشه‌وری تلگراف زده درخواست مسلسل‌هـای ضد تانک و افسران متخصص کرده است. از تلگرام دیگر دانشیان چنین برمی‌آید کـه ارتش ایران برای حمله به خلخال و تصرف اردبیل در اطراف روسـتاهای «تـزرون» و «ارمغان» در حال تجمع هستند.

پیشه‌وری از طریق رادیو خبر آغـاز حملـه را بـه اطـلاع مـردم رسـانده و تبریـز وضعیت جنگی بخود گرفته است.از تمام روستاهای آذربایجان روسـتائیان بـه کمیتـه مرکزی فرقه مراجعه کرده برای مقابله با ارتش درخواست سلاح می‌کنند امـا بخـاطر فقدان سلاح، رهبری فرقه نمی‌تواند آنها را مسلح کند. در چنین شرایطی رهبران فرقه دمکرات آذربایجان خواهش می‌کنند حدالمقدور به آنان مختصر کمکی داده شود ایـن کمکهای حداقلی شامل ۱۶توپ،۵۰۰۰تفنگ و ۲۰عدد سلاح ضـد تانـک و مقـداری مهمات و فشنگ می‌باشد[۳۸۵]»

بدین ترتیب با حمایت انگلیس و امریکا و سکوت شوروی، حمله بـه آذربایجـان آغاز شد، قوام برای این‌که از درخواستهای اعتراض‌آمیز سفیر شوروی و حـزب تـوده دور باشد عازم مزارع چای خود در شمال شد. در ۱۳۲۵/۹/۱۶ نیروهای دولتی حرکت خود را از زنجان آغاز کرده و در حال پیشروی بسوی میانه بودند. در تبریز پیشـه‌وری همچنان با سخنان و مقالات آتشین خود، مردم را به مبارزه و مقاومت در مقابل قـوای دولتی فرا می‌خواند و در و دیوار تبریز، پر از شعارها و پوسترهایی بود که حکایـت از مقاومت داشت. ژنرال پناهیان، رئیس ستاد فرقه فکر می‌کرد که ارتش شاهنشاهی از راه تکاب و میاندوآب به مراغه و سپس تبریز هجوم خواهد بـرد بـه همـین خـاطر همهٔ

نیروها را در مراغه، مهاباد، میاندوآب و تکاب تمرکز داد. در رایزنی که بین پیشه‌وری، پادگان، قیامی و جهانشاهلو به عمل آمد تصمیم گرفته شد که پناهیان را از ریاست ستاد برداشته و ژنرال آذر را بجای او نصب کنند، تیمسار آذر بدرستی تشخیص داده بود که ارتش، تعرض اصلی خود را نه از تکاب و مراغه، بلکه از قافلانکوه آغاز خواهد کرد، امّا این پیش‌بینی دیگر دیر شده بود.

«تیمسار نوائی را مأمور پدافند شهر تبریز و تیمسار عظیمی را مأمور برپا داشتن استحکامات اطراف به ویژه بلندی‌های میانه و تبریز کردند و من •جهانشاهلو••مأمور سازماندهی لشکر ضربتی بنام بابک شدم ... همه افسران و گروهبانان در تلاش شبانه روزی بودند تا سربازان را در زمان کوتاهی برای نبرد آموزش دهند ... در این میان تیمسار آذر با ما دیدار کرد و خواست که چون غلام‌یحیی در فن سربازی مجسمه‌ی ناآگاهی بیش نبود دستور داده شود تا افسری آگاه و کارآمد برای فرماندهی دفاع قافلانکوه روانه گردد، حتی او پیشنهاد کرد که خود او بدانجا رود، امّا آقای پیشه‌روی موافقت نکرد پس از رفتن تیمسار آذر، دلیل عدم موافقت او را پرسیدم، او گفت: شما که خوب می‌دانید غلام‌یحیی را من به آنجا نفرستاده‌ام تا او را اکنون عوض کنم. بی‌گمان با عوض کردن غلام‌یحیی ما همگی دچار خشم روس‌ها خواهیم شد.»!•••

علیرغم نابرابری آشکاری که بین قوای طرفین وجود داشت فرقه تصمیم به مقاومت گرفته بود به همین دلیل توانست حملات ارتش را در ۱۶و ۱۷آذر دفع کند اما اصلی‌ترین و شدید ترین جنگ در زنجان، میانه و دهکده کردستان و صورت گرفت البته در منطقه«خاله سو» و مراغه نیز درگیری‌ها شدید بود در همین زمان یعنی ۱۷آذر رهبران فرقه پیشه‌وری، شبستری، پادگان، جاوید و غلام‌یحیی از طریق کنسولگری شوروی به باقرف اطلاع دادند که تنها یک راه وجود دارد و آنهم مبارزه با تکیه بر نیروی سلاح و شجاعت جوانان است اکنون مردم دسته دسته به فرقه مراجعه کرده می‌خواهند به آنها سلاح داده تا با دشمن بجنگند رهبران فرقه بار دیگر خواهان سلاح از مقامات شوروی شدند و قول دادند حتی این سلاحها را مخفیانه تحویل گرفته تا

کسی متوجه نگردد اما علیرغم اصرار رهبران فرقه و باقروف، سران مسکو هیچ کمکی نکردند[۳۸۷]. سرنوشت این جنگ، قبل از این‌که در دامنه‌های قافلانکوه تعیین شود قبلاً در مسکو تعیین شده بود. در روز ۱۸ آذر، دو ستون غربی و شرقی شروع به پیشروری نمودند یکی به فرماندهی سرتیپ هاشمی [که خودش اهل تبریز بود] از محور میانه ـ تبریز و دیگری به فرماندهی سرتیپ ضرابی از محور میانه ـ مراغه ـ تبریز.

محمدرضاشاه به اتفاق رزم‌آرا و فردوست با هواپیمای یک موتوره در حال بازدید بودند، فردوست در خاطرات خود می‌نویسد:

> سرزمین آذربایجان پوشیده از جبال است و چهار رشته کوه مهم دارد اولین رشته کوه قبل از میانه، قافلانکوه است که کوهی است عظیم و سر به فلک کشیده. قبل از ورود به کوه، پل عظیمی بود که نیروهای پیشه‌وری آن را تخریب کرده بود، تا راه عبور و مرور با خودرو امکان پذیر نباشد و من می‌دیدم که سربازان ما داخل دره‌ها می‌رفتند و اگر نیروهای پیشه‌وری می‌خواستند مقابله کنند، بهترین مواضع را داشتند که مهمترین آن همین قافلانکوه بود.[۳۸۸]

ستون غربی در ساعت ۱۸ روز ۱۸ آذر پیشروی خود را آغاز کرد. در جبهه دموکراتها، غلام‌یحیی دانشیان با ۱۷۰۰ رزمنده، سه خمپاره انداز و سه ارابه توپ کوهستانی در موضع دفاعی قرار داشتند پس از زد و خورد شدید بین طرفین، سرانجام به خاطر این‌که ستون غربی ارتش، از پشتیبانی نیروی هوایی برخوردار بود به بمباران شدید مواضع دموکرات‌ها پرداخته و دمکراتها را مجبور به عقب نشینی کردند و ارتفاعات قافلانکوه در شب ۲۰ آذر، بوسیله ستون غربی اشغال شد:[۳۸۹]

> نیروهای تشکیل دهنده فدایی در نهایت افراد داوطلب بودند و تجربه یک جنگ منظم را نداشتند. تقریباً همه سنگرهای نیروهای فرقه در این منطقه زیر شدیدترین بمباران هوایی قرار گرفته بودند. تانک و آتش توپخانه لحظه‌ای خاموش نمی‌شد. نیروهای جوان فرقه تجربه این جنگ وحشیانه را نداشتند. ارتش مرکزی برای تخلیه و یا عقب راندن نیروهای فرقه تلاش نمی‌کردند، هدف آنان فقط کشتار بود ... فکر می‌کنم افراد

نظامی فرقه هر آنچه در توان داشته، انجام می‌دادند، ولی قادر به مقابله بخصوص با نیروی هوایی نبودند. در روزهای آخر در تلاش بودند تا راه عبور نیروهای مرکزی را برای مدتی هم شده باشد، مسدود کنند و مانع پیشروی آنان به تبریز شوند تا شاید با جابجایی، تلفات و اعدام‌ها کمتر گردند.***

قسمتی از مدارکی که از آن دوران باقی مانده، گزارش ژنرال غلام‌یحیی، فرمانده فدائیان به پیشه‌وری است که در همان شب حمله ارسال شده است:

خیلی خیلی فوری

آقای پیشه‌وری

در نتیجه زد و خورد شدیدی که از ساعت ۶/۳۰ امروز (۱۹ آذر) از صبح تا غروب ادامه داشت فدائیان از نوروز آباد ـ کولیچه آبادی افشار که در دامنه شرقی قافلانکوه قرار دارد عقب نشستند. فدائیان از بمباران هوائی و آتش تانک‌ها و توپخانه فوق‌العاده وحشت دارند. روحیه خود را بکلی باخته سنگرها را ترک می‌کنند. دشمن از جناحین تجاوز می‌کند. برای اجتناب از محاصره شدن مجبور شدیم اطراف قزل اوزن را تخلیه کرده، پل‌های جاده شوسه و راه آهن را واقعه •؟••روی قزل اوزن خراب کرده و جبهه خود را کوتاه کنیم.

ژنرال غلام‌یحیی دانشیان

جواب پیشه‌وری و ژنرال پناهیان از تبریز:

فوری فوری

«۱ـ همین امشب باید بوسیله افراد زبده بدشمن در نقاط مختلف حمله شود تا کاملاً فرسوده شده و صبح فردا قادر به ادامه حمله نباشد.

۲ـ عملیات امروز در جبهه قافلانکوه رضایت‌بخش نیست، بهیچوجه بافراد اجازه دهید عقب بنشینند درجه‌دار یا سرباز فدائی که عقب‌نشینی کند باید بدون کسب اجازه تیرباران شود.

۳ـ استفاده افراد از بطری‌های ضد تانک ضروری است. آنها را وادار کنید تانک‌ها را از کار بیاندازند.

۴ـ تخریبات را همین امشب عملی و نتیجه را گزارش دهید.

۵ـ نتیجه عملیات امروز و تعداد تلفات و ضایعات را گزارش دهید.»

پیشه‌وری ـ ژنرال پناهیان

ستون شرقی با دفاع سخت دمکرات‌ها روبرو شده مجبور به عقب نشینی گردید امّا در مراحل بعدی درگیری، ستون شرقی پس از سقوط آق‌کند، بالاخره در ساعت ۵ صبح روز ۲۱ آذر قره بلاغ ـ میان بلاغ ـ سلیمانلو را به تصرف درآورده و در پایان روز ۲۱ آذر به مامانلو، ۱۸ کیلومتری میانه رسید.

ستون مرکزی که از ساعت ۶ روز ۱۹ آذر از مبداء حرکت، شروع به پیشروی کرده بود پس از زدوخورد شدید با دموکرات‌ها، بدلیل این‌که مواضع دمکرات‌ها بشدت بمباران می‌شد و ستون مرکزی حرکتش با پشتیبانی تانک‌ها و آتش دقیق توپخانه درتمام طول جبهه همراه بود توانست دمکرات‌ها را وادار به عقب‌نشینی نماید.

در نیمه شب ۲۰ آذر ماه، پل دختر ـ پل بتنی جاده شوسه ـ پل راه آهن بوسیله دمکرات‌ها تخریب گردید تا از پیشروی نیروهای مهاجم، موقتاً جلوگیری نموده و فرصت تخلیه میانه و عقب نشینی بسوی تبریز را داشته باشند. بعلت خرابی پل، پیاده نظام و واحدهای قاطردار (توپخانه کوهستانی و واحدهای مسلسل سنگین) با استفاده از گدارهای رودخانه سریعاً بطرف شهر میانه پیشروی نمودند و در ساعت ۱۵ روز ۲۰ آذر وارد شهر میانه شدند.[۳۹۱]

از ساعت ۱۲ روز ۲۰ آذر، پل بتنی بوسیله گروه مهندسی ارتش مرمت گردید و در ساعت سه نیمه شب، کلیه وسایل موتوری توپخانه، ارابه‌های جنگی و ستون کامیون‌ها از پل گذشتند و در صبح ۲۱ آذر در میانه مستقر شدند. در این زمان در تبریز، مقامات شوروی ضربه نهائی و در واقع، تیر خلاص را بر پیکر فرسوده و لرزان فرقه دمکرات وارد ساختند.

چون در مقابل درخواست‌های مکرر هیچ کمک و حتی جوابی از سوی مقامات مسکو نشد و اوضاع بشدت پیچیده و بحرانی بود در ۵دسامبر/۱۵آذر میرجعفر باقروف تلگرامی که تنها حاوی یک سطر بود به استالین فرستاد:

«در ارتباط با آذربایجان ایران از شما تقاضای ملاقات دارم»[۳۹۲]

ما نمی‌دانیم که آیا این ملاقات بین باقروف و استالین صورت گرفت یا صورت نگرفت البته چندان مهم هم نیست چون رخدادهای بعدی بی‌نتیجه بودن آن را نشان داد در این شکی نیست که نه تنها مقامات مسکو به هیچکدام از تمناهای باقروف برای کمک به فرقه توجه نکردند بلکه آنان تصمیم جدی گرفته بودند که فرقه را بدست خود قربانی کنند در حالیکه در همین روز کمیته مرکزی فرقه دمکرات اتحادیه‌های روستائیان، روشنفکران، اعضای حزب دمکرات و زحمتکشان را دعوت به مبارزه کرده و در تبریز و دیگر جاهای آذربایجان عمال قوام که به منزله ستون پنجم دشمن عمل می‌کردند توسط پلیس فرقه نابود شدند اما در همین روز قلی‌یف دستور استالین را به پیشه‌وری، جاوید و پادگان تحویل داد در این دستور خیانت‌بار آمده بود که هرگونه مقاومت کنارگذاشته شود و حتی توسط جاوید و شبستری نامه‌ای به شاه و قوام نوشته و اعلام کنند که هیچگونه مقاومتی در مقابل ورود ارتش به آذربایجان را ندارند![۳۹۳]

حالا دیگر در پیش چشمان پیشه‌وری، نه جنبش جنگل و خیانت رفقای مسکو بلکه صحنه‌ایی به مراتب تراژیک‌تر و خیانت‌بارتر از آن تکرار می‌شد چرا که این بار آنان تنها به قطع مساعدتها و پشتیبانی از جنبش اکتفا نکرده بلکه فرقه دمکرات را دست و پا بسته چون گوشت قربانی برای ورود ارتش مرکزی آماده می‌کردند شاید اکنون این شعر شاعر عرب ورد زبان پیشه‌وری بود و غمگینانه آنرا زمزمه می‌کرد:

«یک زمانی برادرانی داشتم من
به آنان به مانند پیراهنی از زره فولادین اعتماد داشتم!
اما امروز می‌بینم که
همگی دشمن من شده‌اند،
آنان را به مانند تیرهای نوک تیزی می‌دیدم
واقعاً چنین بودند، اما اینک قلب مرا سوراخ کرده‌اند!»

اسماعیل شمس از دوستان نزدیکش در خاطرات خود در مورد وضعیت روحی پیشه‌وری در همین روز چنین می‌گوید:

در ۱۷آذر نزد پیشه‌وری رفتم تا در مورد روزنامه و مشکلات مالی آن صحبت کنم او خیلی عصبی بود من در مورد روزنامه می‌خواستم صحبت کنم اما او چنان دردمند بود که انگار یک نفر می‌خواست تا دردهایش را برایش بگوید و سبک شود دردمندانه می‌گفت «قوای شاه زنجان را گرفته جنایات تکان دهنده‌ای در آنجا مرتکب شده‌اند قشون شاه در حال پیشروی بسوی آذربایجان هستند قوای ما فاقد سلاح و مهمات هستند و ما مردم را با دستهای خالی بسوی مرگ می فرستیم...» او این مطالب را چنان دردمندانه می‌گفت که انگار یک نفر را زنده زنده در تنور بسوزانند من به او گفتم پس روسها چه می‌گویند او در جواب من، به تلگراف تازه‌ای که دریافت کرده و روی میزش بود اشاره کرده گفت «آنها از ما می‌خواهند که بی‌قید و شرط تسلیم شویم تا حسن‌نیت خودمان را به قوام‌السلطنه قاتل نشان دهیم فاجعه‌ای که بر سر ما می‌آید از دست همین روسهاست[۳۹۴]»

در اثر فشار گروه مولوتف و سرهنگ قلی‌اف که بعد از خارج شدن ژنرال آتاکیشی‌اف، همه کاره فرقه بود جلسه دفتر فرقه در ۱۰دسامبر/ ۱۹ آذر تشکیل می‌گردد در جلسه دو گروه در مقابل هم بودند گروه اول پیشه‌وری،ف.ابراهیمی،غلام یحیی دانشیان،میرقاسم چشم‌آذر و جهانشاهلو طرفدار مبارزه در مقابل ارتش بودند گروه دوم محمد بی‌ریا ، شبستری و جاوید بودند که می‌گفتند طرفداران فرقه بدون صلاح هستند و در نتیجه مقاومت بیهوده است و طرفدار تسلیم در مقابل ارتش مرکزی بودند در این جلسه با فشار روسها، پیشه‌وری که موافق مقاومت و دفاع بود کنار گذاشته شد و محمد بی‌ریا که موافق تسلیم در برابر ارتش مرکزی بود به عنوان رهبر فرقه انتخاب شد البته همچنان که خواهد آمد محمد بی‌ریا به خاطر همین تسلیم‌طلبی و عملکردش، بعدا از خشم باقروف در امان نخواهد ماند و سراسر زندگی‌اش به جهنم مبدل خواهد شد.

محمد بی‌ریا پس از انتخابش به عنوان صدر کمیته مرکزی فرقه، بیانیه‌ای را با امضای خود، خطاب به مردمی که در جلوی ساختمان کمیته مرکزی گرد آمده بودند صادر کرد. بی‌ریا در این بیانیه چنین گفت:

> قشون دولتی برای نظارت حسن انجام انتخابات •به آذربایجان] می‌آیند لازم هست انتخابات بزودی برگزار شود و مجلس [پانزدهم] بزودی تشکیل گردد.•••

اما کثیری از طبقات مختلف شهر اعم از فعالان حزب دمکرات آذربایجان، کارگران تبریز، افسران ارتش فرقه و روشنفکران تصمیم انجمن ایالتی مبنی بر تسلیم را خیانت-بار تلقی کرده بر مبارزه پای فشردند آنان گفتند «بگذارید تانک‌های قوام ما را له کند چرا که تسلیم داوطلبانه شرم‌آور است...» اما دیگر کار از کار گذشته و همه چیز تمام گشته بود.

سلام‌الله جاوید به عنوان استاندار و شبستری به عنوان رئیس انجمن ایالتی در تلگرافی خطاب به قوام‌السلطنه و محمدرضاشاه، موضوع ترک مخاصمه را اعلام کردند:

> خیلی فوری؛ جناب اشرف آقای نخست‌وزیر
> تلگراف شماره ۳۰۴۸ با کمال تأسف امروز ۱۳۲۵/۶/۲۰ ساعت ۹ در واقع ۲۴ ساعت بعد از عملیات جنگی زیارت شد. چنانچه حضرت اشرف اطلاع دارید اینجانب همیشه مساعی بودم با حسن ظن حضرت اشرف کار آذربایجان با راه مسالمت حل گردد امروز نیز از موقع استفاده کرده با کمک آقای شبستری موفق شدیم آقایان مربوطه [را] حاضر به ترک مخاصمه نمایم[ییم]. این موضوع به محل‌های مربوطه و خدمت آقای سیف قاضی نیز اطلاع داده شد برای این‌که از خونریزی و برادرکشی جلوگیری شود دستور فرمائید ستون مربوطه ترک مخاصمت نماید و اگر اجازه بفرمائید اینجانب به میانه رفته قرار آمدن قوای تامینیه بگذاریم.•••

شماره ۹۸۵ دکتر جاوید

پیشگاه مبارک اعلیحضرت همایون شاهنشاهی

در این موقع که قوای تأمینه به منظور اجرای مراسم انتخابات به آذربایجان حرکت نموده و از نظر علاقه‌مندی خاص اینجانب و جناب آقای دکتر جاوید استاندار آذربایجان فوراً جلسه فوق‌العاده در انجمن تشکیل، بر اثر جدیت وطنخواهی شخص اینجانب و آقای دکتر و بعضی از خیرخواهان دیگر تصمیم گرفته شد که به استانداری دستور داده شود تا از هر گونه سوء تفاهم یا عدم تمایلی که در مورد قوای تأمینه رخ دهد جداً جلوگیری تا وحدت و استقلال تمامی ایران از هر گونه خللی محفوظ و مصون بماند. بدیهی است این خدمت بر جسته انجمن ایالتی آذربایجان و سایر وطنخواهان منظور شخص اعلیحضرت همایونی واقع و در تحکیم آن هرگونه اوامر ملوکانه صادر خواهند فرمود.***

رئیس انجمن ایالتی آذربایجان ـ شبستری

شاه به تلگراف‌های فوق جوابی نداد امّا قوام در پاسخ به تلگراف‌های فوق، چنین نوشت:

روز پنج‌شنبه ۲۱ ـ آذر ۱۳۲۵

تبریز ـ جناب آقای شبستری وجناب آقای دکتر جاوید استاندار.

تلگراف جنابعالی واصل اقدامات جنابعالی در ترک هرگونه مقاومت موجب مسرت گردید باید برای اهالی آذربایجان معلوم باشدکه در اعزام ارتش و قوای دولتی جز رفاه و آسایش اهالی وحسن جریان امور مملکت مخصوصاً آزادی انتخابات منظوری نبود و عموم اهالی را به صبر و شفقت دولت امیدوار و وظایف سرپرستی و مسؤولیت خود را در اجرای مقررات دولت انجام نمائید.***

نخست‌وزیر احمد قوام

در ۲۰ آذر ۱۳۲۵وقتی نیروهای تهران وارد میانه شدند باقروف در نامه‌ای به استالین نوشت که بر اثر حمله نیروهای حکومت مرکزی ایران با توسل بر سلاح‌های خمپاره، تانک و توپ و با پشتیبانی هوایی نیروهای فرقه متحمل تلفات زیادی گشته-اند و آنها در حال عقب‌نشینی از مراغه، میانه و میاندواب به سمت تبریز هستند در

اوضاع پیش آمده نیروهای فرقه نمی‌توانند مقاومت زیادی بکنند در نتیجه در صورت فشار به سمت مرزهای ما رانده و وارد خاک ما خواهند شد در نتیجه از استالین خواست نیروهای فرقه تحت تعقیب قوای ایران پذیرفته شوند[۳۹۹].

پیشه‌وری که از رفتار ناجوانمردانه روسها بر آشفته بود قبل از خروج از ایران ضمن اعتراض به عملکرد سرهنگ قلی‌اف با پرخاش بدو گفت:

> شما ما را آوردید میان میدان و اکنون که سودتان اقتضا نمی‌کند ناجوانمردانه رها کردید. از ما گذشته است امّا مردمی را که به گفته‌های ما سازمان یافتند و فداکاری کردند همه را زیرتیغ داده‌اید، به من بگویید پاسخگوی این نابسامانی‌ها کیست؟. سرهنگ قلی‌اف که از اعتراض پیشروری عصبانی شده بود تنها در پاسخ پیشه‌وری یک جمله بر زبان راند: «سنی گتیرن سنه دییر گِت!» [کسی که تو را آورد به تو می‌گوید برو!][۴۰۰].

بدنبال انتشار خبر خروج پیشه‌وری و رهبران دیگر فرقه از ایران، ترس و وحشت بر طرفدارن فرقه در شهر مستولی گردید و انبوهی از مردم برای خروج از ایران بطرف مرز به حرکت درآمدند.

در صبح ۲۱ آذر ۱۳۲۵شهر دو حاکمیتی شد در یک طرف رهبران فرقه باقیمانده در تبریز مانند بی‌ریا، شبستری، فریدون ابراهیمی قرار داشتند که با گروه کوچکی از فداییان مسلح سعی در ایجاد نظم داشتند و در مقابل گروههای اربابان و فئودال‌ها به همراه اطرافیانشان مانند عسگربقال تاجر ثروتمند ، محسنی و زمینداران بزرگ مانند جمشید اسفندیاری، شقاقی، حاج محمد حیدرزاده، تاجر تقی بیت‌الهی و نیروهای پلیس و ژاندارمری وفادار به شاه بودند که قراربود بعدا به ناجیان آذربایجان ملقب گردند.

به محض روشن شدن آفتاب روز ۲۱ آذر، کشتار وحشیانه در شهر آغاز شد آن تعداد از فداییان و سربازان فرقه که نتوانسته‌بودند به موقع به خاک شوروی پناهنده شوند گرفتار دسته‌های مسلح گشتند. قشون دولتی تا نزدیکی‌های تبریز آمده ولی در بستان‌آباد مستقر شده بود تا کشتار دموکرات‌ها را به ارتش نسبت ندهند. سلام‌الله

جاوید می‌نویسد: «ما مایل بودیم که هر چه زودتر قوای دولتی وارد شود ولی از آنها خبری نبود» دسته‌های کشتار از گروههای مختلفی تشکیل شده بودند که بسیاری از آنان روز قبل، وارد تبریز شده بودند اینان عبارتند از:

۱ـ گروهبانان و استواران قدیمی که مسلط به زبان آذری بودند. ۲ـ نوکران و خدمه‌های مالکین که از آذربایجان رانده شده بودند. ۳ـ طرفداران معتادین و فواحش که از آذربایجان خارج گشته بودند. ۴ـ تعدادی از خود دمکرات‌ها که شکست فرقه را حتمی دانسته تغییر جهت داده به قوای مقابل پیوسته و دمکرات‌ها را می‌گرفتند و تحویل مخالفین می‌دادند. ۵ـ خوانین و عشایر که در آدم کشی و غارتگری معروفند. ۶ـ مأمورین ارتش و وابستگان دولت مرکزی که از قبل با لباس مبدل وارد آذربایجان شده بودند.[۴۰۱]

در حالی که کشتار با شدت و ضعف در محلات مختلف شهر و استان ادامه داشت هنوز گروههای مختلفی از دمکرات‌ها، بصورت پراکنده مقاومت می‌کردند و صدای تیراندازی همچنان تا شب ادامه داشت. گروهی از فدائیان در مدرسه فردوسی سنگر گرفته همچنان به مدت دو شبانه روز مقاومت کردند سرانجام چون فشنگ‌هایشان تمام گردید خودشان را به چاه مدرسه انداختند و کشته شدند آخرین دسته از فدائیان که پنج نفربودند در بالای «ارگ»تاریخی پناه گرفته بودند، وقتی فشنگ‌شان تمام شد برای این‌که زنده بدست دشمن نیفتند خویشتن را از بالای ارگ به زمین انداختند، به روزگار کامرانی، زنان بدکاره را از آنجا پرت می‌کردند![۴۰۲]

کنسول آمریکا که در همین روز به بازدید از شهر پرداخته در گزارش خود می-نویسد:«درحین گذر از خیابانها، مردم با دیدن پرچم آمریکا روی کاپوت ماشین، شادمانه از من استقبال می‌کردند و زنده باد آمریکا می‌گفتند. اینها همان مردمی بودند که چند روز پیش با خشم به من نگاه می‌کردند و با نگاه خود می‌خواستند بگویند تو در اینجا چه می‌خواهی؟ بسیاری از مردم عادی مسلح شده به شکار دمکرات‌های سابق می‌رفتند و هر چند وقت یک بار صدای تیراندازی به گوش می‌رسد...نیروهای

ایرانی امروز یا فردا وارد می‌شوند. این خبر نگران کننده بود چون اگر نیروها بـه شـهر نرسند من می‌ترسم شب هنگام وقایع اسف‌انگیزی بوجود آید[۴۰۳]»

سقوط ناگهانی و تصمیم غیرمنتظره مبنی بر عدم مقاومت، باعث گردید که بسیاری از کادرهای حزبی و فداییان بی‌خبر در جبهه‌ها، به موقع نتوانند فرار کنند. نزدیـک بـه ۱۵ هزار نفر از سربازان و فداییان همچنان بلاتکلیف بودند. آمار دقیقی از تعداد کشـته شدگان وجود ندارد تعداد روستائیانی که در روستاها کشته شدند همچنین، افرادی که در سرمای جانسوز آذربایجان، در فرار از دست نیروهای دولتی در برف و بوران گیـر کرده و یخ زدند در هیچ منبعی نام و حتی تعداد افراد تلف شده وجـود نـدارد. منـابع مختلف، تعداد کشته شدگان را با اختلاف بین دو هزار الی ۲۵ هزار نفر ذکر کرده‌اند. و این خود دلیلی دیگر بر فقدان مطبوعات مستقل و مدرن بوده است.[۴۰۴]

سرتیپ زنگنه که پس از سقوط تبریز از طرف ستاد ارتـش بـه فرمانـداری نظـامی تبریز منصوب شده بود در خاطراتش در مورد ورود ارتش به تبریز می‌نویسد:

> ابتدا واحدهای جلودار در ۲۱ آذر شب هنگام به شهر تبریز وارد شـدند و تا صبح روز۲۲ آذر ستون عمده قوا مرکب از واحدهای پیاده ـ توپخانه ـ ارابه‌های جنگی ـ توپخانه ضد هوائی ـ واحدهای مسلسل ضـد هـوائی ـ ستون موتوری (متجاوز از یکصد کامیون) وارد شهر تبریز شـدند ... پـس از اشغال شهر تبریز بلافاصله و سریعاً ستونهایی جهت اشـغال شـهرهای مرند، جلفا، ماکو، خـوی، رضـائیه، اردبیـل و مراغـه اعـزام گردیدنـد بـه طوری که تا روز ۲۷ آذر ماه ۱۳۲۵ کلیه شهرهای مهم آذربایجان بوسـیله ارتـش شاهنشـاهی اشـغال شـد و پادگـان نظـامی در آن شـهرها مسـتقر گردید. ...

علی دهقان، یکی از مخالفین فرقه دمکرات که بعداً استاندار تبریز شد، شیوه اعدام دمکرات‌های دستگیر شده توسط گروههای مسلح در ارومیه را چنین وصف می‌کند:

> از اقدامات اولیه این میهن‌پرستان یکی دستگیری سران دموکرات‌هـا بـود کـه آنهـا را از منـازل و جاهائیکـه مخفـی شـده بودنـد بیـرون آورده در استانداری جمع کـرده ... افـرادی کـه در اسـتانداری نگهـداری مـی‌شـد

عبارت بودند از: آزادوطن رئیس فرقه دموکرات رضائیه ـ عباس فتحی معاون و مشاور وی ـ محمدعلیخان مؤید زاده ـ بهرام نابی ـ دکتر به‌به دندانساز ـ یکانی که از آزادیخواهان صدر مشروطیت بود و متأسفانه با دموکرات‌ها همکاری می‌کرده است ـ جیبو درشکچی و عده ای دیگر از سران دموکرات‌های رضائیه. وقتی نزدیک شدن قوای دولتی معلوم شد اهالی برای این‌که خودشان سزای سران دموکرات‌ها را که دستگیرشان کرده باشند تصمیم گرفتند نصرت نظام‌احمدی و حاجی غلام فقهی بوضع آنها رسیدگی نمایند و مجازاتشان را تعیین کنند. چون در آن موقع احساسات بر منطق غلبه داشت لذا حاجی نصرت نظام‌احمدی حکم اعدام آنها را شفاهاً صادر می‌کند و یکی از شب‌های ۲۳ تا ۲۶ آذر دستور اجرای حکم صادر می‌شود. معروف است احمدی این عبارت را در مورد آنها بکار می‌برد. «ببرید آنها را راحت کنید. آقایان مجاهد برزگر، حسین لطفی، رشید قره‌لری، حسین برزگر همه آنها را شبانه سوار درشگه نموده در جنوب شهر خارج از آبادی توتستانی است که بعلت کود •گود• بودن آن از اراضی اطراف به (چوخور باغچا) یا (توتستان گود) معروف است آنها را به همان محل می‌برند و همگی را تیرباران می‌کنند.»[۴۰۶]

۲۳ آذر ارتش وارد تبریز شد اما کشتار و خشونت کور نه تنها خاموش نگردید بلکه با انتصاب سرهنگ زنگنه به فرمانداری شکلی رسمی و سیستماتیک به خود گرفت و دادگاههای نظامی صحرایی و چوبه‌های دار برپا گردید بطوریکه در عرض چند روز تعداد اعدام شدگان از مرز ۳۰۰۰نفر گذشت زندان‌ها از افراد فرقه پر گردید آزار و شکنجه‌ها به حدی رسید که افراد فرقه خودشان شخصا تقاضا می‌کردند که هرچه زودتر آنان را اعدام کنند.[۴۰۷]

وقتی سرهنگ باتمانقلیج استاندار آذربایجان شد اعلام کرد که تمام کسانی عضو حزب پیشه‌وری بودند نابود خواهند شد در نتیجه در مدت کوتاهی ۷۶۰نفر به دار

آویخته شده و هزاران نفر در شهرها و روستاها بدست ژاندارم‌ها بدون کوچکترین محاکمه‌ای کشته شدند.

بیلان جنایات ناجیان آذربایجان به صورت دقیق در هیچ منبعی نیامده است برخی منابع چنین نوشته اند:۳۰۲۲کشته و اعدامی،۳۲۰۰زندانی و ۸۰۰۰نفر به جنوب ایران تبعید شدند[۴۰۸].

فریدون ابراهیمی تا آخرین گلوله دفاع کرد و در دادگاه نیز قبل از اعدامش به افسانه تبدیل شد وقتی از او پرسیدند چرا در وقتی که دادستان بوده افراد را اعدام کرده پاسخ داد که من هیچ دستوری از روس‌ها نگرفته‌ام آنان که اعدام شده دشمنان آذربایجان بودند و با اراده دولت ملی محکوم به اعدام شده اند[۴۰۹].

ژنرال کبیری قبل از اعدامش در مراغه، گفت به راهی که انتخاب کرده بوده ایمان داشت او در حالیکه بیش از ۸۰سال داشت مرگ را با آغوش باز پذیرفت. احمدی رئیس کمیته منطقه‌ای خوی قبل از مرگش گفت پدرم در اردوی ستارخان در مبارزه با استبداد کشته شد و من نیز مانند او در مبارزه با شما جلادان کشته می‌شوم. در ارومیه به آزاد وطن گفتند اگر از مبارزه صرف‌نظر کند بخشیده خواهد شد اما او مرگ را به تسلیم ترجیح داد در برخی منابع آمده است که در برخی شهرها افراد فرقه را دستگیر کرده به مانند گوسفند در جلو کامیون‌های ارتش با شعار «زنده باد ایران- قربانی برای ایران» سر می‌بریدند احمد ساعی از اساتید دانشگاه تهران سال‌ها بعد در خاطرات خود در این باره در مصاحبه با ماهنامه «خوی نگار» چنین بیان می‌گوید:

«... چند روز بعد، مدیر مدرسه بعد از نطق آتشینی اعلام کرد که برای پیشواز ارتش آماده باشید... روز پیشواز از ارتش هنگام عبور از جلوی منزل آقای فتحی با دیدن جنازه‌ها میخکوب شدم. شمردم، ۱۹ نفر بودند. در محل معروف به «طییاره مئیدانی» ایستادیم و انتظار طول کشید خسته و نگران مادرم بودم، آیا می‌توانم تنها به خانه برگردم؟ بالاخره کامیون‌های ارتش دیده شد اولین ماشین که ایستاد، افسری پیاده شد تا آن لحظه متوجه نبودم که ۳ نفر با دست‌های بسته بین جمعیت هستند هر ۳ نفر را دست و پا بسته زمین خواباندند و سر بریدند. خونشان روی لباس‌هایم

پاشید. به شدت بر خودم لرزیدم و هنوز هم آن لرزش را در وجودم احساس می‌کنم...»[۴۱۰]

امّا این کشتار تنها محدود به نخستین روزهای شکست فرقه نماند بلکه ماهها پس از آن، همچنان ادامه داشت. تصویری که خود «گزارش‌های محرمانه» رژیم از وضع تیره روز شهر اردبیل، حتی دو ماه پس از سقوط دمکرات‌ها بدست می‌دهد به قدری تکان دهنده است که نامه تضرع‌آمیز محمد غزالی را تداعی می‌کند که در خصوص شوربختی مردم طوس به سلطان‌سنجر نوشته بود:

> نصف اهالی اردبیل فرار کرده‌اند. سؤال شد علت فرار آنها چیست گفت: اوّل اسم ما را مهاجر گذارده بودند. ما غلط کردیم، هشت سال به ازبکستان رفتیم و فعلگی نمودیم. بعداً اسم ما را چراول گذاردند و مدتی حزب توده را تقال فروش، بی‌دین، یاغی، بیگانه پرست •و••وطن فروش نامیدند و اکنون از قرار اطلاع واصله توده‌ای‌ها را [قطله• می‌گویند. هر کس که می‌آید از ترس قطله فرار می‌کند و عده زیادی از مردها به خاک بیگانه پناه می‌برند و هرگاه دولت عفو عمومی ندهد، تمام اهالی در این زمستان ناچار به خاک بیگانه فرار خواهد کرد.
> قطله اسمی است که به مهاجرین داده‌اند و معنی آن قطع ایله است. یعنی اشخاص چون به دولت و میهن خود خیانت کرده‌اند، اینها را قطع کنید. از قرار اظهارات مسافرین شبی نیست •که]•ده بیست نفر از قطله‌ها مخصوصاً در حومه‌های اردبیل کشته نشوند و حکومت نظامی هم چندان به شهرستان‌های اردبیل، آستارا و سراب توجه نمی‌کند ... .•••

پس از سقوط فرقه، علی منصور، استاندار آذربایجان گشت و به اتفاق سپهبد شاه‌بختی، چنان دمار از روزگار مردم در آورد که در بین مردم به طعنه «سلطان آذربایجان» لقب یافت به نوشته روزنامه آتش، یکسال بعد در سفر شاه به آذربایجان، مردم بیش از صد نامه در شکایت از دست او و تقدیم شاه کردند.[۴۱۲] و عجیب اینکه، روزنامه‌ای چون «آتش» که مخالف فرقه و به دربار نزدیک بود در مقاله‌ای، تحت عنوان «سلطان آذربایجان» چنین نوشت:

«... اوضاع آذربایجان خود شاهد گویای این مدعاست ... امروز دیگر برای مردم روح باقی نمانده مردم افسرده دیگر میل ندارند حتی به صدای رادیو تهران یا تبریز گوش دهند در خیابان همه کس سر خود را بزیر افکنده راه میرود هیچکس به عرایض آن‌ها رسیدگی نمی‌کند صدای آنها در هیچ کجا انعکاس نمی‌یابد مردم جرأت ندارند با هم حرف بزنند زیرا منصور یک دستگاه جاسوسی تعیین کرده است و اصلاً اگر دو نفر حرف بزنند آنها را به عنوان این‌که دموکرات هستند توقیف می‌کنند و بالنتیجه می‌گوید که مردم آذربایجان را یکروز دموکرات‌ها غارت می‌کنند یکروز هم عمال دولت خودمان ... مسئله عفو عمومی هم بجائی نرسیده و توجهی به آن نمی‌شود و مأمورین شب‌ها به عنوان تفتیش سرزده وارد خانه مردم شده و غرضشان از این اعمال گرفتن رشوه یا طمع در ناموس مردم است. زنان و دختران مهاجر نیز اغلب به چنگ همین مأمورین بی‌رحم افتاده ... مهمتر از همه اینست که رئیس تلگرافخانه نیز ... بعد از ظهر کلیه مفاد تلگرافات مردم را به منصور اطلاع می‌دهد تا در صورتی که وی صلاح بداند مخابره کنند و با این وصف نامه مردم آذربایجان بگوش مرکز نمی‌رسد ... خدا می‌داند که مردم تا چه اندازه تحت شکنجه و فشار هستند و چون عرایضشان به مرکز نمی‌رسد و منصور هم اعتنائی به دولت نمی‌کند به طعنه او را (سلطان آذربایجان) نام نهاده‌اند مردم برای این‌که از شرّ او در امان باشند از هرگونه اظهار نظری استنکاف می‌ورزند ...».[۴۱۳]

در حالی که بعضی از ناظران بی‌طرف خارجی مانند ویلیام داگلاس، قاضی آمریکائی که خود شاهد فجایع ارتش در آذربایجان بودند رفتار سربازان اشغالگر روس [را] بسیار برازنده‌تر از اعمال وحشیانه سربازان نجات بخش ارتش شاهنشاهی ذکر کرده‌اند.[۴۱۴]

در تهران نه تنها مطبوعات وابسته به دربار، بلکه مطبوعات تقریباً بی‌طرف نیز می‌کوشیدند از قشون دولتی به عنوان یک «قشون فاتح» و «ناجی آذربایجان» بسازند: «در هنگام ورود ارتش به تبریز که امروز صورت گرفت بقدری از طرف اهالی

گوسفند و گاو قربانی شد که در سطح خیابان‌ها جوئی خون راه افتاد».[۴۱۵] اما این روزنامه‌ها هرگز ننوشتند که در بعضی شهرهای آذربایجان افراد فرقه را دستگیر کرده در هنگام ورود ارتش چون گوسفند در پای آنان ذبح و قربانی می‌کردند و «زنده باد ایران» می‌گفتند و بعضی از آنها، بی شرمی را به آنجا رساندند که یکسال بعد در سفر محمدرضاشاه به آذربایجان، نوشتند: «بعضی از آذربایجانی‌ها می‌خواستند فرزندان خود را در پای شاه قربانی کنند ولی شاه اجازه نداد»![۴۱۶]

محمد بی‌ریا در صبح روز ۲۱ آذر در جلوی باغ گلستان مورد هدف گروههای مسلح قرار گرفت ماشین او سوراخ، سوراخ شد و خودش نیز زخمی گردید امّا توانست از مهلکه بگریزد و به همراه میررحیم ولائی و برادر او، به بیمارستان شوروی در تبریز پناهنده شود. مطبوعات آن دوران به اشتباه نوشتند که محمد بی‌ریا به دست مردم کشته شده، امّا بی‌ریا در بیمارستان شوروی معالجه گردید و پس از چند ماه اقامت پنهانی در بیمارستان و کنسولگری شوروی او را به همراه دیگر رهبران کمیته مرکزی مانند چشم‌آذر، ویلایی و ۲۵الی۳۰ نفر از فعالان دیگر فرقه که به ادارات شوروی پناهنده شده بودند به باکو انتقال دادند.[۴۱۷]

باید بر این آمار کشته‌ها، آماری به مراتب بزرگتر نیز افزوده گردد آمار پناهندگان به خاک شوروی که سرنوشت شومشان حتی بدتر از آنانی بود که در وطن ماندند داستان آنان «یکی داستان است پر آب چشم». کثیری از آنان وقتی در پی بازگشت به زادوبوم خود افتادند در دوره سیاهنای استالینیسم راهی اردوگاهها شده و شعله‌های حب وطن را تا اردوگاههای سرمای جانسوز سیبری با خویشتن حمل کردند آنان که زنده از اردوگاهها بازگشتند جزو آنانی بودند که تنها پس از فروپاشی شوروی و تَرَک برداشتن مدینه فاضله، در چله زمستان خویشتن را در پیرانه‌سری به رود ارس(این رود سرنوشت‌ساز با تاریخ پر مخاطره و دراز دامنش)سپردند تا به امید اینکه اگر زندگی انسانی در این خاک نصیب‌شان نشد لااقل گوری از این خاک نصیب‌شان گردد!

۳۰ـ فرجام تلخ در «مدینه فاضله»

بـر اثـر پافشـاری بـاقروف مقامـات مسـکو در ۲۱ آذر ۱۳۲۵ / ۱۲ دسـامبر ۱۹۴۶پست‌های مرزی جلفا، خداآفرین، بیله‌سوار و آستارا را برای پناه دادن به فراریان فرقه گشودند بر طبق آمار مقامات شوروی از ۲۱الی ۲۸ آذر جمعاً ۵۷۸۴ نفـر از مـرز گذشتند. از این عده ۹۵ نفر فعال حزبی، ۹۱ آموزگـار، پزشـک و نویسـنده، ۱۹۶ نفـر افسر، ۷۶۸ نفرسرباز، ۱۰۵۷نفر فدایی، ۱۳۴ نفر کارمند، پلیس و غیره بودند. بعدها نیـز با وجود اعلام ممنوعیت‌ها، تعداد دیگری از دموکرات‌ها از مرز به شوروی گریختنـد. در سال ۱۹۵۴ تعداد مهاجرین به ۹۰۲۲ نفر رسید از اول سال۱۹۴۷افراد بازداشت شده از ایرانیان متواری شده به شوروی که بوسیله نیروهای امنیتی شوروی بازداشـت شـده بودند به ۱۰۹۷نفر رسیده بودند.[۴۱۸]

تیمسار آذر تلاش کرد از طریق گفتگو با سرهنگ قلی‌اف، رضایت مقامات روسـی را جلب کند تا افسران به همراه خانواده‌هایشان به شوروی رهسـپار شـوند و ازخطـر دستگیری و اعدام توسط نیروهای دولتی ایران در امان باشند، بـدین ترتیـب آنـان کـه توانستند به موقع فرار کنند جان سالم بدر بردند امّا آن تعداد از افسرانی که در مراغـه، میاندوآب و تکاب درحال مبارزه با قوای مرکزی بودند نتوانستند بـه موقـع از مهلکـه بگریزند اکثر آنها، دستگیر و به اعدام محکوم شدند.

قافله فراریان در اواخر شب به قصبه مرزی جلفا رسیدند اتومبیل‌های زیادی در آنجا جمع شده بود. از مرز خارج شده و قدم در خاک شوروی گذاشتند. در آنسوی مرز در دل شب، ستون طولانی اتومبیل‌ها و وسائط نقلیه پشت سر هم صف کشیده و ماشـین سواری پیشه‌وری و سران دیگر فرقه در جلـو صـف بودنـد. بسـیاری از آنـان، حتـی فرصت خداحافظی با نزدیکترین کسان خویش را پیدا نکرده بودند و بی‌خبر از حال و سرنوشت خانواده‌شان، تن به فرار داده بودند امّا تعداد قلیلی از آنان که جاسوس مورد اعتماد ک. گ. ب بودند و از نقشه فرار، قبلاً آگاهی داشتند توانسته بودند حتی تمـامی اثاثیه منزل را نیز با خود بیاورند.

غلام‌یحیی دانشیان در خاطرات خود می‌نویسد: «ما را پس از عبور از مرز به نخجوان بردند و فردای آن روز یعنی در ۲۲ آذر با دوستان دیدار کردیم. پس از دیدار عمومی، با اعضای کمیته مرکزی فرقه دموکرات آذربایجان و نمایندگان مجلس ملی آذربایجان جمع شدیم و در مورد وضعیت عمومی و اینکه نباید عقب‌نشینی می‌کردیم، صحبت کردیم. البته در این جمع درباره قضیه‌ای که بدون یک طرح و نقشه، عقب-نشینی شد، به شدت انتقاد شد. در هر صورت هر چقدر هم انتقاد می‌داشتیم، اکنون در مقابل کار انجام شده قرار گرفته بودیم»[۴۱۹].

در شهر نخجوان کسانیکه یاران و آشنایانشان نتوانسته بودند به موقع فرار کنند مقصر اصلی را پیشه‌وری، غلام‌یحیی، کاویان، پادگان، آذر می‌دانستند و به آنان ناسزا می‌گفتند.

در نخجوان ژنرال آتاکشی‌اف، وزیر سازمان امنیت و حسن حسن‌اف، دبیر سوم حزب بلشویک آذربایجان و میرزاابراهیموف، وزیر فرهنگ از اطراف میرجعفر باقروف به پیشواز میهمانان آمده بودند. آنها در واقع در همان بدو ورود به خاک شوروی به دو گروه عادی و پست، برگزیده و ممتاز تقسیم شده بودند. عده‌ای مانند پیشه‌وری، غلام‌یحیی، کاویان، پادگان، جهانشاهلو و دهها نفر دیگر به عنوان «میهمانان گرامی» و زبده، از دیگران جدا شدند امّا در مقابل، اکثریت که به ۱۵ هزار نفر می‌رسید جزو میهمانان عادی بودند. دکتر جهانشاهلو در خاطرات‌اش می‌نویسد «ژنرال آتا کشی‌اف مرا با سرهنگ سازمان امنیت جمهوری خودمختار نخجوان آشنا کرد و مرا چون میهمان به او سپرد. آقای پیشه‌وری و خانواده‌اش به دبیر یکم حزب بلشویک نخجوان سپرد و آقای پادگان و خانواده‌اش را به خانواده‌ی دیگری به عنوان میهمان سپرد خانواده‌های افسران و دیگر همراهان را در ساختمان بزرگی که گویا اداره‌ای بود و آماده کرده بودند، جای دادند.[۴۲۰]

امّا گروه اکثریت که ارتباطی با سردمداران و مقامات شوروی و یا با رهبران بزرگ فرقه نداشتند در واقع مشمول مقررات ارتزاق عادی افراد بیکار پس از جنگ بودند و جیره غذایی که برای اینگونه افراد مقرر گردیده بود، «جیره‌یی بود برای بیکاران

جامعه... این جیره به تمام معنی کلمه یک جیرهٔ «بخور و نمیر» بود. کسی که آن جیره را در آن سال‌ها دریافت می‌کرد، البته به سرعت از گرسنگی نمی‌مرد، ولی در دراز مدت گرفتار عواقب سوء تغذیه می‌شد، به سرعت ضعیف می‌گشت و در معرض تهدید انواع بیماری‌ها قرار می‌گرفت».[۴۲۱]

بعد از چند روز اقامت در نخجوان سرانجام آنان را در سحرگاه، گروه گروه کرده مانند اسرای جنگی به ایستگاه راه آهن برده و سوار واگن‌هایی نمودند که ویژه بردن دام‌ها و چارپایان بودند، کف واگن را با کاه و علف‌های خشک پوشانده بودند و درهای واگن‌ها از بیرون بسته می‌شد دستشویی وجود نداشت و همه می‌بایستی تا ایستگاه بردباری نشان دهند قطار از نخجوان بطرف باکو به راه افتاد در ایستگاهها نیز همه باهم نمی‌توانستند از دستشوئی استفاده کنند مرزداران کلاه سبز و کلاه قرمز به کسانی که بر اثر فشار می‌خواستند به نوبت از واگن‌ها بیرون پرند، با تازیانه پاسخ می‌دادند، ... راه آهن، دهها کیلومتر به موازات رودخانه ارس کشیده شده بود و آنها از درز واگن‌های دام بر، با آه و اندوه، کوههای پوشیده از برف میهن‌شان را می‌دیدند و نمی‌دانستند به چه مقصدی در حرکت هستند.

در ایستگاه، بیرون پوشیده از برف بود. بعد از ساعت‌ها انتظار نزدیکی‌های ظهر، آنها را با چند کامیون و ارابه و تراکتور حرکت دادند و به ساوخوزها رسیدند و عده‌ای در آن جا اسکان یافتند اطاقک‌های کوچک و بی‌نهایت کثیفی که در دو ردیف موازی روبروی هم قرار داشتند و یک دالان تنگ و کثیف و متعفن و تاریک آنها را به هم متصل می‌کرد. کف اتاق‌ها گلی بود و بوی پهن می‌داد ظاهراً کمی قبل از ورود آنها در آنجا گاو وگوسفند نگهداری می‌کردند. در هر اطاق، یک بخاری گلی وجود داشت که با هیزم گرم می‌شد و بالای بخاری یک صفحه حلبی که برای گرم کردن غذا و احیاناً دم کردن چای در نظر گرفته شده بود، در زمان جنگ، اسرای آلمانی را در آنجا نگهداری می‌کردند.[۴۲۲] نظری، یکی از افسران مهاجر در مورد وضعیت اسفبار آن دوران چنین می‌نویسد:

برای ما مسلم شد که باید خودمان در تلاش برآورد نیازهای خویش باشیم تا با همکاری و همیاری بتوانیم اجاق اتاقمان را گرم نگه داشته و چیزی نیز به شکم خود برسانیم امّا در ساوخوز دکانی وجود نداشت و ما هم پولی نداشتیم تا بتوانیم خرید کنیم ... همه روزه تنها یک نفر در اتاق به نوبت می‌ماند و ده نفر دیگر به کشتزارها و درختکاری‌های کنار کانال‌های آبیاری می‌رفتند تا شاخه‌ها و ساقه‌های خشک شده درختان و پنبه را گرد آوری نموده و به اتاق بیاورند ... در ساوخوز چند خانه غیر مسکونی و نیمه خراب وجود داشت که بام‌هایشان قیر اندود بود و ما گاهی از قیر آنان می‌کندیم و برای سوخت به مصرف می‌رساندیم ... همیشه باید اوجاق را روشن نگه می‌داشتیم زیرا با خاموش شدن آن کبریتی برای روشن کردن دوباره وجود نداشت ... . ***

بعدها، جوانتر که به تحصیل علاقه داشتند ادامه تحصیل دادند ولی اکثریت که بی‌سواد بودند و از مناطق روستایی آذربایجان، جذب فرقه شده بودند به مناطق مختلفی چون گنجه در شمال شاماخی، لنگران و غیره اعزام شده و در مناطق روستایی وارد تشکل‌های کلخوز شدند و در همان مناطق روستایی، تشکیل خانواده دادند و از سیاست دوری جستند. ***

امّا گروه «زبده گان و برگزیدگان» که از اکثریت مهاجران، گلچین و جدا شده بودند در وضعیت نسبتاً ممتاز و مرفهی بودند آنان را در شمال شبه جزیرهٔ آبشوران در ساحل دریای خزر که محل استراحت و تفریح تابستانی اهالی باکو وافراد طبقه برگزیده بود جای داده بودند.

در ورود به قصبه «شاه اولان» در شمال شبه جزیرهٔ آبشوران، باغی بزرگ و مشجر وجود داشت و در مدخل باغ، در ضلع شرقی آن یک عمارتی ویلا مانند و مجلل قرار داشت که خانواده «باش وزیر» (پیشه‌وری) در آن سکونت داشتند روبروی در بزرگ ورودی و در ضلع شمالی باغ نیز، یک عمارت دو طبقه بسیار بزرگ و طویل وجود داشت که اغلب خانواده‌های افسران برگزیده مهاجر در آنجا جای داده شده بود.[۴۲۵]

علی توده و میرقاسم چشم آذر از پناهندگان به خاک شوروی، درمورد زندگی ساده پیشه‌وری بعد از ورود به خاک شوروی چنین نوشته‌اند:

> پیشه‌وری پس از ترک ایران در باکو سکونت داشت، ساده می‌پوشید و ساده می‌زیست وقتی در خیابان‌های شهر راه می‌رفت چیزی او را با دیگران مشخص نمی‌کرد، دو اتومبیل نمره خارجی در اختیار او بود یکی را حکومت برایش خریده بود و دومی را فدائیان فرقه به او هدیه کرده بودند، وقتی سوار اتومیبل می‌شد در گوشه‌ای خود را مخفی می‌کرد که جلب توجه نکند. برایش در کانون نویسندگان اتاقی داده بودند می‌آمد آنجا خلوت می‌کرد گویا خاطرات سیاسی سال‌های ۱۹۴۵ ـ ۱۹۴۱ خودش را می‌نوشت. ...

غلام‌یحیی در خاطرات خود می‌نویسد: ما را به باکو خواستند. من و پیشه‌وری در راه باکو فکر کردیم و یقین پیدا کردیم که حتماً در ارتباط با حرکت‌های فدایی، ما را خواسته‌اند... کمیته مرکزی ما را پذیرفت. در آنجا راجع به یک سری موضوع‌ها صحبت به عمل آمد. میرجعفر باقروف دستش را با باند بسته بود. او گفت که طبق گفته پزشکان از اختلال عصبی پیش آمده دستش را بسته است. او گفت که در طول زندگی‌ام، دستم دوبار این طوری شده است. دفعه اول وقتی خبر مرگ پسر بزرگم را در جنگ وطنی شنیدم، دفعه دوم نیز وقتی حادثه مربوط به شما یعنی شکست فرقه دمکرات پیش آمد، دچارش شدم. او تلگرامی که استالین برای ما فرستاده بود، برایمان خواند. در تلگرام، استالین ما را به صبر، جدیت و محکم بودن در کارهایمان توصیه کرده بود[۴۲۷].

در اواخر مهرماه، هنگامی که قوام پس از تعلل زیاد، پیشنهاد امتیاز نفت شمال به شوروی را تسلیم مجلس پانزدهم کرد با مخالفت اکثریت قاطع نمایندگان مواجه شد و قرارداد ردّ گردید، سادچیکف که قبلاً، قوام‌السلطنه را «سیاستمدار بزرگ خاورمیانه» نامیده بود این بار مقامات شوروی ضمن حملات شدید، او را «رجل مرتجع» نامیدند! و موافقت کردند تا سیدجعفر پیشه‌وری دوباره، اردوگاه‌هایی مرکب از فداییان فرقه در خاک شوروی تشکیل دهد. او توانست به کمک سران فرقه، دو اردوگاه سازمان دهد و

تقریباً ۴۰۰ نفر از فدائیان را گرد آورد یک دسته در حاجی کند نزدیک گنجه که فرماندهی آن در دست تقی موسوی بود و دسته دوم در شهر شکی بود فرمانده‌اش سرگرد نظری بود. کارل مارکس در ابتدای کتاب «هجدهم برومر لویی بناپارت» می-نویسد«حوادث در تاریخ دوبار تکرار می‌شود بار اول به صورت تراژدی و بار دوم به صورت کمدی» و این بار تشکیل دوباره فرقه بصورت کمیک تکرار می‌شد!.حسین یحیایی می‌نویسد:

«رهبران فرقه از همان ابتدای ورود به خاک شوروی در نظر داشتند فرقه را احیا کنند ولی به نظر می‌رسد مقامات شوروی تا مدت‌ها طفره می‌رفتند و منتظر نتیجه مذاکرات نفت شمال بودند. از این رو سنگ اندازی‌هایی صورت می‌گرفت. وقتی مسئله نفت شمال در مجلس ایران فیصله پیدا کرد، در این زمان، پروندهٔ مهاجرین نیز از دیدگاه ک. گ. ب. گذشت و افراد مشخصی برای آینده انتخاب شدند تا امکانات لازم در جهت آموزش آنان فراهم شود. در مرحله اول، یک گروه ۱۰۰ نفری را به مدرسهٔ حزبی فرا خواندند تا با آموزش مارکسیزم لنینیسم آشنا شوند ... به این ترتیب با ردّ توافقنامه نفت توسط مجلس ایران، فرقه از نو تشکیل شد و پیشه‌وری مجدداً در رأس آن قرار گرفت و صادق پادگان به معاونت آن برگزیده شد. دفتر مرکزی فرقه در خیابان «صمدورقون» قرار داشت و کار رادیو و روزنامه آذربایجان نیز از همین جا اداره می‌شد. رادیو همان کادر خود را در تبریز به همراه داشت چشم‌آذر گوینده بخش آذربایجانی، علی گلاویژ گوینده بخش کردی و حاتمی نیز بخش فارسی را اداره می‌کرد. مسؤول کل تبلیغات رادیو همراه با نشریه آذربایجان به عهده بی‌ریا بود. در هیئت تحریریه نشریه آذربایجان خشکتابی و شمیده همراه با تعدادی دیگر از رفقای فرقه فعالیت می‌کردند. جهانشاهلو هم مدتی معاون پیشه‌وری و مسؤول تبلیغات بود...[۴۲۸]

پیشه‌وری در ۱۰ ژوئن ۱۹/۱۹۴۷ خرداد ۱۳۲۶از باکو برای سرکشی به اردوگاهها براه افتاده ابتدا به اردوگاه حاجی‌کند نزدیک گنجه رسیده با افراد اردوگاه دیدار کرد زلفعلی بایرامزاده از فداییان اردبیل که در این زمان در اردوگاه مزبور بوده در مورد دیدار پیشه‌وری می‌گوید «پیشه‌وری به اردوگاه آمد به خواسته‌ها و درد دل‌های فدایی-

ها گوش کرد آرزوی همگی آنها تنها بازگشت به وطن و مبارزه با دشمن بود ...از ما خداحافظی کرده قول داد که پی در پی به ما سرزند اما ما نمی‌دانستیم که این آخرین دیدار ما خواهد بود[۴۲۹].

شب در گنجه مانده در صبح فردای همان روز ساعت ۶ به اتفاق دو نفر از گنجه به طرف یولاخ به راه افتادند در ساعت ۷ صبح ماشین‌اش به نرده پل جاده کیروف آباد ـ یولاخ برخورد می‌کند و پیشه‌وری بر اثر خون‌ریزی زیاد در بیمارستان کیروف‌آباد (گنجه) در ساعت ۱۷ همان روز در ۵۵ سالگی (۱۹۴۷ ـ ۱۸۹۲) چشم از جهان فرو می‌بندد. راننده قبلی او برادر چشم‌آذر بود که مقامات امنیتی روسیه به تازگی او را عوض کرده بودند گفته شده که ملیکیان، راننده ماشین به دلیل این‌که شب قبل نخوابیده بود در حین رانندگی خوابش گرفته و باعث تصادف شدید می‌گردد. پیشه‌وری که در جلو نشسته بود، از پیشانی ضربه می‌بیند و دو نفر دیگر (دانشیان و سرهنگ نوری قلی‌اف، معاون وزارت کشور) نیز شدیداً مجروح می‌شوند، امّا ملیکیان بدلیل در دست داشتن فرمان اتومبیل، صدمه چندانی نمی‌بیند. آنها را در ساعت ۹ صبح به بیمارستان می‌رسانند هر چند جرّاحانی از باکو می‌رسند ولی فایده‌ای به حال پیشه‌وری نمی‌توانند داشته باشند به گفته علی توده از فراریان فرقه به خاک شوروی، «پیشه‌وری در بیمارستان می‌گفت برادرم در باکو پزشک است پیش من بیاورید ولی اصرار او موثر نبود آخرین حرفی که بر زبان آورد گفت: خانه قوام‌السلطنه خراب شود و برای همیشه چشم از جهان بست.»[۴۳۰]

در مورد مرگ پیشه‌وری اظهارات ضد و نقیض زیادی وجود دارد برخی منابع تصادف را عمدی ذکر کرده و معتقد هستند که پیشه‌وری به دست مقامات روسی کشته شد اما برخی آنرا رد می‌کنند در اینجا ابتدا به این اقوال پرداخته سپس نتیجه-گیری خود را می‌آوریم:

غلام‌یحیی که خود از سرنشینان ماشین بوده ضمن رد عمدی بودن تصادف، در خاطرات خود می‌نویسد «ما به کیروف‌آباد رسیدیم. من با فدایی‌ها مشغول کار شدم، پیشه‌وری نیز با شهر آشنا شد. ما باید از کیروف‌آباد به «شکی» می‌رفتیم. پیشه‌وری

خیلی عجله داشت. شب این طور قرار گذاشتیم که صبح زود از کیروف‌آباد به طرف «شکی» به راه بیفتیم. من خواهش کردم که اجازه بدهند باقیمانده کارها را من شب انجام دهم و صبح، هر وقت که خواستند خود را آماده برای رفتن می‌کنیم. پیشه‌وری در خانه نظر حیدروف بیتوقه کرد. صبح ساعت ۵ مرا صدا زدند. من از میهمانخانه بیرون آمدم. حیدروف از این که ما این همه زود راه می‌افتیم، اعتراض کرد. پیشه‌وری جواب داد، چون قلبم ضعیف است، نمی خواهم به گرمای یولاخ بر بخورم، بهتر است زودتر از آنجا بگذریم. به محض اینکه در ماشین نشستیم، من گفتم که شب نخوابیده-ام. به همین خاطر، ممکن است در ماشین خوابم ببرد و به این دلیل از قبل عذر می-خواهم. مصلحت دیدند که من در عقب ماشین بنشینم. من این طور به نظرم می‌رسد که ماشین هنوز از شهر خارج نشده بود که من خوابم برده بود و دیگر از اتفاقات بعدی خبردار نبودم. پیشه‌وری به همراه راننده در جلوی ماشین و نوری قلی‌اُف با من در عقب ماشین نشسته و او را نیز خواب برده بود. بدون شک هوای خنک و مطبوع شهر باعث چرت زدن راننده هم گشته بود. در همین زمان، ماشین از جاده منحرف شد و پیشه‌وری به سر راننده فریاد کشید که چکار می‌کنی؟ و راننده که خوابش برده بود، به جای اینکه پا را روی ترمز بگذارد روی پدال گاز گذاشته و می‌فشرد. ماشین با سرعت از راست به چپ پیچید و محکم به دیواره پل خورد. از برخورد ماشین با دیواره پل چند دنده پیشه‌وری شکست. پای قلی‌اُف هم شکست و حتی استخوان گوشت را دریده بیرون زد. سر من هم برخورد کرد و از هوش رفتم. ما را از آنجا به بیمارستان یولاخ بردند»[۴۳۱]

بخاطر اینکه صبح بوده هیچ ماشینی از آن ناحیه نمی‌گذشته در نتیجه حدود ۲الی۳ساعت بعد او را به بیمارستان مرکزی یولاخ می‌رسانند طبق گفته شاهدان علیرغم اینکه خون زیادی از او رفته بوده اما هنوز بیهوش نبود و صحبت می‌کرده. به هیچکدام از جراحانی که از گنجه یا قراباغ آمده بودند اجازه معالجه نداده بودند تا جراحانی از باکو برسند اما جراحان باکو که با هواپیما آورده می‌شدند بعد از ۵الی۶ساعت به بیمارستان یولاخ رسیدند و اندکی نگذشته خبر مرگش را ابتدا به

برادرش میرخلیل که خود پزشک بود و در کنار اتاق جراحی ایستاده بود دادند سپس نهادهای رسمی دولت را در جریان گذاشتند[۴۳۲].

برخی منابع معتقدند که در پشت تصادف توطئه‌ای برای کشتن پیشه‌وری وجود داشته اما آنرا نه به باقروف بلکه به سران مسکو نسبت می‌دهند:

«در شب گرمای تابستان پیشه‌وری در گنجه میهمان نظر حیدروف رئیس کشفیات نفت...بود غلام‌یحیی و نوری قلی‌اف نیز حضور داشت شب از نیمه گذشته بود یک مرنبه قلی‌اف پیشنهاد کرد که بهتر است از همین ساعت از اینجا به طرف شکی حرکت کنیم تا صبحانه را در آنجا بخوریم همگی با این پیشنهاد موافقت کردند همگی سوار اتومبیل «هادسون» غلام‌یحیی شدند و در سکوت شب به طرف شکی به راه افتادند راننده ماشین نیز کارنیک ملیخیان بود پدر او رهبر داشناکسوتیون در ایران و مادرش نیز از کارکنان سفارت انگلیس در ایران بود و به نام او از سوی سازمان امنیت جمهوری آذربایجان کارت شخصی صادر شده بود بعد از تصادف، از جیب او ده هزار منات و یک تپانچه «والتر» پیدا شده بود او گفته بود که در حین رانندگی خواب بوده اما از او هرگز سئوال نشد که در حالیکه پشت فرمان در خواب بوده و از شدت تصادف فرمان اتومبیل دو تکه شده بوده ولی چر به او هیچ آسیبی نرسیده اما در کنارش پیشه‌وری ستون فقراتش شکسته، پایش شکسته و سرش ضربه خورده[۴۳۳]

همین منبع در ادامه می‌نویسد:«پیشه‌وری هنوز به هوش بود خواهش کرد از باکو برادرش را که جراح بود آورده شود اما مانع شدند و خواست پسرش را بربالین او بیاورند او را نیز باخبر نکردند اما تنها یک روز بعد یعنی در ۱۲ژوئیه هواپیمایی جراحانی از باکو به همراه پرستار آورده می‌شود که در این زمان پییشه‌وری فوت کرده بوده.[۴۳۴] نویسنده کتاب«زندگی و محیط پیشه‌وری» نیز معتقد است که پیشه‌وری بدست مقامات روسی کشته شد و باقروف نیز در مرگ پیشه‌وری دست داشته است می‌نویسد: «...اگرچه در محاکمه او قتل پیشه‌وری را به گردن نگرفته و کوشیده آنرا دستور مسکو قلمداد کند اما بدون شک در اجرای دستور مسکو او دست داشته است[۴۳۵]»

علی توده شاعر و از دوستان پیشه‌وری نیز ضمن برشمردن اختلافات پیشه‌وری و باقروف، باقروف را قاتل پیشه‌وری ذکر می‌کند[۴۳۶]

برخی از نویسندگان نوشته‌اند که چند روز قبل از وقوع حادثه مزبور، میرجعفر باقروف، دبیر اوّل کمیته مرکزی حزب کمونیست آذربایجان که در دوره استالین صاحب اختیارات مطلق بود رهبران فرقه و تعدادی از افسران ارشد را در ییلاق خصوصی خود درکنار دریا در «زاگولیا» که یک محل بسیار عالی بود به مناسبت سالگرد بنیاد ارتش سرخ به صرف شام دعوت نمود به گفته تعدادی منابع (نه چندان موثق) در آن جلسه باقروف ضمن صحبت از جریان شکست جنبش دموکراتها، علت شکست نهضت فرقه را در کم توجهی و عدم تأکید بر وحدت دو آذربایجان دانسته بعد خطاب به پیشه‌وری پرسیده بود «بله دگیل؟» (این طور نیست) پیشه‌وری در مقابل سخن او گفته بود خیر، بر عکس، بیش از حد لزوم روی وحدت وابستگی به آذربایجان شوروی تأکید شد. باقروف در مقابل گستاخی او گفته بود: «اوتورکیشی!» (بنشین مردک). به نظر بعضی از نویسندگان پیشه‌وری بواسطه همین گستاخی آنشب، بدست عوامل باقروف و بدستور او کشته شد.

امّا بنظر رحیم قاضی (برادر زادهٔ قاضی محمد) آن شخصی که در مقابل سخن باقروف سخن گفت پیشه‌وری نبود بلکه ژنرال آذر بود. و پیشه‌وری همیشه تا آخر مورد احترام باقروف بود. دکتر جهانشاهلو نیز که در جلسه حضور داشت ضمن اشاره به اختلاف نظر سیدجعفر پیشه‌وری با باقروف، منکر هر نوع توهین از سوی باقروف نسبت به پیشه‌وری است.[۴۳۷]

درباره مرگ پیشه‌وری، پرفسور شوکت تقی‌اف معتقد است که پیشه‌وری را پس از تصادف در بیمارستان با آمپول کشته‌اند[۴۳۸] جهانشاهلو نیز که نزدیکترین فرد به پیشه‌وری بود معتقد است که مرگ پیشه‌وری عمدی بوده اما در اثر مسمومیت در بیمارستان بوده است جهانشاهلو در این مورد می‌نویسد:

> من در شوروی همه جا در کنار پیشه‌وری بودم این‌که می‌گویند باقروف به پیشه‌وری اهانت کرده از بیخ و بن دروغ است جریان چنین است:

در دیداری باقروف از شکست فرقه دموکرات اظهار تأسف کرد و بشدت به مولوتف تاخت و گفت او با ناشایستگی و ناپایداری سیاسی کار آذربایجان را باینجا کشانید (باقروف از نظر قدرت پس از استالین و بریا قرار داشت) پیشه‌وری در گفتارش یادآور شد که سبب اصلی شکست فرقه دموکرات آذربایجان این بود که زودتر با سازمانهای مترقی و ملی ایران ائتلاف نکرد. باقروف گفت نه اشتباه شما از آغاز این بود که یکباره با دولت ایران و سازمانها و مردم آن قطع رابطه نکردید و دست بدست کردید اگر قاطع عمل کرده بودید و یکباره از آنها می‌بریدید و به ما می‌پیوستید اکنون دولت ایران و جهان در مقابل کار انجام یافته قرار گرفته بود و نمی‌توانستند با گفتگوهای سیاسی آذربایجان را از آن ایران بدانند ... به من خبر دادند که پیشه‌وری در راه (کیروف آباد) در اثر تصادفی درگذشته است. وقتی رفتم و جنازه را دیدم نشانه‌های مسمومیت در آن بود ...

امّا کسانی دیگر، کشته شدن پیشه‌وری بدست باقروف را ساختگی می‌دانند و معتقدند که اولین بار آنرا علی‌توده مطرح ساخته بعنوان مثال، شمیده در خاطرات خود ضمن ردّ کشته شدن پیشه‌وری بدست باقروف می‌نویسد:

... بعد از این‌که قوام‌السلطنه بر سر همه کلاه گذاشت و موضوع نفت را چنانکه معلوم است سمبل کرد، به نظر می‌رسد که بعضی مقامات تصمیم گرفتند، فدائیان را که در جاهای مختلف بودند جمع کرده دوباره به آذربایجان روانه کنند ... پیشه‌وری، غلام‌یحیی، ... عازم مراکز تجمع فدائیان شدند. آنها در چندین شهر و دهات به فدائیان سرکشی کردند ... سوار ماشین شدند که شوفرش ملیکیان نام داشت که من او را از زنجان می‌شناختم و ماشین هم از ماشین‌های مصادره شده بود در موقعی که در زنجان بودیم همین شوهر به قدری با سرعت می‌راند که من چندین بار به او تذکر داده بودم که با این سرعت دیوانه‌وار نراند. موقع برگشتن همه خواب آلود و خسته بودند و در راه برگشت با دیوار سنگی که اطراف شوسه واقع بود برخورد کرده و چندی طول نکشید که پیشه‌وری در گذشت و در این حادثه غلام‌یحیی، چند تا از دندان‌هایش را از دست داد و قلی‌اف تا آخر عمر پایش

را می‌کشید. آنها را به باکو آوردند، پیشه‌وری را در باغ دفن کردند که بعداً او را به قبرستان «اعتمادی» که در مرکز شهر واقع شده است منتقل کردند ...».[۴۴۰]

میرتقی موسوی نیز ضمن ردّ هرگونه توطئه در مرگ پیشه‌وری می‌نویسد:

«من خودم در ارتباط نزدیک با این حادثه بودم. روز قبل از حادثه ما در گنجه بودیم و مهمان کمیتهٔ حزب و در مهمانخانه‌ای استراحت کردیم. پیشه‌وری به همراه غلام‌یحیی و قلی‌اف ... برای سرکشی و تبادل نظر و کمک و مساعدت به افراد فرقه به گنجه آمده بود افراد فرقه در مناطق مختلف این منطقه سکونت داشتند. و این کار سرکشی چند روزی بطول انجامید و سرانجام قبل از حادثه به اتمام رسید. قرار بر این بود که فردای همان روز به باکو عزیمت کنند. من، ملیکیان (شوفر شخصی پیشه‌وری) را صدا کردم و ساعت حرکت فردا را با ایشان در میان گذاشتم و مبلغی پول در اختیار ایشان گذاشتم تا در بین راه اگر ضرورتی پیش آمد، هزینه شود چندین بار هم تذکر دادم که با احتیاط بیشتر و سرعت کمتر رانندگی کند. چون از ایران از زنجان این راننده بی‌احتیاط را می‌شناختم ...بازجوییهایی که بعد از حادثه از ملیکیان به عمل آمد، روشن ساخت که ایشان بعد از جداشدن از ما با تعدادی از دوستان خود به یک مشروب فروشی رفته و تا پاسی از شب را در آنجا می‌گساری کرده‌اند. این‌که ممکن بود سروقت نتواند آماده باشد و یا از خواب بیدار شود، وی از خوابیدن صرف نظر می‌کند و با آن حالت بی‌خوابی و مستی منتظر می‌ماند تا ساعت حرکت فرا رسد. ... ملیکیان تحت تأثیر میگساری و بی‌خوابی شب قبل خوابش می‌برد و یا با سرعت زیاد رانندگی می‌کند. سرانجام ماشین از کنترل او خارج شده، دو چرخ سمت راست از آسفالت خارج می‌شود و با جدول بتونی کنار جاده برخورد می‌کنند و در نتیجه فرمان از دست راننده خارج می‌شود. اصابت ماشین با کناره جدول بقدری شدید بود که بخش اعظم اتومبیل داغون شده و به صورت خورده آهن در می‌آید...»[۴۴۱]

به هر حال ارزیابی‌ها در مورد مرگ پیشه‌وری به شدت ضد و نقیض است و پرتوی بر زوایای تاریک مرگ او نمی‌افکنند. قضاوت‌های آنان در مورد چگونگی مرگ پیشه‌وری، بیشتر متأثر از نوع نگرش و دلبستگی یا عدم دلبستگی به نظام سوسیالیستی شوروری است اما در اینجا بهتر است به محاکمه باقروف و سخنان شاهدان آن

بپردازیم چرا که از مرگ پیشه‌وری نیز در این محاکمه سخن رفته و به عنوان یکی از اتهامات باقروف مطرح شد.لطیف صمد اوغلو به عنوان یکی از شاهدان در محکمه گفت:

«من از سال ۱۹۳۰الی ۱۹۵۰ در سازمان اطلاعات داخلی شوروی بوده‌ام و از ۱۹۴۴الی ۱۹۴۹در یولاخ مدیر شعبه ک.گ.ب بوده‌ام در ژوئن۱۹۴۷در ۱۴کیلومتری یولاخ ماشین پیشه‌وری تصادف کرد به محض اینکه اطلاع پیدا کردم به شبانه عازم محل حادثه شدم ماشین «هادسون» را که خرد شده بود پیدا کردم ماشین به نرده کنار پل اصابت کرده بود چهار نفر داخل ماشین بودند اما در محل حادثه تنها راننده ماشین گارنیک ملیکیان مانده بود او اسناد مربوط به سرنشینان را در دست گرفته ایستاده بود وقتی او را گشتم از جیبش ۱۰۰۰۰ منات و یک کلت«والتر» پیدا شد کروکی حادثه را کشیدم و به یولاخ برگشتم به بیمارستان رفتم پیشه‌وری هنوز بهوش بود پایش و یکی از ستون فقراتش شکسته بود و سرش نیز آسیب دیده بود قلی‌اف نیز بهوش بود ژنرال غلام‌یحیی زخم سطحی برداشته بود اما چون صورتش زخمی شده بود نمی‌توانست صحبت کند من از پیشه‌وری خواستم در مورد تصادف صحبت کند او به من گفت که در شب میهمان نظر حیدروف رئیس اداره کشفیات نفت کیروف‌آباد بوده شام خورده در حال استراحت بودیم که در ساعت ۴شب قلی‌اف پیشنهاد کرد که به نوخا برویم گفت که نوخا محل تولد او بوده ...

در آخر پیشه‌وری چند بار کلمه خیانت را بر زبان آورد و گفت : که من ۱۱سال در ایران زندان انفرادی را تحمل کردم رضاشاه و قوام‌السلطنه نتوانستند مرا از پای درآورند اکنون با این خیانت، آنها به هدف خویش رسیدند

من از پیشه‌وری پرسیدم چرا چنین تصور می‌کند اینکه ماشین خودت و راننده خودت است...پیشه‌وری جواب داد که "ماشین و راننده هر دو مال غلام‌یحیی است".

پیشه‌وری به من گفت که او هرگز در جلوی ماشین و کنار راننده نمی‌نشیند اما این دفعه او را کنار راننده نشانده بودند.

در خلال صحبت یک مرتبه حال پیشه‌وری خراب شد و کمک خواست من بلافاصله به یملیانوف در باکو زنگ زده او را در جریان گذاشتم. حدود ۵الی۶ساعت

بعد هواپیما آمد کریموف معاون وزیر،سلیم‌اف معاون وزیر بهداشت و درمان، پرفسور ذوالفقار محمداف، سرگرد ساریجالینسکی و پرستاران با همین هواپیما رسیدند.

پرفسور ذوالفقار محمداف شخصا عملیات جراحی پیشه‌وری را به عهده گرفت طبق خواسته من دکتر متخصص قاسیم‌خان تالیشینسکی از گنجه و جراح اسریان از قاراباغ رسیده بودند.

راننده ملکیان گفت که در شب پشت فرمان به خواب رفته و باعث تصادف شده اما او برای اینکه آسیب نبیند فرمان را با تمام نیرو دو دستی گرفته بطوری که فرمان دو تکه شده پس این نشان می‌دهد که او در خواب نبوده و قبل از حادثه آگاه بوده من چنین احساس می‌کنم که این حادثه تصادفی نبوده بلکه عمدا برای به قتل رساندن پیشه‌وری بوده است من براساس دلایل زیر به این نتیجه رسیده‌ام:

۱)هیچ ضرورتی نداشت که پیشه‌وری در شب به نوخا برده شود راندن ماشین با سرعت ۹۰ کیلو نیز به هیچوجه واجب نبود.

۲)او سوار ماشین خود نبوده بلکه با ماشین غلام‌یحیی برده شده راننده نیز راننده خودش نبوده و اینها تصادفی نبوده‌اند.

پس از این اتفاق«سرکیسوف روبن میرزیویچ» رئیس ک. گ. ب منطقه شامخور به من گفت راننده ملکیان، پسر رئیس داشناک ایران بوده و مادرش پلیاک گالا نیز جز کارکنان سفارت بریتانیا بوده است به همین دلیل، سرکیسوف روبن میرزیویچ به ملکیان مشکوک شده شروع به کار می‌کند او از ک.گ.ب آذربایجان استعلام کرده حواب می‌گیرد که ملکیان به تازگی از ک.گ.ب شعبه الف آذربایجان دارای کارت بوده است.

سرهنگ فرسوف وزیر امنیت دولت نخجوان بعد از تصادف به من گفت که خیلی قبل از تصادف ماشین، او با تلگراف به یملیانوف، وزیر ک.گ.ب جمهوری آذربایجان گزارش داده که که ملکیان مامور اطلاعات خارجی است.

اما ک.گ.ب آذربایجان و وزیر آن یملیانوف خیلی قبل از اینکه این اتفاق بیفتد به مساول توجه نکرده و همچنان ملکیان راننده غلام یحیی بود و چنان به او اعتماد کرده بودند که حتی پیشه‌ری را برای گردش می‌برده .

اما مسئله مهم این بوده که تمام کسانی که مرتبط با حادثه مرگ پیشه‌وری بودند بعدا مورد آزار و اذیت باقروف و یملیانوف قرار گرفتند سرکیسوف روبن میرزیویچ رئیس ک.گ.ب منطقه شامخور از کار در ک.گ.ب کنار گذاشته شد و الان مدیر حمام است مرا نیز از ارگانهای ک.گ.ب کنار گذاشتند در حال حاضر مدیر مدرسه اتومبیل هستم فرجوف در نخجوان وزیر بود در حد مدیر یک شعبه تقلیل داده شده برعکس نوری قلی‌اف رئیس دبیرخانه بود ولی پس این اتفاق به پست معاون وزیر ارتقاع داده شد...»

لطیف صمد اوغلو در پایان سخنان خود گفت:

«البته باید به حقایق دیگری نیز اشاره کرد اینکه پیشه‌وری پس از زخمی شدن اصرار داشت که پسرش را بر سر بالینش بیاورند و پسر۲۰ساله‌اش در کیروف‌آباد بود حداکثر در عرض یکساعت می‌توانست خودش را به پدرش برساند اما آنان به این خواهش پیشه‌وری توجه نکردند علت آن معلوم بود آنان می‌ترسیدند که پیشه-وری عمدی بودن تصادف را به پسرش بگوید...در نهایت من فکر می‌کنم که پیشه-وری را کشته‌اند اما اینکه چه کسی او را کشته من دلیلی در دست ندارم[۴۴۲]»

نوروزاف نیز در کتاب «خاطرات مربوط به ایران» به عمدی بودن حادثه تصادف پیشه‌وری تاکید کرده می‌نویسد:

«در آن جاده‌ایی که پیشه‌وری تصادف کرده خوب می‌شناسم کاملا جاده هموار و بدون پستی و بلندی است و آسفالت شده است حاشیه جاده نیز سنگچین شده بود پیشه‌وری به دوستانش و فدایی‌ها زیاد سر می‌زد و به آنان در مبارزه امیدواری می‌داد اما همیشه با ماشین خودش مسافرت می‌کرد اما این بار با ماشین غلام‌یحیی سفر می‌کرده ...در سفرها همیشه پیشه‌وری در عقب ماشین می‌نشسته اما این بار برخلاف عادی همیشگی‌اش در کنار راننده نشسته بوده...در گنجه ساعت ۶صبح راه افتاده بودند و تصادف نیز یک ساعت بعد از حرکت اتفاق افتاده و می‌گویند راننده را در پشت فرمان خواب برده اما در روزهای تابستان راه افنادن در ساعت ۶صبح چندان هم زود نبوده و کسانی که صبح زود مشغول کار می‌شوند چرت زدن در آن ساعت چندان معمول نیست...[۴۴۳]»

با کشته شدن پیشه‌وری در ۱۱تیر ۱۳۲۶اجازه خاک سپاری او در باکو داده نشـد از این رو جسد را بدون سر و صدای اضافی در باغچه ییلاقی‌اش در «پوزوناخ»به خـاک سپردند. پس از آن حتی اجازه نصب سنگ قبـر داده نشـد و روی قبـر او را گلکـاری کردند تا محل قبرش مشخص نشود.

بلافاصله پس شنیدن خبر مرگ پیشه‌وری، ماموران وزارت امنیت دولتی آذربایجان شوروی اتاق کار او را در اتحادیه نویسندگان بازرسی و نوشته‌های او را ضبط کردنـد در بین این کاغذها، دستنوشته کتاب دو جلدی تـاریخ جنـبش دمکراتیـک آذربایجـان ایران دیده می‌شد البته جلد دوم هنوز کامل نشـده بـود در هـر دو جلـد کتـاب، مهـر ک.گ.ب دیده می‌شود.در نامه پنج صفحه‌ای که بوسیله کمیته مرکزی حزب کمونست آذربایجان به مسکو فرستاده شده مصطفی‌یف به مشکوک بودن کامل حادثه اشاره کرده این تنها اشاره از مقامات عالی حزب است که به مشکوک بودن مرگ پیشه‌وری دلالت دارد مقام مسئول ک.گ.ب در آذربایجان شوروی که به تحقیق در مورد مـرگ پیشـه-وری پرداخته بود هنگام انجام دادن سفر ماموریتی خود به مسـکو بـه علـل نـامعلومی کشته شد.[۴۴۴]

شاهدان مراسم دفن جسد پیشه‌وری نیز گفته‌اند که «بـاغ از هـر طـرف در حصـار ماموران بود ما به سختی توانستیم خود را به داخل باغ برسانیم البته پس از دفن پیشه-وری نیز ورود به باغ ممنوع شد»[۴۴۵]

نتیجه‌ای که از این نوشته‌های بالا می‌توان گرفت اینکه به نظر مـی‌رسـد پیشـه‌وری عمدا به قتل رسیده است چرا که در آن سالها موارد متعددی به چشم می‌خورد کـه در تصادفات ساختگی از سوی حاکمیت سر به نیست شده‌اند اما آیا بـاقروف در قتـل او مشارکت داشته یا نه؟ از یک طرف در محاکمـه بـاقروف مشـارکت بـاقروف در قتـل پیشه‌وری اثبات نشد و همچنین روابط باقروف با پیشه‌وری همیشه حسـنه و دوسـتانه بوده است و باقروف همیشه چه در زمان حیات پیشه‌وری چه پس از مرگش همـواره از او دفاع کرده است[۴۴۶].اما سئوالی که در اینجا همچنان باقی می‌ماند اینکه اگر مقامات کرملین تصمیم بر حذف پیشه‌وری گرفته باشند مگر امکان دارد که بـاقروف در چنـان

جایگاه بالای که قرار داشت از این مسئله بی‌خبر بوده باشد به هر حال امکان دارد که حتی علیرغم میل باطنی‌اش در این قتل دست داشته یا سکوت کرده باشد.

استالین نه اولین و نه آخرین رهبر در تاریخ بوده و خواهد بود که برای رسیدن به منافع خود از جنبشی حمایت کرده و پس از منقضی شدن تاریخ مصرفش نیز بدست خود آنرا قربانی می‌کند چرا که این قصه‌های تراژیک، تاریخ درازدامنی دارند در این شکی نیست که پیشه‌وری نیز به مانند «لورنس عربستان»که زمانی تاریخ مصرفش برای استعمار پیر انگستان تمام گشت از مدتها پیش، روی دست سران کرملین مانده بود و او نیز به مانند رهبران دیگر آذربایجان محمدامین رسول‌زاده، نریمان نریمانف که زمانی انگ قومگرایی بر پیشانی‌شان خورده بودند طرد شده بود.

اما در هر حال در این شکی نیست که این دوتا میرجعفر نقش اصلی و تعیین کننده‌ای در بوجود آوردن فرقه دمکرات بازی کرده بودند یکی در آنسوی ارس و دیگری در این سوی ارس متولد شده بود هر دو ترک و از شیفتگان و رهبران کمونیست بودند از لحاظ سنی سه سال فاصله بین‌شان بود اما دست تقدیر گویی برای همیشه سرنوشت آنها را بهم گره زده بود یکی ۹سال پیش در ۵۴سالگی به طرز مشکوکی شاید بدست ک.گ.ب کشته شده بود و اکنون ۹سال بعد، آن دیگری در سن ۵۹سالگی به محاکمه کشیده می‌شد[۴۴۷] و یکی از اتهاماتش نیز دست داشتن در قتل میرجعفر اولی بود!... اما با اینحال هیچکس به اندازه او آگاه نبود که چرا و چگونه فرقه دمکرات بوجود آمد چرا و چگونه از بین رفت هیچکس به اندازه او آگاه نبود که پیشه‌وری چگونه و چرا کشته شد اما در روز دادگاه او در عالم خودش سیر می‌کرد بیشتر دادگاه را نه محکمه که مضحکه تلقی می‌کرد و سرانجام نیز بخشی از حقایق تاریخی را برای همیشه با خود به گور برد.

دادگاه در سال ۱۹۵۶ پس مرگ استالین، برای محاکمه باقروف و سرلشکر آقاسلیم آتاکیشی‌اف(وزیر کشور جمهوری آذربایجان) و سرلشکر یمیلیانوف(رئیس ک.گ.ب. جمهوری آذربایجان) تشکیل شده بود. در جریان محاکمه باقروف که ۱۲ روزطول کشید او به عنوان متهم درجه اول به جرم کشتار، شکنجه و تبعید مخالفان محاکمه

می‌شد. «یامن یوسف‌اف» که در آن زمان در دادگاه حضور داشته و در دفتر دادستانی به عنوان رئیس بخش کار می‌کرده سالها بعد در مصاحبه در مورد محاکمه باقروف می‌گوید: «در تمام جلسات دادگاه حضور داشتم باقروف خیلی مریض بود زیر بازوهایش را گرفته وارد دادگاه می‌کردند اما هیچ ترس و واهمه‌ای نداشت» در مقابل هزاران هزار و حتی ملیونها انسان کشته شده و تبعید گشته و کودکان یتیم مانده، هیچ کدام را انکار نمی‌کرد تنها می‌گفت: «من به آن نظام اعتقاد داشتم»در آخر صحبت-هایش گفت که کشتن من نباید بصورت تیرباران باشد بلکه من شایسته آن هستم که شقه شقه بشوم سرانجام در ۷می۱۹۵۶در مسکو تیرباران شد[۴۴۸].

اما در وقت تولد میرجعفر پیشه‌وری،میرداماد منجم و پیشگوی روستا در حق وی به پدر و مادرش گفته بود «او زندگی پر مخاطره‌ای خواهد داشت برای دور نگهداشتن او از گزند روزگار به مدت هفت سال ، هم وزنش برنج و گندم صدقه دهید و والدینش نیز چنین کرده بودند...» اما پیشگوی روستا باید به آن مطلبی اضافه می‌کرد: مردی که شکست‌ها و ناکامی‌های بسیاری در زندگی‌اش خواهد دید اما از آنان هرگز عبرت نخواهد گرفت و او استاد عبرت نگرفتن از تاریخ خیانت‌بار روسها در حق خود و مردم خود خواهد بود!

پس از مرگ پیشه‌وری، ماشین سرکوب و کشتار استالین با کمک عوامل آذربایجانی به شدت ادامه داشت البته این کشتار و تبعید در سرتاسر شوروی وجود داشت و بی‌رحمانه اجرا می‌شد چند نفری که خیلی مشهور بودند و جایگاه ویژه‌ای در فرقه داشتند گرفتار شدند: مثل عباس زاهدی، میزانی، بیگدلی، اسماعیل شمس (مدیر روزنامه آذربایجان ارکان فرقه دمکرات آذربایجان) و دکتر مهتاش، وزیر کشاورزی حکومت ملی و ... اغلب این افراد پس از کنگره بیستم حزب کمونیست اتحاد جماهیر شوروی و افشای بخشی از جنایات استالین آزاد شدند ...».[۴۴۹] امّا «بی‌ریا انسان ضعیف، خودخواه و ماجراجویی بود با این‌که موقعیت خوبی در باکو داشت، شعر می‌سرود و در محافل ادبی رفت‌وآمد می‌کرد و مورد احترام بود، ولی تابع مقررات و دیسیپلین نبود. خودسرانه به کارهای عجیبی دست می‌زد. تظاهر به مذهب

بودن می‌کرد. کشکول به دست می‌گرفت بعضی مواقع به عرفان روی می‌آورد و یا به کنسولگری ایران مراجعه می‌کرد تا به ایران برگردد ...»[۴۵۰]

محمد بی‌ریا پس از سقوط فرقه دمکرات به خاک شوروی پناهنده شد پس از یک سال، ابتدا با اتهامات واهی و مضحک، به نه سال تبعید به قزاقستان محکوم شد اتهاماتش اینها بودند: چرا وقتی در تبریز وزیر معارف فرقه بوده با کنسول آمریکا در تبریز دیدار کرده؟ چرا وقتی در ۱۹۴۲در شوروی بوده بود بدون اجازه مسکو به تبریز رفته؟ و چرا در دسامبر۱۹۴۷بدون اجازه مقامات شوروی برای بازگشت به تبریز به کنسولگری ایران در باکو مراجعه کرده است؟...در آن زمان هیچکس ندانست که بر سر شاعر چه آوردند اما سالها بعد معلوم شد که شکنجه‌گران در زندان، بدن نحیف شاعر را زیر کتک گرفته و در زیر ضرب و شتم، دندانهای شاعر را شکسته اند.

محمد بی‌ریا در هفتمین سال تبعیدش، نامه‌ای از تبعیدگاهش به مالنکف نوشته و از او برای آزادی‌اش کمک خواست اما این نامه نیز به مانند هزاران نامه که از سوی قربانیان به سوی او سرازیر می‌شد بی‌پاسخ ماند[۴۵۱]. در ۱۹۵۳استالین مرد محمد بی‌ریا نیز به مانند هزاران زندانی بی‌گناه حکم برائت گرفت میررحیم ولایی دوست نزدیکش به «مارداو» رفت و بی‌ریا را از طریق مسکو به باکو آورد[۴۵۲].

بدین ترتیب محمد بی‌ریا پس از تحمل ۹سال تبعید در سن۴۴سالگی به باکو بازگشت.حکم برائت در دستش بود و شاعر فکر می‌کرد دیگر کسی مزاحم‌اش نخواهد شد چراکه پرتره‌های غول‌آسای استالین برچیده شده بود باکو عوض شده و آدمها نیز گویی پوست انداخته بودند شاعر فکر می‌کرد دیگر زندانها تعطیل خواهند شد و زندانیان سیاسی همگی آزاد خواهند بود اما درست در ژوئن ۱۹۵۷دهمین سالگرد مرگ پیشه‌وری که دوستانش در صدد برگزاری مراسم سالگردش بودند و هنوز یکسال از آزادی شاعر نگذشته بود بار دیگر شاعر دستگیر شد این بار البته اتهاماتش مضحک‌تر از قبل بود گناه شاعر این بود که از آنچه در عرض نه سال زندان بر سرش آورده بودند در باکو برای خاص و عام تعریف کرده بود! و برای نماز

خواندن به مسجد باکو رفته و دوباره برای رفتن به ایران تلاش کرده بود! ...این بار ۱۰سال زندان برایش بریدند بار دیگر از باکو دور شده راهی غربت گردید.

ده سال دیگر گذشت و شاعر در ۱۹۶۷بعد از تحمل دوره دوم زندانش، دوباره به باکو بازگشت این بار چنان پیر و شکسته‌تر شده بود که تعجب همگان را برانگیخت دیگر کسی از دوستان و آشنایان باقی نمانده بود تا شاعر مصیبت‌های ده سال حبساش را برایش تعریف کند تنها عکسی از پسرش همدم لحظات تنهایی‌اش بود در وقتی که او را برای آخرین بار در تبریز بوسیده و ترک کرده بود نوزادی بیش نبود اما اکنون باید برای خودش جوانی رشیدی شده باشد شاعر به سرش زد که دوباره برای رفتن به تبریز اقدام کند ابتدا به مقامات آذربایجان مراجعه کرد مقاماتی که اینک بجای عکس‌های لنین، استالین یا خروشچف، عکس‌ها و مدالهای برژنف را بر دیوار و سینه-هایشان زده بودند اما به در خواست‌های شاعر وقعی ننهادند و گفتند اینکار در صلاحیت ما نیست حتی برایش توصیه کردند که از این کار منصرف شود اما شاعر لجوج، دست بردار نبود برای کسب اجازه و گرفتن ویزا راهی مسکو شد در ایستگاه «کورسک» از قطار پیاده شد هنوز به ایستگاه راهن نزدیک نشده بود که یکی از دو نفر ماموری که از پشت‌سر می‌آمدند بازویش را گرفت. بزودی شاعر را با چند شاهد قلابی برای محاکمه آماده کردند همگی شهادت دادند که به ماموران توهین کرده است...! و شاعر را به جرم توهین به ماموران به دو سال زندان محکوم ساختند بدین ترتیب بی‌ریا در ۱۹۶۷برای بار سوم، به زندان بخش تامبوو منتقل شد.

در آگوست۱۹۶۹دوره زندانش تمام شد و از طریق مسکو به باکو آمد خبردار شد که استخوان‌های پیشه‌وری را از «بوزونا»به خیابان فخری منتقل کرده‌اند با پای پیاده راهی مزار پیشه‌وری شد ابتدا فاتحه‌ای خواند و آنگاه اشکهایش سرازیر شد سپس در یکی از صندلی‌های خالی «کتابخانه صابر» نشست و نامه‌ای به «ولی آخوندوف» دبیر اول کمیته مرکزی حزب کمونیست آذربایجان نوشت از او خواهش کرد که اجازه دهند حداقل در باکو بماند چرا که وزارت امور داخلی اتحاد جماهیر شوروی او را از ماندن در آذربایجان برای همیشه محروم ساخته بود اما نتیجه‌ای در پی نداشت بنابراین

شاعر باید آذربایجان را هرچه زودتر ترک می‌کرد اما در یکی از روزهای گرم تابستان ۱۹۶۷از طریق رادیو باخبر شد که بنا به تصمیم پلنوم کمیته مرکزی حزب کمونیست آذربایجان، آخوندوف در ماه جولای از کار بر کنار شده و حیدر علی‌اف (ریاست کمیته دولتی امنیت...)بجای وی منصوب شده شاعر خوشحال شد بلافاصله نامه‌ای نوشته و همان خواسته را تکرار کرد اما این بار نیز سودی در پی نداشت و شاعر نگونبخت بار دیگر باید راهی تبعیدگاهش می‌شد.

از سوی مقامات وزرات کشور،روستایی به نام «یاروسلاول» از محال بخش تامبوو برای زندگی او در نظر گرفته شده بود در آنجا منزلی به او ندادند و مستمری‌اش را هم قطع کردند شاعر که اینک فقیر، پیری تکیده و محروم از همه چیز بود تنها با کمکهای خیرخواهانه دیگران زندگی می‌کرد و در غربت سخت‌ترین روزهای عمرش را سپری می‌کرد خودش در مورد این سالها گفته بود: «هر روز مرگ در پیش چشم‌ام بود» اما گویی مرگ هم از او روی برگردانده بود و در نمی‌رسید تا راحتش کند!

در ۱۹۷۰ اجازه دادند به باکو باز گردد اما پناهگاهی نداشت در خانه‌های هموطنانش می‌ماند بار خاطر شده بود بارها مزه تحقیر را چشید چون کولیان آواره و سرگردان بود مدتی در شوشا و مدتی در شاماخی ماند ده سال بدین منوال گذشت و سرانجام اجازه بازگشت به ایران داده شد.[۴۵۳]

پس از تحمل سی و سه سال زندگی محنت بار در ۷مهر۱۳۵۹پیرمردی ۶۶ساله از باکو به سوی تبریز به راه افتاد فقیر و بی‌چیز، سیمایی تکیده و استخوانی با موهای دراز و سفیدی که بر سر و صورتش ریخته بود او را شبیه درویشان و عرفای قرون ماضیه کرده بود که گویی از پس ریاضتی طولانی از مغاره‌ایی بسوی شهر بازگشته است این شخص محمد بی‌ریا وزیر فرقه دمکرات آذربایجان بود کسی که زمانی با شعرهایش، روحها را به پرواز در می‌آورد و با همت او برای اولین بار چشمان کودکان آذربایجانی به زبان «قرق» شده‌ی مادری خویش روشن شده بود و در قرن بیستم، سعادت آنرا یافته بودند که با آن بخوانند و بنویسند...!

قطار حامل محمد بی‌ریا از جلفا به سوی تبریز به راه افتاد و از ایستگاه‌های گرگر، مرند، یام و صوفیان گذشت و به تبریز، شهری که آنهمه عاشقش بود و برایش زجر و مرارت کشیده بود نزدیک شد انگار زندگی در پی آن بود که از پس سالها رنج و محنت برایش لبخند بزند اما شاعر کور خوانده بود چرا که همه چیز بر خلاف انتظار شاعر بود!.

از پس یک زندگی دهشتناک و دربدری، در این واپسین دم عمر، تنها دیدار خانواده و زاد و بوم می‌توانست مرحمی بر قلب زخمی و پریشیده شاعر باشد و او را دوباره با زندگی پیوند دهد اما نه زن و فرزندی مانده بود و نه وطن آن وطنی بود که روزگاری در تخیلات شاعرانه‌اش چون نوعروسی معشوق‌وار بر تخت نشانده بود یک سال‌ونیم از انقلاب می‌گذشت و از پس نشستن تب و تاب انقلاب، مشکلات چون چاه ویل دهان گشاده بود کردستان در آتش ناامنی می‌سوخت و جنگ ایران و عراق تازه آغاز گشته بود در تبریز جنگ بین آیت‌الله شریعتمداری و طرفدارنش(خلق مسلمان) با حکومت مرکزی شدت یافته و شاعر با طرفداری از شریعتمداری ناخواسته وارد دهلیزی از مشکلات عدیده گشت که آنسویش ناپیدا بود.

قلب شاعر شکسته بود و اینک شکسته‌تر گردید. مردم تبریز با پیرمردی مواجه شدندکه نه تنها جوانان او را نمی‌شناختند بلکه پیران نیز نمی‌توانستند حدس بزنند که این شخص محمد بی‌ریا است! در واقع او بعد از تحمل دوران سخت تبعید و زندان، وقتی پس از انقلاب به ایران بازگشت به مانند«اسپیرو» قهرمان فیلم «سفر به سیترا» بود که با قدی خمیده و تکیده به وطنش باز می‌گشت در حالی که هیچکس انتظارش را نمی کشید و او مجبور بود با سنگ قبر مبارزان صحبت کند![۴۵۴]

وقتی شاعر در کوچه پس کوچه های شهر سرگردان مانده بود و در باغ گلستان تبریز پرسه می‌زد گویی به اصل و گذشته خود بازگشته است به سیمای همان نوجوان معصوم، فقیر و یتیمی که پنجاه سال پیش از این، در همین پارک گلستان«چرخاننده چرخ فلک»بود به نظر میرسد که بی‌ریا یک «دوره سلوک و بازگشت به اصل خود» را طی کرده است اما سلوک و بازگشتی که برای کمتر کسی به اندازه بی‌ریا این همه

گران تمام گشته است!. وقتی در تبریز از ورود او به نماز جمعه جلوگیری کردند بی-خبر بودند از اینکه او به خاطر همین جرم در شوروی به زیر شکنجه و کتک رفته و دندانهایش شکسته و بیش از سی سال زندان و تبعید کشیده است!

گویی تنها مرگ می‌توانست او را از این زندگی مشقت بار برهاند پنج سال پس از بازگشتش به ایران نیز چنین شد اما مرگی تلخ و دردناک که شبیه زندگی‌اش بود. در واقع چنان زندگی را چنین مرگی باید تکمیل می‌کرد! هیچ خبری از آن در جراید درج نشد. تنها بعدها مجله «آنا دیلی»چاپ شهر بن آلمان مقاله‌ایی را در شماره ۱۶خود تحت این عنوان به محمد بی‌ریا اختصاص داد:«محمد بی‌ریا را کشتند...»[۴۵۵].

بدون شک باقروف در در تبعیدها و زندانهای شاعر نقش اصلی را داشت اما در دادگاه باقروف کوچکترین سخنی از آنچه بر سر شاعر بی‌ریا آورده شده بود نرفت.

پیشه‌وری را پس از مرگش، ابتدا در باغچه‌ای در شهر بزونا (۴۵ کیلومتری باکو) دفن کردند امّا به خاطر مخالفتهای ایرانیان تبعیدی با دفن جسد پیشه‌وری در آن محل و اصرار آنها، باعث شد که در ۱۹۶۵در بیستمین سالگرد ۲۱آذر، مقامات شوروی جسد پیشه‌وری را بیرون آورده و به گورستان فخری باکو که مدفن قهرمانان و بزرگان ادبی و هنری و نظامی این جمهوری است منتقل کنند مزار جدید او با یک تابوت بتونی مخصوصی درست شده بود تا بعدا در زمان لازم، انتقال استخوانهایش به تبریز امکانپذیر گردد. از اسناد فرقه چنین برمی‌آید که سنگ قبرش از جنس گرانیت و مرمر به وزن ۵۰تنی از اکراین آورده شده بود[۴۵۶].

اکنون در سمت راست این گورستان، گورِ او با مجسمه‌اش به چشم می‌خورد و تقریباً در روبروی گورِ او گورِ غلام‌یحیی دانشیان قرار دارد. پسر او (داریوش) نیز که در زمان مرگ پدر ۲۰سال داشت با دخترعمه خود ازدواج کرده به آلمان مهاجرت کرده و به راهی کاملاً متفاوت از راه پدر رفت و زنش معصومه‌خانم، بی‌شوهر و فرزند، در باکو نمانده و اندکی پس از پیروزی انقلاب به ایران بازگشت[۴۵۷].

پس از شکست فرقه، کلیه دفاتر فرقه در تبریز و شهرهای مجاور به آتش کشیده شد و تمام تابلوهای مغازه‌ها و اسامی محلات و خیابانهائیکه دارای اسامی ترکی بود

کنده شدند و در مراسم «کتاب سوزان» نیز، کلیه کتابهائی که به زبان ترکی نوشته شده بودند به آتش سپرده شدند.[۴۵۸]

مجسمه ستارخان که در زمان تسلط فرقه، در جای مجسمه رضاخان در پهلوی در باغ گلستان نصب شده بود بوسیله مخالفان تخریب شد و در تهران نیز سنگ قبر او را کنده و دور انداختند.[۴۵۹] این گور، تاریخی، پر فراز و نشیب‌تر از زندگی صاحب‌اش داشته است! پس از سرنگونی فرقه دموکرات، دورهٔ فعالیت شورای متحده آذربایجان نیز پایان یافت و تا سه دهه پس از آن، هیچ کس حق نداشت سخن از اتحادیهٔ کارگری بر زبان آورد. استدلال رسمی این بود که دولت مأموران خود را جایگزین رهبران خائن کارگران می‌کند تا به نیازهای کارگران رسیدگی کنند «... کارگران که پیش از این خواسته‌های خود را به رهبر اتحادیه و حزب و نمایندگانشان در مجلس و به مطبوعات ارائه می‌دادند، با اینهمه، در اسفند ۱۳۲۸، کارگران به کنسول ایالات متحده متوسل شدند ... بار دیگر مقامات ناتوان و فاسدی که از تهران فرستاده شده بودند بر ساکنان آذربایجان حکومت می‌کردند. کنسول امریکا گزارش داد که «از آخرین روزهای سرنگونی سلسله قاجار تاکنون چنین چیزی دیده نشده است».[۴۶۰]

گویند وقتی در آذربایجان طرفداران فرقه قتل عام می‌شدند در آن سوی مرزها رهبران فرقه مانند پیشه‌وری، صادق پادگان و رحیم قاضی بدور باقروف جمع شده از او درخواست می‌کنند که در مقابل خونریزی‌ها تدبیری بیندیشد به گفته شاهدان باقروف با استالین تماس گرفته مسئله را با او در میان می‌گذارد در جواب استالین چنین می‌گوید: «من بخاطر ۵ملیون آذربایجان ایران نمی‌توانم جنگ جهانی سوم را آغاز کنم[۴۶۱]».

حادثه آذربایجان اولین باخت استالین در آغاز جنگ سرد و دو قطبی بودن نظام جهانی بود سالها پس از آن، وقتی برژنف به عنوان صدر هیأت رئیسه مهمان «ایران و شاه» بود در جواب سؤال مخبرین جرائد، راجع به گذشته چنین پاسخ داده بود: «آقایان، گذشته را کنار بگذارید، آنچه پیش آمد اشتباه بود، اشتباه. بزرگترین دوران

استالینی در ایران».[۴۶۲] و این اشتباه، در عین حال، تلخ‌ترین حادثه تاریخ معاصر آذربایجان نیز بود.

در حالی که از پس مبارزات قهرمانانه ستارخان و دیگر قهرمانان صدر مشروطیت مشروطیتی «ناقص» و مجلسی «نیم بند» بوجود آمد امّا از پس خاکستر آتشی که بدست باقروف و پیشه‌وری برافروخته شد نه تنها ققنوسی زنده بیرون نیامد بلکه اجساد آویزان از چوبه‌دارها و خون‌های شتک‌زده بر دیوارها بود و دود و آهی که از خانه‌های سوخته و فرزند مرده آذربایجانی بلند می‌شد.

از سال ۱۳۲۵ تا ۱۳۴۰ غیر از قصه‌ها و شعرهای مبتذل هم سطح حسین‌کرد و امیرارسلان و مقداری نوحه و باضافه شعر حیدربابا، تقریباً در ایران، هیچ کتاب و نشریه‌ای بزبان ترکی امکان انتشار نیافت. پلیس انتشار کتاب و نشریه به زبان ترکی را عملاً ممنوع کرده بود. به طوری که در دهه چهل، نگهداری و خواندن چنین کتابها، مخاطرات زیادی در پی داشت، صمد بهرنگی و دوستانش در به در به دنبال کتابهای ترکی می‌گشتند و هر نوع خطری را به جان می‌خریدند .[۴۶۳]

در آن سالها جفایی که بر حاجی‌زاده طنزپرداز و هنرمند تئاتر آذربایجانی رفت تقریبا مثال بارزی از سرنوشت رقت بار هنرمندان و نویسندگان پس از شکست فرقه بود. یک گروهبان ارتش شاهنشاهی در زندان تبریز با تحقیر میرزا باقر حاجی زاده معلم و هنرمند تئاتر را در حالی که سخت مریض بود به جرم وطن‌فروشی در زیر کتک له و لورده ساخت وقتی تیمسار شوکت به گزمگان اداره آگاهی دستور داد تا «این مرتیکه وطن فروش را آدم کنند» حاجی‌زاده که فقر مچاله‌اش کرده بود در پاسخ گفت: «تیمسار من امروز پول نداشتم خواستم قابلمه‌ام را بفروشم موفق نشدم چه طور می‌توانم وطنی به این بزرگی را بفروشم!». او قبل از این، زمانی در دوره فرقه چشم و چراغ مردم تبریز بود کسی از اهالی تبریز نبود که در گرداب مشکلات و مرارتها نخندانده باشد و در دهه ۲۰در کل تبریز چنان شهرتی به هم رسانده بود که کسی نبود که او را نشناسد اما در زمان مردن کسی نبود که او را بشناسد به همین خاطر، در شباهنگام وقتی تک و تنها و گرسنه از برف و سرما در یکی از خیان‌های تبریز یخ زد

کسی پیدا نشد تا او را بشناسد وقتی جسدش را به عنوان «مجهول‌الهویه» به گورستان طوبائیه تبریز حمل می‌کردند، کسی در تشییع جنازه‌اش شرکت نکرد هنرمند، حسابی بی‌صاحب مانده بود!.

مدت مدیدی بود که «طفلی به نام شادی» در شهر گم شده بود سال‌های سیاه و خفقان و سال‌های اشک و آه بود و ساواک با شکنجه‌های ددمنشانه مو از ماست بیرون می‌کشید سال‌هایی که در این شعر سهند (بولود قاراچورلو) به تلخ‌ترین شکل منعکس گشته است:

سرنوشت عجیبی است
اندیشه‌هایم ممنوع!
همه چیز
همه چیز برایم ممنوع!
نباید از گذشته‌ام حرفی به میان آورم
و نیز نه از آینده‌ام.
نام بردن از نیاکانم، ممنوع!
و ممنوع،
نامی از مام بردن!
و می‌دانی آیا؟
از آن دم که چشم به دنیا گشوده‌ام
بی‌که خود بدانم
از تکلّم به زبانم نیز
ممنوع بوده‌ام
ممنوع! [۴۶۴]

پانویس‌ها

• انور خامه‌ای، فرصت بزرگ از دست رفته، ص۳۴.

• بزرگ علوی در خاطرات خود در مورد احمد اسدی می‌نویسد: «احمد اسدی پسر تاجری بود بنام «ابوطالب اسدی» تاجری در گیلان که نام «اسدوف» داشت این احمد اسدی در جریان جنبش گیلان، یکی از فعالین بود، بیاد آن فدایی انقلابی که روی مین رفته بود و در آنجا کشته شده بود که نامش «میشا» بوده، از آن زمان، «احمد اسدی» نام مستعار خود را «میشا» گرفت. او بعداً در زمان سرلشکر زاهدی وکیل مجلس شد او قبلاً از همکاران «تیمورتاش» که وقتی [تیمورتاش] فرمانده و یا استاندار گیلان بود، اینها همدیگر را از گیلان می‌شناختند و از آنجا بود که این «اسدوف» توانست بعدها خودش را به تیمورتاش بچسباند و بعدها هم وکیل مجلس شد. (حمید احمدی، خاطرات بزرگ علوی، (تهران: دنیای کتاب، ۱۳۷۷)، ص ۷۹.)

همچنین مصطفی الموتی در مورد اشتغال پیشه‌وری بعد از بازگشت از تبعید، می‌نویسد: « پیشه‌وری با دکتر سلام‌الله جاوید به کاشان تبعید شد و پس از شهریور ۲۰ که از زندان و تبعید خلاصی یافت در تهران بکار دولتی پرداخت و رئیس شرکت تعاونی اداره‌ای شد که آقای داراب متصدی آن بود. داراب نام «اسدوف» را داشت و رئیس تأمینات حکومت بلشویکی گیلان بوده است. اسدوف یا داراب نقشه ترور سرتیپ زاهدی را که در گیلان طرح شده بود به زاهدی که در آن موقع همه کاره گیلان بود داد و با این خبر جان او را نجات داد. به همین جهت وقتی زاهدی نخست‌وزیر شد، داراب از بندر پهلوی به وکالت انتخاب گردید. (مصطفی الموتی، ایران در عصر پهلوی ج ۴، صص۳۳۱ ـ ۳۳۰).

• ایرج اسکندری، خاطرات ایرج اسکندری، ص ۱۱۶. انور خامه‌ای، فرصت بزرگ از دست رفته، ص ۲۱. امّا بزرگ علوی در خاطرات خود می‌گوید: پیشه‌وری در جلسه مؤسسان حضور نداشت و می‌نویسد: «او می‌خواست برای خودش یک حزب مستقل داشته باشه. «پیشه‌وری» این خاصیت را داشت که با تجربیاتی که از سابق داشت، می‌خواست یک حزبی درست بکند که خودش در رأس باشد و این موضوع با بودن آدمهایی مثل ایرج اسکندری و رادمنش و دیگران میسر نبود ...» (بزرگ علوی، خاطرات بزرگ علوی، حمید احمدی، ص ۲۵۸).

امّا از آنجا که خود بزرگ علوی هنوز در زندان بود و در جلسه حضور نداشت قول او نمی‌تواند موثق باشد.

• . سیدجعفر پیشه‌وری، آژیر ، شماره ۹۱ ـ ۱۵ مرداد ۱۳۲۲

• ایرج اسکندری، ص ۱۱۸.

• انور خامه‌ای، ص ۲۸. احسان طبری، کژ راهه ص ۴۳. علی زیبایی، ص ۱۹۹.

• یرواند آبراهامیان، ایران بین دو انقلاب، ص ۳۴۸. سپهر ذبیح، تاریخ جنبش کمونیستی در ایران، ص۱۴۱.

• . «آیا حزب توده کمونیست است؟»، روزنامه رهبر، مورخه ۱۳۲۲/۲/۱۷ شماره ۲۸۰.

• اردشیر آوانسیان، خاطرات سیاسی، به کوشش علی دهباشی، ص ۱۲۹.

•• روزنامه سیاست به مدیریت عباس اسکندری منتشر می‌شد ولی پس از اخراج عباس اسکندری از حزب توده، مدیریت آن را ایرج اسکندری بعهده گرفت. روزنامه مردم به مدیریت صفر نوعی و روزنامه رهبر به مدیریت ایرج اسکندری منتشر می‌شد و هر موقع روزنامه رهبر توقیف می‌شد «رزم» جای آن را می‌گرفت، مدیریت روزنامه «رزم» به عهده دکتر فریدون کشاورز بود. همچنین می‌توان از روزنامه «ظفر» به مدیریت رضا روستا و «دماوند» به مدیریت فتح‌الدین فتاحی به عنوان ناشرین افکار اتحادیه‌ها و روزنامه «راستی» را نام برد که به مدیریت پروین گنابادی منتشر می‌شد در کنار روزنامه‌های فوق که به عنوان روزنامه‌های حزب توده و طرفدار شوروی معروف بودند می‌توان از روزنامه «آژیر» به مدیریت سیدجعفر پیشه‌وری نام برد که طرفدار سرسخت شوروی بود.

•• فریدون کشاورز، من متهم می‌کنم کمیته مرکزی حزب توده ایران. ([بی‌جا: بی‌نا، ۱۳۵۷؟]) ص۴.

•• اردشیر آوانسیان و ایرج اسکندری، پیشه‌وری را عضو کمیته مرکزی موقت می‌دانند، (اردشیر آوانسیان، ص ۱۲۵. ایرج اسکندری، ص ۱۲۹). در حالی که انور خامه‌ای در خاطراتش در ذکر اعضای ۱۵ نفری کمیته مرکزی، پیشه‌وری را ذکر نکرده (انور خامه‌ای، ص ۷۴). نویسنده کتاب «کمونیزم در ایران» نیز، پیشه‌وری را به عنوان عضو کمیته موقت نیاورده در این منبع، اسامی افراد چنین ذکر شده: «۱. سلیمان محسن اسکندری. ۲. ایرج اسکندری. ۳. دکتر رضا رادمنش. ۴. دکتر مرتضی یزدی. ۵. دکتر محمد بهرامی. ۶. نورالدین الموتی. ۷. عبدالصمد کامبخش. ۸. رضا روستا. ۹. آرداشس آوانسیان. ۱۰. محمود سقراطی. ۱۱. دکتر فریدون کشاورز. ۱۲. عبدالحسین نوشین. ۱۳. علی امیرخیزی. ۱۴. محمد علی شریفی . ۱۵. مهدی کیمرام». (علی زیبایی، ص ۲۳۲).

•• همان، صص ۲۳۱ _ ۲۳۰.

•• به نقل از: سپهر ذبیح، تاریخ جنبش کمونیستی در ایران، ص ۱۴۴.

•• یرواند آبراهامیان. ص ۳۵۱.

•• علی زیبائی، ص ۲۰۳.

•• حسین ابوترابیان، مطبوعات ایران از شهریور ۱۳۲۰ تا ۱۳۲۶ (تهران: اطلاعات، ۱۳۶۶)، ص ۲۷.

•• حسین ابوترابیان، مطبوعات ایران از شهریور ۱۳۲۰ تا ۱۳۲۶ (تهران: اطلاعات، ۱۳۶۶)، ص ۲۷. این منبع، روزنامه آژیر را به شکل زیر معرفی می‌کند: صاحب امتیاز: سیدجعفر پیشه‌وری. اولین شماره: ۲ خرداد ۱۳۲۲. ترتیب انتشار: ابتدا روزانه و بعد سه شماره در هفته. موضوع: ابتدا ارگان گروه «کاوه» بود و سپس شدیداً به حزب توده وابسته شد و به مطبوعات جبهه آزادی پیوست. توضیح: در مرداد ۱۳۲۴ توقیف گردید. و با این‌که در فرودین ۱۳۲۵ از توقیف درآمد، ولی دیگر انتشار نیافت تا آنکه در بهمن ۱۳۲۵ امتیاز آن بکلی لغو شد.

شایان ذکر است که نسخه‌ای از این روزنامه در کتابخانه ملی موجود می‌باشد که مورد استفاده اینجانب (مؤلف) قرار گرفت.

•• مصطفی الموتی، ایران در عصر پهلوی. ج ۴، ص ۳۳۳.

•• نجفقلی پسیان، خسرو معتضد، در عصر دو پهلوی، صص۲۷۲ ـ ۲۷۱.

•• آژیر شماره ۹۱، ۱۵ مرداد ۱۳۲۲.

•• کریم کشاورز، «خاطراتی از سیدجعفر پیشه‌وری»، بخارا، مهر۱۳۷۷، شماره ۲، ص ۲۷۴.

•• همان صص ۲۷۵ ـ ۲۷۳.

•• همان، ص ۲۷۳.

•• همان، ص ۲۷۵.

•• سیدجعفر پیشه‌وری «یکسال مبارزه ـ چه کردیم و چه نوشتیم؟» آژیر، سال دوم، ۱۴۷، مورخه ۴ خرداد ۱۳۲۳.

•• مصطفی الموتی، ایران در عصر پهلوی، ج۴، صص۴ ـ ۳۳۳.

•• دکتر فریدون کشاورز در این زمینه می‌نویسد: «پیشه‌وری نیز عضو حزب توده شده بود، امّا با رهبری حزب بر سر مسائل عمومی اختلافات سیاسی جدی داشت؛ در ضمن با چهره‌هایی چون آوانسیان نیز اختلافات شخصی داشت. این اختلاف منشأ بین فعالان توده‌ای آذربایجان و رهبری حزب در سراسر این دوره بود و منجر به این شد که یک سال پیش از تأسیس فرقه دمکرات آذربایجان، امیرخیزی کناره‌گیری کند و پادگان جانشین او شود. فرقه بدون اطلاع قبلی رهبری حزب توده تأسیس و روز بعد که کمیته ایالتی حزب در آذربایجان در فرقه ادغام گردید، رهبران حزب شگفت زده شدند. (فریدون کشاورز، من متهم می‌کنم، صص۲ ـ ۶۱).

نجفقلی پسیان نیز در این مورد می‌نویسد: «موضوع دیگر رابطه‌اش با حزب توده یعنی ۵۳ نفر بود که ضمن تأیید می‌گفت: آنها باید از من و امثال من پیروی کنند. نه این‌که من دنبال آنها بروم. زیرا از نظر علمی و سابقه بر آنها پیشی دارم ... ». (نجفقلی پسیان، در عصر دو پهلوی، صص ۲ـ ۲۷۱).

** یرواند آبراهامیان، ایران بین دو انقلاب، ص ۳۵۶.

** آژیر، شماره ۱۵۶، درباره حزب؛ حزب درست و حسابی کدام است؟.

** «درباره کتاب ورق پاره‌های زندان پنجاه و سه نفر». آژیر، ۳۰ مهر الی ۷ آبان ۱۳۲۳.

** سیدجعفر پیشه‌وری، «یکسال مبارزه ـ چه کردیم و چه نوشتیم». آژیر، سال دوم، ۴ خرداد ۱۳۲۳، شماره ۱۴۷.

** دماوند، شماره ۹ مورخه ۱۳۲۲/۵/۲. به نقل از: جبهه آزادی مردم ایران، گذشته چراغ راه آینده است. (تهران: ققنوس، ۱۳۷۷)، ص ۱۷۳.

** نصر الله سیف پور فاطمی، گزند روزگار، (تهران: شیرازه، ۱۳۷۹)، ص ۲۸۴. سپهر ذبیح تعداد روزنامه‌هایی که در جبهه شرکت کردند ۳۵ روزنامه ذکر می‌کند (سپهر ذبیح، تاریخ جنبش کمونیستی در ایران، ص۱۴۷.)

** حسین جودت، از انقلاب مشروطیت تا انقلاب شاه و ملت (تهران: [بی‌نا] ، ۱۳۵۶)، صص ۴۵ ـ ۴۴۹. همچنین بنگرید به مقاله: عبدالرضا هوشنگ مهدوی، «جمعیت عامیون ایران»، مجله اطلاعات سیاسی ـ اقتصادی، شماره ۱۵۰ ـ ۱۴۹. صص ۹۷ـ ۹۶.

** یرواند آبراهامیان، ص ۲۲۸.

** جامی، گذشته چراغ راه آینده است، ص ۱۷۸. نصر الله سیف پور فاطمی، گزند روزگار، صص ۷ ـ ۲۸۶.

** نصر الله سیف پور فاطمی، همان کتاب، صص ۲ ـ ۲۹۱.

** کاندیداهای حزب توده در انتخابات چهاردهم مجلس عبارتند از: دکتر مرتضی یزدی و سلیمان میرزااسکندری (از تهران) ایرج اسکندری (از ساری) دکتر رضا رادمنش (از لاهیجان) رحمانقلی خلعت بری (از شهسوار) دکتر فریدون کشاورز (از بندر پهلوی) عبدالصمد کامبخش (از قزوین) محمد پروین گنابادی (از سبزوار) شهاب فردوس (از فردوس) آرداشس آوانسیان (از کاندید ارامنه شمال) تقی فداکار (از اصفهان). از بین آنها، سلیمان میرزا در جریان انتخابات درگذشت و رحمان خلعتبری، نوه سپهسالار مازندرانی نیز بدلیل این‌که در

موقع مرگ رضاشاه در مازندران، برای او مجلس ترحیم ترتیب داده بود از حزب توده اخراج گردید. بدین ترتیب هشت نفر، فراکسیون حزب توده را در مجلس تشکیل می‌دادند. این فراکسیون، از کل آراء یک میلیونی مجلس، حدود ۱۵۰ هزار نفر رأی بدست آورده بودند (خاطرات ایرج اسکندری، تهران: موسسه مطالعات و پژوهشهای سیاسی، ۱۳۷۲ صص ۱۴۷ـ ۱۴۶. و سپهر ذبیح، تاریخ جنبش کمونیستی در ایران، ص ۱۹۶).

•• یرواند آبراهامیان، ص ۲۴۴.

•• نمایندگان منتخب دیگر تبریز عبارت بودند از: امیر نصرت اسکندری، ابوالحسن صادقی، شیخ الاسلام، علی سرتیپ‌زاده، یوسف مجتهدی، اصغر پناهی، ایپکچیان.

•• مجید یوسفی، «مجلس چهاردهم». روزنامه آزادگان، ۱۰ اسفند ۱۳۷۸. سال اوّل شماره ۱۱۹. حزب توده در انتخابات چهاردهمین دوره قانونگذاری از بین ۱۳۶ کرسی مجلس، ۸ کرسی را به خود اختصاص داد.

•• سیدجعفر پیشه‌وری، آژیر، شماره ۹۱، ۱۵ مرداد ۱۳۲۲. آوانسیان در خاطرات خود لیست کاندیداهای حزب توده در آذربایجان را شامل امیرخیزی، رحیم همداد، ابوالقاسم موسوی، پیشه‌وری و ایپکچیان می‌داند (اردشیر آوانسیان، ص ۲۹۰).

•• نصر الله سیف پور فاطمی، ص ۳۳۱.

•• اردشیر آوانسیان، صص ۲۹۵ـ ۲۹۳. آوانسیان در مورد مبارزات انتخاباتی تبریز می‌نویسد: «ما کوشش زیادی کردیم تا صندوقها عوض نشود عده زیادی مأمور این کار شدند و هر جا که می‌توانستیم جلو تقلب را می‌گرفتیم ... کمیسیون ما شب و روز کار می‌کرد ومن تا نیمه‌های شب در اتاق حزب نشسته بودم و دایماً مأمورین حزب ما می‌آمدند و می‌رفتند این نتیجه ایمان و فداکاری بود که در بدترین شرایط ترور در تبریز واطراف توانستیم تا حدود ده هزار رأی جمع آوری نماییم. (اردشیر آوانسیان، صص ۲۹۲ ـ ۲۹۱).

•• سپهر ذبیح، ص ۱۹۶.

•• سیدجعفر پیشه‌وری، «ما چه می‌گوئیم _ مردم چه می‌خواهند». آژیر، ۱۸ خرداد ۱۳۲۳.

•• سیدجعفر پیشه‌وری، «ما چه می‌گوئیم ملت چه می‌خواهد. از ره آورد مسافرت تبریز»، آژیر، ۲۱ خرداد ۱۳۲۳ شماره ۱۵۵ . پیشه‌وری طی دو ماه نمایندگی خود در مجلس، از فرصت استفاده کرده و در فرصت‌های مقتضی، به تشریح وضعیت وخیم زندگی مردم آذربایجان پرداخت، او در جلسه ۲۳ خرداد ۱۳۲۳ در مجلس چنین گفت: «الان تبریز به یک کوره ده خرابه ای مبدل گردیده است شش ماه است بیمارستانهای شهر تعطیل است ... در تبریز تقریباً بیست و هفت دبستان ودبیرستان وجود دارد که فقط شش هفت باب آن

دولتی است. مابقی مدارس ملّی است. من اغلب آنها را از نزدیک تماشا کرده‌ام. شما حاضر نمی‌شوید حتی اسب خودتان را در آنجا جای بدهید ... (آژیر، ۲۶ خرداد ۱۳۲۳).

•• حسین کی‌استوان، سیاست موازنه منفی در مجلس چهاردهم. (تهران: روزنامه مظفر، ۱۳۲۷)، ج اوّل، ص ۱۲۸.

•• ناصر نجمی، خاطرات سیاسی حوادث تاریخی ایران، (تهران: کلینی، ۱۳۷۰)، ص ۷۰.

•• نصر الله سیف پور فاطمی، گزند روزگار، ص ۳ ـ ۳۳۲.

•• خاطرات امیرتیمور کلالی، رئیس ایل، وکیل مجلس، وزیر کابینه مصدق، ویراستار جبیب لاجوردی، (دانشگاه هاروارد: ۱۹۹۷)، صص ۲۷۵ ـ ۲۷۴.

•• مصطفی الموتی، ج ۴، صص ۳ ـ ۳۲۲.

•• خاطرات ایرج اسکندری، صص ۵ ـ ۱۶۴.

•• حسین کی‌استوان، سیاست موازنه منفی در مجلس چهاردهم، ج۲، ص ۲۹۱.

•• نصرالله سیف پور فاطمی، گزند روزگار، ص ۳۳۴. ایرج اسکندری، صص ۵ ـ ۱۶۴.

•• مذاکرات مجلس، ۲۲تیر ماه ۱۳۲۳.

•• به عنوان مثال «کتاب گذشته چراغ راه آینده است» بعد از ذکر ردّ اعتبارنامه پیشه‌وری، بدون ذکر منبع می‌نویسد: «توطئه به قدری عمیق بود که حتی اکثریت نمایندگان اعتراض دکتر مصدق را مبنی بر این‌که طبق اصل هفتم قانون اساسی ... به لحاظ بعضی ملاحظات سیاسی مورد توجه قرار ندادند. (گذشته چراغ راه آینده است، ص ۱۸۱). کتاب «آذربایجان در ایران معاصر» نیز در پانویس خود می‌نویسد: «چند نفر از نمایندگان، از جمله دکتر مصدق، بحث کردند که برای تصویب یک قانون از مجلس، نصف به اضافه یک رأی موافق از همه رأی دهندگان ضرور است». (تورج اتابکی، آذربایجان در ایران معاصر، ص ۲۴۴، پانویس ۳۹). سیف پور فاطمی نیز در این مورد می‌نویسد: «دکتر مصدق که به اعتبارنامه پیشه‌وری رأی داد پس از اعلام رأی، اعتراض کرد که پنجاه رأی مخالف در برابر پنجاه رأی موافق کافی نیست ... اکثریت در جواب گفت همین اظهار نظر دکتر مصدق دلیل بر ردّ اعتبارنامه است ...».(نصرالله سیف پور فاطمی، صص ۴ ـ ۳۳۳).

•• حسین کی استوان. ص ۱۲۸.

•• بنگرید به: روزنامه اطلاعات شماره ۵۵۱۰ مورخه ۱۵ تیرماه ۱۳۲۳.

•• مصطفی الموتی، ج۴ ص ۳۳۳.

•• فریدون کشاورز، ص۳۴.

•• اردشیر آوانسیان، ص ۲۹۹.

•• داد، شماره ۲۰۹، مورخه ۱۳۲۳/۴/۲۳.

•• سیدجعفر پیشه‌وری. آژیر، شماره ۱۶۹، مورخه ۲۵ تیرماه ۱۳۲۳ .

•• جاوید، [عبدالسلام؟]، دموکراسی ناقص: ۱۳۳۲ ' ۱۳۲۰، ([بی‌جا: بی‌تا، بی‌نا])، ص ۱۴.

[۶۷]. سرنوشت ایران چه خواهد شد(در موضوع پیشامد آذربایجان) نوشته احمد کسروی. تهران:اردیبهشت،۱۳۲۴.صص۲۱-۲۲.

•• یرواند آبراهامیان، ص ۳۵۸.

•• یوسف افتخاری، صص ۲۲۱ ـ ۲۲۰.

•• اردشیر آوانسیان، صص ۳ ـ ۲۴۲.

•• یوسف افتخاری، صص ۱۶ ـ ۱۵.

•• اردشیر آوانسیان، ص ۱۳۷.

•• همان، ص ۲۴۴.

•• آوانسیان در خاطرات خود می‌نویسد: امّا حالا دیگر وضع عوض شده، نهضت حزب ما قوی شده بود، این آقا [استاندار] هم با تملق و حتی با التماس با من صحبت می‌کرد و می‌گفت: «آخر آقا، ما هم آدم هستیم من هم استاندار هستم، کاری کنید که منطقی باشد». پرسیدم چه شده است؟ گفت: «محمد بی‌ریا رئیس اتحادیه‌های کارگری یکی از صاحبان کارخانه را به اداره اتحادیه خواسته و او را در مستراح اتحادیه زندانی کرده است». من حالا درست به خاطر ندارم کدام یک از صاحبان کارخانه بوده، به نظرم صاحب کارخانه کلکته‌چی یا صدقیانی بوده است. (همان، ص ۲۴۹).

•• یرواند آبراهایمان، ص ۳۶۰.

•• سپهر ذبیح، همان کتاب، صص ۹ ـ ۱۴۸.

•• در مورد نخستین کنگره حزب، بنگرید به: علی زیبایی ، کمونیزم در ایران، صص ۲۷۳ ـ ۲۵۵. سپهر ذبیح، تاریخ جنبش کمونیست در ایران، صص ۱۵۳ ـ ۱۴۹. یرواند آبراهامیان، ایران بین دو انقلاب، صص ۳۶۴ ـ

۳۶۰. جبهه آزادی مردم ایران، گذشته چراغ راه آینده است، صص ۱۸۸ ـ ۱۸۱. خاطرات انور خامه‌ای، فرصت بزرگ از دست رفته، صص ۱۱۵ ـ ۱۰۶. و ایرج اسکندری، صص ۱۶۰ ـ ۱۵۲.

•• جالب این‌که در هیچکدام از کتابهای یاد شده به مقاله مورد نظر پیشه‌وری مندرج در روزنامه «آژیـر»، مستقیماً اشاره نشده بلکه از روی منابع غیر موثق دیگر ذکر شده است.

•• ا. آهنین، یادداشت‌های زندان، (تهران: ۱۳۲۲)، ص ۸۰. آوانسیان بخاطر علاقه زیادش به استالین، اسم مستعار آهنین را برای خود انتخاب کرده بود.

•• اردشیر آوانسیان، صص۷ ـ ۲۹۶.

•• همان، ص ۲۹۷.

•• همان، صص ۸ ـ ۲۹۷.

•• مصطفی الموتی، صص ۶ ـ ۳۳۵.

۸۴ . ایرج اسکندری، ص ۱۵۳.

••• آژیر،سال دوم شماره۱۷۳،۸مرداد۱۳۲۳.

۸۶ .بنگرید به:آژیر،ما و شاه سابق،سال دوم شماره۱۷۴،مورخه۱۲مرداد۱۳۲۳.

۸۷ . کریم کشاورز، «خاطراتی از سیدجعفر پیشه‌وری»، بخارا، ۱۳۷۸، شماره ۲.

•• ریچارد کاتم، ناتالیا یگوروا، دیوید رابرتسون، نفت ایران، جنگ سرد و بحران آذربایجان، ترجمه کاوه بیات، (تهران: نشر نی، ۱۳۷۹)، ص ۹۳.

•• مصطفی فاتح، پنجاه سال نفت ایران، ص ۳۵۳.

•• مذاکرات مجلس، شماره ۱۳۰۸، مورخه ۱۹ مرداد ۱۳۲۳.

•• به نقل از: مذاکرات مجلس، شماره ۱۳۳۰، مورخه ۲۷ مهر ماه ۱۳۲۳ و خاطرات سیاسی محمدساعد مراغه‌ای ... صص ۳ _ ۱۸۲.

•• آژیر، شماره ۲۰۵، مورخه چهارم آبان ۱۳۲۳.

•• رهبر، شماره ۴۰۲، مروخ ۱۳۲۳/۷/۲۱.

•• آژیر، مورخه ۱۳۲۳/۷/۳۰.

•• جلال آل احمد، در خدمت و خیانت روشنفکران، (تهران: خوارزمی، ۱۳۵۷)، ج۲، ص ۱۷۵.

[96]. Həsənli C.P.Güney: Azərbaycan:Tehran-Bakı-Moskva arasında (1939-1945)Bakı, "Diplomat" nəşriyyatı, 1998.s.140.

[••] . روزنامه مهر ایران، شماره ۷۷۵، ۸ آبان ۱۳۲۳.

[••] . به احتمال زیاد این مقاله را کریم کشاورز نوشته بود، کریم کشاورز بسیاری از مقالات و نوشته‌های خود را با اسم مستعار «کریم رشتی» می‌نوشت شایان ذکر است که دکتر فریدون کشاورز، برادر کریم کشاورز نیز در خاطرات خود به این مسئله اشاره کرده است. بنگرید به: فریدون کشاورز، من متهم می‌کنم کمیته مرکزی حزب توده. (تهران: [بی‌نا]، ۱۳۵۷)، ص ۳۴.

[••] . آژیر، شماره ۲۰۷، مورخه ۱۳۲۳/۸/۹.

[•••] . باختر، مورخه ۱۳۲۳/۸/۱۱.

[•••] . آژیر، مورخه ۳۰ آبان ۱۳۲۳.

[۱۰۲] . سرنوشت ایران چه خواهد شد(در موضوع پیشامد آذربایجان) نوشته احمد کسروی. تهران:اردیبهشت،۱۳۲۴.

[•••] . مردم برای روشنفکران، شماره ۱۲، مورخه ۱۲۳۲/۸/۱۹. «مسئله نفت». به نقل از: گذاشته چراغ راه آینده است، ص ۲۰۶.

[•••] . حسین کی استوان، سیاست موازنه منفی در مجلس چهاردهم. (تهران: مصدق، ۱۳۲۷)، ج۱، ص ۱۹۹.

[•••] . همان، ص ۲۲۳.

[•••] . بنگرید به: داد، شماره ۳۲۱ مورخه ۱۳ آذر ۱۳۲۳، رهبر، شماره ۴۳۸، ۱۹ آذر ۱۳۲۳.

[•••] . آژیر، شماره ۲۲۱، مورخه ۱۴، آذر ۱۳۲۳.

[•••] . روزنامه ندای عدالت، شماره ۱۳۲، مورخه آذر ۱۳۲۳. به نقل از: حسین کی‌استوان، سیاست موازنه منفی، ج ۱، صص ۲۳۳ ـ ۲۲۷.

[•••] . آژیر، شماره ۲۲۹، مورخه ۲۸ آذر ۱۳۲۳.

[•••] . کارل مارکس [و] فریدریش انگلس، ایدئولوژی آلمانی، (تهران: باربد، [بی‌تا])، صص۱۱ ـ ۱۲.

[•••] . آژیر، دوشنبه ۴ خرداد ۱۳۲۳، سال دوم، شماره ۱۴۷.

[•••] . روزنامهٔ آژیر، شماره ۲۵۰ (۲۹ بهمن ۱۳۲۳).

*** رساله دادگاه، صص ۵۲ ـ ۵۱. به نقل از: ابوالفضل قاسمی، سیر الیگارشی در ایران: از کوتاما تاکودتا (تهران: ققنوس، ۱۳۵۷)، ص ۲۷۵.

*** بنگرید به: اسناد مربوط به روزنامه آژیر، قسمت پیوست‌های همین کتاب، سند ۳۱۷.

*** خلیل ملکی، صص ۳۹۱ ـ ۳۹۰.

*** یوسف افتخاری، ص ۸۳

[117]. Həsənli C.P.Güney: Azərbaycan:Tehran-Bakı-Moskva arasında (1939-1945)Bakı, "Diplomat" nəşriyyatı, 1998,s.155

*** ریچارد کاتم، نفت ایران، جنگ سرد و بحران آذربایجان، ص۱۰۱.

[119]. A.Məmmədov. BAŞTUTMAMIŞ ÇEVRILŞ.Bakı, «El-ALliance» nəŞriyyatı 2007, s.75.

[120] . Həsənli C.P.Güney: Azərbaycan:Tehran-Bakı-Moskva arasında (1939-1945)Bakı, "Diplomat" nəşriyyatı.s.50.

[121]. Həsənli C.P.Güney: Azərbaycan:Tehran-Bakı-Moskva arasında (1939-1945)Bakı, "Diplomat" nəşriyyatı, 1998,.s.50-51.

[122]. A.Məmmədov. BAŞTUTMAMIŞ ÇEVRILŞ.Bakı, «El-ALliance» nəÇriyyatı 2007, s.75.

[123] . Həsənli C.P.Güney: Azərbaycan:Tehran-Bakı-Moskva arasında(1939-1945)Bakı, "Diplomat" nəşriyyatı, 1998.s.101-102.

[124]. A.Məmmədov. BAŞTUTMAMIŞ ÇEVRILŞ.Bakı, «El-ALliance» nəÇriyyatı 2007, s.75

[125]. Teyyub Qurban. Düşmənlərindən güclü şəxsiyyət.Mir Cəfər Bağırov haqqında məqalələr toplusu.Bakı, ğirvannəşr, 2006. S.35

[126]. Həsənli C.P.Güney: Azərbaycan:Tehran-Bakı-Moskva arasında (1939-1945)Bakı, "Diplomat" nəşriyyatı, 1998.s.111.

[127]. Həsənli C.P.Güney: Azərbaycan:Tehran-Bakı-Moskva arasında (1939-1945)Bakı, "Diplomat" nəşriyyatı, 1998.s.109.

[128]. A.Məmmədov. BAŞTUTMAMIŞ ÇEVRILŞ.Bakı, «El-ALliance» nəşriyyati.2007, s.75.

[۱۲۹]. برای خواندن کامل این سند مهم بنگرید به:

A.Məmmədov. BAŞTUTMAMIŞ ÇEVRILŞ.Bakı, «El-ALliance» nəşriyyati.2007, s.76-79.

[130]. Həsənli C.P.Güney: Azərbaycan:Tehran-Bakı-Moskva arasında (1939-1945)Bakı, "Diplomat" nəşriyyatı,s. 1998,153-155.

[۱۳۱]. مجله گفتگو « استالین و تأسیس فرقه دموکرات آذربایجان/نویسنده : فرناند شاید راینه،» اردیبهشت ۱۳۸۶ - شماره ۴۸

[132]. A.Məmmədov. BAŞTUTMAMIŞ ÇEVRILŞ.Bakı, «El-ALliance» nəşriyyati.2007, s.81

[۱۳۳]. مجله گفتگو « استالین و تأسیس فرقه دموکرات آذربایجان/نویسنده : فرناند شاید راینه،» اردیبهشت ۱۳۸۶ - شماره ۴۸

[134]. Həsənli C.P.Güney: Azərbaycan:Tehran-Bakı-Moskva arasında (1939-1945)Bakı, "Diplomat" nəşriyyatı, 1998.s.201.

[۱۳۵]. مجله گفتگو « استالین و تأسیس فرقه دموکرات آذربایجان/نویسنده : فرناند شاید راینه،» اردیبهشت ۱۳۸۶ - شماره ۴۸

[136]. Həsənli C.P.Güney: Azərbaycan:Tehran-Bakı-Moskva arasında (1939-1945)Bakı, "Diplomat" nəşriyyatı, 1998.s.201.

[•••]. حمید ملازاده ، رازهای سر به مهر: ناگفته های وقایع آذربایجان، (تبریز: مهد آزادی، ۱۳۷۶)، ص ۲۰.

[•••]. شهریور اون ایکسی، آذربایجان دموکرات فرقه‌سی نین برینجی ایل دونمی، تبریز: ۱۳۲۵ ص ۱. در این زمان در آذربایجان، حزب توده نزدیک به پنجاه هزار نفر عضو داشت. آوانسیان آن را شصت هزار نفر ذکر کرده. (اردشیر آوانسیان، ص ۳۶۸). دکتر اتابکی ، تعداد کل اعضای حزب توده در آذربایجان را هنگام ائتلاف، چهل و چهار هزار نفر ذکر می‌کند که از این تعداد ۷۲ درصد کشاورز، ۱۱/۱ درصد کارگر، ۱۰/۲ درصد کارگر متخصص (ماهر) و ۷/۶ درصد بقیه مشتمل بر طبقه متوسط، کارمند اداری و روشنفکر بودند. (تورج اتابکی، آذربایجان در تاریخ معاصر، ص ۲۵۴).

متن بیانیه عیناً در قسمت پیوستها آورده شده است، به قسمت پیوستها نگاه کنید. بیانیه ۱۲ شهریور فرقه دمکرات در اکثر منابع آورده شده است، برای مثال بنگرید به منابع زیر:

کتاب «قزیل صحیفه لر [تبریز: آذربایجان دموقرات فرقه‌سی]، ۱۳۲۴،» صص ۱۰ ـ ۱. کتاب شهریورین اون ایکی سی، (تبریز: مرکز تربیت شعبه‌سینین نشریه‌سی، ۱۳۲۵)، صص ۱۰ _ ۷. علی دهقان، سرزمین زردشت، (تهران: ابن سینا، ۱۳۴۸)، صص ۷۰۷ ـ ۷۰۵. گذشته چراغ راه آینده است، صص ۲۵۹ ـ ۲۲۷.

[139]. ƏKRƏM RƏHiMLi (BiJE).MÜBARiZƏ BURULĞANLARINDA KEÇƏN ÖMÜR:SEYİD CƏFƏR PİŞƏVƏRİ(Həyatı…s.146.

[•••]. به نقل از: شهریور اون ایکی سی، ص ۳. اسامی ۴۵ نفر از امضاء کنندگان عبارت بودند از: شتریانی، حسین جدی، صمد منصوری، علی ماشینچی، لطیف شمیلی، محمد ابراهیم، عباسعلی زنوزی، تقی چاپار، ناتوانی، نجفعلی، جمشید انباز، جعفر پیشه‌وری، غلام‌یحیی دانشیان، اسرافیل نادری، علی ایلوچ، ملک ملکفام، صادق پادگان، رسام موزع زاده، امین فرشچیان، دکتر آخوندزاده، فنائی، ترابی، باقر امیرخیزی، کاظم وحید، هاشم نیاداود، محمد حسین برهانی، صمصام، خقانی، محمود حقیقی، آخوندزاده گنجی، محمد ابراهیم اخباری، حسن زفیری، علی قهرمانی، میرتقی سادات خیابانی، علی چوگانی، صابر کمال‌زاده، علی علافپور، علی روشنفکر، ابراهیم مالک، ذبیح الله شریفی، حسن علیزاده، محمد ابراهیم علیزاده، اکبر شهابی، تقی شاهین.

[•••]. رحیم ذهتاب‌فرد، خاطرات در خاطرات، صص ۴ ـ ۱۸۲.

[•••]. سیدجعفر پیشه‌وری، «افتر آمیز تلگرافی کیم امضا ایتدیرمیشـدیر؟» آذربایجـان، شـماره ۳۰، ۲۵ مهـر ۱۳۲۴.

[•••]. فریدون کشاورز، من متهم می‌کنم کمیته مرکزی ... ، ص ۶۱.

[•••]. ایرج اسکندری، ص ۱۷۱. و همچنین بنگرید به: انور خامه‌ای، فرصت بزرگ از دست رفتـه، صـص ۱۹۸ ـ ۱۹۷.

[•••]. اردشیر آوانسیان، ص ۳۶۸.

[•••]. نامه حزب توده به کمیته مرکزی حزب کمونیست شوروی، سپتامبر ۱۹۴۵ / شهریور ۱۳۲۴. به نقل از: کتاب نفت ایران، جنگ سرد و بحران آذربایجان، ص ۱۰۴.

[•••]. ریچارد کاتم، ناتالیا یگوروا، دیوید رابرتسون، نفت ایران ... صص ۱۰۵ ـ ۱۰۴.

[148]. Həsənli C.P.Güney: Azərbaycan:Tehran-Bakı-Moskva arasında (1939-1945)Bakı, "Diplomat" nəşriyyatı, 1998.s.201.

[•••]. یرواند آبراهامیان، همان کتاب، ص ۵۰۳.

[150]. A.Məmmədov. BAŞTUTMAMIŞ ÇEVRILŞ.Bakı, «El-ALliance» nəşriyyati.2007, s.81.

[•••]. ایران ما، شماره ۴۵۹، مورخه ۲۴/۹/۱۸. به نقل از: کتاب گذشته چراغ راه آینده است. ص ۲۷۴.

[•••]. ظفر، ۲۳ آذر ۱۳۲۴، به نقل از: یرواند آبراهامیان، ص ۴۹۹. همچنین همان منبع، ص ۴۹۸ ـ ۴۹۷.

[•••]. اصل شعر قطران تبریزی چنین است:

از بهشت خدای عزوجل   تا به تبریز، نیم فرسنگ است.

[•••]. بنگرید به: مجتبی مقصودی، تحولات قومی در ایران؛ علل و زمینه‌ها، (تهران: موسسه مطالعات ملی، ۱۳۸۰)، صص ۱۶۳ ـ ۲۶۴.

[۱۵۵]. سرنوشـت ایـران چـه خواهـد شـد(در موضـوع پیشـامد آذربایجـان) نوشـته احمـد کسـروی. تهران:اردیبهشت،۱۳۲۴.ص۳۳.

*** بنگرید به: علی مرشدی‌زاده، روشنفکران آذری و هویت ملی و قومی، (تهران: مرکز، ۱۳۸۰)، صص ۳۷ ـ ۳۵. امّا اوج این محدودیت و آذری‌ستیزی زمان رضاشاه، دوره استانداری عبدالله مستوفی بود او نـه تنهـا هرگونه تئاتر و نمایش به زبان مادری را در آذربایجان ممنوع ساخته بود بلکه حتی مجالس عزاداری و روضـه خوانی را نیز از این امر مستثنی نکرده بود. پیر زنان و پیرمردانی که به زبان فارسی آشنایی نداشتند، در مراسـم ختم و در ماتم عزیزان از دست رفتهٔ خود، حق نداشتند دردها و مصائب خود را به زبان خودشان بیان کنند!.

عبدالله مستوفی در یکی از سخنرانی‌های خود، به مردم آذربایجان گفته بود: «شما اولاد داریـوش و کـامبیز هستید چرا به زبان افراسیاب و چنگیز حرف می‌زنید؟» و محسنی، رئیس فرهنگ وقت آذربایجان گفته بود: «هر کس در مدارس به زبان آذربایجانی حرف بزند افسار الاغ به سر او بزنید و او را آخور ببندید». ذوقـی، رئـیس فرهنگ بعدی نیز صندوق جریمهٔ ترکی حرف زدن را در دبستان‌ها گذاشته بود، ... . (سعید منیـری، میرزابـاقر حاجی‌زاده، هنرمند طنز پرداز مردمی تئاتر آذربایجان، (تهران: علمی، ۱۳۷۹)، ص ۲۹).

*** علیرضا نابدل در سال ۱۳۲۳ در خانواده متوسطی در تبریز متولد شد او ضمن ادامه تحصیل در رشته قضائی در دانشکده حقوق دانشگاه تهران، با اندیشه چپ آشنا شد و قبل از این‌که تحصیلاتش را به اتمام رساند وارد جنبش مسلحانه، علیه رژیم گردید. او در سال ۱۳۴۴ با جمعی از جوانان آذری چون صمد بهرنگی، بهروز دهقانی، کاظم سعادتی، مناف فلکی ... ، بر علیه نظام موجود دست به مبارزه زدند و شاخه چریکهـای فـدائی خلق را در تبریز بوجود آوردند. در سال ۱۳۴۵ به همراه صمد بهرنگی و بهروز دهقانی اداره «ویـژه آدینـه‌ی» روزنامه «مهد آزادی» را در تبریز به عهده گرفتند و مطالب خودشان را در این روزنامه به چـاپ مـی‌رسـاندند. علیرضا نابدل در این نشریه؛ اشعارش را با تخلص اُختای به چاپ می‌رساند. یکسال بعد، ایـن مجلـه توقیـف گردید و نابدل نیز سرانجام در ۱۳۵۰ در جریان پخش اعلامیه‌های حزبی به همراه دوستش، جواد سلامی گرفتار گردید و در یک درگیری مسلحانه دوست او کشته شد و نابدل نیز بر اثر اصابت چند گلوله از ناحیه شکم و پا، زخمی شد و توسط ساواک دستگیر گردید در زیر شکنجه‌های متعدد، چندین بار دست به خودکشی زد «یکبار زمانیکه تازه زخمهایش را بخیه زده بودند، به محض این‌که بهوش آمد، با چنگ بخیه‌ها را شکافت. و بار دیگر هنگامیکه در طبقه سوم بیمارستان شهربانی بستری بود با استفاده از یک فرصت کوتاه خود را با سـر از پنجـره اطاق بیرون پرتاب کرد ... شکمش شکافته شد و دست راستش شکست، امّا هنوز زنده بود. در چنین حالتی با از خود گذشتگی و فداکاری بی‌نظیری دست برد و روده‌هایش را از شکاف شکمش بیرون کشید تا پاره کند و به حیات خویش خاتمه دهد امّا فرصت اینکار دست نداد، چون مزدوران دشمن رسیدند و مانع این کار شـدند». (علیرضا نابدل، آذربایجان و مسئله ملی، صص ۱۷ ـ ۱۶). او سرانجام در ۲۲ اسفند ماه ۱۳۵۰ به جوخـه اعـدام سپرده شد.

[...]. علیرضا نابدل، آذربایجان و مسئله ملی، صص ۲۱ ـ ۲۰.

[...]. علت بدبختی آذربایجان چیست؟ ۱۷ آذر ۱۳۲۰؛ «هدف ما چیست؟»، آذربایجان، ۱۳ بهمن ۱۳۲۰. به نقل از: علی مرشدی‌زاده، روشنفکران آذری و هویت ملی و قومی، صص ۱۹۶ ـ ۱۹۵.

[...]. تورج اتابکی، آذربایجان در ایران معاصر، صص ۱۰۱ ـ ۱۰۰.

[...]. یرواند آبراهامیان، صص ۴ ـ ۴۸۳.

[...]. تورج اتابکی، صص ۱۰۳ ـ ۱۰۲.

[...]. حمید احمدی، خاطرات بزرگ علوی، (تهران: دنیای کتاب، ۱۳۷۷)، ص ۲۸۶. علوی در خاطرات خود ضمن اشاره به این مسئله می‌نویسد: ملکی در حالی که عصبانی بود دستور داد تصویرهای لنین و استالین را از دیوارهای تالار سخنرانی برکنند و بجای آنها، عکس‌های خیابانی و ستارخان، و دکتر ارانی را نصب کنند، چنین حرکت ملکی خشم پیشه‌وری را برانگیخت و او را از آذربایجان اخراج کردند و به تهران گسیل داشتند.

[...]. خلیل ملکی، صص ۸ ـ ۳۶۵.

[...]. همان، ص۳۶۹.

[...]. خلیل ملکی، بر خورد عقاید و آراء، با مقدمه محمد علی همایون و امیر پیشداد (تهران: نشر مرکز، ۱۳۷۴)، ص ۱۱۹.

[...]. «زبان ما». آذربایجان، ۱۴ شهریور، ۱۳۲۴.

[...]. حمید احمدی، قومیت و قوم گرائی در ایران، (تهران: نشر نی، ۱۳۷۹)، ص ۲۸۹

[...]. آذربایجان، شماره ۵، مورخه ۲۶ شهریور ۱۳۲۴.

[...]. آذربایجان، شماره ۶، مورخه ۲۷ شهریور ۱۳۲۴.

[...]. «حزب درست و حسابی کدام است»؟ آژیر، شماره ۱۵۶.

[۱۷۲]. میرتقی موسوی در گفتگو با دکتر حسن یحیایی به نقل از: گوشه‌هایی از تاریخ آذربایجان ، صص ۳۲۱ ـ ۳۲۰.

[...]. آژیر، شماره ۱۵۶، مورخه ۱۳۲۳.

[...]. حسن نظری (غازیانی)، گماشتگی‌های بدفرجام، (تهران: رسا، ۱۳۷۶)، ص ۱۲۲.

[...]. حمید ملازاده، رازهای سر به مهر، (تبریز: مهد آزادی، ۱۳۷۹) صص ۲۳ ـ ۲۰.

---

[176]. A.Məmmədov. BAŞTUTMAMIŞ ÇEVRILŞ.Bakı, «El-ALliance» nəşriyyati.2007, s.88-89.

[...] روزنامه اطلاعات شهریور ۱۳۲۴، شماره ۵۸۶۷.

[...] حسین کی استوان، سیاست موازنه منفی، ج۲، ص ۸۷.

[...] خاطرات سیاسی فرخ، صص ۶۶۲ ـ ۶۶۱. فرخ در ادامه خاطراتش می‌نویسد: « در مجلس عده‌ای نمایندگان آذربایجان که در اقلیت بودند بشدت از نهضت فرقه دموکرات جانبداری می‌کردند. این گروه به دو دسته تقسیم شده بودند: عده‌ای که عضو فراکسیون حزب توده بودند و تکلیف آنان با نهضت فرقه روشن بود، و عده‌ای دیگر مالکین آذربایجان بودند که به خاطر حفظ املاک خود، با نهضت فرقه دموکرات مغازله می‌کردند و حتی امیدوار بودند که شاید در دوره پانزدهم نیز با کمک آنان یا به کمک سالدات‌های روسی بتوانند از صندوق انتخابات بیرون بیایند، و مجموع این طرفداری‌ها باعث شده بود که دولت صدر نتواند بطور قاطع در مورد موجودیت حوادث آذربایجان تصمیمات شدید بگیرد روز ۲۲ شهریور ۱۳۲۴ هیئت مؤسسان فرقه دموکرات تشکیل شد و پیشه‌وری با اکثریت آراء صدر فرقه لنین شد ... کار تمام شده بود و صدرالاشراف تصمیم داشت که انتخاب مرا در مجلس اعلام کرده از مجلسیان، بخصوص نمایندگان آذربایجان بخواهد که در مورد انتصاب من موافقت نمایند ... بهر حال روز موعود فرا رسید ... نمایندگان هم، البته گروه اکثریت و چند نفری از اقلیت گفتند مبارک است و منهم پس از اظهار تشکر از آقایان نمایندگان، از مجلس خارج شدم.

عجیب است اگر برای شما بگویم که درست همان لحظه‌ای که من از مجلس خارج شدم، چند لحظه بعد شنیدم که فرقه دموکرات آذربایجان علیه من اعلامیه صادر کرده است. (خاطرات سیاسی فرخ، صص ۶۶۴ ـ ۶۶۰).

[...] آذربایجان، ۲ آبان، ۱۳۲۴، شماره ۳۶.

[۱۸۱]. مجله گفتگو « استالین و تأسیس فرقه دموکرات آذربایجان/نویسنده : فرناند شاید راینه،» اردیبهشت ۱۳۸۶ - شماره ۴۸

[...] آذربایجان، مورخه ۲۰ آذر ۱۳۲۴.

[...]. آذربایجان، دوشنبه ۱۹ آذر ۱۳۲۴، شماره ۷۵.

[...] آذربایجان، ۲ آبان ۱۳۲۴. شماره ۳۶.

***. تورج اتابکی، آذربایجان در ایران معاصر، ص ۱۲۴

***. آذربایجان، مورخه ۲۴/۹/۱، شماره ۶۱.

***. آذربایجان، مورخه ۱۳۲۴/۹/۱، شماره ۶۱.

***. برای اطلاع بیشتر بنگرید به: شهریورین اون ایکی سی، (تبریز: مرکز تربیت شعبه‌سینین نشریه‌سی، ۱۳۲۵)، صص ۲۸ ـ ۲.

***. متن تلگراف هیئت رئیسه مجلس مؤسسان فرقه دموکرات آذربایجان به انجمن وزیران خارجه و دولت ایران بشرح زیر است:

تلگراف

لندن. شورای وزیران خارجه

جناب برنس Mr. A. G.Byrons وزیر خارجه امریکا

جناب بوین Mr. Beween وزیر خارجه انگلستان

جناب مولوتف Mr. Molotoy وزیر امور خارجه اتحاد جماهیر شوروی

جناب بیدو Mr. Bidoux وزیر خارجه فرانسه

جناب ونگ شه شیه Mr. Wang She Chieh وزیر خارجه چین

پیشگاه اعلحضرت همایون شاهنشاهی ایران

جناب آقای سیدمحمد صادق طباطبائی رئیس مجلس شورای ملی

جناب آقای ابراهیم حکیمی نخست‌وزیر

۱. مردم آذربایجان بنا بعلل و حوادث بیشمار تاریخی که در اینجا فرصت ذکر آنها نیست، دارای ملیت، زبان، و آداب و رسوم و خصوصیات مخصوص به خود است و این خصوصیات به وی حق می‌دهد که با مراعات استقلال و تمامیت ایران مانند تمام ملت‌های جهان بموجب منشور اتلانتیک در تعیین مقدرات خویش آزاد و مختار باشد.

۲. کنگره با در نظر گرفتن روابط سیاسی و اقتصادی و مدنی مردم آذربایجان با ایالات و ولایات دیگر ایران فداکاریهای مردم آذربایجان را در تأسیس دولت کنونی ایران در نظر گرفته و به هیچ‌وجه نمی‌خواهد که انجام تقاضاهای مشروع و قانونی که عبارت از خودمختاری ملی است بمرزهای ایران لطمه بزند و بر اساس تجزیه آن قرار گیرد.

۳ مردم آذربایجان با تمام قوا طرفدار دموکراسی بشکل مشروطه است. مردم آذربایجان مانند تمام ایالات و ولایات ایران بمجلس شورای ملی ایران نماینده خواهد فرستاد و در پرداخت مالیات‌های عادلانه شرکت خواهد کرد.

۴ مردم آذربایجان رسماً و علناً اعلام می‌کند که مانند تمام ملل دیگر (با مراعات تمامیت و استقلال ایران) برای اداره امور داخلی خود حق ایجاد یک حکومت ملی دارد و چنین حکومتی می‌تواند با مراعات و استقلال و تمامیت ایران، آذربایجان را با روش دموکراسی و حاکمیت ملی اداره کند.

۵ مردم آذربایجان به علت زحمت فراوانی که در راه آزادی و دموکراسی متحمل شده و بعلت قربانیهای زیادی که در این راه داده می‌خواهد حکومت خودمختاری بر اساس دموکراسی تشکیل دهد بنابراین، طبق نظامنامه داخلی خود که از طرف کنگره تصویب شده است، مجلس ملی خود را انتخاب کرده لازم می‌داند که حکومت ملی و داخلی را از میان نمایندگان این مجلس انتخاب و در برابر آن مجلس مسؤول باشد.

۶ مردم آذربایجان به زبان ملی و مادری خود علاقه خاصی دارند و تحمیل زبان دیگران او را از کاروان ترقی و تمدن عقب گذاشته و راه فرهنگ و معارف ملی را بر روی آنها بسته است.

برای ممانعت از این تحمیلات ناروا و ایجاد وسائل ترقی آذربایجان، کنگره ملی به هیئت ملی دستور می‌دهد:

که در کوتاهترین مدت، زبان آذربایجان را در ادارات دولتی مرسوم و تدریس آن را در تمام مدارس (دولتی و ملی) عملی سازد.

۷ کنگره ملی که باعتبار یکصد و پنجاه هزار امضاء و با اشتراک هفتصد نماینده تشکیل یافت، بنا باراده ملت آذربایجان خود را به عنوان مجلس مؤسسان اعلام کرده و برای ادارهٔ امور داخلی آذربایجان یک هیئت ملی مرکب از سی و نه نفر انتخاب کرده به آنها اختیار می‌دهد که در اجرای تقاضاهای ملی، تدابیر لازم اتخاذ نموده، با مقامات صلاحیت‌دار وارد مذاکره شوند و در عین حال انتخابات مجلس ملی آذربایجان و هم چنین انتخابات مجلس شورای ملی را عملی کند.

در پایان، کنگره نظر دولت ایران و تمام دول دموکراتیک را به مطالب مذکور در فوق جلب می‌کند و اعلام می‌دارد.

برای اجرای این مقاصد فقط بوسیله تبلیغ و تشکیلات اقدام خواهد کرد و جنگ داخلی و برادرکشی را اجازه نخواهد داد. ولی اگر دولت مرکزی بخواهد حق قانونی و مردم را بزور اسلحه و قهر و غلبه از بین ببرد در این صورت بهرقیمتی باشد از حقوق خود دفاع خواهد کرد تا یک فرد آذربایجانی زنده است در راه خودمختاری ملی مبارزه خواهد نمود.

مجلس مؤسسان (کنگره ملی) به هیئت ملی اختیار می‌دهد که برای تأمین خودمختاری آذربایجان با مقامات صلاحیتدار تماس بگیرد و مسئله را از طریق صلح و مسالمت حل کند، ولی هیئت ملی اختیار ندارد که از خودمختاری و حق حکومت ملی آذربایجان صرفنظر کند و تمامیت و استقلال ایران را برهم بزند.

آرزومندیم جهان دموکرات بداند که در دنیا ملتی هست که حاضر شده است با تمام قوا از حقوق خود دفاع کند و در یک گوشه آسیا پرچم دموکراسی و آزادی بر افرازد و فقط با نیروی خود آزادی خویش را تأمین کند.

امیدواریم که مقامات صلاحیتدار ایران و دول بزرگ دموکرات برای اجرای مقاصد ملی ما از کمکهای نوع پرورانه متکی به منشور آتلانتیک مضایقه نکنند.

با تقدیم و احترامات فائقه هیئت رئیسه مجلس مؤسسان (کنگره ملی)

(به نقل از: نجفقلی پسیان، مرگ بود بازگشت هم بود، صص ۶۶ ـ ۶۱)

*** نقل از کتاب شهریورین اون ایکی سی، (تبریز: مرکز تربیت شعبه‌سینین نشریه‌سی، ۱۳۲۵)، صص ۳۴۷ ـ ۳۴۶.

*** صورت کلی اسامی وکلای مجلس ملی آذربایجان بشرح زیر است:

۱ـ میرجعفرپیشه‌وری، تبریز ۲ـ محمد بی‌ریا، تبریز ۳ـ زین العابدین قیامی، تبریز ۴ـ صادق پادگان، تبریز ۵ـ دکتر سلام‌الله جاوید، تبریز ۶ـ محمد تقی رفیعی، تبریز ۷ـ حاج میرزاعلی شبستری، تبریز ۸ـ غلامرضا الهامی، تبریز ۹ـ ابوالفتح نیکجو، تبریز ۱۰ـ فتحعلی ایپکچیان، تبریز ۱۱ـ علی شمس ماشینچی، تبریز ۱۲ـ محمد عظیما، تبریز ۱۳ـ آتش خان بیات ماکو، خوی ۱۴ـ شیخ موسی کیانی، خوی ۱۵ـ نورالله یگانی، خوی ۱۶ـ ترابی، خوی ۱۷ـ جعفر کاویان، مرند ۱۸ـ میر رحیم ولائی، مرند ۱۹ـ غلام‌یحیی دانشیان، سراب ۲۰ـ ابوالحسن واقف، سراب ۲۱ـ محمود غزنوی، سراب ۲۲ـ دکتر جاوید مهتاش، هشترود ۲۳ـ عبدالعلی مستمع، هشترود ۲۴ـ مراد علی تیموری‌بیات، ماکو ۲۵ـ عبدالحسین احمدی، ماکو ۲۶ـ محمود ترابی، ماکو ۲۷ـ حسن جودت ، اردبیل ۲۸ـ داداش تقی‌زاده، مراغه ۲۹ـ قلیخان [نقی‌خان؟] بورچالو، سولدوز ۳۰ـ عباسعلی پینه‌ای، میانه ۳۱ـ حاج زین العابدین رحیم زاده بادکوبه‌چی، میانه ۳۲ـ حسین آخوندزاده، اهر ارسباران ۳۳ـ خلیل آذربادگان، اهر ارسباران ۳۴ـ تقی خاوری، اهر ارسباران ۳۵ـ میرزاقاسم آقازاده، اهر ارسباران ۳۶ـ معرفت صفائی، زنجان ۳۷ـ دکترجهانشاهلو، زنجان ۳۸ـ هلال ناصری، زنجان ۳۹ـ حسن زفیری، علمدار و گرگر شهرستان مرند ۴۰ـ صادق دیلمقانی، رضائیه ۴۱ـ معیرزاده، رضائیه ۴۲ـ جعفر اخگری، عجبشیر دیزجرود ۴۳ـ رسام موزع زاده، آذرشهر ۴۴ـ کاظم هاشم‌نیا ۴۵ـ بابکن قوروقچیان ۴۶ـ تقی

شاهین ۴۷ـ اصغر دیبائیان ۴۸ـ ربیع کبیری ۴۹ـ شکیبا ۵۰ـ فریدون ابراهیمی ۵۱ـ محمد تقی آزاد وطن ۵۲ـ علی‌اکبر اورنگی ممقانی ۵۳ـ محرم دانائی ۵۴ـ میر محمد جاوشی ۵۵ـ علی‌اکبر مهمانی ۵۶ـ هاشم مرادی ۵۷ـ ابوالفضل غفاری ۵۸ـ حسین تیزفهم تکمه داشی ۵۹ـ علی‌اکبر ژهیده ۶۰ـ حسین صانعی ۶۱ـ بهرام نایبی ۶۲ـ ورام میراکیان ۶۳ـ میر قاسم چشم آذر ۶۴ـ عبدالرحیم موزوع زاده ۶۵ـ رضا رسولی ۶۶ـ قهرمان قهرمانزاده ۶۷ـ کریمی ۶۸ـ جعفر ادیب ۶۹ـ مهدی هاشمی ۷۰ـ یوسف عظیما ۷۱ـ محمد علی دیبائی ۷۲ـ ابراهیم علیزاده ۷۳ـ عبداله رحیمی ۷۴ـ اسماعیل شمس ۷۵ـ سیمون مقرویچیان ۷۶ـ عبدالعلی پژوهیده ۷۷ـ داود گرکیان ۷۸ـ اسماعیل پیشنمازی ۷۹ـ بانو عفیفه ترکی ۸۰ـ بانو شمسی بدری

به نقل از علی دهقان، سرزمین زردشت، صص ۷۲۷ ـ ۷۲۶. و همچنین: علی زیبائی، کمونیزم در ایران، صص ۳۰۹ ـ ۳۰۵.

*** آذربایجان، شماره ۶۹، مورخه ۱۲ آذر ۱۳۲۴.

*** سرلشکر احمد زنگنه، خاطراتی از مأموریت‌های من در آذربایجان از شهریور ماه ۱۳۲۰ تا دی ماه ۱۳۲۵.(تهران:[بی‌نا]، ۱۳۵۳)، ص ۶۳.

*** رحیم ذهتاب‌فرد، خاطرات در خاطرات، (تهران: ویستار، ۱۳۷۳)، ص ۸۶.

*** گزارشهای محرمانه شهربانی (۶۶ ـ ۱۳۲۴)، به کوشش مجید تفرشی محمد طاهری احمدی، تهران: سازمان اسناد ملی ایران، ۱۳۷۱، ص ۱۰۱.

*** نصرت‌الله جهانشاهلو، ما و بیگانگان، (تهران: نشر ورجاوند، ۱۳۸۰)، ص ۱۷۸.

*** رحیم ذهتاب‌فرد به کمک چند شخصیت متنفد راستی تشکلی بنام «جمعیت نجات آذربایجان» را در تهران بوجود آورده و خودش به عنوان دبیر این جمعیت شد تقریباً بیشتر افراد این جمعیت ، آذری‌های رانده شده و مالکین تبعیدی از طرف فرقه دمکرات بودند که به تهران روی آورده بودند هنوز یک ماه از تشکیل جمعیت نگذشته بود که از لحاظ کثرت مراجعین به یکی از اجتماعات پرشور مبدل گشت و هر روز ناطقین و شاعران ضد فرقه دموکرات، حاضرین را برای مبارزه مسلحانه بر علیه فرقه دمکرات تشویق می‌کردند. (رحیم ذهتاب، خاطرات در خاطرات، صص ۴ ـ ۳۱۳).

*** همان، ص ۲۹۳.

*** نصرت‌الله جهانشاهلو افشار، ص ۱۶۷.

*** همان، ص ۱۷۹.

*** بنگرید به : انور خامه‌ای، پنجاه و سه نفر، صص ۱۸۴ ـ ۱۸۳. و خاطرات خلیل ملکی.

*** اردشیر آوانسیان، ص ۲۵۷.

*** صفرقهرمانیان، خاطرات صفرخان: در گفتگو با علی اشرف درویشیان، (تهران: نشر چشـمه، ۱۳۷۸)، صص ۵۲ ـ ۴۸. و همچنین برای اطلاع بیشتر از بیوگرافی صفرخان بنگرید به: بهروز حقی، لحظاتی از زنـدگی صفر قهرمانیان، (آلمان: کلن، ۱۳۷۲).

*** خاطرات صفرخان، صص ۵۴ ـ ۵۲.

*** همان، صص ۵۸ ـ ۵۷.

*** فریدون آذرنور، یادداشت‌هایی دربارهٔ سازمان افسران حزب توده ایران، به نقـل از: سـازمان افسـران حزب توده ایران از دورن، به کوشش محمد حسین خسروپناه، (تهران: نشر پیام امروز، ۱۳۸۰)، ص ۴۶.

*** خاطرات صفرخان، ص ۲۶۶.

*** همان، ص ۲۹۲.

*** سرلشکر احمد زنگنه، صص ۶۴ ـ ۶۳.

*** علی‌اکبر درخشانی، ص ۳۲.

*** ریچارد کاتم، ص ۱۰۹.

*** علی‌اکبر درخشانی، ص ۳۶.

213. Həsənli C.P.Güney: Azərbaycan:Tehran-Bakı-Moskva arasında (1939-1945)Bakı, "Diplomat" nəşriyyatı, 1998.s.282.

*** سعید وزیری، جستجو در گذشته، صص ۸۲ ـ ۸۱. سعید وزیری سر دبیر روزنامه فرقه دمکرات در زنجان بود او در خاطراتش می‌نویسد: من حتی یکبار هم و یک خط هم ننوشته بودم! مقالات و مطالب روزنامه را کسانیکه به آن زبان، در بادکوبه و شهرهای آذربایجان شوروی تحصیل کرده بودند می‌نوشتند، و عملاً مدیر و سردبیر آن روزنامه، افسر سیاسی روسها در زنجان بود که به نام «باقروف» شناخته می‌شد ... گویا از بسـتگان میرجعفر باقروف، رئیس جمهور آذربایجان شوروی بود و قطعاً عضو سازمانهای سیاسی شوروی از قبیل N. K. V. D. و یا K. G. B بود نقش اساسی که نه بعهده من بلکه بنام من به عنوان یک فرد محلی بـه اصـطلاح روشنفکر در روزنامه ثبت شود تا نتوان آن را با شهر زنجان و مردم آن بیگانه تلقی کرد !! و هر کس که در آنجا چیزی می‌نوشت، آن را کاپیتان باقروف از نظر سیاسی و انشایی و املایی تصحیح می‌کرد؛ چاپخانـه متعلـق بـه

شخصی بود موسوم به حاجی شیشه‌چیان که هر هفته یک شماره روزنامه فرقه را چاپ می‌کرد و هزینه آن را امور مالی حزب می‌پرداخت. (سعید وزیری، صص ۵۲ ـ ۵۱).

*** بعد از دستگیری سران حزب توده، که به دنبال ترور شاه در بهمن ۱۳۲۷، صورت گرفت در متن ادعا نامهٔ دادستان حکومت نظامی تهران، درمورد ترتیب فرار افسران ارتش و پیوستن‌شان به فرقه دمکرات آذربایجان چنین آمده: «در مورد تحریک افسران بفرار، پرونده افسران فراری به آذربایجان نشان می‌دهد که عموماً بوسیله سران حزب توده تحریک و مخصوصاً وسیله فرار ۱۹ نفر افسر را یکجا از مرکز به تبریز با هواپیما در سال ۱۳۲۴ عبدالصمد کامبخش یکی از سران فعال حزب توده به معیت یکی از کارمندان یک سفارتخانه خارجی در تهران فراهم نموده است ... (الف امانی، درباره محاکمات سیاسی، ص ۱۷).

*** محمد حسین خسروپناه، سازمان افسران حزب توده‌ای ایران، (تهران: شیرازه، ۱۳۸۰)، صص ۹۶ ـ ۹۵.

*** عابدین نوایی از افسران قیام خراسان که بعد از شکست قیام، توسط نیروهای ارتش شوروی از ایران خارج می‌شود، می‌نویسد: «ما پرسیدیم ما را به کجا می‌برید، ما می‌خواستیم قیام کنیم و شما ما را دارید خارج می‌کنید». روس‌ها به ما گفتند شما به شوروی می‌روید و شش ماه دیگر به ایران برگشته و در همین شمال ایران حکومت خلق بر پا می‌کنید». (نگاهی از درون به جنبش چپ ایران، مهدی خانبابا تهرانی در گفتگو با حمید شوکت، (تهران: شرکت سهامی انتشار، ۱۳۸۰)، ص ۲۳۹.

*** ابوالحسن تفرشیان، قیام افسران خراسان، (تهران: اطلس، ۱۳۸۰، ص۹۲) و همچنین بنگرید به: احمد شفائی، قیام افسران خراسان و سی و هفت سال زندگی در شوروی، (تهران: کتابسرا، ۱۳۶۵).

*** علی‌اکبر درخشانی، صص ۳۱ ـ ۳۰.

*** صفر قهرمانیان، ص ۵۹.

*** علی‌اکبر درخشانی، ص ۳۷.

*** همان، صص ۴ ـ ۳۶۳.

*** سلام‌الله جاوید، گوشه‌ای از خاطرات نهضت ملی آذربایجان، ([بی‌جا: بی‌نا]، ۱۳۵۸)، ص ۳.

*** علی‌اکبر درخشانی، صص ۳۶۶ ـ ۳۶۳.

*** علی‌اکبر درخشانی، ص ۳۶۷.

*** . خاطرات آیت الله میرزاعبدالله مجتهدی، صص ۴۲ ـ ۴۱.

*** همان، ص ۳۶۹ ـ ۳۶۸.

*** علی‌اکبر درخشان، ص ۳۷۰ ـ ۳۶۹.

متن قرارداد پیشه‌وری ـ درخشانی

چون از طرف مجلس ملی آذربایجان، دولت داخلی آذربایجان مأمور حفظ امنیت آذربایجان می‌باشد. برای این‌که هیچگونه سوء تفاهم از نظر حفظ آرامش پیدا نکند و برادرکشی نشود مذاکرات و مشاوره‌های متعددی با فرماندهی لشکر ۳ بعمل آمده پس از چند روز تبادل افکار بالاخره در تاریخ ۲۲ آذر ماه ۱۳۲۴ روز پنجشنبه ساعت ۸/۵ بعد از ظهر تیمسار سرتیپ درخشانی نظر خود را دایر بر موافقت زمین گذاشتن اسلحه و همکاری پادگان تبریز و خود با هیئت دولت آذربایجان اعلام و بعقد قراردادهای زیر موافقت نمودند:

۱. از طرف پادگان مقیم تبریز آقای سرتیپ درخشانی و از جانب هیئت دولت داخلی آقای سیدجعفر پیشه‌وری تعیین شد و مشروحه را امضاء نمودند.
۲. هر یک از افراد پادگان تبریز نباید تا دستور ثانوی از محوطه سربازخانه خارج شوندو دولت داخلی وسائل زندگانی و معاش آنها را فراهم خواهد نمود.
۳. کلیه تسلیحات باید در انباری جمع آوری شده و بوسیله اشخاصی که از طرف دولت داخلی آذربایجان تعیین می‌شود مخافظت خواهد شد.
۴. هر یک از آقایان افسران که مایل باشند می‌توانند به مسقط الرأی یا نقطه دیگری که در نظر دارند مسافرت نمایند و دولت ملی حاضر است در حدود امکان وسائل مسافرت آنان را فراهم نماید.
۵. افسرانی که مایل بهمکاری شده و می‌خواهند در ارتش آذربایجان خدمت نمایند پس از انجام تحلیف و مراسم سوگند هیئت دولت آنها را به خدمت پذیرفته و وسائل زندگانی آنان را تأمین خواهد نمود.
۶. استواران وگروهبانان و سایر افراد پادگان پس از انجام مراسم تحلیف و سوگند وفاداری اسلحه آنها مسترد و مشغول انجام خدمت سربازی خود خواهند شد.
۷. این قرارداد در دو نسخه تهیه و پس از امضاء بین آقای سرتیپ درخشانی فرمانده لشکر ۳ آذربایجان از یک طرف و آقای پیشه‌وری رئیس هیئت دولت آذربایجان از طرف دیگر مبادله گردید. (به نقل از نجفقلی پسیان، مرگ بود و بازگشت هم بود، صص ۹۹ ـ ۹۸).

*** علی‌اکبر درخشانی، ص ۳۷۱.

*** صفر قهرمانیان، ص ۶۰.

*** علی‌اکبر درخشانی، خاطرات سرتیپ علی‌اکبر درخشانی، چاپ امریکا، پیشگفتار، صص ۱۲ ـ ۱۱.

*** ولادیمیر کوزیچکین، کا. گ. ب. در ایران، ترجمه اسماعیل زند [و] حسین ابوترابیان، (تهران: نشر نو، ۱۳۷۰)، صص ۲۸۹ ـ ۲۸۷.

*** علی زیبایی، صص ۳۰۸ ـ ۳۰۷.

*** روزنامه جودت، سال نوزدهم، شماره ۱۴۷۶، شنبه ۲۴ آذر ماه سال ۱۳۲۴.

*** سی‌سال، فرقه دمکرات آذربایجان، ص ۴۹.

*** خاطرات جهانگیر تفضلی، بکوشش یعقوب توکلی(تهران: حوزه هنری، ۱۳۷۶)، صص ۲۰۰ ـ ۱۹۸

*** . میرزاعبدالله مجتهدی، بحران آذربایجان (سالهای ۱۳۲۴ ـ ۱۳۲۵ ش) خاطرات مرحوم آیت الله میرزاعبدالله مجتهدی، به کوشش رسول جعفریان (تهران: موسسه مطالعات تاریخ معاصر ایران، ۱۳۸۱)، صص ۴۵ ـ ۴۴ و ۵۶ ـ ۵۵.

*** خاطرات صفرخان، ص ۶۲.

*** علی دهقان، سرزمین زردشت، (تهران: ابن سینا، ۱۳۴۸)، ص ۷۳۰.

*** نجفقلی پسیان، مرگ بود و بازگشت هم بود، صص ۱۲۲ ـ ۱۲۱.

[۲۴۱] . مجله گفتگو « استالین و تأسیس فرقه دموکرات آذربایجان/نویسنده : فرناند شاید راینه،» اردیبهشت ۱۳۸۶ – شماره ۴۸.

*** علی دهقان، صص ۷۳۵ ـ ۷۳۴.

*** علی دهقان، سرزمین زردشت، صص ۷۴۲ ـ ۷۴۱.

*** نامه شماره ۱۱۱۹ مورخه ۱۳۲۴/۲/۲۹. آرشیو وزارت امور خارجه.

*** باقر عاقلی، میرزااحمد خان قوام‌السلطنه، (تهران: جاویدان، ۱۳۷۶)، ص ۳۴۱.

*** محمدعلی (همایون) کاتوزیان، اقتصاد سیاسی، ص ۱۹۱.

*** باقر عاقلی، میرزااحمد خان قوام‌السلطنه، ص ۳۴۳.

*** . روزنامه آژیر، شماره ۴۰، سال اول، مورخه ۲۴ تیر ۱۳۲۲ سرمقاله.

*** سلام‌الله جاوید، گوشه ای از خاطرات نهضت ملی آذربایجان، ص ۵.

*** نفت ایران و جنگ سرد، ص ۱۰۸.

[...] باقر عاقلی، ص ۳۴۷.

[...] همان.

[۲۵۳] . اذربایجان ایران آغاز جنگ سرد. جمیل حسنلی، ترجمه منصور صفوتی. تهران: شیرازه،۱۳۸۷.صص ۳۰۰الی ۳۰۱.

[...] همان، ص ۳۸۰ ـ ۳۷۸.

[...] . از سخنان قوام‌السلطنه در مجلس شورای ملی، پیرامون گزارش سفر به مسکو.

[...] تاریخ بیست‌ساله، صص ۵۴۸ ـ ۵۴۷.

[...] اسد بهرنگی در خاطرات خود می‌نویسد: «از این‌که بالاخره قشون روس، تبریز را ترک می‌کرد اهالی خوشحال بودند. خیلی‌ها پشت سر قشون روس پنهانی «قره‌ات گودوش» [ظرف دیزی سیاه] می‌شکستند. چون قبل از حکومت پیشه‌وری مردم از دست قشون بیگانه تو تبریز، رنج زیادی کشیده بود و خون دل خورده بود. ... آن روز کوچه پر از شکسته‌های «ات گودوشی» سیاه بود. مادر رضا می‌گفت: قشون روس که رفت خدا کند قشون شاه نیاید، ما از خودی‌ها بیشتر از بیگانه رنج دیده‌ایم. وقتی به وطن مان آمدیم نمی‌دانید چقدر اذیتمان کردند. (اسد بهرنگی، برادرم صمد بهرنگی، (تبریز: نشر بهرنگ، ۱۳۷۹)، ص ۵۴).

[...] . نصر الله سیف پور فاطمی، گزند روزگار: خاطراتی از تحولات فارسی در آستانه جنگ دوم جهانی، مجلس چهاردهم و بحران آذربایجان ۱۳۲۵ ـ ۱۳۱۷، (تهران: شیرازه، ۱۳۷۹)، صص ۴۱۱ ـ ۴۱۰.

[...] . حبیب لاجوردی، اتحادیه کارگری و خودکامگی در ایران، ترجمه ضیاء صدقی، (تهران: نشر نو، ۱۳۶۹)، پاورقی ص ۲۰۳.

[...] . مصطفی فاتح، پنجاه سال نفت ایران، (تهران: پیام، ۱۳۵۹)، ص ۳۷۵.

[...] . فریدون کشاروز، من متهم می‌کنم کمیته مرکزی حزب توده ایران را، (تهران: رواق، ۱۳۵۷)، ص ۶۷.

[...] . انور خامه‌ای، فرصت بزرگ از دست رفته، (تهران: هفته، ۱۳۶۲)، ص ۲۳۵.

[...] . احسان طبری، کژراهه: خاطراتی از تاریخ حزب توده، (تهران: امیر کبیر، ۱۳۶۶)، صص ۷۴ ـ ۷۱.

[...] . برای اطلاع بیشتر بنگرید به کتاب: تورج اتابکی، آذربایجان در ایران معاصر، ترجمه محمد کریم اشراق، (تهران: توس، ۱۳۷۶)، صص۱۹۲ ـ ۱۸۵.

[...] . ریچارد کاتم، نفت ایران، جنگ سرد، ص ۱۱۴.

[•••] . انور خامه‌ای، همان کتاب، ص ۲۲۶.

[•••] . نصرت‌الله جهانشاهلو، همان کتاب، ص ۱۷۰.

[•••] . همان.

[•••] . حمید ملازاده، رازهای سر به مهر، ص ۳۸.

[•••] . به نقل از: تورج اتابکی، ص ۱۵۵.

[۲۷۱] . حسین یحیایی، گوشه‌هایی از تاریخ آذربایجان، ص ۳۱۸

[•••] . از نامه استالین به پیشه‌وری.

[۲۷۳] . برای این نامه بنگرید به:

:A.Məmmədov.BAŞTUTMAMIŞ ÇEVRILŞ.Bakı, «El-ALliance»

nəşriyyati.2007, s.106-107

[•••] . جبهه، شماره، ۱۳۳، مورخ ۳ اردیبهشت ۱۳۲۵.

[•••] . آذربایجان، ۱۲ فروردین ۱۳۲۵.

[۲۷۶] . اذربایجان ایران آعاز جنگ سرد...صص۳۶۹-۳۷۰.

[۲۷۷] . (اذربایجان ایران آعاز جنگ سرد...ص۳۸۱.

[۲۷۸] . برای کل نامه بنگرید به:

A.Məmmədov. BAŞTUTMAMIŞ ÇEVRILŞ.Bakı, «El-ALliance» nəşriyyati.2007, s.108-109.

[•••] . نصرت‌الله جهانشاهلو افشار، ص ۲۳۹. و علی زیبائی ص ۳۱۸.

[•••] . آذربایجان، شماره ۱۸۵، مورخه ۱۳۲۵/۲/۹.

[•••] . گزارش‌های محرمانه شهربانی (۱۳۲۶ ـ ۱۳۲۴ ش) به کوشش مجید تفرشی، محمود طاهر احمدی،(تهران: سازمان اسناد ملی ایران، ۱۳۷۱)، ص ۱۵۲.

[•••] . نجفقلی پسیان، ص ۳۱۸. پاورقی.

... . نصرت‌الله جهانشاهلو، ص ۲۴۰.

... . احمد زیرک زاده، پرسشهای بی‌پاسخ در سال‌های استثنائی: خاطرات مهندس احمـد زیـرک‌زاده، بـه کوشش ابوالحسن ضیاء ظریفی و خسرو سعیدی، (تهران: نیلوفر، ۱۳۷۶).

اعلامیه ائتلاف حزب توده و حزب ایران به امضای الهیار صالح و غلامعلی فریور (از طرف حزب ایران) و دکتر فریدون کشاورز، ایرج اسکندری و ضیاءالدین الموتی (از طرف حـزب تـوده) در تـاریخ ۹ تیرمـاه ۱۳۲۵ انتشار یافت این ائتلاف جهت مقابله با حزب دموکرات ایران به رهبری احمد قوام‌السلطنه صورت گرفت. شاپور بختیار در خاطرات خود در این زمینه می‌نویسد: ائتلاف حزب ایران با حزب تـوده بـه تحریـک آقـای فریـور [غلامعلی فریور، وکیل دوره چهاردهم مجلس و وزیر صنایع و معادن کابینه علی امینی] ... و بی‌اطلاعی آقای اللهیار صالح چون این سه نفر امضاء کنندگان سند ائتلاف بودند و کارگردانان حزب ایران بودند این یک لطمه بزرگی به حزب ایران زد از نظر این‌که مارک ملی گرایی‌اش را خیلی تضعیف کرد. گوئی این آقایان روی هوی و هوس شخصی و وعده و وعیدهایی که به هم می‌دادند برای انتخابات بعـدی [دوره پـانزدهم] بـود ... بعـد آقایان منجمله آقای صالح، آن طور که دوستان به من گفتند، آمد و گریه کرد و گفـت مـرا تنبیـه کنیـد و آقـای سنجابی هم یک مدتی کنار رفت و آقای فریور هم دیگر از آن به بعد وارد حزب ایران نبود، وارد جبهه ملی نبود گاه و بی‌گاه با توده‌ایها لاس میزد. ... (خاطرات شاپور بختیار، ویراستار حبیب لاجوردی، (تهران: زیبا، ۱۳۸۰)، صص ۲۷ و ۲۶. همچنین مهندس زیرک‌زاده در خاطرات خود در مورد ائتلاف، چنین می‌نویسـد: « ... حـزب ایران، چون معتقد به حفظ رابطه آذربایجان با تهران و امیدوار کردن فرقه دموکرات به اصلاحات اساسی بود و در آن موقع تنها تشکیلاتی که در ایران به فرقه مذکور پیوستگی و رابط دوستانه داشت، حزب توده بود، به این لحاظ حزب ایران ائتلاف با حزب توده را وسیله و باب این حفظ رابطه شد و به ناچار بـا آن حـزب مؤتلـف گردید تا به معاضدت او فرقه دموکرات را از خیالات شوم تجزیه طلبی منصرف گرداند ... .

به این جهت حزب ما در یازدهم دی ماه ۱۳۲۵ یعنی کمتر از شش ماه بعد، ائتلاف خـود را الغـاء کـرد و نسبت به حزب توده روش قبل از ائتلاف را در پیش گرفت. ... (احمد زیـرک زاده، پرسشـهای بـی‌پاسـخ در سال‌های استثنائی، ص ۴۹۶).

... . ابوالحسن عمیدی نوری، آذربایجان دموکرات، (تهران: روزنامه داد، بی‌تا)، ص ۲ ـ ۱۰

... . نصرت‌الله جهانشاهلو، ص ۲۴۲ ـ ۲۴۱.

... . همان، ص ۲۴۳ ـ ۲۴۱.

[۲۸۸] . نامه استالین به پیشه‌وری

رفیق پیشه‌وری! تصور می‌کنم شما هم در داخل ایران و هم در عرصه بین‌المللی اوضاع کنونی را صحیح ارزیابی نمی‌کنید. شما در حال حاضر درصدد هستید و مایلید به همه دستاوردهای انقلابتان دست یابید امّا متوجه نیستید که در شرایط فعلی تحقق چنان خواسته‌هایی مقدور نیست. من به تجربه‌های عملی لنین اشاره می‌کنم. رفیق لنین خواسته‌های انقلابی خود را در زمان جنگ بی‌حاصل با ژاپن در سال ۱۹۰۵ که بحران سیاسی روسیه را فراگرفته بود طرح می‌کند و در سال ۱۹۱۷ نیز مقارن با جنگ بی‌حاصل با آلمان پیش می‌کشد و شما در شرایط دیگری می‌خواهید از لنین تقلید کنید. البته نیت شما صادقانه و قابل تقدیر است امّا نبایستی فراموش کنید که در حال حاضر اوضاع در ایران با آنچه که در فوق اشاره شد فرق می‌کند. فعلاً در ایران بحران عمیقی به عنوان نیروی محرکه انقلاب احساس نمی‌شود، کارگران ایران در اقلیت هستند، تشکل سیاسی آنها را نمی‌توان مثبت ارزیابی کرد، دهقانان ایران در فعالیتهای سیاسی مشارکت ندارند.

افزون بر اینها، ایران در حال حاضر با دشمن خارجی جنگ نمی‌کند شما می‌دانید که ارتجاع ایران در چنین جنگهایی است که تضعیف شده و به زانو در می‌آید، بنابراین باید در نظر داشته باشید در ایران امروز چنین شرایطی به وجود نیامده است که با تاکتیکهای رفیق لنین در سالهای ۱۹۰۵ و ۱۹۱۷ مطابقت نماید و شرایط مورد نظر را ایجاد کند. البته شما می‌توانید در هنگام استقرار نیروهای شوروی در ایران برای تحقق خواسته‌های انقلابی مردم خودتان به موفقیتهایی امیدوار باشید لیکن با وضعیت فعلی، ما نمی‌توانیم نیروهای خودمان را در خاک ایران نگه‌داریم زیرا وجود ارتش ما در ایران به اساس سیاست نجات‌بخش اتحاد شوروی در آسیا و اروپا لطمه می‌زند و آن را متزلزل می‌سازد.

انگلیسی‌ها و آمریکایی‌ها به ما می‌گویند: اگر نیروهای شما مجازند در ایران بمانند پس چرا انگلیسیها در مصر و سوریه، اندونزی و یونان و نیروهای آمریکا در چین، ایسلند و دانمارک نمانند؟ به این دلایل ما مصمم هستیم نیروهای خودمان را از ایران و چین بیرون بکشیم تا به دست انگلیسی‌ها و آمریکایی‌ها بهانه ندهیم تا بتوانیم فعالیت‌های رهایی بخش را در مستعمرات آنها وسعت داده و سیاست رهایی بخش خودمان را بهتر اجرا کنیم.

رفیق پیشه‌وری! شما به مثابهٔ یک نفر انقلابی می‌توانید درک کنید که ما جز این راه دیگری در پیش نداریم، پس با توجه به نکات فوق و با در نظر گرفتن وضع موجود در ایران به نتایج زیر می‌رسیم: ۱ـ در ایران بحران عمیق انقلابی وجود ندارد. ۲ـ ایران با دشمن خارجی جنگ نمی‌کند. ۳ـ اوضاعی که موجب تضعیف نیروهای ارتجاعی گردد، پیش نیامده است. ۴ـ شرایط یک کشور شکست خورده از جنگ در ایران حاکم نیست.

مع‌الوصف تا هنگامی که ارتش سرخ در ایران است شما می‌توانید در آنجا مبارزات دموکراتیک را گسترش دهید امّا در هر حال نیروهای ما باید از ایران خارج شوند.

من از شما می‌پرسم ما در ایران چه منافعی داریم؟ ما در ایران مناقشات حکومت، مقام و ادارات و سازمانهای مرتجع انگلوفیل هستیم و با در نظر گرفتن این‌که قوام‌السلطنه بارها سیاست ارتجاعی به ایران اعمال کرده و امروز به منظور توجیه سیاست خود و دولتش مجبور است بعضی اقدامات اصلاحی انجام دهد و برای خود در محافل دموکراتیک موفقیتی کسب کند سؤال این است در این صورت تاکتیک ما چه خواهد بود؟ به نظر من برای این‌که از این مناقشات استفاده کرده و به مسایل پشت پرده پی ببریم باید به قوام کمک نماییم و انگلوفیلها را منزوی کنیم و برای بسط دموکراسی در ایران پایگاهی به وجود بیاوریم، ما اینها را برای شما صلاح و مصلحت می‌دانیم. البته تاکتیک‌های دیگری نیز هست به همه چیز تف کردن و پیوندهای موجود با قوام را قطع کردن، تحکیم موقعیت ارتجاع و پیروزی انگلوفیل‌ها را تضمین کردن است. البته این را نمی‌توان تاکتیک نامید، بلکه حماقت بوده و در واقع به منزلهٔ خیانت به مردم آذربایجان و دموکراسی ایران است.

رفیق پیشه‌وری! اطلاع یافته‌ایم که شما گفته‌اید که ابتدا شما را به آسما می‌بریم و سپس در روی زمین غلطانده، پرت و رسوا می‌کنیم. اگر این گفته شما حقیقت داشته باشد باعث تعجب خواهد بود. مگر چه اتفاقی افتاده است؟ ما در اینجا تدابیر انقلابی خاصی که برای هر فرد انقلابی روشن است به کار برده‌ایم. در شرایط موجود ایران و در موقعیت فعلی برای تأمین خواسته‌های شناخته شده نیروهای انقلابی تجاوز از حداقل خواسته‌ها ایجاد خطر می‌نماید.

ضمناً برای ترغیب دولت [قوام] به اعمال تسهیلات، لازم بود که متقابلاً امکاناتی در اختیار گذاشته شود که بدون این امر امکان خیزش به جلو مقدور نمی‌باشد.

شما در وضع فعلی ایران می‌توانستید صاحب امکاناتی باشید که حکومت قوام را وادار به سقوط نمایید. قانون جریانات انقلابی چنین حکم می‌کند و امّا دربارهٔ شما هیچ‌گونه رسوایی صورت نگرفته است. خیلی عجیب است که شما فکر می‌کنید ما می‌توانیم باعث رسوایی شما شویم برعکس اگر شما عاقلانه رفتار نمائید در سایه مساعدت معنوی وضع فعلی آذربایجان را می‌توانید حفظ کنید. آن موقع برای شما در خاورمیانه به عنوان پیشاهنگ جنبش دموکراتیک مردم آذربایجان و ایران دعای خیر به ارمغان خواهد آمد.»

[۲۸۹]. اذربایجان ایران آغاز جنگ سرد...ص۴۲۶.

[•••]. همان، ص ۲۴۳.

... . «اگر من جای پیشه‌وری بود » نوشته نوشاد، سرمقاله، روزنامه کیهان، شماره ۹۴۳، مورخه ۱۳۲۵/۲/۹.

... . نجفقلی پسیان، ص ۳۱۸.

... . خواندنیها، شماره ۱۳۵۷، سال هشتم.

... . گذشته چراغ راه آینده است، ص ۳۶۸.

... . باقر عاقلی، میرزااحمد خان قوام‌السلطنه در دروان قاجاریه و پهلوی، ص ۴۱۹

... . عمیدی نوری، ص ۱۵.

... . باقر عاقلی، ص ۴۱۹.

298. A.Məmmədov. BAŞTUTMAMIŞ ÇEVRILŞ.Bakı, «El-ALliance» nəşriyyati.2007, s.111 .

... . همان، صص ۴۲۱ ـ ۴۲۰.

... . نصرت‌الله جهانشاهلو، ص ۲۴۵.

... . مهین دولتشاه فیروز، زندگی سیاسی مظفر فیروز، به کوشش علی دهباشی، (تهران: سخن، شهاب ثاقب،۱۳۷۹)، صص ۱۰۷ ـ ۱۰۵.

... . سیدجعفر پیشه‌وری، ۲۱ آذر، نطقلر و مقاله‌لر، (تهران: فرزانه، [بی‌تا])، صص ۶۲ ـ ۵۶. روزنامه آذربایجان، شماره ۲۳۶ مورخه ۶ تیر ۱۳۲۵. برای متن توافقنامه بنگرید به قسمت پیوست‌ها.

... . لوئیس فاوست. ایران و جنگ سرد، بحران آذربایجان (۱۳۲۵ ـ ۱۳۲۴)، ترجمه کاوه بیات، (تهران: مطالعات سیاسی و بین المللی، ۱۳۷۳)، ص ۱۱۴.

... . همان، صص ۱۱۴ ـ ۱۱۳.

... . سلام‌الله جاوید، گوشه‌ای از خاطرات نهضت ملی آذربایجان،([بی‌جا: بی‌نا]، ۱۳۵۸)، ص ۵.

... . نصرت‌الله جهانشاهلو، ص ۲۴۷.

307. A.Məmmədov. BAŞTUTMAMIŞ ÇEVRILŞ.Bakı, «El-ALliance» nəşriyyati.2007, s.115.

... . باقر عاقلی، میرزااحمدخان قوام‌السلطنه، ص ۴۲۴.

[...] . علی زیبایی، ص ۳۲۹.

[...] . علی دهقان، سرزمین زردشت، (تهران: این سینا، ۱۳۴۸)، ص ۷۷۱.

[...] . در این مورد بنگرید به: محمدرضا پهلوی، پاسخ به تاریخ، ترجمه حسین ابوترابیان، (تهران: مترجم، ۱۳۷۱)، ص ۱۰۵ . و همچنین محمدرضا پهلوی، مأموریت برای وطنم، (تهران: امیر کبیر، ۱۳۴۰)، صص ۱۵۰ ـ ۱۴۹.

[۳۱۲] .جمیل خسنلی.اذربایجان ایران آعاز جنگ سرد...ص۴۹۶.

[313] . . Həsənli C.P.Güney: Azərbaycan:Tehran-Bakı-Moskva arasında (1939-1945)Bakı, "Diplomat" nəşriyyatı, 1998.s.277.

[314]. A.Məmmədov. BAŞTUTMAMIŞ ÇEVRILŞ.Bakı, «El-ALliance» nəşriyyati.2007, s.113.

[۳۱۵] . مجله گفتگو « استالین و تأسیس فرقه دموکرات آذربایجان/نویسنده : فرناند شاید راینه،» اردیبهشت ۱۳۸۶ - شماره ۴۸.

[316]. A.Məmmədov. BAŞTUTMAMIŞ ÇEVRILŞ.Bakı, «El-ALliance» nəşriyyati.2007, s.114

[...] . بنگرید: کریم سنجابی، امیدها و ناامیدی‌ها، چاپ خارج از کشور، ص ۸۳.

[...] . همان، ص ۸۱.

[...] . دکتر فریدون کشاورز و دکتر یزدی.

[...] . حسین فردوست، ظهور و سقوط سلطنت پهلوی، ج۱، ص ۱۵۵.

[...] . مهین دولتشاه فیروز، ص ۱۲۶.

[...] . همان، ص ۱۵۰.

[۳۲۳] . جمیل حسنلی، اذربایجان ایران آعاز جنگ سرد...ص۴۷۶.

[324]. A.Məmmədov. BAŞTUTMAMIŞ ÇEVRILŞ.Bakı, «El-ALliance» nəşriyyati.2007, s.117

[۳۲۵]. جمیل حسنلی.اذربایجان ایران آعاز جنگ سرد...ص۴۸۷.

[۳۲۶]. همان...ص۴۸۸-۹.

[...]. کریم سنجانی، ص ۸۳.

[...]. یرواند آبراهامیان، ایران بین دو انقلاب، ترجمه احمد گل محمدی، محمد ابراهیم فتاحی، (تهران: نشر نی، ۱۳۷۷)، صص ۲۹۳ ـ ۲۹۲.

[...]. همان، ص ۲۹۳.

[...]. حبیب لاجوردی، اتحادیه‌های کارگری و خودکامگی در ایران، ترجمه ضیاء صدقی، (تهران: نشر نو، ۱۳۶۹)، ص ۱۳۲ ـ ۱۳۱.

[...]. الهیار صالح در خاطرات خود می‌نویسد: «وقتی پیشه‌وری در صدد تجزیه آذربایجان برآمد و من با وجود اختلاف سلیقه در کابینهٔ ائتلافی قوام‌السلطنه وزیر بودم به معیت همکاران حزبی در صدد بر آمدیم کاری بکنیم که آذربایجان از ایران تجزیه نشود و در این موقع که هیئتی برای مذاکرات مسالمت آمیز تحت زعامت دکتر سلام اله جاوید و شبستری به تهران آمده بود مصلحت دانستیم از آن در باشگاه حزب ایران که در کوچه فرعی خیابان شاه آباد قرار داشت پذیرائی و طوری زمینه سازی کنیم که از نامبردگان اقرار بگیریم قصد خیانت بایران و تجزیه آذربایجان را ندارند و به همین ترتیب هم عمل شد و مخصوصاً دکتر سنجابی قرآنی از جیب خود در آورد و آنان را سوگند داد که در صدد و بفکر خیانت به مملکت نباشند و بعداً من و سایرین نیز درباره وحدت و یکپارچگی ایران سخنرانی کردیم بطوریکه آنها تحت تأثیر قرار گرفتند و به قرآن قسم خوردند که ما ایرانی بوده و هرگز حاضر بخیانت به مملکت خود نیستیم و شایان ذکر است بر اثر اختلافاتیکه بین آنها و پیشه‌وری بوجود آمد آن دو نفر در فتح آذربایجان و سقوط تبریز موثر بودند. (خاطرات الهیار صالح، به اهتمام سیدمرتضی مشیر (تهران: وحید، ۱۳۶۴)، ص ۶۲ ـ ۶۱).

[...]. به عنوان مثال در این مورد بنگرید بـه: مجلـه دنیـا، دوره دوم، سـال چهـاردهم، شـماره اوّل ۱۳۵۲، ص۱۵۸. و همچنین آذربایجان دموکرات، نوشته عمیدی نوری.

[۳۳۳] . جان فوران، مقاومت شکننده (تاریخ تحولات اجتماعی ایران از صفویه تا سالهای پس از انقلاب اسلامی)، ترجمه: احمد تدین، تهران، موسسه خدمات فرهنگی رسا، ۱۳۷۸.ص۴۱۱

[•••] . حبیب لاجوردی، اتحادیه‌های کارگری و خودکامگی در ایران، صص ۱۹۸ ـ ۱۹۷.

[•••] . لوئیس فاوست، ایران و جنگ سرد ، صص ۱۰۴ ـ ۱۰۳.

[•••] . همان، صص ۵۰۴ ـ۵۰۳.

[•••] . به نقل از: حبیب لاجوردی، اتحادیه‌های کارگری و خودکامگی در ایران، ص ۲۰۰.

[•••] . بنگرید به: ا. ک. س. لمتون، مالک زارع در ایران، ترجمه منوچهر امیری، (تهران: مرکز انتشارات علمی فرهنگی، ۱۳۶۲)، پاورقی ص ۵۸۲.

[•••] . ریچارد کاتم، ص ۱۲۶.

[•••] . علی مرشدی‌زاد، روشنفکران آذری و هویت ملی و قومی. (تهران: نشر مرکز، ۱۳۸۰)، ص ۳۱۴.

[•••] . آذربایجان ادبیات تاریخچه بیرباخیش، جواد هیئت، (تهران: مولف، ۱۳۶۹)، ج ۱، ص ۴۳۲.

[•••] . بنگرید به: حسین یحیایی، گوشه‌هایی از تاریخ آذربایجان و گفگویی با یکی از سران فرقه دمکرات ([بی‌جا]: زاگرس، [بی‌تا]،)، صص ۳۳۱ ـ ۳۳۰.

[•••] . ایران ما، شماره ۴۶۰، مورخه ۱۸ آذر ۱۳۲۴.

[•••] . آذربایجان، جمعه ۲۴ خرداد ۱۳۲۵. در پنج‌شنبه ۲۰ تیر ۱۳۲۵ روزنامه آذربایجان آگهی مربوط به پذیرش دانشجو را درج کرده بود که مدت دوره طب، شش سال و پداغوژی سه سال ذکر شده بود.

مجموع کتابهایی که در مدارس به زبان مادری منتشر شد بترتیب: کتاب اوّل ابتدائی در دوشنبه ۱۶ اردیبهشت ۱۳۲۵ و دومین کتاب در سه شنبه ۲۴ اردیبهشت ۱۳۲۵ و کتاب سوم در یکشنبه پنجم خرداد همان سال منتشر شدند بطور کلی حکومت فرقه تا زمان سقوطاش تا کلاس ششم، کتابهائی تحت عنوان «وطن دیلی» منتشر کرد. این کتابها تعدادشان ۶ جلد بوده که کتاب دوم ۸۷ صفحه؛ کتاب چهارم، ۱۸۳ صفحه؛ کتاب پنجم ۲۴۴ صفحه وکتاب ششم ۳۰۰ صفحه بودند. این کتابها بعداً [احتمالا دراوایل انقلاب ۵۷] از طرف انتشارات فرزانه، تحت عنوان «آنا دیلی» تجدید چاپ شده.

[•••] . حسین یحیایی، گوشه‌هایی از تاریخ آذربایجان، ص ۳۳۵.

[•••] . برای اطلاع بیشتر در مورد وضعیت ارتش آذربایجان به منابع زیر مراجعه فرمائید.

علی زیبایی، کمونیزم در ایران ([بی‌جا، بی‌نا، بی‌تا])، صص ۳۱۶ ـ ۳۱۱. سازمان افسران حزب توده ایران از درون ، به کوشش محمد حسین خسرو پناه، صص ۹۵ ـ ۷۷. ابوالحسن تفرشیان، قیام افسران خراسان (تهران: اطلس، ۱۳۶۷)، صص ۹۶ ـ ۸۸. حسن نظری (غازیانی)، گماشتگی‌های بدفرجام، (تهران: رسا، ۱۳۷۶)، صص ۱۲۳ ـ ۱۱۳. روزنامه آذربایجان مورخه ۱۳۲۴/۱۱/۱۵ همچنین مورخه ۳۰ اردیبهشت ۱۳۲۵. احمد شفائی، قیام افسران خراسان و سی و هفت سال زندگی درشوروی (تهران: کتابسرا، ۱۳۶۵)، صص ۱۴۳ ـ ۱۴۲.

*** . سپهر ذبیح، تاریخ جنبش کمونیستی در ایران، ص ۱۷۲.

*** . از نطق پیشه‌وری، روزنامه آذربایجان، مورخه ۱۳۲۴/۱۱/۴ شماره ۱۰۹.

*** . آذربایجان شماره ۱، مورخه ۱۳۲۴/۶/۱۴.

*** . روزنامه آذربایجان، شماره ۸ مورخه ۲۹/ ۱۳۲۴/۶.

*** . آذربایجان، شماره ۱۲۴ مورخه ۱۳۲۴/۱۱/۲۳.

*** . عبدالحمن فرامرزی و استاد فرامرزی و قضیه آذربایجان، به کوشش حسن فرامرزی، (تهران: دستان، ۱۳۷۸)، صص ۶۵ ـ ۶۴.

در جدال قلمی پیشه‌وری با فرامرزی در ۲۶ و ۲۷ آبان ۱۳۲۴، این مسئله به شکل واضحی به چشم می‌خورد: «... اصرار شما در استعمال زبان ترکی به همان اندازه ناستوده است که محسنی رئیس فرهنگ آنجا می‌گفت هر کس که ترکی حرف می‌زند، افسار الاغ به سر او بزنید و او را به آخور ببندید ... آقای پیشه‌وری اینها [مسؤولین دولتی] از خدا می‌خواهند شما در یک گوشه دور از ایشان حرف «ملت آذربایجان» و «زبان ترکی» را بزنید تا به بهانه حفظ استقلال و تمامیت ایران پای آن خارجی را که معبود ایشان است، به میان بکشند و ریشه سیاست آن را در ایران محکم‌تر و ثابت سازند ... .

آقای پیشه‌وری؛ باور کنید که قلب آزادی خواهان ایران با شماست، ولی به دو جهت نمی‌توانند از شما طرفداری کنند یکی این‌که نهضت شما رنگ استقلال و جدائی از ایران دارد و از ترس این‌که متهم به خیانت به وطن گردند، جرأت طرفداری از شما ندارند ... شهرت داده‌اند که شما بانفوذ روسیه آذربایجان را از ایران جدا کرده‌اید و مقصود از این نهضت، الحاق آذربایجان به قفقاز است. دیگر این‌که آزادیخواهان می‌ترسند که سنگی که شما کار گذاشته‌اید پایه‌ای برای جدائی آذربایجان از ایران باشد.

پس بیائید از این دائره کوچکی که دور خود کشیده‌اید، گام فراتر گذارید، این ممیزی که بین آذربایجان و سایر نقاط ایران کشیده‌اید، از میان بردارید، شما بشوید ستارخان، خیابانی، ...

اگر شما حرف تمام ایران را بزنید، هر فرد ایرانی که در این دستگاه ظلم و ستم شرکتی و ازین خوان یغما سهمی ندارد، با شما همراه خواهد بود. آن رنجبر کرد، آن مظلوم لُر، آن ستمدیده بلوچ، آن فقیر لخت و برهنه فارسی، آن گرسنه درد کشیده کرمانی و خراسانی و مازندرانی و خوزستانی با شما همصدا خواهند گشت ... . (عبدالرحمان فرامرزی، استاد فرامرزی و قضیه آذربایجان ... صص ۵۳ ـ ۵۱.)

امّا در مقابل این توصیه‌ها و هشدارها، جوابیه پیشه‌وری متأسفانه سرشار از گزندگی، توهین و تحقیر هست: «... بروید در محله‌های جنوبی تهران، آن جاهایی که مرکز اقامت کارگران است، عمیقاً بررسی نمائید و به زحمت‌کش و مهربان آذربایجان که برای بدست آوردن تکه نانی از شهر و قریه خود دل برکنده و بدانجا مهاجرت نموده اند پی‌ببرید.

بعد آنها را با فارسی‌هائی که در سر منقل تریاک نشسته و یا فکلی‌هایی که در کنار آب کرج دم مجسمه کثافت و یک (سیرابی) چمباتمه زده و مشغول زهر مار کردن عرق هستند مقایسه کنید. آن وقت خواهید فهمید چرا آذربایجانی به خود حق می‌دهد که خود را اداره نماید ...

آقای نویسنده کیهان، بگذارید ریا و دوروئی برای تهرانی‌ها باقی بماند. ما واضع‌حرف می‌زنیم. حیله و تزویر آنها ما را فریب نمی‌دهد به پیشه‌وری پیام فرستادن فایده ندارد ...

مثلاً روزنامه کیهان می‌نویسد: «اگر شما از زبان و ملیت آذربایجان صرف نظر کنید، می‌توانید یک کوچک‌خان، یک ستارخان، یک خیابانی بشوید» من همیشه نام مردان بزرگ را با احترام یاد می‌کنم ولی هیچ وقت در این آرزو و خیال نیستم که از آنها تقلید نمایم ...

به ما می‌گویند بیائید از این دائره کوچکی که به دور خود کشیده‌اید، پا بیرون گذارید و این ممیزی که بین آذربایجان و سایر نقاط ایران کشیده‌اید از میان بردارید تا یک کوچک‌خان یا ستارخان ویا خیابانی و یا لنین و آتاتورک بشوید.

این را یکی از آزادی خواهان تهران نوشته است و این ثابت می‌کند که آنها اشخاص خیلی عاجز و زبون هستند و به قوه و اراده خود اعتماد ندارند و یکی منجی می‌خواهند که از خارج بیاید و آنها را نجات بدهد. برای ملتی ازین بزرگتر بدبختی نیست ...

بیچاره تهران‌ها معلوم می‌شود که تا به حال قدرت ملیت را درک نکرده‌اند. ... ملت قهرمان آذربایجان به تمام دنیا ثابت کرد که لیاقت دارد مقدرات خود را در دست بگیرد. تبریز به کوری چشم مرتجعین، حالا از هر جهت از تهران جلو است ... ما برای به اتمام رساندن مبارزه قسم یاد کرده‌ایم. مردن هست و برگشتن نیست.» (همان، صص ۵۸ ـ ۵۵).

[•••]. بنگرید به: احمد شفائی. قیام افسران خراسان و سی و هفت سال زندگی در شوروی، (تهران: کتابسرا، ۱۳۶۵)، صص ۱۴۳ ـ ۱۴۲.

[•••]. علیرضا نابدل، آذربایجان و مسئله ملی، صص ۳۸ ـ ۳۶.

[•••]. به نقل از نامه ۵، مروخه ۱۳۲۵/۳/۱۷.

[•••]. نامه‌ای به یک فرانسوی، ۱۹۴۶.

[۳۵۷]. به عنوان مثال دکتر ضیا صدرالاشرافی «او را یک ایران دوست تلقی میکند که حتی به خاطر ایران دوستی اش اسم تنها پسرش را هم داریوش گذاشته بود»(بنگرید به: https://www.youtube.com/watch?v=AaUIMekOJpU).

[۳۵۸]. شما خود بسیار خوب می دانید که پس از بازگشت نمایندگان ما از تهران ، مطبوعات دست راستی و ارتجاعی آنجا، برای نابودی آزادی و مجموعه دستاوردهای نهضت دموکراتیک ما، با لحنی بسیار جدی و پر حرارت ضرورت حمله نظامی به آذربایجان را تبلیغ می کردند. قوام السلطنه نیز که قبلا از اعزام نیرو برای تامین آزادی انتخابات سخن می گفت، در تلگرافات و بیانیه های خود علنا و رسما اعلام کرد که برای خاتمه دادن به نهضت و نابودی سران آن به آذربایجان حمله خواهد کرد. سرانجام این مسئله در حرف و نوشته محدود نماند و ساعت هفت قبل از ظهر روز سیزدهم همین ماه [آذر]، نیروهای مسلح اعزامی او ، در منطقه رجعین ۱۲ ساعت تمام پستهای فدایی مارا زیر آتش تفنگ، مسلسل، توپ و تانک گرفتند و کوشیدند وارد اراضی ما شوند. گذشته از این، برخلاف موافقتنامه امضا شده، نیروی مسلح به زنجان اعزام نموده و برخلاف نامه رسمی معاونش مظفر فیروز، فئودال مشهور ذوالفقاری و دیگران را نه تنها از زنجان دور نکرده، حتی به او درجه سرهنگی داده ، مسلح نموده به مقابله با ما فرستاده است.

اینها همه نشان می دهند که قوام ـ هنوز مرکب امضایش پای موافقتنامه با ما و زیر نامه هایش به دکتر جاوید ـ استاندار آذربایجان ـ خشک نشده ـ با بیشرمی آنها را نقض کرده و نیت پلید خود را علنی ساخته است. روشن است که او در اندیشه اجرای تعهدات رسمی ای که در باره حل مسالمت آمیز مسئله آذربایجان به نمایندگان شوروی ـ که خود آنها را واسطه سازش با ما قرار داده ـ نیست. در چنین حالتی تنها یک راه در برابر خلق آذربایجان باقی می ماند و آن راه، دفاع از آزادی با نیروی سلاح خود و قهرمانی جوانان خویش است...

ما در اجرای این موافقتنامه، حکومت ملی خود را ملغی کردیم، مجلس ملی مان را به انجمن ایالتی تبدیل نمودیم، دسته جات فدائی را به سازمان نگهبان مبدل ساختیم؛ آماده سپردن اختیار و فرماندهی قشون ملی مان

به آنان شدیم و شروع به تحویل همه عایدات خود به خزانه آنها یعنی بانک ملی کردیم. اینهمه به این خاطر بود که دستاویزی به دست آنها داده نشود. قوام با مشاهده این کوتاه آمدنهای ما هر روز بر خواستهای خود افزود و سر انجام کار را به آنجا رسانیده است که می خواهد با یک حمله، بیکباره به آزادی خاتمه دهد...

مسئله نفت هنگامی می تواند بسود اتحاد شوروی حل شود که نیروهای اجتماعی پشت آن باشند. همین نیروها اکنون در نقاط دیگر ایران بشکل فوق العاده ای در حال سرکوب شدن و از بین رفتن اند. ولی [هنوز] کاملا از بین نرفته اند. نیروی ما در آذربایجان، نیروی مهمی است. ما دارای امکانات جدی برای وارد آوردن فشار به حکومت تهران هستیم. این امکانات ما می تواند نیروهای آزادیخواه و دموکراتیک دیگر نقاط ایران را تقویت کند. متاسفانه اگر کار به این منوال پیش رود، نیروی ما نیز بسرعت از دست خواهد رفت. آن هنگام قوام و دیگر مرتجعین هر چه را که بخواهند ـ بی آنکه مانعی بر سر راه باشد ـ انجام خواهند داد. در کل باید اعتراف کرد که در سیاست، حساب باز کردن روی حسن نیت قوام و یا یک کارمند دیگر دولتی کاری [«بیهوده»] است. طرفدار جدی سیاست شوروی، بخش مترقی و آزادیخواه خلق است و همین نیرو است که باید تقویت و حمایت شود. بهمین خاطر است که باید نهضت آذربایجان را حفظ کرد و از آن مراقبت نمود.

این نکته را نیز باید در نظر داشت که در ایران، کشورهای خارجی [« دخیل در »] سیاست، هرگز نفوذ و نیروی خود را از دست نداده اند. بویژه انگلیسی ها با نیرومند نگهداشتن [«طرفدار»] های خویش، اعتماد آنها را جلب کرده و در موقع لزوم استفاده کرده اند. مثلا حادثه قشقای را در نظر بگیریم. شما خوب می دانید که در آنجا چندین بار شورشهای بزرگی علیه دولت بپا شد. با اینهمه انگلیسی ها تا امروز امکان ضبط حتی یک قبضه تفنگ از آنها را [به دولت ایران] نداده اند. آنجا و یا بختیاری [ها] و دیگر طوایف جنوب همچنان در حکم دژهای انگلیسی ها هستند. آنها [یعنی انگلیس ها] نیز روز بروز بر این نیروها می افزایند.

شما خود خوب می دانید که توده را همیشه نمیتوان بپا خیزاند. و [نهضت] را همیشه نمیتوان بوجود آورد. زمینه برای نهضت عظیم توده ای همه وقت فراهم نمی گردد. در نتیجه علتهای بسیار و فداکاریهای عظیم، یک نیروهای ترقیخواه اجتماعی در ایران و یک نهضت بزرگ در آذربایجان شکل گرفته است. این نهضت حامی مستقیم دولت شوروی و پشتیبان سیاست شوروی در ایران است. این نیرو سلاح برنده ای برای سیاست شوروی است که از طریق آن اتحاد شوروی نیز مانند خلقهای ایران قادر به انجام کارهای بزرگ خواهند گشت. این نیرو نیرویی است که آماده فداکاریهای عظیم در راه منافع عمومی [مردم و جامعه] است و اگر از دست داده شود، به این زودی قدرت جدیدی نخواهد توانست بوجود آید.

ما نمی دانیم که چرا خلقهای ستمدیده یونان و اندونزی و یا نقاط دیگر می توانند مسلحانه در راه آزادی خویش مبارزه کنند، ولی ما باید با دست خود، خود را تسلیم جلادان کنیم. این نه فقط حرف ما، بلکه گفته آشکار مردم ما و اعضای برجسته فرقه ماست. فرقه ما و خلق ما بما می گویند که با اینهمه دلایل و مدارکی که در دست داریم، دیگر نمی توانیم حرف و نوشته را باور کنیم و به قوام السلطنه و دیگران اعتماد نماییم. قوام می رود و دیگری بجای او می آید. اگر ما با نیروی مسلح خود ارتجاع را در هم نکوبیم، سیاست هرگز به سود ما نخواهد چرخید. هیچ تضمینی برای ما وجود ندارد و ما نمی توانیم خود را گول بزنیم. امکان امروزی را نباید از دست داد. ما اگر چنین کنیم تاریخ همواره ما را مذمت خواهد کرد. در جهان هیچ ملتی خود بدست خویش قدرت خود را نابود نکرده است. ما نیز نباید چنین کنیم.

حمله خائنانه نیروی اعزامی قوام به ما، هیجان شدیدی در میان مردم ما بوجود آورده است.مردم گروه گروه به فرقه مراجعه می کنند و برای دفاع از آزادی سلاح می خواهند. این نیز بیانگر جدی روحیه مردم ماست. روحیه چند فئودال و یا چند عنصر ارتجاعی دیگر مانند امیرنصرت اسکندری، جمال امامی، سرلشکر مقدم و ذوالفقاریها ، نمی تواند بیانگر روحیه خلق باشد. روحیه آنها ـ که آقایی و زمینهایشان را از دست داده اند ـ روشن است که چگونه می تواند باشد. ولی توده های شهری و روستایی که آزادی و زمین بدست آورده اند، آماده هرگونه فداکاری در راه دست آوردهایشان هستند. اگر ما امروز امکان دهیم که آزادی آنان از بین برود، دیگر بپا خیزاندن آنان ممکن نخواهد گشت. آنها دیگر به کسی اعتماد نخواهند کرد. توده نه فقط از ما، بلکه از همه نیروهایی که با شعار آزادی بمیدان می آیند نا امید و مایوس خواهد گشت. نیرو و قدرت ما نیز در گرو اعتماد و ایمان مردم به ماست.

خلق آذربایجان، رهبر آن فرقه دموکرات و سران فرقه دو انتظار از دولت شوروی دارند:

اولا مادام که مرزهایمان باز هستند و قدرت ملی مان پابرجاست مقدار کمی به ما سلاح داده شود. زیرا اگر کار به این روال پیش رود، این کار دیگر ممکن نخواهد شد. ما براحتی قادریم این سلاحها را چنان مخفیانه بدست قوای ملی برسانیم که نیروی مخالف از آن مطلع نشود. پس از شروع و شدت درگیری انجام این کار بسیار سخت خواهد بود. ما سلاح زیادی نمی خواهیم. منظور ما اندک مقداری است تا فدائیان ناگزیر نشوند با دست خالی جلوی دشمن بروند.

ثانیا حالا که قوام جنگ را شروع کرده و به ریختن خون برادران ما پرداخته است، اجازه داده شود ما نیز از هر سو او را در تنگنا قرار دهیم، تا از این طریق امکان قیام آزادیخواهان همه جای ایران را فراهم کرده، نهضت

بزرگی در سراسر ایران آغاز نماییم و با سرنگون ساختن حکومت ارتجاعی تهران، حکومتی دموکراتیک بجای آن مستقر سازیم.

اگر این کار به صلاح نیست، بگذارید از تهران کاملا قطع رابطه کنیم و حکومت ملـی خـویش را بوجـود آوریم.([مردم ما] به راه حل اخیر بیشتر تمایل دارد.). سیاست شوروی هر کدام از این دو راه را که انتخاب کند، ما می توانیم آنرا شرافتمندانه اجرا کنیم و موفق گردیم.

قوام قبل از آنکه فرماندهی نیروهای مسلح ما را در اختیار بگیرد، سیمای حقیقی خود را نشـان داد. ایـن ، خوشحال کننده است. او اگر این کار را بعد [از در دست گرفتن فرماندهی نیروهای مسلح ما] انجام می داد، ما را یکسره نابود می کرد. مردم آذربایجان از حمله امروز او احساس خوشبختی می کند. او می توانست اینکار را زمانی انجام دهد که ما فاقد توان دفاعی باشیم. حال آنکه امروز این امکان دفاعی وجود دارد. اگر از این تـوان درست استفاده شود ما قادریم به خواسته هایمان دست یابیم. نه، اگر اندکی تاخیر شود و یـا تردیـد بخـود راه دهیم، این امکان از بین خواهد رفت. چنانکه در بالا گفتیم مردم می ترسند، مایوس می شوند و ارتجـاع قـوای آزادی را منهدم و نابود می سازد. این نیز به معنی از دست رفتن نفوذ و قدرتی است که اتحاد شوروی در نتیجه سالهای طولانی کوشش و زحمت بدست آورده است. در نتیجه ایران بالکل به آغوش انگلیس و امریکا می افتد، دسپوتیسمی شدیدتر از دوره رضاخان در ایران پیش می آید و سیاست شوروی بهیچ عنوان امکان حرکت نمی یابد. در چنین دوره و در چنین شرایطی سخن گفتن از نفت در ایران .... می شود و دولـت شـوروی در [موضوع] نفت کاملا می بازد. در این هیچ تردیدی نیست.

شکست سیاست شوروی در مسئله نفت در ایران، به معنی شکست سیاست ترقیخواهانه در ایران است. این شکست ضربه بزرگی به جنبشهای دموکراتیک در خاور زمین خواهد زد. زیرا همانگونه که جنـبش آذربایجـان تاثیر عظیم و مثبتی بر جای نهاده است، شکست آن نیز تاثیر منفی عظیمی برجای خواهد نهاد.

ما باز هم تکرار می کنیم: کار از آن گذشته است که با مذاکرات و توافق ها حل شود. هر اندازه که دولت شوروی برای صلح و مسالمت تلاش می کند، دولتهای انگلیس و امریکا ، دولت ایران را صد چندان به جنگ و خونریزی تحریک می کنند و امکانات این جنگ و خونریزی را فراهم می نمایند. دریافت مبالغی کلان از امریکا توسط قوام یک افسانه نیست. سیل اسلحه از انگلستان و سایر کشورهای ارتجاعی بسوی ایران سـرازیر شـده است. سلاحهایی که از .... توسط واگونها بارگیری شده اند، مستقیما در زنجان تخلیه می شوند و علیه مـا مورد استفاده قرار می گیرند. ما از دولت شوروی کمک زیادی نمی خواهیم. ما می گوییم بهانه به دست سیاست خائنانه ضد شوروی داده نشود، حتی دولت شوروی می تواند چنین وانمود کند که دیگر بما علاقمند نیز نیست.

اما حالا که دولت تهران نمی خواهد با میانجیگری دولت شوروی مسئله با مسالمت حل شود، [ما میخواهیم] دولت شوروی هم بما امکان دهد که ما نیز با دولت تهران با همان روشی که او در پیش گرفته است، رفتار کنیم.

حال که قوام، انگلیسی ها و امریکاییها می گویند مسئله آذربایجان مسئله ای داخلی است، ما اینرا بفال نیک می گیریم و ما نیز می گوییم چنین است. بگذار هنگامی که به آذربایجان حمله می کنند، فدائیان آذربایجان سر آنها را به سنگ بکوبند. ما نیز می گوییم مسئله آذربایجان مسئله ای داخلی است. ما این مسئله داخلی را خودمان حل می کنیم. کسی حق ندارد در شورای امنیت و یا در یک کشور خارجی علیه اتحاد شوروی هیاهو بپا کند.

چنانکه در بالا گفتیم اگر کمک اتحاد شوروی مخفیانه انجام گیرد، انگاه در صورت مراجعه دولت ایران به شورای امنیت، سندی در دست نخواهد داشت.

در خاتمه بار دیگر تکرار می کنیم. دیگر توافقات و مذاکرات سودی نخواهند بخشید. چشم امید همه خلق ، فرقه و رهبران آن به [یاری کشور شماست] و نجات را در [کمک آن] می بینند. آنچه شما باید بکنید تنها دادن مقدار کمی سلاح [به ماست].

اکنون دهها هزار دهقان فقط سلاح میخواهند. اگر شما این کمک را بما بکنید هم آزادی مردم ایران و هم سیاست شوروی از خطر خواهد رست. وگرنه خطر بسیار نزدیک و بسیار عظیم است.

مجددا تاکید می کنیم. امکان دارد قوام حمله را برای مدت کوتاهی متوقف سازد، نباید فریب این کار را خورد. اینکار مانووری بیش نخواهد بود. ما ذره ای تردید نداریم که او خود را قاطعانه برای نابودی نهضت آذربایجان آماده می کند و [بنابرین] راه دیگری برای ما نمانده است.

خطر بلاتکلیفی و وضعیت مبهم بیشتر از حمله است. این وضع ما را به تدریج خواهد فرسود، [تضعیف] خواهد نمود و نابود خواهد کرد.

بی صبرانه در انتظار کمک مختصر شما هستیم.

با احترام صمیمانه: پیشه وری – پادگان – شبستری – دکتر جاوید – غلام دانشیان

(ترجمه نامه از: سیروس مددی)

این نامه را که اصلش به ترکی آذری است سیروس مددی به فارسی ترجمه و در تارنمای «اخبار روز»(۲) منتشر کرده است. به گفته مددی، اصل سند با این مشخصات در «آرشیو سیاست خارجی فدراسیون روسیه» نگهداری می‌شود:

АВПРФ ،ф. ،۰۹۴оп ،۳۸ .п۳۶۴ .А ،д. ،۴۹л. ۷–۱Федерации Архив внешней политики Российской

••• . ميرزاعبدالله مجتهدی، بحـران آذربايجـان (سـالهای ۱۳۲۴ ـ ۱۳۲۵ ش) خـاطرات مرحـوم آيـت الله ميرزاعبدالله مجتهدی (تهران: موسسه مطالعات تاريخ معاصر ايران، ۱۳۸۱)، صص ۶۰ ـ ۵۷.

••• . همان، ص ۹۶.

••• . ميرزاعبدالله مجتهدی، ص ۱۲۹.

••• . همان، ص ۳۰۵.

••• . غائله آذربايجان، ص ۶۲۲ ـ ۶۲۱.

••• . حسن نظری (غازيانی)، گماشتگی‌های بدفرجام، (تهران: موسسه خدمات فرهنگی رسا، ۱۳۷۶)، ص ۱۷۸.

••• . لوئيس فاوست، ايران و جنگ سرد، ترجمه کاوه بيات، ص ۱۱۷ ـ ۱۱۶.

••• . حسين يحيايی، گوشه‌هايی تاريخ آذربايجان، ص ۳۳۷.

••• . به نقل از: يرواند آبراهاميان، ايران بين دو انقلاب، ص۵۰۸.

••• . لوئيس فاوست، ص ۱۱۹.

••• . ميرزاعبدالله مجتهدی ... ، ص ۱۳۸.

••• . همان، ص ۱۴۱.

••• . به نقل از: يرواند آبراهاميان، ص ۵۰۸.

••• . همان، ص ۵۰۷.

••• . نصرت‌الله جهانشاهلو، ص ۲۴۹.

••• . گذاشته چراغ راه آينده است، ص ۴۰۳.

••• . سلام‌الله جاويد، صص۹ ـ ۸.

••• . سلام‌الله جاويد، صص ۱۱ ـ ۱۰.

[۳۷۷] . آذربايجان ايران آغاز جنگ سرد...ص۵۰۰

[•••]. گذشته چراغ راه آینده است، ص ۴۱۱.

[•••]. آذربایجان، ۲ شنبه ۴ آذر ۱۳۲۵ دوره دوم، شماره ۳۵۷.

[•••]. آذربایجان، ۳ شنبه ۱۲ آذر ۱۳۲۵، شماره ۳۹۴.

[•••]. رهبر، ۱۲ آذر ۱۳۲۵.

[382]. A.Məmmədov. BAŞTUTMAMIŞ ÇEVRILŞ.Bakı, «El-ALliance» nəşriyyati.2007, s.117اما

[۳۸۳]. آذربایجان ایران آعاز جنگ سرد...صص۵۱۰-۵۱۳.

[•••]. فخرالدین عظیمی، بحران دموکراسی در ایران:۱۳۳۲ ـ ۱۳۲۰، ترجمه عبدالرضا هوشنگ مهدوی، بیژن نوذری، (تهران، نشر البرز، ۱۳۷۴)، ص ۲۱۲.

[385]. A.Məmmədov. BAŞTUTMAMIŞ ÇEVRILŞ.Bakı, «El-ALliance» nəşriyyati.2007, s.120.

[•••]. نصرت‌الله جهانشاهلو، ص ۲۵۴.

[۳۸۷].آذربایجان ایران آعاز جنگ سرد...ص۵۱۸.

[•••]. حسین فردوست، ظهور و سقوط سلطنت پهلوی، ج۱، ۱۵۱ ـ ۱۵۰.

[•••]. احمد زنگنه، خاطراتی از مأموریت‌های من در آذربایجان، صص ۱۷۱ ـ ۱۷۰.

[•••]. میرتقی موسوی در گفتگو با حسین یحیایی، ص ۳۴۱..

[•••]. احمد زنگنه، ص۱۷۸ ـ ۱۷۷.

[392]. A.Məmmədov. BAŞTUTMAMIŞ ÇEVRILŞ.Bakı, «El-ALliance» nəşriyyati.2007, s.121.

[۳۹۳]. اذربایجان ایران آعاز جنگ سرد..ص۵۲۱.

[394]. ƏKRƏM RƏHiMLi (BiJE).MÜBARiZƏ BURULĞANLARINDA KEÇƏN ÖMÜR:SEYİD CƏFƏR PİŞƏVƏRİ(Həyatı…s.147

... Aŷ lakalr silinir. Bake, 1993, yanclik, p. 145 - 6.

... سلام‌الله جاوید.

... داد، شماره ۹۰۵، مورخه ۱۳۲۵/۹/۲۲.

... برگرفته از: سلام‌الله جاوید.

۳۹۹. آذربایجان ایران آعاز جنگ سرد..ص۵۲۱.

۴۰۰. جهانشاهلو...ص۲۵۷.

... سلام‌الله جاوید، ص ۲۸.

... جرج. ن. کرزن، ایران و قضیه ایران، ترجمه ع. وحید مازندرانی. (تهران: علمی و فرهنگی، ۱۳۶۲)، ج۱، ص ۶۶۵.

۴۰۳. آذربایجان ایران آعاز جنگ سرد..ص۵۲۶-۷.

... میر قاسم چشم آذر، تعداد کشته شدگان را ۲۵ هزار نفر ذکر می‌کند و ابوالحسن تفریشیان آن را ۲۰ هزار نفر (قیام افسران خراسانی، ص ۱۰۹). خلیل ملکی ۱۵ هزار نفر (خاطرات سیاسی، ص ۳۷۶) ذکر کرده‌اند. بعضی از منابع ترکی، افزون بر ۱۰ هزار نفر قید کرده‌اند، (آذربایجان دمکرات فرقه‌سی، ج۲، باکو ۱۹۶۹، ص ۵).

بعضی از منابع نیمه رسمی، تعداد تلفات را هشت هزار نفر نوشته‌اند، (خواندنیها، شمارهٔ ۳۶، مورخه ۳ دی ماه ۱۳۲۵). بهروز حقی به نقل از ماریا مارچاکی تعداد فدائیان کشته شده را ۲۵ هزار نفر ذکر می‌کند. (بهروز حقی، لحظاتی از زندگی صفر قهرمانیان، آلمان، کلن، ۱۳۷۲، ص ۱۱۵). ریچارد کاتم، تعداد کشته شدگان قبل از ورود ارتش به تبریز را ۵۰۰ نفر ذکر کرده (ریچارد کاتم، ناسیونالیسم در ایران، ترجمه فرشته سالک، (تهران: نشر گفتار، ۱۳۷۱)، ص ۱۹۷). امّا حسین فردوست که از نزدیک شاهد کشتار بوده تعداد آن را ۲۰۰۰ الی ۳۰۰۰ نفر نوشته است: «با کامیون به شهر رفتیم تمام مسیر و سطح خیابان‌ها مملو از جمعیت بود و همه یک سلاح (تفنگ) داشتند و به نفع ارتش تظاهرات می‌کردند و دائماً تیر هوایی خالی می‌کردند و باز هم به دنبال طرفداران پیشه‌وری بودند و آنها را از خانه‌هایشان بیرون آورده و خود آنها اعدامشان می‌کردند، در کنار خیابان‌ها جسد اعدام شده‌ها زیاد دیده می‌شد و حدود ۲۰۰۰ الی ۳۰۰۰ نفر را اعدام کرده بودند. (حسین فردوست، ظهور و سقوط سلطنت پهلوی، ج ۱، ص۱۵۱). مسعود بهنود (بدون ذکر سند) می‌نویسد: «حاصل کار فرقه دمکرات

۲۵۰۰ اعدام، هفت هزار کشته، هشت هزار زندانی، ۳۶ هزار تبعیدی و ۷۰ هزار پناهنده به شـوروی.» (مسـعود بهنود، از سیدضیاء تا بختیار، (تهران: جاویدان، ۱۳۶۹)، ص ۲۷۶.)

اسامی حدود ۴۰۰ نفر از قربانیان از منابع مختلف گرد آوری شده برای دیدن فهرست اسامی قربانیـان بـه بخش پیوسته‌ها مراجعه کنید.

[•••] . احمد زنگنه، ص ۱۷۹.

[•••] . علی دهقان، سرزمین زردشت، ص ۷۹۰.

[۴۰۷] . جمیل حسنلی،اذربایجان ایران آعاز جنگ سرد..ص۵۲۸.

[۴۰۸] . جمیل حسنلی،اذربایجان ایران آعاز جنگ سرد..ص۵۳۴.

[۴۰۹] . آذربایجان ایران آعاز جنگ سرد..ص۵۲۹.

[۴۱۰] . مجله خوی نگار.مصاحبه با دکتر احمد ساعی، مجله خوی نگار، دوره سوم شماره ۶ اسفند ۱۳۹۱

[•••] . گزارشهای محرمانه شهربانی (۱۳۲۶ ـ ۱۳۲۴ شمسی)، به کوشش مجید تفرشی، محمد طاهر احمدی، تهران، سازمان اسناد ملی ایران، ۱۳۷۱، صص۲۵۱ ـ ۲۵۰. وقتی غزالی را سـلطان سـنجر بـه لشـگرگاه احضـار می‌کند در جواب او چنین می‌نویسد: «به مردمان طوس رحمتی کن که ظلم بسیار کشیده‌اند وغله به سرما و بی آبی تباه شده و درخت صد ساله از اصل خشک شده و هر روستایی را هیچ نمانده مگر پوستینی و مشتی عیال گرسنه و برهنه و اگر رضا دهد که پوستین از پشت باز کنند تا زمستان برهنه با فرزندان در تنوری شوند، رضـا مده که پوستشان باز کنند و اگر از ایشان چیزی خواهد همگان بگریزند و در میان کوه‌ها هلاک شوند ...

[•••] . روزنامه آتش، سه‌شنبه ۱۰ فروردین ماه ۱۳۲۷، شماره ۳۹۰.

[•••] .حسام مصطفوی، «سلطان آذربایجان» روزنامه آتش یکشنبه ۲۳ اسفند ۱۳۲۶، شماره ۳۸۲.

[•••] . به نقل از: سی‌سال، از انتشارات فرقه دمکرات آذربایجان به مناسبت سی‌امین سالگرد جنبش ۲۱ آذر، ص ۱۵۱.

[•••] . مرد امروز، شماره ۸۶ مورخه ۲۳ آذر ۱۳۲۵ ص ۹.

[•••] . سفر محمدرضاشاه در دوشنبه ۹ فروردین ماه ۱۳۲۷ که همزمان با دار زدن فریدون ابراهیمی بود در نامه طنزآلود و تلخ مرحوم صادق هدایت به دوستش چنین منعکس شده : « بـه مناسـبت حرکـت شاه بـه

آذربایجان، فریدون ابراهیمی را دار زدند و عکس‌اش هم در روزنامهٔ آتش بود. مردم غیـور آن سـرزمین روزی یکی دو نفرشان بچهٔ خود را جلوی خاکپای همایونی قربانی می‌کنند. سرزمین عجایب است ... ما هم لنگ لنگان قدمی بر می‌داریم و هر قدم دانه شکری می‌کاریم» (نامه صادق هـدایت بـه شـهید نـورائی، نامـه ۲۸، مورخـه ۱۳۲۶/۳/۱۴). امّا شخصی که در سفر شاه می‌خواست فرزندش را قربانی کند به «اکبر چـولی» معـروف بـود او فردی لات منش و همه‌کاره (در واقع هیچ کاره‌ای) بود که در محله گازران ماشین شویی داشت او در جلوی باغ گلستان، پسرش را برای قربانی بر زمین زد امّا با سرزنش مردم مواجه شد و منصرف گشت. (در مصـاحبه بـا شاهدان عینی).

... . بنگرید به: محمد بی‌ریا، اوره‌ک سوزلری، سئچیلمیش اثرلر، (تبریز، ارگ، ۱۳۷۶)، ص ۵.

حمید ملازاده، رازهای سربه مهر، (تبریز، مهد آزادی، ۱۳۷۶)، صص ۱۱۰ ـ ۱۰۸.

.Aŷ lakalr silinir. Baki, 1993, yanclik, p. 147

۴۱۸. بنگرید به:

Camil hasanli: soyug muharibanin baslandiyi yer: guney azarbaycan 1945-1946:buki- 1999.

419. General QULAM YəHYA(1906-2006) xatirələr Azərbaycan Demokrat Firqəsinin nəşri.Baki – 2006.S.83.

... . جهانشاهلو، ص ۲۷۶.

... . قیام افسران خراسان، ص ۱۶۹.

... . قیام افسران خراسان، ص ۱۷۷.

... . گماشتگیهای بدفرجام، صص ۲۶۲ ـ ۲۶۰.

... . حسین یحیایی، گوشه‌هایی از تاریخ آذربایجان ... ص۳۵۳.

... . قیام افسران خراسان، ص ۱۸۷.

.... Aŷ lakalr silinir. Baki, 1993, yanclik, s. 105.

427. QULAM YəHYA(1906-2006) xatirələr Azərbaycan Demokrat Firqəsinin nəşri.Baki – 2006.S.84-85

... . حسین یحیایی ...، صص ۳۵۶ ـ ۳۵۶.

---

429. ƏKRƏM RƏHiMLi (BiJE).MÜBARiZƏ BURULĞANLARINDA KEÇƏN ÖMÜR:SEYİD CƏFƏR PİŞƏVƏRİ(Həyatı…s.118.

•••. Aŷ lakalr silinir. Baki, 1993, yanclik, s. 105.

431. QULAM YəHYA(1906-2006) xatirələr Azərbaycan Demokrat Firqəsinin nəşri.Baki – 2006.S.87

432. ƏKRƏM RƏHiMLi (BiJE).MÜBARiZƏ BURULĞANLARINDA KEÇƏN ÖMÜR:SEYİD CƏFƏR PİŞƏVƏRİ…s.125.

433. Teyyub Qurban. Düşmənlərindən güclü şəxsiyyət.Mir Cəfər Bağırov haqqında məqalələr toplusu.Bakı, ğirvannəşr, 2006. S.34

434. Teyyub Qurban. Düşmənlərindən güclü şəxsiyyət.... S.35

435. VÜQAR MİKAYIL OĞLU ƏHMƏD.MİR CƏFƏR PİŞƏVƏRİNİN HƏYATI,MÜHİTİ VƏ YARADICILIĞI.B A K I – 2004.s.72

436. Əli Tudə. Pişəvəri. «Ədəbiyyat və incəsənət» qəz., Bakı: 1988,

١Viyun, №25.

•••. نصرت‌الله، جهانشاهلو، صص۲۸۲ ـ ۲۸۱.

۴۳۸. پرفسور شوکت تقی‌اف معتقد است که پیشه‌وری را پس از تصادف در بیمارستان با آمپول کشته‌اند بنگرید به منبع زیر:

Teyyub Qurban. Düşmənlərindən güclü şəxsiyyət.Mir Cəfər Bağırov haqqında məqalələr toplusu.Bakı, ğirvannəşr, 2006. S.35.

***. جهانشاهلو در ادامه می‌نویسد: چندی بعد یک روز پیشه‌وری از من خواست بخانه او بروم. وقتی به خانه‌اش رسیدم گفت چند روز است که راننده اتومبیل در بین راه درجاهای خلوت می‌ایستد. میگوید چون موتور گرم می‌شود اینکار را می‌کند. واقعیت این است که من باینکار مظنون شده‌ام و تصور می‌کنم نظر سوء قصد درباره من دارند. گفتم از سوی چه کسانی ؟ گفت حتماً از سوی انگلستان و آمریکا چون دشمن دیگری ندارم. حکومت ایران هم توانائی چنین کاری را ندارد. گفتم اگر سوء قصد از جانب انگلستان و آمریکا باشد باید آنها را آگاه کنیم که فکری بکنند. پیشه‌وری سخت در اندیشه فرو رفت و گفت این راننده را از میان ایرانیها تعیین کرده‌اند و ماهیانه‌اش را هم آنها می‌پردازند (منظور شورویهاست) ولی وقتی به راننده گفتم نباید بایستد دیگر آن روش تکرار نشد گفتم با دیگری هم مطالب را مطرح کرده‌اید؟ گفت با غلام‌یحیی و همسرم ... گفتم با غلام‌یحیی چرا؟ گفت چون او بی‌چون و چرا نوکر سازمان امنیت روسیه است.

با این‌که بدگمان شده بودم باز نمی‌توانستم باور کنم که این اقدام از ناحیه شورویها باشد. زیرا نمی‌دانستم کسانی که همه چیز حتی زندگی خود را در راه دوستی آنها گذاشته باشند اینطور با آنان رفتار شود.

روزی پیشه‌وری از من خواست بدیدارش بروم. گفت دو روز دیگر با سرهنگ قلی‌اف و غلام‌یحیی برای سرکشی پاره‌ای از بخشها که مردم ما در آنجا هستند می‌روم چون شکایتهایی به سازمان امنیت اینجا شده است. گفتم راننده همان راننده است گفت نه یک ارمنی زنجانی است گفتم او آدم خوبی نیست گفت دوستان او را تعیین کرده‌اند و سفارش کرده‌اند که به هیچ کس نگو و جز خودت و خانواده‌ات هیچکس نباید با خبر باشد. حتماً موافقت کرده‌اند پسرم داریوش نیز همراهم باشد. سه چهار روز بعد به من خبر دادند که پیشه‌وری در راه (کیروف آباد) در اثر تصادفی درگذشته است. وقتی رفتم و جنازه را دیدم نشانه‌های مسمومیت در آن بود. تمام بدن ورم کرده و زخم کوچکی در یکی از گوشه راست صورت و دیگری در گردن نزدیک شانه دیده می‌شد، گفتم این دو زخم که آدم را نمی‌کشد. گفتند او سالها در زندان رضاشاه بوده و با دشواری زندگی کرده و قلب بیمارش در اثر این پیش‌آمدها تاب نیاورده و از دست رفته است. بیمارستان هم گزارش داد که در اثر نارسائی قلب تلف شده است. مراسم تدفین پیشه‌وری با چند جمله ابراهیموف وگفتار محمد بی‌ریا که آثار شوق از آن نمایان بود و جمله‌های بی‌سرو ته میرآقا آذری پسر عموی پیشه‌وری پایان یافت. باید یاد آور شوم که در این تصادف اتومبیل غلام‌یحیی و سرهنگ قلی‌اف که همراه بودند فقط ضربه‌هائی دیدند که پس از مدتی از بیمارستان مرخص شدند. همان منبع...، صص۲۹۸ ـ ۲۹۶.

***. زندگی نامه شمیده، ص ۲۲۶.

[•••] . میرتقی موسوی در گفتگو با دکتر حسین یحیی، به نقل از: گوشه هایی از تاریخ آذربایجان ... صص ۳۶۲ _ ۳۵۸.

[442]. Mir Cəfər Bağırovun məhkəməsi. Bakı: Yazıçı, 1993, s.97

[443]. Novruzov İ.M. Azərbaycan kartı. İran xatirələri. Bakı: Azərbaycan.ensiklopediyası, 1997.s.148

[۴۴۴] . آذربایجان ایران آعاز جنگ سرد. جمیل حسنلی، ترجمه منصور صفوتی. تهران: شیرازه، ۱۳۸۷. صص۵۴۴الی۵۴۵.

[445]. ƏKRƏM RƏHiMLi (BiJE).MÜBARiZƏ BURULĞANLARINDA KEÇƏN ÖMÜR:SEYİD CƏFƏR PİŞƏVƏRİ(Həyatı…s.121

[۴۴۶] . آذربایجان ایران آعاز جنگ سرد.جمیل حسنلی...ص۵۴۵.

[447]. Teyyub Qurban. Düşmənlərindən güclü şəxsiyyət.Mir Cəfər Bağırov haqqında məqalələr toplusu.Bakı, ġirvannəşr, 2006. S.11

[448]. http://modern.az/articles/33720/1/

[•••] . میرتقی موسوی در گفتگو با دکتر حسین یحیی.، ص ۳۶۵.

[۴۵۰] . همان.

[۴۵۱] . بی‌ریا این نامه را به خط عربی نوشته کپی آن در آرشیو ک. گ. ب. به نمره ح.۶۶۱۲ و اصل نامه به صورت سری در اداره امنیت آذربایجان به نمره ۳۷۱۲ نگهداری می‌شود. برای کل این نامه بنگرید به: زندگی و زمانه محمد بی‌ریا، نوشته علی مرادی مراغه‌ای،تهران:نشر اوحدی،۱۳۸۴.

[۴۵۲] . زندگینامه شمیده...به کوشش و ویرایش بهرام چوبینه.آلمان:۱۳۷۲.ص۲۸۰.

[۴۵۳] . بنگرید به:

-Teyyub Qurban. Düşmənlərindən güclü şəxsiyyət.Mir Cəfər Bağırov haqqında məqalələr toplusu. Bakı, ğirvannəşr, 2006. S.38-41

[۴۵۴]. فیلم سفر به سیترا به کارگرانی تئودور آنجلوپوس.

[۴۵۵].برای زندگی‌نامه محمد بی‌ریا بنگرید به مقاله«مشقت‌لی عومور» نوشته میرقاسم چشم‌آذر مندرج در کتاب زیر به خط کریل:

1991،Ağ ləkələr silinir. Mirzəyev Osman. Bakı,azerneşr

[456]. ƏKRƏM RƏHiMLi (BiJE).MÜBARiZƏ BURULĞANLARINDA KEÇƏN ÖMÜR:SEYİD CƏFƏR PİŞƏVƏRİ(Həyatı…s.122

[۴۵۷]. برگرفته از خاطرات صغری خانم خواهر پیشه وری.

ƏKRƏM RƏHiMLi (BiJE).MÜBARiZƏ BURULĞANLARINDA KEÇƏN ÖMÜR:SEYİD CƏFƏR PİŞƏVƏRİ(Həyatı…s.42.

[...]. برادرم صمد بهرنگی، روایت زندگی و مرگ او، (تبریز: بهرنگی، ۱۳۷۸)، صص۶۱ ـ ۶۰.

[...]. سلام‌الله جاوید، ص ۵۰.

[...]. بنگرید به: جبیب لاجوردی، اتحادیه‌های کارگری و خودکامگی در ایران، ترجمه ضیاء صدقی، (تهران: نشر نو، ۱۳۶۹)، صص۲۰۲ ـ ۲۰۱.

[461]. A.Məmmədov. BAŞTUTMAMIŞ ÇEVRILŞ.Bakı, «El-ALliance» nəşriyyati.2007, s.121.

[...]. خلیل ملکی، خاطرات سیاسی، ص ۴۳۳.

[...]. بنگرید به: اسد بهرنگی، برادرم صمد بهرنگی (تبریز: نشر بهرنگی، ۱۳۷۸)، ص ۱۰۲.

[۴۶۴]. . در اینجا لازم هست از دوست شاعرم، آقای ودود دوستی بخاطر کمک در برگردان این شعر به فارسی و همچنین از آقایان حمید آصفی، احمد منصفی، محمد صادق عزتی، احمد خراسانی و آقای جلیلی و کلیه عزیزان دیگر، بخاطر کمک در دستیابی به بعضی از منابع، قدردانی و تشکر کنم. اصل شعر به زبان ترکی چنین است:

طالعیمه سن باخ

دو شونجه لریم یاساق

دویغولاریم یاساق

کئچمیشیمدن سؤز آچماغیم یاساق

گله‌جه‌ییمدن دانیشماغیم یاساق

آتا ـ بابامین آدین چکمه‌ییم یاساق

آنا مدان آد آپارماغیم یاساق ...

... بیلیرسن؟

آنادان دوغولاندا بئله

اؤزوم بیلمه‌یه ـ بیلمه‌یه

دیل آچیب دانشیدیغیم دیلده

دانیشماغیم دا یاساق ایمیش، یاساق

ب. ق. سهند (مجله وارلیق، شماره۱، اردیبهشت ۱۳۵۸، ص۱۵.

پیوست‌ها

پیوست ۱

بیانیه فرقه دمکرات آذربایجان

ایران نیز مسکن اقوام و ملل گوناگون است. این اقوام و ملل هر قدر آزادتر زندگی کنند، یگانگی بیشتری خواهند داشت. قانون اساسی ما نیز با تصویب قانون انجمنهای ایالتی و ولایتی، کوشیده است که بدین وسیله تمام مردم ایران را در تعیین سرنوشت کشور هر چه بیشتر دخالت داده و رفع احتیاجات مخصوص ایالات و ولایات را به خود آنها واگذار نماید.

لذا باید هر چه زودتر در اجرا و تکمیل قانون اساسی دست بکار شد و حکومت ملی را از پایین یعنی از میان خلق و بر اساس احتیاجات توده‌های وسیع و بر پایهٔ خصوصیات مردمی که در ایالات و ولایات زندگی می‌کنند بنا نهاد.

وحدت ملی واقعی زمانی میسر می‌شود که تمام مردم با حفظ خصوصیات و آزادی داخلی خود ترقی نموده و از هر لحاظ بتوانند با هم برابری نمایند، ما می‌گوییم که درخاک آذربایجان یک خلق چهار میلیون نفری زندگی می‌کنند که آنها قومیت خود را تشخیص داده‌اند، آنها زبان مخصوص به خود و آداب و رسوم جداگانه‌ای دارند. این خلق می‌گوید که ما می‌خواهیم ضمن حفظ استقلال و تمامیت ایران در اداره امور داخلی خودمختار و آزاد باشیم، آذربایجانی می‌گوید: تهران به دردهای ما نمی‌رسد و از تشخیص و رفع احتیاجات ما عاجز است، از ترقی فرهنگ ما جلوگیری می‌کند. زبان مادری ما را تحقیر کرده و اجازه نمی‌دهد ما نیز مانند سایر هموطنان خود آزاد زندگی کنیم. با وجود این ما ادعای قطع رابطه با آنجا را نداریم. به قوانین کلی و عمومی مملکت اطاعت خواهیم کرد. در مجلس شورای ملی و حکومت مرکزی دخالت و شرکت خواهیم نمود. زبان فارسی را به عنوان زبان دولتی در مدارس ملی خود توأم با زبان آذربایجانی تدریس خواهیم کرد. امّا با تمام اینها، این حق را به خود قائلیم که صاحب اختیار خانهٔ خود شده و امکان ادارهٔ آن را مطابق میل و سلیقه خود داشته باشیم.

حال که در سایهٔ مبارزهٔ جوانان قهرمان کشورهای دموکراسی، اساس فاشیسم سرنگون شده و پوچ بودن نظریه آقایی ملتی بر ملتهای دیگر به ثبوت رسیده و آزادی ملتها در تعیین سرنوشت خود به وسیله منشورها و پیمانها اعلام گردیده، در چنین شرایطی طبیعی است که آزادیخواهان و خلق آذر

بود

فرقه دموکرات آذربایجان زائیده این احتیاج است.

هموطنان عزیز! اینک دورهٔ مبارزهٔ تاریخی بزرگی آغاز می‌شود. فرقه دموکرات آذربایجان شما را از هر صنف و طبقه جهت عضویت در تشکیلات خود و شرکت در مبارزهٔ مقدس ملی دعوت می‌کند. درهای این فرقه به روی کلیه مردم آذربایجان بجز دزدان و خائنین باز است. هر کس که شعارها و مقاصد ما را قبول کند هر چه زودتر باید عضویت سازمان فرقه را قبول کرده و در صفوف پرچمداران آزادی آذربایجان و تمام ایران داخل شود.

شعارهای ما از این قرار است.

۱ـ توأم با حفظ استقلال و تمامیت ایران، لازم است به مردم آذربایجان آزادی داخلی و مختاریت مدنی داده شود تا بتوانند در پیشبرد فرهنگ خود و ترقی و آبادی آذربایجان با مرعی داشتن قوانین عادلانه کشور، سرنوشت خود را تعیین نمایند.

۲ـ در اجرای این منظور باید بزودی انجمنهای ایالتی انتخاب شده و شروع بکار نمایند. این انجمنها ضمن فعالیت در زمینه‌های فرهنگی، بهداشتی و اقتصادی به موجب قانون اساسی اعمال تمام مأمورین دولتی را بازرسی کرده و در تغییر و تبدیل آنها اظهار نظر خواهند کرد.

۳ـ در مدارس آذربایجان تا کلاس سوم تدریس فقط به زبان آذربایجان خواهد بود از آن به بعد زبان فارسی به عنوان زبان دولتی توأم با زبان آذربایجان تدریس خواهد شد. تشکیل دانشگاه ملی (دارالفنون) در آذربایجان یکی از مقاصد اساسی فرقه دموکرات است.

۴ـ فرقه دموکرات آذربایجان در توسعهٔ صنایع و کارخانه جداً خواهد کوشید و سعی خواهد کرد برای رفع بیکاری و توسعهٔ صنایع دستی وسایل لازم فراهم نموده و توأم با تکمیل کارخانه‌های موجود کارخانه‌های جدید ایجاد نماید.

۵ـ فرقه دموکرات آذربایجان توسعهٔ تجارت را یکی از مسائل ضروری و جدی محسوب می‌دارد. مسدود بودن راه‌های تجارتی تا به امروز سبب از دست رفتن ثروت عدهٔ کثیری از دهقانان، مخصوصاً باغداران و خرده مالکین شده و موجب فقر و فلاکت آنها گردیده است.

فرقه دموکرات آذربایجان برای جلوگیری از این وضع در نظر گرفته است که در پیدا کردن بازار و جستجوی راه‌های ترانزیتی ـ که بتوان با استفاده از آنها کالاهای آذربایجان را صادر نموده و از اتلاف ثروت ملی جلوگیری کرد ـ اقدام جدی نماید.

۶ـ یکی دیگر از مقاصد اصلی فرقه دموکرات، آباد ساختن شهرهای آذربایجان است. برای نیل به این مقصود فرقه سعی خواهد کرد که هر چه زودتر قانون انجمنهای شهر تغییر یافته و به اهالی شهر امکان داده شود که به طور مستقل در آبادی شهر خود کوشیده و آن را به صورت معاصر و آبرومندی درآورند. مخصوصاً تأمین آب شهر تبریز یکی از مسائل بسیار فوری فرقه دموکرات است.

۷ـ مؤسسین فرقه دموکرات آذربایجان بخوبی می‌دانند که نیروی مولد ثروت و قدرت اقتصادی کشور، بازوان توانای دهقانان است. لذا این فرقه نمی‌تواند جنبشی را که در میان دهقانان بوجود آمده نادیده بگیرد و به همین لحاظ فرقه سعی خواهد کرد که برای تأمین احتیاجات دهقانان قدمهای اساسی بردارد.

مخصوصاً تعیین حدود مشخص بین اربابان و دهقانان و جلوگیری از مالیاتهای غیر قانونی که به وسیله بعضی از اربابان اختراع شده یکی از وظایف فوری فرقه دموکرات است. فرقه سعی خواهد کرد این مسئله به شکلی حل شود که هم دهقانان راضی شوند و هم مالکین به آیندهٔ خود اطمنیان پیدا کرده و با علاقه و رغبت در آباد ساختن ده و کشور خود کوشش نمایند.

زمینهای خالصه و زمینهای متعلق به اربابانی که آذربایجان را ترک کرده و فرار اختیار نموده‌اند و محصول دسترنج خلق آذربایجان را در تهران و سایر شهرها به مصرف می‌رسانند چنانچه بزودی مراجعت ننمایند، به نظر فرقه دموکرات، باید بدون قید و شرط در اختیار دهقانان قرار گیرد. ما کسانی را که به خاطر عیش و نوش خود ثروت آذربایجان را به خارج می‌برند آذربایجانی نمی‌شمریم. چنانچه آنها از بازگشت به آذربایجان خودداری نمایند، ما برای آنها در آذربایجان حقی قائل نیستیم. علاوه بر این فرقه خواهد کوشید که به طور سهل و آسان، اکثریت دهقانان را از نظر وسایل کشت و زرع تأمین نماید.

۸ـ یکی دیگر از وظایف مهم فرقه دموکرات، مبارزه با بیکاری است. این خطر از هم اکنون خود را به صورت جدی نشان می‌دهد و این سیل در آینده روز بروز نیرومندتر خواهد شد.

در این مورد از طرف دولت مرکزی و مأمورین محلی کاری انجام نگرفته است. چنانچه کار بدین منوال ادامه یابد، اکثریت اهالی آذربایجان دچار فنا و نیستی خواهد شد. فرقه سعی خواهد کرد برای جلوگیری از این خطر، تدابیر جدی اتخاذ کند. فعلاً تدابیری نظیر تأسیس کارخانه‌ها، توسعه تجارت، ایجاد مؤسسات زراعتی و کشیدن راه‌آهن و شوسه ممکن است تا حدودی مفید واقع شود.

۹ـ در قانون انتخابات ستم بزرگی به مردم آذربایجان روا داشته‌اند. طبق اطلاعات دقیق در این سرزمین بیش از چهار میلیون نفر آذربایجانی زندگی می‌کنند. به موجب همین قانون غیر عادلانه، به نمایندگان آذربایجان فقط ۲۰ کرسی داده شده است و این، به طور قطع تقسیم متناسبی نیست.

فرقه دموکرات خواهد کوشید که آذربایجان به تناسب جمعیت خود حق انتخاب نماینده داشته باشد که تقریباً معادل یک سوم نمایندگان مجلس شورا می‌شود.

فرقه دموکرات آذربایجان طرفدار آزادی مطلق انتخابات مجلس شورای ملی است. فرقه با دخالت مأمورین دولتی و عناصر داخلی و خارجی و همچنین داخله ثروتمندان به طریق ارعاب و فریب در انتخابات مخالفت خواهد کرد. انتخابات باید در آن واحد سرتاسر ایران شروع شده و بسرعت پایان پذیرد.

۱۰ـ فرقه دموکرات آذربایجان با اشخاص فاسد، مختلس و رشوه‌بگیری که در ادارات دولتی جای گرفته‌اند، مبارزهٔ جدی به عمل خواهد آورد و از مأمورین صالح و درستکار دولتی قدردانی خواهد کرد.

مخصوصاً فرقه کوشش خواهد کرد که معاش و زندگی مأمورین دولتی آن چنان اصلاح شود که بهانهٔ دزدی و خیانت برای آنها باقی نماند و آنها بتوانند زندگی آبرومندی جهت خود بوجود آورند.

۱۱ـ فرقه دموکرات خواهد کوشید بیش از نصف مالیاتهایی که از آذربایجان گرفته می‌شود صرف احتیاجات خود آذربایجان شود و مالیاتهای غیر مستقیم به طور جدی نقصان یابد.

۱۲ـ فرقه دموکرات آذربایجان، طرفدار دوستی با کلیهٔ دولتهای دموکرات مخصوصاً با متفقین می‌باشد و برای حفظ و ادامه این دوستی کوشش خواهد کرد در مرکز و شهرستانها دست عناصر خائنی را که می‌خواهند دوستی بین ایران و دولتهای دموکرات را بر هم زنند از امور دولتی کوتاه نماید.

این است مقاصد اصلی بنیانگذاران فرقه دموکرات.

امید ما بر این است که هر آذربایجانی وطن پرست ـ خواه در داخل و خواه در خارج آذربایجان ـ در راه رسیدن به این مقاصد مقدس با ما همصدا و همراه خواهد بود. طبیعی است که اگر انسان خانهٔ خود را اصلاح نکند، نمی‌تواند برای اصلاح محله، شهر و یا مملکت خود بکوشد. ما ابتدا از آذربایجان که خانهٔ ما است شروع می‌کنیم و ایمان داریم که اصلاح و ترقی آذربایجان موجب ترقی ایران خواهد شد و بدین وسیله میهن از دست قلدرها و مرتجعین نجات خواهد یافت.

زنده باد آذربایجان دموکران!

زنده باد ایران مستقل و آزاد!

زنده باد فرقه دموکرات آذربایجان، مشعلدار حقیقی آزادی ایران و آذربایجان!.

پیوست۲

موافقتنامه هیئت اعزامی تهران و نمایندگان آذربایجان در روز دوشنبه ۱۳۲۵/۳/۲۵

در نتیجه مذاکرات بین دولت و نمایندگان آذربایجان و با توجه بمواد هفتگانه ابلاغیه مورخه دوم اردیبهشت ماه ۱۳۲۵ دولت، که مورد قبول نمایندگان مزبور واقع گردیده و در نتیجه تبادل افکار توافق نظر حاصل شده که مواد زیر به عنوان توضیح و مکمل آن تنظیم گردیده بموقع اجرا گذارده شود:

ماده ۱ـ نسبت بمفاد ماده اوّل ابلاغیه صادره دولت موافقت حاصل شده که جمله زیر بآن اضافه گردد (رئیس دارائی نیز بنابر پیشنهاد انجمن ایالتی و تصویب دولت تعیین خواهد شد.)

ماده ۲ـ چون در ماده ۲ ابلاغیه دولت مقرر گردیده که تعیین استاندار با جلب نظر انجمن ایالتی با دولت خواهد بود بمنظور اجرای اصل مزبور موافقت حاصل شد که وزارت کشور، استاندار را از میان چند نفر که انجمن ایالتی معرفی خواهد نمود برای تصویب بدولت پیشنهاد نماید.

ماده ۳ـ نظر بتحولات اخیر در آذربایجان، دولت سازمان فعلی را که به عنوان مجلس ملی آذربایجان انتخاب و تشکیل شده است بمنزله انجمن ایالتی آذربایجان خواهد شناخت و پس از تشکیل مجلس پانزدهم و تصویب قانون جدید انجمن ایالتی و ولایتی که از طرف دولت، پیشنهاد خواهد شد. انتخاب انجمن ایالتی آذربایجان طبق قانون مصوبه شروع خواهد شد.

ماده ۴ـ برای تعیین تکلیف قوای محلی و فرماندهان آن که در نتیجه تحول نهضت آذربایجان، نفرات آن از افراد نظام وظیفه احضار گردیده‌اند و با امضای این قرارداد جزو ارتش ایران محسوب می‌شوند موافقت حاصل شده کمیسیونی از نمایندگان دولت جناب آقای قوام‌السلطنه و انجمن ایالتی آذربایجان در محل تشکیل و راه حل آن را هر چه زودتر جهت تصویب پیشنهاد نمایند.

ماده ۵ـ نسبت بوضع مالی آذربایجان موافقت حاصل گردید ۷۵ درصد از عواید آذربایجان جهت مخارج محلی اختصاص و (۲۵ درصد) جهت مخارج عمومی کلیه کشور ایران بمرکز فرستاده شود.

تبصره ۱ـ مخارج و عواید ادارات پست و تلگراف و گمرک و راه‌آهن و کشتیرانی دریاچه ارومیه مستثنی بوده و مخارج و عواید آن کاملاً بر عهده و منحصر بدولت خواهد بود توضیح این‌که تلگرافات انجمن‌های ایالتی و ولایتی و دوائر دولتی آذربایجان مجاناً مخابره خواهد شد.

تبصره ۲ـ ساختمان و تعمیر راه‌های شوسه اساسی بر عهده دولت و احداث و تعمیر راههای فرعی و محلی بر عهده انجمن ایالتی آذربایجان است.

تبصره ۳ ـ دولت برای قدردانی از خدمات برجسته آذربایجان بمشروطیت ایران و بمنظور حق‌شناسی از فداکاری‌هائی که مردم غیور آذربایجان در راه استقرار دموکراسی و آزادی نموده‌اند قبول نموده که ۲۵ درصد از عواید گمرکی آذربایجان را جهت تأمین مصارف دانشگاه آذربایجان اختصاص داده شود.

ماده ۶ـ دولت قبول می‌کند که امتداد راه آهن میانه تا تبریز را هر چه زودتر شروع و در اسرع وقت انجام دهد.

بدیهی است که جهت این امر، کارگران و متخصصین آذربایجانی حق تقدّم خواهند داشت.

ماده ۷ـ قوای داوطلبی که غیر از نظام وظیفه بنام فدایی در آذربایجان تشکیل شده بـه ژاندارمری تبدیل می‌گردد و برای تعیین تکلیف قوای انتظامی مزبور همچنین تعیین فرماندهان، موافقت حاصل شد که کمسیونی از نمایندگان دولت جناب آقای قوام‌السلطنه و انجمن ایالتی آذربایجان درمحل تشکیل، و هر چه زودتر راه حل آن را جهت تصویب پیشنهاد نماید.

تبصره ـ نظر باین‌که در سنوات اخیر بر اثر بعضی اعمال نام امنیه و ژاندارمری در پیشگاه افکار عمومی ایران خصوصاً آذربایجان احساسات مخالف و نامناسب نموده است و نظر به این‌که رئیس دولت شخصاً فرماندهی این سازمان را اخیراً عهده‌دار گردیده و انتظار آغاز اصلاحات و تصفیه این اداره از عناصر ناصالح می‌رود موافقت شد که احساسات عمومی و مخصوصاً اهالی آذربایجان نسبت به ژاندارمری باستحضار رئیس دولت برسد تا برای تغییر اسم آن و انتخاب نام مناسب جهت سازمان مزبور، تصمیمات مقتضی را اتخاذ فرمایند.

ماده ۸ ـ نسبت باراضی که در نتیجه نهضت دموکراتیک آذربایجان میان دهقانان و زارعین تقسیم گردیده آنچه مربوط بخالصجات دولتی است چون دولت با تقسیم خالصجات میان دهقانان و زارعین در تمام کشور اصولاً موفق است اجرای آن را بلامانع دانسته و لایحه مربوط به آن در اولین فرصت برای تصویب، بمجلس شورای ملی پیشنهاد خواهد نمود و آنچه از اراضی غیر در نتیجه تحولات اخیر آذربایجان بین رعایا تقسیم شده موافقت حاصل شد که جهت جبران خسارات مالکین یا تعویض املاک آنها، کمیسیونی از نمایندگان دولت جناب آقای قوام‌السلطنه و نمایندگان انجمن ایالتی تشکیل و راه حل را جهت تصویب پیشنهاد نماید.

ماده ۹ـ دولت موافقت می‌کند با افتتاح مجلس پانزدهم، لایحه قانونی انتخابات را که روی اصل آزادی و دموکراسی یعنی با تأمین رأی عمومی مخفی ـ مستقیم متناسب و متساوی که شامل نسوان هم باشد تنظیم و قبول آن را بقید فوریت خواستار شود دولت همچنین قبول می‌نماید بمنظور ازدیاد نمایندگان آذربایجان و سایر نقاط کشور به تناسب اهالی نقاط مختلف بمجرد افتتاح مجلس پانزدهم، لایحه قانونی را پیشنهاد و بقید دو فوریت تقاضای آن را بنماید تا پس از تصویب بوسیله انتخابات، کسری نمایندگان نقاط مزبور تعیین و بمجلس اعزام گردند.

ماده ۱۰ ـ ایالت آذربایجان عبارتست از استانهای ۳و ۴ خواهد بود.

ماده ۱۱ ـ دولت موافقت دارد که جهت تأمین حسن جریان امور آذربایجان، شورای اداری از استاندار و رؤسای ادارات و هیئت رئیسه انجمن ایالتی تشکیل و انجام وظیفه نماید.

ماده ۱۲ـ بماده ۱۳ ابلاغیه مورخه ۲ اردیبهشت ماه ۱۳۲۵ که از لحاظ تعیین تکلیف مدارس متوسطه و عالی دارای ابهام می‌باشد جمله زیر اضافه می‌گردد و در مدارس متوسطه و عالیه تدریس بدو زبان فارسی وآذربایجان طبق برنامه وزارت فرهنگ که با در نظر گرفتن شرایط زمان و مکان اصلاح و موافق موازین دموکراتیک و اصول مترقی جدید تنظیم گردیده تدریس خواهد شد.

ماده ۱۳ ـ دولت موافقت دارد که اکراد مقیم آذربایجان از مزایای این موافقت نامه برخوردار بوده و طبق ماده ۳ ابلاغیه دولت تا کلاس پنجم ابتدائی بزبان خودشان تدریس نماید. اقلیت‌های مستقیم آذربایجان از قبیل آسوری ارمنی حق خواهند داشت تا کلاس ۵ ابتدائی را بزبان خود تدریس نماید.

ماده ۱۴ ـ چون دولت در نظر دارد قانون انتخابات جدید شهرداری‌ها را جهت تمام ایران روی اصول دموکراسی یعنی رأی عمومی ـ مخفی ـ مستقیم و متساوی بمجلس پانزده پیشنهاد نماید، بمجرد تصویب قانون مزبور انتخابات و انتخاب جدید انجمن شهرداریها در آذربایجان و تمام نقاط ایران شروع خواهد شد و تا تصویب قانون مزبور و انتخابات جدید، انجمن شهرداری فعلی آذربایجان وظایف خود را انجام خواهند داد.

ماده ۱۵ ـ این موافقت نامه در دو نسخه تنظیم و مبادله گردید و پس از تصویب هیئت دولت و انجمن ایالتی آذربایجان بموقع اجرا گذارده خواهد شد.

تبریز بتاریخ ۲۳ خرداد ۱۳۲۵

مظفر فیروز   پیشه‌وری

پیوست ۳

فهرست برخی از قربانیان فرقه دمکرات آذربایجان

اسامی افسران عضو سازمان نظامی حزب توده ایران که به فرقه دمکرات پیوسته بودند و پس از شکست فرقه دستگیر و کشته و اعدام شدند:

۱. سرهنگ ۲ ابوالقاسم عظیمی، سرهنگ ۲ ستاد ، تاریخ اعدام ۱۳۲۵.

۲. سرگرد جعفر سلطانی آزاد، سرگرد سوار ، در ۱۲۹۶ در تهران متولد شده و به همراه ۲۶ افسر دیگر در تبریز تیرباران شد.

۳. سرگرد علی‌اکبر حبشی، سرگرد پیاده ، نام پدرش محمد حسین بود در ارتش فرقه به درجه سرهنگ دومی نائل آمد.

۴. سروان سیدیوسف مرتضوی، سروان پیاده ، در ۱۲۹۵ در بندر انزلی متولد شده با درجه سروانی به فرقه پیوست و بدرجه سرهنگی نائل شد او جزو هیأت دومی اعزامی به تهران بود.

۵. سروان محمدباقر آگهی، سروان هوائی، دریافت کننده مدال ۲۱ آذر از طرف مجلس ملی آذربایجان.

۶. سروان غلامحسین ناصری، سروان پیاده، در ۱۲۸۵ در میانه متولد شد، پس از پیوستن به فرقه دمکرات به درجه سرگردی رسید.

۷. سروان حسین قاسمی، سروان پیاده ، متولد ۱۲۹۰ در تهران، پس از پیوستن به فرقه به درجه سرگردی رسید.

۸. سروان احمد جودت، سروان توپخانه ، متولد ۱۲۹۰ در تبریز، از طرف حکومت فرقه به درجه سرگردی رسید.

۹. سروان علی‌اکبر حسینی.

۱۰. سروان حبیب الله خاکزادی، متولد ۱۲۸۵ در ارومیه، در ۱۳۲۵ عضو فرقه دمکرات شده و به درجه سرگردی رسید، در مقابله با ارتش شاهنشاهی کشته شد.

۱۱. ستوان یکم حسن ظهیری، متولد ۱۳۰۰ در خوی، مهندس، اخذ درجه سروانی در ارتش فرقه دمکرات، به همراه سایر افسران در تبریز تیرباران شد.

۱۲. ستوان یکم اصغر افتخاری هریسی، ستوان ۱ پیاده

۱۳. ستوان یکم غلامرضا دبیر نیا، ستوان ۱ سوار، در ۱۲۹۸ شمسی در تهران متولد شد در حکومت فرقه دمکرات به درجه سروانی رسید.

۱۴. ستوان یکم علی‌اکبر ثمری، ستوان ۱ پیاده

۱۵. ستوان دوم جبرئیل روئین دژ، ستوان ۲.

۱۶. ستوان دوم علی سغایی، ستوان ۲.

۱۷. ستوان دوم رضا توفیق ، ستوان ۲.

۱۸. ستوان دوم حسین کوپال ، ستوان ۲ مهندسی، متولد ۱۲۰۳ در اصفهان، در حکومت فرقه به درجه سروانی رسید.

۱۹. ستوان دوم محمد حسین غفاری، ستوان ۲ توپخانه

۲۰. ستوان دوم قربانعلی آرین تاش، ستوان ۲ سوار

۲۱. ستوان دوم عطاء الله زندیان جزی، ستوان ۲ سوار

۲۲. ستوان ابوالقاسم حق پرست، [استوار ژاندارم؟]

۲۳. ستوان ابوالقاسم کیانی، [استوار ژاندارم؟]

۲۴. ستوان شاپور شرقی، ستوان ۱ مالی

۲۵. ستوان عبدالله ستارزادهٔ آذری، ستوان ۲ سوار

۲۶. ستوان دوم علی عالی تثایی، ستوان ۲ پیاده

۲۷. ستوان دوم یحیی شیخی، متولد ۱۳۰۰ در اردبیل، دریافت مدال ۲۱ آذر، فرمانده فدائیان خلخال و در همین شهر در آذر ماه ۱۳۲۵ تیرباران شد.

۲۸. ستوان یکم یحیی دیانت

۲۹. الهی، سرگرد پیاده

۳۰. عظیم بلندی جاوید، ستوان ۲ پیاده

۳۱. حسن، ستوان ۱

۳۲. اکبر تمیزی، گروهبان ۳

۳۳. صادق انصاری، سرگرد

۳۴. محمود قاضی اسد الهی، سرهنگ ۲، در جبهه میانه در ۹ آذر ۱۳۲۵ بدستور غلام‌یحیی دانشیان از پشت سر توسط مزدوری کشته شد.

۳۵. غلامرضا جاویدان، سرهنگ، در سراب دستگیر و در ۱۳۲۵ در تبریز اعدام شد.

این افراد در مراغه اعدام شدند:

۱. داداش تقی‌زاده، متولد مراغه، فارغ التحصیل از دانشگاه «کوتو»، زندانی رضاخان، عضو حزب توده و مسؤول حزب توده در مراغه، نماینده مجلس ملی فرقه دمکرات از شهر مراغه، پس از سقوط فرقه در مراغه اعدام شد.

۲. محمود امام پور

۳. اکبر مکاروی

۴. محمد علی رامتین [سرگرد] متولد ۱۲۸۶ در سراب، عضویت درحزب توده در ۱۳۲۰، دریافت مدال ۲۱ آذر و اخذ درجه سرگردی از طرف فرقه دمکرات.

۵. حبیب حبیب زاده

۶. ربیع کبیری، متولد مراغه، جزو مالکان بود. در اول طرفدار سلطنت بود و با مشروطه‌خواهان و ستارخان جنگیده و حتی در دوره رضاشاه فرماندار اردبیل شده بود و ارومیه را از دست اسماعیل‌آقا پس گرفته و از طرف دولت مرکزی، لقب ربیع‌الدوله گرفته بود ولی پس از سقوط رضاشاه، به دهقانان پیوسته و پس از سالها مبارزه با فئودالها و اربابان، بعد از ظهور فرقه به آن پیوسته و وزیر پست و تلگراف دولت پیشه‌وری شد. پس از شکست فرقه دستگیر و در شهر مراغه به دار آویخته شد.

۷. خلیل غلامی

۸. علی قنبری‌پور قلعه جوقی

۹. علی‌اکبر وکیلیان

۱۰. حسن حسین نژاد

۱۱. حیدر آفاقی

۱۲. مهدی قلی توحیدی

۱۳. اصغر نوری

۱۴. محمود ابراهیمی

۱۵. نوروزعلی دولتی

۱۶. سلمان سلیمانی

۱۷. احمد رشیدی

۱۸. سیف‌علی کریمی

۱۹. میرزاآقا توحیدی، متولد ۱۲۸۹، در اسفند ۱۳۲۵ اعدام شد.

۲۰. سلمان نصراله اوغلو، متولد ۱۲۹۷

۲۱. نصرالله (پدر سلمان)، او را در پای چوبهٔ دار پسرش دستگیر کردند و به قتل رساندند.

۲۲. ساوالان قلی‌زاده

این افراد در میاندوآب کشته و یا اعدام شدند:

۱. میرکاظم اعلمی، متولد ۱۲۷۸ در یکی از روستاهای مرند، در اوایل حکومت فرقه دمکرات، فرماندار مرند سپس میاندوآب گردید پس از شکست فرقه در یکی از روستاهای مرند (دیزه) گرفتار شده و در شهر مرند به دار آویخته می‌شود.

۲. خانعلی مطیعی، در میاندوآب اعدام شد.

این افراد در آذرشهر کشته شدند:

۱. قلی صبحی (قربانعلی)، متولد ۱۲۸۶ کارگر کارخانه قند میاندوآب، عضو کمیته ایالتی حزب توده، عضو کمیته مرکزی فرقه دمکرات، در آذر ۱۲۳۲۵ در گوگانِ (آذرشهر) دستگیر و شجاعانه بسوی مرگ رفت.

۲. حسین لطیفی ممقانی، متولد ۱۲۶۵ در ممقان، عضو حزب توده، دریافت مدال ۲۱ آذر از حکومت فرقه دمکرات.

این افراد در اردبیل اعدام شدند:

۱. ابراهیم سهرابی، ستوان پیاده
۲. بهمن حمیدی دانشور، ستوان ۲ پیاده
۳. علی سلیمان‌پور
۴. سعادت‌خان سلیمان‌پور

افراد زیر از اهالی قریه ثمرینِ اردبیل در ساعت ۶ بعد از ظهر، ۲۵ آذر ماه ۱۳۲۵ در کنار آسیائی در نزدیکی اردبیل تیرباران شدند

۱. حمدالله، نام پدر عزیز
۲. فرزد، نام پدر مردعلی
۳. میرعلی‌اکبر، نام پدر سیدعلی
۴. غلامرضا، نام پدر رستم
۵. میراسماعیل، نام پدر سیدحسین
۶. منصور، نام پدر رستم
۷. کریم، نام پدر ابوالفضل
۸. محسن، نام پدر جهانگیر
۹. آقام اوغلان عباسقلی
۱۰. رضا، نام پدر قربانعلی
۱۱. فیض الله، نام پدر قربان
۱۲. جبرئیل، نام پدر وهاب
۱۳. چلوخان، نام پدر عبدالمناف
۱۴. پلوخان، نام پدر عبدالمناف

۱۵. یوسف قره، نام پدر عبدالمناف
۱۶. سریه خانم، نام پدر بایرامقلی
۱۷. سلطان، نام پدر بابانصیر
۱۸. اژدر کریمی، در دهات اردبیل بدست ایادی خانها کشته شد
۱۹. عمران کریمی، در دهات اردبیل بدست ایادی خانها کشته شد
۲۰. امین کریمی، در دهات اردبیل بدست ایادی خانها کشته شد
۲۱. عباس قهرمانی در ۱۲۸۳ در تبریز متولد شد در قیام لاهوتی شرکت داشت و عضو سابق حزب توده، رئیس اداره نقلیه تبریز در حکومت فرقه دموکرات بود، در ده حاجی محمود از توابع یورتچی اردبیل دستگیر و در میدان قلعه اردبیل کشته شد.
۲۲. نبی قنبری، در یکی از روستاهای اردبیل کشته شد.
۲۳. اسماعیل حکاک (معروف به ساری اسماعیل) متولد ۱۲۶۷ در یکی از روستاهای اردبیل، معاون شهرداری اردبیل در دوران فرقه دمکرات و عضو اسبق حزب توده.
۲۴. سردار خورشا، متولد ۱۲۸۰ در یکی از روستاهای اردبیل، عضو حزب توده، دریافت مدال ۲۱ آذر.
۲۵. حسین تراشی
۲۶. رحیم صمد اوغلو
۲۷. اکبر بنائی
۲۸. خلیل آذرآبادگان، از اهالی ارومیه بود، عضو کمیته مرکزی و عضو مجلس محلی آذربایجان بود، از طرف حکومت فرقه مدتی فرماندار مراغه بود سپس در اواخر حکومت فرقه فرماندار اردبیل شد. در ۱۸ دی ماه ۱۳۲۵ در اردبیل به دستور فرمانده تیپ اردبیل اعدام شد.
۲۹. ایمانعلی آقاعلی اوغلو، متولد ۱۲۶۶ در اردبیل، طبیب سنتی ، دریافت کننده مدال ۲۱ آذر از مجلس ملی آذربایجان

این افراد در سراب اعدام شدند:

۱. میررحیم نوعی
۲. اژدر شافعی
۳. محمد بشیری
۴. میرمحمود جنگی
۵. علی‌محمد دست آموز
۶. میرمحمدحسین محمودی

۷. اسماعیل عمرانی
۸. اسماعیل ابراهیمی
۹. محمد دژنکا، متولد شربیان از توابع سراب
۱۰. محمد قاموری
۱۱. اسماعیل جهاندیده
۱۲. عوض حسین‌پور
۱۳. سیدحسن جلالی
۱۴. حسین ضیائی
۱۵. بخشی ترابی
۱۶. محرم ستاری
۱۷. علی فدائی
۱۸. کریم نبردی
۱۹. هلال هلالی
۲۰. روح‌اله حسینی
۲۱. صمد نشون
۲۲. علی جدی ابرغانی
۲۳. محمدحسن اصل رزاقی
۲۴. سیدحسن اسفستانی [گروهبان]
۲۵. محمد حسن اوغانی
۲۶. بهمن اوغانی
۲۷. جعفرمکی رازلیقی
۲۸. جعفرقلی اجلالی، متولد ۱۲۷۷ در روستای رازلیق سراب، عضو حزب توده در ۱۳۲۱، صدر کمیته قره چمن، دریافت مدال ۲۱ آذر.
۲۹. محبوب خوش‌کلام، متولد ۱۲۸۸ در یکی از روستاهای سراب، عضو حزب توده و عضویت در کمیته سراب، دریافت مدال ۲۱ آذر

اکثر این افراد در ارومیه اعدام و کشته شدند:

۱. محمدامین آزادوطن، در ارومیه متولد شد و به خاطر فعالیت‌هایش بر ضد حکومت رضاخانی، مدتی در ارومیه زندانی و بعداً به زنجان تبعید میشود سپس در زندان قصر زندانی میشود، عضو حزب توده، صدر حزب توده ارومیه، عضو مجلس ملی آذربایجان و فرمانده فدائیان ارومیه.
۲. الحاق یونانوف، جز اقلیتهای ارامنه
۳. یپریم زندشت، جز اقلیتهای ارامنه
۴. رابی یوشه بیت دانیل، جز اقلیتهای ارامنه
۵. بختیاری (پدر)
۶. حسن بختیاری (پسر) متولد ۱۳۰۱، دانشجوی دانشکده افسری.
۷. آرشاک هوسپیان، جزو اقلیتهای ارامنه، اعدام در تبریز.
۸. هوسپ هوسپیان، جزو اقلیتهای ارامنه، اعدام در تبریز.
۹. بابا داریوش، جزو اقلیتهای ارامنه، اعدام در تبریز.
۱۰. یولیوش یونان، جزو اقلیتهای ارامنه، اعدام در تبریز.
۱۱. ویلسون سرگیز، جزو اقلیتهای ارامنه، اعدام در تبریز.
۱۲. الهوردی مهاجر، جزو اقلیتهای ارامنه، اعدام در تبریز.
۱۳. شادعلی خرازی، جزو اقلیتهای ارامنه، اعدام در تبریز.
۱۴. بهرام، جزو اقلیتهای ارامنه، اعدام در تبریز.
۱۵. علاءالدین (برادر بهرام)، جزو اقلیتهای ارامنه، اعدام در تبریز.
۱۶. ابراهیم جلیلی
۱۷. عباس فتحی، متولد ۱۲۷۶ در ارومیه، عضویت در حزب توده در ۱۳۲۲، نماینده مجلس آذربایجان، از ارومیه، دریافت کننده مدال ۲۱ آذر مسؤول کمیسون تبلیغات فرقه در ارومیه.
۱۸. محمد علیخان مؤیدزاده
۱۹. بهرام نابی
۲۰. دکتر به‌به [بابک]، دندانساز.
۲۱. نوراله یکانی، در ۱۲۵۸ در حوالی مرند متولد شد، در جنبش مشروطه از یاران ستارخان بود همچنین در جنبش خیابانی، پسیان، ماژور لاهوتی شرک داشت عضو مجلس ملی آذربایجان و همچنین صدر کمیته خوی و در زمان مرگش رئیس نظیمه ارومیه بود که از طرف قوای دولتی به دار آویخته شد.
۲۲. جیبو درشگه‌چی

۲۳. میرایوب شکیبا، متولد ۱۲۸۲ در آستارا مشارکت در نهضت جنگل، زندانی رضاخان، عضو کمیته مرکزی فرقه دمکرات، رئیس فرهنگ ارومیه در زمان کشته شدن.
۲۴. ابراهیم بدل، در دهات ارومیه کشته شد. جزو اقلیتهای ارامنه.
۲۵. یوشید یعقوب، در دهات ارومیه کشته شد. جزو اقلیتهای ارامنه.
۲۶. کئکو، در دهات ارومیه کشته شد. جزو اقلیتهای ارامنه.
۲۷. گورگیز رستم، در دهات ارومیه کشته شد. جزو اقلیتهای ارامنه.
۲۸. آرام یوسف، در دهات ارومیه کشته شد. جزو اقلیتهای ارامنه.
۲۹. مند و جبرئیل، در دهات ارومیه کشته شد. جزو اقلیتهای ارامنه.
۳۰. خسرو یعقوب، در دهات ارومیه کشته شد. جزو اقلیتهای ارامنه.
۳۱. گورگیز خاچو، در دهات ارومیه کشته شد. جزو اقلیتهای ارامنه.
۳۲. باباخان، در دهات ارومیه کشته شد. جزو اقلیتهای ارامنه.
۳۳. کرشون مورهاچ، در دهات ارومیه کشته شد. جزو اقلیتهای ارامنه.
۳۴. حیدر حیدری، صدر اتحادیه کارگران.
۳۵. ولی گنجه مهر، متولد ۱۲۷۷.

این افراد در آستارا اعدام شدند:

۱. امیر شهبازی خشیرانی
۲. میرمصطفی شیر امینی

این افراد در خوی کشته شدند:

۱. اسماعیل اقبال، متولد ۱۲۹۲ در خوی، عضو حزب در ۱۳۲۲، صدر اتحادیه کارگران خوی، دریافت مدال ۲۱ آذر.
۲. اسماعیل قفقاز، مسؤول کارگران خوی بود، قبلاً شغل خیاطی داشت.
۳. عبدالحسین احمدی، در ماکو متولد شد پدر و عموی او به عنوان مدافعین مشروطه، اعدام شده بودند، زندانی رضاخان، عضو حزب توده و صدر کمیته ماکو، عضو کمیته مرکزی فرقه دموکرات و مجلس ملی آذربایجان و مسؤل فرقه دمکرات شهرستان خوی بود.

این افراد در مشگین شهر کشته شدند:

۱. شاهمار صمدی، متولد ۱۲۶۵ در یکی از روستاهای اردبیل، مشارکت در جنبش مشروطه و قیام شیخ محمد خیابانی، از سال ۱۳۲۰ عضو حزب توده، در مشکین شهر به دار آویخته شد.
۲. حسین ملکی
۳. جعفر ملکی
۴. جعفر قره درویش.
۵. شیخ پولاد احمدی، متولد ۱۲۶۵ در روستای لارود مشگین شهر، مشارکت در قیام شیخ محمد خیابانی، عضو حزب توده، دریافت مدال ۲۱ آذر و صدر کمیته محلی مشگین شهر.

این افراد در بیله سوار کشته شدند:

۱. حسن ضربعلی اوغلو، متولد ۱۲۷۱.
۲. میرزاکیشی مجردی، متولد ۱۲۶۹.

این افراد در مغان کشته شدند:

۱. ابراهیم وطنخواه، متولد ۱۲۷۹.
۲. سعیدخان طالشمیکائیلی، متولد ۱۲۹۱.

سایر قربانیان فرقه دمکرات آذربایجان:

۱. فریدون ابراهیمی، در ۲۹ آبان ماه ۱۲۷۹ در شهر آستارا متولد شد وی ضمن تحصیل در دانشکده حقوق دانشگاه تهران، جذب حزب توده شد و در روزنامه آژیر جزو همکاران نزدیک سیدجعفر پیشه‌وری بود پس از تشکیل فرقه دمکرات آذربایجان به تبریز آمد و به سمت دادستان کل آذربایجان منصوب شد. پس از شکست فرقه در اول خرداد ۱۳۲۶ در آستانه سفر شاه به آذربایجان در جلوی باغ گلستان به دار آویخته شد.
۲. سرخانی مینو، عضو اسبق حزب توده ایران.
۳. اژدر بالداری، در اسفندماه ۱۲۷۶ در سراب متولد شد پدرش جزو مهاجرین و از کارگران صنعت نفت باکو بود، سروان فرقه دمکرات و مشاور رئیس شهربانی و در ۱۳۲۵ به دار آویخته شد.
۴. آقاداداش درستکار، در ۱۲۹۹ در اردبیل متولد شد، مسؤول فرقه دمکرات در بخش وان از توابع شهرستان گرمی بود.

۵. اسدالله زارعی، در ۱۲۸۵ در یکی از آبادی‌های اطراف زنجان متولد شد در ۱۳۲۳ عضو حزب توده شد، به استخدام آموزش و پرورش درآمد سرانجام بدست ایادی محمود ذوالفقاری در زنجان سر به نیست شد.

۶. محمد حیدری عربلو، در ۱۳۰۴ در قریه عربلو از توابع ارومیه متولد شد و به عضویت سازمان جوانان حزب توده ارومیه در آمد، مسؤول سازمان جوانان ارومیه و سپس مسؤول صدر اتحادیه کارگری شد در جریان فرقه دمکرات، مسؤول فدائیان در منطقه باراندوز چای شد و در ۲۷ آذرماه ۱۳۲۵ به دار آویخته شد.

۷. میرزامحمد علی ارشادی

۸. جعفر محمدزاده، (کاشف)، متولد ۱۲۷۲ در ممقان، عضو «جمعیت شعراء آذربایجان»

۹. الهوردی ارغوان، متولد ۱۲۸۰، عضو حزب توده، دریافت مدال ۲۱ آذر و اخذ درجه ستوان یکمی از طرف حکومت فرقه دمکرات.

۱۰. تیمور مددی، متولد ۱۲۸۰ در یکی از روستاهای گرمرود، عضو حزب توده، دریافت مدال ۲۱ آذر و درجه سروانی از حکومت فرقه.

۱۱. علی‌اکبر رامتین.

۱۲. محمدرضا حاجی زاده.

۱۳. رحیم عمرانی، متولد ۱۳۰۲ در تبریز، کارگر، عضو حزب توده، دریافت مدال ۲۱ آذر، فارغ التحصیل دانشکده افسری فرقه دموکرات، دو ماه بعد از سقوط فرقه در تبریز به دار آویخته شد.

۱۴. هارطون هایراپطیان

۱۵. اسد اله بطلاب

۱۶. علی‌اکبر صابری

۱۷. علی فطرت. متولد ۱۲۶۸، از فعالین مجلس شعراء در تبریز، پس شکست فرقه دستگیر و به مدت دو سال در تهران زندانی شد در ۱۳۲۷ از زندان آزاد و اندکی بعد درگذشت در بعضی از منابع نوشته شده که او بدست عوامل رژیم پهلوی کشته شده، آثار شعری او عبارتند از: جغد و بلبل، دیوانه فطرت.

۱۸. دانیل یوشی آ، جز اقلیتهای آسوری در ارومیه، متولد ۱۲۶۵، عضو کمیتهٔ مرکزی فرقه دموکرات آذربایجان و نماینده مجلس ملی. اعدام در تبریز.

۱۹. عبدالصمد عمرانی، متولد ۱۲۶۴، در نهضت مشروطیت و جنبش خیابانی مشارکت داشت عضو کمیته ایالتی حزب توده در آذربایجان بود و در اهر کشته شد.

۲۰. علی قهرمانی، متولد ۱۲۸۳ در اهر، از شرکت کنندگان قیام لاهوتی بود، عضو حزب توده و هیئت اجرائیه شورای متحده مرکزی در تهران و سپس در تبریز بود در جریان فرقه دمکرات آذربایجان، رئیس ادارهٔ نقلیات بود.

۲۱. ارسیس شاخیان، متولد ۱۲۷۸، جز اقلیتهای ارامنه سلماس و از سازمان دهندگان حزب توده در سلماس بود او در مقابل نیروهای اعزامی تا آخرین فشنگ مقاومت کرد و در آخر برای این‌که بدست دشمن نیفتد اقدام به خودکشی کرد.

۲۲. محمدباقر نیکنام، متولد ۱۳۰۰ش در تبریز، شاعر و کارگر کارخانه کبریت سازی تبریز، عضو حزب توده، از فعالین مجلس شعراء تبریز.

۲۳. لئو زوولون (حسین نوری)، متولد ۱۲۹۹ در فلسطین. در ۱۳۱۸ به ایران آمد، در ۱۳۱۸ش در زندان قصر زندانی شد پس از آزادی از زندان عضو حزب توده شد در فرقه دمکرات به درجه سروانی رسید.

۲۴. اسرافیل قادری، متولد ۱۲۹۵ در خشگناب، عضو حزب توده، پس از پیوستن به فرقه دمکرات، موفق به اخذ مدال ۲۱ آذر شد.

۲۵. دکتر نصرت باقری، پزشک، متولد ۱۲۸۳ عضو حزب توده، موفق به دریافت مدال ۲۱ آذر، از روستاهای قره‌چمن، در ۱۳۲۵ بدست گروههای مسلح در تبریز کشته شد.

۲۶. حسین‌قلی امینی، متولد ۱۲۷۷، در ممقان، کشاورز، زندانی رضاخان، نماینده مجلس ملی آذربایجان، بدست فئودالها در ممقان کشته شد.

۲۷. سیدحسن عسکر اوغلو، متولد ۱۳۰۰ در روستای اسپورت سراب، دریافت مدال ۲۱ آذر و درجه ستوان یاز حکومت فرقه .

۲۸. حیدر علی باقری، متولد ۱۲۹۸ در ممقان، عضویت در حزب توده، دریافت مدال ۲۱ آذر.

۲۹. محمدرضا خادمی، متولد ۱۲۷۴، آهنگر، از شرکت کنندگان در جنبش شیخ محمد خیابانی.

۳۰. حسن ذوالفقارزاده ارژنگی، متولد ۱۲۹۷، نقاش.

۳۱. سعید یوزبندی، متولد ۱۲۷۹، شاعر و بازیگر تئاتر، در تبریز بدست گروههای مسلح طرفدار دولت مرکزی کشته شد.

۳۲. سورن هارونیان، متولد ۱۳۰۰، کشاورز، در یکی از روستاهای اطراف اهر بدست ایادی خان‌ها مثله شد.

۳۳. محرم انشائی، متولد ۱۲۸۸، مهندس نفت، سرپرست شعبهٔ تشکیلات کمیته اردبیل و سپس رئیس اداره سیاسی ارومیه از طرف فرقه.

۳۴. میرحیدر عزیزی، متولد ۱۲۷۰، از سال ۱۲۹۶ عضو حزب عدالت و از ۱۳۲۱ عضو حزب توده شد و در محال خلخال کشته شد.

۳۵. محمد آقا مظلومی، از شرکت کنندگان جنبش مشروطیت، عضو فرقه اجتماعیون ـ عـامیون، عضو حزب توده در اردبیل بود.
۳۶. غلامعلی اسماعیل‌زاده، متولد ۱۳۰۱، در محال هشترود در ۱۳۲۵ کشته شد.
۳۷. حسین جلائی، متولد ۱۲۸۲.
۳۸. فروغ نوری، در ۱۳۲۵ در شهرستان اهر کشته شد.
۳۹. محسن بخشعلی اوغلو.
۴۰. میرزاقاسم آقازاده، در ۲۱ آذر ۱۳۲۵ کشته شد.
۴۱. عبدالله بیگ‌زاده،در ۲۱ آذر ۱۳۲۵ کشته شد.
۴۲. اسرافیل آروین، در ۲۱ آذر ۱۳۲۵ کشته شد.
۴۳. حبیب اسدزاده، در ۲۱ آذر ۱۳۲۵ کشته شد.
۴۴. شعبان زاده، در ۲۱ آذر ۱۳۲۵ کشته شد.
۴۵. مشهد محمد قلندرلو، در ۲۱ آذر ۱۳۲۵ کشته شد.
۴۶. مشهد علی طاهرنیا، در ۲۱ آذر ۱۳۲۵ کشته شد.
۴۷. فریدون طاهرنیا، در ۲۱ آذر ۱۳۲۵ کشته شد.
۴۸. افسر ترابی، در ۲۱ آذر ۱۳۲۵ کشته شد.
۴۹. عاشق حسین، در ۲۱ آذر ۱۳۲۵ کشته شد.
۵۰. عاشق شهباز، در ۲۱ آذر ۱۳۲۵ کشته شد.
۵۱. بهرام نابی، عضو حزب و صدر کمیتهٔ ولایتی ارومیه، بازیگر تئـاتر و نمایندهٔ مجلـس ملـی آذربایجان بود.
۵۲. محسن جهانگیری
۵۳. شیخ علی، نام پدر ستار
۵۴. شکور، نام پدر صادق
۵۵. اورج علی ، نام پدر یوسف
۵۶. موسی‌خان، نام پدر محمد
۵۷. رحمت، نام پدر محمد تقی
۵۸. فیروز، نام پدر زمان
۵۹. یعقوب، نام پدر تقی
۶۰. محمد، نام پدر طالب
۶۱. هاشم هجرتی، عضو کمیته ولایتی ارومیه.
۶۲. حاجی بابا تاسی

۶۳. حسن موسوی
۶۴. علی‌خان اگندی، عضو کمیته دهستان مهربان، به دستور امیر نصرت اسکندی اعدام گردید.
۶۵. ملا عزیز قدیری، مسؤول کمیته قریه مهربان.
۶۶. خسروی
۶۷. علی خلیل آذری مهربانی
۶۸. مشهدی علی بزاز
۶۹. فتیش پاشائی
۷۰. خیرالله معصومی
۷۱. ساری مغانلی
۷۲. ملا عزیز برآغوش
۷۳. علی‌خان تیصره
۷۴. محمد آذری مهربانی
۷۵. نجفقلی فضل پور
۷۶. طالب موسوی زاده
۷۷. ایوب بدخشان
۷۸. علی عبادی
۷۹. حبیب برنو
۸۰. نجف محمودزاده
۸۱. منصوری
۸۲. علی حاجیه بکلو
۸۳. میریونس فاضلی روکش
۸۴. علی عاقلی
۸۵. عزیز بصیری
۸۶. علیزاده مهرآبی، سروان
۸۷. روح الله جعفری
۸۸. محمود کوثری
۸۹. اسماعیل بحری بافتانی
۹۰. محمدعلی تیکه داشی
۹۱. حسین فدائی
۹۲. نصرالله فردپاکدل

۹۳. علی قربانی
۹۴. حسین یزدانی، وکیل دادگستری
۹۵. سیدرضا قهوه‌چی
۹۶. رحیم چیلانی، متولد یکی از روستاهای مراغه (چیلان)، در مقابله با ارتش شاهنشاهی در جبهه هولاسو کشته شد.
۹۷. ابراهیم علی اوغلو [پدر]
۹۸. مشهدی ابراهیم اوغلو [پسر]
۹۹. میرزااسماعیل ذبیحی
۱۰۰. میرزامحمدعلی ارشادی
۱۰۱. حسن سرابی
۱۰۲. علینقی شاه ولیلو
۱۰۳. علی بیگ جهانبگلو
۱۰۴. عزیز قره قیه لو
۱۰۵. حسین رضوان‌پور

[این فهرست از منابع مختلف و همچنین به نقل از شاهدان عینی جمع آوری شده است.]

کتابنامه

منابع ترکی لاتین و عربی

1. ƏKRƏM RƏHiMLi (BiJE).MÜBARiZƏ BURULĞANLARINDA KEÇƏN ÖMÜR:SEYİD CƏFƏR PİŞƏVƏRİ(Həyatı və ictimai-siyasi fəaliyyəti).NURLAR.2009-BAKI.
2. VÜQAR MİKAYIL OĞLU ƏHMƏD.MİR CƏFƏR PİŞƏVƏRİNİN HƏYATI,MÜHİTİ VƏ YARADICILIĞI.BAKI . 2004.
3. Həsənli C.P.Güney: Azərbaycan:Tehran-Bakı-Moskva arasında (1939-1945)Bakı, "Diplomat" nəşriyyatı, 1998.
4. Görkəmli ictimai-siyasi xadim, böyük ədib: Nəriman Nərimanov.Bakı, «NURLAR».Nəşriyyat-Poliqrafiya Mərkəzi, 2010.
5. A.Məmmədov. BAŞTUTMAMIŞ ÇEVRILŞ.Bakı, «El-ALliance» nəÇriyyatı 2007 ,
6. Camil hasanli: soyug muharibanin baslandiyi yer: guney azarbaycan 1945-1946:buki- 1999.
7. General QULAM YəHYA(1906-2006) xatirələr Azərbaycan Demokrat Firqəsinin nəşri.Baki – 2006.S.
8. Məmmədquluzadə C.H. Əsərləri: 3 cilddə, 2c., Bakı: Azərb. SSR- EA nəşriyyatı, 1967.
9. Əli Tudə. Pişəvəri. «Ədəbiyyat və incəsənət» qəz., Bakı: 1988,17 iyun, №25.
10. Mir Cəfər Bağırovun məhkəməsi. Bakı: Yazıçı, 1993.
11. Novruzov İ.M. Azərbaycan kartı. İran xatirələri. Bakı: Azərbaycan.ensiklopediyası, 1997.

12. Teyyub Qurban. Düşmənlərindən güclü şəxsiyyət.Mir Cəfər Bağırov haqqında məqalələr toplusu.Bakı, ġirvannəşr, 2006.

13. Ağ ləkələr silinir. Mirzəyev Osman. Bakı,azerneşr.1991

14. Azarbaycan sovet Ensiklopedaisysi, Baki, 1983. 7.cil.

15. Taghi šahin, Iran kommunist Partiyasinin yaranmasi, baki 1963.

16. Akif Aşırlı. Nərimanovun Kremldə qətli.Bakı, “Nurlan”, 2006

۱۷. آذربایجان خالقینین ملی آزادلیق یولوندا مبارزه تاریخیندن.تبریز:۱۳۲۵.

۱۸. **آذربایجان دمکرات فرقه‌سی**، باکو: ۱۹۶۹. دو جلد.

۱۹. **آذربایجان ملی مجلسی و آذربایجان ملی حکومتینین قرارداد قانونلاری مجموعه سی**، [بی‌جا]: آذربایجان تشکیلاتی، ۱۳۵۹.

۲۰. **آزادلیق یولوندا مبارزه**، [بی‌جا: بی‌نا، بی‌تا]، ۲ جلد.

۲۱. **آنا دیلی: آلتینجی کتاب**، تهران: فرزانه، [بی‌تا].

۲۲. **آنا دیلی: اوچونجی کتاب**، تهران: فرزانه، [بی‌تا].

۲۳. **آنا دیلی: ایکینجی کتاب**، تهران: فرزانه، [بی‌تا].

۲۴. **آنا دیلی: بئشینجی کتاب**، تهران: فرزانه، [بی‌تا].

۲۵. **آنا دیلی: بیرینجی کتاب**، تهران: فرزانه، [بی‌تا].

۲۶. **آنا دیلی: دؤردونجی کتاب**، تهران: فرزانه، [بی‌تا].

۲۷. **اکابر ایچون درس کتابی (بیرنجی کتاب)**، تبریز: آذربایجان معارف وزراتی نشریه سی، ۱۳۲۵.

۲۸. بی‌ریا، محمد، **اوره‌ک سوزلری، سئچیلمیش اثرلر**، تبریز، ارک، ۱۳۷۶.

۲۹. پیشه وری، سیدجعفر، **آذربایجان**، دوره دوم، شماره ۳۵۷، (۲ شنبه ۴ آذر ۱۳۲۵).

۳۰. __________، «مرگ هست بازگشت نیست»، **آذربایجان**، شماره ۱۰۹، (۴ بهمن ۱۳۲۴).

۳۱. __________، **۲۱ آذر، نطق لر و مقاله‌لر**، تهران: فرزانه، [بی‌تا].

۳۲. __________، **آذربایجان موقت حربی انقلابی کومیته‌سنین اخباری**، شماره۳، (۲۳ مه ۱۹۲۰).

۳۳. __________، **آذربایجان**، (جمعه ۲۴ خرداد ۱۳۲۵).

۳۴. پیشه وری، سیدجعفر، **آذربایجان**، (مورخه ۱۳۲۴/۱۱/۱۵).

۳۵. __________، **آذربایجان**، شماره ۲۳۶، (مورخه ۶ تیر ۱۳۲۵).

۳۶. __________، **حریت**، (۲۲ آوریل ۱۹۲۰).

۳۷. __________، **حریت**، شماره ۲۴، (۱۲ ژانویه ۱۹۲۰).

۳۸. __________، **حریت**، شماره ۵۴، (۸ مارس ۱۹۲۰).

۳۹. __________، **میرجعفر پیشه‌وری(جوادزاده خلخالی):سئچیلمیش اثرلری،بکوشش احمد امین زاده،تقی موسوی و حسین جدی،روزنامه آذربایجان.۱۹۶۵.تمامی جلدها.**

۴۰. __________، **میرزه محمد آخوندزاده (سیروس بهرام)**، تبریز: آذربایجان روزنامه سینین نشریه سی، ۱۳۵۳.

۴۱. جاوید، سلام‌الله، **آذربایجان ملی نهضتیندن خاطره لریم، ایکنچی قسمت**، [بی‌جا، بی‌نا]، ۱۳۵۹.

۴۲. __________ ، **طاغوتی دوره سیندن خاطره لریم**، تهران: [بی‌جا]: ۱۳۵۸.

۴۳. __________ ، **نهضت ملی آذربایجان حقنده آمریکا خارجه وزارتی نین مکتوبلاری**، تهران: [بی‌نا]، ۱۳۵۸.

۴۴. **جوغرافیا: بئشینجی ابتدائی کلاس ایچون**، تبریز: آذربایجان معارف وزراتی نشریه سی، ۱۳۲۵.

۴۵. ذهتابی، محمدتقی، تورکلرینین اسکی تاریخی، ایران، تبریز: مؤلف، ۱۳۷۷، دو جلد.

۴۶. سهند، ب.ق، **سازمین سؤزو**، تبریز: شمس، [بی‌تا]، ۲ جلد.

۴۷. شمیده، علی، **آزادلیق قهرمانی «حیدر عمواوغلی»**، تبریز: دالغا، ۱۳۵۲.

۴۸. ______ ، **آزادلیق قهرمانی**، تبریز: نشر دالغا، ۱۹۷۴/۱۳۵۰.

۴۹. **شهریورین اون ایک سی، ۱۳۲۵ _ ۱۳۲۴**، تبریز: مرکزی تربیت شعبه سینین نشریه سی، ۱۳۲۵.

۵۰. شیدا، یحیی، **ادبیات اوجاغی**، تبریز: نوبل، ۱۳۶۶، ۲ جلد.

۵۱. علی یف، ح.ع، **آذربایجان سووەت سوسیالیست رسپوبلیکاسینین و آذربایجان کومونیست پارتیاسینین ۶۰ ایللییی**، باکو: [بی‌نا]، ۱۹۸۰م / ۱۳۵۹ ش.

۵۲. فرزانه، م.ع، **دده قور قورت کتابی: کتاب دده قورقورت**، تهران: فرزانه، ۱۳۵۸.

۵۳. **قیزیل صفحه لر**، تبریز: آذربایجان دموقرات فرقه‌سی، ۱۳۲۴.

۵۴. مجیدی، جعفر، **آزادلیق یولونون مبارزلری**، [بی‌جا]: آذربایجان، ۱۳۴۸، ۲ جلد.

۵۵. معجز شبستری، میرزاعلی، **آثار منتخب**، باکو: ۱۹۵۴.

۵۶. **وارلیق**، شماره ۷۵ ـ ۷۴، سال یازدهم، (زمستان ۱۳۶۸).

۵۷. **وارلیق**، شماره ۷۵ ۷۴، سال یازدهم، (زمستان ۱۳۶۸).

۵۸. هیئت، جواد، **آذربایجان ادبیات تاریخچه بیرباخیش**، تهران: مولف، ۱۳۶۹ ۲جلد.

۵۹. ______ ، **تورکلرین تاریخ و فرهنگینه بیرباخیش**، تهران: وارلیق، ۱۳۶۵.

منابع فارسی

۱. آبادیان، حسین، **رسول‌زاده، فرقه دمکرات و تحولات معاصر ایران**، تهران: موسسه مطالعات تاریخ معاصر ایران، ۱۳۷۶.

۲. آبراهامیان، یرواند، **ایران بین دو انقلاب**، ترجمه احمد گل محمدی و محمد ابراهیم فتاحی، تهران: نشرنی، ۱۳۷۹.

۳. **آتش**، شماره ۳۹۰، (سه‌شنبه ۱۰ فروردین ماه ۱۳۲۷).

۴. آذری شهرضایی، رضا، **هیأت فوق‌العاده قفقازیه**، تهران: وزارت امور خارجه، ۱۳۷۹.

۵. آژیر،چاپ تهران. مسئول و سردبیر سیدجعفر پیشه‌وری.اکثر شماره‌ها.

۶. آرشیو وزارت امور خارجه، نامه شماره ۱۱۱۹، (مورخه ۱۳۲۴/۲/۲۹).

۷. آل‌احمد، جلال، **در خدمت و خیانت روشنفکران**، تهران: خوارزمی، ۱۳۵۷، دو جلد.

۸. آموزگار، حسین، **نفت و حوادث آذربایجان**، تهران: ابن سینا، ۱۳۲۶، ۳ جلد.

۹. آوانسیان، اردشیر، «خاطراتی درباره فعالیت سازمان حزب کمونیست ایران». مجله **دنیا**، شماره ۴، سال هشتم.

۱۰. __________ ، «سازمان حزب کمونیست ایران در خراسان»، از خاطرات اردشیر آوانسیان، مجله **دنیا**، شماره سوم، سال ششم.

۱۱. __________ ، **خاطرات سیاسی**، به کوشش علی دهباشی، تهران: شهاب، سخن، ۱۳۷۸.

۱۲. __________ ، **صفحه‌ای چند از جنبش کارگری و کمونیستی ایران در دوره رضا شاه**، تهران: حزب توده، ۱۳۵۸.

۱۳. آیرونساید، **خاطرات و سفرنامه ژنرال آیرونساید: به ضمیمه اسناد و مکاتبات سیاسی وزارت خارجه انگلستان**، ترجمه بهروز قزوینی، تهران: نشر آینه، ۱۳۶۳.

۱۴. **آینده**، سال چهارم، شماره ۲و۱، (فروردین، اردیبهشت، ۱۳۷۶).

۱۵. **آینده**، سال ششم، (مهر و آبان ۱۳۵۹).

۱۶. ابوترابیان، حسین، **مطبوعات ایران از شهریور ۱۳۲۰ تا ۱۳۲۶**، تهران: اطلاعات، ۱۳۶۶.

۱۷. اتابکی، تورج، «از رفیق سرخ، تا دشمن خلق»، مجله **گفتگو**، (مهر ۱۳۸۰).

۱۸. احمدی، بابک، **مارکس و سیاست مدرن**، تهران: نشر مرکز، ۱۳۷۹.

۱۹. احمدی، حمید، **تاریخچه فرقه جمهوری انقلاب ایران و گروه ارانی**، تهران: نشر آتیه، ۱۳۷۹.

۲۰. __________ ، **تاریخچه فرقه جمهوری انقلابی ایران و گروه ارانی ...** .

۲۱. __________ ، **خاطرات بزرگ علوی**، تهران: دنیای کتاب، ۱۳۷۷.

۲۲. __________ ، **قومیت و قوم گرائی در ایران**، تهران: نشر نی، ۱۳۷۹.

۲۳. اسکندری، ایرج، **خاطرات ایرج اسکندری**، تهران: موسسه مطالعات و پژوهشهای سیاسی، ۱۳۷۲.

۲۴. اسماعیلی، علیرضا، **اسنادی از مطبوعات و احزاب دوره رضا شاه**، تهران:.

۲۵. **اسناد تاریخی جنبش کارگری سوسیال دموکراسی و کمونیستی ایران**، انتشارات فلورانس مزدک، ۱۳۵۷ ـ ۱۳۵۱، ۷ جلد.

۲۶. **اسناد محرمانه وزارت امور خارجه بریتانیا**، سند شماره ۱۴۴.

۲۷. **اسناد و اعلامیه های حزب توده ایران از شهریور ۱۳۵۷ تا پایان اسفند ۱۳۵۸**، تهران: انتشارات حزب توده ایران، ۱۳۵۳.

۲۸. **اطلاعات**، (۲۱ فروردین ۱۳۱۰ شمسی)

۲۹. **اطلاعات**، شماره ۵۸۶۷، (شهریور ۱۳۲۴).

۳۰. افتخاری، یوسف، خاطرات دوران سپری شده (خاطرات و اسناد یوسف افتخاری ۱۲۹۹ تا ۱۳۲۹،مجید تفرشی، بیات، کاوه، تهران: فردوسی، ۱۳۷۰.

۳۱. افشار، ایرج، **زندگی طوفانی: خاطرات سیدحسن تقی زاده**، تهران: علمی، ۱۳۷۲.

۳۲. ________ ، نامه قوام‌السلطنه به مستشار الدوله [در مورد مذاکره با فرقه دمکرات آذربایجان]، **آینده**، س۱۳، ۱۳۶۶.

۳۳. افشار، محمود، «مطلوب ما: وحدت ملی ایران» **آینده**، شماره۱، (خرداد ۱۳۰۴).

۳۴. اقبال، عباس، «زبان ترکی در آذربایجان»، **اطلاعات** (۲۱ الی ۲۹ آبان ۱۳۲۴).

۳۵. امانی، الف ، **درباره محاکمات سیاسی.**

۳۶. انور خامه‌ای، **فرصت بزرگ از دست رفته**، تهران: هفته، ۱۳۶۲.

۳۷. **ایران ما**، شماره ۴۶۰، (مورخه ۱۸ آذر ۱۳۲۴).

۳۸. **ایران نو**، شماره ۷۳، (شنبه ۱۹ محرم ۱۳۲۹).

۳۹. **ایران**، شماره ۴۱۱، (۱۲ فروردین ۱۲۹۸).

۴۰. **ایران**، شماره ۶۶۸۲، (مورخه ۴ تیر ۱۳۲۰).

۴۱. **ایزوستیا**، ۶ نوابر ۱۹۲۱.

۴۲. **ایزوستیا**، شماره ۱۶، (دسامبر ۱۹۲۵).

۴۳. بختیار، تیمور، **سیر کمونیزم در ایران**، تهران: کیهان، ۱۳۳۷.

۴۴. بر آمدنِ رضا شاه؛ به قلم یک شاهد فرانسوی، مجله **اندیشه جامعه**، شماره ۱۸، ۱۷.

۴۵. براهنی، رضا، **آواز کشتگان**، تهران: نشر نو،۱۳۶۲.

۴۶. بهار، محمدتقی[ملک الشعرا] ، **تاریخ مختصر احزاب سیاسی**، تهران: رنگین، ۱۳۲۳، دو جلد.

۴۷. بهرام، سیروس، خاطرات رفیق سیروس بهرام، **دنیا:** دوره دوم سال چهاردهم، سال ۱۳۵۲، شماره ۱و۲.

۴۸. بهرامی، عبدالله، **خاطرات کودتا از آخر سلطنت ناصرالدین شاه تا اول**، [تهران]: علمی، ۱۳۶۳.

۴۹. بهرنگی، اسد، **برادرم صمد بهرنگی**، تبریز: نشر بهرنگ، ۱۳۷۹.

۵۰. بهنام، جمشید، **برلنی‌ها**، اندیشمندان ایرانی در برلن، تهران: نشر و پژوهش فرزان روز، ۱۳۷۹.

۵۱. بهنود، مسعود، **از سیدضیاء تا بختیار**، تهران: جاویدان، ۱۳۶۹.

۵۲. بیات، کاوه، **فعالیت‌های کمونیستی در دوره رضاشاه**، تهران: سازمان اسناد ملی ایران، ۱۳۷۰.

۵۳. بیانی، خانبابا، **غائله آذربایجان**، تهران: زریاب، ۱۳۷۵.

۵۴. پرسیتس، مویسی، **بلشویکها و نهضت جنگل**، ترجمه حمید احمدی، تهران: شیرازه، ۱۳۷۹.

۵۵. پسیان، نجفقلی و معتضد، خسرو، **در عصر دو پهلوی**، تهران: نشر ثالث، ۱۳۸۰.

۵۶. پسیان، نجفقلی، «چگونه در زندان زندانی را زنده بگور می‌کردند»، مجله **خاطرات**، شماره ۲.

۵۷. ________ ، «ماجرای نصب سنگ گور رضا شاه»، مجله **دو دنیا**، شماره ۴.

۵۸. ________ ، **از مهاباد خونین تا کرانه‌های ارس**، تهران: چاپ، ۱۳۲۸.

۵۹. ________ ، **مرگ بود بازگشت هم بود، تاریخچه فرقه دمکرات ...**، تهران: بنگاه مطبوعاتی امروز، ۱۳۲۸ _ ۱۳۲۷.

۶۰. پهلوی، محمدرضا، **پاسخ به تاریخ**، ترجمه حسین ابوترابیان، تهران: مترجم، ۱۳۷۱

۶۱. ________ ، **مأموریت برای وطنم**، تهران: امیر کبیر، ۱۳۴۰.

۶۲. پی تر، آندره، **مارکس و مارکسیسم**، ترجمه شجاع‌الدین ضیائیان، تهران: دانشگاه تهران: [بی‌نا]، ۱۳۵۸.

۶۳. پیشه‌وری، سیدجعفر، «آری ما پاتریوت (میهن پرست) هستیم»، **آژیر**، شماره ۴۹، ۲۷ تیر ۱۳۲۲.

۶۴. ________ ، **آخرین سنگر آزادی**: مجموعه مقالات میرجعفر پیشه وری در روزنامه حقیقت ارگان اتحادیه عمومی کارگران ایران، ۱۳۰۱ _ ۱۳۰۰، به کوشش رحیم رئیس نیا، تهران: شیرازه، ۱۳۷۷.

۶۵. ________ ، «حکومت مرکزی و اختیارات محلی»، **حقیقت**، شماره ۹۳، (۱۸ جوزا، ۱۳۰۱).

۶۶. ________ ، **آژیر**، شماره ۲۲۹، (مورخه ۲۸ آذر ۱۳۲۳).

۶۷. ________ ، **آژیر**، شماره ۹۸، (۱۵ مرداد ۱۳۲۲).

۶۸. ________ ، **ایران**، (۲۸ ژوئن ۱۹۲۰).

۶۹. ________ ، **حقیقت**، (۶ اکتبر ۱۹۱۱).

۷۰. ________ ، **حقیقت**، شماره ۴۳، (۲۱ اسفند ۱۳۰۰).

۷۱. ________ ، **حقیقت**، شماره ۴۷، (۲۶ اسفند ۱۳۰۰).

۷۲. ________ ، **حقیقت**، شماره ۶۸، (۸ اردیبهشت ۱۳۰۰).

۷۳. ________ ، **حقیقت**، شماره ۷۸، (۲۲ اردیبهشت ۱۳۰۱)

۷۴. ________ ، **ستاره ایران**، (۲۳ فوریه ۱۹۲۳).

۷۵. ________ ، **یادداشت‌های زندان**، تهران: نشر پسیان، [۱۳۵۸]

۷۶. ________ ، «احزاب سیاسی و کنسولگری»، **آژیر**، (۱۷ شهریور ۱۳۲۲).

۷۷. ___________ ، «از خاطرات زندانیان: خبر قتل دکتر ارانی» **آژیر**، سال اوّل، شماره هشتم (هشتم خرداد ۱۳۲۲).

۷۸. پیشه‌وری، سیدجعفر، «درباره کتاب ورق پاره‌های زندان پنجاه و سه نفر»، **آژیر**، (۳۰ مهر الی ۷ آبان ۱۳۲۳).

۷۹. ___________ ، «زبان ما»، **آذربایجان**، (۱۴ شهریور، ۱۳۲۴).

۸۰. ___________ ، «سرمقاله»، روزنامه **آژیر**، شماره ۴۰، سال اول، (مورخه ۲۴ تیر ۱۳۲۲).

۸۱. ___________ ، «یکسال مبارزه ـ چه کردیم و چه نوشتیم»، **آژیر**، سال دوم، شماره ۱۴۷، (۴ خرداد ۱۳۲۳).

۸۲. ___________ ، «یکسال مبارزه ـ چه کردیم و چه نوشتیم؟» **آژیر**، سال دوم، ۱۴۷، (مورخه ۴ خرداد ۱۳۲۳).

۸۳. ___________ ، **تاریخچه حزب عدالت**، تهران: انتشارات علم، ۱۳۵۹.

۸۴. ___________ ، **کامونیست**، (۱۸ ذیقعده، ۱۳۳۸ / ۱۳ مرداد ۱۲۹۹).

۸۵. **پیکار**، شماره ۸ برلین، تاریخچه فرقه جمهوری انقلابی ایران، (۱۰ تیرماه ۱۳۱۰).

۸۶. **پیکار**، شماره ۹، تاریخچه فرقه جمهوری انقلابی، برلین،(۲۳ تیر ۱۳۱۰).

۸۷. ترکمان، محمد، **استاد نقص بی‌طرفی ایران**، تهران: کویر، ۱۳۷۰.

۸۸. تفرشیان، ابوالحسن، **قیام افسران خراسان**، تهران: اطلس، ۱۳۶۷.

۸۹. توکلی، یعقوب، **خاطرات جهانگیر تفضلی**، تهران: حوزه هنری، ۱۳۷۶.

۹۰. **ثریا**، سال دوم، شماره ۷، (شنبه ۲۹ رجب ۱۳۱۷).

۹۱. جاوید، [عبدالسلام؟]، **دموکراسی ناقص: ۱۳۳۲ ـ ۱۳۲۰**، (بی‌جا: بی‌تا، بی‌نا)، ص ۱۴.

۹۲. جاوید، سلام‌الله، **ایران سوسیال دمکرات عدالت فرسی حقینده، خاطره لریم**، تهران:.

۹۳. ___________ ، **گوشه‌ای از خاطرات نهضت ملی آذربایجان**، [بی‌جا: بی‌نا]، ۱۳۵۸.

۹۴. ___________ ، **گوشه‌ای از خاطرات**، ج۳.

۹۵. **جبهه**، شماره، ۱۳۳، (مورخ ۳ اردیبهشت ۱۳۲۵).

۹۶. جزنی، بیژن، **تاریخ سی‌ساله ایران**، [بی‌جا: بی‌نا، بی‌تا].

۹۷. جعفریان، رسول، **بحران آذربایجان: سالهای ۱۳۲۴ ـ ۱۳۲۵ ش. خاطرات آیت الله میرزاعبدالله مجتهدی**، تهران: موسسه مطالعات تاریخ معاصر ایران، ۱۳۸۱.

۹۸. جودت، حسین، **تاریخ فرقه دمکرات**، تهران: درخشان، ۱۳۴۸.

۹۹. _________ ، سال نوزدهم، شماره ۱۴۷۶، (شنبه ۲۴ آذر ماه سال ۱۳۲۴).

۱۰۰. _________ ، **از انقلاب مشروطیت تا انقلاب شاه و ملت** (تهران: [بی‌نا]، ۱۳۵۶)، صص ۴۵ ـ ۴۴۹.

۱۰۱. جهانشاهلو، نصرت‌الله، **ما و بیگانگان**، تهران: نشر ورجاوند، ۱۳۸۰.

۱۰۲. چشم آذر، میرقاسم، **خاطرات سیاسی**، باکو: [بی‌تا]

۱۰۳. حسنلی، جمیل،آذربایجان ایران:آغاز جنگ سرد.ترجمه منصور صفوتی.تهران:شیرازه،۱۳۸۷.

۱۰۴. حقی، بهروز، **لحظاتی از زندگی صفر قهرمانیان**، آلمان [کلن]: نشر آذربایجان، ۱۳۷۲.

۱۰۵. **حقیقت**، شماره ۹۰، (خرداد ۱۳۰۱)،

۱۰۶. **حقیقت**، شماره ۹۶، (خرداد ۱۳۰۱).

۱۰۷. **خاطرات آقا بکف**، ترجمه حسین ابوترابیان، تهران: پیام، ۱۳۵۷.

۱۰۸. **خاطرات امیرتیمور کلالی، رئیس ایل، وکیل مجلس، وزیر کابینه مصدق**، ویراستار حبیب لاجوردی، دانشگاه هاروارد: ۱۹۹۷.

۱۰۹. **خاطرات شاپور بختیار**، ویراستار حبیب لاجوردی، تهران: زیبا، ۱۳۸۰.

۱۱۰. خاماچی، بهروز، **آتش بر فراز تبریز**، تبریز: ایران ویچ، ۱۳۷۱.

۱۱۱. ________ ، **اوراق پراکنده از تاریخ تبریز**، تبریز: مهد آزادی، ۱۳۷۲.

۱۱۲. خانبابا تهرانی، مهدی، **نگاهی از درون به جنبش چپ ایران**، (مهدی خانبابا تهرانی در گفتگو با حمید شوکت)، تهران: شرکت سهامی انتشار، ۱۳۸۰.

۱۱۳. خسرو پناه، محمدحسین، «کارنامه و روزگار ایرانیان مهاجر در قفقاز ۱۹۰۰ ـ ۱۹۲۰»، **نگاه نو**، شماره ۳۴.

۱۱۴. ____________ ، **سازمان افسران حزب توده ایران از درون**، تهران: پیام امروز، ۱۳۸۰.

۱۱۵. خلیلی، عباس، **در آئینه تاریخ: خاطرات سیاسی، مدیر روزنامه اقدام**، به اهتمام محمد گلبن، تهران: انوشه، ۱۳۸۰.

۱۱۶. **خواندنیها**، شمارهٔ ۳۶، مورخه ۳ دی ماه ۱۳۲۵

۱۱۷. **داد**، شماره ۲۰۹، (مورخه ۱۳۲۳/۴/۲۳).

۱۱۸. **داد**، شماره ۹۰۵، (مورخه ۱۳۲۵/۹/۲۲).

۱۱۹. درخشانی، علی‌اکبر، **خاطرات سرتیپ علی‌اکبر درخشانی**، چاپ امریکا، پیشگفتار.

۱۲۰. **دماوند**، شماره ۹، (مورخه ۱۳۲۲/۵/۲).

۱۲۱. دنسترویل، **خاطرات ژنرال دنسترویل سرکوبگر جنگل**، ترجمه حسین انصاری، با مقدمه علی دهباشی، تهران: کتاب فرزان، ۱۳۶۱.

۱۲۲. **دنیا**، دوره دوم، سال چهاردهم، شماره اوّل ۱۳۵۲.

۱۲۳. **دنیا**، سال ۳، شماره ۱،

۱۲۴. **دنیا**، شماره ۴، سال اوّل.

۱۲۵. دولت آبادی، یحیی، **حیات یحیی**، ۴جلد.

۱۲۶. دولتشاه فیروز، مهین، **زندگی سیاسی مظفر فیروز، به کوشش علی دهباشی**، تهران: سخن، شهاب ثاقب،۱۳۷۹.

۱۲۷. دهقان، علی، **سرزمین زردشت**، تهران: ابن سینا، ۱۳۴۸

۱۲۸. دهگان، بهمن، **خاطرات رحیم زاده صفوی: اسرار سقوط احمد شاه**، تهران: فردوسی، ۱۳۶۲.

۱۲۹. ذبیح، سپهر، **تاریخ جنبش کمونیستی در ایران**، ترجمه محمد رفیعی مهرآبادی، تهران: عطائی، ۱۳۶۴.

۱۳۰. ذهتاب‌فرد، رحیم، **خاطرات در خاطرات**، تهران: ویستار، ۱۳۷۳.

۱۳۱. راداک، کارل، **سیاست خارجی دولت شوروی**، مسکو: ۱۹۲۳،

۱۳۲. **راهنمای دانشگاه تهران**، تهران: ۱۳۱۷.

۱۳۳. رایت، دنیس، **نقش انگلیس در ایران ترجمه فرامرزی**، تهران: فرخی، ۱۳۶۱.

۱۳۴. رئیس نیا، رحیم، **حیدر عمواوغلی در گذر از طوفانها**، تهران: دنیا، ۱۳۶۰.

۱۳۵. رحیم‌زاده، ملک، **چکیده انقلاب: حیدرخان عمواوغلی**، تهران: دنیا، ۱۳۵۲.

۱۳۶. رسول‌زاده، محمدامین، **جمهوری آذربایجان: چگونگی شکل گیری و وضعیت کنونی آن**، ترجمه تقی سلامزاده تهران: شیرازه، ۱۳۸۰.

۱۳۷. ____________ ، **گزارشهایی از انقلاب مشروطیت ایران**، ترجمه رحیم رئیس نیا، تهران: شیرازه، ۱۳۷۷.

۱۳۸. رضازاده ملک، رحیم، **حیدر عمواوغلی**، تهران: دنیا، ۱۳۵۲.

۱۳۹. رضوانی، احمد، **ماجرای آذربایجان از شهریور ۱۳۲۰ تا آذرماه ۱۳۲۵**، اراک: چاپخانه نو، (۱۳۲).

۱۴۰. روزبه، خسرو، **اطاعت کورکورانه**، تهران: [بی‌نا]، ۱۳۲۵.

۱۴۱. روستا، رضا، چپ در ایران سازمان جوانان حزب توده، تهران: مرکز بررسی اسناد تاریخی، ۱۳۷۹.

۱۴۲. زندگینامه شمیده...به کوشش و ویرایش بهرام چوبینه.آلمان:۱۳۷۲.

۱۴۳. زندگی و زمانه محمد بی‌ریا، نوشته علی مرادی مراغه‌ای،تهران:نشر اوحدی،۱۳۸۴.

۱۴۴. زنگنه، احمد، **خاطراتی از مأموریت‌های من در آذربایجان از شهریور ماه ۱۳۲۰ تا دی ماه ۱۳۲۵** تهران:[بی‌نا]، ۱۳۵۳.

۱۴۵. زیبائی، علی، **کمونیزم در ایران**، [تهران: بی‌نا، ۱۳۴۳].

۱۴۶. زین العابدین مراغه‌ای، **سیاحتنامه ابراهیم بیک**، تهران: صدف، ۱۳۴۴.

۱۴۷. سازمان جامی [جبهه آزادی مردم ایران]، **گذشته چراغ راه آینده است**، تهران: ققنوس، ۱۳۷۷.

۱۴۸. سالنامه **اطلاعات**، حوادث مهم یک ربع قرن.

۱۴۹. **ستاره سرخ**، ۲ ـ ۱، (فرودین ٰ اردیبهشت ۱۳۰۸ [۱۹۲۹])

۱۵۰. **ستاره سرخ**، شماره ۴۰۳، (خرداد و تیرماه ۱۳۰۸).

۱۵۱. سفری، محمدعلی، **قلم و سیاست، از شهریور ۱۳۲۰ تا ۲۸ مرداد ۱۳۳۲**، تهران: نشر نامک، ۱۳۷۱.

۱۵۲. سلطانزاده، [آوتیس میکائیلیان]، **آثار سلطانزاده**، جلد۲.

۱۵۳. ____________ ، **اسناد تاریخی جنبش کارگری**، ج۴.

۱۵۴. ____________ ، «**اقتصاد و مسائل انقلاب ملی در کشورهای ... .**»، ۱۹۲۲.

۱۵۵. سنجابی، کریم، **امیدها و ناامیدی ها**، سوئد: استکهلم.

۱۵۶. **سی‌سال**، به مناسبت سی‌امین سالگرد جنبش ۲۱ آذر، باکو: فرقه دمکرات آذربایجان، بی‌جا، حزب توده، ۱۳۵۷،

۱۵۷. سیف‌پور فاطمی، نصر الله، **آئینه عبرت**، لندن: جبهه ملی ایران.

۱۵۸. ________________ ، **گزند روزگار**، تهران: شیرازه، ۱۳۷۹.

۱۵۹. شاکری، خسرو، **اسناد تاریخی جنبش کارگری ... «پیرامون شخصیت ناشناخته یک کوشنده انترناسیونالیست ایرانی»** ج ۴،

۱۶۰. ____________ ، **اسناد تاریخی جنبش کارگری و ناسیونال دموکراسی و کمونیست ایران**، ج۶،

۱۶۱. ____________ ، **اسناد تاریخی جنبش کارگری، سوسیال دمکراسی و کمونیستی ایران**، ج۱.

۱۶۲. ____________ ، **اسناد تاریخی جنبش کارگری، سوسیال دموکراسی و کمونیستی ایران**، ج۴،

۱۶۳. شاهرخی (امیرزاده)، کاظم، **آزاده گمنام**، تهران: [بی‌نا]، ۱۳۳۴.

۱۶۴. شجیعی، زهرا، **نمایندگان مجلس شورای ملی در بیست و یک دوره قانونگذاری**، تهران: دانشگاه تهران، ۱۳۳۴.

۱۶۵. شفائی، احمد، **قیام افسران خراسان و سی و هفت سال زندگی در شوروی**، تهران: کتابسرا، ۱۳۶۵.

۱۶۶. شنتالینسکی، ویتالی، **روشنفکران و عالیجنابان خاکستری**، ترجمه علامحسین میرزاصالح، تهران: مازیار، ۱۳۷۹.

۱۶۷. صالح، الهیار، **خاطرات الهیار صالح**، به اهتمام سیدمرتضی مشیر تهران: وحید، ۱۳۶۴.

۱۶۸. صباحی، هوشنگ، **سیاست انگلیس و پادشاهی رضا شاه**، ص ۱۲۲.

۱۶۹. صدر هاشمی، محمد، **تاریخ جراید مجلات ایران**، (اصفهان: کمال، ۱۳۶۳)، دو جلد.

۱۷۰. **صعود و سقوط تیمورتاش**، به حکایت اسناد محرمانه وزارت خارجه انگلیس، با مقدمه و توضیحات محمد جواد شیخ الاسلامی، تهران: توس، ۱۳۷۸، بخش هفتم.

۱۷۱. صمد سردارینا، **مشاهیر آذربایجان**، تبریز: دانیال، ۱۳۷۷

۱۷۲. طباطبایی، سیدضیاءالدین، رادیو لندن، در مصاحبه با صدرالدین الهی؛ (دسامبر ۲۰۰۱).

۱۷۳. طبری، احسان الله خان، **جهان بینی ها و جنبشهای اجتماعی در ایران**، استکهلم: توده، ۱۳۵۸ _ ۱۳۵۴، سه جلد.

۱۷۴. طبری، احسان، **ایران در دو سدهٔ واپسین**، تهران: حزب توده ایران، ۱۳۶۰.

۱۷۵. _________ ، **کژراهه: خاطراتی از تاریخ حزب توده**، تهران: امیر کبیر، ۱۳۶۶.

۱۷۶. **ظفر**، (۲۳ آذر ۱۳۲۴)

۱۷۷. **عارف قزوینی شاعر ملی ایران**، تدوین سیدهادی حائری، تهران: سازمان انتشارات جاوید، ۱۳۶۴.

۱۷۸. عاقلی، باقر، **ذکاء الملک فروغی**، (شهریو ۱۳۲۰).

۱۷۹. _________ ، **خاطرات سیاسی محمد ساعد مراغه‌ای**، تهران: نشر نامک، ۱۳۷۳.

۱۸۰. ________ ، **داور و عدلیه**، تهران: علمی، ۱۳۶۹.

۱۸۱. عشقی، میرزاده، **کلیات مصور**، تدوین سیدهادی حائری «کورش» تهران: جاوید، ۱۳۷۵.

۱۸۲. عظیمی، فخرالدین، **بحران دموکراسی در ایران:۱۳۳۲ ـ ۱۳۲۰**، ترجمه عبدالرضا هوشنگ مهدوی، بیژن نوذری، تهران: نشر البرز، ۱۳۷۴.

۱۸۳. علمی، حسین، «محمدامین رسول‌زاده، بنیان گذار ...»، **وارلیق**، شماره ۴ ـ ۹۱ سال پانزدهم. (زمستان ۱۳۷۲).

۱۸۴. علوی، بزرگ، **خاطرات بزرگ علوی**، حمید احمدی، تهران: دنیای کتاب، ۱۳۷۷.

۱۸۵. علییف او، ق. و دیگران ... ، **تاریخ آذربایجان**، ترجمه نصرالله اسحقی بیات، تبریز: ارک، ۱۳۶۰، دو جلد.

۱۸۶. عمیدی نوری، ابوالحسن، **آذربایجان دموکرات**، تهران: روزنامه داد، بی‌تا.

۱۸۷. عنایت‌الله رضا، **آذربایجان و اران**، تهران: ایران زمین، ۱۳۶۰.

۱۸۸. غنی، سیروس، ترجمه حسن کامشاد، **ایران بر آمدن رضاخان بر افتادن قاجار و نقش انگلیسی‌ها**، تهران: نیلوفر، ۱۳۷۷.

۱۸۹. فاتح، مصطفی، **پنجاه سال نفت ایران**، تهران: پیام، ۱۳۵۸.

۱۹۰. فاوست، لوئیس، **ایران و جنگ سرد، بحران آذربایجان (۱۳۲۵ ـ ۱۳۲۴)**، ترجمه کاوه بیات، تهران: مطالعات سیاسی و بین‌المللی، ۱۳۷۳.

۱۹۱. فتاحی، فتح‌الدین، «خاطراتی از زندان ...» مجله **خاطرات**، شماره ۲.

۱۹۲. فخرائی، ابراهیم، **سردار جنگل**، تهران: علمی، ۱۳۵۰.

۱۹۳. فدائی علوی، ابوالفتح، **پیشه‌وری کیست و نتیجه واقعه آذربایجان چیست؟**، تهران: اقبال، [۱۳۲۵؟]

۱۹۴. فرامرزی، عبدالرحمن، **عبدالرحمن فرامرزی و استاد فرامرزی و قضیه آذربایجان**، به کوشش حسن فرامرزی، تهران: دستان، ۱۳۷۸.

۱۹۵. فرخ، مهدی، **خاطرات سیاسی فرخ**، تهران: سهامی، ۱۳۴۸.

۱۹۶. فرزانه، حسین، **پرونده پنجاه و سه نفر**، تهران: نگاه، ۱۳۷۲.

۱۹۷. **فرقه جمهوری انقلابی ایران و فرقه انقلابی ایران: اسنادی چند: ۱۳۰۷ ـ ۱۳۰۵**، به پژوهش و ویرایش خسرو شاکری، پادزهر، ۱۹۹۶.

۱۹۸. فصلنامه **گفتگو**، شماره ۴۲.

۱۹۹. فلور، ویلم، **اتحادیه‌های کارگری و قانون کار در ایران ۱۹۴۱ ـ ۱۹۰۰**، ترجمه ابوالقاسم سری، تهران: توس، ۱۳۷۱.

۲۰۰. فوران،جان.تاریخ تحولات اجتماعی ایران(از صفویه تا سالهای پس از انقلاب اسلامی)، ترجمه: احمد تدین. تهران:موسسه خدمات فرهنگی رسا، ۱۳۷۸.

۲۰۱. قادری، حاتم، **پژوهشی در روابط ایران و روسیه شوروی یا قرارداد ۱۹۲۱**، تهران: [بی‌نا] ۱۳۵۹.

۲۰۲. قاسمی، ابوالفضل، «**سیر الیگارشی در ایران: از کوتاما تاکودتا**»، تهران: ققنوس، ۱۳۵۷.

۲۰۳. ققفازی، اسد بیگ، **نفت و خون در شرق**، ترجمه محمد حسین جهانبانی، آستارا: [بی‌نا] ۱۳۲۹.

۲۰۴. قلی اف، ا. ن، **تاریخ آذربایجان**، ترجمه ا. آ. افشار، [بی‌جا]: شورا، معاصر، ۱۳۵۹.

۲۰۵. قهرمانیان، صفر، **خاطرات صفرخان (در گفتگو با علی اشرف درویشیان)**، تهران: نشر چشمه، ۱۳۷۸.

۲۰۶. کاتم، ریچارد، و دیگران ....، **نفت ایران، جنگ سرد و بحران آذربایجان**، ترجمه کاوه بیات، تهران: نشر نی، ۱۳۷۹.

۲۰۷. کاتوزیان، محمدعلی (همایون)، **اقتصاد سیاسی ایران از مشروطیت تا پایان سلسله پهلوی**، ترجمه محمدرضا نفیسی و کامبیز عزیزی، تهران: نشر مرکز، ۱۳۷۲.

۲۰۸. ______________، **دولت و جامعه در ایران: انقراض قاجار و استقرار پهلوی**، ترجمه حسن افشار، تهران: مرکز، ۱۳۷۹.

۲۰۹. کاظمی، بهزاد، **ملی گرایان و افسانه و دموکراسی**، لندن: دسامبر ۱۹۹۹.

۲۱۰. کامبخش، عبدالصمد، **شمه‌ای درباره تاریخ جنبش کارگری ایران**، تهران: حزب توده ایران، ۱۳۵۸.

۲۱۱. ____________، **نظری به جنبش کارگری در ایران**، تهران: گلبرگ، [بی‌تا].

۲۱۲. کانکوست، رابرت، **استالین**، ترجمه مهدی سمسار، تهران: نقش جهان، ۱۳۷۶.

۲۱۳. کاویان، مشهدی، مجله **دنیا**، شماره ۴، سال سوم.

۲۱۴. **کتاب جمعه**، سال اوّل شماره ۳، (پنج‌شنبه ۱۸ مرداد، ۱۳۵۸).

۲۱۵. **کتاب جمعه**، سال اوّل، شماره ۱۸، «کتابهای تازه» (۲۸ آذر ماه ۱۳۵۸).

۲۱۶. **کتاب جمعه**، سال اوّل، شماره ۱۹، «در اطاق انتظار اعدامی‌ها» نوشته [علی پاکدامن؟ علی همدانی؟] (۲۹ آذر ماه ۱۳۵۸).

۲۱۷. **کتاب جمعه**، سال اوّل، شماره ۳، (پنجشنبه ۱۸ مرداد، ۱۳۵۸)،

۲۱۸. کرزن، جرج. ن، **ایران و قضیه ایران**، ترجمه ع. وحید مازندرانی، تهران: علمی و فرهنگی، ۱۳۶۲، دو جلد.

۲۱۹. کسروی، احمد، **زندگانی من**، تهران: پیام، ۱۳۲۵.

۲۲۰. ________ سرنوشت ایران چه خواهد شد(در موضوع پیشامد آذربایجان).تهران:اردیبهشت،۱۳۲۴.

۲۲۱. کشاورز، فریدون، **من متهم می‌کنم کمیته مرکزی حزب توده ایران را**، تهران: رواق، ۱۳۵۷.

۲۲۲. کشاورز، کریم، «خاطراتی از سیدجعفر پیشه‌وری»، **بخارا**، ۱۳۷۸، شماره ۲.

۲۲۳. ________، **آژیر**، شماره ۲۵۰، (۲۹ بهمن ۱۳۲۳).

۲۲۴. **کمینترن وخاور**. بلیوبسکی و ... ویراستار ر. اولیانوفسکی، ترجمه جلال علوی‌نیا، تهران: نشر بین الملل، ۱۳۶۰.

۲۲۵. کوچار، هراچیا، **کمون باکو (بیست و شش کمیسر)**، ترجمه احمد نوری زاده، تهران: پیک ایران، ۱۳۶۰.

۲۲۶. کوزیچکین، ولادیمیر، **کا. گ. ب. در ایران**، ترجمه اسماعیل زند [و] حسین ابوترابیان، تهران: نشر نو، ۱۳۷۰.

۲۲۷. کوهی کرمانی، حسین، **از شهریور ۱۳۲۰ تا فاجعه آذربایجان و زنجان**، تهران: [بی‌نا]، ۱۳۲۷ _ ۱۳۲۵، ۲جلد.

۲۲۸. کهن، گوئل، **تاریخ سانسور در مطبوعات ایران**، تهران: آگاه، ۱۳۶۲، دو جلد.

۲۲۹. کی‌استوان، حسین، **سیاست موازنه منفی در مجلس چهاردهم** تهران: روزنامه مظفر، ۱۳۲۷. دو جلد.

۲۳۰. گلبن، محمد، و شریفی، یوسف، **محاکمه محاکمه گران**، تهران: نشر نقره، ۱۳۶۳.

۲۳۱. گیلک، محمدعلی، **تاریخ انقلاب جنگل (به روایت شاهدان عینی)**، رشت: نشر گیلکان، ۱۳۷۱.

۲۳۲. لاجودری، حبیب، **اتحادیه‌های کارگری و خودکامگی در ایران**، ترجمه ضیاء صدقی، تهران: نشر نو، ۱۳۷۹.

۲۳۳. لاهوتی، ابوالقاسم، **زندگانی من**، [بی‌جا: بی‌نا، بی‌تا].

۲۳۴. لمتون، ا. ک. س، **مالک و زارع در ایران**، ترجمه منوچهر امیری، تهران: مرکز انتشارات علمی فرهنگی، ۱۳۶۲، پاورقی.

۲۳۵. لنچافسکی، ژرژ، **غرب و شوروی در ایران سی‌سال رقابت ۱۹۴۸ ۱۹۱۸**، ترجمه حورا یاوری، تهران: ابن سینا، ۱۳۵۲

۲۳۶. لنین، **مجموعه آثار لنین**، ترجمه محمد پور هرمزان، تهران: [بی‌جا]، ۱۳۵۸؟.

۲۳۷. مارکس، کارل و انگلس، فریدریش، **مانیفست حزب کمونیست**، مسکو: اداره نشریات بزبانهای خارجی، ۱۹۱۵.

۲۳۸. مارکس، کارل، [و] فریدریش انگلس، **ایدئولوژی آلمانی**، تهران: باربد، [بی‌تا].

۲۳۹. مجتهدی، میرزاعبدالله، **بحران آذربایجان (سالهای ۱۳۲۴ ـ ۱۳۲۵ ش) خاطرات مرحوم آیت الله میرزاعبدالله مجتهدی**، به کوشش رسول جعفریان، تهران: موسسه مطالعات تاریخ معاصر ایران، ۱۳۸۱.

۲۴۰. مجله گفتگو « استالین و تأسیس فرقه دموکرات آذربایجان/نویسنده : فرناند شاید راینه،» اردیبهشت ۱۳۸۶ - شماره ۴۸

۲۴۱. مجید یوسفی، «مجلس چهاردهم». روزنامه **آزادگان**، سال اوّل شماره ۱۱۹، (۱۰ اسفند ۱۳۷۸).

۲۴۲. مدرسی، علی، **مدرس**، تهران: بنیاد تاریخ انقلاب اسلامی ۱۳۶۶. دو جلد.

۲۴۳. **مذاکرات مجلس**، تهران: مجلس، (۲۲تیر ماه ۱۳۲۳).

۲۴۴. **مذاکرات مجلس**، شماره ۱۳۰۸، تهران: مجلس، (مورخه ۱۹ مرداد ۱۳۲۳).

۲۴۵. **مذاکرات مجلس**، شماره ۱۳۳۰، تهران: مجلس، (مورخه ۲۷ مهر ماه ۱۳۲۳).

۲۴۶. **مرد امروز**، شماره ۸۶ (مورخه ۲۳ آذر ۱۳۲۵).

۲۴۷. مرشدی‌زاده، علی، **روشنفکران آذری و هویت ملی و قومی**، تهران: مرکز، ۱۳۸۰.

۲۴۸. مرواریدی، یونس، **مراغه «افرازه رود» از نظر اوضاع طبیعی، اجتماعی ...**، تهران: مؤلف، ۱۳۷۲.

۲۴۹. مسئله نفت، **مردم برای رشنفکران**، شماره ۱۲، (مورخه ۱۲۳۲/۸/۱۹).

۲۵۰. مستوفی، عبدالله، **شرح زندگانی من**، تهران: زواه، ۱۳۷۷، ۳ جلد.

۲۵۱. مصطفوی، حسام، «سلطان آذربایجان» روزنامه **آتش**، شماره ۳۸۲، (یکشنبه ۲۳ اسفند ۱۳۲۶).

۲۵۲. معتضد، خسرو، **تاریخ پنجاه و هفت ساله ایران در عصر پهلوی**، تهران: علمی، ۱۳۷۹.

۲۵۳. مقصودی، مجتبی، **تحولات قومی در ایران؛ علل و زمینه‌ها**، تهران: موسسه مطالعات ملی، ۱۳۸۰.

۲۵۴. مکی، حسین، **تاریخ بیست ساله ایران**، تهران: نشر ثالث، ۱۳۶۳ _ ۱۳۶۲، ۶ جلد.

۲۵۵. ملازاده، حمید، رازهای سر به مهر، تبریز: مهد آزادی، ۱۳۷۹.

۲۵۶. ملازاده، حمید، **سیری در کوچه خاطرات: تبریز از شهریور ۱۳۲۰ تا انقلاب اسلامی**، تبریز: انتشارات ارگ، ۱۳۷۳.

۲۵۷. ملک زادهٔ هیربُدی، **سرگذشت حیرانگیر**، تهران: [بی‌نا]، ۱۳۲۸.

۲۵۸. ملکی، خلیل، **بر خورد عقاید و آراء**، با مقدمه محمد علی همایون و امیر پیشداد، تهران: نشر مرکز، ۱۳۷۴.

۲۵۹. __________، **چپ در ایران به روایت اسناد ساواک**، تهران: مرکز بررسی اسناد تاریخی، ۱۳۷۹.

۲۶۰. __________، **چپ در ایران سازمان جوانان حزب توده**، تهران: مرکز بررسی اسناد تاریخی، ۱۳۷۹.

۲۶۱. __________، **خاطرات خلیل ملکی، با مقدمه محمدعلی همایون**، کاتوزیان، تهران: رواق، ۱۳۶۰.

۲۶۲. منشورگرگانی، محمدعلی، **سیاست دولت شوروی در ایران**، چاپ رشت: مه ۱۹۲۸.

۲۶۳. منیری، سعید، **میرزاباقر حاجی‌زاده، هنرمند طنز پرداز مردمی تئاتر آذربایجان**، تهران: علمی، ۱۳۷۹.

۲۶۴. **مهر ایران**، شماره ۷۷۵، (۸ آبان ۱۳۲۳).

۲۶۵. میرزاحسین‌خان، **جغرافیای اصفهان**، تهران: دانشگاه تهران، ۱۳۴۲.

۲۶۶. میرزاصالح، غلامحسین، **جنبش میرزاکوچک‌خان بنابر گزارشهای سفارت انگلیس**، تهران: نشر ماه، ۱۳۶۹.

۲۶۷. نابدل، علیرضا، **آذربایجان و مسئله ملی**، تهران: شباهنگ، [بی‌تا].

۲۶۸. نادری، **دنیا**، سال ۱۱، شماره ۳.

۲۶۹. نجمی، ناصر، **خاطرات سیاسی خوادث تاریخی ایران**، تهران: کلینی، ۱۳۷۰.

۲۷۰. **ندای عدالت** شماره ۱۳۲ (مورخه آذر ۱۳۲۳).

۲۷۱. نصرت الدوله، فیروز، **مجموعه‌ی مکاتبات، اسناد ...**

۲۷۲. نصرت ماکوئی، محمد رحیم، **تاریخ انقلاب آذربایجان و خوانین ماکو**، قم: [بی‌نا]، ۱۳۳۲.

۲۷۳. نظری (غازیانی)، حسن، **گماشتگی‌های بدفرجام**، تهران: رسا، ۱۳۷۶.

۲۷۴. نوازنی، بهرام، **عهد نامهٔ مودت ایران و شوروی**، با مقدمه هرمیداس باوند، تهران: نشر همراه، ۱۳۶۹.

۲۷۵. وندنوروز، جواد، **جعفر پیشه وری و نقش او در فرقه دمکرات آذربایجان**، پایان نامه کارشناسی ارشد امام صادق، (آبان ۱۳۷۲).

۲۷۶. هدایت، صادق، **نامه ۵**، (مورخه ۱۳۲۵/۳/۱۷).

۲۷۷. هوشنگ مهدوی، عبدالرضا، «جمعیت عامیون ایران»، مجله **اطلاعات سیاسی ـ اقتصادی**، شماره ۱۵۰ ـ ۱۴۹.

۲۷۸. یحیایی، حسین، **گوشه‌هایی از تاریخ آذربایجان و گفگویی با یکی از سران فرقه دمکرات**، [بی‌جا]: زاگرس، [بی‌تا].

۲۷۹. یقیکیان، گریگور، **شوروی و جنبش جنگل**، به کوشش برزویه دهگان، تهران: زرین، ۱۳۶۳.

نمایه

ب

د

ذ

ر

ز

ژ

س

ش

غ

ف

گ

ل

ن

Title: Sayyed Ja’far Pishevari
Subtitle: The Azerbaijan Democratic Party
Author: Ali Moradi Maragheie
ISBN: 9781939123381
Publisher: Supreme Century, USA

www.ingramcontent.com/pod-product-compliance
Lightning Source LLC
Chambersburg PA
CBHW080632230426
43663CB00016B/2836
* 9 7 8 1 9 3 9 1 2 3 3 8 1 *